W0099001

Dr. phil. Gerhard Wissmann

Abenteuer in Wind und Wolken

Gerhard Wissmann

Abenteuer in Wind und Wolken

Die Geschichte des Segelfluges

transpress
VEB Verlag für Verkehrswesen
Berlin 1988

Das Frontispiz zeigt den *Fafnir* im Abflug
von der Wasserkuppe (1931).

Wissmann, Gerhard:
Die Geschichte des Segelfluges. –
1. Aufl.
Berlin: Transpress, 1988. – 548 S.:
455 Abb., 19 Tab.

ISBN 3-344-00275-9

1. Auflage
© 1988 by transpress
VEB Verlag für Verkehrswesen,
1086 Berlin, Französische Str. 13/14
VLN 162-925/140/88-P 16/87/B2
Printed in the German Democratic Republic
Gesamtherstellung: IV/10/5 Druckhaus Freiheit Halle
Gestaltung: Ingeburg Zoschke
Einband/Schutzumschlag: Jürgen Schumann
Dem Titelbild liegt ein Motiv
aus dem Segelflug-Bildkalender, Wiesbaden 1985,
zugrunde.
Lektor: Kai Lange
LSV 3879
566 165 4
04500

Vorwort

Mit dem Segelflug wurde der uralte Menschheitstraum vom Fliegen wohl auf die schönste und eindrucksvollste Art und Weise verwirklicht.

Gleit- und Segelflug haben erst eine kurze Vergangenheit, doch in weniger als einem Jahrhundert wurden technische und fliegerische Fortschritte erzielt, die die kühnsten Erwartungen früherer Zeiten noch übertrafen.

Das vorliegende Buch besteht praktisch aus drei Teilen. Im ersten Teil wird das «Abenteuer» des geistigen Eindringens in ein völliges Neuland dargestellt, dem die ersten Experimente folgten, wobei der Begriff Abenteuer in seiner weitesten Auslegung zu verstehen ist. Im zweiten Teil, der mit der Verwirklichung des Gleitfluges durch OTTO LILIENTHAL beginnt, erscheint das «Abenteuer Segelflug» bereits in seinem eigentlichen Sinn. Die relativ kurzen Gleitflüge dieser Pionierzeit waren Abenteuer, auch im Sinne von auftretenden Überraschungen und Gefahren. Im dritten Teil tritt das «Abenteuer» im engeren wie im umfassenderen Sinne in Erscheinung: Abenteuerliche Flüge, eindrucksvolle Erlebnisse sowie immer neue Fortschritte in Theorie und Praxis des Segelfluges, in der Konstruktion und im Bau von Segelflugzeugen werden beschrieben.

Konzeption und Ausführung des Buches tragen dazu bei, eine Lücke in der Luftfahrtliteratur zu schließen. Aufgenommen wurden nur sicher überlieferte oder bewiesene Aktivitäten vorwärtsweisenden Inhaltes. Der Schwerpunkt lag auf der Darlegung des flugtechnischen, fliegerischen und wissenschaftlichen Fortschritts. Es war nicht das Ziel, eine Geschichte der Organisationen des Segelfluges zu liefern. Mit Hilfe der Wiedergabe von historischen Quellen und authentischen Flugberichten soll der dokumentarische Charakter des Buches verstärkt werden, wobei eigene segelflugtypische Erlebnisse einen Niederschlag fanden.

Die im Laufe der Geschichte erbrachten Leistungen des Segelfluges zeigten, daß er sich für verschiedene Ziele und Zwecke als nützlich erwies: Er diente dem Fortschritt in der Aerodynamik, der sich auf das gesamte Flugwesen positiv auswirkte, der Einführung verbesserter und neuer Bauweisen, der meteorologischen Forschung, der Flugerprobung von Flugzeugzellen für Motorflugzeuge, der Ausbildung von Flugzeugführern für die anderen Zweige der Luftfahrt, der Formung von Fliegerpersönlichkeiten und weiteren Aufgaben, woraus die gesellschaftliche Bedeutung des Segelfluges resultiert.

Das Buch ist all denen gewidmet, die an der Entwicklung des Segelfluges mitgewirkt haben.

GERHARD WISSMANN, Dresden

Inhaltsverzeichnis

1. Flughöhe 2000 m – anstelle einer Einleitung

Es war im Mai des Jahres 1960. Seit Tagen herrschte ein fast ideales Segelflugwetter – ein kräftiges osteuropäisches Hochdruckgebiet beeinflußte den mitteleuropäischen Raum und brachte viel Sonnenschein, nur schwache Winde und eine intensive Thermik[1] mit hoher Wolkenbasis. Auf den Segelflugplätzen der DDR wurde diese günstige Jahreszeit zur Vorbereitung auf die Landesmeisterschaften genutzt. An einem dieser Tage unternahm der Verfasser dieses Buches einen Streckenflug von Riesa in Richtung Schönhagen bei Trebbin.

Erst am späten Nachmittag kam ich über diesem Segelfluggelände an, das eine vieljährige Thermikflugtradition besitzt. Ich entschloß mich zur Landung, um am nächsten Tag von der damaligen Zentralen Flugsportschule der Gesellschaft für Sport und Technik (GST) aus erneut auf Strecke zu gehen. Schon aus der Luft beeindruckte die großzügige Anlage, inmitten des märkischen Thermikparadieses gelegen.

Der folgende Sonntagmorgen kündigte wieder gute Thermik an. Die Bewegung in der Schule war seit den frühen Morgenstunden emsig, doch frei von Hektik und fast geräuschlos. Die ersten Prognosen über die Thermikentwicklung wurden ausgetauscht; beim Transport der Segler aus der geräumigen Segelflughalle fielen auch die ersten Ausdrücke in der Fliegersprache, ein Zeichen guter Stimmung und hoffnungsvoller Erwartungen: «Raus die Lauben, hoch die Hütten!», oder: «Es bullert schon, nur noch 5 m/s Fallen!»

Durch die Piloten des um 6.00 Uhr begonnenen Ausbildungsflugbetriebes gelangten die ersten Informationen über die tatsächliche Thermikentwicklung in die Schar der sich vorbereitenden Leistungssegelflieger. Das Wetter könnte für einen 300-km-Dreieckflug ausreichen!

Gegen 9.00 Uhr bin ich mit einer *Libelle-Standard* nach einem kurzen Flugzeugschlepp selbst in der Luft. Die Thermik ist trotz der frühen Tageszeit schon ausgearbeitet, «Bärte» mit 2 m/s und mehr Steigen werden angetroffen. Vorschriftsmäßig melde ich mich in 1000 m Höhe über dem Startband ab und fliege auf den Niederen Fläming zu. Im Anflug wird das Steigen stärker, 3 m/s, auch 4 m/s werden angetroffen, was für diesen Raum und diese Jahreszeit keine Seltenheit darstellt. Ich schneide einen 4-m/s-Bart an, der mich regelrecht aus meiner Flugbahn herausdrückt und den ich mit vollen Ruderausschlägen bezwingen muß.

Schon nach wenigen Kreisen ist das Steigen «rund», d. h. am Variometer liegt während des ganzen Kreises gleichmäßiges Steigen an. Es sind jetzt 4,5 m/s, die sich mit zunehmender Höhe auf 5 m/s

1) Abkürzungen und Begriffserklärungen am Ende des Buches

steigern. Wie unbeweglich und sperrig ist ein Segelflugzeug am Boden, doch welche Dynamik entwickelt es im Luftraum, welche Energien können mit seiner Hilfe sinnvoll genutzt werden. 1000 m, 1500 m Flughöhe sind schnell erreicht und weiter steigt die Maschine.

Zwei Bussarde gesellen sich zu mir und steigen mit mir um die Wette. Seitdem diese hervorragenden Segler streng geschützt sind, hat man fast bei jedem längeren Thermikflug das Glück, ihnen zu begegnen, und oft sind sie eine wertvolle Hilfe beim Auffinden neuer Steiggebiete, besonders in geringen Höhen. Bis auf 10 m nähern sie sich der Kabine des großen fremden Vogels. Was mag sie dazu bewegen, bis in diese Höhe mitzusteigen? Nahrungserwerb sicherlich nicht und zum Streckenflug brauchen sie diese Höhe wohl auch nicht. Ist es die Freude am Fliegen, die sie die Kälte der Höhe in Kauf nehmen läßt? Schnell sind 2000 m erreicht.

Ohne Übertreibung kann man sagen, daß die Atmosphäre im Bereich des Fläming wieder einmal «brodelt und kocht» und unwahrscheinliche Mengen an Aufwindernergie von der Sonneneinstrahlung freigesetzt werden. Segelflieger sprechen in solchen Fällen nicht mehr vom Hochsteigen des Flugzeugs, sondern von einem «Hochfeuern».

Die Sicht ist wieder einmal wundervoll klar und reicht aus der Höhe mehr als 60 km weit. Das neue, gerade in Betrieb genommene Wärmekraftwerk Lübbenau ist unverkennbar, der Spreewald liegt wie ein dunkelgrünes Band dahinter, der Schwielochsee blinkt in der Ferne auf, und fast glaubt man in östlicher Richtung Eisenhüttenstadt erblicken zu können. In der erneut eingeflossenen Kaltluft liegt die Natur wie frisch gebadet da. Tief unter mir erscheint das dunkle Grün der märkischen Kiefernwälder, etwas heller leuchten die Getreidesaaten, hier und dort blinkt einer der vielen Seen blau herauf, die noch grauen Schläge der Kartoffelfelder versprechen gute Landemöglichkeiten. Überall sind Dörfer und Ortschaften eingestreut, und in immer neuen und wechselnden Farbtönen zeigt sich die Natur, wenn Gebiete vom Wolkenschatten bedeckt und dann wieder der Sonneneinstrahlung freigegeben werden. Dabei wird man nur begleitet von einem leisen, nicht unangenehmen, zischenden Geräusch.

Ein unwahrscheinlich schönes Landschaftsbild bietet sich dem Segelflieger aus 2000 m Höhe und mit dem Dichterwort möchte man sagen: «Verweile doch, du bist so schön …». JOHANN WOLFGANG VON GOETHE konnte allerdings noch nicht ahnen, daß dieser Ausspruch eines Tages in einen Widerspruch zu einer Grundregel jeglicher Fliegerei treten sollte, nach der «Fahrt das halbe Leben» ist.

Das Heimatgefühl eines Menschen besteht sicherlich aus vielen Komponenten, aus politischen, sozialen, menschlichen, landschaftlichen und anderen. Doch für den passionierten Segelflieger kommt bestimmt noch eine hinzu, nämlich die, über seiner Heimat zu fliegen, sie von oben erleben zu können.

Die Zeit eilt und romantische Eindrücke müssen schnell der flugtaktischen Wirklichkeit weichen. Erst nach Neuhausen bei Cottbus oder nach Riesa? Wo ist der nächste anzufliegende, starke Aufwind? Ich fliege in südöstlicher Richtung ab und steuere eine, am Südrand des Flämings stehende, mächtige Kumuluswolke an, stelle den Scheibenkalkulator entsprechend dem erwarteten Steigen ein und mache eine zügige Fahrt. Geschwindigkeiten bis zu 140 km/h werden zeitwilig erreicht.

Die Wolke besitzt eine Höhenausdehnung, die einen Flug in ihr effektiv erscheinen läßt. Gut 500 m könnten in ihr noch gewonnen werden, und die Basis scheint dort schon auf 2300 m angestiegen zu sein, so daß ich bereits mit einer Flughöhe von 2800 m liebäugele. Als ich näher komme, entdecke ich unter der

1 Neubeginn nach 1945. Ein Schulgleiter *SG-38*
der Gesellschaft für Sport und Technik bei einem
Schulflug (1953).

2 Flugzeugschlepp. Ein *Trener* schleppt eine
Libelle-Standard in die Thermik.

Wolke fünf kleine, kreisende Punkte. Für
Segelflugzeuge zu klein, für Bussarde zu
groß. Dann erkenne ich die Punkte als
Störche. Sie kreisen genau im Zentrum
des Aufwindes, der zur Wolke führt. Ich
komme etwa 75 m unter den Störchen an
und beobachte interessiert unsere großen
gefiederten Freunde, mit denen man wesentlich seltener fliegen kann als mit Bussarden. Die Fluggeschwindigkeit der
Störche und die der mit Minimalgeschwindigkeit kreisenden *Libelle-Standard*
stimmen annähernd überein, die aerodynamischen Qualitäten scheinbar auch.
Fast den gleichen Kreisdurchmesser fliegend bemerke ich, daß die Störche an
genau der gleichen Stelle kleine Zentrier-
bewegungen ausführen, an der mir das
Variometer auch diese Korrektur emp-
fiehlt, um im stärksten Aufwind zu bleiben.

Das wiederholt sich mehrfach, obwohl
die Störche kein ausgeklügeltes Variometer besitzen.

Inzwischen stelle ich mir die Frage, was sie wohl machen werden, wenn wir unter der Wolke angekommen sind? Ich nehme selbstverständlich an, daß sie an der Basis mit dem Kreisen aufhören und auf Kurs gehen werden. Doch weit gefehlt; ohne den Verband oder die Kreisbahn auch nur im geringsten zu verändern, steigen die Störche gleichzeitig in die Wolke ein. Ich bin mehr als erstaunt. Für sie scheint es weder das Problem des Instrumentenfluges, noch das des Verbandsblindfluges, noch das eines Zusammenstoßes in der Wolke zu geben. Gegenseitige Orientierung auf Zuruf? Man sieht ja in der Wolke keine zehn Meter weit! Um mehr Abstand zu den Störchen zu gewinnen, fahre ich die Bremsklappen etwas aus. Dann werde auch ich, bereits nach Instrumenten fliegend, von der Wolke aufgesogen. Hatte ich unter ihr glatte 5 m/s Steigen, so sind es jetzt 7 m/s und mehr. Der große Zeiger des Höhenmessers bewegt sich fast wie der einer Stoppuhr. Aufmerksam beobachte ich die Instrumente wie Wendezeiger, Fahrtmesser, Variometer und Höhenmesser, führe die notwendigen Steuerkorrekturen aus und versuche dabei, in der «Waschküche» der Wolke Ausschau nach den Störchen zu halten.

In 2800 m Höhe gehe ich aus der Wolke heraus, lasse den Kurs wieder am Kompaß anliegen und fliege weiter meinem Ziele zu. Viele Gedanken gehen mir bei dem ruhigen Flug in der Höhe durch den Kopf. Wie weit wollen die Störche heute noch fliegen? Haben sie den Wolkenaufwind ausgenutzt, um die Reichweite in Richtung ihres Zieles zu erhöhen, oder waren es Störche, die ihre Sommerheimat schon erreicht hatten und nur der Lust und der Übung halber in die Wolke gingen? ... Wie finden die Störche über Tausende von Kilometern ihre alten Brutplätze wieder?

Während ich solchen Gedanken nachsinne, will es der Zufall, daß ich die fünf Störche wieder vor mir auftauchen sehe; etwa auf gleicher Höhe fliegen sie sehr gut seitlich gestaffelt. Jeder kann jeden sehen und beobachten, in welche Auf- und Abwinde der andere Storchenkollege hineingerät und so seine eigene Flugbahn verbessern. Bei dieser seitlichen Staffelung steigt auch die Wahrscheinlichkeit beträchtlich, wieder Aufwind zu finden. Das sich mir bietende Bild könnte einem Lehrbuch der Segelflugtaktik entnommen sein; doch wie schwer ist es häufig, Leistungssegelflieger zur Anwendung dieser einzig sinnvollen Taktik zu bewegen.

Als ich eine Zeitlang hinter den Störchen hergeflogen bin, bemerke ich Schwankungen in ihrer Fluggeschwindigkeit; die links fliegenden Störche ziehen hoch, verlangsamen so ihre Fluggeschwindigkeit und beschleunigen nach kurzer Zeit wieder ... Bald erkenne ich den Sinn dieser Flugmanöver. Dort, wo die Störche hochziehen, befindet sich Aufwind; durch das langsamere Fliegen verbleiben sie im Geradeausflug länger im Aufwind, gewinnen also ohne zu kreisen an Höhe. Dort, wo sie nachdrücken und die Fluggeschwindigkeit erhöhen, ist Abwind; ein schnelleres Fliegen schont ihre Höhe, da sie schneller durch den Abwind kommen. Minutenlang fliege ich hinter den Störchen her und beobachte, daß alle fünf unabhängig voneinander diesen Flugstil sinnvoll anwenden. Die Geschwindigkeitsveränderungen der Störche entsprechen etwa den Vorgaben meines Scheibenkalkulators. Die Störche haben folglich eine Reiseflugoptimierung betrieben. Der Mensch hat nach der Verwirklichung des thermischen Segelfluges mehr als ein Jahrzehnt gebraucht, um diese einfachen Zusammenhänge zu entdecken und eine Sollfahrttheorie zu entwickeln. Ich bin verblüfft über die flugtaktische Perfektion unserer gefiederten Freunde.

Leider kann ich die Störche nicht weiter begleiten ... Mein neues Ziel, Riesa, liegt vor mir. Ich reihe mich in die Platzrunde von Riesa-Göhlis ein und lande. Es

3   Wettbewerbsstimmung im Thermikparadies Schönhagen. Mehr als 50 Segler warten auf die Starteröffnung zu einer Disziplin der II. DDR-Meisterschaft im Segelflug 1960.

4   Der Autor des Buches Anfang Mai 1960 nach einem DDR-Rekordflug über das 300-km-Dreieck mit 68,4 km/h auf einer *Libelle-Standard*.

war ein wundervoller Flugtag, die kameradschaftliche Zusammenarbeit mit anderen Segelfliegern und die Erlebnisse mit der Natur waren zu schön, um sie mit Worten vollkommen wiedergeben zu können. Und wer ein starkes Gefühl und Erinnerungsvermögen besitzt, wird solche Eindrücke sein Leben lang nicht vergessen. Dabei war es nur ein Trainingsflug, wie er an diesem Tage zu Hunderten in der DDR und in Europa zu Tausenden ausgeführt worden ist.

Die Erde hat mich wieder. Auf den Gesichtern meiner Freunde spiegeln sich die Freuden des Segelfliegerdaseins wider, auf wenigen jedoch auch die Leiden. Ein

Kamerad, der sehr traurig aussieht, ist bei einem Streckenflugversuch schon im «Vorgarten» von Riesa nach 20 km «abgesoffen» und ist mit sich und der Welt uneins. Ich versuche, ihn zu trösten, weise auf selbst gesammelte harte Erfahrungen hin und ermuntere ihn mit den Worten: «Mach's das nächste Mal besser, morgen gibt's bestimmt auch wieder Thermik.»

Ich melde mich beim Flugleiter. Fast ununterbrochen rasselt der Fernschreiber. Landemeldungen, Startmeldungen von Motorflugzeugen zu Rückschlepps werden durchgegeben, von draußen ertönt in regelmäßigen Abständen das Startgedröhn der *Zlin-Tréner*, denn der

2. Die Natur lieferte das Vorbild

Der naturgeschichtlichen Entwicklung folgend, muß die Geschichte des Segelfluges mit einem Kapitel über die Vergangenheit der Vögel begonnen werden; denn die Herausbildung des Flugvermögens in der Natur ging dem Gleit- und Segelflug des Menschen voraus.

Es war keineswegs so, daß die Tierwelt von Anfang an mit der Fähigkeit des Fliegens ausgerüstet gewesen ist. Das aus dem Wasser gekommene Leben mußte sich den Luftraum mit ähnlichen Methoden und Mitteln erobern wie der Mensch. Es war auch für die Tierwelt ein langer, mühseliger Weg von der Flugunfähigkeit bis zum perfekten Flugvermögen. Im Gegensatz zu den Tieren blieb dem Menschen jedoch eine organisch-evolutionäre Eroberung des Luftraumes verschlossen.

Nach den gegenwärtigen Erkenntnissen machten sich gegen Ende des Paläozoikums vor etwa 225 Millionen Jahren im etwa 30 Millionen Jahre andauernden Perm die Reptilien unabhängig vom Wasser, nutzten die Erdoberfläche, bemühten sich um Flugvermögen und bildeten die Flugsaurier, die zwar feder-, schuppen- und haarlos, aber mit Flughäuten ausgerüstet waren. Arten wie der Pteranodon der Kreidezeit besaßen eine Spannweite von etwa 8 m und dürften die größten und schwersten flugfähigen Tiere der Naturgeschichte gewesen sein. Einen anhaltenden Schwingenflug werden die Größen- und Gewichtsverhältnisse kaum erlaubt haben. Doch vielleicht sind die Flugsaurier gute Gleitflieger und vielleicht auch Segelflieger an und über den stürmischen Meeren gewesen? Die Flugsaurier fielen wie die Dinosaurier einem umfassenden Klimawechsel und ihrer Unfähigkeit zum Opfer, sich den verändernden Umweltbedingungen anpassen zu können.

Die Natur erwarb das Flugvermögen dann auf einem zweiten Weg. Der erste bekanntgewordene Vogel, der als Fossil erhalten gebliebene Urvogel Archäopteryx aus dem Solnhofner Schiefer, lebte in der Jurazeit vor vielleicht 150 bis 130 Millionen Jahren. Er besaß keine Flughäute,

5 Zeichnerische Rekonstruktion des Pterodaktylus.

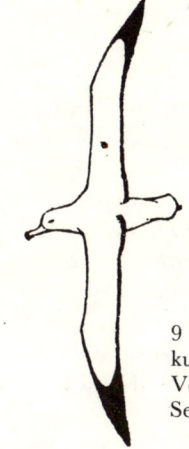

9   Ein Albatros in einer Steil-
kurve, wie sie der von diesen
Vögeln ausgeübte dynamische
Segelflug erfordert.

8   Silhouette eines im Aufwind segelnden Adlers.

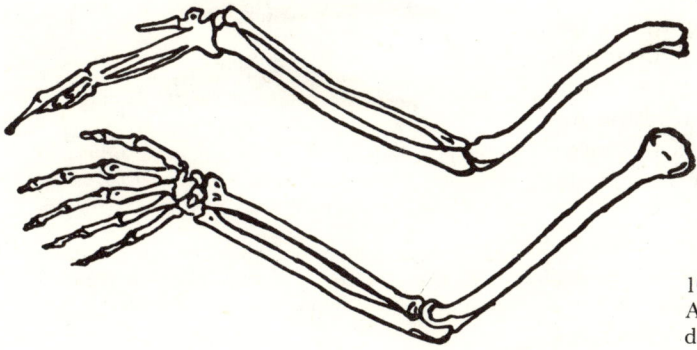

10   Vergleich zwischen dem
Armgerüst eines Menschen und
dem Flügelgerüst eines Vogels.

nen auch die Vögel als Gleitflieger. Bereits der Gleitflug bringt einen Gewinn an Raumbeherrschung und mußte die Lebensbedingungen gleitfliegender Tiere erleichtern, wie es heute noch die Buschhörnchen in Australien beweisen. Aus diesem wird sich im Laufe von Jahrmillionen – mit entsprechenden organischen Veränderungen – evolutionär der Schwingenflug herausgebildet haben und aus beidem wahrscheinlich die Entdeckung und Nutzung der Aufwinde durch die größeren Vogelarten.

Bereits der hohe prozentuale Anteil der flugbegabten Tiere an der Gesamtzahl der Arten läßt erkennen, welchen Stellenwert das Flugvermögen in der Natur besitzt. Von etwa 420000 Lebewesenarten vermögen mehr als 260000 – das sind

62 % – zu fliegen. Nimmt man die Anzahl der Wassertiere aus dem Gesamtwert heraus, so steigt der Anteil der «Flieger» in der Natur sogar auf 75 %.

Aufmerksame Beobachter dürften schon frühzeitig die drei Flugarten erkannt haben, die die Vögel ihnen darboten.

Erstens: Den Ruder-, Schwingen- oder Kraftflug, den die Vögel immer dann anwenden, wenn sie sich von ebenem Gelänge erheben oder wenn im Streckenflug Aufwinde fehlen.

Zweitens: Den Geitflug, bei dem die Vögel nach Erreichen einer gewissen Höhe oder von erhöhten Standpunkten aus mit unbeweglich gehaltenen Flügeln weite Strecken gleiten und dabei beständig an Höhe verlieren. Der Mensch konnte erkennen, daß diese Flugart relativ mühelos war und trotzdem eine gewisse Nützlichkeit besaß.

Drittens: Der Segelflug der Vögel, der verblüffende Eindrücke erzeugt haben muß, sobald er als solcher erkannt wurde. Ohne Flügelschläge, also fast ohne Kraftaufwand, Hangaufwinde oder thermische Aufwinde nutzend, sich stundenlang in der Luft zu halten, dabei kreisend gewaltige Höhen zu erreichen, mußte den Menschen wie ein Wunder vorkommen. Es gab noch im 19. Jahrhundert Forscher, die den Segelflug insofern als Wunder betrachteten, daß in ihm die Gesetze der Physik und Mechanik aufgehoben wären.

Je größer und schwerer ein Vogel ist, desto stärker kommt in seinem Flug das Prinzip des Gleit- oder Drachenfluges zum Ausdruck. Und nur dieses erlaubte dem Menschen eine Lösung des Flugproblems, da die Nachahmung des Schwingenfluges mechanisch zu kompliziert und zu kraftaufwendig war.

HERMANN VON HELMHOLTZ erkannte 1873, daß die kleinen und leichten Vögel den Muskelkraftflug vollendet beherrschen (aber nicht zu segeln vermögen), während den großen und schwereren Vögeln der Kraftflug offensichtlich schwerer fällt (und sie deshalb den Segelflug bevorzugen). Er führte diese Tatsachen auf folgenden, bereits von SWEDENBORG und CAYLEY erkannten geometrischen Umstand zurück: Wird ein Körper vergrößert, so wächst die Oberfläche nur mit dem Quadrat, das Volumen jedoch mit der dritten Potenz der Vergrößerung. Aus den genannten Gründen sind auch die Auswirkungen dieses Zusammenhangs auf die Luftschiffahrt, speziell im Ballonwesen, positiv, während sie in der Flugtechnik in der Tendenz negativ wirken. CHANUTE formulierte später diese Tatsache als Quadrat-Kubik-Gesetz.

Deshalb sah HELMHOLTZ in der Anatomie und der Größe des Geiers den oberen Grenzwert für einen Schwingenflug und stellte dem Muskelkraftflug des Men-

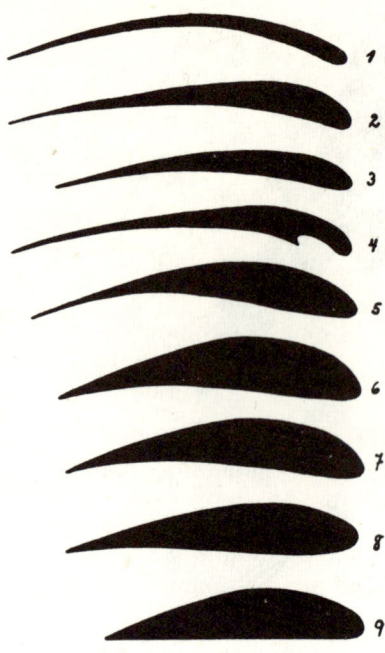

11   Tragflügelprofile: 1 Brandgans, 2 Adler, 3 Eule, 4 Geier, 5 Möwe, 6 Albatros, 7 Gö 441, 8 Gö 535, 9 JUNKERS-Profil.

12   Fluganssichten von: a Schwalbe, b Fledermaus, c Albatros, d Geier, e Storch. (Die Wiedergaben sind untereinander nicht maßstabgerecht.)

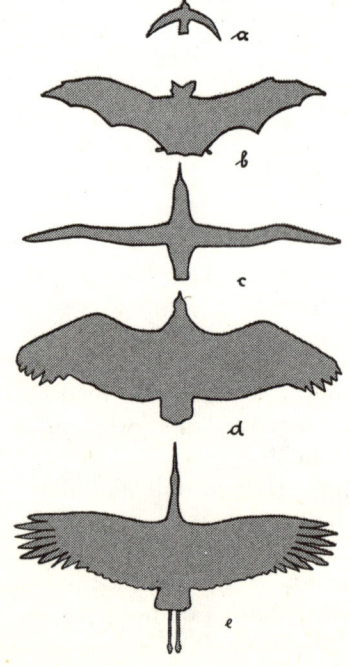

schen folgende negative Prognose: «Unter diesen Umständen ist es kaum als wahrscheinlich zu betrachten, daß der Mensch auch durch den allergeschicktesten flügelähnlichen Mechanismus, den er durch seine eigene Muskelkraft zu bewegen hätte, in den Stand gesetzt würde, sein eigenes Gewicht in die Höhe zu heben und dort zu erhalten.» [4, S. 18]

Die Fortschritte in der Flugtechnik haben zwar die von HELMHOLTZ als Grenze betrachtete Größenordnung nach oben verschoben und es ermöglicht, den Muskelkraftflug mit Luftschraubenantrieb zu verwirklichen, ohne jedoch die tendenzielle Bedeutung seiner Aussage aufzuheben.

Die Natur hat in jeder ihrer flugfähigen Arten Vollendung hervorgebracht. Anatomie und Physiologie der Flugtiere haben sich vollkommen den Notwendigkeiten des Fluges angepaßt. Die vorderen Gliedmaßen wurden zu perfekten Flügeln umgebildet, die hinteren Gliedmaßen verkümmerten und dienten nur noch der Stützung und unvollkommenen Bewegung auf der Erde, die Ernährungs- und Verteidigungsarbeit wurde weitgehend vom Hals und Kopf übernommen.

Besonders günstige statische, konstruktive und aerodynamische Möglichkeiten für die Weiterentwicklung des Vogels entstanden mit der Herausbildung der Vogelfeder, durch die der Flügel bei gleichem strukturellen Aufbau wesentlich vergrößert werden konnte und eine leicht zu erzielende Variabilität seiner Größe, Form und Wölbung erhielt.

Am Beispiel des Storches oder anderer Segler ist diese Perfektion sehr einfach nachzuweisen: Ihre Körper nehmen im Fluge die denkbar günstigste aerodynamische Form an; die Flügel besitzen ein

13   Untersuchungen von OTTO LILIENTHAL zur Aerodynamik und Flugmechanik des Storches.

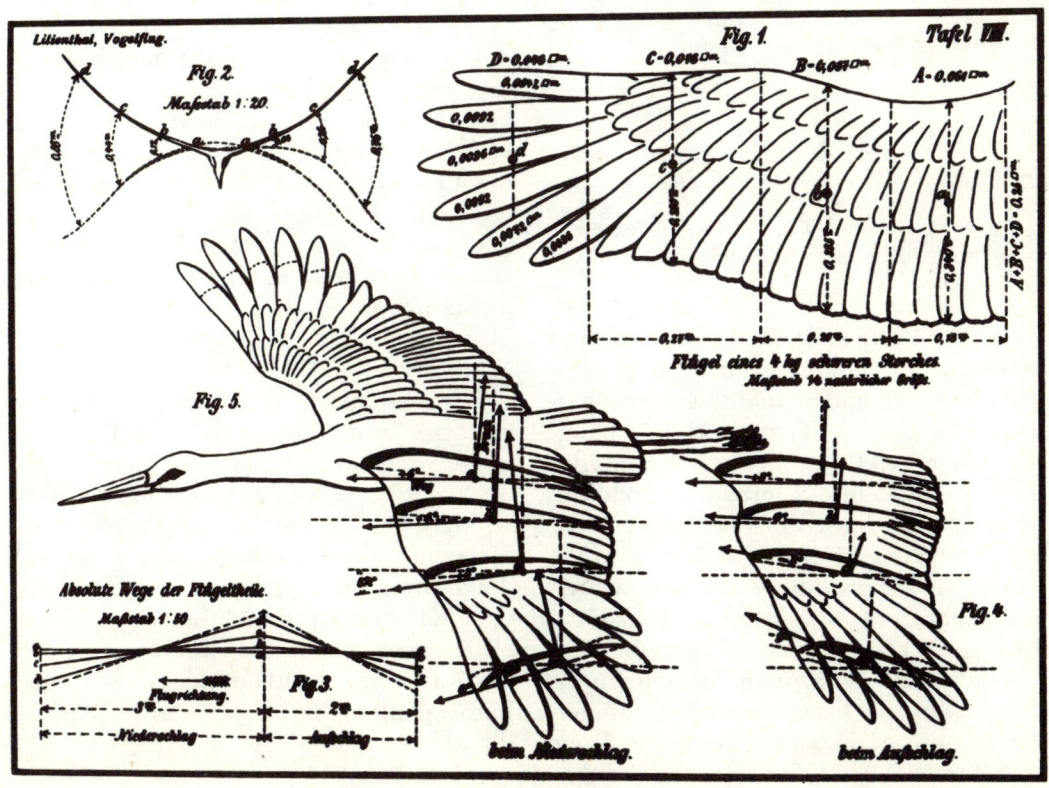

14   Flugbild eines Geiers im Gleitflug.

15   Flugbild eines Geiers beim Kreisflug in der Thermik. Deutlich ist die negative Pfeilform der Flügel zu erkennen, die der Geier herstellt, um die Kreisflugeigenschaften zu verbessern.

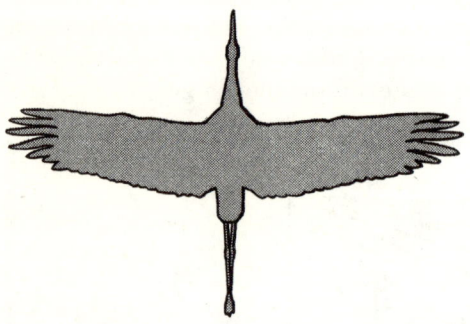

16   Flugbild eines Storches im Gleitflug. Beachtenswert ist die widerstandsenkende Beinhaltung.

gewölbtes Profil mit hohen Auftriebs- und geringen Widerstandswerten, mit günstigen Langsam- und Schnellflugeigenschaften und geeigneter Form und Streckung. Die Flügel sind weiterhin mit aerodynamischen Mitteln ausgerüstet, deren Bedeutung der Mensch erst nach umfassenden Erfahrungen und Überlegungen erkannte und nachahmte: Die gespreizten Schwungfedern wirken wie Schlitzflügel oder Spreizklappen, die das Abreißen der Luftströmung bei großen Anstellwinkeln verhindern; die herunterziehbare Flügelhinterkante wirkt auftriebserhöhend wie eine Landeklappe (Veränderung der Pro-

filwölbung) und ermöglicht eine zusätzliche Geschwindigkeits- und Gleitwinkelsteuerung; die veränderliche Tragflügelgeometrie ermöglicht eine optimale Anpassung an unterschiedliche Flugzustände wie Langsamflug, Kreisflug, Steigflug, Schnellflug und Landung. Das Schwanzgefieder kann weit ausgefächert werden und erhöht damit den Widerstand im Sinne von Bremsklappen, so daß die großen Segler trotz ihrer hohen aerodynamischen Güte und einer Gleitzahl von etwa 1 : 20 Landungen auf kleinstem Raum auszuführen vermögen. Die im Fluge nach hinten angelegten Beine können einem widerstandsarmen eingezogenen Fahrgestell gleichgesetzt werden. Streifengänse wurden schon in 9000 m Flughöhe beobachtet, Mauersegler erreichen im Horizontalflug Geschwindigkeiten von 140 bis 180 km/h, Greifvögel im Sturzflug bis 500 km/h.

Die Steuerung der Flugmanöver des Vogels wird mit Hilfe des Flügels und des Schwanzgefieders bewirkt. Ein Seitenruder benötigt der Vogel dank der Flexibilität des Schwanzes nicht. Gehoben und gesenkt wirkt er als Höhenruder, in sich verdreht als Seitenruder. Zum Zwecke der Quersteuerung verwindet der Vogel die äußeren Flügelhinterkanten entgegengesetzt, zusätzlich erzielt er noch sehr starke Steuereffekte durch Verlagerung des Druckmittel- und Schwerpunktes mit Hilfe einer Veränderung der Tragflügelgeometrie.

Berücksichtigt man dabei noch die enorme Sinnesempfindlichkeit für Aufwinde, das äußerst scharfsichtige Auge, die Fähigkeiten des Zentrierens von Aufwinden, der optimalen Sollfahrtbestimmung und des Blindfluges und weiterhin die Präzisionsnavigation über Tausende von Kilometern ohne jedes technische Hilfsmittel, so muß man anerkennen, daß die Natur hier Vollkommenes geschaffen hat, was um so deutlicher wurde, je mehr die Menschheit selbst vom Fliegen verstehen lernte.

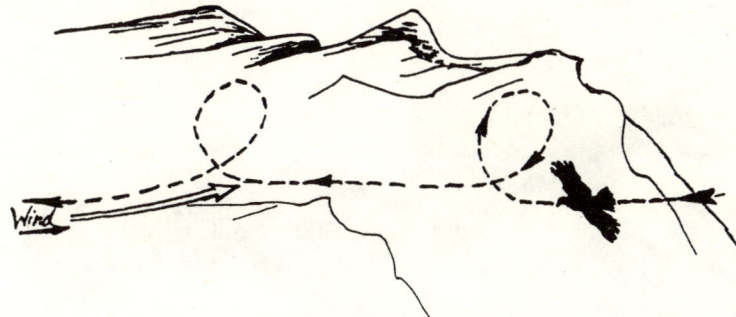

17   Loopings in der Flugbahn eines Adlers.

Die Natur hat sogar Figuren des
Kunstfluges hervorgebracht. Zum Beispiel wendet der Blautölpel, ein Seevogel,
beständig die «halbe Rolle» an, die ihn in
den fast senkrechten Sturzflug bringt (der
früher praktizierte «Schlepperabgang»
von Motorflugzeugen bei Beendigung
eines Flugzeugschlepps). Wenn Adler
sich bei Kämpfen um ihr Jagdrevier in der
Luft ineinander verhaken, trudeln sie
wegen des Fahrtverlustes wie ein Flugzeug ab! Und es ist bekannt, daß Adler
ohne ersichtlichen Grund auch Loopings
fliegen.

Zusammenfassend muß man feststellen, daß der Vogel über alle Konstruk-
tionsgruppen der späteren Flugzeuge wie
Tragwerk, Rumpfwerk, Leitwerk, Fahrwerk und Triebwerk verfügt, das letztere
in Form seiner Muskeln und der wundervollen Kinematik des Flügels, die es
erlaubt, Auftrieb und Vortrieb gleichzeitig zu erzeugen. Auch alle Gesichtspunkte
des Leichtbaus, das Prinzip größter
Festigkeit bei äußerster Leichtigkeit sowie sparsamen Materialeinsatzes bei ma-
ximaler Sicherheit und Leistungsfähigkeit, sind in der Vogelwelt optimal verwirklicht worden.

Aus thematischen Gründen und auch
Platzgründen kann hier nur kurz auf technische Probleme des Schwingenfluges
eingegangen werden. Auch hier ist die
von der Natur entwickelte Lösung optimal und ermöglicht eine maximale Um-
setzung der Muskelkraft des Vogels in
Flugleistung. Dabei schlagen die Flügel
keineswegs nur zwischen einem oberen

und unteren Totpunkt auf und ab, sondern die Flügelspitzen beschreiben, von
der Seite gesehen, eine schräg im Raum
liegende Ellipse; beim Aufschlagen eilen
sie auf der oberen Bahn nach vorn. Das
weniger stark schwingende Mittelteil liefert auch beim Schlagen den zum Fliegen
notwendigen Auftrieb durch Umströmung, die flexiblen Flügelenden liefern
über eine ständige Veränderung ihrer
Anstellung (beim Niederschlag biegt sich
die Hinterkante nach oben, beim Aufschlag nach unten) kontinuierlich den
zum anhaltenden Flug notwendigen Vortrieb.

Insbesondere haben die erstaunlichen
Langstreckenflugleistungen von Vögeln
jahrzehntelang die Vermutung genährt,
daß sie diese Leistungen nur dank einer
bedeutenden Überlegenheit ihrer Aerodynamik und Vortriebsbildung vollbringen können. Die angenommenen Ursachen dieser Leistungen existieren jedoch nicht. Die modernen GFK-Lami-
narflugzeuge mit Gleitverhältnissen von
55 und mehr sind beispielsweise allen
Vögeln in der Frage der aerodynamischen
Güte überlegen und würden daher im
Motor- oder Kraftflug einen geringeren
spezifischen Leistungsbedarf als die
Vögel haben.

Da moderne Luftschrauben bereits
einen Wirkungsgrad von 85 % und mehr
erreichen und die theoretisch möglichen
100 % auch vom Vogelflügel nicht
erreicht werden, können selbst in der An-
triebsform kaum Erklärungen für die Leistungen der Vögel gefunden werden.

18   Storch im Gleitflug.

Die hervorragenden Kraftflugleistungen der Vögel beruhen nach neueren Auffassungen auf einer Überlegenheit ihrer physiologischen Leistungsfähigkeit gegenüber anderen Lebewesen. Die Vogelmuskeln sind, auf Masse und Querschnitt bezogen, zehn- bis zwanzigmal leistungsfähiger und besitzen ein besseres Verhältnis zwischen Energieaufnahme und Leistungsabgabe. Weiterhin ist der prozentuale Anteil der für die Fortbewegung in der Luft wichtigen Muskeln wesentlich größer als bei anderen Lebewesen. Die Verwirklichung des Schwingenfluges durch den Menschen mit Motor- oder Muskelkraft ist zwar von flugtechnischem Interesse, kann jedoch keine Wende zu einem effektiveren Fliegen herbeiführen, wie es oft angenommen wurde, zumal bei einer Verwirklichung mit Kurbelwellenmechanismen die Reibungsverluste zwischen 20 und 30 % liegen.

Man kann das Schöpfertum der Natur dennoch nicht hoch genug einschätzen, und an Forschern, die die Leistungen der Natur bei der Entwicklung des Vogelfluges würdigten, hat es nie gefehlt. Aus der großen Zahl der eindrucksvollen Schilderungen des Segelfluges von Vögeln sei hier nur ein Bericht von CHARLES DARWIN aus dem Jahre 1834 wiedergegeben: «Wenn die Kondore in einem Schwarm ständig über einem Fleck kreisen, ist ihr Flug wundervoll. Ausgenommen, wenn sie sich vom Boden erheben, kann ich mich nicht erinnern, einen dieser Vögel jemals mit den Flügeln schlagen gesehen zu haben. In der Nähe von Lima beobachtete ich mehrere Kondore nahezu eine halbe Stunde lang, ohne auch nur einmal mein Auge von ihnen zu wenden. Sie bewegten sich in großen Kurven, beschrieben Kreise, stiegen ab und auf, ohne einen einzigen Flügelschlag zu tun. Als sie dicht über meinem Kopf hinwegglitten, beobachtete ich sehr genau, von einer seitlichen Position, die Umrisse der einzelnen Schwung- und Endfedern der Flügel; und wäre dort die geringste vibrierende Bewegung gewesen, so würden sie miteinander verschmolzen erschienen sein, sie hoben sich aber einzeln deutlich gegen den blauen Himmel ab ... Es ist wahrhaft wundervoll und schön, einen so großen Vogel Stunde um Stunde ohne irgendwelche scheinbare Anstrengungen über Berge und Flüsse schweben und gleiten zu sehen.» [7, S. 213 f]

Die fliegerische Vollendung aller Vögel ist eine eindrucksvolle Bestätigung der von DARWIN begründeten Evolutionstheorie. Der Zwang, sich den natürlichen Bedingungen anzupassen, der Kampf um das tägliche Überleben, eine ständig wirkende Auslese, Zuchtwahl und Mutation, kurz, die Gesetzmäßigkeiten der Entwick-

19   Der Flug in der Kunst: «Fliegende Menschen» von FRANCESCO GOYA. Man vergleiche die flugtechnische «Konstruktion» des Malers mit der Rekonstruktion des Pterodaktylus (Bild 5).

lung der belebten Natur bewirkten im Laufe vieler Jahrmillionen diese Vollkommenheit.

In philosophischer und naturwissenschaftlicher Hinsicht wirft sich die zusätzliche Fragestellung auf, ob die organische Materie nicht generell mit dem Vermögen ausgerüstet sein muß, unter gegebenen Bedingungen in relativ kurzen Zeiten zweckmäßige Lösungen hervorzubringen, wodurch die in diesem Kapitel dargestellte Entwicklung nur noch beschleunigt und gefördert werden konnte?

Die Beobachtung des Fluges der Vögel nährte im Menschen ständig aufs neue, und zwar in zunehmenden Maß verstärkt durch gesellschaftliche Triebkräfte, den Flugwunsch, der auch als Tradition von Generation zu Generation weitergegeben wurde. Der Vogelflug war für den Menschen der unwiderlegbare Beweis, daß Körper schwerer als Luft von der Luft getragen werden und sich in ihr zu halten vermögen. Die Mehrzahl der Flugpioniere betrachtete die Vögel daher als ihre «Lehrmeister».

3. Die Herausbildung des Gleit- und Segelfluggedankens von 1500 bis 1890

3.1. Erste theoretische Erkenntnisse über das Gleit- und Segelflugproblem – Erste Gleitflugversuche

LEONARDO DA VINCI · DANTI VON PERUGIA · BORELLI

LEONARDO DA VINCI

Historisch nachweisbar sind die ersten, theoretisch begründeten Überlegungen über den Gleit- und Segelflug bei LEONARDO DA VINCI (1452–1519), dem genialen Maler, Bildhauer, Ingenieur und Naturforscher.

Die Experimentatoren, die sich vor LEONARDO auf dem Gebiet des Menschenfluges versuchten, waren weitgehend, wenn nicht ausschließlich, von einer einfachen Nachahmung des Vogelfluges ausgegangen, ohne daß sie eine Vorstellung von der Notwendigkeit dieser Nachahmung und den Gesetzmäßigkeiten des Vogelfluges besaßen. Die wissenschaftlichen Grundlagen und die praktischen Erfahrungen, die ein Eindringen in die Probleme der Aerodynamik und Flugmechanik ermöglicht hätten, waren so gering entwickelt, daß es in den Jahrhunderten vor LEONARDO nicht einmal Ansätze zu einer theoretischen Durchdringung des Flugproblems gab, die mit LEO-NARDO erstmalig offensichtlich und quellenmäßig nachweisbar werden.

LEONARDO kam vor allem in den flugtechnischen Fragen zu richtigen Erkenntnissen, bei denen er sich auf die Empirie, Beobachtungen und Versuche stützen und diese theoretisch durchdringen konnte; er irrte in der Regel dort mit sei-

20 LEONARDO DA VINCI (1452–1519).

nen Theorien, wo er Schlüsse auf der Grundlage empirisch nicht erschlossener und damals kaum meßbarer Sachverhalte ziehen mußte. Die Praxis besaß zu diesem Zeitpunkt noch das eindeutige Primat.

Dieser Zustand hielt noch etwa 400 Jahre an, und flugtechnische Fortschritte beruhten in diesem Zeitraum im wesentlichen auf einer systematisierten Erfahrung. Erst im 20. Jahrhundert existierte ein so umfassendes und komplexes wissenschaftliches Niveau, das einen zutreffenden Vorlauf der Theorie auf dem Gebiet des Flugwesens ermöglichte.

LEONARDOS Persönlichkeit wie sein gesamtes Wirken machten ihn zu einem bedeutenden Repräsentanten der Renaissance, dieser progressiv umwälzenden Epoche in der Geschichte der Menschheit, die nach FRIEDRICH ENGELS «Riesen brauchte und Riesen zeugte, Riesen an Denkkraft und Leidenschaft und Charakter, an Vielseitigkeit und Gelehrsamkeit». [80, S. 8]

LEONARDO, im Jahre 1452 in dem Dorfe Vinci in der Nähe von Florenz geboren und 1519 in Frankreich verstorben, beschäftigte sich etwa fünfundzwanzig Jahre lang mit dem Flugproblem. Nach eigener Aussage war es die Frage, die ihn Zeit seines Lebens am tiefsten bewegte. «Denn ich entsinne mich,» begründete er sein flugtechnisches Streben, «daß ich in frühester Kindheit einmal träumte … ein Geier komme auf mich zugeflogen, öffne mir den Mund und streiche mehrmals mit den Federn darüber hin, wie zum Zeichen, daß ich mein Leben lang über Flügel sprechen werde.» [88, S. 15]

Im Jahre 1485 äußerte sich LEONARDO zum ersten Male schriftlich in seinem «Codice Atlantico» zum Flugproblem: «Durch den Gegenstand wird auf die Luft ein ebenso großer Druck ausgeübt, wie die Luft auf diesen Gegenstand ausübt. Du siehst doch, wie die gegen die Luft prallenden Flügel den schweren Adler in der außerordentlich dünnen … Luft halten.» [81, S. 373]

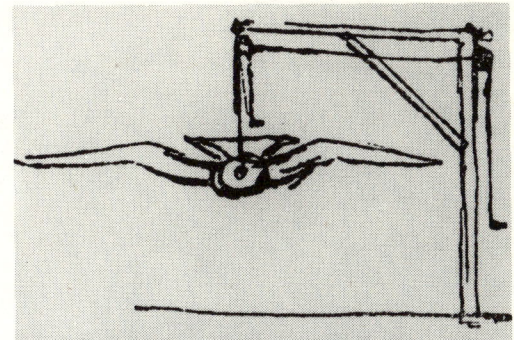

21 LEONARDO: Vorrichtung zur Ermittlung des Schwerpunktes.

LEONARDO brachte hier eine Vorbedingung für den Flug zum Ausdruck, das Gleichgewicht zwischen Auftrieb und Gewicht des Flugkörpers und zeigte, daß die Luft den Auftrieb liefern kann und dieser durch Bewegung einer Tragfläche gewonnen wird. Diese Erklärung für die Entstehung des Auftriebs, man könnte sie als Kompressionstheorie bezeichnen, war interessant und nicht ganz unlogisch, aber sie entsprach nicht den aerodynamischen Tatsachen. LEONARDO glaubte, ausgehend von Erscheinungsformen des Ruderfluges, daß die Luft bei einer genügend großen Geschwindigkeit zwischen Flügel und Luft örtlich so stark verdichtet wird, daß sie dem Flügel widersteht und ihn trägt. Diese Geschwindigkeit müßte jedoch größer sein, als die Geschwindigkeit, mit der die Luft diesen Druck auf die umgebenden Luftschichten weitergibt. Wie es uns heute bekannt ist, bildet sich der Auftrieb an Tragflächen im Unterschallgeschwindigkeitsbereich durch die Umströmung des Tragflächenprofils ohne jede Mitwirkung eines Kompressionseffektes.

Seine Auffassung über den Luftwiderstand machte Wandlungen durch. Zunächst stand sie unter dem Einfluß der nicht zutreffenden Widerstandstheorie von ARISTOTELES. Nach dieser sollte sich bei der Ortsveränderung eines Körpers hinter diesem ein Vakuum bilden. Da die

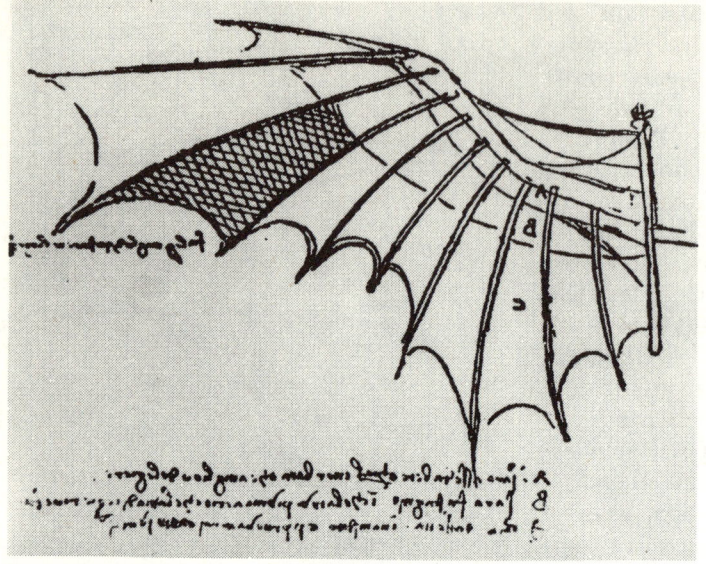

22   Tragflügelkonstruktion
von Leonardo da Vinci.

Natur jedoch eine «Abscheu vor dem Nichts» (horror vacui) habe, ströme die Luft sofort nach und stieße den Körper voran! Leonardo entwickelte diese falsche Theorie zunächst noch weiter.

Etwa von 1505 an gab er die irrtümlichen Auffassungen auf und erkannte, daß es einen Luftwiderstand mit entsprechenden Wirbeln gibt, der die Vorwärtsbewegung hemmt. Er beschrieb und zeichnete auch die Form des geringsten Luftwiderstands, die Stromlinienform.

Er entdeckte das für alle Strömungsvorgänge wichtige Prinzip der Relativität der Bewegung. Für aerodynamische Vorgänge war es nach Leonardo gleichgültig, ob die bewegte Tragfläche auf ruhende Luft oder strömende Luft auf die ruhende Fläche trifft. Diese Erkenntnis besaß für die Hinwendung zum Gleit- und Segelflug unmittelbare Bedeutung, denn sie regte da Vinci dazu an, das Verbindende zwischen Ruder- und Gleitflug zu sehen. Flügelschläge waren nach Leonardo keineswegs zum Fliegen notwendig, sie stellten nur eine Möglichkeit des Fluges dar. Die zum Fliegen notwendige relative Geschwindigkeit konnte auch von einem durch die Luft abwärts gleitenden, nicht bewegten Flügel erreicht werden.

In seiner ersten flugtechnischen Schaffensperiode konzentrierte sich da Vinci auf den Entwurf muskelkraftgetriebener Schwingenflugzeuge und konzipierte auch einen Fallschirm und eine Hubschraube. Leonardo wußte, daß zur Verwirklichung des Fluges nicht nur die Lösung der Auftriebsfrage gehörte, sondern gleichzeitig auch das Problem der Flugstabilität und der Steuerbarkeit gelöst werden mußte.

Zutreffende Vorstellungen hatte er über die Erhaltung der Längsstabilität und erkannte als erster – ohne sich auf eine Anregung durch Vorläufer stützen zu können – den Druckmittelpunkt der Tragfläche bzw. das «Zentrum des Luftwiderstands», den Schwerpunkt bzw. das «Gewichtszentrum» und den Mittelpunkt des Körpervolumens. Von der Übereinstimmung des Druckmittelpunktes und des Schwerpunktes hing nach seiner zutreffenden Meinung die Längsstabilität ab, und eine Steuerung konnte auch durch Veränderung der Lage des Druckmittelpunktes erzielt werden. «Wenn der Vogel herunterfliegt», schrieb er, «befindet sich das Gewichtszentrum seines Körpers auf der Linie a b vor dem Widerstandszentrum d d, wenn er aber in die Höhe fliegt, bleibt das Gewichtszentrum, das in f g liegt, hinter dem Widerstandszentrum.» [24, S. 54]

LEONARDO hatte auch den Anstellwinkel und die Wirkungen eines positiven oder negativen Anstellwinkels erkannt. Die Tatsache eines positiven Anstellwinkels, der bei ausreichender Geschwindigkeit ein Steigen bewirkt, wurde von LEONARDO als «über dem Winde» fliegend bezeichnet. In diesem Fall traf die anströmende Luft nach seiner Meinung den Flügel von vorne unten, er ruhte auf oder «über» dem Wind. Negative Anstellwinkel, die einen Sinkflug mit erhöhter Geschwindigkeit bewirken, wurden als «unter dem Winde» fliegend bezeichnet.

23   LEONARDO: Höhengewinn durch Kreisen.

Für eine Flugerprobung unterbreitete DA VINCI den später noch oft wiederholten Vorschlag, daß sie über dem Wasser erfolgen sollte. Er ahnte auch das Abenteuer des Fluges und empfahl, mit dem «Vogel», wie er sein Flugzeug bezeichnete, über den Wolken zu fliegen, damit die Flügel nicht naß würden und der Pilot genügend Zeit hätte, nach gegebenen Vorschriften den «Vogel» wieder aufzurichten, falls er sich «umwälzen» sollte. Bedingung sei jedoch, «... daß seine Teile sehr widerstandsfähig sind, damit

sie bei der Anwendung der genannten Gegenmittel der rasenden Gewalt und Wucht des Sturzes widerstehen können.» [81, S. 293] Vorschläge, wie man über die Wolken käme, unterbreitete er nicht.

Eine Segelflugbeobachtung schien ihm so bedeutend, daß er sie niederschrieb: «Wenn der Vogel ... emporsteigen will, dann wird er die Flügel kräftig heben und im Kreisen den Wind unter den Flügeln auffangen ... so wie der Geier, den ich im Jahre 5 (1505) am 14. März über der Gegend von Barbiga nach Fiesole fliegen sah.» [81, S. 307]

Die Hauptquellen, in denen er seine Gedanken über den Gleit- und Segelflug niederlegte, sind sein Kodex vom «Vogelflug», der «Codice sul Volo degli Ucceli» aus dem Jahre 1505, der im Jahre 1893 erstmals im italienischen Original und in französischer Übersetzung in Paris herausgegeben wurde, der «Codice Atlantico» sowie die «Handschriften B, E, K und G». Die flugtechnischen Gedanken LEONARDOS, geäußert im «Vogelflug», sind in vier «Bücher» oder Teile untergliedert. Teil 1 beschäftigt sich mit dem Schwingenflug, Teil 2 mit dem Gleitflug, Teil 3 mit dem Flug im allgemeinen und Teil 4 mit dem Bau von Flugmaschinen.

Bedeutsam für die Analyse des Gleit- und Segelfluges ist die Widerspiegelung der Doppelfunktion des Vogelflügels in diesem Manuskript: Er liefert nach LEONARDO sowohl Auftrieb als auch Vortrieb! Diese wichtige Erkenntnis erleichterte die Unterscheidung zwischen dem Ruderflug einerseits und dem Gleit- und Segelflug andererseits. Zum Gleitflug, in seinem Manuskript als «Abwärtsflug ohne Flügelschlag» bezeichnet, sagte er folgendes: «Wenn kein Wind ist, macht der Milan häufigere Flügelschläge, und zwar derart, daß er im Fluge hochgeht und Schwung gewinnt, mit dem er dann, ein wenig abwärts geneigt, eine lange Strecke ohne Flügelschlag zurücklegt. Ist er am Ende angekommen, macht er's wie am Anfang, und so folgen die Bewegungen aufeinander. Der Abwärtsflug ohne Flügelschlag dient ihm als Mittel, sich nach der Ermüdung bei der Schlaganstrengung in der Luft auszuruhen.»

LEONARDO beschrieb in diesem Manuskript auch den Segelflug der Vögel. Er gab seine Beobachtung wieder, daß die Segelvögel ohne Flügelschläge nicht nur ihre Höhe erhalten, sondern sogar noch Höhe gewinnen können. Als Ursache für den Segelflug sah er den Wind an: «Der Milan und andere Vögel, die nur wenig Flügelschläge machen, sind bestrebt, bewegte Luft aufzusuchen. Wenn oben Wind herrscht, sieht man sie in großer Höhe, wenn unten Wind herrscht, halten sie sich niedrig.» [24, S. 10]

Über den tatsächlichen Anteil des Windes am Zustandekommen des Segelfluges besaß LEONARDO jedoch völlig falsche Vorstellungen, die in seiner Keiltheorie einen deutlichen Ausdruck fanden. Er war von der Tatsache ausgegangen, daß mit Hilfe eines Keiles, den man mit relativ leichten Schlägen unter einen schweren Körper treibt, dieser emporgehoben wird. Dieses Beispiel übertrug er fälschlicherweise auf den Segelflug: Er glaubte, daß der horizontal wehende Wind den Vogel im Sinne eines Keiles emporhebt, wenn der Vogel gegen den Wind fliegt und die Flügel positiv anstellt («über dem Winde» fliegt) und umgekehrt nahm er einen Sinkflug an, wenn der Vogel mit negativer Anstellung («unter dem Winde») oder mit Rückenwind fliegt. Wegen dieser Keiltheorie kann die Stelle im «Vogelflug», in der LEONARDO davon spricht, daß der Vogel ohne Höhenverlust fliegt, wenn der Wind «ihn von unten trifft» [24, S. 32] auch nicht als Erkenntnis der Existenz von Aufwinden, also der Vertikalkomponente der Luftbewegung als Voraussetzung für den Segelflug, ausgelegt werden.

Diese Theorie kommt in den nachfolgend wiedergegebenen Zitaten zum Ausdruck: «Wenn der Vogel vom Wind getrieben wird, gleitet er immer in schräger Bewegung abwärts, und wenn er sich wieder bis zu der ursprünglichen Höhe erheben will, kehrt er um und benutzt den Antrieb des Windes als Keil.» [81, S. 344]

Da LEONARDO glaubte, daß dem lediglich horizontal wehenden Wind Energie zum Segeln entnommen werden könnte und er die Keilwirkung auch auf den Kreisflug übertrug, ist er der Stammvater der Theorie des dynamischen Segelfluges: «Wenn der Vogel die Aufwärtsbewegungen gegen und über Wind macht, wird er viel höher steigen als sein natürlicher Schwung hinreicht, den er durch das Abwärtsgleiten erworben hat, weil die Hilfe des Windes dazukommt, der unter ihm herstreichend die Dienste eines Keiles leistet. Aber wenn er am Ende der Steigung angelangt ist, wird der Schwung verbraucht sein und nur die Kraft des Windes übrig bleiben, die ihn ... nach hinten überstürzen würde, wenn der Vogel jetzt nicht ... in einem Halbkreis abwärtsgleitet und die Abwärtsbewegung unter dem Wind in entgegengesetzter Richtung macht.» Die Fortsetzung dieses Flugmanövers wird wie folgt beschrieben: «Wenn er eine solche Abwärtsbewegung in einem halben Kreisbogen vollführt, wird der Vogel sich an ihrem Ende mit dem Schnabel in der Richtung auf der Stelle befinden, von wo die Abwärtsbewegung begann. Wenn die Bewegung nun gegen den

24   LEONARDO: Höhengewinn durch Kreisen im horizontalen Wind.

25 LEONARDO: Skizzen zum Höhengewinn durch Kreisen im Wind. Oben und unten: Höhengewinn durch «einfaches» Kreisen; Mitte: Höhengewinn durch «zusammengesetztes» (nierenförmiges) Kreisen.

Wind fortgesetzt wird, wird das Ende dieses Reflexbogens höher liegen als der Anfang der Abwärtsbewegung, und auf diese Art steigt der Vogel höher, indem er ohne Flügelschlag kreist. Der kreisförmige Reflexbogen wird durch den Gegenwind und den Beginn der Abwärtsbewegung beendet, wobei der Vogel immer einen Flügel und ebenso eine Seite des Schwanzes niedriger als die andere hält.» [24, S. 32]

Diese Erklärungsversuche LEONARDOS über die Möglichkeit der Energieentnahme aus einem nur horizontal und gleichmäßig wehenden Wind enthalten folgenden Trugschluß: Er erkannte nicht den Unterschied zwischen der Geschwindigkeit des Vogels gegenüber der Luft und seiner Geschwindigkeit gegenüber Grund (dem Erdboden). Für einen möglichen Energiegewinn besitzt alleine die Erhöhung der Geschwindigkeit gegenüber der Luft eine Bedeutung. Ein mit dem Wind fliegender Vogel erhält nur einen Geschwindigkeitsgewinn gegenüber Grund (Addition der Fluggeschwindigkeit und der Windgeschwindigkeit). Beim Eindrehen gegen den Wind verändert sich wiederum nur die Geschwindigkeit über Grund (Subtraktion der Windgeschwindigkeit von der Fluggeschwindigkeit). Die Geschwindigkeit

gegenüber der Luft bleibt in beiden Fällen unverändert. Willkürliche Veränderungen der Bahnneigung beim Fluge mit oder gegen den Wind vermögen an diesem Zusammenhang nichts zu verändern und ergeben keinen Energiegewinn. Lediglich mit einer Fesselung des Fluggeräts, wie sie beim Flugdrachen erfolgt, vermag man dem horizontal wehenden Winde Energie zu entnehmen.

Da LEONARDOS Erkenntnisse in starkem Maße auf genauen Naturbeobachtungen beruhten, muß hier noch erwähnt werden, daß ein Steigen eines Vogels gegen den Wind tatsächlich dann beobachtet werden kann, wenn der Vogel einen Aufwind nur gegen den Wind anschneidet und ihn mit dem anderen Halbkreis absteigend wieder verläßt.

Bedeutsam waren auch die Gedanken LEONARDOS zur Steuerung eines Gleitflugzeugs. Er erkannte zunächst die Möglichkeit, mit Hilfe eines um die Querachse beweglichen Flügels durch Veränderung des Einstellwinkels die Flugbahn zu steuern. Diese Erkenntnis wurde später mit der Flügelsteuerung in die Praxis umgesetzt!

Weiterhin wußte LEONARDO, daß die Vögel auch mit dem «Daumen» steuern. Es ist dies eine Gruppe von wenigen kräftigen Federn, die auf einem kleinen vorderen Knochen, dem verkümmerten Daumen, sitzen. Diese Federn bilden einen kleinen spreizbaren Vor-, Hilfs- oder Bastardflügel, der im Sinne eines vorderen Höhenruders ausgezeichnet zum Steuern geeignet ist. Mit dem Verlust dieser Federn verlieren viele Vogelarten an Flugtüchtigkeit! LEONARDO hielt die «Daumen» für die Steuerung für so wichtig, daß er die Begriffe für Daumen (dito grosso) und Steuer (timone) identisch verwendete. Die Flügeldaumen waren für ihn das «erste Steuer».

Im Zusammenhang mit der Anstellwinkelveränderung erkannte LEONARDO die steuernde Wirkung des Schwanzgefieders des Vogels, das wie ein Höhenleitwerk arbeitet. Seine Wirkung beschrieb er wie folgt: «Der Vogel, der mit dem Kopf nach unten fällt, wird sich wieder aufrichten, falls er den Schwanz gegen den Rücken zu biegt.» [8l, S. 337] Nach der Fliegersprache hätte der Vogel in diesem Fall Höhensteuer gegeben.

An einer anderen Stelle sagte er zur Leitwerkfunktion des Schwanzgefieders: «Das zweite Steuer befindet sich auf der entgegengesetzten Seite, hinter dem Schwerpunkt des Vogelkörpers. Es ist dies der Schwanz, der, wenn er vom Wind von unten getroffen wird, den vorderen Körperteil des Vogels herunterdrückt, wenn er aber von oben getroffen wird, das Vorderteil hebt. »[24, S. 34] Die Kombination eines vorderen und hinteren Leitwerks wurde Jahrhunderte später von MAXIM, FERBER und VOISIN in die Flugtechnik eingeführt.

LEONARDO beobachtete, daß der Vogel mit einer Verwindung des Schwanzgefieders die Wirkung eines Seitensteuers erzielt, das ihm von der Natur aus nicht gegeben ist.

Die Verwindung der Flügel zum Zwecke der Quersteuerung hatte LEONARDO noch nicht erkannt, wohl aber die Möglichkeit, durch Veränderung der Größe der Flügelhälften und ihrer Pfeilung die Querlage zu steuern.

Für LEONARDO war der Vogel ein Instrument, das in Übereinstimmung mit den mathematischen Gesetzen arbeitet, und es lag nach seiner Meinung in den Fähigkeiten des Menschen, dieses Instrument nachzubauen.

LEONARDO verfügte über die wichtigsten Erkenntnisse, die man zur Verwirklichung des Gleitfluges benötigte. Es ergibt sich die Frage, warum er trotz seiner zunehmenden Hinwendung zum Gleit- und Segelflug keine nachweisbaren Gleitflugversuche unternahm? Die Ursachen können in seinem Lebensalter gelegen haben – 1505 war LEONARDO bereits 53 Jahre alt – sie lagen vielleicht auch im Zeitgeist und sicherlich in der Tatsache, daß im Falle einer Verwirklichung des Gleitfluges ein weiterreichender Nutzen nicht zu erkennen war. Andererseits überrascht es auch nicht, daß aufgrund der intensiven Beschäftigung LEONARDOS mit dem Flugproblem eine alte oder moderne Vermutung und Legende entstand, nach der er am Monte Ceceri, der das Gelände um 400 m überragt, Modell- und Gleitflugversuche ausgeführt haben soll.

Bei LEONARDO trat auch zum ersten Mal die Kombination einer starken künstlerischen Veranlagung mit dem Interesse für das Flugproblem und seiner Lösung auf.

Leider blieben die Manuskripte LEONARDOS jahrhundertelang unveröffentlicht und ungelesen, so daß von ihnen kein schöpferischer Strom der Erkenntnis ausgehen konnte. Auch nachdem 1796 NAPOLEON die Manuskripte als Kriegsbeute nach Paris entführt hatte, und der Physiker J. B. VENTURI mit der Veröffentlichung des wissenschaftlichen Nachlasses begann, änderte sich dieser Zustand nicht grundlegend.

Dennoch gehört LEONARDO zu den großen, genialen Begründern des Menschenfluges. Er führte als erster den Gleit- und Segelflug auf natürliche Zusammenhänge zurück und war von der Möglichkeit der Realisierung des Fluges durch den Menschen zutiefst überzeugt. Geradezu prophetisch klingt seine Prognose aus dem Manuskript über den Vogelflug: «Der große ‹Vogel› wird seinen ersten Flug ... unternehmen. Er wird die ganze Welt mit Staunen und alle Schriften mit seinem Ruhm erfüllen und dem Ort, wo er geboren wurde, zu ewiger Herrlichkeit gereichen.» [8l, S. 306 f]

Die wichtigsten flugtechnischen Erkenntnisse LEONARDOS waren folgende:

– Die relative Bewegung zwischen Tragfläche und Luftmasse ist die Ursache des Auftriebs an den Tragflächen.
– Er entdeckte den Unterschied zwischen Auftrieb und Widerstand und dessen hemmende Wirkung.
– Die Stromlinienform ist die Körperform des geringsten Luftwiderstands.
– Der Vogelflügel vermag sowohl Auftrieb als auch Vortrieb zu liefern. LEONARDO erkannte den Gleitflug mit starren Flügeln und den Segelflug der Vögel, den er auf natürliche, wenn auch falsche Ursachen zurückführte.
– Er entdeckte Druckmittelpunkt und Schwerpunkt bei Vögeln und Flugmaschinen sowie deren Einfluß auf Flugstabilität und Steuerung.
– Die Wirkungsweise des Leitwerks wurde von ihm erkannt. In Skizzen stellte er kreuzförmige Leitwerke für Fluggeräte dar, die folglich Höhen- und Seitenleitwerk besaßen.
– Die Vogelskizzen zeigen meistens eine deutlich erkennbare positive V-Form der Flügel, deren Bedeutung LEONARDO jedoch nicht kommentierte.
– Die Konturen des Vogels im Gleitflug wurden zur Grundkonzeption seiner Flugzeugentwürfe.

DANTI VON PERUGIA

Der durch die Vorbilder im Luftmeer ausgelöste und durch die natürlichen und sozialen Lebensbedingungen ständig verstärkte Flugwunsch des Menschen mußte bei ausreichender handwerklicher Geschicklichkeit und anwachsender Erkenntnis über kurz oder lang zu Flugversuchen mutiger (oder auch leichtfertiger) Menschen führen.

Verschiedene Ursachen – unter anderem die Schwierigkeit der Analyse des Gleit- und Segelfluges bei den Vögeln – bewirkten, daß die Mehrzahl der vor und nach LEONARDO durchgeführten und überlieferten Versuche Schwingenflugexperimente waren. Bei den wenigen Versuchen mit fallschirmartigen Gewändern und starren Tragflügeln ist über die Vorstellungen der Experimentatoren nichts bekannt geworden, so daß sie entsprechend der Zielsetzung dieser Arbeit hier nicht wiedergegeben werden.

Aus gleichen Gründen wird auch die DÄDALUS-IKARUS-Sage des klassischen Altertums, die auch zur Zeit LEONARDO DA VINCIS äußerst populär war, nicht behandelt. Ihr flugtechnischer Gegenstand ist der Muskelkraftschwingenflug, und es gibt in ihr kein Anzeichen, daß sich ihre Urheber der Möglichkeit eines Gleit- und Segelfluges bewußt gewesen wären. Diese Sage besaß dennoch für die Entwicklung des Gleit- und Segelfluges eine stark motivierende Wirkung, weil sie die Menschen aufforderte und ermunterte, mit größerer Umsicht als IKARUS eigene Flugversuche zu unternehmen.

Die ersten, etwas umfassender überlieferten Gleitflugversuche sollen von GIOVAN BATTISTA DANTI (1478–1517), einem Zeitgenossen LEONARDO DA VINCIS, unternommen worden sein, und es ist kein Zufall, daß dies in Italien geschehen sein soll. In diesem Lande, dem Zentrum der Renaissance, befanden sich Kunst und Literatur, Wissenschaft und Technik in hoher Blüte und das Leben der Gesellschaft war von aufklärerischen Tendenzen durchdrungen. DANTI war ein bekannter Mathematiker und Militärarchitekt, und dieser Umstand läßt die Vermutung zu, daß er von zutreffenden Überlegungen ausgegangen sein kann.

Um 1500 hat DANTI mit einem Freunde wahrscheinlich ein Fluggerät am Trasimenischen See gebaut. Der Chronist berichtet bezeichnenderweise, daß sie unter dem Vorwand, «sich zu vergnügen», dorthin gegangen seien. Nach der Fertigstellung soll das Fluggerät erprobt worden sein. DANTI flog eine «nicht zu kleine Strecke», überquerte einen Bach, wo sein Freund auf ihn wartete, wollte den Flug langsam beenden und landete unsanft.

Nachdem er auf diese Weise wiederholt kürzere Entfernungen glücklich zurückgelegt haben soll, traute er sich an einen noch längeren Flug. Anläßlich der Hochzeit eines Feudalherren von Perugia soll DANTI 1503 mit seinem Fluggerät, ganz bedeckt mit Federn, auf einen hohen Turm der Stadt gestiegen sein, sich in die Luft geworfen haben und unter einem fürchterlichen, zischenden Geräusch etwa 300 Schritte weit über eine Straße bis in die Nähe seines Zieles geflogen sein. Dann brach jedoch ein aus Eisen bestehender Beschlag des linken Flügels und nur mit dem rechten konnte DANTI die Fluglage nicht mehr beherrschen. Er stürzte am Ende dieser Straße auf das Dach der Kirche der Heiligen Jungfrau Maria, fiel von dort in den Kreuzgang eines Klosters, wo man vorsichtshalber Matrazen ausgelegt hatte. Die Zuschauer liefen alle hin und glaubten, daß er sich zu Tode gestürzt habe, doch DANTI war mit einem Beinbruch davongekommen. Von seinen Mitbürgern erhielt DANTI den Beinamen «Dädalus».

Sind diese Flüge Wirklichkeit oder Legende? Die wiedergegebene Darstellung ist erst über 200 Jahre nach den Flugversuchen niedergeschrieben worden und stützt sich auf ältere Quellen. Für stattgefundene Flugversuche spricht die Tatsache, daß die gewählte Darstellung recht realistisch ist und von Autoren verfaßt wurde, die vom Fliegen noch nichts verstehen konnten.

Dennoch stellen sich hier eine Reihe von Fragen. Der Gleitflug in eine Stadt hinein konnte entweder auf einer Beherrschung des Gerätes, auf abenteuerlichem Leichtsinn oder aber auf der schöpferischen Phantasie von Chronisten beruhen. Weiterhin erscheint der Umstand problematisch, daß von DANTI selbst keinerlei Berichte über seine flugtechnischen Arbeiten vorliegen. Das, was einen Menschen bewegt, findet insbesondere bei Wissenschaftlern einen Niederschlag in Manuskripten, doch kann deren Fehlen auch andere Ursachen besitzen. Es bleibt zu hoffen, daß eine intensive Erforschung der möglichen Quellen mehr Licht in die flugtechnischen Arbeiten DANTIS bringt.

BORELLI

Anderthalb Jahrhunderte nach LEONARDO wurde mittels eines anatomischen Vergleichs zwischen Vogel und Mensch die Unmöglichkeit eines Muskelkraftschwingenfluges des Menschen auf eine anschauliche und überzeugende Weise bewiesen. ALFONSO BORELLI (1608–1679) berücksichtigte in seinem Vergleich zwar nicht die Kraft der Beine – wie es LEONARDO DA VINCI vorschwebte, trotzdem bleibt der Ausgangspunkt seiner Beweisführung zutreffend.

In seiner Schrift «De motu animalium» (Über die Bewegung der Tiere), die erst nach seinem Tode im Jahre 1680 veröffentlicht wurde, schrieb BORELLI: «Wenn man die Frage stellt, ob ein Mensch mit eigener Kraft fliegen kann, muß man nachsehen, ob die Kraft seiner Brustmuskeln ... entsprechend groß ist ... Es ist klar, daß die Kraft der Brustmuskeln beim Menschen viel zu klein ist; denn bei den Vögeln beträgt das Gewicht der zum Schlagen dienenden Muskeln nicht weniger als ein Sechstel des gesamten Körpergewichtes ... beim Menschen nicht einmal ... den hundertsten Teil des Körpergewichtes.

Hieraus geht hervor, daß die Erfindung des IKARUS vollständig sagenhaft ist, weil sie unmöglich ist; denn man kann weder die menschlichen Muskeln verstärken noch das Körpergewicht vermindern ... Nichtsdestoweniger versichere ich, daß die Ausführung des Fluges nicht besonders schwer ist, da die Natur die einfachste und leichteste unter den verschiedenen Möglichkeiten gewählt hat.» [51, S. 32]

BORELLI hatte den Flug der Vögel in seiner Arbeit umfassend untersucht und war in einer Reihe von Fragen zu ähnlichen Erkenntnissen wie LEONARDO gelangt. Auch er unterschied zwischen dem Ruder- und dem Gleitflug, erreichte jedoch in der Analyse dieses Fluges nicht das Niveau seines Landsmannes. Das beobachtete Steigen ohne Flügelschlag führte er auf einen Geschwindigkeitsüberschuß zurück, der im Ruderflug erzielt wird.

Er räumte jedoch ein, daß auch der Wind eine Rolle dabei spielen kann: «Drittens sind die oberen Regionen der Luft niemals ganz still, sondern durch den Wind stets beunruhigt, wie die Bewegungen der Wolken zeigen. Und so wird der Vogel mit ausgebreiteten Flügeln durch den Wind leicht emporgetragen; jedenfalls aber verhindern der Wind und die ausgespannten Flügel ein schnelles Herabsinken.» [51, S. 31] Auf welche Weise das Emportragen durch den Wind physikalisch vor sich gehen sollte, wurde von BORELLI nicht erwähnt.

Drei Tatsachen sind in der Arbeit BORELLIS besonders bemerkenswert: Erstens, daß er durch die nicht abreißenden Nachrichten über Flugversuche zu seinen Untersuchungen angeregt wurde; zweitens, daß er mit Hilfe eines anatomischen Vergleichs den Nachweis der Unmöglichkeit des Muskelkraftfluges zu bringen versuchte und drittens, daß er die Verwirklichung des Fluges durch den Menschen dennoch für möglich hielt. Vielleicht, diese Auslegung ist durchaus möglich, dachte BORELLI auch an den Gleitflug.

3.2. Gleitflugzeugprojekte von Swedenborg und Bauer – Erklärungsversuch des Segelfluges

Die Entwicklung des flugtechnischen Gedankenguts war in den Jahrhunderten nach LEONARDO DA VINCI, trotz eines scheinbaren Stillstands, weiter vorangegangen. Ein Beweis dafür sind die plötzlich auftauchenden Flugzeugprojekte von SWEDENBORG und BAUER.

Beide Entwürfe sind maßgeblich von der Existenz des Flugdrachens beeinflußt worden, der, aus Ostasien kommend, seit dem ausgehenden Mittelalter in Europa verbreitet und als Zeitvertreib bei Groß und Klein sehr beliebt war. Der Drachen erwies sich in noch stärkerem Maße als der Vogel geeignet, dem Menschen die Lektionen in Aerodynamik und Flugmechanik zu lehren, die er zur Realisierung des Menschenfluges benötigte. Aus der Kombination der Vorbilder des Vogels und des Drachens mußte mit Sicherheit der Gleit- und Segelflug entstehen. Der Drachen besaß darüber hinaus den psychologischen Vorteil, ein flugfähiges Produkt des menschlichen Geistes und handwerklicher Geschicklichkeit zu sein.

26　Alter chinesischer Flächendrachen.

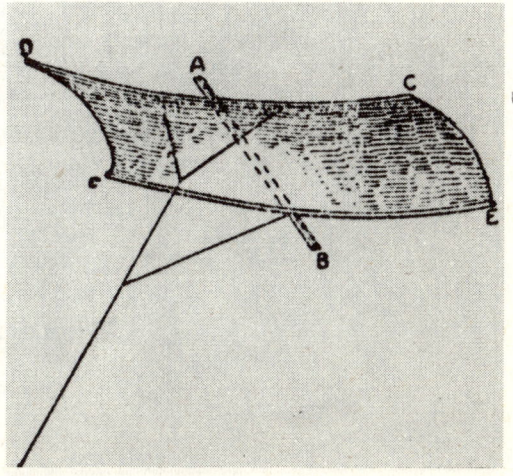

Beim Drachen wird der Auftrieb wie beim Vogel im Gleitflug durch Umströmung einer starren Fläche gewonnen. Dank der Verbindung mit der Erde durch eine Schnurfesselung entnimmt der Drachen die zum anhaltenden Fliegen notwendige Energie dem Wind. Letzteres war für den Segelfluggedanken bedeutsam.

Andererseits konnte auch der Gleitflug vom Drachen abgeleitet werden. Losgelöst von der Schnur kann ein in der Luft befindlicher Drachen – wenn er zufälligerweise oder absichtlich richtig «ausgewogen» ist, wie ein Gleitflugmodell einen stabilen Flug vollführen.

Weiterhin konnten von den Segeln der Segelschiffe aerodynamische Anregungen ausgehen. Man braucht solch ein Segel nur um 90° zu drehen und erhält eine Tragfläche – die Strömungsvorgänge sind in beiden Fällen die gleichen. Für den Menschenflug besaßen zusätzlich die Windmühle (Vortriebsbildung durch Luftschrauben), der Pfeil und die Rakete (Stabilisierung der Flugbahn mit Hilfe von kreuzförmigen Leitwerken) anregende Bedeutung.

An den Projekten von SWEDENBORG und BAUER ist hervorzuheben, daß erstmals eine tatsächliche Trennung der Flugzeugelemente erfolgte, die den Auftrieb und

27   Drachen als Kinderspielzeug in Europa (1618).

28   Europäischer Drachen. Aus JOHN BATE: Mysteries of Nature and Art (1653). (Bild S. 37)

den Vortrieb liefern. Damit war das Gleitflugzeug mit starrer Tragfläche konzipiert worden! In dieser praktischen Trennung von Auftriebs- und Vortriebsbildung zeigt sich ein genereller Fortschritt, der in den letzten Jahrhunderten im flugtechnischen Denken erzielt worden war.

Weiterhin weisen beide Ausarbeitungen strukturelle Fortschritte auf, die ebenfalls vom Drachenbau beeinflußt worden sind: die Anwendung von Holmen und Rippen sowie einer Bespannung für den Aufbau des Tragflächengerüstes. Bei BAUER erscheint darüber hinaus erstmals die bewußte und sinnvolle Anwendung einer Verspannung.

Der Mangel beider Entwürfe lag in einer fehlenden bzw. ungenügenden Berücksichtigung des Problems der Flugstabilität und Steuerung im dreidimensionalen Luftraum.

Der Gleitfluggedanke spielte insbesondere in dem Gleitflugzeugprojekt des schwedischen Gelehrten EMANUEL SWEDENBORG (1688–1772) eine bedeutende Rolle, der zwei Aufsätze zum Flugproblem verfaßt hatte. Der zweite wurde bereits im Jahre 1716 in einer wissenschaftlichen Zeitschrift veröffentlicht. Zum Beweis für die erhoffte Flugfähigkeit des Projektes benutzte SWEDENBORG interessante Vergleiche mit dem Flug der Vögel.

In einem «ersten Beweis» wies er darauf hin, «daß der Adler oder die Weihe in der Luft still liegen können auf ihren ausgebreiteten Schwingen oder in der Luft schweben können.» Offensichtlich meinte SWEDENBORG mit dem «Stilliegen» den Gleitflug und mit den «Schweben» den Segelflug der Vögel. Er stellte die berechtigte Frage, warum sein Apparat dies nicht auch können sollte?

Im «zweiten Beweis» führte er die Flugeigenschaften des Drachen an, «daß die Papierdrachen oft auch bei ruhigem Wetter sich in der Luft halten können und höher und höher steigen bei nur geringer Bewegung und trotzdem nicht umkippen, obwohl sie von Holz und anderen schweren Materialien sind». [26, S. 308]

Neben dem Hinweis auf die Flugfähigkeit von Geräten schwerer als Luft läßt SWEDENBORGS Formulierung die Annahme nicht ganz unberechtigt erscheinen, daß er beim Drachensteigen die hebende Wirkung von Aufwinden erlebt haben dürfte. Warum sollte sein Fluggerät unter ähnlichen Bedingungen nicht auch höher und höher steigen?

SWEDENBORG gab eine ausführliche Baubeschreibung und Betriebsanweisung für seinen Flugzeugentwurf. Er sollte aus einer ellipsenförmigen, starren Tragfläche bestehen, in deren Mitte sich kleinere, von der Tragfläche unabhängige, muskelkraftgetriebene Schlagflügel befanden, die den Vortrieb für einen anhaltenden Flug liefern sollten. Der Pilot befand sich in liegender Position inmitten der Tragfläche; ein Rumpf existierte noch nicht, so daß das Gerät als Nurflügel eingestuft werden kann. Das Flügelgerüst sollte aus Holzleisten gebaut und mit Segeltuch bespannt werden. Größen- und Gewichtsverhältnisse sollten proportional denen von Adler oder Weihe entsprechen. Die

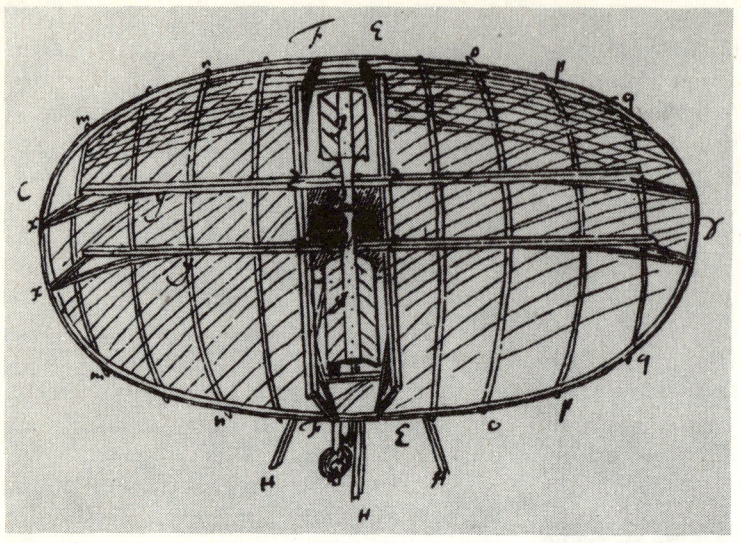

29   Draufsicht des Flug-
zeugprojektes von SWEDEN-
BORG (1716).

Begriffe Schwerpunkt und Gleichgewichtserhaltung wurden erwähnt.

Über die auftretenden Schwierigkeiten
hatte SWEDENBORG annähernd richtige
Vorstellungen. «Es erscheint allerdings
leichter, über eine solche Maschine zu
reden, als sie zu bauen und in die Luft zu
führen, denn das erfordert mehr Kraft
und weniger Gewicht, als der menschliche Körper besitzt. Indessen könnten
doch drei oder vier Hilfsmittel in der
Hauptsache das Ziel erreichen helfen:
1. Ein starker Wind, der auf solche Ob-
   jekte eine starke Wirkung ausübt. Bei
   ruhigem Wetter tut man besser, ruhig
   und demütig am Erdboden zu bleiben!
2. Muß die Maschine von einem besonders erhöhten Punkte aus herabgelas-
   sen werden, denn es wird die größte
   Schwierigkeit sein, sich vom Erdboden
   in die Luft zu schwingen; viel würde
   dabei auch helfen, wenn die Maschine
   vermittels eines Taues oder jemandes
   Beihilfe in die Luft erhoben werden
   könnte …
3. Muß auch die Größe und die Spannweite der Segel, und ebenso die Stärke
   der Flügel, im richtigen Verhältnis stehen.» [26, S. 310f]
Es ist erstaunlich, wie realistisch der
Theoretiker SWEDENBORG die Probleme

der Flugpraxis mit Gleitflugzeugen
erkannte. Er nahm die späteren Startmethoden des Seil- und Tragstarts vorweg.

SWEDENBORG beschrieb auch die
Methode, nach der sein Flugzeug gesteuert werden sollte: «Der Dädalus muß
selbst die Richtung des Fluges bestimmen, indem er seinen Körper mehr nach
unten, nach oben oder nach einer Seite
neigt.» [26, S. 308]

Bezüglich einer zukünftigen Realisierung seiner Vorstellungen war er opti-
stisch, sah jedoch auch das «Lehrgeld»
voraus, das in den Anfangsjahren der
Gleitflugbewegung sicherlich gezahlt
werden müßte: «Man hat jedoch schon
Beweise und Beispiele genug aus der Natur, daß solches ohne Gefahr geschehen
kann; wie bei den Vögeln, z. B. dem Adler
oder der Weihe, die sozusagen in der Luft
schwimmen und mit ihrem ganzen Gewicht auf den Flügeln liegen, ohne minutenlang auch nur eine Feder zu rüh-
ren … Es gibt noch mehr derartige
Gründe, die zu weiteren Untersuchungen
in dieser Richtung ermutigen, wenn man
auch für die ersten Versuche, die man zu
machen hat, Lehrgeld wird bezahlen
müssen und es einem dabei auf einen Arm
oder auf ein Bein nicht ankommen
darf …» [26, S. 311]

Obwohl SWEDENBORG mit seinen Vorstellungen einige der später im Gleitflug angewandten Methoden gedanklich vorwegnahm, wäre sein Gleitflugzeugprojekt im Falle einer Verwirklichung nicht flugfähig gewesen, da er die Grundfragen der Flugstabilität nicht erkannt und folglich nicht gelöst hatte; dennoch besaß es richtungweisende Bedeutung, da Entwurf und Methode entwicklungsfähig waren. SWEDENBORGS flugtechnische Gedanken konnten wirksam werden und andere Forscher positiv beeinflussen, da sie in einer wissenschaftlichen Zeitschrift erschienen und somit der «gelehrten Welt» zugänglich waren.

Knapp fünf Jahrzehnte nach SWEDENBORGS Vorschlägen wurde um 1765 von dem Gärtner MELCHIOR BAUER, geboren 1733 in Lehnitzsch bei Altenburg, ein Projekt ausgearbeitet, das in seinen Grundzügen dem von SWEDENBORG entsprach. Ein wichtiges Motiv für den Wunsch BAUERS, ein Flugzeug zu bauen, war der Gedanke: «Sind denn die Menschen nicht so viel wert, als die Raben, Gänse, Schwäne und Störche? Sollten denn mit Gottes Hilfe dem Menschen solche Dinge nicht auch möglich sein?» [116, S. 20]

In dem Manuskript wird der technische Aufbau des Flugzeugs ausführlich, unter Verwendung instruktiver Zeichnungen, beschrieben. Es handelt sich erneut um ein Flugzeug mit einer großen starren Tragfläche und kleinen, beweglich angebrachten Schlagflügeln. BAUER hatte in noch stärkerem Maße als SWEDENBORG im technischen Aufbau das Vorbild der Vogelwelt verlassen, obwohl er die Vögel seine «Lehrmeister und Vorbilder» nannte. Seine Tragfläche, der «Himmel» genannt, war ein Rechteck mit Holmen und Rippen, die aus Tannenholzleisten bestehen sollten. Auf der Unterseite wollte er das Flächengerüst mit Seide bespannen. Die Festigkeit der leicht gebauten Tragfläche sollte durch eine sehr geschickte diagonale Verspannung mit

Messingdrähten unter Verwendung mehrerer Spanntürme erreicht werden. Der Grundriß, der Aufbau und die Verspannung des Projektes entsprachen weitgehend dem Niveau, das noch im Jahre 1912 im Flugzeugbau herrschte. Die Fläche besaß eine leichte V-Form, und erstaunlich war die Begründung, die BAUER dafür gab: «Es kann auch der Wagen in der Luft nicht umkippen, weil er oben leichter, auch der Himmel Enden ein wenig aufwärts gebogen sind und alles Schwere unten hängt.» [116, S. 34]

Eine gewisse richtungsstabilisierende Wirkung wäre von den senkrecht angeordneten Vortriebsklappen ausgegangen, und wie es auf einer Seitenansicht zu erkennen ist, besaß das Gerät in der hinteren Hälfte unter der Tragfläche auch eine Seitenflosse, von der eine Windfahnenwirkung ausgehen mußte. Völlig unberücksichtigt blieben die Fragen der Längsstabilität und der Steuerung um die Querachse.

Das Gerät ruhte auf einem leichten Fahrgestell mit Speichenrädern. In diesem «Wagen» stand der Pilot und hielt in seinen Händen den Schlagflügelapparat. Die steuernde Wirkung der Gewichtsverlagerung des Piloten wird von BAUER genau beschrieben. Der Start sollte durch Hangabwärtsrollen geschehen, bis das Gerät die zum Abheben notwendige Geschwindigkeit besaß.

Die Beschreibung des Startvorgangs und der Steuerung läßt erkennen, daß sein Flugzeug auch im Gleitflug ohne Benutzung der Vortriebsflächen fliegen sollte. Interessant sind die Gedanken BAUERS zur Begründung der Trag- und Flugfähigkeit seines Apparates. Sie lassen erkennen, wie weit der Autodidakt BAUER richtig in flugmechanische Zusammenhänge eingedrungen war: «Wenn er (der «Wagen», d. Verf.) nun ganz fertig ist, so ist er etwa 45 oder 50 Pfund schwer und trägt in der Luft einen Menschen und dazu 100 Pfund. Denn es ist ausgerechnet, daß er in solcher Größe 300 Pfund

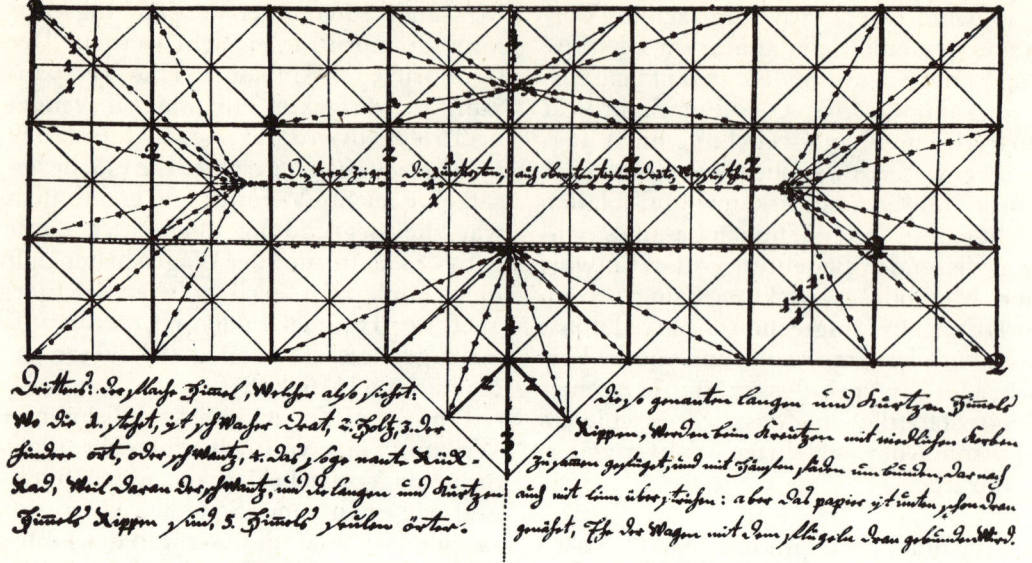

30   Draufsicht des Flugzeugprojektes von MELCHIOR BAUER (1763). Die diagonale Verspannung mit Drähten ist deutlich zu erkennen.

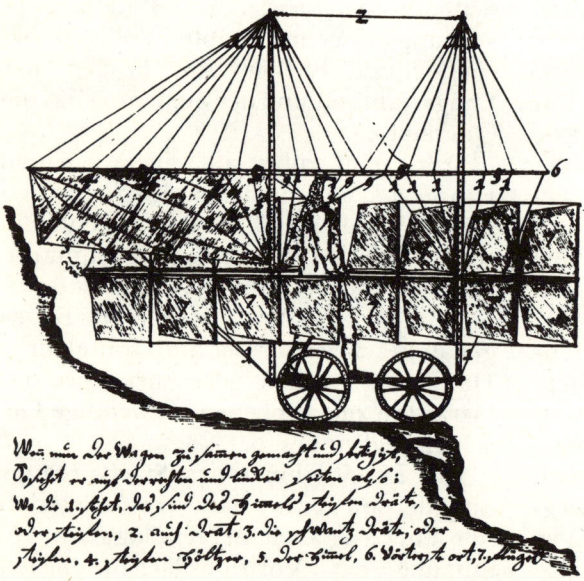

31   Seitenansicht des Flugzeugprojektes von BAUER (1763). Das Gerät sollte von einem Abhang gestartet werden.

schwer trägt durch schnellen Flug. Denn es fliegen ja Steine und Eisen, wenn sie von was getrieben werden. Und dieser schwebende Wagen wird ja von den beweglichen Flügeln gezogen.» [116, S. 36]

Trotz erkennbarer technisch-konstruktiver Fortschritte im Aufbau und Leichtbau der Tragfläche besaß das Gerät von BAUER auch als Gleitflugzeug keine echte Flugchance.

In den letzten Jahrzehnten unseres Jahrhunderts hat sich eine Tendenz herausgebildet, mit modernen Nachbauten seinerzeit nicht gebauter bzw. flugunfähiger Flugzeugprojekte deren Flugfähigkeit nachweisen zu wollen. Technisch wie historisch sind z. B. solche Äußerungen unberechtigt, daß der Gleitflug schon mit BAUERS «Gnadenstuhl» hätte beginnen können. Derartige Behauptungen bleiben

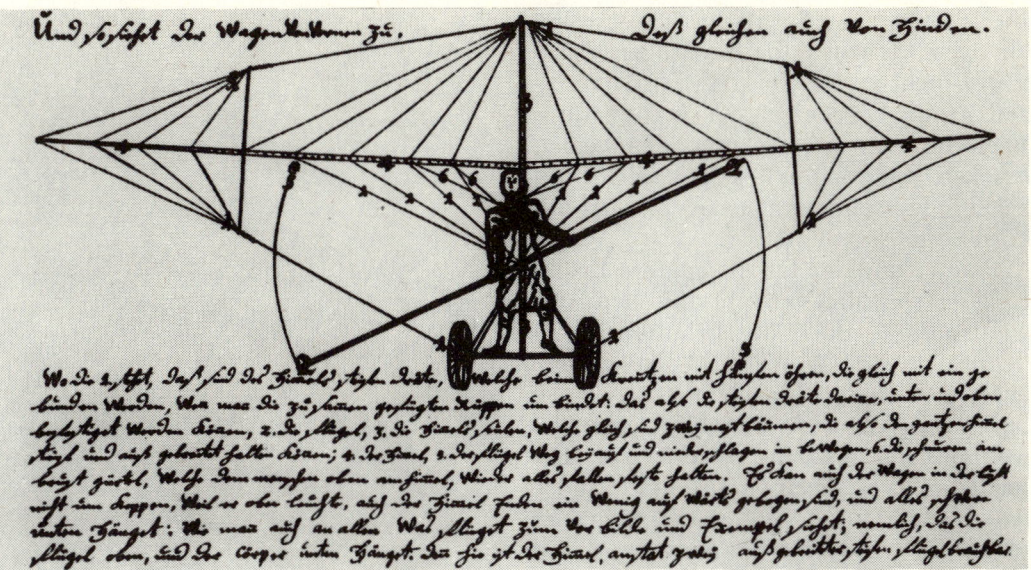

32 Vorderansicht des Flugzeugprojektes von
BAUER (1763). Über die stabilisierende Wirkung der
V-Form der Tragflächen besaß Bauer richtige Vor-
stellungen.

auch dann falsch, wenn sich moderne
Nachbauten als flugfähig erweisen. Dem
ursprünglichen Konstrukteur fehlten
neben den finanziellen Mitteln die entscheidenden theoretischen Erkenntnisse
und fliegerischen Erfahrungen, die es den
Nachbauern ermöglichen, das Gerät zum
Fliegen zu bringen.

Der umgekehrte Fall, daß Nachbauten
bereits erfolgreicher Flugzeuge nicht die
Flugleistungen der Originale bringen,
kommt in der Praxis auch vor, wenn die
Nachbauer nicht über die vielfältigen Erfahrungen und die Kenntis der «Feinhei-
ten» des Typs verfügen, die der ursprüngliche Konstrukteur besaß. In beiden Fällen war und ist es das «Gewußt wie!», welches über den Erfolg oder Mißerfolg entscheidet.

BAUERS flugtechnische Gedanken
waren leider zur Wirkungslosigkeit verur-
teilt, da sie bis 1921 im Greizer Staatsarchiv «vergraben» waren und erst dann
wiederentdeckt und veröffentlicht wurden. Dennoch bleibt BAUERS Projekt ein
interessantes Dokument der Fluggeschichte.

Etwa zur gleichen Zeit wurde der Versuch einer Erklärung der Ursachen des
Segelfluges der Vögel veröffentlicht, die
einhundert Jahre später noch einmal
aktuell werden sollte. Ein Abt NOLLET,
der 1766 in einem Buch von MARTINI zi-
tiert wurde, führte den Segelflug auf folgendes Verfahren zurück: «Es gibt Vögel,
die sich eine zeitlang in einerley Höhe erhalten, ohne daß sie die Flügel bewegen,
welches man in der Luft schweben nen-
net: Man muß aber doch zum Grund setzen, daß sie sich inzwischen bewegen,
aber daß ihre Vibrationen so schnell und
so kurz sind, daß man sie in einer so kurzen Entfernung nicht wahrnehmen kann.
Die große Geschwindigkeit dieser Bewegung kann eine zeitlang statt deutlicher
Schwingungen der Flügel dienen …»
[2, S. 505]

In die Umgangssprache der damaligen
Zeit war der Begriff Schweben für Segeln
bereits eingegangen, allerdings wurde er
in wissenschaftlichen Werken noch nicht
benutzt. In dem «Großen Universal-Lexikon aller Wissenschaften und Künste»
von HEINRICH ZEDLER, begonnen 1732,
werden die Begriffe Schweben, Segeln,

Gleiten, Gleitflug, Segelflug, Schwebeflug für diese Flugzustände des Vogels überhaupt nicht verwendet. Ausführlich werden große Segelvögel der Natur unter Verwendung interessanter Tatsachen beschrieben, doch daß sie den Gleit- und Segelflug auszuüben vermögen, wird mit keiner Silbe erwähnt.

Eine Grundlage für die spätere Erklärung des Segelfluges in thermischen Aufwinden bot jedoch die Erläuterung zu dem Stichwort «Wolcke» (Wolke). «Eine Wolcke ... besteht aus Dünsten, welche durch die Wärme in die Höhe getrieben werden. Es ist also eine Wolcke in der Tat nichts anderes als ein Nebel.» [1, S. 309] Als Ursachen für die Erwärmung der «Dünste» wurde die Sonnenwärme und die Erdwärme angegeben!

Wichtig für die Erkenntnis meteorologischer Vorgänge war die Wiedergabe eines Gedankens von GOTTFRIED WILHELM VON LEIBNITZ in ZEDLERS Lexikon: «Dieser große Philosoph hat ebenfalls gründlich gezeigt, wie ein Wasserbläschen nebst der enthaltenen Luft leichter sein könne, als eine gleiche Größe der äußeren Luft. Folglich müsse dasselbe nach den Gesetzen der Hydrostatik steigen ...» [1, S. 312]

3.3. Die Verwirklichung des Gleitfluges mit Flugmodellen und erste Flugversuche

Die flugtechnischen Arbeiten von GEORGE CAYLEY

Die schon bei SWEDENBORG und BAUER erkennbare neue Linie im Herangehen an das Flugproblem, die durch den Flugdrachen ausgelöst worden war, wurde wenige Jahrzehnte später durch Sir GEORGE CAYLEY (1773–1857) mit dem Bau von freifliegenden Flugmodellen und ersten Versuchen mit manntragenden Gleitflugzeugen praktisch angewendet.

33   SIR GEORGE CAYLEY (1773–1857).

Eine Triebkraft für CAYLEYS Arbeiten war der bedeutende Fortschritt der Menschheit auf dem Gebiet der Luftfahrt mit Mitteln «leichter als Luft». CAYLEY erlebte in seiner Jugend im Jahre 1783 die erregende Verwirklichung der Ballonfahrt durch die Brüder MONTGOLFIER und Professor CHARLES. Er hörte von den ersten Fallschirmabsprüngen des Menschen durch LENORMAND (1783), und GARNERIN (1797), lernte die ersten flugfähigen Hubschraubermodelle von LAUNOY und BIENVENU (1784) kennen und war von Kindheit an mit dem Flugdrachen vertraut.

Die Französische Revolution (1789–1794) veränderte die Klassenbeziehungen, und die in England beginnende Industrielle Revolution brachte eine nicht abreißende Kette von Entdeckungen und Erfindungen auf wissenschaftlichem und technischem Gebiet mit sich. Diese gesellschaftlichen Fortschritte stellten einen günstigen Nährboden für die Beschäftigung mit dem Flugproblem dar; besonders positiv wirkte sich die schnelle Weiterentwicklung der Naturwissenschaften aus.

CAYLEY, in Brompton, Yorkshire ansässig, beschäftigte sich in zwei Schaffensperioden, von etwa 1799 bis 1809 und von 1843 bis 1853, intensiv mit Fragen der Flugtechnik.

Im Jahre 1799 veröffentlichte er eine wichtige Definition: «Das ganze Problem des Fluges bewegt sich in folgenden Grenzen: eine Fläche durch die Anwendung einer Kraft gegen den Widerstand der Luft für ein gegebenes Gewicht tragfähig zu machen.» [87, S. 111] An einer anderen Stelle hieß es dazu: «Die angestellte Fläche – ausgerüstet mit einem Vortriebsmechanismus – das ist das wahre Prinzip der Luftfahrt ...» [89, S. 101]

Beide Erklärungen können unmittelbar auf den Gleitflug bezogen werden, da die erwähnte Kraft auch durch die Schwerkraft des Fluggerätes selbst erzeugt werden kann. Bedeutsam war die Tatsache, daß CAYLEY zur Auftriebsbildung starre Tragflächen vorschlug, während er für die Vortriebsbildung von der Tragfläche unabhängige Schlagflügel, später auch Luftschrauben, wie sie von Hubschrauber- und Luftschiffprojekten bekannt geworden waren, vorsah.

Im gleichen Jahr hatte CAYLEY in eine kleine silberne Scheibe ein modern anmutendes Diagramm über die an einer Tragfläche angreifenden Luftkräfte eingraviert: Er unterteilte die Gesamtluft-

34 Skizze eines Gleitflugzeugs von SIR GEORGE CAYLEY (1799).

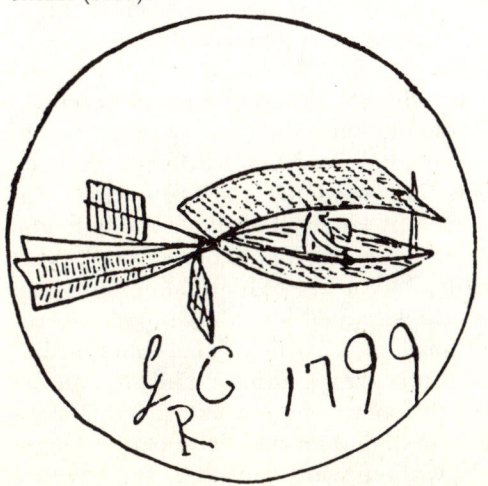

kraft in die Komponenten Auftrieb und Widerstand. In einer Beschreibung formulierte CAYLEY, daß der Auftrieb die hebende, der Widerstand dagegen die hemmende, «retardierende» Kraft sei.

Auf der anderen Seite der Scheibe zeichnete CAYLEY die Skizze eines manntragenden Flugzeugs. Es besaß eine leicht angestellte, starre und gewölbte Tragfläche, ein kreuzförmiges Höhen- und Seitenleitwerk und darüber ein bewegliches Seitenruder, wie es aus dem Schiffbau seit Jahrhunderten bekannt war. Der Pilot saß in einem bootsförmigen Rumpf. Man könnte das dargestellte Flugzeug als Gleitflugzeug ansehen, doch ist aufgrund der herabhängenden Fläche unter dem Rumpf auch die Deutung möglich, daß CAYLEY einen muskelkraftgetriebenen Starrflügler mit Ruderantrieb darstellen wollte. Andererseits brachte CAYLEY 1804 zum Ausdruck, daß die Muskelkraft des Menschen nicht ausreiche, ein Fluggerät beständig in der Luft zu halten. Auch wenn die zweite Auslegung zutreffend sein sollte, enthält die CAYLEYsche Skizze dennoch die Konzeption eines Gleitflugzeugs.

Unmittelbare Bedeutung für die Entwicklung des Gleitfluges besaßen die Versuche CAYLEYS in den folgenden Jahren. Nach längeren Vorarbeiten erbaute und erprobte er 1804 das erste Gleitflugmodell der Geschichte der Luftfahrt. Bei diesem Modelltyp ist die Abstammung vom Flugdrachen unverkennbar. Ein einfacher Spielzeugdrachen, ein sogenannter «Tonnenbügel», bildet die Tragfläche, die mit einem Einstellwinkel von 6° auf einem Stabrumpf befestigt ist. Am Ende des Rumpfes befindet sich an einem verstellbaren Leitwerkträger ein kreuzförmig vereinigtes Höhen- und Seitenleitwerk. Vorn am Stabrumpf ist eine verschiebbare Trimmasse angebracht, um den auch von CAYLEY erkannten Druckmittelpunkt mit dem Schwerpunkt in Übereinstimmung zu bringen. Nach Angaben des Erbauers betrug der Gleitwinkel etwa 18°,

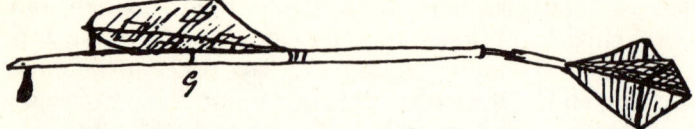

35   Flugmodellskizze aus
CAYLEYS Notebook (1804).

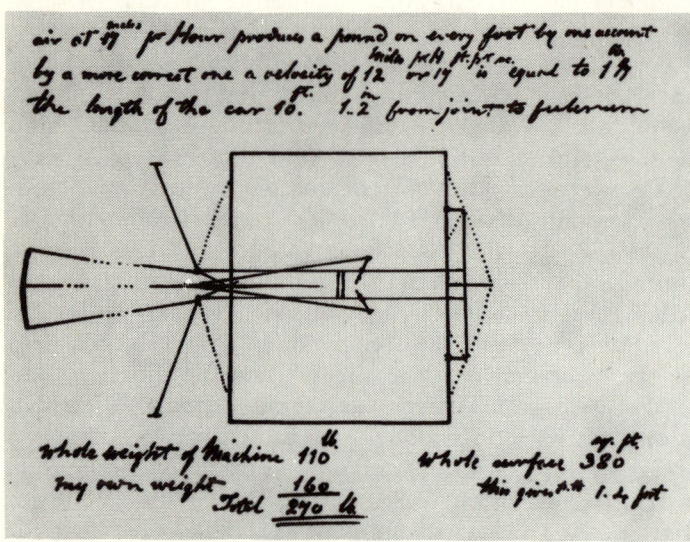

36   CAYLEY: eigenhändige
Skizze eines manntragenden
Gleitflugzeugs mit 35,3 m^2
Tragflächeninhalt und 133,9 kg
Flugmasse.

was einem Gleitverhältnis von etwa 3 entspricht. Die Fluggeschwindigkleit lag bei etwa 5 m/s. Dieser Modelltyp besaß eine gute Flugstabilität. Höhen- und Seitenleitwerk bewirkten nach dem Prinzip «kleine Kraft am langen Hebelarm» eine hohe Längs- und Richtungsstabilität. Spezielle Maßnahmen zur Erhaltung der Querstabilität sind auf der Originalskizze nicht zu erkennen.

CAYLEY baute mehrere Flugmodelle dieses Typs mit zunehmender Größe und experimentierte mit ihnen erfolgreich bei unterschiedlichen Wetterlagen, indem er sie von Hügeln aus gegen den Wind starten und talwärts gleiten ließ. Bereits die ersten Modelle erwiesen sich als vollkommen flugstabil, so daß er die Verwendung von Gleitern als Transportmittel in den Bergen für möglich hielt: «Es war sehr schön, es von einem steilen Hügel aus abwärts segeln zu sehen und es erzeugte die Idee, daß ein größeres Gerät ein besseres und sicheres Transportmittel talabwärts in den Alpen sein müßte, als es das trittsi-

chere Maultier ist ... Eine letzte Neigung des Leitwerks nach der rechten oder linken Seite veränderte seinen Kurs, so wie es bei einem Schiff durch das Steuerruder bewirkt wird.» [89, S. 91]

In dieser ersten Schaffensperiode baute CAYLEY sein größtes Modell als manntragende Ausführung. Über Flugversuche mit diesem Gleitflugzeug berichtete er im Jahre 1809 in einer Veröffentlichung: «Alle diese Prinzipien, von denen der Auftrieb, die Stabilität, das Steigen und Fallen, die Steuerung von Luftfahrzeugen abhängen, sind durch Experimente im großen und kleinen Maßstab vielfach überprüft worden. Ich baute eine Maschine mit einem Tragflächeninhalt von 27,9 m^2, die unglücklicherweise zerstört wurde, bevor die Möglichkeit bestand, den Effekt eines Vortriebsmechanismus zu erproben, aber ihre Steuerbarkeit und Stabilität war vollkommen bewiesen worden, und sie segelte abwärts in jeder Richtung, je nachdem das Seitenruder eingestellt worden war. Sie wog 27,8 kg, wurde mit 41,7 kg beladen, was ein Gesamtgewicht von 69,5 kg ergab, folglich kamen auf jeden Quadratmeter Fläche 2,48 kg Masse. Selbst in diesen Zustand, wenn jemand mit ihr mit voller Geschwindigkeit vorwärts lief und den Vorteil eines leichten Windes nutzte, trug ihn die Maschine so stark aufwärts, daß es ihm kaum möglich war, Kontakt mit dem Boden zu halten und sie hob ihn häufig in die Luft und trug ihn einige Yards weit.» [87, S. 114] Es ist möglich, jedoch nicht erwiesen, daß die manntragende Ausführung nach der Konzeption des Drachengleiters von 1804 gebaut worden war. Für das Gleitergerüst verwendete CAYLEY einheimische Hölzer und Stoffe, für die Modelle als Bespannung Papier.

Eine kritische Bemerkung erfordert die erwähnte Einstellung des Seitenruders bei den Flugmodellen zur Bestimmung der Flugrichtung. Bekanntlich erzeugt ein fest eingestellter Seitenruderausschlag immer einen Kreisflug in der betreffenden Richtung, also die Rückkehr zum Startort.

In dem gleichen Artikel schrieb CAYLEY zur Stabilität und Steuerung von Flugzeugen: «Diese Winkelform mit der Spitze nach unten (V-Form, d. Verf.), ist die wichtigste Grundlage der Stabilität in der Luftfahrt … um die Maschine vollkommen stabil zu machen, und um sie in gleicher Weise auf- und absteigen zu lassen, ist es notwendig, ein Leitwerk anzubringen in einer ähnlichen Position wie das Schwanzgefieder eines Vogels … wenn der Luftstrom entweder die Oberseite oder die Unterseite des Leitwerks trifft, gemäß dem Willen des Piloten, wird die Maschine zum Steigen oder Fallen veranlaßt, so lange die Vorwärtsbewegung mit genügender Energie fortgesetzt wird.» [87, S. 114]

Die höhere Auftriebsbildung gewölbter Profile hatte CAYLEY als erster erkannt; er stellte sie bei seinen Typen jedoch nicht durch ein festes, entsprechend gewölbtes Tragflügelprofil her, sondern ließ die Wölbung der Bespannung von den Luftkräften vornehmen. CAYLEY entdeckte auch, daß sich auf der Oberseite eines Profils bei Umströmung eine Zone geringeren Luftdruckes bildet.

Leider setzte CAYLEY diese vielversprechenden Gleitflugversuche nicht fort, obwohl er über die wichtigsten Voraussetzungen für einen Erfolg verfügte. Er wurde wahrscheinlich von einer systematischen Verwirklichung des Gleitfluges durch die irrtümliche Annahme abgehalten, nach der ein geeigneter Motor eine unabdingbare Voraussetzung für jeden Fortschritt der Luftfahrt sei. Dieser Versuch einer Erklärung wird unterstützt durch die Tatsache, daß der Segelflug der Vögel in seinen Arbeiten eigenartigerweise überhaupt keinen Niederschlag fand.

Die zweite intensive Schaffensperiode CAYLEYS auf dem Gebiet des Flugwesens, die von 1843 bis 1853 währte – er war bei ihrem Beginn schon 70 Jahre alt – wurde durch das bedeutende Motorflugzeugprojekt von WILLIAM SAMUEL HENSON aus dem Jahre 1842 ausgelöst. Dieser hatte sich seinerseits auf Erkenntnisse CAYLEYS gestützt. CAYLEY wurde durch jenes Projekt zwar zur Fortsetzung seiner eigenen Arbeit angeregt, kritisierte es jedoch in vielen Punkten. So bemängelte er z. B. aus Gründen der Festigkeit die große Spannweite des Eindeckers und schlug stattdessen den Bau von Dreideckern mit entsprechend verringerter Spannweite vor.

Im Jahre 1849 baute CAYLEY einen manntragenden Dreideckergleiter mit 31,4 m^2 Tragflächeninhalt und 63,7 kg Leermasse. Dieses Gerät besaß einen Schlagflügelvortriebsmechanismus, der durch die Muskelkraft des Piloten angetrieben werden sollte. CAYLEY glaubte, über die bei einer Betätigung der Schlagflügel eintretende Leistungsverbesserung den Leistungsbedarf für den Horizontalflug von Motorflugzeugen exakt bestimmen zu können.

Dieser Dreidecker war gekennzeichnet durch ein langes, oben offenes Rumpfboot, an dem ein Leitwerk und ein wahrscheinlich dreirädriges Fahrgestell befestigt waren. Über dem Rumpf mit dem Piloten befanden sich in beträchtlicher Höhe die drei Tragflächen übereinander, die noch einmal mit einem kreuzförmigen Leitwerk ausgerüstet waren, so daß das Gerät zwei Leitwerke besaß. Zwischen Rumpf und Tragfläche waren die Schlagflügel angebracht. Dieser Gleiter war fast so hoch, wie lang, wie breit geraten. Einem Bericht des Konstrukteurs zufolge wurden mit ihm auch Flugversuche unternommen: «Das Gleichgewicht und die Steuerung waren erprobt und ein Junge von etwa zehn Jahren glitt in ihm beim Abflug von einem Hügel einige Yards über den Erdboden dahin, und ebenso wurde die gleiche Strecke erzielt, indem einige Personen den Apparat mit Hilfe eines Seiles gegen eine sehr leichte Brise zogen.» [106, S. 130] CAYLEY wandte folglich als erster den Abflug von Hügeln wie den Seilstart praktisch an!

Bedeutsamer in seiner technischen Konzeption war das wiedergegebene Gleitflugmodell, das CAYLEY im Jahre 1849 mit einem Tragflächeninhalt von 1,48 m² und einer Leermasse von 2,97 kg baute. Von diesem Modell bis zu den einfachen Gleitflugzeugen der Anfangsjahre der Gleitflugbewegung war es nur noch ein kleiner Schritt.

1852 veröffentlichte CAYLEY im «Mechanics Magazine» ein weiteres Gleitflugzeugprojekt. Es besaß, wie der zuletzt genannte Typ, nur eine Tragfläche. Die gesamte Fläche – einschließlich der Leitwerke – wurde mit 46,51 m² angegeben, die Leermasse sollte 74,4 kg betragen. Während das untere Leitwerk starr war, konnte das obere Leitwerk über ein Gestänge zum Zwecke der Steuerung bewegt werden. In diesem Artikel wurde auch vorgeschlagen, den Gleiter von aufgestiegenen Ballonen aus zu starten. Dieser Entwurf ist relativ genau beschrieben

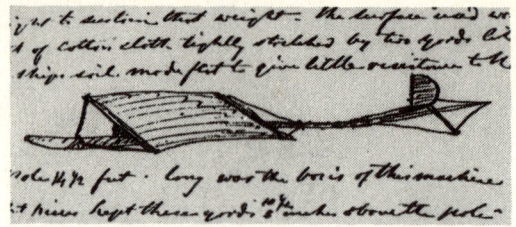

37 CAYLEY: Skizze eines größeren Gleitflugmodells (1894).

worden; nach CAYLEY war «die diagonale Verspannung ... das Geheimnis einer leichten und festen Struktur.» [108, S. 317]

Im Spätsommer des Jahres 1853 ließ CAYLEY noch einen Gleiter bauen und erproben, der als «New Flyer» bezeichnet wurde. Mit einem Passagier an Bord – also erneut bemannt, aber nicht gesteuert – überflog diese Maschine ein Tal bei Brompton. CAYLEYS Enkelin, Mrs. THOMPSON, war Augenzeugin dieses Versuchs, und sie berichtete Jahre später über dieses Ereignis: «Natürlich befand sich jedermann auf der hohen Ostseite und sah dem Start aus der Nähe zu. Der Kutscher bestieg die Maschine und landete auf der Westseite etwa in der gleichen Höhe. Ich glaube, daß sie nach einer kürzeren Entfernung zu Boden kam, als man es erwartet hatte. Der Kutscher befand sich wohlauf, und als die Zuschauer hinübergeeilt waren, rief er: ‹Bitte Sir George, ich wünsche kundzutun: Ich bin zum Fahren, aber nicht zum Fliegen eingestellt worden ...›» [106, S. 131]

Die Konfiguration dieser Maschine, die auch als «coachmancarrier» bezeichnet wird, konnte noch nicht genau ermittelt werden. Mehrere Bemerkungen und Skizzen haben bei Historikern die Vermutung aufkommen lassen, daß es sich nicht um das Projekt von 1852, sondern erneut um einen Dreidecker gehandelt haben könnte.

Das letzte Flugzeugprojekt von CAYLEY war eine Tandemmaschine mit Schlagflügeln, die zwischen der vorderen und der hinteren Tragfläche angebracht waren.

Für die mögliche Entwicklung des Gleitfluges war es bedauerlich, daß CAYLEY die Flugversuche nach den ersten erfolgreichen Sprüngen im Jahre 1809 wieder einstellen ließ.

Vergleicht man die flugtechnischen Arbeiten von LEONARDO DA VINCI und CAYLEY unvoreingenommen, so wird man feststellen, daß wichtige Erkenntnisse von beiden Forschern unabhänig voneinander gewonnen worden sind, wobei CAYLEY die Arbeiten LEONARDOS nicht gekannt haben dürfte. In einer Reihe von Problemen kamen sie zu gleichen Aussagen, was jedoch den Wert ihrer Forschungsergebnisse in keiner Weise schmälert.

Wirkliches Neuland beschritt Sir GEORGE CAYLEY auf dem Gebiet des Gleitfluges in folgenden Fragen:

– Er ist der Schöpfer der Gleitflugzeugkonzeption mit starren Tragflächen und Höhen- und Seitenleitwerk.
– Nach dieser Konzeption baute er die ersten flugfähigen Gleitflugmodelle der Geschichte.
– Er erkannte die stabilisierende Wirkung der V-Form von Tragflächen.
– Er entdeckte, daß gewölbte Profile einen höheren Auftrieb liefern und daß die Luftkraft an einem Tragflügel aus den Komponenten Auftrieb und Widerstand besteht.
– Er verwirklichte die Mehrdeckerkonzeption.
– Er ließ als erster in der Neuzeit Flugversuche mit manntragenden Gleitern durchführen.

Für die Wirksamkeit der CAYLEYSchen Gedanken war von großer Bedeutung, daß er mit vielen Wissenschaftlern in Verbindung stand und er die Ergebnisse seiner Arbeit in Zeitschriften veröffentlichte.

In den Jahren 1816, 1837 und 1843 bemühte sich CAYLEY vergeblich, eine Aeronautische Gesellschaft zu gründen, die die Kräfte der Luftfahrtinteressenten zusammenfassen und über eine gemeinsame Finanzierung systematische Versuche ermöglichen sollte. In Verbindung mit der Bildung einer polytechnischen Forschungsinstitution schrieb er: «Wir wünschen sehr eine gute wissenschaftliche Leitung, nicht eingeengt durch die Aristokratie orthodoxer Männer, die wie eine drückende Last auf all den sich bildenden Talenten sitzen, die nicht aus deren eigener Werkstatt kommen ... Freiheit ist die Lebenskraft für den Fortschritt der Wissenschaft.» [89, S. 85]

CAYLEYS Werk ist häufig von Nachfolgern gewürdigt worden. ORVILLE WRIGHT schrieb 1912 über CAYLEY: «Er wußte mehr über die Prinzipien der Luftfahrt als irgendeiner seiner Vorgänger ... und Nachfolger bis gegen Ende des 19. Jahrhunderts ...»

ALPHONSE BERGET brachte 1909 zum Ausdruck: «CAYLEY war der unbestreitbare Vorläufer der Flugtechnik, dessen Name mit goldenen Lettern auf die erste Seite der Geschichte des Flugzeuges eingetragen werden sollte.» [89, S. 89]

CAYLEY ist – wie es auch mit anderen Flugtechnikern geschehen ist – wiederholt als «Vater der Luftfahrt» bezeichnet worden. Versteht man den Begriff im engeren Sinne als Schöpfer und Verwirklicher der Luftfahrt, so bedarf dies einer Einschränkung. Das Problem der Luftfahrt des Menschen war viel zu kompliziert und komplex, um nur von einem Menschen verwirklicht werden zu können.

Inmitten einer Welt des Unglaubens an die Verwirklichung des Menschenfluges hatte CAYLEY niemals die Zuversicht verloren, die bei ihm auf sicheren wissenschaftlichen Erkenntnissen beruhte. Was ihn besonders hervorhebt, ist die ausschließliche Anwendung des Luftfahrtgedankens für friedliche und humane Zwecke, was auch in seinen mahnenden und prophetischen Worten zum Audruck kommt: «Ein ununterbrochen schiffbarer Ozean, der zu jedermanns Türschwelle kommt, sollte zum Besten des menschlichen Vorteiles und Nutzens nicht vernachlässigt werden.» [82, S. 112]

Was war nun bis CAYLEY an wesentlichen Fortschritten für die Herausbildung des Gleit- und Segelfluges geleistet worden?

– Der Gleitflug der Vögel und seine wichtigsten aerodynamischen und flugmechanischen Grundlagen waren erkannt und dargelegt worden.
– Der Segelflug der Vögel war entdeckt, häufig beschrieben und auf natürliche, d. h. nachahmbare Ursachen zurückgeführt worden, auch wenn die tatsächlichen Quellen dieses Fluges, die Aufwinde, noch unerkannt blieben.
– Die entscheidende Trennung der Auftriebs- und Vortriebsbildung in Flugzeugprojekten war vorgenommen worden.
– Eine technisch begründete und entwicklungsfähige Gleitflugzeugkonzeption war geschaffen und erste Gleitflugzeuge gebaut worden.

Die genannten grundsätzlichen Fortschritte sind insofern beachtlich, ja erstaunlich, da die Information und Kommunikation, der Informationsaustausch über das Flugproblem zwischen den am Fluge Interessierten nicht gegeben war und erst in der Zeit CAYLEYS richtig begann. Erst das 19. Jahrhundert brachte hier einen Wandel mit seinen ständig anwachsenden Kommunikationsmitteln, wie Zeitschriften, Jahrbüchern, Büchern, Monographien, Sammelwerken usw. in höheren Auflagen.

Der Weg zu weiteren Fortschritten in Richtung einer Verwirklichung des Gleit- und Segelfluges war von der flugtechnischen Problematik her determiniert und vorprogrammiert und setzte sich – ohne daß es den zukünftigen Experimentatoren voll bewußt war – in einer Summe von Zufällen spontan durch. Notwendig für die Realisierung des Gleit- und Segelfluges waren:

– die Erkenntnis der tatsächlichen Ursachen des Segelfluges und der Möglichkeiten ihrer Nutzung,
– die Vertiefung der wissenschaftlichen Erkenntnisse über den Gleitflug, über Gleitflugzeuge und deren Steuerbarkeit,
– der Bau und die Erprobung von Gleitflugzeugen mit dem Ziel der vollen Beherrschung des Gleitfluges,
– die qualitative Verbesserung der Gleitflugzeuge, eine anwachsende Gleitflugpraxis, die einen schrittweisen Übergang zu den unterschiedlichen Formen des Segelfluges erlaubte.

Die wichtigste Voraussetzung für die Vollendung dieses Weges zum Segelflug war jedoch der Umstand, daß es stets Persönlichkeiten gab, die von dem unbändigen Wunsch durchdrungen waren, zu fliegen, und die trotz der noch unüberschaubaren Risiken für Gesundheit und Leben den Flug des Menschen verwirklichen wollten.

3.4. Die Entfaltung des Segelfluggedankens im 19. Jahrhundert

Erste Erfahrungen mit thermischen Aufwinden · LE BRIS · D'ESTERNO · WENHAM · PÉNAUD · MOŽAISKIJ · MOUILLARD · BIOT · MONTGOMERY · RAYLEIGH · LANGLEY · ŽUKOVSKIJ

Ernsthafte Zielstellungen, über den Gleitflug den Segelflug des Menschen zu verwirklichen, indem man die Ursachen des Segelfluges in der Natur ergründete und sie auszunutzen versuchte, entstanden erst im 19. Jahrhundert. Führend dabei waren zunächst französische Flugtechniker, die der Menschheit den Segelflug als realisierbare Aufgabe darstellten. Die Anzahl der Theoretiker und Praktiker, die sich mit dem Segelflug beschäftigten und vom Drachenprinzip ausgingen, wurde ständig größer.

Die zunehmende Verwendung des Flugdrachens für die Lösung des Flugproblems ist auch in dem Flugzeugentwurf des Nürnbergers FRIEDRICH MATTHIES aus dem Jahre 1837 zu erkennen. Dieses Projekt besaß eine große drachenförmige Tragfläche mit V-Form, Höhen- und Seitenleitwerk, Fahrgestell und einen Schlagflügelantrieb mit ventilartigen Klappen. Von Bedeutung für die Geschichte des Segelfluges ist die Überzeugung des Projektanten, daß sein Flugzeug aus großer Höhe mit stillstehendem Antrieb auch weite Strecken im Gleitflug zurücklegen könne.

Erste Erfahrungen mit thermischen Aufwinden

In den USA war der Flugdrachen nach den Versuchen BENJAMIN FRANKLINS – er hatte im Jahre 1752 mit Flugdrachen die elektrische Natur der Blitze nachgewiesen – sehr populär geworden. In den größeren Städten wurden von Enthusiasten Drachenklubs gebildet; einer der bekanntesten war der Franklin-Kite-Club in Boston. Seine Mitglieder stellten schon 1837 beim Flug von Drachen das Vorhandensein von Wärmeaufwinden (Thermik) fest. Sie erlebten wiederholt, daß an Tagen mit schwachem Wind und in großer Zahl auftretenden Kumuluswolken ihre Drachen von vertikalen Luftströmungen plötzlich emporgehoben wurden und wesentlich größere Flughöhen als an anderen Tagen erreichten. Parallelen zum Segelflug wurden jedoch noch nicht gezogen.

Die Verwirklichung der Luftfahrt mit Ballonen im Jahre 1783 nach dem Prinzip «leichter als Luft» besaß nicht nur Bedeutung als Ansporn für Aktivitäten auf dem Gebiet der Luftfahrt mit Mitteln «schwerer als Luft». Die zahlreichen Ballonfahrten, die nach 1783 als Langstrecken- und Höhenfahrten erfolgten, führten zum Erkennen der horizontalen und vor allem vertikalen Luftströmungen in der freien Atmosphäre und erwiesen sich als wichtige Quelle des Fortschritts in der Meteorologie, die ihrerseits später wichtige

theoretische Voraussetzungen für den Übergang des Gleitfluges zum Segelflug lieferte.

Der Warmluftballon stellte praktisch eine vom Menschen hergestellte Thermikblase dar, die gleichfalls aufsteigt, ohne sich mit der umgebenden «ruhenden» Luft zu vermischen.

Mit gasgefüllten Freiballons konnten die Luftfahrer unmittelbar die vertikalen Luftströmungen erkennen und erforschen. Ein derartiger Ballon, der in einer gegebenen Höhe «ausgewogen» und sich dadurch im Gleichgewicht mit der umgebenden Luftmasse befindet, ist auch für die vertikalen Luftbewegungen ein Spielball. Er steigt in Aufwinden und fällt in Abwinden. Zum Erkennen der Vertikalbewegungen verwendeten die Luftfahrer Windräder, Barometer, Höhenmesser und später Variometer.

Es ist kein Zufall, daß zutreffende theoretische Erklärungen für den Segelflug zeitlich erst nach der Verwirklichung der Luftfahrt mit Mitteln «leichter als Luft» erschienen. Ohne einwandfreie physikalische Erklärung wäre der Segelflug einem perpetuum mobile gleichgekommen.

So konnte schon 1783 bei der ersten Überquerung des Ärmelkanals durch BLANCHARD und JEFFRIES mit einem wasserstoffgefüllten Ballon zwischen Dover und Calais das Problem des Auf- und Abwindes beobachtet werden. Dieses Ereignis war für Professor MARCHAND aus Halle 1850 Anlaß, auf aufsteigende Luftströme hinzuweisen. MARCHAND schrieb über die Bemühungen BLANCHARDS: «Er warf alle Instrumente, Bücher und Kleidungsstücke in das Meer, da näherte er sich dem Lande und ward plötzlich wieder gehoben. Diese häufig bemerkte Erscheinung, welche so verschiedenartig erklärt ist, hat nicht in der nicht existierenden Anziehungskraft des Wassers ihre Ursachen, sondern wahrscheinlich in dem von erwärmten Boden aufsteigenden Luftstrom, dem sogenannten «courant ascendant»». [3, S. 29] Verbindungen zum Segelflug der Vögel stellte der Autor jedoch nicht her.

Mehrere Umstände begünstigten die schnelle Verbreitung des Segelfluggedankens im 19. Jahrhundert.

Erstens: In der ersten Hälfte dieses Jahrhunderts beschrieben Naturforscher wie HUBER den Segelflug der Adler in den Alpen, WILHELM VON HUMBOLDT den Segelflug der Kondore in den Anden, GOULD den der Segelvögel in Australien, DARWIN den Segelflug der Kondore in Südamerika und den der Marabus und Geier in Indien, WENHAM den der Pelikane am Nil und MOTARD den des Urubus am La Plata, wenn auch die Ursachen des von allen Beobachtern als beeindruckend empfundenen Segelfluges noch nicht aufgedeckt werden konnten.

Zweitens: Die Schaffung der Gleitflugzeugkonzeption durch CAYLEY und ihre Weiterentwicklung durch WILLIAM SAMUEL HENSON in seiner Patentschrift für ein Motorflugzeug mit Dampfmaschinenantrieb aus dem Jahre 1842. In Hunderten von Zeitungen, Zeitschriften und Büchern wurde es publiziert. Spätestens seit HENSON wußte die Welt, wie ein Flugzeug gebaut und gesteuert werden konnte, ausgenommen die Quersteuerung, die HENSON noch unberücksichtigt ließ. Da ein nach dem Drachenprinzip konstruiertes Motorflugzeug zunächst nur ein Gleitflugzeug ist, besaß diese Flugzeugkonzeption als rationelle Lösung des Problems der Flugzeugzelle auch für den Gleit- und Segelflug große Bedeutung.

Drittens: Die Situation auf dem Antriebssektor war nach wie vor ungeklärt; Motoren mit innerer Verbrennung existierten noch nicht. Auch die um die Mitte des Jahrhunderts schon hochentwickelte Dampfmaschine stellte nur eine mögliche, nicht aber eine befriedigende Lösung des Antriebsproblems dar. So suchten viele Flugtechniker nach einer alternativen Lösung für einen anhaltenden Flug des Menschen, und diese war unter den gegebenen Bedingungen nur im Segelflug zu finden.

Viertens: Vor diesem Hintergrund wurde eine schon länger bekannte Tatsache als Triebkraft für den Segelflug des Menschen besonders wirksam – der wundervolle Segelflug des Albatros über den Meeren. Die Seefahrer erlebten in den

38   Flugzeugprojekt von W. S. HENSON im unbespannten Zustand 1842 (Ansicht von oben).

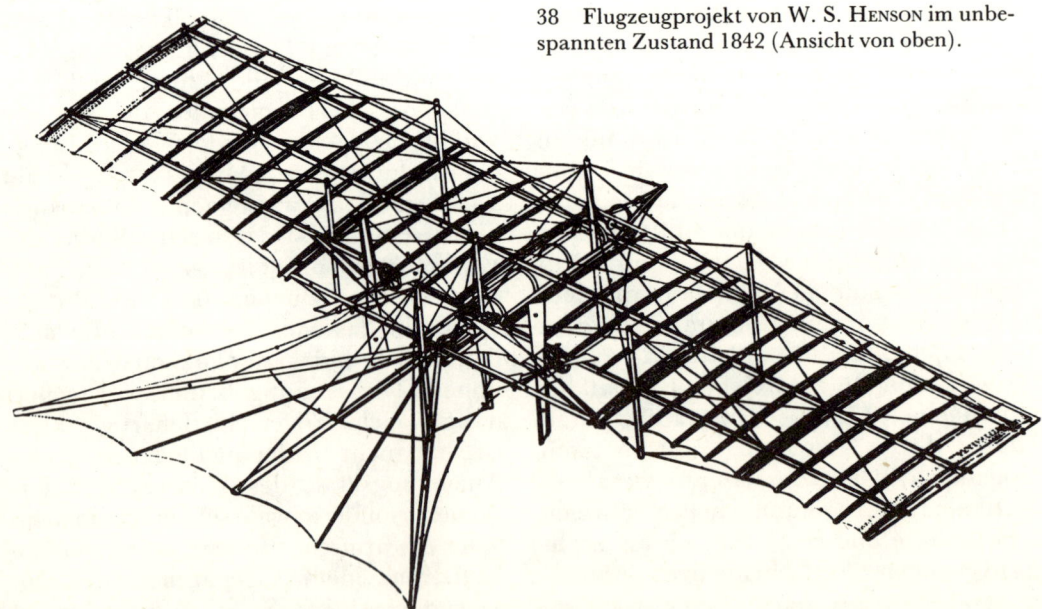

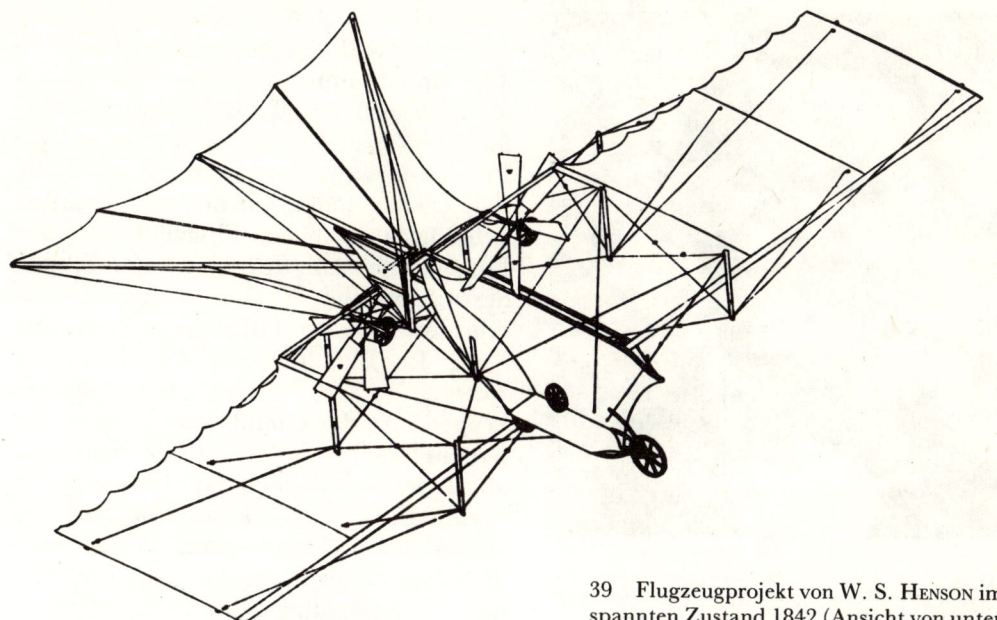

39　Flugzeugprojekt von W. S. HENSON im bespannten Zustand 1842 (Ansicht von unten).

südlichen Breiten, wie der Albatros tagelang ohne jeden Flügelschlag, ohne jedes Anzeichen einer Ermüdung, hinter den Segelschiffen herflog. So ist es nicht überraschend, daß im 19. Jahrhundert insbesondere Seeleute oder mit der Seefahrt verbundene Menschen eine aktive Rolle im Flugwesen spielten.

PIERRE IDRAC, einer der verdienstvollen Erforscher des Segelfluges der Vögel, hatte um 1920 erkannt, daß der geheimnisumwitterte mühelose Segelflug des Albatros nach zwei Methoden verläuft:

1. Wenn der Wind über dem Meer eine höhere Geschwindigkeit besitzt als die der Wellen, entsteht an den Wellenbergen ein Hang- oder Hindernisaufwind, in dem der Albatros auf einer gleichförmigen Flugbahn segelt.
2. Wenn der Wind über dem Meer mit der Höhe zunimmt, segelt der Albatros auf schrägen, im Raum liegenden elliptischen Bahnen. Er zieht, in geringer Höhe fliegend, gegen den Wind auf 10 bis 15 m hoch, kurvt in den Rückenwind und gleitet im steilen, beschleunigten Gleitflug fast bis zur Wasserfläche hinab, um beim Eindrehen gegen

den Wind erneut hochzuziehen. Der Albatros vollführt in diesem Fall eine Methode des dynamischen Segelfluges (siehe Erklärungen im Kapitel 6.1.).

Die unter 1. und 2. dargelegten Methoden können auch kombiniert angewendet werden. Die letztere war bereits 1893 von dem österreichischem Flugtechniker WILHELM KRESS erläutert worden.

LE BRIS

Nach den Gleitflugversuchen, die in der ersten Hälfte des Jahrhunderts auf Veranlassung von GEORGE CAYLEY unternommen worden waren, fanden im Jahre 1856 die nächsten Flüge statt.

Sie wurden von JEAN-MARIE LE BRIS (1817–1874) ausgeführt. Er fuhr seit früher Jugend zur See und lernte bei seinen Fahrten im Stillen Ozean den Segelflug des Albatros kennen. Als er eines Tages einen toten Albatros auf dem Deck ausbreitete, stellte er im Winde eine starke Auftriebswirkung an den Flügeln fest. LE BRIS war der festen Überzeugung, daß der Mensch den Segelflug der Vögel nachah-

40   JEAN-MARIE LE BRIS (1808–1872).

men könne. «Die großen Segler», schrieb er, «geben sich dem Winde hin, der sie um so besser trägt, je stärker er ist. Sie lassen sich mit ausgebreiteten Flügeln von der Luft tragen und einmal in der Luft, genügen ihnen die kleinsten Bewegungen, um sich nach allen Richtungen hin zu begeben.» [78, S. 27]

Als LE BRIS seine Fahrenszeit beendet und sich 1856 in der Bretagne niedergelassen hatte, baute er bei Douarnenez sein erstes Gleitflugzeug mit einer Spannweite von etwa 15 m und einer Länge von etwa 8 m.

Der Einstellwinkel der beiden Tragflügelhälften war mit je einem Hebel verstellbar, und zwar gleichsinnig wie auch unabhängig voneinander. Der Pilot stand in dem kanuförmigen Rumpf. Jahrzehnte später wurde dieses Steuerungssystem als Flügelsteuerung bezeichnet, die eine Steuerung um die Quer- und Längsachse (Höhen- und Quersteuerung) erlaubte. Ein Seitenruder fehlte. LE BRIS hatte die Tragflächen in Form und Profil dem Flügel des Albatros angepaßt und ein relativ stark gewölbtes Profil verwendet, von dem er sich auch eine vorwärtstreibende Wirkung versprach.

Im Herbst 1856 wurde das Flugzeug vollendet und der erste Flugversuch in Trefeuntec unternommen. Die Startmethode entlehnte LE BRIS dem Drachenflug. Das Flugzeug wurde lösbar auf ein Pferdefuhrwerk gesetzt, das von einem Kutscher gelenkt wurde. Ein längeres Schleppseil war am Flugzeug und am Fuhrwerk befestigt und lag aufgerollt auf der Ladefläche. Nachdem sich das Gefährt in schneller Fahrt befand, vergrößerte LE BRIS den Einstellwinkel der Tragflächen, löste die Verbindung zum Wagen und das Gleitflugzeug erhob sich wie ein Drachen in die Luft. Das Seil rollte ab, blockierte jedoch einige Sekunden, umschlang den Kutscher und hob ihn vom Wagen. Das Flugzeug soll dennoch die erstaunliche Höhe von 100 m erreicht haben. LE BRIS flog dann im Gleitflug abwärts und landete. Weil eine Tragflügelhälfte den Boden berührte, soll das Flugzeug eine Drehung ausgeführt haben und dabei leicht beschädigt worden sein.

Die Beschreibung des Fluges ist quellenmäßig leider nicht abgesichert. Obgleich sie etwas phantastisch klingt, ist sie realistisch in dem Sinne, daß mit diesem Flugzeug und der angewendeten Startmethode ein derartiger Flug möglich gewesen wäre.

LE BRIS setzte seine Versuche fort, verzichtete jedoch auf die genannte Startmethode. Seine neue Startvorrichtung bestand aus einem etwa 10 m hohen Ausleger, der an einem 40 m hohen Steilhang errichtet wurde. Das Flugzeug hing mit dem Piloten an Bord an einem herabhängenden Seil. Es sollte entweder in Schwingungen versetzt werden oder LE BRIS wollte auf einen günstigen Windstoß warten und dann auskuppeln. Bei einem Startversuch stürzte er ab und mit einem gebrochenen Bein, Prellungen und Quetschungen befreite man ihn aus den Trümmern seines zerstörten Gleitflugzeugs.

Erst zwölf Jahre später, im Jahre 1867, setzte LE BRIS seine Versuche fort. Für den Bau eines neuen Flugzeugs benötigte

41 Das zweite Gleitflugzeug von LE BRIS (1867).
Erste fotografische Aufnahme eines gebauten Flugzeugs.

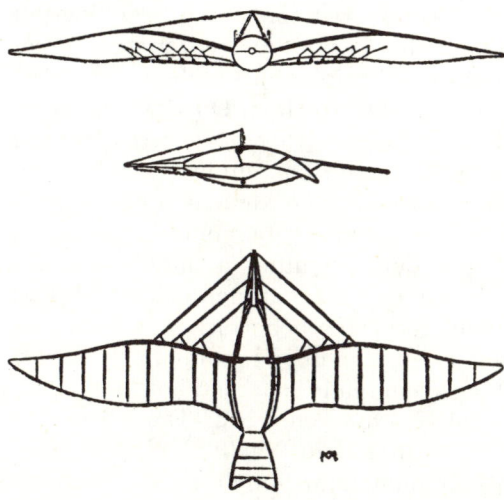

42 Rekonstruierte Dreiseitenansicht des zweiten
Gleitflugzeugs von LE BRIS.

43 Ansicht des zweiten Gleitflugzeugs von LE BRIS.

er finanzielle Hilfe, die er in Paris zu finden hoffte. Im «Petit Journal» berichtete er über seine Versuche des Jahres 1856, und in Brest konnte er sein zweites Flugzeug vollenden. In Konzeption und Größe glich es weitgehend dem Apparat Nr. 1, soll jedoch noch stabiler gebaut gewesen sein. Die Spannweite betrug etwa 15 m, die größte Tragflügeltiefe 2 m, der Tragflächeninhalt etwa 20 m^2, die Länge 6 m und die Leermasse 45 kg. Die Tragfläche war mit Schnüren verspannt. Holme, Rippen und Rumpfspanten bestanden aus Eibenholz, die Leinwandbespannung war wasserdicht imprägniert worden, um auch Wasserlandungen zu ermöglichen.

Die Steuerung war gegenüber dem ersten Typ verändert worden. Über einen Fußhebel ließ sich das Höhenleitwerk heben und senken, mit zwei Handhebeln konnte man die Tragflächenhälften nach vorn und hinten bewegen. Weiterhin befand sich eine verschiebbare Trimmasse im Rumpf. Auf eine Einstellwinkelveränderung der beiden Tragflügelhälften hatte der Konstrukteur offensichtlich verzichtet.

Mittels zahlreicher Spiralfedern sollten die bei der Steuerung auftretenden Luftkräfte kompensiert werden.

LE BRIS wählte für die Versuche des Jahres 1868 die Methode des Starts aus dem Stand. Von einem feststehenden Wagen sollte das Flugzeug bei starkem Wind von alleine abheben. Ein Flug von 30 m Länge soll gelungen sein.

Dann wurde eine Seilstartmethode angewendet. Eine Gruppe von Männern zog mit einem Seil das unbemannte Flugzeug auf etwa 50 m Höhe, worauf es etwa 200 m weit geflogen und gut gelandet sein soll. Ein zweiter, ebenfalls unbemannter Versuch, endete mit der Zerstörung des Flugzeugs, worauf LE BRIS seine Versuche einstellte und nach Douarnenez zurückkehrte. Am 17. Februar 1872 wurde er in Ausübung seiner Pflichten als Ortspolizist von zwei Trunkenbolden angegriffen und erschlagen.

Die Berichte über die Versuche von LE BRIS zeigten erneut, daß neben der Lösung der Probleme der Flugstabilität und Steuerung ein geeignetes Startverfahren eine wesentliche Voraussetzung für den Erfolg von Flugversuchen war. Von dem zweiten Flugzeug LE BRIS' existiert die wiedergegebene Fotografie, die der bekannte Luftschiffer und Fotograf FELIX TOURNACHON-NADAR angefertigt hatte. Sie vermittelt eine anschauliche und eindrucksvolle Vorstellung von diesem Flugzeug und ist die erste fotografische Aufnahme eines Gleitflugzeugs in der Geschichte.

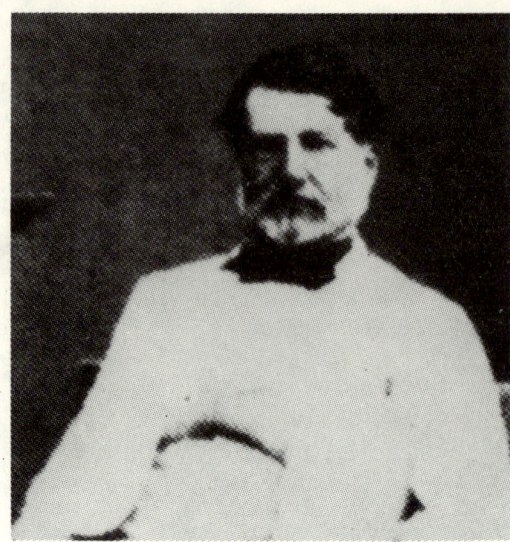

44   FERDINAND D'ESTERNO (1805–1883).

D'ESTERNO

Eine der Persönlichkeiten, die sich während des 19. Jahrhunderts intensiv mit dem Problem des Segelfluges beschäftigten, war FERDINAND D'ESTERNO (1805–1883). Er veröffentlichte im Jahre 1864, als er selbst schon zu alt war, praktische Versuche vorzunehmen, seine Überlegungen zum Segelflug unter dem Titel: «Du vol des oiseaux. Indication des sept lois du vol rame et des huit lois du vol á voile» (Über den Flug der Vögel. Darle-

gung von sieben Gesetzen des Ruderfluges und acht Gesetzen des Segelfluges).

D'ESTERNO definierte den Segelflug der Vögel als Flug mit ausgebreiteten, unbewegten Flügeln, ohne Höhen- oder Geschwindigkeitsverlust. Die dafür notwendige Energie wurde nach seiner Meinung dem Wind entnommen. Er erkannte richtig, daß nicht die kleinen und leichten, sondern nur die größeren und schweren Vögel den Segelflug ausüben und die schwersten unter ihnen diese Flugart auch am besten beherrschen. Daraus leitete er ab, daß der Segelflug auch für den Menschen realisierbar ist.

D'ESTERNO schrieb: «Der Segelflug leidet unter dem Nachteil, daß er ohne Wind nicht stattfinden kann; aber andererseits können wir vom Winde, wenn er weht, eine unbegrenzte Kraft entnehmen und auf jeden künstlichen Motor verzichten. Im Segelflug kann ein Mensch ein Flugzeug handhaben, welches 10 Tonnen trägt, genauso wie eins, das nur sein eigenes Gewicht trägt. Wer immer große Greifvögel im Winde hat fliegen sehen, weiß, daß sie ohne Flügelschlag in beliebige Richtungen fliegen. Sie gehen mit dem Wind wie gegen den

Wind, drehen bei oder ziehen in Kreisen dahin ...» [14, S. 96]

In dem Buch von 1864 wurden auch die Voraussetzungen des Fluges von Flugzeugen richtig erkannt: Die Auftriebsbildung, die Erhaltung des Gleichgewichts in der Luft, die Notwendigkeit der Steuerung und des Antriebs.

Die acht «Gesetze», besser Anforderungen an Segelflugzeuge, waren nach d'Esterno folgende:

1. Die Tragflügel müssen zu einer Aufwärts- und Abwärtsbewegung in der Lage sein.
2. Sie müssen nach vorn und nach hinten verlagert werden können.

45   Draufsicht des Gleitflugzeugprojektes von d'Esterno (1864).

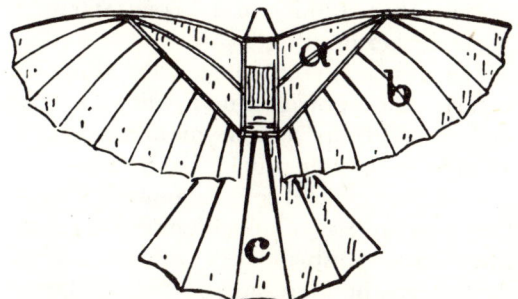

3. Sie müssen verdrehbar sein.
4. Das Leitwerk muß nach oben und unten bewegt werden können.
5. Es muß zur Seite verstellbar sein.
6. Es muß verdreht werden können.
7. Die Flugstabilität muß gesichert sein.
8. Eine Anfangsgeschwindigkeit muß vorhanden sein.

Das Gleitflugzeug, das d'Esterno unter Berücksichtigung dieser acht Gesetze konzipierte, besaß etwa 20 m^2 tragende Fläche und eine Flugmasse von etwa 163 kg. Der Pilot saß auf einem Rollsitz, der nach vorn, nach hinten wie auch zur Seite bewegt werden konnte und weiterhin eine stehende Position und die Veränderung der Körperlage ermöglichte. Der Konstrukteur hatte somit in seinem Entwurf alle Steuerungsmaßnahmen berücksichtigt, die vorstellbar waren.

Der Bau eines Flugzeugs bot nach seiner Meinung – sein Projekt besaß eine etwa taubenähnliche Form – keine ernsthaften Schwierigkeiten. Das einzig wirkliche Problem sah er in der Frage, wie man

46   Seiten- und Rückansicht des Gleitflugzeugprojektes von d'Esterno (1864).

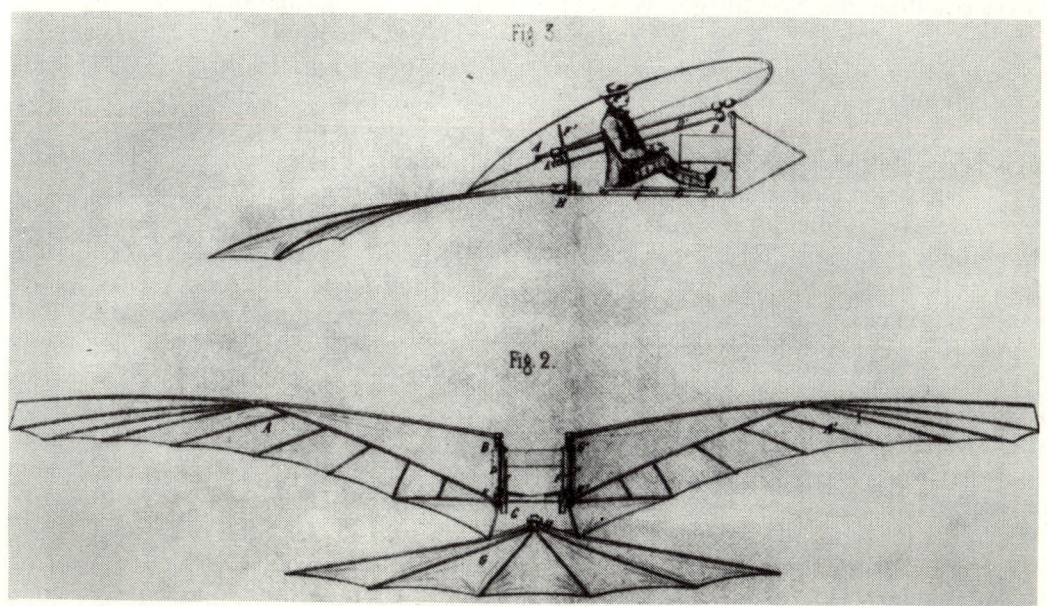

den Piloten, der das erste Flugzeug zu fliegen habe, im Fliegen ausbilden solle. Er empfahl die Erprobung des Flugzeugs und die Ausbildung des Piloten über einer Wasserfläche, in der Annahme, daß ein Absturz über Wasser weniger gefährlich sei und glimpflicher verlaufen müsse. Als Startart empfahl er den Drachenstart. Das Segelflugzeug mit dem Piloten an Bord sollte sich, an einem Seil befestigt, bei starkem Wind wie ein Drachen aus dem Stand in die Luft erheben. Eine Beschleunigung des am Boden gefesselten Seiles war nicht vorgesehen. Nachdem eine ausreichende Höhe erreicht war, sollte der Pilot auskuppeln und seine Flugübungen beginnen.

Bei ausreichenden Fähigkeiten im Steuern empfahl D'ESTERNO das Aufsuchen aufsteigender Luftströme, die nach seiner Meinung zwar nicht überall, doch relativ häufig angetroffen werden könnten. Er brachte zum Ausdruck, daß sich das Segelflugzeug in aufsteigenden Luftmassen aufwärts und in absteigenden abwärts bewegen würde! Die Landung sollte unter Verringerung der Fluggeschwindigkeit keine Schwierigkeiten bereiten. Nach genügender Praxis über Wasser sollten die Segelflieger von den Hängen der Gebirge abfliegen. Er gab seiner Hoffnung Ausdruck, daß eines Tages Streckenflüge mit Segelflugzeugen über Hunderte von Kilometern eine «allgemeine Gewohnheit» werden würden.

D'ESTERNO war einer der ersten Flugforscher, der den Aufwind als Ursache des Segelfluges erkannte und diese Erkenntnis veröffentlichte. Die hier wiedergegebenen Hinweise auf den horizontalen Wind als erster Voraussetzung für den Segelflug lassen jedoch erkennen, daß D'ESTERNO noch nicht zum vollen Verständnis der meteorologischen Grundlagen des Segelfluges gelangt war.

Gegen Ende seines Lebens versuchte D'ESTERNO in Zusammenarbeit mit dem Mechaniker JOBERT sein Projekt zu realisieren, verstarb jedoch darüber im Alter von 77 Jahren. Das Buch von D'ESTERNO enthielt eine Fülle von Anregungen für die Freunde des Gleit- und Segelfluges, die um so wertvoller waren, da der Segelflug der Vögel in der öffentlichen Meinung immer noch umstritten war.

WENHAM

Zu den Verfechtern des Segelfluges gehörte auch FRANCIS HERBERT WENHAM (1824–1908). Er hatte bei Pelikanen die Höhenstaffelung im Fluge beobachtet und war durch sie auf die Mehrdeckerkonzeption gebracht worden. Weiterhin war er der Auffassung, daß eine richtige Wölbung des Profils eine Voraussetzung für die Flugfähigkeit von Flugzeugen ist.

Im Jahre 1866 baute WENHAM einen Sechsdeckergleitflügel, der, gegen den Wind getragen, einen starken Auftrieb lieferte. Das spornte ihn an, mit ganz einfachen Mitteln einen manntragenden Fünfdeckergleiter mit 4,87 m Spannweite und 0,38 m Flügeltiefe zu bauen. Dieses Gerät erprobte er an einem Novemberabend nach Einbruch der Dunkelheit. Bei dem herrschenden starken Wind erwies sich das Gerät als nicht handhabbar, doch bei einer eintretenden Flaute konnte WENHAM es schultern. Ein neuer, plötzlicher Windstoß hob das Gerät mitsamt dem Piloten in die Luft und trug ihn eine kleine Entfernung über den Boden. Eine Bodenberührung mit der rechten Flügelhälfte beendete den Sprung unsanft.

Daraufhin baute WENHAM die in der Abbildung wiedergegebene technisch verbesserte Variante dieses Typs. Der Konstrukteur konnte sie aber nicht zum Fliegen bringen. Dennoch besaß sie eine Reihe interessanter Details. Mit gleicher Spannweite wie das vorhergehende Flugzeug war sie als Sechsdecker mit einem Tragflächeninhalt von etwa 11 m² ausgeführt worden. Der Stoff der Tragflächen konnte sich dank einer speziellen Anbringung dem Luftstrom anpassen. Der Pilot

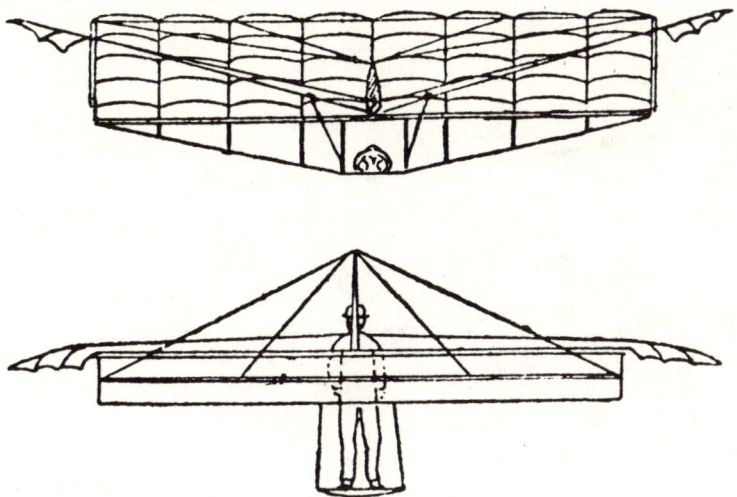

47 Rückansicht und
Draufsicht des Sechsdecker-
Gleitflugzeugs von WENHAM
(1866).

trug das Gerät und sollte sich nach dem
Laufstart in eine liegende Position
schwingen. An den Randbögen der fünften Tragfläche befand sich je ein begli-
cher Schlagflügel, der den Vortrieb liefern
sollte. Da die Schlagflügel auch einzeln
und unabhängig voneinander betätigt
werden konnten, lag ihre Hauptbedeu-
tung in der damit möglichen Steuerung
der Querlage und Richtung dieses Gleitflugzeugs. Alle weiteren Vorrichtungen
zur Stabilisierung und Steuerung fehlten
jedoch, und so wäre dieses Gerät auch bei
weiteren Versuchen gescheitert.

OCTAVE CHANUTE kommentierte im
Jahre 1894 das Fluggerät und die Zielsetzung von WENHAM wie folgt: «Ich glaube,
daß die erste Sorge eines Flugtechnikers,
der das Problem des Fluges lösen will, das
Suchen nach einer Form des Flugzeugs
ist, die diesem mehr Flugstabilität verleiht als einem Vogel. Der letztere ist mit
Leben ausgerüstet und kann bei Abweichungen unverzüglich reagieren. Des
Menschen Fluggerät ist unbelebt und
sollte eine automatische Stabilität besitzen. Sicherheit ist das erste Erfordernis
beim Starten, beim Segeln und beim
Landen ... Es wird wahrscheinlich das
am schwersten zu lösende Detail sein,
doch seine Lösung erscheint nicht als unmöglich ... » [14, S. 103]

PÉNAUD

Es ist keineswegs überraschend, daß Persönlichkeiten, die sich um die Entwicklung des Motorfluggedankens verdient
gemacht haben, ihr Interesse auch dem
Segelflug widmeten. Zu ihnen gehörte
ALPHONSE PÉNAUD (1850–1880). Über die
Liebe zur Seefahrt kam PÉNAUD, wie andere Flugtechniker auch, zur Luftfahrt.
Das umfassende Gedankengut der zahlreichen französischen Luftfahrtenthusia-

48 ALPHONSE PÉNAUD (1850–1880).

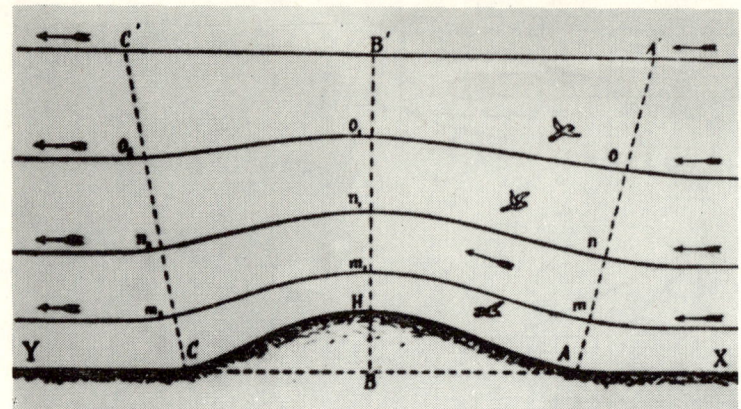

49 Skizze von PÉNAUD zur Erklärung des Hangaufwindes.

sten hatte er kritisch ausgewertet und weiterentwickelt. Er baute das erste flugfähige Motorflugmodell mit einer Luftschraube und gedrillten Gummischnüren als Antrieb und erwarb mit dem Mechaniker GAUCHOT 1876 ein berühmt gewordenes Motorflugzeugpatent. In den Jahren 1871 bis 1877 veröffentlichte er eine Reihe von Artikeln zu Fragen des Segelfluges, die sämtlich in der Luftfahrtzeitschrift «L'Aéronaute» (Der Luftfahrer) erschienen. Seine Erkenntnisse waren so vielseitig und umfassend, daß sie aus Platzgründen hier nur zusammengefaßt wiedergegeben werden können:

– Infolge einer Vielzahl von Ursachen ist die Atmosphäre mit aufsteigenden Luftströmungen ausgefüllt. Für den Verlauf dieser Strömung ist die geneigte Bahn die Regel und die horizontale Bahn die Ausnahme! Aufwinde waren für PÉNAUD alle Luftbewegungen mit einer vertikalen Komponente, die bis zur Senkrechten gehen konnten.

– Eine Ursache der Aufwinde ist die Konfiguration der Erdoberfläche, über die die horizontalen Luftbewegungen hinwegstreichen. Schroffe Anhöhen, Steilküsten, Häuser, Ansammlungen von Bäumen, allgemein alle Hindernisse, zwingen den horizontalen Wind zum Aufsteigen und bilden einen Aufwind. PÉNAUD erkannte somit die Möglichkeit des Segelfluges im Hangaufwind.

– PÉNAUD beschrieb schon 1871 in dem Artikel «Kann der Mensch ohne Hilfsmotor fliegen?» die für den Segelflug bedeutsame geophysikalische Tatsache, daß die Erdoberfläche in Abhängigkeit von ihrer Beschaffenheit die ankommende Sonnenstrahlung unterschiedlich stark aufnimmt und die aufgenommene Sonnenwärme auf ungleiche Weise wieder in die Luft abgibt. So entstehen wärmere Luftmassen, die aufsteigende, warme Luftströme bilden.

Im Jahre 1875 schrieb er zu dieser Thematik: «Die Luft kühlt sich ab, indem sie über Wälder streicht und sie erwärmt sich über Sandflächen. Bei ruhigem Wetter sieht man häufig, sichtbar gemacht durch die Effekte der Brechung, wie durch die starke Sonneneinstrahlung sich über die Erdoberfläche erhitzte Luft über die Hügel erhebt, indem sie durch die Bodenvegetation streicht, in Richtung der Anhöhe zusammenstrebt und sich dort in gewaltigen Säulen erhebt.» [5, S. 113]

Im gleichen Aufsatz legte er folgende Gedanken zur Bildung von Wolken und Wolkenaufwinden nieder: «Sonnenwärme – Wir haben noch eine andere Ursache der Aufwinde zu studieren, deren Bewegung und vor allem Stärke große Aufstiege bewirkt: Oft sieht man an ruhigen und sonnigen Tagen, wenn die Luft sich mal hier und mal dort etwas bewegt, einige Haufenwolken am Himmel; trotz der Abwesenheit für den Beobachter wahrnehmbarer Aufwinde, beschreiben die Vögel in großer Höhe ihre Kreise des Segelfluges …

Die Wolken verändern unaufhörlich ihre Form, jeden Moment gehen Veränderungen an ihren Konturen vor sich …, die Wolken erheben sich und setzen ihren Aufstieg bis gegen 14 Uhr fort. Von diesem Zeitpunkt an, wenn die Sonneneinstrahlung schwächer wird, steigen die Wolken zunächst langsam, dann schneller ab, und bedecken erneut den Boden während der Nacht … Indem eine Wolke auf- und absteigt, zieht sie enorme Luftmassen an sich und wird auf diese Weise das Zentrum eines Luftwirbels besonderer Art … und jeder Aufwind ist mit einem Abwind verbunden und umgekehrt.» [5, S. 111 f] PÉNAUD nahm jedoch irrtümlicherweise an, daß die Luft auch direkt – ohne den Umweg über die Erdoberfläche – von der Sonne erwärmt wird und auf diese Weise Wolken bildet. Wie PÉNAUD feststellte, übernahm er den Grundgedanken über die warmen, aufsteigenden Luftströmungen von seinem Landsmann LOUVRIÉ.

50 Skizze von PÉNAUD zur Auf- und Abwind-Zirkulationsströmung um eine Kumuluswolke.

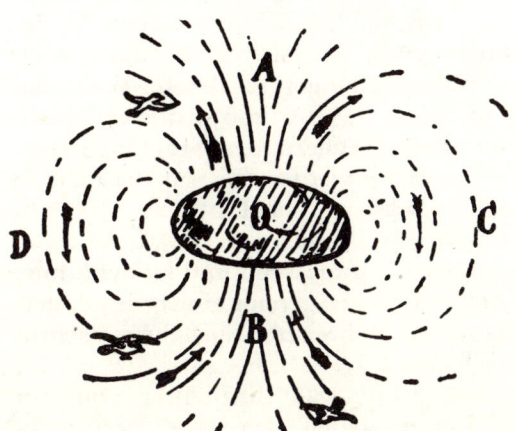

Als Teilnehmer an Ballonaufstiegen und genauer Kenner der Luftfahrt mit Mitteln «leichter als Luft» besaß er neben den theoretischen aerostatischen Erkenntnissen auch die notwendigen praktischen Erfahrungen im Luftmeer, die es ihm ermöglichten, als erster so tief in die Ursachen und das Wesen der bis dahin geheimnisvollen Aufwinde und des Segelfluges der Vögel einzudringen. Wie er es andeutete, sind Wolken und Aufwinde nichts anderes als aufsteigende Warmluftballons oder Montgolfieren.

- PÉNAUD erkannte Möglichkeiten eines dynamischen Segelfluges durch Ausnutzung von Energien, die einer Ungleichmäßigkeit des Windes in Bodennähe entnommen werden können. Albatros und Möwe praktizierten nach seiner Meinung diesen Flugstil.

- Der Segelflug war für PÉNAUD eine in der Natur weit verbreitete und allgemein angewendete Methode. Zu seiner Ausführung durch den Menschen genügte nach PÉNAUD ein einfaches Gleitflugzeug mit starren, leicht angestellten Tragflächen und einem Leitwerk. Er gab seiner Hoffnung Ausdruck, daß es bald einem «kühnen Menschen» möglich sein müßte, sich für Stunden mit Hilfe einer geschickten Ausnutzung der aufsteigenden Luftströme in der Luft zu halten.

- Nach Meinung PÉNAUDS würde der Segelflug auch dem künftigen Motorflug Vorteile bieten, indem eine kombinierte Anwendung die aufzubringende motorische Leistung und damit den Kraftstoffverbrauch der Flugzeuge verringern würde.

- Den untrennbaren flugphysikalischen Zusammenhang zwischen Gleit- und Segelflug brachte PÉNAUD in dem bereits zitierten Artikel «Über den Segelflug» ebenfalls richtig zum Ausdruck: «Der Vogel, der in bezug zur Luft, die ihn umgibt, fällt, steigt in bezug auf den Erdboden, wenn die Luft, die ihn trägt, schneller steigt als der Vogel sinkt, und so nutzt der Vogel mit Leichtigkeit die aufsteigende Komponente der Luftbewegung und vermag auf diese Weise unbegrenzt in der Atmosphäre zu schweben.» [5, S. 78]

- PÉNAUD beschrieb 1873 unter den Bezeichnungen des «Minimums» und «Maximums» die Zusammenhänge, die wir heute mit den Begriffen der geringsten Sinkgeschwindigkeit und des besten Gleitens benennen.
- Er wandte die bereits von CAYLEY erarbeiteten Erkenntnisse über die stabilisierende Wirkung eines Leitwerks und einer V-Form der Tragflächen bewußt an und erkannte als erster die längsstabilisierende Wirkung einer Schränkung der Tragflächen.
- PÉNAUD befürwortete schwach gewölbte Tragflügelprofile und wußte, daß ein vergrößerter Anstellwinkel des Flugzeugs infolge der größeren Auftriebs- und Widerstandsbildung die Fluggeschwindigkeit verringert. Das für die Leistung eines Flugzeugs entscheidende Verhältnis zwischen Auftrieb und Widerstand war ihm bekannt. Die Bevorzugung gewölbter Profile leitete PÉNAUD von der beobachteten höheren Wirksamkeit gewölbter Flächen an den Segeln von Schiffen, an Windmühlenflügeln und an Schiffsschrauben ab.
- Er wandte sich gegen die auf NEWTON zurückgehende Auftriebsformel, in der das Sinusquadrat berücksichtigt wurde. Bei Anwendung dieser Formel – die Sinuswerte von Winkeln unter 90° sind kleiner als 1 – erhält man durch die Quadratbildung nur minimale Auftriebswerte und müßte demnach Flugzeuge mit riesigen Tragflächen bauen. PÉNAUD und LOUVRIÉ kämpften für die Anwendung des einfachen Sinus. Ihre Positionen wurden 1876 von RAYLEIGH in einer hydrodynamischen Abhandlung bestätigt.
- PÉNAUD erfand auch ein Differential-

barometer zur Anzeige kleinster Druck- und Höhendifferenzen. Es war ein Aneroidbarometer (Dosenbarometer) mit einem Druckausgleichgefäß, welches durch einen dünnen Gummischlauch mit der Außenluft verbunden war.

In unserer heutigen Fachsprache würden wir die Bezeichnung Statoskop verwenden, da bei seiner Benutzung in einer gegebenen Höhe der Gummischlauch abgeklemmt wurde. Es reagierte dann bereits auf Höhenveränderungen von nur 40 cm! Bei geeigneter Dimensionierung des Druckausgleichs über Kapillaren sind derartige Instrumente im Prinzip Variometer.

PÉNAUDS Arbeiten zeichneten sich durch verständliche Ausdrucksweise und Realismus aus. In nur wenigen Jahren hatte er vorhandene Kenntnisse über das Flugproblem zusammengefaßt, eigene Einsichten hinzugefügt und die Theorie der Flugtechnik auf ein noch nicht dagewesenes Niveau gehoben.

An eigene Gleitflugversuche hat PÉNAUD nicht gedacht – sie wären bereits durch seinen schlechten Gesundheitszustand vereitelt worden, da seine Beine als Folge einer Erkrankung in der Jugend gelähmt waren.

Als langjähriger Angehöriger des Redaktionskollegiums des «L'Aéronaute», als Mitglied und Archivar der Société Française de Navigation Aérienne hat er Unvergängliches für den Fortschritt der Flugtechnik geleistet und dank seiner Veröffentlichungen eine hohe Wirksamkeit erzielt. PÉNAUD muß zu den bedeutenden Bahnbrechern des Segelfluggedankens gezählt werden. Er war der erste in der Geschichte der Luftfahrt, der entscheidende Probleme des Gleit- und Segelfluges so umfassend und klar erkannte und sie in Beiträgen für eine bereits international verbreitete Luftfahrtzeitschrift darlegte.

Im Jahre 1880, im Alter von nur 30 Jahren, schied ALPHONSE PÉNAUD infolge seines Gesundheitszustandes und Schwierigkeiten bei der Verwirklichung seiner flugtechnischen Pläne freiwillig aus dem Leben.

Es ist mitunter versucht worden, einzelne Flugpioniere mit einer bewertenden und teilweise abwertenden Tendenz einander gegenüberzustellen. Solch ein Verfahren ist völlig abwegig und widerspricht dem Wesen und Vermächtnis der bedeutenden Persönlichkeiten der Fluggeschichte. Natürlich brachte jeder der bedeutenden Flugpioniere seine persönliche Note und eigene Leistungen in seine Arbeiten ein, baute in der Regel aber auch wesentlich auf den Leistungen seiner Vorgänger auf.

51   Louis Pierre Mouillard (1834–1897).

Možaiskij

Der Marineoffizier und Flugpionier Aleksandr Fjodorovič Možaiskij (1825-1890) hatte im Verlaufe seiner flugtechnischen Arbeiten, die im Jahre 1882 zum Bau eines Dampfmaschinenflugzeugs führten, zwischen 1873 und 1876 Versuche mit Drachen unternommen. Flugdrachen gehörten damals zu den Rettungsvorrichtungen auf Schiffen, um im Falle einer Strandung Seilverbindungen zum Festland herstellen zu können. Der manntragende Drachen, den Možaiskij im Jahre 1876 mehrfach nutzte, wurde von einem Troika-Pferdegespann mit Hilfe eines Seiles, das am Pferdewagen und am Drachen befestigt war, in die Luft gezogen.

Als Versuchsorte werden das Dorf Voronovic bei Vinnica (Ukraine) und St. Petersburg (heute Leningrad) genannt. Ob ein freier Flug nach dem Schleppflug vorgesehen war und absolviert wurde, ob es Steuervorrichtungen gab, ist nicht bekannt geworden. Aus diesem Grunde kann dieser interessante Versuch auch nicht unmittelbar zur Geschichte des Gleitfluges gezählt werden.

Mouillard

Ein Vergleich zwischen den Segelflug- und Motorflugaktivitäten im 19. Jahrhundert läßt die Schlußfolgerung zu, daß Anzahl und Umfang der Segelflugzeugprojekte denen der Motorflugzeugprojekte kaum nachstanden.

Einer der großen Vorkämpfer und Verkünder des Segelfluges war Louis Pierre Mouillard (1834-1897). Im Jahre 1856 nahm er mit dem Bau eines erfolglosen Schwingenflugmodells die Tätigkeit auf diesem Gebiet auf. Er beschäftigte sich jahrelang mit der genauen Vermessung von Vögeln, die den Segelflug ausüben. Spannweite, Flächentiefe, Masse, Flügelfläche und Tragflächenbelastung wurden sorgfältig ermittelt und in Tabellen aufgelistet, um anhand dieser Werte die Größe eines Gleitflugzeugs zu bestimmen, das einen Menschen tragen konnte.

Nach dem Tode seines Vaters ging Mouillard von Lyon nach Algerien, wo er vor den Toren Algiers in der Mitidja-Ebene eine Farm betrieb. Hier setzte er seine flugtechnischen Bemühungen fort. Im Jahre 1864 baute er sein zweites Schwingenflugzeug. Im gleichen Jahr

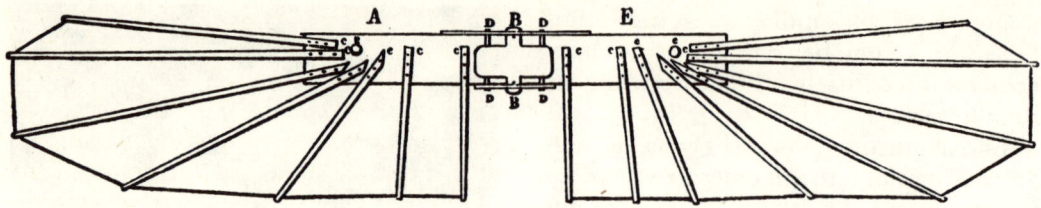

52   MOUILLARD-Gleiter Nr.3 (1865).

wurde der Typ Nr. 3 als Gleitflugzeug mit elastischem Tragflügel gebaut. Es bestand aus einer Eindeckerfläche ohne Leitwerk mit einem Tragflächeninhalt von etwa 12 m² und besaß eine Leermasse von etwa 14 kg. Die Konstruktion der Tragfläche war denkbar einfach gehalten. Zwei dünne rechteckige Bretter bildeten den tragenden Teil des Flügels, an dem sternförmig 14 große Flügelrippen aus Agavenholz angebracht waren. Das Gerät wurde in der Art eines Hängegleiters getragen. Zwei Gurte liefen über die Schulter des Piloten und zwei zu den Füßen; das Fluggerät befand sich etwa in der Höhe des Magens. Nach dem Laufstart konnten die Füße auf die Gurte gesetzt werden, mit deren Hilfe ein leichter Niederschlag der Tragflächenenden erreicht werden konnte. Problematisch waren bei diesem Gleitertyp die fehlenden Vorrichtungen zur Erhaltung der Flugstabilität und die fehlende Steuerung. MOUILLARD erprobte dieses Gerät im April 1865.

In seinem zweiten Buch «Le Vol sans Battement» (Der Flug ohne Flügelschlag) gab er eine eindrucksvolle Beschreibung seines erfolgreichsten Versuchs: «Ich hatte bereits die Arbeitsweise meines Fluggerätes durch Sprünge aus einigen Metern Höhe überprüft und wußte, daß es mein Gewicht tragen würde. Aber ich wagte es nicht, vor meinen Mitbewohnern zu experimentieren ... Dann trollte ich mich mit meinem Apparat auf den Schultern in die Prärie, lief gegen die ruhige Luft und studierte den Auftrieb ... Es kam mir der Gedanke, über einen Gra-

ben zu springen. Ohne Fluggerät hatte ich ihn leicht übersprungen ..., jetzt nahm ich einen Anlauf entlang der Straße und sprang wie gewohnt über den Graben. Aber oh Schreck! Einmal über den Graben hinweg, berührten meine Füße nicht mehr die Erde. Ich glitt durch die Luft und machte vergebliche Anstrengungen zu landen, mein Flugzeug blieb in der Luft. Ich war nur einen Fuß über dem Boden, aber was ich auch tat, ich konnte ihn nicht erreichen und glitt, ohne anhalten zu können, durch die Luft. Endlich berührten meine Füße den Boden. Ich fiel auf meine Hände, zerbrach einen Flügel und alles war vorbei ... Glücklicherweise endete alles gut. Dann maß ich die Entfernung zwischen meinen Fußabdrücken und dem Rand der Straße und fand, daß sie 42 Meter betrug.» [25, S. 204f]

Die erreichte Flugweite erklärte MOUILLARD wie folgt: Er nahm an, beim Absprung eine Geschwindigkeit von 5 bis 6 m/s (gegenüber dem Erdboden) erreicht zu haben und glaubte, genau in diesem Moment in einen Gegenwind von etwa 4 bis 5 m/s hineingeraten zu sein, so daß er beim Absprung eine Fluggeschwindigkeit (gegenüber der Luft) von 9 bis 11 m/s gehabt hätte und diese Energie in Strecke umsetzen konnte. Die Straße befand sich etwas über dem Gelände. Glückliche Umstände und eine unbewußt richtige Handhabung der Tragfläche könnten es bewirkt haben, daß MOUILLARD die Fluglage beibehielt.

Neue Erfolge konnten nach der Reparatur des Flügels nicht mehr erzielt werden. Bei einem der Versuche erwies sich die Festigkeit des Gerätes als zu gering, ein starker Windstoß klappte den Flügel zusammen und MOUILLARD wurde leicht verletzt.

Aufgrund wirtschaftlicher Schwierigkeiten und Krankheit ging MOUILLARD noch 1865 nach Kairo und wurde dort Zeichenlehrer am Polytechnikum. MOUILLARD hatte in seiner Jugend ein Studium der Künste absolviert.

In Kairo fand er ideale Bedingungen für das Studium des Segelfluges großer Vögel vor. Täglich konnte er stundenlang Hunderte, im thermischen Aufwind segelnde Geier und Pelikane beobachten. Immer wieder war es für ihn beeindrukkend, die großen, schweren Vögel ohne jeden Flügelschlag mühelos im Kreisflug oder im Geradeausflug fliegen zu sehen, dabei so hoch aufsteigend, daß der Beobachter sie aus den Augen verlor. Die in vielen Jahren gesammelten Erfahrungen und Überlegungen faßte er in einem Buch zusammen.

Doch zuvor begann MOUILLARD im Frühjahr 1878 mit dem Bau seines vierten Flugzeugs. Dieser Gleiter besaß nunmehr auch ein Höhenleitwerk, das in seiner Oberflächengröße verändert werden konnte. Gemeinsam mit einer Verstellung der Tragflächen nach vorn und hinten sollte die Höhensteuerung bewirkt werden. Weiterhin hätte MOUILLARD zur

53 MOUILLARD-Gleiter Nr. 4 (1895). Das Höhenleitwerk wurde aus Platzgründen hochgeklappt.

Steuerung der Querlage eine Art Verwindung der Tragflächen vorgesehen. Er war davon überzeugt, mit Hilfe der Verwindung auch Kurven und Kreise fliegen zu können. Der Großausführung waren Versuche mit Flugmodellen vorausgegangen, die eine gute Flugstabilität besessen haben, und aus 70 m Höhe bis zu 450 m weit geflogen sein sollen. Die Spannweite des Flugzeugs Nr. 4 betrug 16 m, die Flächentiefe 3 m, der Tragflächeninhalt 35 m^2, die Leermasse nur 45 kg. Der Typ Nr. 4 wurde mit Fahrgestell, Rumpf und Führersitz ausgerüstet. Die Steuerung sollte über Seilzüge mit Hilfe eines Steuerrades aus Aluminium bewirkt werden. Ein Seitenleitwerk war nicht vorhanden.

Eine anhaltende schwere Krankheit MOUILLARD war teilweise gelähmt, hinderte den Konstrukteur an der Fertigstellung und Erprobung dieses Fluggerätes. In dieser Zeit erzwungener körperlicher Untätigkeit fertigte MOUILLARD das Manuskript zu seinem bedeutsamen ersten Buch «L'Empire de l'Air» (Das Reich der Lüfte) an, das im Jahre 1881 in Paris veröffentlicht wurde. Er wollte mit diesem Werk die Möglichkeit des menschlichen Segelfluges nachweisen und die Leser zu eigenen Versuchen ermutigen. Der Untertitel der Arbeit lautete daher «Untersuchungen des Vogelfluges, angewendet auf die Luftfahrt. Wagt es!» Die wichtigste Erkenntnis war

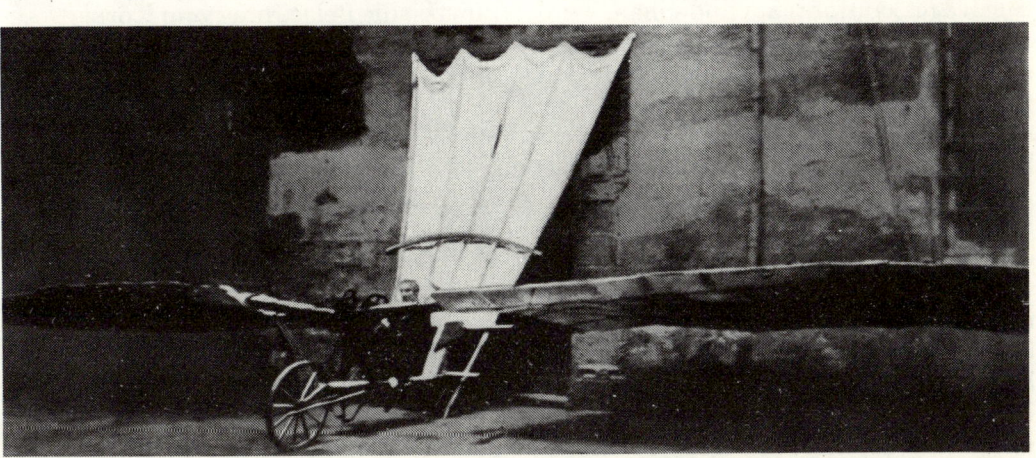

54 MOUILLARD-Gleiter Nr.4 (1895). Das Trag- und Leitwerkgerüst war nur auf der Unterseite bespannt. Durch Vor- und Zurücknahme des Steuerrades sollte die Stellung der Tragfläche verändert und durch seine Drehung eine Art Verwindung bewirkt werden.

die, daß der Mensch nicht in der Lage sein dürfte, den Ruderflug der Vögel nachzuahmen, wohl aber den Segelflug!

MOUILLARD schrieb: «Die zweite Art zu fliegen, das heißt mit einem Flugzeug ohne Vortriebsmittel, ist Gegenstand der vorliegenden Studie. Was im Laufe dieser Arbeit aufgezeigt worden ist, erlaubt die Feststellung: Beim Flug der Segelvögel (Geier, Adler und aller Vögel, die ohne Flügelschlag fliegen) erfolgt das Aufsteigen durch die richtige Ausnutzung der Kraft des Windes und die Steuerung durch die Geschicklichkeit, so daß man sich bei einem mittleren Wind mit einem motorlosen Flugzeug in die Luft erheben und sich sogar gegen den Wind bewegen kann. Der Mensch kann also mit einer starren Tragfläche, die zur Steuerung gut eingerichtet ist, die Aufstiegs- und Steuerbewegungen wiederholen, welche die Segelvögel ausführen, und man wird nicht mehr Kraft aufbringen müssen, als die zum Steuern benötigte.» [8, S. 236] An einer anderen Stelle bemerkte er: «Wir alleine sind berufen, das Problem eines fast ständigen Aufenthalts in der Luft zu lösen, eines ökonomischen und demokratischen Aufenthaltes, der von allen genutzt werden kann, von Armen wie von Reichen, weil das Segelflugzeug nur 100 Franken kosten wird und nicht ein Monstrum sein wird, für das man Millionen ausgibt.» [78, S. 41]

MOUILLARD unterliefen bei der Erklärung der Ursachen des Segelfluges Irrtü-

mer, die zu diesem Zeitpunkt jedoch nur theoretische Bedeutung besaßen. Er glaubte, daß zum Segelflug ein horizontal wehender Wind ausreichend sei und daher bei Windstille nicht gesegelt werden könne. Den thermischen Aufwind als Ursache des Segelfluges der Vögel hatte er eigenartigerweise nicht erkannt, obwohl er unübersehbare Anzeichen für seine Existenz erlebt hatte.

In dem Kapitel «Aufsteigende Luftströme» seines zweiten Buches erläuterte er den Aufwind, der beim Überströmen von Hindernissen (Hängen, Gebirgen usw.) entsteht. Er beschrieb auch anschaulich seine praktischen Erfahrungen mit Windhosen, die er in der Wüste oft beobachten konnte und die Sand und leichte Gegenstände drehend in die Luft erheben. Als er einmal in solch eine Windhose geringsten Durchmessers geriet, wurde ihm fast die Bekleidung vom Körper gezogen, und sein Sonnenschirm wurde auf über 50 m Höhe entführt. Er betonte aber, daß er nie gesehen habe, daß sich ein Vogel in diese «Tromben» begibt und stellte auch keinerlei Verbindung zwischen den von ihm beobachteten Segelflügen und den Windhosen her. Tatsächlich sind sie nichts anderes als der sichtbare Kern, der Beginn und das Zentrum eines thermischen Aufwindes.

MOUILLARD machte sich auch Gedanken über eine geeignete Methode zur Verwirklichung des Segelfluges. Eine Hauptursache des langsamen Fortschritts sah er in der Isoliertheit der einzelnen Forscher und dem Mangel an Geldmitteln. Die Flugtechniker sollten sich nach seiner Meinung zusammenschließen und in Gemeinschaftsarbeit von Wissenschaftlern, Handwerkern und Fliegern den Segelflug realisieren. Er empfahl den Aufbau einer gesellschaftlichen, gut ausgerüsteten Segelflugforschungsstätte an der Steilküste des Mittelmeers. Der Start sollte im Drachenstart über der Wasserfläche erfolgen.

MOUILLARD dachte als erster an die Notwendigkeit, den Segelflieger mit einem Fallschirm auszurüsten. Er glaubte zu Recht, daß ein Fallschirm die innere Ruhe, die Sicherheit und den Mut des Piloten erhöhen müßte.

OCTAVE CHANUTE nahm im Jahre 1890 brieflich die Verbindung mit MOUILLARD auf. Mit Unterstützung CHANUTES wurde das Prinzip des Gleitflugzeugs Nr. 4 in den USA patentiert. Dank der Geldmittel, die MOUILLARD von CHANUTE für dessen Beteiligung am Patent erhielt, konnte er das unvollendet gebliebene Flugzeug Nr. 4 fertigstellen. Alter und Gesundheitszustand MOUILLARDS erlaubten es jedoch nicht, die Versuche fortzusetzen, die er in Mokattam bei Kairo begonnen hatte.

Wie MOUILLARD am 5. Januar 1896 in einem Brief an CHANUTE berichtete, fand am 4. Januar 1896 ein Flugversuch statt. Das Flugzeug war zur besseren Richtungshaltung an einem Seil befestigt, rollte mit MOUILLARD eine kurze Strecke hangabwärts, und flog dann in 8 bis 10 m Höhe über der Hangneigung in etwas mehr als einer Minute Flugzeit etwa 28 m weit. Nach Meinung des Experimentators bestätigte der Versuch «wenig oder nichts». [84, S. 980]

Völlig geschwächt und vereinsamt brachte man MOUILLARD in ein Armenhaus. Noch auf dem Krankenlager schrieb dieser glühende Verfechter des Segelfluges das Manuskript zu seinem zweiten Buch: «Le Vol sans Battement»,

das erst 1912 in Paris postum veröffentlicht wurde. Am 20. September 1897 verstarb der verdienstvolle Bahnbrecher des menschlichen Segelfluges. Seine Manuskripte und das Gleitflugzeug Nr. 4 sind erhalten geblieben.

Alle Zeitgenossen, die das Buch MOUILLARDS «L'Empire de l'Air» in Auszügen oder im Ganzen kennenlernten – dazu gehörten neben LILIENTHAL auch die Brüder WRIGHT – wurden von den überzeugenden Ausführungen zu eigenen Arbeiten angespornt. WILBUR WRIGHT würdigte MOUILLARD im Jahre 1912 mit folgenden Worten:

«‹L'Empire de l'Air› ist eines der bemerkenswertesten Bücher, die jemals geschrieben worden sind. Seine Beobachtungen über die ... Vögel ... hat er seinen Lesern mit einem starken Enthusiasmus so überzeugend dargelegt, daß sein Buch die bedeutendsten Ergebnisse in der Geschichte der Eroberung der Luft hervorgebracht hat. Vielleicht nur mit Ausnahme von LILIENTHAL hat keiner derjenigen, die im 19. Jahrhundert schrieben, eine solche vergleichbare Kraft besessen, den Anhängern den Glauben an die Möglichkeit des menschlichen Fluges zu geben!» [78, S. 44]

BIOT

Der französische Experimentator BIOT war etwa seit dem Jahre 1861 auf dem Gebiet der Luftfahrt tätig. Er baute zu diesem Zeitpunkt einen schwanzlosen konischen Flugdrachen. Im Jahre 1868 unternahm er, unter einem sehr großen Flugdrachen hängend, einen kurzen Aufstieg, und 1879 baute er den im Bilde wiedergegebenen Gleitflugeindecker. Die Tragflächen dieses Gleiters besaßen an der Endleiste die Form von Schwungfedern eines Vogels. Der Einstellwinkel der Tragflächenhälften konnte am Boden verändert werden. Ein Höhenleitwerk war vorhanden.

55   Gleitflugzeug von BIOT (1879).

BIOT trug den Apparat mit seinen Händen, konnte im Laufstart starten und hing im Fluge unter dem Gerüst. Zwei vor dem Piloten befindliche und nach unten führende elastische Streben sollten den Landestoß aufnehmen. Die Festigkeit des Tragflügels wurde durch drei kleine Spanntürme und mehrere Spanndrähte erhöht. Insgesamt verkörperte das Flugzeug von BIOT ein relativ hohes technisches Niveau.

In der Nähe von Clamart gelang es BIOT, mit dieser Maschine einige kurze Gleitflüge zu unternehmen. Jedoch setzte er diese Versuche leider nicht fort. Der Apparat wurde dem Luftfahrtmuseum in Paris übergeben und stellt das älteste, im Original erhalten gebliebene Gleitflugzeug der Geschichte der Luftfahrt dar.

MONTGOMERY

Der Segelfluggedanke war während des 19. Jahrhunderts vor allem in den Ländern verbreitet, in denen sich Industrie und Technik entwickelten. Diese lieferten einerseits wichtige wissenschaftlich-technische Voraussetzungen für den Bau von Flugzeugen, andererseits schufen sie durch die Entwicklung von Verkehr und Kommunikation auch ein gesellschaftliches Bedürfnis für die Verwirklichung des Menschenfluges.

In den USA war es JOHN J. MONTGOMERY (1858-1913), der sich als erster dem Segelflug widmete. Er verbrachte seine Jugend in San Diego an der Küste des Stillen Ozeans. 1879 beendete er seine Ausbildung als Lehrer, und schon zu diesem Zeitpunkt gehörte sein Interesse dem Segelflug. Sein flugtechnisches Vorbild wurde die Seemöwe. In den Jahren 1883 bis 1885 baute und erprobte er seine ersten drei Gleitflugzeuge.

In Ota-Mesa, etwa 15 km südlich von San Diego gelegen, fand er ein geeignetes Fluggelände, einen leicht geneigten, langen Hügel, der von der Brise des Stillen Ozeans angeblasen wurde. Seine Ziele bei den ersten Versuchen waren die Gleichgewichtserhaltung im Fluge, die Steuerung des Flugzeugs und der Segelflug.

Mit seinem ersten Gleiter unternahm er nach eigenen Angaben Gleitflüge zwischen 30 und 100 m Länge. Am 17. März 1884 flog MONTGOMERY bei einem Gegenwind von etwa 8 m/s sogar 200 m weit. Bei einem weiteren Flug an diesem Tage berührte sein Flugzeug einen Strauch und wurde beschädigt.

Dieser erfolgreiche Eindecker soll eine Spannweite von 7,40 m, eine Leermasse von 20 kg und eine Flächenbelastung von 8,5 kg/m^2 gehabt haben. Das Höhensteuer war beweglich, das Flugzeug wurde vom Piloten getragen, der sich nach dem Laufstart auf eine Art Sattel setzte.

MONTGOMERY baute dann den Gleiter Nr. 2, der ein vollkommen ebenes Profil besaß. Dieses Gerät konnte nicht zum Fliegen gebracht werden.

Anstatt zu dem Konzept des erfolgreichen ersten Gleiters zurückzukehren, baute MONTGOMERY seinen dritten Gleiter mit der Flügelform eines Geiers, bei dem die Flügelhälften um den Vorderholm drehbar gelagert waren. Auch dieses Gerät konnte nicht erfolgreich erprobt werden. Eine Fortsetzung der Versuche scheiterte an den fehlenden finanziellen Mitteln.

RAYLEIGH

Durch einen Beitrag von S. E. PEAL wurde im Jahre 1880 eine Serie von Veröffentlichungen zum Segelflug der Vögel in der Londoner Zeitschrift Nature ausgelöst. Der Einsender hatte in Indien jahrelang den Segelflug der Pelikane beobachtet und versuchte eine Erklärung für deren Flugart zu geben. In seinem Artikel hieß es: «Die meisten der großen Vögel können hier segeln, das heißt, sie kreisen und kreisen ohne mit den Flügeln zu schlagen und können auf diese Weise aus Höhen von etwa 35 bis 65 m bis auf eine Höhe von etwa 2700 m mit gleichen Mitteln aufsteigen ... Zuerst erheben sie sich durch heftiges Schlagen mit den Flügeln in die Luft, und wenn sie etwa eine Höhe von 35 m bis 65 m erreicht haben und es weht eine leichte Brise, fangen sie in großen Kreisen an zu segeln, steigen 3 bis 6 m bei jedem Kreis, während der ganze Vogel bewegungslos bleibt und die Flügel starr ausgestreckt hält.» [6, S. 10]

Die Ursachen für dieses Segeln suchte PEAL dort, wo sie schon von LEONARDO DA VINCI irrtümlicherweise gesehen wurden: Beim Kreisen mit dem Winde sollte der Vogel seine Geschwindigkeit bei leichtem Höhenverlust erhöhen, um diesen vermeintlichen Energiegewinn beim Einkreisen gegen den Wind wie ein Drachen in einen Höhengewinn zu verwandeln.

Professor JOHN W. S. RAYLEIGH (1842 bis 1919) nahm diese Veröffentlichungen zum Anlaß, 1883 einen Artikel zum Segelflugproblem zu verfassen. Er hatte schon 1876 eine für die Flugtechnik wichtige hydrodynamische Abhandlung veröffentlicht. RAYLEIGH schrieb zu den Möglichkeiten des Segelfluges: «Ich schicke voraus: Wenn wir überhaupt etwas von Mechanik verstehen, so ist es sicher, daß ein Vogel, ohne mit seinen Flügeln zu schlagen, weder in ruhiger Luft noch in einem gleichmäßigen Winde unbegrenzt seine Höhe beibehalten kann ... Wenn immer daher ein Vogel seine Bahn beibehält, ohne mit den Flügeln zu schlagen, müssen wir annehmen, daß

1. die Bahn nicht horizontal ist, oder
2. der Wind nicht horizontal weht, oder
3. der Wind nicht gleichmäßig weht.

Es ist wahrscheinlich, daß die Wahrheit allgemein von 1. und 2. repräsentiert wird; aber die Frage, welche ich aufwerfen möchte, ist die, ob die unter 3. vermutete Ursache nicht manchmal wirksam wird.» [9, S. 535]

RAYLEIGH war der erste Theoretiker, der die Möglichkeit eines dynamischen Segelfluges erkannte, theoretisch begründete und zur Diskussion stellte. Darunter versteht man einen Segelflug, bei dem die notwendigen Energien nur einem ungleichmäßig wehenden, horizontalen Wind entnommen werden. Zur Erläuterung seiner Theorie benutzte er ein Gedankenbeispiel, bei dem unterschiedliche Windgeschwindigkeiten oberhalb und unterhalb einer Inversionsschicht auftreten. Die Möglichkeit dieser Art des Segelfluges wird im Kapitel 6.1. beschrieben.

Indem RAYLEIGH auf die Möglichkeit des Gleitfluges und die Notwendigkeit seiner Verwirklichung hinwies, reihte er sich in die Schar der Wegbereiter des Gleit- und Segelfluges ein: «Wenn es wahr ist, daß die großen Vögel ihre Flughöhe erhalten und steigern können, ohne Arbeit zu leisten, so wird die Perspektive für den Menschenflug weniger entmutigend. Experimentatoren auf diesem Gebiet würden gut tun, ihre Anstrengungen für's erste auf das Gleiten oder Segeln durch die Luft zu begrenzen. Wenn der Mensch von einer Anhöhe sich selbst in die Luft schwingen und große Strecken gleitend zurücklegen kann, bevor er den Boden erreicht, so ist ein bedeutender Schritt getan!» [9, S. 535]

LANGLEY

Nach RAYLEIGH beschäftigte sich Professor SAMUEL PIERPONT LANGLEY (1834–1906) theoretisch mit dem Problem des dynamischen Segelfluges. In seiner 1893 veröffentlichten Untersuchung «The internal work of the wind» (Die innere Arbeit des Windes) versuchte er, diese Flugart meteorologisch, flugmechanisch und flugpraktisch zu erklären.

Zum Segelflug der Vögel sagte LANGLEY folgendes: «Es ist seit langem beobachtet worden, daß gewisse Vogelarten sich unbegrenzt in der Luft halten, indem sie segeln, ohne mit den Flügeln zu schlagen … dies erscheint, ohne die Sprache zu mißbrauchen, wie ein physikalisches Wunder, und doch ist das Wunder noch größer, daß diejenigen, deren Aufgabe es ist, die Natur zu erforschen, diesem Umstand bisher so wenig Aufmerksamkeit gewidmet haben …» [11, S. 1 f]

Ausgangspunkt für die Überlegungen LANGLEYS zum dynamischen Segelflug waren Windmessungen, die er im Jahre 1887 vorgenommen hatte. Trotz der ausgleichenden Massenträgheit der sich im Luftstrom drehenden Schalenkreuzanemometer wurden in der Windstärke Schwankungen zwischen 10 und 25 Meilen in der Stunde mit Frequenzen zwischen 7 und 17 Sekunden und kurzfristige Änderungen der Windrichtung bis zu

56 SAMUEL PIERPONT LANGLEY (1834–1906).

180° gemessen. LANGLEY erkannte, daß infolge der Massenträgheit frei fliegender Körper in diesen Windschwankungen eine für den Segelflug nutzbare Energie enthalten ist.

Die Beweisführung für seine Theorie des dynamischen Segelfluges begann LANGLEY mit einem Gedankenexperiment. Bei zunehmender Windgeschwindigkeit, die die Fluggeschwindigkeit des Gleiters übersteigt, ist es möglich, durch Vergrößerung des Anstellwinkels der Tragfläche sich im Eigenstart zu erheben. Die Massenträgheit sichert dem nach hinten abtreibenden Fluggerät für einen Moment einen nutzbaren Geschwindigkeitsüberschuß gegenüber der Luft und damit einen Höhengewinn, bis das Flugzeug eine gleichförmige Geschwindigkeit gegenüber Luft und Boden besitzt.

LANGLEY demonstrierte den möglichen weiteren Verlauf dieses Fluges zunächst an einer angenommenen Windsituation, die er für die günstigste hielt. Ein gleichmäßig starker Wind sollte alle fünf Sekunden die Richtung um 180° ändern. Das bereits in der Luft befindliche Gerät brauchte dann nach seiner Meinung nur alle fünf Sekunden den Anstellwinkel zu verändern, um den Höhengewinn fortzusetzen.

Diese Annahme beruhte auf einem doppelten Irrtum. Erstens treten solche Wetterlagen aus meteorologischen Gründen in der Praxis nicht auf, und zweitens kann ein Flugzeug, das sich infolge der Umströmung einer Tragfläche in der Luft hält, weder auf der Stelle drehen noch durch eine Veränderung des Anstellwinkels die Flugrichtung um 180° ändern.

LANGLEY übertrug das Beispiel dann auf Windverhältnisse, wie sie ähnlich in der Praxis vielleicht eher anzutreffen sind: Bei gleichbleibender Windrichtung sollte die Windstärke alle fünf Sekunden zwischen einer mittleren Windgeschwindigkeit und Windstille schwanken.

Das im Punkt A am Boden stehende Flugzeug hebt bei Windzunahme wie be-

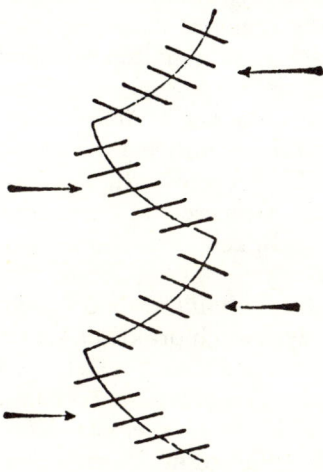

57 LANGLEY: Höhengewinn bei Wechsel der Windrichtung.

schrieben durch Eigenstart vom Erdboden ab und gewinnt, mit dem Winde abgetrieben, zunächst an Höhe bis zum Punkt B. In der folgenden Windstille fliegt das Flugzeug ohne Veränderung der Flugrichtung im Gleitflug bis zum Punkt C, der tiefer als B, aber höher als A liegt. Dort tritt die periodische Windzunahme wieder ein, wodurch das Flugzeug als Folge seiner Massenträgheit für einen Moment wieder eine größere Geschwindigkeit gegenüber der Luft als seine Normalfluggeschwindigkeit besitzt. Dieser momentane Geschwindigkeitsüberschuß ermöglicht einen Höhengewinn bis zum Punkt D. Wie schon bei B gleitet in der nachfolgenden Windflaute das Flugzeug bis zum Punkt E, der jedoch höher als C liegt. Diese Flugmanöver – und damit ein ständiger Höhengewinn – sollten nach LANGLEY so lange fortgesetzt werden können, wie die periodischen Windschwankungen anhalten.

Soweit die Darstellung dieser Methode des dynamischen Segelfluges durch LANGLEY. Auch sie enthält einen entscheidenden Denkfehler, der eigenartigerweise weder von den Zeitgenossen, noch von den Experten später offen dargelegt wurde. Bei einer Flugrichtung gegen den Wind (unter Vernachlässigung der Zeitdauer und Periodizität der Windschwankungen) verursacht die Windstille einen Energieverlust, der größer ist als der Energiegewinn bei der Windzunahme. Während bei der Windzunahme nur ein Teil des zeitweiligen Geschwindigkeitsgleich Energieüberschusses in Höhe um-

58 LANGLEY: Eigenstart bei Windzunahme und anschließender Höhengewinn durch Ausnutzung von periodischen Schwankungen der Windgeschwindigkeit.

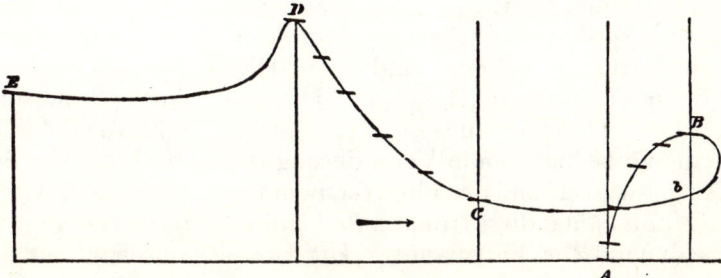

gewandelt werden kann, verlangt die Wiederherstellung der Fluggeschwindigkeit bei Windstille das volle Höhenäquivalent.

Es ist erstaunlich, daß einem so angesehenen Naturwissenschaftler wie Langley dieser elementare Fehler unterlaufen konnte; eine Ursache dafür dürfte auch in der damals noch völlig fehlenden Flugpraxis mit Flugzeugen, die nach dem Drachenprinzip flogen, zu suchen sein, so daß sich Langley dem Problem nur von einer abstrakten Theorie aus nähern konnte. Um die von Langley angenommene Windsituation ausnutzen zu können, müßte das Flugzeug noch bei Wind mit dem Wind abfliegen: Flug- und Windgeschwindigkeit addieren sich dann zur Geschwindigkeit gegenüber Grund, die bei der einsetzenden Windstille zur Geschwindigkeit gegenüber der Luft wird. Jetzt besitzt das Flugzeug einen echten Energieüberschuß, der durch Hochziehen in Höhe verwandelt werden kann. Ein Eindrehen und Hochziehen in den auffrischenden Wind würde wieder einen kleinen Höhengewinn ermöglichen und ein neuer Abflug mit dem Wind würde bei Windstille wieder einen etwas größeren Höhengewinn ermöglichen.

Ein zusätzliches, ungelöstes Problem für die Anwendung eines derartigen Flugstils liegt in der fehlenden Fähigkeit des Piloten, solche Windschwankungen schnell und sicher zu erkennen. Bis zum heutigen Tage fehlen solche «Windfühler»-Instrumente.

An dieser Stelle sei auf eine eigene Beobachtung verwiesen. Wenn Dohlenschwärme in geringer Höhe im Ruderflug gegen einen starken Wind anfliegen, ändern sie ihre Flughöhe ununterbrochen um Beträge zwischen 5 und 20 m. Dies könnte einerseits die Folge von Hindernisauf- und abwinden sein, zum anderen – die zu beobachtende Veränderung des Anstellwinkels und der Fluggeschwindigkeit unterstützt diese Annahme – könnten es dynamische Flugmanöver zur Erhöhung der Effektivität des Ruderfluges sein: Steigflug bei Windzunahme, um den unvermeidlichen, zusätzlichen Höhenverlust bei Rückgang der Windgeschwindigkeit zu kompensieren.

Langley faßte seine zutreffenden Erkenntnisse über den dynamischen Segelflug wie folgt zusammen:

1. Der horizontal wehende Wind ist auch nicht annähernd gleichmäßig, sondern besitzt in der Regel periodische Schwankungen mit unterschiedlicher Geschwindigkeit und Richtung.
2. Dadurch besitzt der Wind eine innere Arbeit (internal work), die infolge der Massenträgheit des Segelflugzeugs für den Segelflug genutzt werden kann.
3. Es steht in keinem Widerspruch zu den Prinzipien der Mechanik, daß ein Fluggerät bei genügend häufigen und starken Windschwankungen, ohne Verausgabung eigener Energie, beständig in der Luft gehalten werden kann.
4. Ein Flugzeug, das den dynamischen Segelflug ausführt, muß bei Windabnahme die Fluggeschwindigkeit erhöhen und in Gebieten mit höherer Windgeschwindigkeit Flughöhe im Steigflug gewinnen.
5. Dieser Flugstil ist nicht nur theoretisch möglich, sondern auch praktisch realisierbar.

Langley hat im Smithsonian Institut, dessen Sekretär er war, niemals Versuche in dieser Richtung ausführen lassen, sondern widmete seine folgenden Aktivitäten – leider erfolglos – der Verwirklichung des Motorfluges.

Žukovskij

Auch Professor Nikolaj Egorovič Žukovskij (1847–1921) beschäftigte sich mit der Frage des Segelfluges. In einer Arbeit unter dem Titel «O Parenii Ptic» (Über das Segeln der Vögel), vorgetragen und veröffentlicht im Jahre 1891, faßte er die in den letzten Jahrzehnten zu diesem Thema veröffentlichten Gedanken zusammen. Darin unterschied er zwei Formen des Fluges ohne Flügelschlag:

– das Gleiten unter Höhenverlust und
– das Segeln unter Beibehaltung oder Gewinnen von Höhe,

wobei er in der Literatur drei Gruppen von Theorien zur Erklärung der letzteren Erscheinung gefunden hatte:

1. Segeln bei gleichmäßig wehendem horizontalem Wind,
2. Segeln bei ungleichmäßig wehendem horizontalem Wind,
3. Segeln bei aufsteigendem Wind.

Er begann seine Auswertung zur ersten Gruppe mit dem bereits zitierten Artikel von PEAL aus dem Jahre 1880; erwähnte die Arbeiten von DAVIDSON im Scientific American vom März 1871; von WEYHER «Beobachtungen über den Gleitflug in Kreisen» im L'Aéronaute von 1880; von BLIX «Eine neue Theorie über den Segelflug der Vögel» in der Revue génerale des Sciences pures et appliqueés von 1890; von DRZEWIZKY «Theoretische Lösung des Problems des Segelfluges der Vögel», St. Petersburg 1891 und von BRETONNIERE «Studie über den Gleitflug» im L'Aéronaute von 1891. Alle genannten Autoren, auch MOUILLARD gehörte zu ihnen, hielten den Segelflug irrtümlicherweise bereits in einem gleichmäßig wehenden Wind für möglich. Nur WEYHER brachte den neuen, aber falschen Gedanken zum Ausdruck, daß das Steigen des Vogels durch die Zentrifugalkraft beim Kreisen bewirkt werden könnte.

Als Vertreter der zweiten Gruppe nannte ŽUKOVSKIJ MAREY: «Der Flug der Vögel», Paris 1890. MAREY stützte seine Theorie vom dynamischen Segelflug auf eine spezielle Versuchsanordnung von BAZIN. In ihr gleitet eine Kugel auf einer in Absätzen aufsteigenden Ebene durch periodisches Hin- und Herbewegen der Vorrichtung bergauf. Dazu ist festzustellen, daß ein Vergleich dieser Anordnung mit dem dynamischen Segelflug unzulässig ist, weil in der Versuchsanordnung ein ständiger Impulswechsel stattfindet, wie er nur in dem erwähnten ersten theoretischen Ansatz von LANGLEY angenommen wird und der ein Drachenflugzeug zum Absturz bringen würde.

Eine etwa analoge Erklärung des Segelns der Vögel fand ŽUKOVSKIJ in der Arbeit von AUGUST VON PARSEVAL: «Die Mechanik des Vogelfluges», Wiesbaden 1891.

Als Vertreter der dritten Gruppe benannte ŽUKOVSKIJ AIRY: «Das Segeln von Vögeln», Nature, Band XXVIII, der die zutreffende Auffassung vertrat, daß durch die Bodenstruktur vertikal aufsteigende Winde entstehen, die der Vogel zum Segeln nutzt. ŽUKOVSKIJ zitierte dann die Gedanken OTTO LILIENTHALS, der 1889 festgestellt hatte, daß der Wind neben einer horizontalen auch eine vertikale Komponente besitzt, die die Vögel zum Segeln ausnutzen. Ähnliches brachte GOUPIL in seinem Buch «Die Bewegung in der Luft», Charleville 1884, zum Ausdruck.

In den anderen Teilen seiner Arbeit beschäftigte sich ŽUKOVSKIJ mit Fragen des Luftwiderstands und ähnlichen Problemen, erklärte theoretisch die Möglichkeit des Fliegens von Loopings, doch war der Inhalt dieser Ausführungen für den Segelflug nur von mittelbarer Bedeutung.

4. Die Verwirklichung des Gleitfluges und die Entwicklung der Gleitflugbewegung zwischen 1891 und 1921

4.1. Otto Lilienthal verwirklicht den Gleitflug und die Anfänge des Segelfluges

Der Bahnbrecher des Gleitfluges und damit des Menschenfluges wurde OTTO LILIENTHAL (1848–1896). Ihm gebührt das Verdienst, die Gleitflugversuche aus dem Bereich des Zufalls in das Gebiet der sicheren Beherrschung geführt zu haben.

LILIENTHAL vereinigte in seiner Persönlichkeit Eigenschaften, wie sie für viele Pioniere der Luftfahrt vor und nach ihm typisch waren. Er war ein Mensch mit hohen Zielen, Ideen und Idealen, mit einem weiten Horizont und vielen hervorragenden Charaktereigenschaften. Sein Glaube an den Fortschritt von Wissenschaft, Technik und Vernunft der Menschheit waren unerschütterlich, genau so unbeirrbar wie sein starkes soziales Empfinden und Denken.

Am 23. Mai 1848 wurde OTTO LILIENTHAL in dem vorpommerschen Städtchen Anklam geboren. Sein Vater führte dort ein Tuchgeschäft und gehörte seiner politischen Einstellung nach den demokratischen Kreisen an.

Wie viele Flugpioniere beobachteten auch Otto und sein um ein Jahr jüngerer Bruder Gustav in ihrer Jugend aufmerksam den Flug der Vögel. Das wundervolle lautlose Gleiten und Segeln von Storch,

59 OTTO LILIENTHAL (1848–1896).

Milan, Bussard und anderen Vögeln beeindruckte sie stark. Durch ein Jugendbuch über die abenteuerlichen Ballonfahrten des Grafen ZAMBECCARI, in dem die Vorzüge des mühelosen Segelfluges des Storches auf kindgemäße Weise geschildert wurden, soll ihr Interesse für eine ernsthaftere Beschäftigung mit dem Flugproblem erwacht sein.

Ihre Aufmerksamkeit galt zunächst dem Segelflug wie dem Schwingenflug durch Muskelkraft. Der letztere schien ihnen als Startmethode notwendig zu sein.

Im Jahre 1862 bauten sie ihr erstes «Flugzeug», einen einfachen Flügel aus Kiefernleisten, Buchenspanbrettchen und Leinwand, der etwa 4 m Spannweite besessen haben soll. Um nicht den Spott der Schulkameraden auf sich zu ziehen, probierten die Brüder das Gerät nachts bei Mondschein aus, doch weder im Gleitflug noch im Ruderflug – die Flächen waren elastisch – konnte der geringste Erfolg erzielt werden. Dennoch ließ sich der vierzehnjährige Otto nicht entmutigen und bewies wichtige Eigenschaften für das Erreichen eines Fortschritts: Ausdauer und Weiterarbeiten nach einem Mißerfolg.

1864 verließ Otto das Anklamer Gymnasium und besuchte die Provinzialgewerbeschule in Potsdam. Drei Jahre später wurde der zweite Apparat, ein reiner Schlagflügelmechanismus, fertiggestellt, dem ein weiteres Gerät in einer ähnlichen Ausführung folgte. Die Muskelkraft erwies sich als nicht ausreichend, um mittels des Niederschlags der Flügel, ohne jede Vorwärtsbewegung, den zum Fliegen notwendigen Auftrieb durch eine Abwärtsbeförderung von Luftmassen zu erzeugen. Die erfolglose Erprobung eines Schwingenflugmodells mit Dampfmaschinenantrieb brachte die Brüder von derartigen Flugversuchen ab.

Sie unternahmen dann Gleitflugversuche mit vogelähnlichen Flugdrachen, die über vier Schnüre vom Erdboden zu steuern waren. Über einen dieser Versuche schrieb OTTO LILIENTHAL: «Der Drachen flog dann ohne zu fallen gegen den Wind, der etwa 6 m/s Geschwindigkeit hatte, indem er uns, die wir so schnell als möglich gegen den Wind liefen, überholte. Nach Zurücklegung von etwa 50 m verfing sich indessen eine der nachgeschleiften Schnüre in dem die Ebene bedeckenden Kraut, so daß die Gleichgewichtslage gestört wurde und der Flugkörper herabfiel.

Von diesem Versuch, der im September des Jahres 1874 auf der Ebene zwischen Charlottenburg und Spandau stattfand, sind wir heimgekehrt mit der Überzeugung, daß der Segelflug nicht bloß für Vögel da ist, sondern daß wenigstens die Möglichkeit vorhanden ist, daß auch der Mensch auf künstliche Weise diese Art des Fluges, die nur ein geschicktes Lenken, aber kein kraftvolles Bewegen der Fittige erfordert, hervorrufen kann.» [76, S. 136]

In den folgenden Jahren traten die flugtechnischen Arbeiten zunächst in den Hintergrund, da die Brüder sich voll ihren Berufen – Otto war als Ingenieur und Gustav als Architekt tätig – widmen mußten. 1887 erwarb Otto in Berlin eine kleine Maschinenfabrik, die dank eines von ihm entwickelten Dampfkesselpatentes eine günstige Entwicklung nahm. Jetzt hatte er endlich die finanziellen Mittel und auch die Zeit, um nach 13 Jahren Unterbrechung die flugtechnischen Arbeiten wieder in größerem Maßstab aufnehmen zu können.

Als Ergebnis ihrer gemeinsamen Forschungen veröffentlichte Otto LILIENTHAL

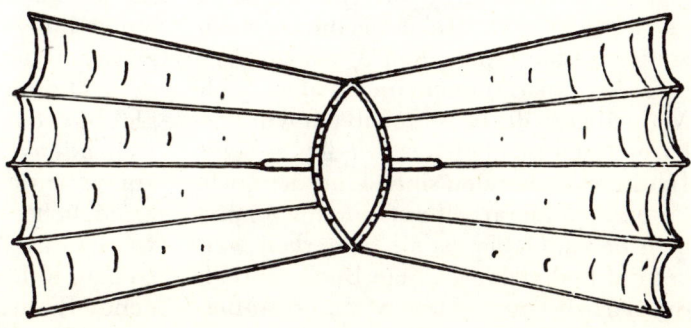

60   So soll das erste Flügelpaar der Brüder LILIENTHAL ausgesehen haben (1862).

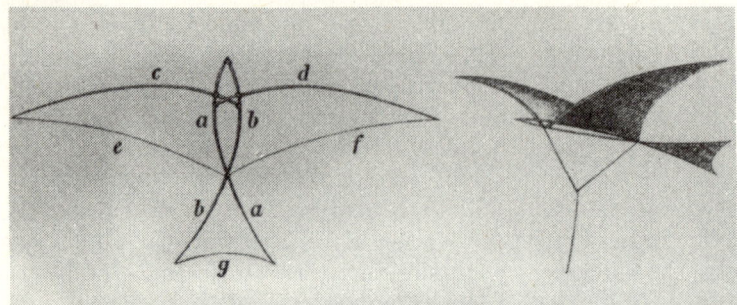

62   LILIENTHAL-Flug-
drachen Typ *Nurflügel*.

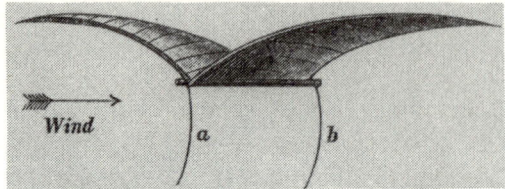

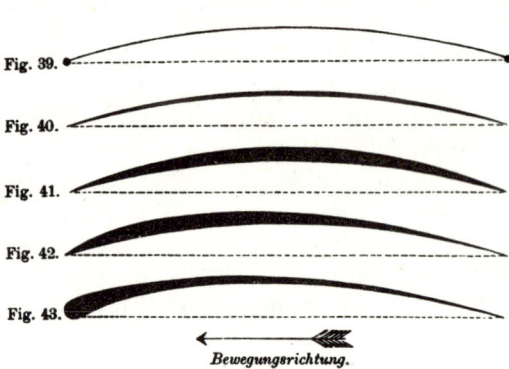

63   Von den Brüdern LILIENTHAL untersuchte
Flügelprofile.

im Jahre 1889 dann das berühmt gewordene Buch «Der Vogelflug als Grundlage
der Fliegekunst». Es enthielt nicht nur
eine Untersuchung zum Vogelflug, sondern war weit mehr eine Anleitung zur
Verwirklichung des Gleitfluges. Neben
anderen wichtigen Erkenntnissen wird
auf die Überlegenheit gewölbter Tragflügelprofile hingewiesen, die gegenüber
ebenen Profilen bei geringen Anstellwinkeln einen größeren Auftrieb und
geringeren Luftwiderstand liefern. Die
Meßergebnisse wurden in Form von Dia-
grammen dargestellt, so daß LILIENTHAL
der eigentliche Urheber des Polardia-
gramms von Profilen ist. Er nahm darin
jedoch die resultierende Luftkraft («Ge-
samtkraft») auf, die er als Luftwiderstand
bezeichnete, und den er in die «hebende»
vertikale und die «hemmende» horizontale Komponente unterteilte. Weiterhin
enthielt das Buch in 30 Punkten ein Programm für den Bau und die Erprobung
von Gleitflugzeugen.

Von vielen Flugtechnikern und Zeitgenossen LILIENTHALS ist dieses Werk gewürdigt worden. So schrieb zum Beispiel
WILBUR WRIGHT am 2. November 1901 an
OCTAVE CHANUTE: «Ich habe die Übersetzung des LILIENTHALSCHEN Werkes gelesen
und die Illustrationen und Tafeln viele
Male überprüft. Es ist gewiß ein wunderbares Buch ... obgleich, wie ich es sehe,
Irrtümer vorhanden sind: Und dennoch,
für eine Pionierarbeit auf einem vollkommen neuen Gebiet ist sie bemerkenswert
gesund und genau ... Sein Buch muß als
die Arbeit nur eines Mannes außer-

ordentlich hoch eingeschätzt werden ...»
[83, S. 145]

OTTO LILIENTHAL hatte den Segelflug
der Vögel erkannt, doch über seine Ursachen hatte er noch keine völlig klaren
Vorstellungen. Er unterschied noch nicht
zwischen dem thermischen Aufwind und
dem Hindernis- oder Hangaufwind. Er
glaubte dagegen, daß der horizontal
wehende Wind ständig eine Aufwärtskomponente besitze, die den Segelflug
ermögliche: «Es muß ein Wind von einer
wenigstens mittleren Geschwindigkeit
wehen, welcher dann durch seine aufsteigende Richtung die Luftwiderstandsrich-

tung so umgestaltet, daß der Vogel zu einem Drachen wird, der nicht nur keine Fesselung gebraucht, sondern sich sogar frei gegen den Wind bewegt.» [76, S. 133]

Die wichtigsten der im «Vogelflug» aufgestellten 30 Grundsätze für den Bau von Gleitflugzeugen waren:

«1. Die Konstruktion brauchbarer Flugvorrichtungen ist nicht unter allen Umständen abhängig von der Beschaffung starker und leichter Motore.

2. Der Flug auf der Stelle bei ruhender Luft kann vom Menschen durch eigene Kraft nicht bewirkt werden …

3. Bei Wind von mittlerer Stärke genügt die physische Kraft des Menschen, um einen geeigneten Flugapparat wirkungsvoll in Bewegung zu setzen.

4. Bei Wind von 10 m/s Geschwindigkeit ist der anstrengungslose Segelflug mittels geeigneter Tragflächen vom Menschen ausführbar.

5. Ein Flugapparat, der mit möglichster Arbeitsersparnis wirken soll, hat sich in Form und Verhältnissen genau den Flügeln der gutfliegenden größeren Vögel anzuschließen.

6. Als Flügelgröße ist pro Kilogramm Gesamtgewicht 1/10 bis 1/8 qm Flugfläche zu wählen.

7. Tragfähige Apparate, hergestellt aus Weidenruten mit Stoffbespannung,

bei 10 qm Tragefläche lassen sich mit einem Gewicht von etwa 15 kg anfertigen …

9. Sache des Versuches wird es sein, ob die breite Form der Raub- und Sumpfvögel mit gegliederten Schwungfedern, oder die langgestreckte und zugespitzte Flügelform der Seevögel als vorteilhafter sich herausstellt …

12. Die Anwendung einer Schwanzfläche hat für die Tragewirkung untergeordnete Bedeutung.

13. Die Flügel müssen im Querschnitt eine Wölbung besitzen, die mit der Höhlung nach unten zeigt.

14. Die Pfeilhöhe der Wölbung hat nach Maßgabe der Vogelflügel ungefähr 1/12 der Flügelbreite an der betreffenden Querschnittsstelle zu betragen …

18. Die Form der Wölbung muß eine parabolische sein, nach der Vorderkante zu gekrümmter, nach der Hinterkante zu gestreckter …» [76, S. 178ff]

Weiter schrieb er: «Wenn man mit solchen Flügeln nun aber in den Wind kommt, so können wir aus eigener Erfahrung darüber berichten, daß schwerlich jemand die Hebewirkung des Windes sich so stark vorgestellt haben wird, wie er dann zu verspüren Gelegenheit hat. Ohne vorherige Übung reicht eben die menschliche Kraft gar nicht aus, mit solchen Flügeln im Winde zu operieren.» [76, S. 181]

In seinen Grundsätzen hatte LILIENTHAL die Gleichgewichtserhaltung während des Fluges noch nicht ausreichend berücksichtigt, doch wurde er bald durch seine praktischen Versuche auf dieses Problem aufmerksam gemacht.

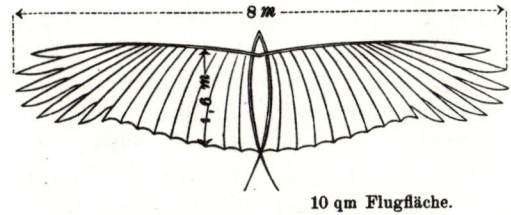

10 qm Flugfläche.

64 LILIENTHAL-Gleitflugzeugentwurf Typ *Greifvogel.*

65 LILIENTHAL-Gleitflugzeugentwurf Typ *Seevogel.*

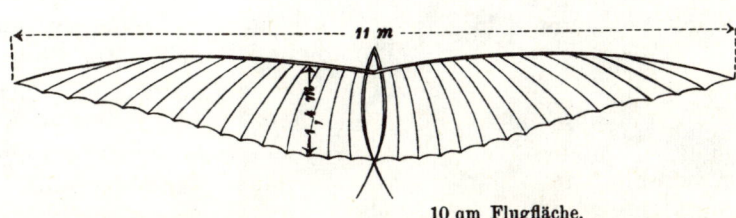

10 qm Flugfläche.

66   OTTO LILIENTHAL in Derwitz (1891).

67   Erste Luftsprünge in Derwitz (1891).

Im «Vogelflug» ist auch eindrucksvoll beschrieben worden, wie von LILIENTHAL aufgezogene Jungstörche das Fliegen erlernten. Zunächst erprobten sie ihre Flügel im Stand und waren noch sehr ungeschickt, wenn sie mit ausgebreiteten Flügeln auf dem Rasen gegen den Wind liefen und gravitätisch wieder zurückgingen. Dann folgten kurze Sprünge und sie hielten sich erst einen, dann mehrere Flügelschläge lang dicht über dem Erdboden – jeder gelungene Versuch wurde mit einem Freudengeklapper der Schnäbel gewürdigt – bis sie plötzlich, sozusagen über Nacht, die Kunst des Fliegens beherrschten und ihren Artgenossen auf dem Zug nach Süden folgten. Die anschauliche Schilderung war von OTTO LILIENTHAL auch unter dem methodischen Gesichtspunkt gegeben worden, daß der Mensch beim Erlernen des Fliegens genau so vorsichtig und umsichtig zu

Werke gehen müßte, wie es sogar die großen Segler der Natur tun.

Das Buch schloß mit einer optimistischen Voraussage, die auch bald eintreffen sollte: «Aber dennoch für möglich müssen wir es halten, daß nur die Forschung und die Erfahrung, die sich an Erfahrung reiht, uns jenem großen Augenblick näher bringt, wo der erste frei fliegende Mensch, und sei es nur für wenige Sekunden, sich mit Hilfe von Flügeln von der Erde erhebt und jenen geschichtlichen Zeitpunkt herbeiführt, den wir bezeichnen müssen als den Anfang einer neuen Kulturepoche.» [76, S. 186 f]

LILIENTHAL ging schon im folgenden Jahre dazu über, seine Gedanken in die Tat umzusetzen. An den Rechnungsrat KEIPER schrieb er bei Aufnahme seiner Versuche: «Was uns bei der Lösung der Flugfrage am meisten fördern kann, das sind zahlreiche mit Verständnis und Geschick ausgeführte Versuche. Auf dem Papier allein kann überhaupt das Flugproblem nicht reifen. Theorie und Praxis müssen in Wechselwirkung sich ergänzend und gegenseitig verbessernd nach und nach uns eindringen lassen in die Geheimnisse der Luftwiderstandserscheinungen, denen der Vogel sein Flugvermögen verdankt.» Weiterhin hieß es in diesem Brief: «Strenge Wissenschaftlichkeit, gepaart mit hervorragender praktischer Erfahrung, kann allein uns Schritt für Schritt dem Ziele näher bringen.» [74, S. 11]

Im Jahre 1890 unternahmen Otto und Gustav mit einem Gleitfluggerät die ersten Stehversuche am Boden, um sich in der Erhaltung des Gleichgewichts zu üben. Schon bei mittlerem Gegenwind war es außerordentlich schwer, die Tragflächen horizontal zu halten. 1891 errichtete Otto in seinem Garten ein Sprunggerüst und vollführte mit seinen Flügeln zahllose Absprünge. Nachdem er die Absprunghöhe von 1 auf 2,5 m erhöht hatte, gelang es ihm, 6 bis 7 m weit zu gleiten. Er bewies bei diesen Versuchen

eine außerordentliche Ausdauer. Das Erstaunliche an diesen Sprüngen war die Tatsache, daß LILIENTHAL dank großer Geschicklichkeit auch ohne Höhenleitwerk das Gleichgewicht um die Querachse beibehalten konnte.

Als er genügend Sicherheit und Übung erlangt hatte, siedelte er im gleichen Jahre auf den Spitz- oder Windmühlenberg zwischen Krielow und Derwitz an der Magdeburger Bahn, östlich von Groß-Kreuz gelegen, über. Die Abflughöhe auf dem leicht geneigten Sandhügel betrug 5 bis 6 m. Otto erkannte hier, nachdem er auf die notwendige Windfahnenwirkung eines Seitenleitwerks bereits bei den ersten Flügen aufmerksam geworden war, auch die Notwendigkeit der Anbringung eines Höhenleitwerks. Danach ließen sich seine Flugzeuge leichter und sicherer handhaben.

Wie es WILBUR WRIGHT 1901 feststellte, war LILIENTHAL der erste, der erkannt hatte, daß die Steuerung (und Stabilitätserhaltung) nicht das letzte, sondern das erste Problem des menschlichen Fluges war und LILIENTHAL die Schwerkraft – die ihm keine Kosten verursachte – zu seinem Motor machte.

Bald flog OTTO LILIENTHAL aus nur 5 m Höhe 20 bis 25 m weit. Das Bedeutende an diesen Flügen war der Umstand, daß es sich nicht um einmalige, vom Glück begünstigte Versuche handelte, sondern daß sie beliebig oft und mit gleicher Sicherheit wiederholt werden konnten.

Der französische Flugpionier FERDINAND FERBER würdigte diese Leistungen mit folgenden Worten: «Den Tag, an welchem LILIENTHAL im Jahre 1891 seine ersten fünfzehn Meter in der Luft durchmessen hat, fasse ich auf als den Augenblick, seit dem die Menschen fliegen können.» [22, S. 65] FERBER hatte die Methode LILIENTHALS in der Losung «Vom Schritt zum Sprung, vom Sprung zum Flug» [22, S. 54] zusammengefaßt und sie auf folgende Weise beurteilt: «Als mich die Versuche LILIENTHALS im Jahre

1898 mit Staunen erfüllten, wurde mir klar, daß dieser Mann eine Methode entdeckt hatte, fliegen zu lernen, und daß aus der Anwendung dieser Methode unverzüglich die Flugtechnik herauswachsen mußte, weil sie jedem die Möglichkeit bot, selbst Versuche anzustellen und jederzeit wieder von vorn anzufangen.» [22, S. 11]

LILIENTHAL präsentierte den Flugtechnikern zusätzlich zur Methode eine brauchbare Flugzeugkonstruktion, die von ihm selbst fortlaufend verbessert wurde. Über seine Erkenntnisse, Erfahrungen und Fortschritte veröffentlichte er in flugtechnischen und wissenschaftlichen Zeitschriften bis zum Jahre 1896 viele Artikel, deren Aussagekraft durch zahlreiche Momentaufnahmen und graphische Darstellungen unterstützt wurde. Diese «Anleitungen» waren von unschätzbarem Wert für alle, die sich auf diesem Gebiet ernsthaft betätigen wollten.

Dafür zwei Beispiele. Im Frühsommer 1891 schrieb er in einem längeren Artikel zum Flugproblem: «Wie wenig mit der reinen Theorie eigentlich gewonnen wurde ... zeigt sich am besten durch einige vergleichende Beispiele ... Die Übung also ist es, die wir beim Fliegen ebensogut gebrauchen, als beim Gehen, Schwimmen, Reiten, Schlittschuhlaufen usw. ...

Der wirksamste Hebel für unser Streben ist allemal der Erfolg ... Das heißt, wir müssen vermeiden, beim Experimentieren zuviel auf einen Wurf zu setzen, um nicht große Enttäuschungen und Entmutigungen davonzutragen ...

Das hohe Endziel, dem wir entgegenstreben, bleibt ein freier, möglichst anstrengungsloser Flug, wie die großen Flieger unter den Vögeln ihn uns lehren. Da dieses Ziel aber voraussichtlich mit einem Schlage nicht zu erreichen ist, so müssen wir jeden Schritt, der diesem Ziele uns näher bringt, und sei er noch so klein, mit Freuden begrüßen ... und vorläufig das-

jenige versuchen und üben, was unter allen Umständen von einem bestimmten Erfolg gekrönt werden muß. Es ist dies das Durchfliegen der Luft in einer schwach geneigten Bahn. Ein hierbei zu verwendender Flugapparat ... müßte ... eine ähnliche Gestalt haben als die ausgespannten Fittige eines auf der Luft dahinsegelnden Vogels ...

Bei einer Windgeschwindigkeit von 8 bis 10 m/s endlich wird es zur Unmöglichkeit, den Apparat dauernd zu regieren, denn die Füße berühren nur ganz lose den Boden ... In solchen Momenten bekommt man einen gewaltigen Respekt vor der Tragewirkung des Windes und es schwindet jeder Zweifel, daß es nicht möglich sein soll, den Wind bei richtigen Flügeln und gehöriger Übung zum freien Segeln in der Luft auszunutzen ... Hat man auf diese Weise eine intimere Bekanntschaft mit der Luft und dem Winde gemacht, dann gilt es, als erste Hauptübung, dem fliegenden Eichhörnchen gleich die Flügel zur Verlängerung schräg abwärts geführter Sprünge zu verwenden ... Bei systematischer Schulung wird sich die Fertigkeit und Sicherheit bei solchen Flügen so weit treiben lassen, daß von höheren Ausgangspunkten ziemlich weite Strecken ohne Flügelschlag frei fliegend durchsegelt werden können ... Man wird vielleicht auch hierdurch schon befähigt werden, einen beliebig verlängerten Segelflug auszuführen, wenn die Windverhältnisse günstig sind ...

Dann wird auch über den kreisenden Schwebeflug jeder noch vorhandene Schleier gelüftet werden ...

Man wird auch nicht dabei stehen bleiben ... sondern wird auch versuchen, die Füße ... zum Ausführen wuchtiger Flügelschläge zu benutzen um auch ... den Dauerflug noch dann zu bewirken, wenn der Wind nicht ganz die genügende Stärke besitzt, um die Hebung allein zu übernehmen ...

So etwa könnte man sich einen Weg denken, auf welchem Theorie und Praxis des Fliegens sich gegenseitig ergänzen ...» [10, S. 153 ff]

Nachdem LILIENTHAL in den folgenden Monaten umfassende praktische Flugerfahrungen gesammelt hatte, veröffentlichte er im November 1893 eine methodische Anleitung für den Flug mit Gleitflugzeugen, die durch Verlagerung des Körpergewichts gesteuert werden.

«Man läuft mit gesenkten Flügeln dem Winde bergab entgegen, richtet im geeigneten Augenblick die Tragfläche um Weniges auf, so daß sie annähernd horizontal zu liegen kommt und sucht dann in der Luft dahinschwebend, durch die Schwerpunktslage dem Apparat eine solche Stellung zu geben, daß er schnell dahinschießt und sich möglichst wenig senkt. Anfänger werden gut tun, eine Berglehne zu wählen, über welcher sie in geringer Höhe dahingleiten. Die erste Regel ist, die Beine nach vorne ausgestreckt zu halten und sich beim Landen mit dem Oberkörper hintenüber zu werfen, so daß der Apparat sich aufrichtet und die Bewegung verlangsamt ... Das Auffliegen und das Niedersteigen muß stets genau gegen den Wind gerichtet sein. Das vertikale, feststehende Steuer sorgt schon dafür, daß in der Ruhe sich der Apparat genau gegen den Wind einstellt. Die liegende Steuerfläche verhindert, daß der Apparat nach vorn sich überschlägt, was gewölbte Flächen sonst gern tun ...

Besonders zu warnen ist vor folgendem Fehler: Der Übende schwebt in der Luft und fühlt sich plötzlich vom Winde angehoben ... Die schiefe Lage treibt ihn nach rechts hinüber. Unwillkürlich streckt der Neuling nach rechts auch seine Beine aus, weil er den Anprall zur Erde nach rechts voraussieht. Die Folge ist, daß der schon tiefer liegende rechte Flügel noch mehr belastet wird ... bis die rechten Flügelspitzen im Erdreich sitzen und zerknikken. Für Leib und Leben ist weniger Gefahr vorhanden, denn der Apparat bildet nach allen Seiten ein ... Prellwerk, welches die Wucht des Stoßes auffängt ...

Anfänger lassen sich leicht verführen, den Schwung, den ihnen das flotte Abwärtsgleiten gibt, zu einer kühnen Steigung auszubeuten. Nachher vergessen sie aber leicht, daß am Gipfel des aufsteigenden Kurvenastes der Apparat zunächst nur noch ein Fallschirm ist ... Man unterlasse daher solche Kunststücke solange, bis die Schwerpunktregulierung in Fleisch und Blut übergegangen ist ...

Eine solch schwungvolle Bewegung belohnt auch die zur Erlangung der Fertigkeit aufgewendete Mühe, wie es überhaupt ein unbeschreibliches Vergnügen ist, hoch in den Lüften über den sonnigen Bergabhängen sich zu wiegen, ohne Stoß, ohne Geräusch, nur von einer leisen Aeolsharfenmusik begleitet, welche der Luftzug den Spanndrähten des Apparates entlockt ...» [12, S. 259 ff]

JAMES HOWARD MEANS, der Sohn eines um die Entwicklung der Luftfahrt verdienten Zeitgenossen LILIENTHALS, schätzte diese Seite der Tätigkeit LILIENTHALS im Jahre 1964 wie folgt ein: «Er erscheint fast wie ein Mutter-Vogel, der seinen Jungen das Fliegen lehrt ...» [100, S. 51]

Die umfassenden Aktivitäten und Fortschritte LILIENTHALS sind deutlich an den von ihm gebauten Flugzeugtypen zu erkennen. Im Jahre 1891 hatte LILIENTHAL sein erstes, wirklich flugfähiges und auch geflogenes Flugzeug gebaut, und wenn man hier die Zählung seiner Flugzeuge beginnt, so war es der Typ Nr. 1 (1891). (Diese Numerierung der Flugzeuge LILIENTHALS weicht insofern von der von G. HALLE, W. SCHWIPPS und STEPHAN NITSCH angewendeten ab, da sie nur die im Fluge erprobten Gleiter und solche berücksichtigt, die eine bemerkenswerte Veränderung gegenüber den vorhergehenden Typen aufzuweisen hatten.)

Die Spannweite des Typs Nr. 1 betrug 7,5 m bei 2 m größter Flügeltiefe, der Flächeninhalt lag bei etwa 10 m^2. Jede Flügelhälfte besaß zwei durchgehende Holme, die sich am Randbogen vereinig-

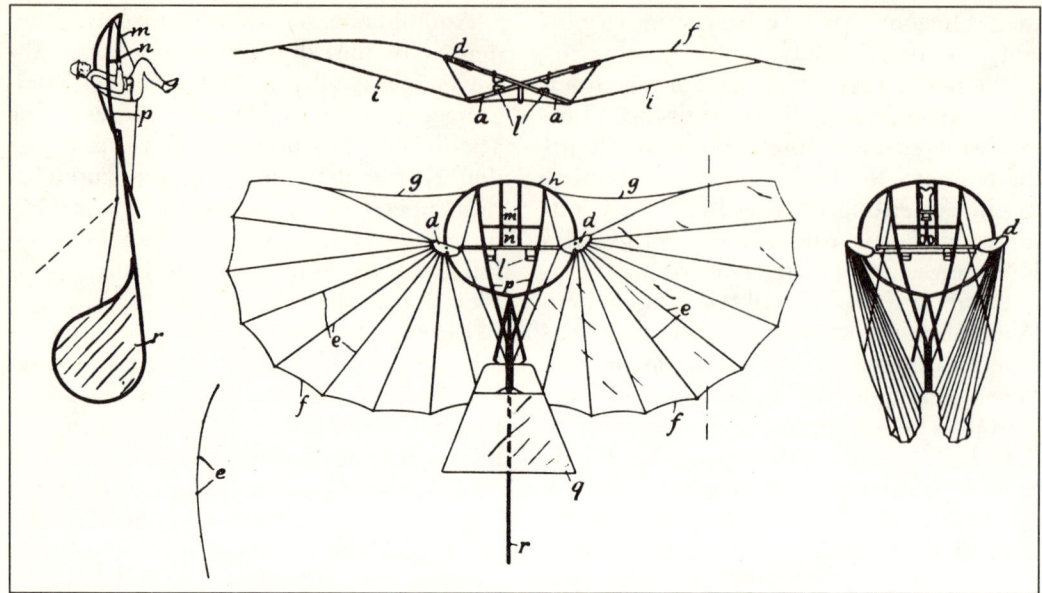

68   Ansichten des LILIENTHAL-Gleiters im Deutschen Reichspatent Nr. 77916 (77) aus dem Jahre 1893).
Die Bezeichnungen bedeuten: a Kreuzhölzer; d «Taschen», aus zwei Brettchen bestehend; e hölzerne Flügelrippen (Weidenholz), in d drehbar gelagert; f um die Enden der Rippen herumgeführte Schnur; g Spanndraht, der an der ersten Flügelrippe befestigt ist und in Bügel h eingehakt wird; h Bügel aus Weidenholz; i Spanndraht; 1 Polster zwischen den Kreuzhölzern zur Aufnahme der Unterarme; m Stangen; n Querholz; p divergierende Stäbe; q beweglicher Schweif (Höhenleitwerk); r Seitenleitwerk (feststehend).
Um den Apparat zusammenzufalten, brauchten nur die Spanndrähte i und g ausgehakt zu werden.

ten. Ein unbewegliches Höhen- und Seitenleitwerk diente der Erhaltung der Flugstabilität. LILIENTHAL «hing» nicht etwa in diesem Gleiter und den Nachfolgetypen, sondern stützte sich mit seinen Unterarmen auf den gepolsterten Hauptholm und hielt sich mit den Händen am vorderen Holm fest. Von der Position des Piloten aus betrachtet war es ein Stützgleiter. Dieser Armstütz jedoch war körperlich anstrengender als die Hängeposition. Dennoch bürgerte sich für diesen Flugzeugtyp die Bezeichnung Hängegleiter ein, weil dieser Begriff eine zweifache

Auslegung ermöglicht (ein Gleiter, in dem der Pilot «hängt», bzw. ein Gleiter, der über Hänge gleitet). Gesteuert wurde der Apparat durch eine Ve.lagerung des Körpergewichts.

Im Jahre 1892 setzte LILIENTHAL seine Versuche in größerer Nähe seines Wohnsitzes an etwa 10 m hohen Abhängen und Steilhängen in Steglitz und Südende fort. Das im Frühjahr 1892 gebaute Flugzeug entsprach in seiner Konzeption dem des Jahres 1891, war jedoch größer und besaß eine geringere Profilwölbung (Spannweite 9,5 m, größte Flügeltiefe 2,5 m, Profilwölbung 1:12, Tragflächeninhalt 14,7 m², Leermasse 20 kg). Das Flugzeug war erstmals über einer Helling gebaut worden und war der flugfähige Apparat Nr. 2 (1892).

Aufgrund der Flugerfahrungen mit Typ Nr. 2 baute OTTO LILIENTHAL noch im Sommer 1892 den Flugzeugtyp Nr. 3 (1892). Aus den Fotografien kann man auf eine Spannweite von etwa 11 m schließen, der Tragflügel war leicht geschwungen und besaß ein günstigeres Seitenverhältnis, der Flächeninhalt lag bei etwa 16 m² und die Leermasse betrug etwa 24 kg. Die von LILIENTHAL mit Nr. 3 erreichten Flugweiten betrugen häufig das Achtfache der Abflughöhe. Dieses verbesserte Gleiten führte LILIENTHAL auf die günstige Profilgebung zurück. Allerdings war dieser Apparat aufgrund seiner großen Spannweite schon bei mittleren Winden kaum noch beherrschbar.

Im Frühjahr 1893 baute LILIENTHAL den Typ Nr. 4 (1893). Er entsprach im wesentlichen seinem Flugzeugpatent DRP Nr. 77916 (77) vom 3. September 1893. Nach den Flugerfahrungen von 1892 hatte LILIENTHAL bei der Nr. 4 die Spannweite auf 6,6 m verringert, den Flächeninhalt jedoch durch eine Profiltiefe von 2,5 m mit 14 m² fast beibehalten. Die Leermasse betrug nur 20 kg. Zwei gewölbte T-Profile, umgekehrt auf der Flügeloberseite angebracht, dienten der Fixierung der Profilwölbung, oder, bei Auswechslung, der Veränderung der Profilwölbung. Anstelle des bisher verwendeten Lackes wurde Wachs verwendet, um die Schirting-Bespannung luft- und wasserdicht zu machen. Bevorzugtes Baumaterial waren Weidenruten. Eine wesentliche Neuerung war die Faltbarkeit des Apparates. Sie sollte den Transport und die Aufbewahrung des Gleitflugzeugs und damit die Verbreitung eines Gleitflugsports erleichtern. Die Beweglichkeit

des Höhenleitwerks um die Vorderkante nach oben zur Erleichterung der Landung stellte eine weitere Neuerung dar; der Ausschlag nach unten wurde durch zwei Schnüre begrenzt. Das Höhenleitwerk war im Normalzustand gezogen (negativ) eingestellt. Das System der Flügelverspannung ist in der Patentschrift nicht wiedergegeben worden.

Auf der Grundlage des Typs Nr. 4 fertigte LILIENTHAL noch vier Gleitflugzeuge, die sich nur in ihrer Größe voneinander unterschieden. Nachdem er einen relativ kleinen Schlagflügelgleiter gebaut hatte (Nr. 5), schuf LILIENTHAL den Gleitertyp Nr. 6 (1894), den er selbst als *Normal-Segelapparat* bezeichnete. Tatsächlich hatte LILIENTHAL in dieser Ausführung den Typ Nr. 4 zu einem Standardtyp weiterentwickelt. Der Konstrukteur hatte eine mittlere Größe zugrunde gelegt, so daß dieses Flugzeug auch bei stärkerem Wind eingesetzt werden konnte. Der wichtigste Fortschritt war die Vergrößerung des Abstands zwischen Tragfläche und Höhenleitwerk, wodurch die Längsstabilität vergrößert wurde. Höhen- und Seitenleitwerk waren kreuzförmig angebracht. Dieser Normal- oder Standardtyp ist in einer Reihe von Exemplaren an Interessenten des In- und Auslandes verkauft oder verschenkt worden. So übernahmen Dr. FRANK (Karlsbad, heute Karlovy Vary), VON STACH (Wien), WIL-

69 LILIENTHAL-Eindecker *Normal-Segelapparat* im Science-Museum in London. Deutlich ist der schützende Prellbügel zu erkennen.

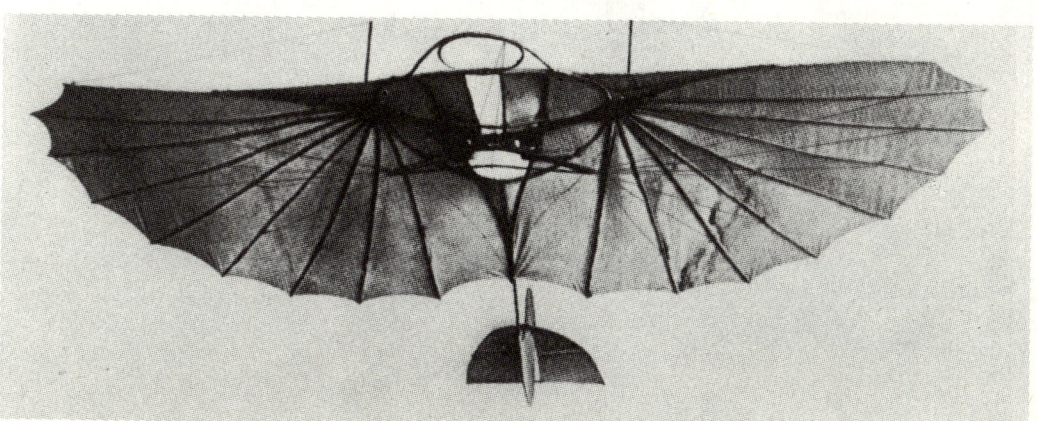

70   Die Stöllner Berge bei Rhinow aus südlicher
Richtung gesehen (um 1925).

71   Die Stöllner Berge bei Rhinow (Karte mit
Windmessungen aus dem Jahre 1925).

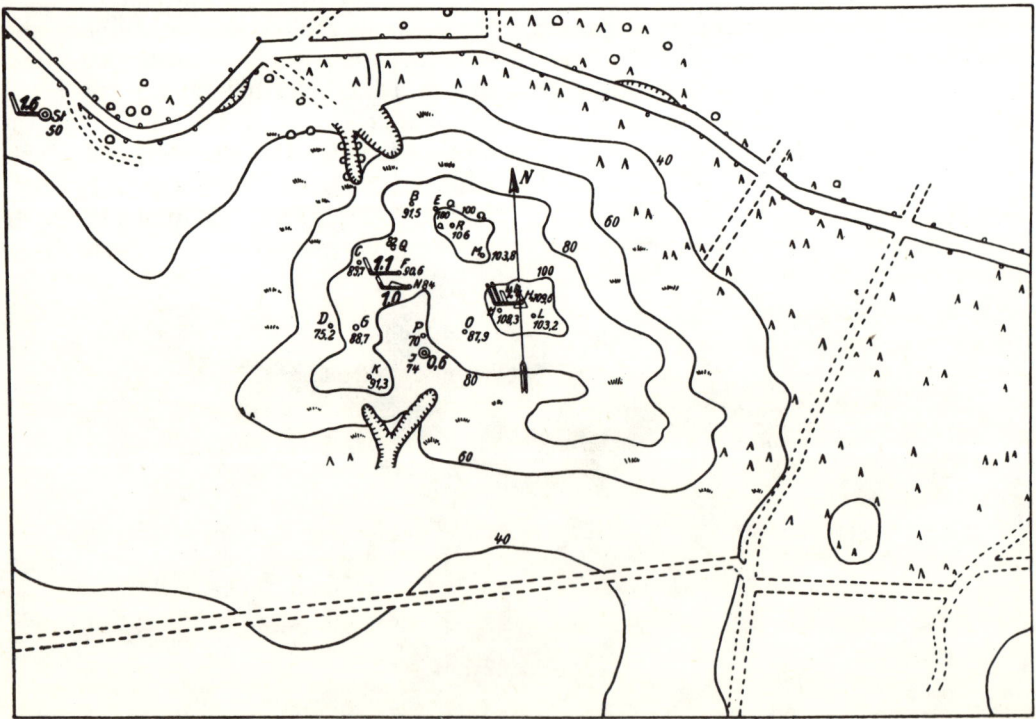

72 Abflug vom Flugzeug-
schuppen auf der Maihöhe
(1893).

LIAM RANDOLPH HEARST (USA), T. J. BEN-
NET (Oxford), GERALD F. FITZGERALD (Du-
blin), COMTE DE LAMBERT (Paris), Prof.
N. E. ŽUKOVSKIJ (Moskau), WOLFMÜLLER
und wahrscheinlich weitere Persönlichkeiten Exemplare dieses Typs.

Nach dem *Normal-Segelapparat* baute LI-
LIENTHAL noch eine vergrößerte, abgeän-
derte Variante und rüstete diese mit automatischen Vorflügeln aus, die im Nor-
malflug geschlossen blieben und im
Bahnneigungsflug, bei dem der von LI-
LIENTHAL gefürchtete «Oberdruck» ein-
trat, sich selbsttätig nach unten öffneten.
Dieser «Oberdruck» entstand wahrscheinlich aus einer gestörten Umströmung des nur auf der Oberseite bespannten Tragflügels bei negativen Anstellwinkeln, woraus sich ein Auftriebsverlust ergab, der das Flugzeug noch schneller sinken ließ. Da die Ursache der Auftriebsverlust war, erzielte LILIENTHAL mit dem
sich nach unten öffnenden Vorflügel nicht
die gewünschte Wirkung. Dieses Flugzeug wurde am 29. Mai 1895 den Mitgliedern des Vereins zur Förderung der Luftschiffahrt auf dem Fliegeberg im Fluge
vorgeführt. Aufgrund der konstruktiven
Veränderungen ist es berechtigt, diesem
Typ eine eigene Bezeichnung, die Nr. 7
(1895), zu geben.

Doch zurück zur fliegerischen Betätigung von LILIENTHAL. Nachdem er in den
Rauhen Bergen bei Steglitz und in einer
Kiesgrube in Südende geflogen hatte,
startete er 1893 auch auf der Maihöhe in
Steglitz, baute auf dem Gipfel zur Unterbringung der Gleiter einen Schuppen,
dessen Dach die Startplattform darstellte.
LILIENTHAL trainierte häufig und ausdau-
ernd und erwarb immer mehr Geschicklichkeit und Sicherheit in der Handhabung seiner Flugzeuge.

Eine Wende in LILIENTHALS fliegerischer Tätigkeit trat ein, als er sich nach
einem Fluggelände mit höheren Hängen
umsah und die Stöllner Berge unweit von
Rhinow im Kreise Rathenow seit dem
Jahre 1893 für seine Flugversuche nutzte.
Diese frei aus dem Flachland ragende
Hügelkette bot Start- und Landemöglichkeiten nach allen Himmelsrichtungen.
Die sanfte Neigung zwischen 10° und 20°
der nur grasbewachsenen Hügel und der
märkische Sand ließen sie für eine Fortsetzung der Gleitflugversuche in diesem
Entwicklungsstadium als besonders geeignet erscheinen. Der Stöllner Berg ist
109 m hoch und überragt das Gelände um
etwa 80 m.

Seinen ersten Eindruck von diesem
neuen Fluggelände drückte OTTO LILIEN-

THAL mit folgenden Worten aus: «Als ich in diesem Jahre zum erstenmal an diesen Bergabhängen mein Flugzeug entfaltete, überkam mich freilich ein etwas ängstliches Gefühl, als ich mir sagte: ‹Von hier ab sollst Du nun in das tief da unten liegende, weit ausgedehnte Land hinaussegeln!› Allein die ersten vorsichtigen Sprünge gaben mir bald das Bewußtsein der Sicherheit zurück, denn der Segelflug ging hier ungleich günstiger vonstatten, als von meinem Fliegeturme ...» [12, S. 259f]

LILIENTHAL benutzte hier, wie in den folgenden Ausführungen, den Begriff Segeln anstelle des Begriffes Gleiten. Er hat hier unter Umständen als erster, sicherlich als einer der ersten, den deutschen Begriff Flugzeug, gleich Zeug zum Fliegen, verwendet.

Die Flugweite in den Rhinower Bergen konnte von LILIENTHAL nach dessen Angaben bald bis auf etwa 300 m Entfernung zwischen Start- und Landepunkt gesteigert werden. Es gelangen Kurvenflüge mit bis zu 90° Richtungsänderung.

In den Rhinower Bergen unterwies LILIENTHAL auch HEINRICH SEILER, der einen LILIENTHAL-Gleiter vom Typ Nr. 4 erworben hatte, im Gleitfliegen. Dabei übertraf SEILER in dieser Ausbildung die Flugweiten seines Fluglehrers.

LILIENTHAL erlebte hier kurz vor Ostern 1894 auch die erste gefährliche Situation seiner bisherigen fliegerischen Laufbahn. Eindrucksvoll ist die nüchterne Beschreibung und klare Analyse dieses Flugunfalls. Es war das erste Mal in der Geschichte der Luftfahrt, daß ein Pilot das Verhalten eines Flugzeugs im Steigflug bis zum Stillstand, das Abkippen über das Leitwerk und den zwangsläufig folgenden Sturzflug erlebte: «Bei einem von großer Höhe ausgeführten Segelfluge gab dieses Hintenüberlegen des Körpers die Veranlassung, daß ich bei gestreckten Armen in eine Körperlage geriet, bei welcher der Schwerpunkt zu weit hinten lag, während es mir bei der bereits eingetretenen Er-

müdung nicht möglich war, die Oberarme wieder vorzuziehen. Als ich so in 20 Metern Höhe mit etwa 15 m/s Geschwindigkeit dahinsegelte, richtete sich der hinten zu sehr belastete Apparat immer mehr auf und schoß schließlich durch seine lebendige Kraft senkrecht in die Höhe. Ich hielt mich krampfhaft fest, sah nichts als den blauen Himmel mit weißen Wölkchen über mir und erwartete den Moment, wo der Apparat hintenüberschlagen würde, um meine Segelflugversuche vielleicht für immer zu beenden. Plötzlich jedoch hielt der Apparat im Ansteigen inne und ging rückwärts aus der Höhe wieder herab, lenkte in kurzem Kreisbogen durch den schräg aufwärts gerichteten Horizontalschweif mit dem Hinterteil wieder nach oben, stellte sich hierbei auf den Kopf und sauste nun mit mir aus etwa 20 Meter Höhe senkrecht zur Erde hinunter. Mit klarem Bewußtsein, die Arme und den Kopf voran, den Apparat immer noch an den Handhaben festhaltend, stürzte ich dem grünen Rasen zu. – Ein Stoß, ein Krach, und ich lag mit dem Apparat auf der Erde. Eine Fleischwunde an der linken Seite des Kopfes, mit dem ich auf das Apparatgestell geschlagen war, und das verstauchte linke Handgelenk waren die einzigen schlimmen Folgen dieses Unfalls. Der Apparat war, so wunderbar es klingt, ganz unversehrt. Ich selbst sowohl wie mein Segelzeug waren gerettet worden durch den elastischen Prellbügel, den ich wie durch eine höhere Fügung gerade zum ersten Male vorn am Apparat angebracht hatte. Der aus Weidenholz hergestellte Prellbügel selbst war ... zersplittert, seine einzelnen Teile hatten sich fußtief in die Erde eingebohrt, so daß sie nur mit Anstrengung herausgezogen werden konnten.» [15, S. 25f]

Anfang des Jahres 1894 ließ sich LILIENTHAL im Süden Berlins aus dem Abraum der Heinersdorfer Ziegelei auf eigene Kosten einen 15 m hohen, kegelförmigen «Fliegeberg» aufschütten, um nunmehr ohne größeren Zeitaufwand noch öfter

73 LILIENTHAL fliegt in den Stöllner Bergen (1893).

74 LILIENTHAL in Startbereitschaft auf dem Fliegeberg (1895).

und bei jeder Windrichtung fliegen zu können. In der Spitze des Hügels befand sich ein Holzverschlag, in dem die zusammengeklappten Gleitflugzeuge untergestellt werden konnten. Mit Ausnahme der Winterzeit – LILIENTHAL war der Meinung, daß man «mit klammen Fingern nicht gut üben kann und die größere Feuchtigkeit die Apparate verdirbt» [91, S. 142], übte LILIENTHAL hier häufig täglich nach 16.00 Uhr und an den Wochenenden vom frühen Morgen bis zum späten Nachmittag nach dem Motto: «Fliegen lernt man nur durch Fliegen.» An den Wochenenden wurden auch die Flüge in den Stöllner Bergen nicht vernachlässigt.

Schwerpunkt des Schaffens von LILIENTHAL war zu diesem Zeitpunkt nicht ein theoretisch und technisch möglichst vollkommenes Flugzeug, sondern ein tatsächlich brauchbares Fluggerät. Daß seine vielfältige Praxis mit Gleitflugzeugen ihm auch viele Anregungen zur Weiterentwicklung der Theorie, der Konstruktion und dem Bau von Flugzeugen bieten mußte, lag in der Natur der Sache, und es war nur eine Frage der Zeit, wann LILIENTHAL zu technisch vollkommeneren Gleitflugzeugen gelangt wäre.

Er dachte in dieser Zeit vor allem über hochwertigere Profile und eine geeignetere Steuerung seiner Apparate nach. Eine stärkere Wölbung des Tragflügelprofils konnte einerseits einen Auftriebsgewinn bringen, verringerte andererseits die Stabilitätseigenschaften. Im Profil lag nach der Erkenntnis LILIENTHALS der wichtigste Schlüssel für die Leistungen eines Flugzeugs. Er sah eine schwächere Wölbung der Profilunterseite und eine stärkere der Oberseite vor, was eine zweiseitige Bespannung der Tragflächen erforderte. LILIENTHAL sprach auch die richtige Vermutung aus, daß die Sogwirkung auf der Oberseite derartiger Tragflügel einen größeren Anteil des Auftriebs liefert als die Druckwirkung auf der Unterseite. Ein Flugzeug «stützt» sich nicht nur auf die Luftmasse, sondern «hängt» in noch stärkerem Maße an ihr.

LILIENTHAL experimentierte auch mit beweglichen Flächen an den Flügelenden; eine beabsichtigte Wirkung im Sinne von Querrudern ist in den Beschreibungen jedoch nicht zu finden. Ein Gedanke LILIENTHALS entsprach in dieser Frage weitgehend den Auffassungen von LE BRIS und D'ESTERNO und hätte bei einer Realisierung eine gewisse Quersteuerung ermöglicht: «Als einfachste Methode, die Tragfähigkeit der beiden Flügel auszugleichen, empfehle ich, die Flügel um ihre Längsachse drehbar zu machen. Ich habe gefunden, daß dies das allerwichtigste Mittel ist. Dasselbe wird auch von den Vögeln angewendet.» [99, S. 38]

In dem Briefwechsel mit ALOIS WOLFMÜLLER um Probleme der Steuerung der Gleiter stellte LILIENTHAL noch eine andere Methode dar und zeichnete den Randbogen eines Flügels mit einem drehbaren Hebel, von dem mehrere Spanndrähte ausgingen. Die Drehung des Hebels würde tatsächlich eine Verwindung der Flügelhinterkante bewirkt haben, doch die verbale Beschreibung dieser Vorrichtung durch LILIENTHAL läßt nur bei einer sehr freizügigen Auslegung den Schluß zu, daß der Konstrukteur an eine Steuerwirkung um die Längsachse

75 LILIENTHAL fliegt den *Normal-Segelapparat* am Fliegeberg.

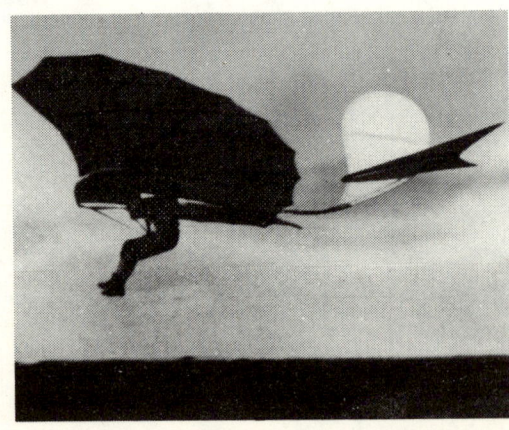

76 LILIENTHAL fliegt am
Fliegeberg vor zahlreichen
Zuschauern.

77 LILIENTHAL-Gleiter mit
vergrößertem Seitenleitwerk
(Aufsteckvorrichtung).

78 Landemanöver am
Fuße des Fliegeberges.

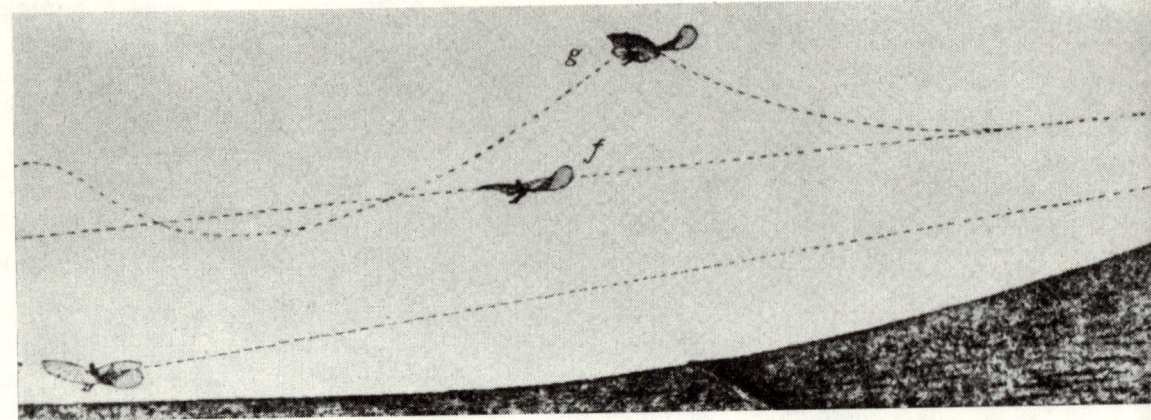

(Querruderwirkung) gedacht hatte. Sicherlich wäre LILIENTHAL bei der praktischen Erprobung solcher Vorrichtungen tiefer in das Verständnis einer Quersteuerung eingedrungen.

Auch mit der Frage beweglicher Seiten- und Höhenruder beschäftigte sich LILIENTHAL, sagte jedoch selbst zu diesen möglichen Veränderungen: «So recht bin ich aber von diesen Neuerungen nicht eingenommen; denn wenn der Körper recht frei ist, um den Schwerpunkt schnell genug zu verschieben, so kann man schließlich mehr auf einfachere Weise erreichen. Ähnlich denke ich über die Sitzgelegenheit: ich habe schon verschiedene Sitzvorrichtungen durchprobiert, bin aber immer wieder davon abgekommen, weil man bei windiger Luft in der Bewegung nicht frei genug bleibt.

Alle diese Versuche, mit denen ich den ganzen Sommer hinbrachte, führten mich auf wesentliche Änderungen, mit denen ich noch nicht im Klaren bin …»
[91, S. 147]

Später kam LILIENTHAL noch einmal auf den Gedanken zurück, von einer Gleichgewichtserhaltung und Steuerung seiner Flugzeuge durch Verlagerung des Körpergewichts abzugehen und schrieb – vielleicht in Anlehnung MOUILLARD – dies durch eine Veränderung der Lage der Tragflächen während des Fluges erreichen zu wollen.

In dem von LILIENTHAL erwähnten Problem der Plazierung des Piloten lag auch ein Haupthindernis für Fortschritte in der Steuerung. Sollten diese mit aerodynamischen Mitteln erzielt werden, war eine sitzende oder liegende Position des Piloten erforderlich, in der er Hände und Füße zur Betätigung der Ruder frei hat.

Die Steuerung durch Gewichtsverlagerung des Körpers wurde auch durch die Windgeschwindigkeiten, bei denen noch geflogen werden konnte, beschränkt. Nach LILIENTHAL lag die maximale Windgeschwindigkeit, bei der sich seine Eindecker noch gut beherrschen ließen, bei 7 m/s. Das Hauptproblem lag in der Größe der Spannweite. Ihre Verringerung brachte jedoch den unerwünschten Effekt einer Verminderung der Tragfläche und damit eine Erhöhung der Fluggeschwindigkeit mit sich. LILIENTHAL fand hier einen Ausweg in dem Übergang zum Doppeldecker.

Die Vorzüge dieser Konzeption im Punkte Beherrschbarkeit beschrieb er 1895: «Durch meine Segelflugübungen bin ich daran gewöhnt, durch einfache Schwerpunktsverlegung die Lenkung zu bewirken. Je kleiner hierbei die Apparate in ihrer Flächenausdehnung sind, um so mehr habe ich dieselben in der Gewalt … Es kam mir deshalb der Gedanke, zwei kleinere miteinander parallele Flächen übereinander anzubringen, welche beim

80 Skizze von OTTO LILIENTHAL: «Die gezeichnete Stellung habe ich zuweilen einnehmen müssen, um den Apparat schnell genug aufzurichten.»

79 Flugbahnen bei unterschiedlichen Windverhältnissen.

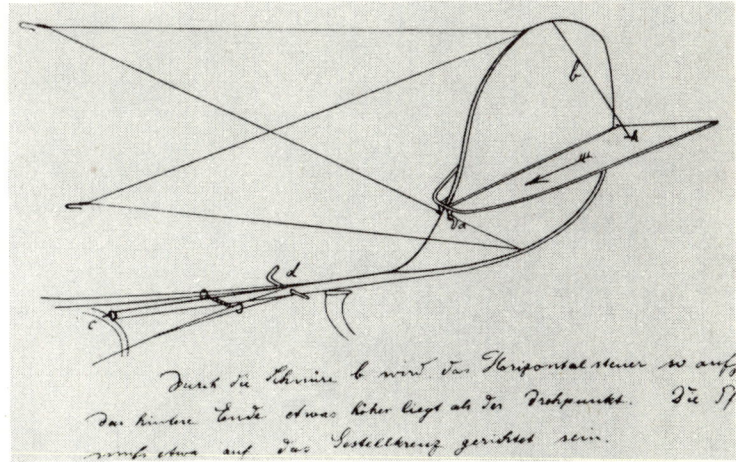

81 Leitwerkskizze von OTTO LILIENTHAL.

Durchsegeln der Luft beide hebend wirken. Es mußte sich bei dieser Anordnung dieselbe Tragfähigkeit ergeben, wie bei einer einzigen Fläche von doppelter Ausdehnung, während aber der Apparat wegen seiner Kleinheit den Schwerpunktsveränderungen leichter gehorcht.

Bevor ich an die Ausführung dieses doppelten Segelapparates ging, stellte ich mir aus Papier kleine Modelle nach diesem System her ... Gleich die ersten Versuche mit diesen kleinen Modellen überraschten mich durch die Stabilität ihrer Bewegungen in der Luft ...» [16, S. 169]

Während der Arbeiten zur Realisierung seines Doppeldeckers hatte LILIENTHAL auch die Skizze eines Tandemgleiter angefertigt.

82 Doppeldecker-Flugmodell von OTTO LILIENTHAL (1895). LILIENTHALS Flugmodelle zeichneten sich durch eine sehr gute Flugstabilität aus.

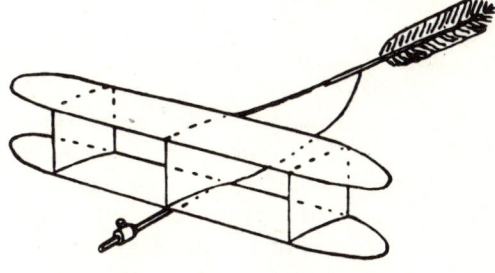

83   LILIENTHAL fliegt seinen Doppeldecker (1895).

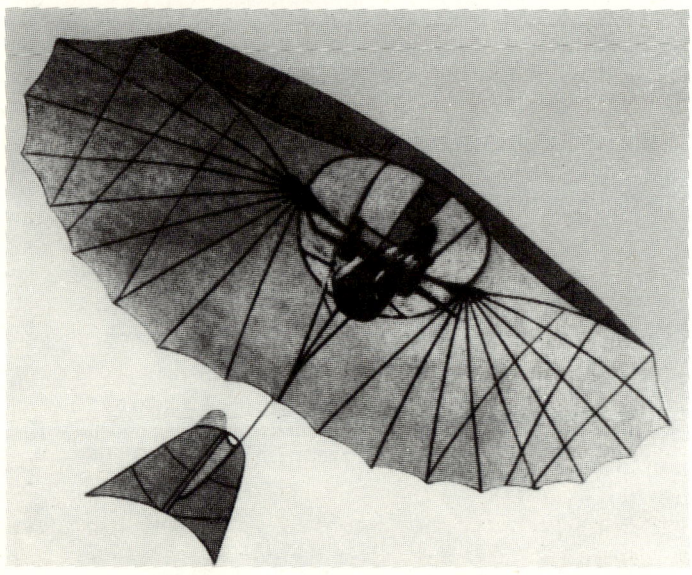

84   LILIENTHAL segelt im Doppeldecker über dem Fotografen.

Die Basis der LILIENTHALschen Doppeldecker war der *Normal-Segelflugapparat*. Die untere Tragfläche, Rumpfgerüst und Leitwerk wurden von diesem Typ übernommen. Die obere Tragfläche baute LILIENTHAL auf ähnliche Weise. Problematisch erschien einigen Zeitgenossen die Befestigung der oberen, etwas kleineren Tragfläche. Mit nur zwei Bambusstäben und einer Anzahl von Spanndrähten war das Oberdeck im Abstand einer dreiviertel Flügeltiefe mit der unteren Tragfläche verbunden. WILHELM KRESS, ein Zeitgenosse LILIENTHALS, unterlag einem doppelten Irrtum, wenn er annahm, daß der tödliche Absturz LILIENTHALS mit einem Doppeldecker als Folge dieser angenommenen strukturellen Schwächen geschehen sei.

LILIENTHAL baute zunächst einen kleineren Doppeldecker mit 5,5 m Spannweite und 18 m^2 Flächeninhalt, der an der annähernd gleichen Spannweite des oberen und unteren Tragdecks zu erkennen war. Er war der Flugzeugtyp Nr. 8 (1895). Die positiven Flugerfahrungen mit ihm beschrieb LILIENTHAL wie folgt: «Die energische Wirkung der Schwerpunktverschiebung und die dadurch erreichte sichere Einstellbarkeit des ersten Apparates gaben mir den Mut, mich einem Winde anzuvertrauen, bei welchem zuweilen über 10 m/s Geschwindigkeit gemessen wurden. Dieser Umstand lieferte dann auch die interessantesten Ergebnisse meiner sämtlichen bisherigen praktischen Flugversuche. Schon bei 6 bis 7 m/s Windgeschwindigkeit trug mich die 18 m^2 große Segelfläche fast horizontal von der Spitze meines Hügels ohne Anlauf gegen den Wind. Bei größerer Windstärke lasse ich mich von der Bergspitze einfach abheben und segle langsam dem Wind entgegen. Die Flugbahn ist bei zunehmendem Winde oft stark aufwärts gerichtet, und ich erreiche dann Stellungen in der Luft, welche wesentlich höher liegen als mein Abfliegepunkt ... Ich fühle bei diesen Gelegenheiten sehr deutlich, daß ich gehoben bleiben würde, wenn ich mich etwas auf die Seite legte, einen Kreis beschriebe und mit der hebenden Luftpartie fortschritte ... Am Gipfelpunkt einer solchen Fluglinie kommt der Apparat zuweilen längere Zeit zum Stillstand, so daß ich oben in der Luft mit den Herren, die mich zu fotografieren wünschen, über die zur Aufnahme geeignetste Stellung verhandeln kann.» [16, S. 170]

Die von OTTO LILIENTHAL erwähnten Tatsachen sind ein Ausdruck dafür, daß ihm die ersten kurzen Segelflüge im Hangaufwind gelungen waren, auch wenn der Hangaufwind von ihm nicht erkannt wurde und er diese Effekte auf den horizontalen Wind mit der von ihm angenommenen Aufwärtskomponente zurückführte. LILIENTHAL war auch der erste Flieger, der im Fluge fotografiert worden war.

Er hatte während vieler Flüge die hebende Wirkung einer Luftmasse verspürt und sein Plan, kreisend mit solch einer Luftpartie mitzugehen, hätte zu längeren Segelflügen führen können. Der anhaltende Segelflug war eines seiner unmißverständlich formulierten Ziele.

LILIENTHAL schlug unter Berufung auf LANGLEY auch vor – jedoch mit einer entscheidenden Weiterentwicklung der Auffassungen des Letzteren – bei anschwellendem Wind einkreisend gegen diesen anzufliegen und bei abnehmendem Wind mit diesem zu fliegen!

Leider war LILIENTHAL nicht auf den Gedanken gekommen, durch Entlangfliegen (Kreuzen) an einer ausgedehnten Hangkante bei entsprechendem Wind sich segelnd – ohne zu Kreisen – in der Luft zu halten. Die Anwendung dieser Hangflugtechnik hätte schon damals zu den ersten Vielminuten- und vielleicht auch Stundenflügen führen können. Daß das Fliegen von Vollkreisen ein noch ungelöstes Problem war, geht aus einem Brief an ALOIS WOLFMÜLLER in Schongau hervor. LILIENTHAL schrieb am 22. August 1895: «Theoretisch kreisen wir schon lange, aber wer wird es zuerst praktisch zustande bringen?» [99, S. 42] Für das Ausführen eines Kreises brauchte man vor allem genügend Flughöhe über Grund oder entsprechenden Hangaufwind, der am Fliegeberg wegen dessen konischer Form nicht vorhanden war.

LILIENTHAL war zu einer realistischen Einschätzung seiner Leistungen fähig und warnte in der ihm eigenen bescheidenen und doch selbstbewußten Art vor einer Überschätzung der von ihm erzielten Ergebnisse: «Die Momentphotographien, welche mich hoch in der Luft schwebend darstellen, können leicht den Eindruck hervorrufen, als wäre das Problem nun bereits gelöst. Das ist keineswegs der Fall; es wird sogar noch viel Arbeit erforderlich sein, um diese Flüge in den dauernden Flug zu verwandeln. Die von mir geübten Segelflüge sind für den

85   Der 18-m²-Doppeldecker mit LILIENTHAL von hinten gesehen.

freien Flug des Menschen nichts weiter, als die ersten unsicheren Kinderschritte für den Gang des Menschen bedeuten.» [91, S. 125]

Seinen Doppeldeckertyp baute LILIENTHAL in einer noch größeren Variante. Er schätzte seine Flugerfahrungen mit diesem Gerät wie folgt ein: «Ich habe dann noch einen größeren Doppelapparat von zusammen 25 m² Segelfläche angefertigt. Derselbe bewährte sich bei ruhigem Wetter sehr gut, ist aber bei seinen 7 m Spannweite in stärkerem Winde wiederum schwer zu regieren.» [99, S. 45] Eine sichere Rekonstruktion aller Bemühungen LILIENTHALS auf dem Gebiet des Doppeldeckerbaus ist jedoch nicht möglich, da weder genaue Beschreibungen noch Konstruktionszeichnungen erhalten geblieben sind. Ein LILIENTHAL-Doppeldekker, nachträglich aus unterschiedlichen Originalteilen montiert, befindet sich seit 1904 im Deutschen Museum in München.

LILIENTHAL beschäftigte sich auch mit Fragen des Motorfluges, der ebenfalls zu seinen Zielen gehörte. Aus Gründen der noch ungeklärten Motorensituation und der einfachen Antriebsmechanik bei Verwendung von Kohlensäuremotoren bevorzugte er die Schwinge zur notwendigen Vortriebsbildung, ohne jedoch ein Gegner der Anwendung von Luftschrauben zu sein. Seine Aktivitäten der letzten Lebensmonate galten vor allem diesen Vorhaben. Sein nächster Flugzeugtyp, die Nr. 9 (1896), war ein Flugzeug mit einer storchenflügelähnlichen, starren Tragfläche und einem Kohlensäuremotor, der über Hebel den Niederschlag der flexiblen Tragflächenenden bewirkte, während der Aufschlag von der Luftkraft besorgt wurde. Die methodisch so wichtige Trennung von Auftriebs- und Vortriebsbildung war hier voll realisiert. LILIENTHAL dachte auch daran, die auf- und niederschlagenden Flächenenden in Scharnieren zu lagern. Da diese Bemühungen jedoch zur Geschichte des Motorfluges gehören, wird ihnen hier nicht weiter nachgegangen. Aufgrund der vielen erwähnten Tatsachen wäre es daher falsch, LILIENTHAL als einen Anhänger des Ornithopterprinzips, des ausschließlichen Schwingenfluges und der gedankenlosen Nachahmung des Vogelfluges zu betrachten.

Der letzte gebaute und erfolgreich geflogene Flugzeugtyp im Schaffen LILIENTHALS war der Typ Nr. 10 (1896). Er war wiederum zerlegbar, zeigte jedoch einen wesentlichen technischen Fortschritt in Form eines verdickten, beidseitig bespannten Tragflügelmittelstücks, während die Flügelenden wie bisher nur oberseitig bespannt waren. Von der Flügelnase aus betrachtet waren zwei Drittel des Profils verdickt und beidseitig bespannt. LILIENTHAL hoffte mit dieser Veränderung Leistungsvorteile realisieren zu können, wie er es schon im «Vogelflug» ausgedrückt hatte: «Wider Erwarten zeigte sich auch dann noch kein Nachteil, wenn diese Flügelverdickung abgerundet an der Vorderkante lag. Es hatte sogar den Anschein, als ob diese Form besonders günstige Luftwiderstandsverhältnisse besitze, also viel hebenden (Auftrieb, d. Verf.) und wenig hemmenden Widerstand gäbe, vorzüglich bei Bewegung unter ganz spitzen Winkeln (kleinen Anstellwinkel, d. Verf.).» [76, S. 95]

Bereits im Jahre 1895 hatte LILIENTHAL diese Erkenntnis noch deutlicher ausgedrückt: «Das wichtigste Moment in der Form des Flügels wird immer das Flügelprofil bilden ... Es fragt sich nun: Welche Rolle spielt diese Verdickung des Flügels bei der Profilwirkung? Die Verdickung ist nicht unerheblich, besonders bei Vögeln mit langen, schmalen Flügeln (große Spannweite und große Flügelstreckung, d. Verf.). Ein Albatros hat eine Flügelbreite (Flügeltiefe, d. Verf.) von 16 cm und eine Flügelarmdicke (Profildicke, d. Verf.) von 2 cm. Die Dicke ist also ein Achtel der Flügelbreite. Da nun der Albatros einer der besten Segler ist, so kann man nicht gut annehmen, daß die verhältnismäßig große Dicke des Flügels an seinem vorderen Teil beim Fliegen und namentlich beim Schwebefluge schädlich wirken sollte. Man kommt vielmehr auf die Vermutung, daß das Profil der Albatrosflügel ganz besonders zum Schwebeflug geeignet sei.» Von LILIENTHAL unternommene Modellflugversuche mit Tragflächen unterschiedlichen Profils bestätigten diese Schlußfolgerung und ließen ihn im gleichen Aufsatz feststellen, «daß in der Tat die Natur aus der Not eine Tugend gemacht hat, daß also der verdickte Vorderrand nicht nur unschädlich ist, sondern den Schwebeeffekt nicht unerheblich erhöht.» [17, S. 237 ff] Wie wir es heute wissen, ist dies auf das günstige Verhältnis zwischen Auftrieb und Widerstand dicker Profile bei geringeren Fluggeschwindigkeiten zurückzuführen. Professor HUGO JUNKERS (Dessau) war 20 Jahre später der erste Flugzeugbauer, der diese Erfahrung und Erkenntnis bewußt bei seinen Flugzeugkonstruktionen, auch durch technologische Sachzwänge verursacht, anwendete.

Die vorwärtstreibenden Auswirkungen des Gleitflugsports, wie sie durch die Entwicklung zwischen 1920 und der Gegenwart bestätigt wurden, sah LILIENTHAL klar voraus: «Jedenfalls gäbe es kein Mittel, welches mehr als dieses zur Förderung der Flugfrage beitragen würde; denn in kurzer Zeit würden Hunderte von jungen kräftigen Leuten sich solche billig herzustellenden Segelapparate halten und in der Weite der Segelflüge sich zu überbieten suchen. Daß hierdurch sehr schnell noch wesentliche Verbesserungen in Bauart und Anwendung der Apparate sich einstellen würden, ist selbstverständlich.» [13, S. 185]

Aus gleichen Gründen begrüßte er auch die Gründung des «Fliegervereins zur praktischen Ausübung des Fliegesportes» in Karlsbad (heute Karlovy Vary) im Jahre 1894 durch Dr. KILIAN FRANK mit großer Freude. Es war der erste Gleitflugverein in der Geschichte. «Für die Lösung der Flugfrage dürfte diese Tatsache als ein großes Ereignis aufzufassen sein, da nur durch derartige praktische Betätigung ein Weiterkommen auf

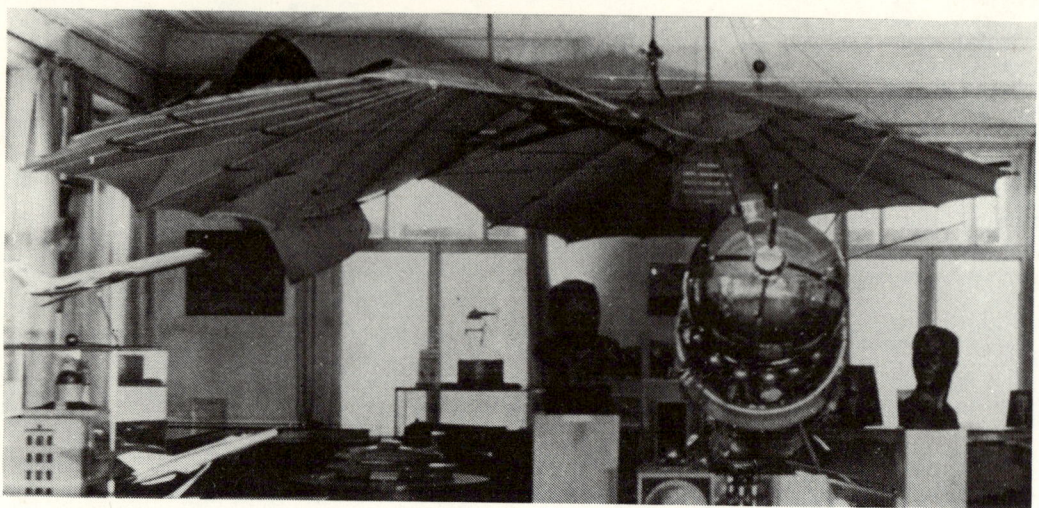

86   Der LILIENTHAL-Eindecker im ZUKOVSKIJ-Museum in Moskau.

dem Gebiet der Flugtechnik zu erwarten steht. Ich knüpfe hieran die Hoffnung, daß es mit diesem Fliegesport ähnlich kommen muß wie mit dem Radsport: daß eine außerordentliche Entwicklung der Apparate und der Anwendung derselben daraus hervorgehen wird», schrieb er an Dr. FRANK. [115, S. 289] Er erklärte sich bereit, zur Anleitung und Beratung des jungen Vereins – dieser hatte einen *Normal-Segelapparat* erworben – persönlich nach Karlsbad zu kommen. Der Apparat wurde in Karlsbad feierlich auf den Namen «Lilienthal» getauft.

Unter den zahlreichen ausländischen Besuchern LILIENTHALS befand sich auch der russische Aerodynamiker N. E. ŽUKOVSKIJ. Im Herbst des Jahres 1895 begab er sich mit zwei Begleitern von Moskau nach Berlin, nur mit dem Wunsch, LILIENTHAL persönlich kennenzulernen und seine Konstruktionen und Flüge aus der Nähe zu beobachten. Seinem Landsmann P. V. PREOBRAŽENSKIJ waren im Frühjahr 1895 eindrucksvolle Fotos von den Flügen LILIENTHALS gelungen.

Nach diesem Besuch veröffentlichte ŽUKOVSKIJ einen längeren Aufsatz unter dem Titel «Der Flugapparat OTTO LILIENTHALS». Der Autor eröffnete seinen Artikel mit den Worten: «Die wichtigste Erfindung der letzten Jahre auf dem Gebiete der Luftfahrt ist der Flugapparat des deutschen Ingenieurs OTTO LILIENTHAL.» [98, S. 171]

Nach einer ausführlichen Beschreibung der Konstruktion, der Flüge und der Steuermethode beschrieb er LILIENTHALS internationale Zusammenarbeit: «Und Gäste kamen viel zu ihm gereist. Als ich in diesem Herbst das Vergnügen hatte, der liebenswürdigen Einladung LILIENTHALS nachzukommen, und ihn auf seinem Hügel in der Nähe Berlins besuchte, waren mit mir noch zwei andere russische Techniker, ein deutscher Fotograf, ein Engländer und ein Amerikaner bei den Flügen anwesend. Von überall kamen Interessenten mit ihren Fotoapparaten angereist und verbreiteten in der ganzen Welt die auf dem Papier festgehaltenen Manöver des Fliegers.» [98, S. 174]

ŽUKOVSKIJ gab auch eine klare Einschätzung der LILIENTHALSchen Methode: «Als ich nach Berlin zurückfuhr, dachte ich über die Methode nach, die jetzt die Lösung des Flugproblems erlaubt. Die unerhört viel Geld kostende dreihundertpferdige Flugmaschine MAXIMS ... tritt zurück hinter dem anspruchslosen Wei-

87   Lilienthal fliegt seinen
Doppeldecker in den Stöllner Bergen im August 1896.

denapparat des scharfsinnigen deutschen
Ingenieurs, weil die erstere, ungeachtet
ihrer starken Antriebskraft, keine zuver-
lässige Steuerung besitzt, während der
Experimentator mit dem Gerät Lilienthals, bei kleinen Flügen anfangend,
vor allem die richtige Steuerung seines
Apparates in der Luft erlernen kann.»
[98, S. 175f]

Der Besuch und der Erfahrungsaustausch verliefen in so herzlicher Atmosphäre, daß Lilienthal dem russischen
Gast eines seiner Gleitflugzeuge als
Geschenk übergab. Dieser Lilienthal-
Eindecker befindet sich heute im Moskauer Žukovskij-Museum und ist ein
wertvolles Erinnerungsstück an die
Begegnung der beiden berühmten Flugtechniker.

Anfang August 1896 wurde Lilienthal
von Robert W. Wood besucht, einem
amerikanischen Physiker und Assistenten
an der Berliner Universität und späterem
Professor in Baltimore, der diese Begegnung am 31. Oktober 1897 eindrucksvoll
im Boston Evening Transcript schilderte: «Der furchtlose Flugpionier hatte
mich gebeten, am Sonnabend vorher
seine Maschinenfabrik in Berlin zu besuchen, und hier wurde ich zuerst richtig
mit ihm bekannt. Eine Ecke in der Fabrik-
halle war dem im Bau befindlichen Flug-

apparat eingeräumt ... Auf diese Maschine setzte Lilienthal große Hoffnungen und erklärte mir jede Einzelheit ihrer
Konstruktion, ohne zu ahnen, daß es ihm
nicht bestimmt war, sie zu erproben.

Am Sonntag morgen traf ich Lilienthal auf dem Lehrter Bahnhof ...
Gerade, als die Sonne aufging, verließ der
Zug die Stadt. Nach mehrstündiger Fahrt
stiegen wir in Neustadt an der Dosse aus,
wo uns ein bequemer Wagen erwartete,
der uns die 15 km bis Rhinow brachte. Es
blies ein frischer Wind, und zahlreiche
Störche segelten über die Wiesen und Felder. Diese Vögel nannte er seine Lehrmeister und beobachtete sie mit lebhaftem
Interesse, indem er meine Aufmerksamkeit auf ihre verschiedenen Methoden
lenkte, wie sie ihr Gleichgewicht beim
Fliegen und Landen bewahrten ...

Es war ein Platz zum Fliegen, wie ihn
man sich nicht besser denken konnte. Unmittelbar aus der Ebene aufsteigend lag
vor uns eine Reihe von Hügeln, etwa 30
bis 90 m hoch und dicht bewachsen mit
Gras und Moos ...

Die Maschine (ein Doppeldecker) war
so ausgezeichnet montiert, daß man keinen losen Draht finden konnte; der
Baumwollstoff hatte so viel Spannung,
daß es beim Klopfen mit den Fingerknö-
cheln wie eine Trommel klang.

Als der Apparat mit seinen riesigen schneeweißen Flügeln im hellen Sonnenschein ausgebreitet vor mir lag, da hatte ich das Gefühl, als beginne jetzt wirklich das Zeitalter des Fliegens. Diese Maschine war nicht zusammengebastelt von einem Narren, um dann in einer Jahrmarktsbude für zehn Pfennige besichtigt zu werden oder nur Material für Zeitungsartikel über die Luftfahrt zu liefern. Nein: Ihr Konstrukteur war ein befähigter Ingenieur, und sie verkörperte die Ergebnisse langjähriger erfolgreicher Flugversuche.

Wir trugen den Apparat den Hügel hinauf; LILIENTHAL stellte sich hinein und hob ihn empor. Er war bekleidet mit einem Flanellhemd und kurzen Sporthosen, deren Knie dick gepolstert waren, um bei überstürzter Landung den Anprall abzuschwächen ... LILIENTHAL bot dem Wind die Stirn und stand da wie ein Sportsmann, der auf den Startschuß wartet. Plötzlich frischte der Wind etwas auf, LILIENTHAL machte drei schnelle Schritte vorwärts und wurde sofort emporgehoben, wobei er in fast waagerechter Linie vom Gipfel absegelte. Mit beängstigender Geschwindigkeit flog er in einer Höhe von etwa 15 m über mich hinweg, wobei der Wind wilde Melodien in den Spanndrähten der Maschine spielte, und war an mir vorbei, bevor ich Zeit hatte, die Kamera auf ihn zu richten ...

LILIENTHAL segelte tief unter mir davon über die Wiesen im Grunde, wobei er mit den Füßen nach den Heuhaufen stieß, wenn er über sie hinwegflog. Als er dicht über dem Erdboden war, hob er die Vorderkante an und warf die Beine nach vorn. Trotz ihrer großen Geschwindigkeit stoppte die Maschine sofort und landete sanft ...

Obgleich ich viele Aufsätze über LILIENTHAL gelesen hatte mit zahlreichen Fotos, die ihn in der Luft zeigten, so hatte ich doch keine Vorstellung gehabt von der Vollkommenheit, zu der er seine Erfindung gebracht hatte und mit welcher Genauigkeit er sie handhabte. Ich habe hohe Fallschirmabsprünge von Ballons gesehen sowie viele Beispiele von Geschicklichkeit und Wagemut; aber ich war nie Augenzeuge einer Vorführung, die die Nerven zu solchem Grad von Erregung treibt oder solch ein Gefühl der Begeisterung und Bewunderung weckt, wie dieses wilde furchtlose Dahinstürmen von OTTO LILIENTHAL durch die Luft. Der Anblick eines Menschen, der, getragen von ungeheuren weißen Flügeln, sich hoch über uns mit Rennpferd-Geschwindigkeit fortbewegt, zusammen mit dem unheimlichen Sausen des Windes in den Drähten der Maschine, erzeugte einen unvergeßlichen Eindruck.» [91, S. 179 ff]

WOOD absolvierte unter Anleitung von LILIENTHAL einige kurze erfolgreiche Flüge auf dem 18-m^2-Doppeldecker. Für den folgenden Sonntag, den 9. August 1896, hatte man sich wieder zu einer Fahrt nach Rhinow verabredet. LILIENTHAL wollte WOOD im Gebrauch des Eindeckers unterweisen. WOOD war jedoch verhindert, so daß LILIENTHAL, unterstützt von seinem Monteur PAUL BEYLICH, alleine seinen Eindecker flog. Der 9. August war ein schöner, sonniger Sommertag mit einer Lufttemperatur von über 20 °C und etwa 3/8 Bedeckung mit Schönwetterkumuli. Ein leichter Wind mit etwa 3 m/s Geschwindigkeit wehte aus nordöstlicher Richtung. Es sollte der letzte Flugtag des Achtundvierzigjährigen werden. Mit den Worten: «Wollen mal sehen, wie es heute geht», startete er zu seinem ersten Flug. Der Wind war zwar mäßig, aber bei wechselnder Bedeckung böig. Auch ein zweiter Flug verlief wie gewohnt. Dann übergab LILIENTHAL BEYLICH die Stoppuhr, um den dritten Flug vermessen zu lassen. Auch dieser – es wurde LILIENTHALS letzter Flug – verlief zunächst normal. Der Gleiter wurde dann offensichtlich zu langsam geflogen. Im Unterschied zum Absturz vom Frühjahr 1894, bei dem die Fahrt schnell nach oben weggezogen wurde, muß bei diesem Flug der Fahrt-

88 Der Eindecker, mit dem OTTO LILIENTHAL am 9. August 1896 tödlich abstürzte.

verlust allmählich vor sich gegangen sein. LILIENTHAL kam, vielleicht auch unter dem Einfluß einer Bö, – eine thermische Ablösung in der Nähe könnte eine Veränderung der Windrichtung und Windstärke bewirkt und den Vorgang des Geschwindigkeitsverlustes beschleunigt haben – dann fast in Normalfluglage in der Luft zum Stillstand. Wie BEYLICH feststellte, hätte LILIENTHAL in diesem Moment das Körpergewicht noch nach vorne verlagert, doch die Steuerbewegung erfolgte offensichtlich zu spät. Der Gleiter kippte nach vorne ab und stürzte aus etwa 15 bis 20 m Höhe fast senkrecht zur Erde. Von einem starken thermischen Aufwind dürfte LILIENTHAL kaum getroffen worden sein, da es in diesem Falle sichtbare Veränderungen in der Flugbahn, schnelle Reaktionen des Piloten und außerdem einen Energiegewinn gegeben hätte.

Dieser Eindecker war nicht mit dem schützenden Prellbügel versehen, so daß die Aufschlagenergie sich weitgehend auf den Körper LILIENTHALS übertrug und sein Rückgrat verletzte; der dritte Halswirbel war gebrochen. Zunächst hoffte LILIENTHAL noch, nach einer Pause weitermachen zu können, doch bald zeigte

sich die Schwere seiner Verletzung; mit Ausnahme der Arme war der Körper bald gelähmt. Während der Bahnfahrt nach Berlin trat Bewußtlosigkeit ein. Trotz einer sofortigen Operation verschied OTTO LILIENTHAL am 10. August 1896 gegen 16.00 Uhr.

LILIENTHAL wurde auf einem Höhepunkt seines flugtechnischen Schaffens aus dem Leben gerissen. Es ist anzunehmen, daß er weitere Fortschritte erzielt hätte. Im Unterschied zu den Brüdern WRIGHT, deren praktische Arbeiten in der Regel auf klaren, zutreffenden theoretischen Ansätzen beruhten, kam LILIENTHAL mehr auf dem Wege über das Experiment und über die praktische Erfahrung zu neuen Ergebnissen und Erkenntnissen.

Hinsichtlich einer baldigen Realisierung des Segel- und Motorfluges des Menschen war OTTO LILIENTHAL insbesondere in seinen letzten Lebensjahren optimistisch gewesen. Im Jahre 1893 schrieb er, «daß bei den heutigen schnellen Fortschritten der Technik uns nur noch eine verhältnismäßig kurze Zeit von der endgültigen Lösung des Flugproblems trennen könne.» [13, S. 161]

In der Literatur über LILIENTHAL wurde zum Ausdruck gebracht, daß seine letzten verständlichen Worte «Opfer müssen gebracht werden!» gewesen sein sollen. Es kann jedoch nicht sicher nachgewiesen werden, ob sie wirklich in dieser Situation ausgesprochen wurden.

LILIENTHAL war sich allerdings des Risikos seiner fliegerischen Tätigkeit bewußt, hatte dies mehrfach dargelegt, erlebt und analysiert. Als der Müller HERMANN SCHWACH, der LILIENTHAL 1891 bei den Flugversuchen auf den Hügeln bei Derwitz unterstützt hatte, den Flugpionier auf die Lebensgefährlichkeit seiner Flugversuche aufmerksam machte, soll LILIENTHAL beim Vorüberfahren eines Zuges geantwortet haben: «Herr SCHWACH, glauben Sie denn, als die erste Eisenbahn gebaut wurde, sie sei gleich so sicher gewesen und glatt gefahren wie heute? So wird es mit dem Fliegen auch kommen. Und sollte mir wirklich ein solches Ende, wie Sie fürchten, beschieden sein, so werden Sie meinen Namen in allen Büchern verzeichnet finden, die über die ersten Flugversuche berichten.» [91, S. 87 f] Selbst wenn die Worte «Opfer müssen gebracht werden» von LILIENTHAL niemals ausgesprochen sein sollten, spiegeln sie dennoch das Wesen der Persönlichkeit und Tätigkeit LILIENTHALS sowie vieler anderer Flugpioniere richtig wider.

GUSTAV LILIENTHAL, in seiner Jugend ein treuer Helfer von Otto, widmete sich erst Jahre nach dem Tode seines Bruders erneut der Erforschung des Vogelfluges. Er erlebte noch die Entwicklung der Segelflugbewegung, ohne auf sie Einfluß ausüben zu können. Das lag an den falschen Vorstellungen über die Aerodynamik, die er seiner Segelflugtheorie zugrunde gelegt hatte. Gustav glaubte, daß ganz stark gewölbte Tragflügelprofile, die sogenannten Widderhornprofile, bei einer entsprechenden V-Form der Tragflächen (widderhornähnlich) durch die Bildung eines vorwärtslaufenden Wirbels einen geheimnisvollen Vortrieb zu liefern vermögen, der bereits allein den Segelflug ermögliche. Jedoch bewirkt jede Wirbelbildung an umströmten Körpern einen Leistungs- und Energieverlust!

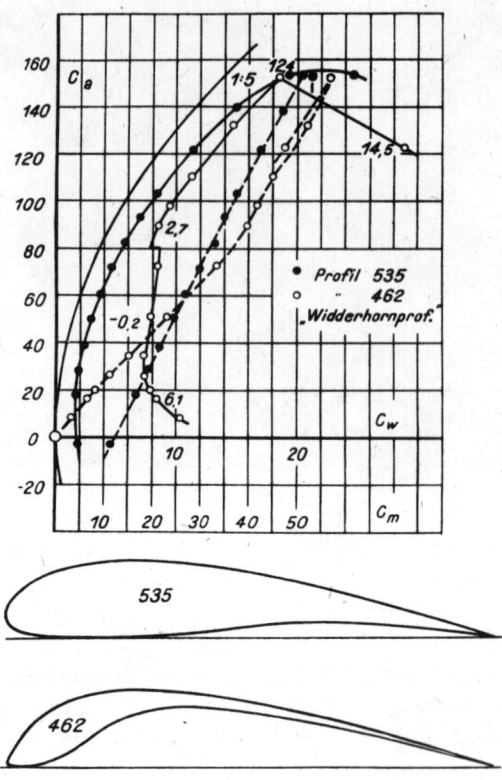

89   Polarenvergleich zwischen dem Profil Gö 535 und dem «Widderhornprofil» Gö 462.

Welches Gewicht besaß die Tätigkeit OTTO LILIENTHALS für den Fortschritt des Gleit- und Segelfluges und damit des Menschenfluges? Er hatte die Bedeutung der fliegerischen Praxis erkannt, sie als erster verwirklicht und wurde auf diese Weise der erste Gleitflieger der Menschheit. Nach einer Schätzung der Brüder WRIGHT vollführte LILIENTHAL etwa 2000 Flüge mit einer Gesamtflugzeit von etwa fünf Stunden.

Ebenso bedeutsam für die Weiterentwicklung der Flugtechnik waren seine wissenschaflichen Veröffentlichungen, die, häufig begleitet von eindrucksvollen Fotografien, ausnahmslos schöpferischen Charakter besaßen.

LILIENTHAL beschrieb stets solche flugtechnischen Fortschritte und Überlegungen, die zu einem beträchtlichen Teil von anderen noch nicht gedacht, ausgeführt und erlebt worden waren. Seine Beiträge zeichneten sich durch verständliche Formulierungen aus. Jede Geheimniskrämerei wurde vermieden. Vor allem kamen die für andere Flugtechniker wertvollen Erfahrungen zur Darstellung.

Bereits die Aufzählung der Titel der wichtigsten Aufsätze LILIENTHALS läßt ihre damalige Aktualität und ihren Wert für die Entfaltung der Flugtechnik erkennen:

«Der Flug der Vögel und des Menschen durch die Sonnenwärme» (1890),

«Über Theorie und Praxis des freien Fluges» (1891),

«Über meine diesjährigen Flugversuche» (1891),

«Über den Segelflug und seine Nachahmung» (1892),

«Praktische Erfahrungen beim Segelflug» (1893),

«Allgemeine Gesichtspunkte bei Herstellung und Anwendung von Flugapparaten» (1894),

«Die Profile der Segelflächen und ihre Wirkung» (1895),

«Über die Ermittlung der besten Flügelformen (1895),

«Fliegesport und Fliegepraxis» (1895).

LILIENTHAL stand in brieflichem oder persönlichem Kontakt mit ARNOLD BÖCKLIN, CARL BUTTENSTEDT, OCTAVE CHANUTE, GREELY S. CURTIS, A. M. HERRING, Prof. KASSNER, V. KEHLER, WILHELM KRESS, LAMBERT, Prof. LANGLEY, S. G. LESSENKO, JAMES MEANS, CARL MILLA, MOEDEBECK, AUGUST V. PARSEVAL, AUGUST PLATTE, PERCY PILCHER, P. V. PREOBRAŽENSKIJ, P. SUAREZ, V. TSCHUDI, HUREAU DE VILLENEUVE, GEORG WELLNER, ALOIS WOLFMÜLLER, Prof. N. E. ŽUKOVSKIJ und vielen anderen Fluginteressierten. Die in Museen in Moskau, Warschau, Washington, London, Paris, Prag, München und Wien ausgestellten Original-LILIENTHAL-Gleiter bzw. Nachbauten die in der Regel auch in diesen Ländern geflogen worden sind, stellen einen weiteren Ausdruck der Ausstrahlungskraft der LILIEN-

THALschen Aktivitäten dar. Auf diese Weise bildete LILIENTHAL eine regelrechte «Schule».

OCTAVE CHANUTE würdigte im Jahre 1902 die Tätigkeit LILIENTHALS mit folgenden Worten: «LILIENTHAL hat bisher am meisten dazu beigetragen, daß menschliches Fliegen wahrscheinlich möglich wird; er war der erste in modernen Zeiten, welcher es wagte, den Gleitflug der Vögel mit manntragenden Apparaten nachzuahmen; er war in jeder Hinsicht so gut ausgerüstet, daß er vermutlich den endgültigen Erfolg erreicht hätte, wenn er am Leben geblieben wäre.» [91, S. 167]

Der französische Luftfahrthistoriker DOLLFUS schätzte die Leistungen LILIENTHALS wie folgt ein: «Wenn LILIENTHAL das Flugzeug auch nicht erfunden hat, so ist er doch der erste Mensch, der einen Apparat schwerer als Luft auf normale Weise durch die Atmosphäre steuerte, und er legte die Methode fest, aus der das Motorflugzeug der Brüder WRIGHT direkt hervorgegangen ist.» [57, S. 143]

Die Ursachen der Erfolge LILIENTHALS waren vielschichtiger Natur; gesellschaftliche, soziale, ökonomische, naturwissenschaftlich-technische und persönliche Voraussetzungen vereinigten sich auf günstige Weise. Die gesellschaftliche Entwicklung im Lande LILIENTHALS vollzog sich in Richtung Imperialismus, doch gab es starke progressive politische Strömungen mit entsprechend humanistischen Auswirkungen auf geistig-kulturellem Gebiet, die sich in der Haltung LILIENTHALS widerspiegeln. Das gesamtgesellschaftliche Bedürfnis an einer Realisierung des Menschenfluges wuchs.

Sozial besaß LILIENTHAL als selbständiger kleiner Unternehmer eine Position, die es ihm ermöglichte, im notwendigen Umfang Zeit und Mittel für die Lösung des Flugproblems einzusetzen. Der ständige Fortschritt von Naturwissenschaft, Technik und Industrie war eine gute Grundlage für die Arbeiten LILIENTHALS. Vor allem aber vereinigten sich die menschlichen Voraussetzungen in der Persönlichkeit Lilienthals auf ideale Weise.

Hervorzuheben an Lilienthals Wirken ist die Tatsache, daß er trotz der gegebenen gesellschaftlichen Verhältnisse nur an eine zivile, friedliche Verwendung der von ihm vorausgesehenen Motorflugzeuge dachte. An keiner einzigen Stelle seiner Arbeiten sprach Lilienthal über die Möglichkeit einer militärischen Verwendung des Flugzeugs, was keineswegs auf einen Mangel an Voraussicht – der Gedanke einer militärischen Anwendung der Luftfahrt war seit Jahren in der Diskussion –, sondern auf seine Einstellung zu Frieden und Humanismus zurückzuführen ist.

Seit Cayley existierten Möglichkeiten zur Verwirklichung des Gleitfluges. Daß sie nicht wahrgenommen werden konnten, lag auch an den Persönlichkeitsmerkmalen der Flugtechniker. In Lilienthal vereinigten sich viele der hervorragenden Eigenschaften seiner Vorgänger in einer Person, und das war ein wichtiger Schlüssel zum Erfolg. Lilienthal verfügte über hochentwickelte Fähigkeiten, besaß ein scharfes Beobachtungsvermögen, Begabung für analytisches und synthetisches Denken, verstand es, aus Fehlern zu lernen und Irrtümer zu überwinden, hatte sich eine überdurchschnittliche handwerkliche Geschicklichkeit angeeignet und war auf mehreren Gebieten ausgesprochen begabt, so wie einige andere Flugtechniker auch auf künstlerischem Gebiet. Sein lebhaftes Temperament, verbunden mit Gefühlsstärke und Phantasie, bewirkten Interessiertheit, Kontaktfreudigkeit und Begeisterungsfähigkeit. Insbesondere aber waren es seine Charaktereigenschaften, sie kommen in den Verhaltensweisen wie in den Selbstzeugnissen zum Ausdruck, die den Erfolg unter den gegebenen Bedingungen determinierten: Ausdauer, Willensstärke, Zielstrebigkeit, Genügsamkeit, Selbstlosigkeit, Hilfsbereitschaft, Offenheit, Gerechtigkeits-

90   Otto Lilienthal im Jahre 1896.

sinn, Verantwortungsbewußtsein, Achtung gegenüber den Mitmenschen, Bescheidenheit, Würde, gesundes Selbstbewußtsein, Menschlichkeit, Mut, Opferbereitschaft, Liebe zur Natur, den Menschen und dem Frieden spiegelten sich in dem Verhalten Lilienthals wider. Lilienthal war Theoretiker und Praktiker, Forscher und Konstrukteur, Flugzeugbauer und Flieger in einer Person, und mit seinem Werk nahm die Gleit- und Segelflugbewegung ihren Anfang.

4.2. Die Schule Lilienthal

Pilcher · Wolfmüller · Tanski · Suarez · Chanute und Herring · Brüder Wright · Ferber · Archdeacon und Voisin

Ein bedeutendes Ergebnis der flugtechnischen Tätigkeit Lilienthals lag in der Begründung einer «Schule». Eine ganze

Reihe von zeitgenössischen Flugtechnikern war bereit, den von LILIENTHAL eingeschlagenen Weg zu beschreiten und ihn nach dem Tode des Vorbildes fortzusetzen. Unbedeutend bei dieser Zuordnung zur «Schule Lilienthal» ist es, ob ein persönlicher Kontakt mit ihrem Begründer existierte, entscheidend war nur die Übernahme seiner Methode.

Das Erscheinen luftfahrttauglicher Verbrennungsmotoren gegen Ende des 19. Jahrhunderts hatte für den Gleit- und Segelflug eine Mehrfachwirkung. Einerseits drängte es das wichtigste Motiv für die Entwicklung des Segelfluges – er bot bis dahin die einzige Möglichkeit eines längeren Aufenthaltes des Menschen im Luftraum – in den Hintergrund, andererseits betrachteten die Realisten unter den Flugpionieren seine Weiterentwicklung als entscheidende Voraussetzung für die Herausbildung des Motorfluges.

PILCHER

Die Bemühungen LILIENTHALS um die Lösung des Flugproblems wurden von PERCY SINCLAIR PILCHER (1866–1899) fort-

91 PERCY SINCLAIR PILCHER (1869–1899).

gesetzt. PILCHER hatte sich seit seiner Jugend für den Flug der Vögel und das Problem des Menschenfluges interessiert. Auch er war über die Seefahrt zur Luftfahrt gekommen, hatte an der Londoner Universität studiert und arbeitete seit dem Jahre 1893 als Assistent für Marineingenieurwesen an der Universität Glasgow.

Seit dem Jahre 1891 beschäftigte er sich ernsthafter mit der Flugfrage und war auf die Arbeiten OTTO LILIENTHALS aufmerksam geworden. Angeregt durch Aufnahmen von LILIENTHAL-Gleitern begann PILCHER Anfang 1895 den Bau seines ersten Gleitflugzeugs, der *Fledermaus (Bat)* mit 13,7 m^2 Flächeninhalt. Die *Fledermaus* besaß eine zu starke V-Form des Flügels, die um die Längsachse instabilisierend wirkte. Weiterhin fehlte ein Höhenleitwerk, was die Erhaltung der Längsstabilität wesentlich erschwerte. Die Flugergebnisse mit dieser ersten Ausführung waren infolgedessen unbefriedigend.

PILCHER stand mit OTTO LILIENTHAL in brieflichem Kontakt und besuchte ihn im Juni 1895 in Berlin. Der Erfahrungsaustausch mit dem flugerfahrenen Forscher, die unmittelbare Kenntnisnahme der LILIENTHAL-Gleiter, waren für den Gast von großem Wert. Es wird angenommen, daß PILCHER unter Anleitung LILIENTHALS Gleitflüge mit Eindeckern des Gastgebers unternahm. Nach seiner Rückkehr nach Glasgow baute PILCHER die *Fledermaus* im Sinne der gesammelten Erkenntnisse um und vollführte am 12. September 1895 in seiner Heimat den ersten wirklichen, gesteuerten Gleitflug. Er dauerte 20 Sekunden; im Hangaufwind konnte PILCHER im Geradeausflug sogar etwas Höhe gewinnen. Ein zweiter Start am gleichen Tage, bereits im Seilstart ausgeführt, brachte eine Schlepphöhe von etwa 7 m und soll fast eine Minute gedauert haben. Diese Flüge fanden auf der Wallacetown-Farm in der Nähe von Cardross, am Nordufer des Clyde statt. Die Flugzeiten mögen uns heute sehr kurz vorkommen; doch für

92 PILCHERS *Bat* (1895).

Flugzeugführer, die sich das Fliegen auf nicht erprobten Apparaten selbst beibringen mußten, waren es schon kleine Ewigkeiten.

Der britische Luftfahrthistoriker GIBBS-SMITH schrieb im Jahre 1970: «PILCHER war ein direktes Ergebnis (product) der Begeisterung (inspiration) LILIENTHALS, aber seine geistige Unabhängigkeit drückte er in seiner Bemerkung aus, daß er ‹Fotografien der LILIENTHAL-Apparate gesehen hatte, aber ich baute absichtlich meinen eigenen Gleiter, bevor ich nach Berlin ging, um die seinen zu sehen, um so den größten Vorteil von originellen Ideen zu haben, die ich selbst haben könnte.›» PILCHER wollte LILIENTHAL auch in der Frage der Notwendigkeit eines Höhenleitwerks zunächst kein Vertrauen schenken und schrieb dazu: «Ich wollte ihm nicht glauben, aber ich fand dann, daß er vollkommen im Recht war!» [101, S. 85 f]

Noch im Jahre 1895 baute er sein zweites Gleitflugzeug mit der Typenbezeichnung *Käfer (Beetle)*. Die Tragfläche besaß keine V-Form und befand sich relativ hoch über dem Piloten. Die dadurch bedingte tiefe Lage des Schwerpunktes führte während des Fluges zu unangenehmen Pendelbewegungen um die Längsachse, so daß der Apparat recht schwer zu fliegen war.

Der dritte Typ, *Möwe (Gull)*, wurde Anfang 1896 in Glasgow fertiggestellt. Mit 27,9 m^2 Flächeninhalt und einer Leermasse von 27,3 kg war dieser Eindecker zu groß geraten, um durch Gewichtsverlagerung noch gut beherrscht werden zu können. So flog PILCHER die *Möwe* nur bei ruhigeren Wetterlagen erfolgreich, bei etwas stärkeren Winden gab es mehrere Bruchlandungen.

Im Frühjahr 1896 verließ PILCHER die Universität Glasgow und ging als Mitarbeiter zu HIRAM STEVENS MAXIM nach Eynsford in Kent. MAXIM bemühte sich trotz der Mißerfolge, die er im Jahre 1894 mit einem sehr großen dampfmaschinengetriebenen Motorflugzeug erleben mußte, weiter um die Verwirklichung des Motorfluges. Es gelang PILCHER nicht, MAXIM für den erfolgversprechenden Weg über den Gleitflug zum Motorflug zu gelangen, zu gewinnen. MAXIM erwähnte in seinem 1908 veröffentlichten Buch «Artificial and Natural Flight» nicht einmal den Namen seines ehemaligen Mitarbeiters.

Im Juni 1896, also einige Wochen vor dem tödlichen Absturz LILIENTHALS, besuchte PILCHER den Altmeister des Gleitfluges noch einmal in Berlin. Wieder kam es zu einem umfassenden Erfahrungsaustausch. Auf die Frage eines Zeitgenossen, ob LILIENTHAL die dadurch entstehende Konkurrenz nicht fürchte, antwortete er schlicht: «Ich kann doch nicht alles alleine erfinden. Ich suche gerade Helfer, damit wir im Fliegen schneller vorwärts kommen!» [91, S. 131]

Bei diesem Besuch konnte PILCHER auch den neu entwickelten LILIENTHAL-Doppeldecker fliegen und brachte folgende Meinung zum Ausdruck: «Im letzten Juni gelang es mir, wieder nach Berlin zu fahren, und Herr LILIENTHAL, sehr liebenswürdig, erlaubte es mir, mit einem seiner Doppeldecker von seinem Hügel aus zu fliegen. Eine leichte gleichmäßige Brise wehte und mit der Erfahrung, die ich auf meinen eigenen Flugzeugen gesammelt hatte, empfand ich nicht die geringste Schwierigkeit, diesen Gleiter zu beherrschen, aber ich fürchtete mich sehr vor dieser hoch über dem Apparat angeordneten Tragfläche; dies erschien mir sehr gefährlich, besonders bei einer Wetterlage mit Windstößen.» [78, S. 94] Diese Befürchtungen PILCHERS bezogen sich wahrscheinlich auf die negativen Flugerfahrungen mit seinem Eindecker *Käfer*, also auf Fragen der Flugstabilität und nicht der Festigkeit des Flugzeugs. Bei einem Doppeldecker liegt das Verhältnis zwischen Schwerpunkt- und Druckmittelpunkt jedoch wesentlich günstiger als bei einem Hochdecker. Von diesem letzten Besuch in Berlin brachte PILCHER einen LILIENTHAL-Eindecker mit.

PILCHER baute während des Jahres 1896 in Eynsford seinen vierten und erfolgreichsten Eindecker, den *Habicht (Hawk)*. Er glich im Aufbau den Gleitflugzeugen LILIENTHALS. Bambus, Leinwand und Klaviersaitendraht waren die wichtigsten Baumaterialien. Als Neuerung hatte PILCHER ein elastisches Fahrgestell mit relativ kleinen Rädern angebracht, das den Laufstart nicht behinderte und den Landestoß aufnehmen sollte. Das Höhenleitwerk war gegen das Seitenleitwerk abgestrebt. Im Unterschied zu LILIENTHAL flog PILCHER nicht im Armstütz, sondern hing mit den Achseln im Gerüst des Gleiters; diese Haltung war nicht so ermüdend. Später kam noch ein Sitzgurt hinzu.

Bei einem Vergleich zwischen dem LILIENTHAL-Standardmodell und dem *Habicht* fällt folgender Unterschied auf:

PILCHER hatte in noch stärkerem Maße als LILIENTHAL die Drahtverspannung zur Aufnahme von Kräften herangezogen; der *Habicht* besaß wahrscheinlich zwei- bis dreimal so viel Spanndrähte wie das Standardmodell. Zum Beispiel war beim *Habicht* jede der 18 Rippen mehrfach verspannt, während beim LILIENTHAL-Modell das Holzgerüst die Festigkeit in stärkerem Maße herstellte.

PILCHER setzte nach dem Tode LILIENTHALS seine Bemühungen um die Verwirklichung des Segelfluges verstärkt fort und bewies damit Mut, Ausdauer und Opferbereitschaft, wurde ihm doch mit dem Absturz LILIENTHALS das mögliche eigene Schicksal deutlich vor Augen geführt.

Besonders schöpferisch wirkte PILCHER auf dem Gebiet der Entwicklung einer neuen Startmethode. In Anlehnung an den gefesselt aufsteigenden Flugdrachen bot sich stets ein Seilstart von Gleitflugzeugen an, wobei die Steuerbarkeit von Gleitern den Schleppflug (Start, Steigflug und Auskuppeln) noch erleichtern mußte. Eine derartige Startart konnte den Gleitflug von Hügeln unabhängig machen und größere Flughöhen ermöglichen. PILCHER glaubte, dort leichter Anschluß an die von ihm vermuteten Aufwinde zu finden. Diese Startmethode wurde mit dem *Habicht* voll entwickelt. Man benutzte leichte Seile, wie sie im Fischereiwesen Verwendung fanden, mit Längen bis zu 366 m. Die Zugkraft lieferte ein Pferd oder die Kraft mehrerer Männer. Umlenkrollen erlaubten es, auch ohne motorischen Antrieb am freien Seilende eine ausreichende Geschwindigkeit zu erzielen. Vom Umlenkrollensystem bis zu einer stationären Schleppwinde war es theoretisch nur ein kleiner Schritt. Auf dem Gipfelpunkt des ansteigenden Schleppfluges löste PILCHER die Verbindung zum Schleppseil und ging zum freien Flug über. Die völlige Beherrschung des Schlepp- und des Gleitfluges zeigte, bis zu welch hohem Grade PILCHER die Steuerung seiner Flugzeuge durch

93   Pilcher startbereit im *Hawk*.

94   Pilcher fliegt den *Hawk*.

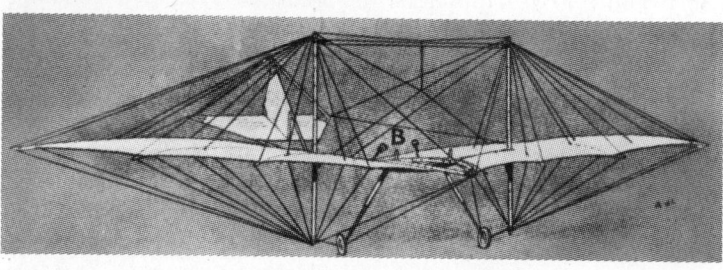

95   Ansicht des *Hawk* von vorn.

Verlagerung des Körpergewichts beherrschte.

Um größere Flughöhen über Grund zu erreichen, nutzte er zwei gegenüberliegende Hügel mit einem Abstand von nicht mehr als 300 m. Auf einem Hügel wurde der Gleiter, auf dem anderen das Seilsystem aufgestellt. Seine beste Flugleistung erzielte Pilcher am 19. Juni 1897 mit 228 m Flugstrecke und etwa 61 m Flughöhe über Grund. Die Sinkgeschwindigkeit betrug bei diesem Gleitflugzeug

etwa 1 m/s, so daß die Flugdauer nach dem Schleppflug mit mindestens 60 Sekunden angenommen werden kann. Pilcher vollführte auf diese Weise zwischen 1896 und 1899 eine große Anzahl erfolgreicher Flüge in der Umgebung von Eynsford in Kent.

Der Schleppflug gestattete es auch, mit Hilfe eines im Schleppseil zwischengeschalteten Dynamometers die zum Horizontalflug notwendige Zugkraft festzustellen. Es wurden 137 N (14 kp) gemes-

sen, was im Motorflug bei einem Luft-
schraubenwirkungsgrad von 50 % eine
notwendige Motorleistung von nur 3 kW
(4 PS) erfordert hätte.

Diese Ergebnisse mußten ermutigend
wirken, so daß auch PILCHER sich verstärkt dem Motorflug zuwandte. Er gründete ein Ingenieurbüro und eine Aktien-
gesellschaft zur Verwirklichung und
Nutzung des Motorfluges. Es kam jedoch
noch eine andere Triebkraft für diese
Zielsetzung hinzu. Nachdem PILCHER
erkannt hatte, daß die bei seinen Schlepp-
starts erzielten Flughöhen noch nicht

ausreichten, um in Aufwinde hinein-
zukommen – an eine systematische Ausnutzung des Hangaufwindes, der bereits
in geringer Höhe genutzt werden kann,
hatte er offensichtlich nicht gedacht – lag
der Gedanke nahe, mit Hilfe des Motorfluges in die Höhen zu kommen, die einen
Anschluß an Aufwinde erlaubten.

PILCHER experimentierte auch mit
Kastendrachen nach dem HARGRAVE-
Prinzip. Durch diesen Drachentyp, oder
auch von CHANUTE angeregt, mit dem PIL-
CHER Briefe gewechselt hatte, baute er
1899 einen Dreidecker.

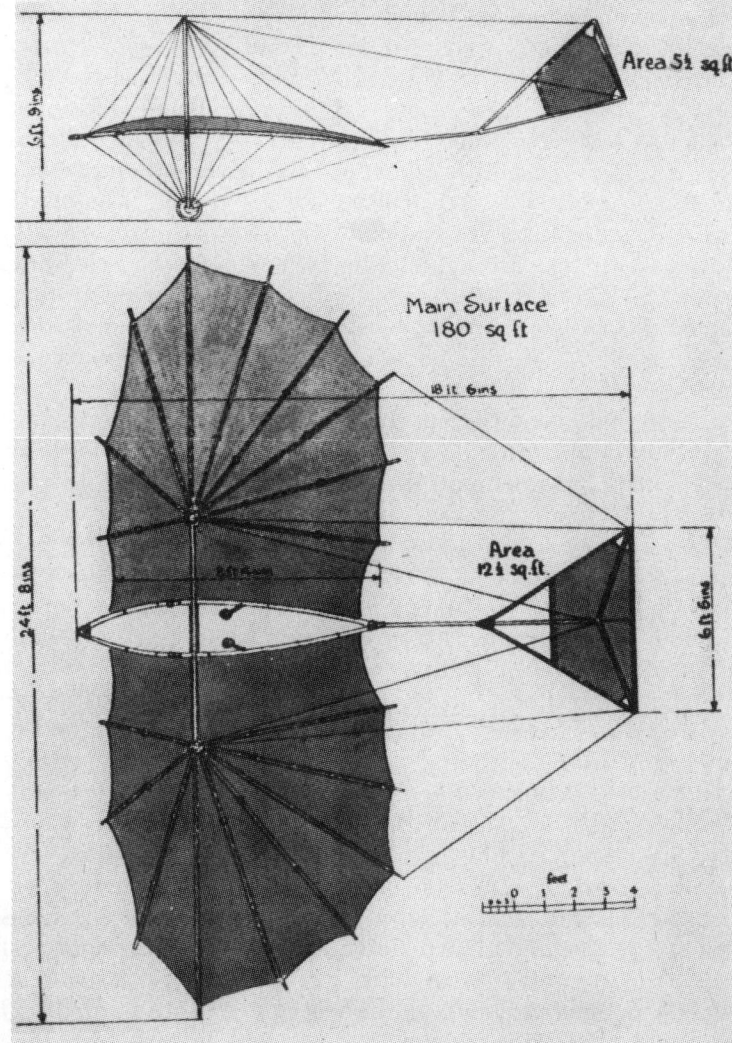

96   Draufsicht und Seitenansicht des *Hawk*: Spannweite 7,52 m; Länge 5,63 m;
Profiltiefe 2,54 m; Spannweite des Höhenleitwerks
1,98 m; Höhe 2,05 m; Tragfläche 16,72 m²; Höhenleit-
werkfläche 1,16 m²; Seiten-
leitwerkfläche 0,51 m².

97   Der *Hawk* im
Museum in Edinburgh.

Der 30. September 1899 wurde zum Schicksalstag für PILCHER. Von Freunden eingeladen, befand er sich in der Nähe von Market Harborough in Kent und hatte sich bereit erklärt, vor den Mitgliedern der Aeronautical Society in Stanford Park den *Habicht* und den neuen Dreidekker im Fluge vorzuführen. PILCHER hatte auch den von BENNET erworbenen Original-LILIENTHAL-Gleiter mitgebracht. Es war ein regnerischer Tag mit böigen Winden, und die Flugzeuge waren bereits feucht geworden. Um die von weit her angereisten Mitglieder nicht zu enttäuschen, erklärte sich PILCHER bereit, Flüge zu unternehmen. Bereits beim ersten Start mit dem *Habicht*, zwei Pferde zogen das Schleppseil über eine Umlenkrolle in ebenem Gelände, riß das aufgeweichte Schleppseil während des Steigfluges. PILCHER konnte jedoch noch schnell genug nachdrücken und glücklich landen. Beim zweiten Start mit dem *Habicht* riß in etwa 10 m Höhe ein zum Leitwerk führender Verspannungsdraht, der Bambusleitwerkträger zerbrach, das Leitwerk klappte zusammen und der *Habicht* stürzte mit PILCHER senkrecht zur Erde. PILCHER hatte in dieser Situation keine Chance mehr, das Flugzeug noch auszusteuern. Nach zwei Tagen, in den Morgenstunden des 2. Oktobers 1899, verschied PILCHER in Stanford Hall an seinen schweren Verletzungen, ohne das Bewußtsein wiedererlangt zu haben. Der reparierte *Habicht* befindet sich seit vielen Jahren im Royal Scottish Museum in Edinburgh.

PILCHER war Schotte und wie LILIENTHAL ein echter, begeisterter Flieger, ein «true airman», wie die Briten solche Persönlichkeiten zutreffend bezeichnen.

PILCHERS trauriges Schicksal offenbarte noch einmal die beiden Hauptprobleme jeder Flugpraxis in den Anfangsjahren des Menschenfluges. Die Piloten führten stets einen Kampf mit ihrer eigenen, noch begrenzten fliegerischen Fähigkeit und Erfahrung (dem subjektiven Faktor) und der geringen technischen Sicherheit ihrer Flugzeuge (dem objektiven Faktor). Der ersten Gefahr war LILIENTHAL zum Opfer gefallen, der zweiten PILCHER.

Wenn LILIENTHAL, CHANUTE und vor allem die Brüder WRIGHT immer wieder zur äußersten Vorsicht und größtmöglichen Sicherheit ermahnten, so entsprach dies keineswegs einer Ängstlichkeit, sondern vor allem den beiden unberechenbaren Faktoren, deren Eintreten schon einen Absturz aus wenigen Metern Höhe lebensgefährlich werden ließ.

Es ist verschiedentlich zum Ausdruck gebracht worden, daß PILCHER den Motorflug noch vor den Brüdern WRIGHT verwirklicht hätte, wenn er am Leben geblieben wäre. Sicher ist anzunehmen, daß er weitere Fortschritte vollzogen hätte, doch Behauptungen und Streitigkeiten über das mögliche Ausmaß sind müßig und würden nicht dem Vermächtnis der großen Flugpioniere entsprechen. Das frühe Hinscheiden des erst dreiunddreißigjährigen PILCHERS war für die entstehende Flugtechnik und für die Gleit- und Segelflugbewegung ein unersetzlicher Verlust.

WOLFMÜLLER

ALOIS WOLFMÜLLER (1864–1948) erblickte in Landsberg am Lech das Licht der Welt und erwarb am Technikum in Hildburghausen den Ingenieurtitel. Für den Flug begeisterte er sich seit seiner Jugend, wie er es 1926 in einer Veröffentlichung berichtete: «Schon als Kind interessierte ich mich lebhaft für den Flug der Vögel, wozu ich auf dem flachen Dach des Hauses meiner Eltern reichlich Gelegenheit hatte, liegt doch meine Heimatstadt Landsberg am Lech an einem Berghang. Schon bei sehr schwachen westlichen Winden hatten dort Dohlen, Störche, Falken, Turmsegler, Schwalben, Bussarde und Milane ein leichtes Segeln. Bei diesen Beobachtungen kam mir der Gedanke, es müßte doch auch möglich sein, daß ein Mensch mit einem vogelähnlichen und entsprechend größeren Flügelapparat sich ebenso flügelschlaglos von den am Hang aufströmenden Winden tragen lassen könnte. Ferner folgerte ich daraus, daß nach dem Gelingen des Fliegens im Hangaufwind der mir bis 1889 in seiner Ursache unbekannt gebliebene Segelflug der Vögel über der Ebene, vor allem das Aufkreisen, ebenfalls nachahmbar werden müßte. – Nach vielen Vorversuchen, die schon 1880 begannen, mit kleinen Modellen und Rotationsapparaten … baute ich 1886 einen einfachen Gleitflugapparat mit kleinen Rädern, der als Anlaufgelegenheit eine aus Brettern gebildete, schief gestellte Gleisbahn benutzte. An Stelle des Vor- und Zurücklegens der Flügel, wie dies die Vögel ausführen, wurde der von einem vierstängigen Parallelogramm getragene, horizontal gelagerte Körper mittels Fahrradkette, Zahnrad und Handkurbeln nach vor- und rückwärts stellbar eingerichtet. – Im Jahre 1887 berichtete ich von meinen Hangflugversuchen dem Berliner Verein zur Förderung der Luftschiffahrt und erhielt daraufhin ein Schreiben, in welchem ich ermuntert wurde, in diesem Sinne fortzufahren. Unterschrieben war dieses Schreiben mit: LILIENTHAL, Schriftführer.» [92, S. 155f]

WOLFMÜLLER war ein wichtiger Briefpartner von LILIENTHAL, und durch diesen Briefwechsel – etwa ein Dutzend Briefe blieben erhalten – sind eine Reihe von nicht veröffentlichten Gedanken LILIENTHALS der Nachwelt überliefert worden.

In zwei Schaffensperioden – 1894/95 und 1906/07 – beschäftigte sich WOLFMÜLLER mit Gleitflugversuchen, ohne größere Fortschritte erzielen zu können; 1894 hatte er einen LILIENTHAL-Gleiter erworben. Im Jahre 1906 benutzte er ein bewegliches Höhensteuer mit folgendem Übertragungsmechanismus: Um die instinktiven Körperbewegungen des Piloten für die Höhensteuerung auszunutzen, befestigte er am Flugzeugführer ein «Brustschild», von dem aus ein Gestänge zum beweglichen Höhenruder führte.

Zwischen 1909 und 1910 beschäftigte sich WOLFMÜLLER mit Problemen des dynamischen Segelfluges.

TANSKI

Der polnische Kunstmaler CZESŁAW TANSKI, geboren 1863, gehörte zu den ersten Gleitfliegern in der Geschichte der Flugtechnik. Angeregt durch den Flug der Vögel, speziell den der Störche, und wahrscheinlich unter dem Einfluß von Nachrichten über die Flugversuche OTTO LILIENTHALS, bemühte sich TANSKI um den Gleitflug. Er baute im Jahre 1894 mehrere Flugmodelle, die günstige Flugeigenschaften besaßen. Danach konstruierte er drei Hängegleiter, die sämtlich den Namen *Lotnia* erhielten. Die ersten beiden

Ausführungen, aus Linden- und Weidenholz hergestellt und mit gazeverstärktem Papier bespannt, waren nicht erfolgreich.

Mit dem dritten Gerät, das um die Mitte des Jahres 1896 fertiggestellt wurde, vollführte TANSKI eine Reihe von Gleitflügen. Dieses Flugzeug war größer als seine Vorgänger, die Tragfläche besaß

die Form eines Storchenflügels und war mit Stoff bespannt. Das Rumpfgerüst hatte die Gestalt eines Schlittens, an seinem Ende befand sich ein stoffbespanntes Höhenleitwerk. Mehrere vertikale Flächen des Rumpfgerüstes waren gleichfalls stoffbespannt, so daß von diesen eine richtungstabilisierende Wirkung ausging. Die Leermasse betrug knapp 20 kg, die Spannweite 8,23 m und die Länge 3,72 m. TANSKI trug das Gerät mit ausgestreckten Armen zum Laufstart in seinen Händen und hing im Fluge an den beiden unteren Kufen des Rumpfgerüstes.

Im Juni 1896 unternahm TANSKI die ersten Flugversuche über ebenem Gelände in der Nähe von Janow Podlaski. Dabei soll er etwa 2 m Flughöhe und 30 m Flugweite erreicht haben. Im darauffolgenden Jahr startete TANSKI seine Flugversuche von einem Absprunggerüst von etwa 3,5 m Höhe und erreichte Entfernungen bis zu 30 m. Leider wurden diese erfolgversprechenden Versuche nicht in einem hügeligen Gelände fortgesetzt. Allerdings hätte sich bei weiteren Versuchen die frei hängende Position des Piloten, die eine wirksame Steuerung des Gleitflugzeugs durch Verlagerung des Körpergewichts erschwerte und teilweise verhinderte, als nachteilig erwiesen. Der Unterarmstütz bzw. die Hängeposition in den Achseln boten bessere Möglichkeiten.

98   CZESŁAW TAŃSKI startet mit seinem Hängegleiter von einem Sprunggerüst (1897).

99   PABLO SUAREZ fliegt seinen Gleiter (1895).

Einige Jahre später beschäftigte sich TANSKI erneut mit Flugmodellen und versuchte 1904 einen Muskelkraftgleiter zu vollenden (Antrieb von zwei gegenläufigen Luftschrauben durch die Kraft der Beine). Dann wandte sich TANSKI ausschließlich dem Motorflug zu.

SUAREZ

Die Kunde von LILIENTHALS Flügen war bis nach Argentinien gelangt. Dort stand PABLO SUAREZ mit dem deutschen Gleitflugpionier im Briefwechsel und baute im Jahre 1895 einen Hängegleiter, der den LILIENTHAL-Eindeckern ähnelte. Man nimmt in Argentinien an, daß der Bau nach Plänen und Ratschlägen LILIENTHALS erfolgte und wie es fotografische Aufnahmen beweisen, vollführte SUAREZ auch Gleitflüge mit diesem Gerät. Offensichtlich flog SUAREZ einen Gleiter ohne Höhen- und Seitenleitwerk. Leider sind genauere Angaben über den Konstrukteur, seine Flugzeuge und Flugversuche nicht verfügbar.

CHANUTE und HERRING

OCTAVE CHANUTE (1832–1910) nimmt in der Geschichte des Segelfluges einen besonderen Platz ein. Er war es, der das Gedankengut LILIENTHALS in den USA verbreiten half, der selber mit seinen Mitarbeitern bedeutsame praktische Fortschritte im Gleitflug erzielte und später Europa über die Leistungen der Brüder WRIGHT informierte.

CHANUTE wurde am 18. Februar 1832 in Paris als Sohn eines Professors für Geschichte geboren. Als er sieben Jahre alt war, wanderte die Familie nach den USA aus. Mit 17 Jahren begann er, sozusagen von der Pike auf, bei einer Eisenbahngesellschaft zu arbeiten; 1880 wählte man ihn zum Vorsitzenden der US-amerikanischen Gesellschaft der Zivil-Ingenieure.

CHANUTES flugtechnisches Interesse erwachte 1875 anläßlich einer Europareise. Er lernte die flugtechnischen Arbeiten von WENHAM kennen und wurde davon überzeugt, daß das Flugproblem im Falle einer wissenschaftlichen Durchdringung lösbar sei; doch erst im Jahre 1889 begann er mit ernsthaften Studien. Mit seiner umfassenden wissenschaftlichen, technischen und organisatorischen Erfahrung widmete er sich der Luftfahrt und fing an, eine weltweite Korrespondenz zu führen. Allein mit MOUILLARD wechselte CHANUTE über 100 Briefe! Von den Arbeiten LILIENTHALS erhielt er 1891 Kenntnis und war von Anfang an von ihnen begeistert. 1895 bekam er über Prof. LANGLEY, der LILIENTHAL in Berlin besucht hatte, weitere Informationen über die Arbeiten des deutschen Flugpioniers.

Im Jahre 1891 begann er mit der Veröffentlichung einer flugtechnischen Artikelserie, die 1894 in Buchform unter dem Titel «Progress in Flying Machines» herausgebracht wurde. CHANUTE hatte in diesem Buch alle ihm bekannten historischen Flugzeugprojekte und Flugversuche beschrieben und analysiert. Im schöpferischen Denken geschult, war CHANUTE der Meinung, daß man aus eigenen Mißerfolgen und den Fehlern anderer mindestens genauso viel lernen könne, wie aus Erfolgen. Nachdem das Buch bereits gedruckt, aber noch nicht gebunden war, hatte CHANUTE noch einen 15 Seiten langen, illustrierten Artikel OTTO LILIENTHALS unter der eigenen Überschrift «The Flying Man» (der fliegende Mensch) und der Originalüberschrift «Die Tragfähigkeit gewölbter Flächen beim praktischen Segelfluge» aufgenommen, worin LILIENTHAL umfassend über seine Flugversuche des Jahres 1893 berichtete.

Der Briefwechsel, der zwischen CHANUTE und den Brüdern LILIENTHAL seit Herbst 1894 geführt wurde, umfaßt elf Briefe, und CHANUTE bemühte sich auch darum, die «Jahresberichte» LILIENTHALS, in denen dieser über seine theoretische

100   Octave Chanute (1832–1910).

und fliegerische Tätigkeit des zurückliegenden Jahres berichtete, gleichzeitig in
den USA veröffentlichen zu können.

In den Jahren 1896 und 1897 beschritt
Chanute mit seinen Mitarbeitern den
Weg Lilienthals. Unter seiner Leitung
wurden in den USA die ersten systemati-
schen Gleitflugversuche unternommen.
Nach Ansicht von Chanute war die Flug-
stabilität das wichtigste der zu lösenden
Probleme. Er strebte eine automatische
Flugstabilität der Flugzeuge an.

Im April und Mai 1896 unternahm
Harry Bodine unabhängig von Chanute
auf dem von Hearst erworbenen Lilienthal-Gleiter Flugversuche auf Long Is-
land.

Einen wichtigen Aufsatz über Ergebnisse seiner Gleitflugpraxis leitete Chanute mit folgenden Worten ein: «Alle Flugtechniker schulden Lilienthal einen
hohen Tribut an Bewunderung und
Dankbarkeit. Er war der erste der zeigte,
daß der Mensch wie ein Vogel durch die
Luft gleiten konnte. Andere waren mit
Fallschirmen abgesprungen; es gab Legenden, daß Experimentatoren zufällige
Flüge gemacht hatten, die sie nicht wiederholen konnten, und dann gab es viele

motorgetriebene Modelle, die sehr kleine
Lasten zu tragen vermochten, aber Lilienthal war der allererste, der den Gleitflug in eine beständige Praxis verwandelte. Er zeigte, daß ein Apparat erdacht
werden konnte, der eines Mannes Gewicht trug, indem er durch die Luft glitt
und daß man Tausende von Flügen in Sicherheit vollführen konnte, bis ein Defekt,
bisher verborgen, die Welt seiner Dienste
und seines Lebens beraubte. Der Autor
dieser Zeilen ist sich gewiß, daß bei Erreichen des endgültigen Erfolges, Lilienthals Name und Land eine hohe Wert-
schätzung besitzen werden als Pioniere
der Flugkunst». [18, S. 4]

Chanute begann seine eigenen Versuche im Jahre 1896 mit Modellen und
Flugdrachen. Vorbilder im Drachenbau waren die bekannten Kastendrachen
des Australiers Hargrave. Drei doppel-
flächige Drachenzellen des letzteren Systems ordnete er auf einem einfachen
Rumpfgerüst beweglich hintereinander
an und nannte diese Konzeption Leiter-
Drachen.

Da Chanute sich schon im reiferen Alter befand, gewann er Augustus Moore
Herring, William Avery, W. Paul Butu-
sov und James Ricketts als Assistenten
für seine Gleitflugversuche. Herring
(1867–1926), den Chanute als geschickten Flugtechniker bezeichnete, hatte
bereits seit 1894 selbständig drei Gleiter
in Anlehnung an den Lilienthal-Eindecker gebaut und mit diesen kurze
Flüge unternommen. Für das erste Chan-
ute-Fluglager 1896 reparierte er den
letzten dieser Gleiter und baute im Auf-
trage Chanutes noch einen Mehrdecker
nach dem Prinzip des Leiterdrachens. Im
Juni 1896 errichtete man in einem Dünen-
gelände, etwa 50 km von Chicago entfernt, an der Südecke des Michigan-Sees,
die Zelte des ersten Fliegerlagers.

Die Gruppe begann ihre Flugübungen
zunächst mit dem frei nachgebauten Lilienthal-Eindecker von Herring. Man
unternahm mit ihm etwa 100 Flüge, er-

101   LAWRENCE HARGRAVE (1850–1915).

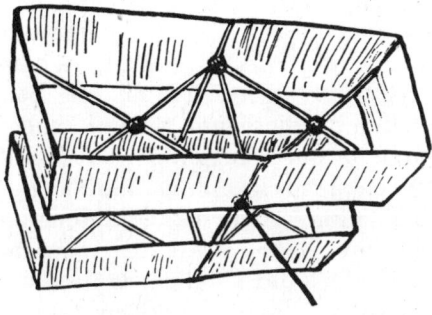

102   Kastendrachen von HARGRAVE (1893).

CHANUTE wiederholte später diese Kritik noch ausführlicher, die ihrer Problematik wegen voll wiedergegeben werden muß. «Es zeigte sich sofort, daß die LILIENTHAL-Maschine im Wind schwierig zu handhaben und im Gleichgewicht zu halten war ... Während des ganzen Fluges mußte man so in Tätigkeit bleiben, und der Führer war genötigt, sein Körpergewicht dauernd zu verschieben, wie ein Seiltänzer ohne Balancierstange, um den Schwerpunkt direkt unter den Druckmittelpunkt zu bringen und einen Absturz zu vermeiden ... LILIENTHAL machte Tausende von Flügen ohne ernstlichen Unfall; aber es ist unsere Pflicht gegenüber denjenigen, die etwa den Wunsch haben, solche Versuche zu wiederholen, hier offen festzustellen, daß wir die Maschine für unzuverlässig in ihren Bewegungen fanden und daß sie große praktische Erfahrung erforderte.» Fairer Weise fügte CHANUTE noch hinzu: «Wenn kräftig gebaut, war sie jedoch nicht annähernd so gefährlich für Leib und Leben, wie die obige Feststellung zu enthalten scheint. Die strahlenförmigen Rippen ... wirkend wie Federn – ob sie nun brachen oder nicht – schützten den Führer vor Verletzungen, selbst bei einem Absturz aus 7 m Höhe.» [91, S. 168]

103   LAMSON-Drachen (1897).

reichte eine größte Flugweite von 36 m und fand, daß der Gleiter nur schwer zu beherrschen war. Er schaukelte im Fluge hin und her und erforderte zur Gleichgewichtserhaltung schnelle und weite Körperbewegungen durch den Piloten. «Nach vielfachen Brüchen und Reparaturen», schrieb OCTAVE CHANUTE, «trennten wir uns schließlich von ihm, zu diesem Zeitpunkt noch nicht daran denkend, daß innerhalb von nur sechs Wochen der beklagenswerte Unfall von LILIENTHAL unserer Entscheidung recht geben sollte.» [18, S. 5]

104   HERRING in seinem LILIENTHAL-Eindecker (Nachbau).

Eigenartigerweise ist diese Kritik CANUTES in der Luftfahrtliteratur nie einer Analyse unterzogen worden. Obwohl die Feststellungen unzweifelhaft erlebten Erfahrungen entsprachen, unterlag CHANUTE offensichtlich einem Irrtum. Die Kritik traf uneingeschränkt für den HERRINGschen Nachbau zu. HERRING hatte jedoch wesentliche Veränderungen vorgenommen, so daß der Nachbau nur noch wenig mit den LILIENTHAL-Gleitern zu tun hatte.

Erstens besaß die Tragfläche eine stärkere Profilwölbung als das Original. Diese bewirkt jedoch eine stärkere Druckmittelpunktwanderung und eine niedrige Längsstabilität (Stabilität um die Querachse), wodurch die von CHANUTE beschriebenen ständigen und starken Korrekturbewegungen des Piloten auf den Längsträgern, in denen er hing, notwendig wurden. Bereits LILIENTHAL hatte derartige Erfahrungen sammeln müssen und sie entsprechend beschrieben. Die notwendigen großen Verlagerungen des Körpers (bis zu 125 mm) konnten im HERRING-Gleiter – der Pilot hing in den Achseln – durch Vor- und Zurückrutschen vorgenommen werden, während sie im Original-LILIENTHAL-Gleiter wegen des festen Armstützes in dieser Größenordnung gar nicht möglich waren!

Zweitens besaß der HERRINGsche Nachbau eine wesentlich stärkere V-Form der Tragflächen. Diese führt insbesondere bei Wind zu erheblichen Schwankungen um die Längsachse, was PILCHER etwa zur gleichen Zeit bei seiner *Fledermaus* erleben mußte. Bereits diese mit Sicherheit erkennbaren Besonderheiten des HERRINGschen Nachbaus reichen aus, um das beschriebene Flugverhalten zu erklären.

Es kommt noch eine dritte Ursache hinzu. Der Abstand Fläche – Höhenleitwerk dürfte wie bei den ersten LILIENTHAL-Typen sehr klein gewesen sein, so daß dieser Umstand die Flugstabilität weiter vermindern mußte. Wenn man diese Besonderheiten berücksichtigt, ist es erstaunlich, daß mit dem HERRINGschen Nachbau überhaupt geflogen werden konnte. Es spricht für den Mut und die Geschicklichkeit der Piloten, trotz dieser Mängel etwa 100 Flüge gewagt zu haben.

Die beschriebenen negativen Erfahrungen hatten die sehr positive Auswirkung, daß sich die Beteiligten verstärkt um eine hohe Flugstabilität bemühten und auch erreichten. Man erprobte zunächst einen variabel gestalteten Mehrdecker. Die erste Anordnung war ein Fünfdecker. Je fünf Paar der Flügel bildeten, übereinander angeordnet, das Tragwerk; ein Paar diente als Höhenleitwerk. 200 Gleitflüge mit einer Gleitzahl von etwa 1:4 wurden ohne Unfall absolviert, die größte Flugweite lag bei 25 m. Die Maschine war bis zu Windgeschwindigkeiten von 12 m/s gut zu beherrschen, die notwendige Körperverlagerung des Piloten betrug maximal 50 mm.

Aus dem Fünfdecker wurde ein Vierdecker; genauer gesagt ein Viereinhalbdecker, da sich über der Mitte des vierten Tragflächenpaares noch eine zusätzliche kleine Fläche befand. Er war ebenfalls mit

sich jedoch nicht. Dennoch war dieser Gleiter leichter zu fliegen, benötigte nur noch Körperverlagerungen bis zu 25 mm und besaß einen flacheren Gleitwinkel. Die Flugdauer lag durchschnittlich bei sieben bis acht Sekunden, weshalb ein vorgesehener netzartiger Sitz für den Piloten und ein Fußgestänge zur Veränderung der Lage der Flächen nicht zur Anwendung kommen konnten.

Die Anzahl der Tragflächen wurde weiter reduziert. In starker Anlehnung an den HARGRAVESCHEN Kastendrachen ließ CHANUTE einen vereinfachten Gleitertyp bauen, durch den er berühmt werden sollte. Die erste Ausführung war noch ein

105 CHANUTE-Viereinhalbdecker (1896).

einem Höhenleitwerk ausgerüstet. CHANUTE hatte weiterhin eine Vorrichtung zur automatischen Erhaltung der Längsstabilität eingebaut. Die Tragflächen waren in der horizontalen Ebene, nach vorn und hinten verschiebbar und wurden durch Spiralfedern in der Normallage gehalten; Veränderungen der Windgeschwindigkeit bzw. Fluggeschwindigkeit und des Anstellwinkels sollten eine entsprechende, automatische Verschiebung der Tragflächen und damit der Fluglage bewirken. Dieser Mechanismus bewährte

Dreidecker, doch bald verzichtete man auf die dritte Fläche, so daß der hervorragende CHANUTE-Doppeldecker entstand, der zu den klassischen Flugzeugkonstruktionen gezählt werden muß.

Das Kastendrachenprinzip von HARGRAVE regte direkt dazu an, technische und statische Erkenntnisse des Brückenbaus – CHANUTE war ein anerkannter Fachmann auf diesem Gebiet – bewußt anzuwenden. So entstand eine Gleiterkonstruktion in Fachwerkbauweise, bei der man sich konstruktiv vom Vorbild des

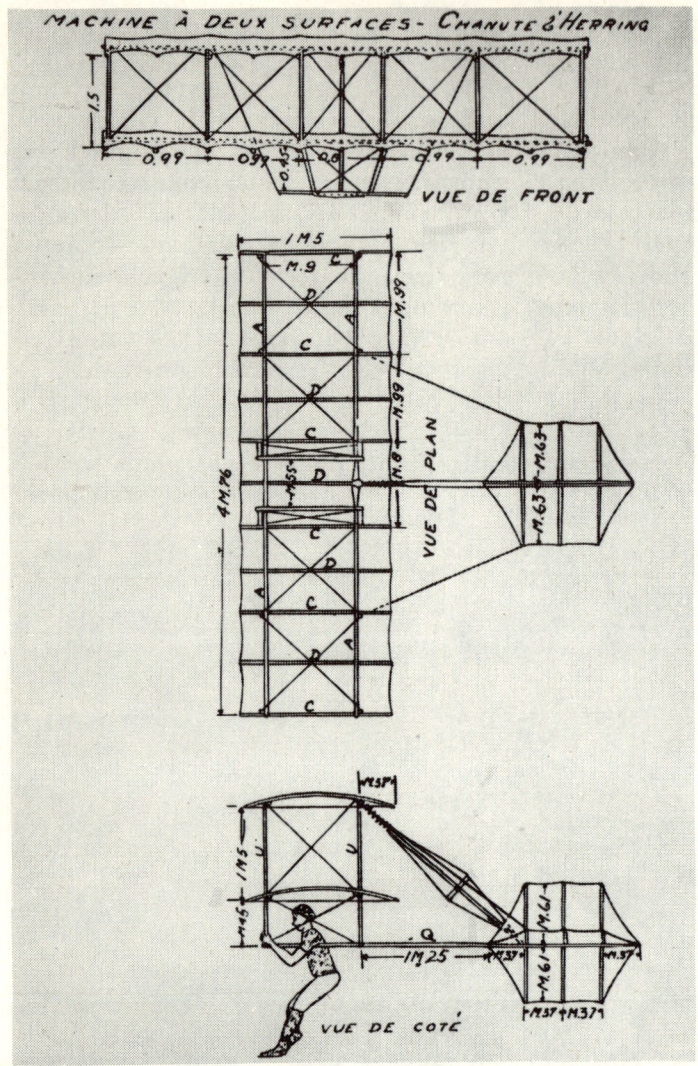

106   Chanute-Doppeldecker
(1896). Bei dem vorhergehenden Dreideckertyp befand sich
die dritte Tragfläche in gleichem
Abstand und gleicher Größe
über der oberen.

Vogels entfernte und technische Erforder-
nisse des Materials und seiner Verarbei-
tung berücksichtigen konnte, was für
weitere Fortschritte von großer Bedeutung war.

Mit dem veränderten Mehrdecker und
dem neugebauten Doppeldecker war man
im August 1896 wieder in das Fluglager
zurückgekehrt und flog erneut fünf Wochen lang mit sehr guten Ergebnissen. Die
Tabelle 1 mit den Ergebnissen von vier
Flügen, die sämtlich bei einer Windgeschwindigkeit von 13,8 m/s absolviert
wurden, zeigt eindrucksvolle Werte.

**Tabelle 1:   Flüge auf Chanute-Doppel-
deckern im Jahre 1896**

Flug-strecke m	Zeit s	Gleit-winkel	Höhen-verlust m	Gleitzahl
60,6	8,0	10°	10,5	1:5,75
71,3	8,7	7° 30'	9,3	1:7,67
78,0	10,2	8°	10,9	1:7,18
109,5	14,0	10°	18,9	1:5,75

107 CHANUTE-Doppeldecker kurz nach dem Start im Dune-Park (1896).

108 CHANUTE-Doppeldecker (1896).

109 Der CHANUTE-Doppeldecker (1896) erwies sich in vielen Flügen als flugstabil und steuerfähig.

Im Jahre 1897 hatte HERRING eine zweite Ausführung des Doppeldeckers fertiggestellt, so daß wieder ein Fliegerlager an den Dünen des Michigan-Sees durchgeführt werden konnte. Die Ergebnisse des Vorjahres wurden vollauf bestätigt und übertroffen. Der Doppeldecker war leicht und sicher zu fliegen, lag stabil in der Luft, bewährte sich bei Windgeschwindigkeiten bis zu 14 m/s, die Fluggeschwindigkeit lag bei 10 m/s (36 km/h), der Apparat war mit kleinen Körperverlagerungen in Längsrichtung in seiner horizontalen Lage zu dirigieren (maximal 20 mm), Richtungsänderungen bis zu 90° waren möglich, der Gleitwinkel war noch flacher geworden. Nach zwei bis drei schnellen Anlaufschritten, niemals jedoch mehr als vier, schwebte der Apparat in der Luft, und der Landestoß war nicht stärker als bei einem Absprung aus 0,5 m Höhe.

Alle Flüge verliefen unfallfrei! Es ist sicher, daß dieser Gleiter noch flugstabiler als die LILIENTHAL-Typen war.

Über die gutmütigen Flugeigenschaften schrieb CHANUTE folgende bemerkenswerte Zeilen: «Gleitflüge wurden nicht unternommen bei sehr böigem Wind und bei Windgeschwindigkeiten über 50 km/h, und anfangs war es nur den Herren HERRING und AVERY, meinen Assistenten erlaubt, zu experimentieren. Später, als wir mehr Vertrauen gewonnen hatten, wurde Besuchern erlaubt, kurze Gleitflüge unter Anleitung unserer Experten zu unternehmen. Alle verliefen gut, und selbst unser Koch wurde in kurzer Zeit fast ein Fachmann. Es muß jedoch im

Auge behalten werden, daß dieser Sport gefährlich ist und das alle, die sich mit ihm beschäftigen wollen, jede nur mögliche Vorsichtsmaßnahme treffen müssen, bevor sie das Wagnis unternehmen.» [83, S. 664]

Die emotionalen Eindrücke beim Gleitflug schilderte CHANUTE mit den Worten: «Es gibt kein angenehmeres Gefühl als das Gleiten durch die Luft. Alle Sinne sind angespannt, und die Bewegung ist erstaunlich sanft und elastisch. Das Flugzeug reagiert sofort auf die geringsten Bewegungen des Piloten; die Luft rauscht an den Ohren vorbei; die Bäume und Büsche fliegen unter einem hinweg, und die Landung kommt viel zu schnell. Schlittschuhlaufen, Schlittern und Radfahren können auch nicht einen Moment mit dem Gleiten durch die Luft verglichen werden, bei welchem vielleicht noch ein besonderer Reiz durch die Würze der Gefahr hinzukommt.» [21, S. 170]

HERRING hatte nach eigenen Ideen einen «automatischen Stabilisator» in den Doppeldecker eingebaut, der im wesentlichen aus einer Gummifederung bestand, die wie eine Strebe zwischen der oberen Tragfläche und dem Höhenleitwerk befestigt war. Es ist anzunehmen, daß die Wirksamkeit dieser Vorrichtung gleich Null war und die gute Eigenstabilität dieses Doppeldeckers bereits von seiner Grundkonzeption herrührte.

Zu den genannten Vorzügen der CHANUTE-Gleiter kamen noch die einfachen Baumaterialien hinzu. Die Flugzeugzelle bestand aus amerikanischen Tannenholz (spruce); Baumwollbatist oder Japanseide bildete die nur oberseitige Bespannung, die mit Pyroxelenelack (einem Nitrocelluloseprodukt auf der Basis von Schießbaumwolle, mit Spannlack vergleichbar) gestrafft und imprägniert wurde. Zum Verspannen der Flugzeugzelle benutzte man Klaviersaitendraht. Bindfaden und Stahlblech dienten zur Herstellung von Verbindungen und Laschen.

110   Drachenprobe mit dem CHANUTE-Dreidecker (1902).

CHANUTE und die Angehörigen seiner flugtechnischen Interessengemeinschaft besaßen nach dem Jahre 1897 sehr gute Voraussetzungen für entscheidende Fortschritte in Richtung Segelflug oder Motorflug. Leider stellte CHANUTE Ende 1897 die praktischen Versuche ein, arbeitete vorwiegend theoretisch am Flugproblem weiter und wurde erst durch die Gleitflugversuche der Brüder WRIGHT wieder angeregt, noch einmal einen Dreidecker zu bauen und ihn in Kitty Hawk durch HERRING am 10. Oktober 1902 am Little Hill erproben zu lassen.

AVERY experimentierte auf den eingefahrenen Gleisen ohne größere Erfolge weiter und vollführte im Jahre 1904 in St. Louis den ersten Start mit Hilfe einer Elektrowinde.

Wie nahe CHANUTE der Verwirklichung des Segelfluges im Hangaufwind gewesen war, erkennt man an seinen Ausführungen aus dem Jahre 1897, in denen erstmals die Technik des Hangsegelfluges einwandfrei beschrieben worden ist. Die Sinkgeschwindigkeit seiner Doppeldecker wäre – im Gegensatz zu CHANUTES Meinung – an guten Segelhängen durchaus zum Hangsegeln klein genug gewesen. «Wir vollendeten mit keiner der Maschinen einen Segelflug. Die Windschwankungen waren insgesamt zu unregelmäßig, um genützt zu werden; einem Windstoß, der die Maschine emporhob, folgte unmittelbar eine Flaute, die sie erneut niedergehen ließ. Wenn wir einen langen, geraden Bergrücken gehabt hätten, frei von Bäumen auf seiner Höhe, und einen geeigneten Wind, der im rechten Winkel auf ihn blies, so hätten wir versucht, horizontal in der Höhe des Bergrückens entlang zu segeln, quer zum aufsteigenden Luftstrom. Dieses Manöver wird von den Segelvögeln häufig und leicht über Waldrändern ausgeführt. Sie reiten auf der Oberfläche der aufsteigenden Luftwelle und zerlegen ihren Aufwärtstrend sowohl in Vortrieb als auch in Auftrieb. Diese Tatsache sollte vom Menschen nachvollziehbar sein und müßte, nach meiner Einschätzung, ausgeführt werden, bevor der Kreisflug versucht wird. Sie erfordert die Beherrschung der Gleichgewichtserhaltung, und außerdem müßte der Gleitwinkel kleiner sein als bei unseren Maschinen …» [100, S. 75]

CHANUTE fühlte sich auch nach den eigenen erzielten Fortschritten eng mit OTTO LILIENTHAL verbunden. In einem Vortrag vor den Mitgliedern des Aeroklubs von Frankreich sagte er am 2. April 1903: «Ich habe kein anderes Verdienst, als die Erfahrungen LILIENTHALS dort wieder aufgenommen zu haben, wo der Tod ihnen ein Ende bereitet hatte.» [84, S. 995]

Das historische Verdienst CHANUTES bestand in einer Weiterentwicklung der Gleitflugtechnik, in einer wissenschaftlichen Durchdringung und öffentlichen Darlegung des erreichten Standes und in der Anregung der Brüder WRIGHT, die 1903 den Motorflug verwirklichten und 1911 den ersten längeren Segelflug im Hangaufwind unternahmen.

CHANUTE stand mit den WRIGHTS jahrelang in freundschaftlicher Verbindung, Hunderte von Briefen wurden zwischen Chicago und Dayton gewechselt, er war ihr wichtigster Partner im Erfahrungsaustausch; aber CHANUTE war nicht ihr direkter Lehrer in flugtechnischen Fragen. In allen wichtigen Einzelheiten beschritten die Brüder WRIGHT eigene, schöpferische Wege.

Der Anteil CHANUTES am Erfolg der Brüder WRIGHT ist Gegenstand unnötiger Auseinandersetzungen, von Außenstehenden entfacht, gewesen, und als die Brüder die vorgenannten Tatsachen ausdrückten, wurde ihnen dies als «Undankbarkeit» angelastet. Die Entfremdung zwischen den ehemaligen Freunden entstand auch durch Meinungsverschiedenheiten in Sachfragen. CHANUTE kritisierte die Patentpolitik der WRIGHTS, die nach seiner Meinung zu endlosen Prozessen führen mußte, was alle Beteiligte nur von weiterer schöpferischer Arbeit abhalten konnte und bemängelte damit die Art und Weise, in der die WRIGHTS materiellen Nutzen aus ihren Erfindungen zu ziehen gedachten. Dennoch kann man die Ausführungen WILBUR WRIGHTS über ihre flugtechnischen Beziehungen zu CHANUTE als zutreffend betrachten.

«Mit Ausnahme der Tatsache seines sympathischen Interesses sind wir ihm weniger verpflichtet, als wir es LILIENTHAL sind. Natürlich verdanken wir jedem der Experimentatoren etwas, dessen Schriften wir gelesen haben. Wir luden CHANUTE in jedem Jahr ein, unser Fluglager zu besuchen, um nicht ohne glaubwürdigen Zeugen unserer Leistungen zu sein. Seine genaue Vertrautheit mit unserem Fortschritt und der Umstand, daß die meisten der Informationen, die unsere Arbeit betrafen, über ihn in die Öffentlichkeit gelangten, führten zu dem falschen Eindruck, daß wir unter seiner Leitung und mit seiner finanziellen Unterstützung arbeiteten.» [84, S. 973]

Nach dem Tode CHANUTES würdigte WILBUR WRIGHT im Jahre 1911 die Ver-

111   WILBUR WRIGHT (1867–1912).

112   ORVILLE WRIGHT (1871–1948).

dienste des großen Flugtechnikers. Er meinte, daß ohne CHANUTE die Fluggeschichte anders, und zwar langsamer verlaufen wäre und schrieb in seinem Nachruf zur Persönlichkeit CHANUTES: «An Geduld und Herzensgüte konnte er kaum übertroffen werden. Nur wenige Menschen sind so allgemein geachtet und geliebt worden wie er!» [84, S. 1015]

Brüder WRIGHT

Wie auch andere Flugpioniere waren die Brüder WILBUR (1867–1912) und ORVILLE (1871–1948) WRIGHT in ihrer Jugend durch den Bau von Flugdrachen für den Luftfahrtgedanken interessiert worden; doch bis zum Jahre 1896 ruhte dann dieses Interesse und wurde erst durch die Nachrichten über den tödlichen Absturz OTTO LILIENTHALS zu neuem Leben erweckt. Der Großvater mütterlicherseits der Brüder, JOHANN (JOHN) G. KÖRNER, stammte aus einem Dorf in der Nähe von Schleiz und war in jungen Jahren nach Virginia (USA) ausgewandert.

Die Brüder nahmen Verbindungen mit OCTAVE CHANUTE auf und studierten die ihnen empfohlene einschlägige Literatur. LILIENTHALS und MOUILLARDS Überzeugung von der Möglichkeit des Menschenfluges verwandelte ihre Neugier in den Eifer von Schaffenden. Mehrfach setzte sich WILBUR WRIGHT für eine Herausgabe der flugtechnischen Veröffentlichungen LILIENTHALS in englischer Sprache ein; einerseits der wichtigen Erkenntnisse wegen, andererseits um den Flugpionier zu würdigen, der unter dem Einsatz seines Lebens die Sache des Menschenfluges wesentlich vorangebracht hatte. LILIENTHAL war für sie der erste, der das Hauptproblem jeder Fliegerei, Gleichgewicht und Steuerung, praktisch zu lösen versuchte. Er begann dort, wo die anderen aufgehört hatten: «LILIENTHAL dachte nicht nur, sondern handelte; und indem er flog, leistete er wahrscheinlich den größten Beitrag zur Lösung des Flugproblems, der jemals von einem einzelnen geleistet wurde. Er demonstrierte die Ausführbarkeit einer tatsächlichen Praxis in der Luft, ohne die ein Erfolg unmöglich ist …» [83, S. 100]

Obwohl die Brüder WRIGHT von Anfang an den Motorflug als Endziel anstrebten – das im Bau von Verbrennungsmotoren inzwischen erreichte Niveau erlaubte diese Zielsetzung – erkannten sie, daß die vollkommene Beherrschung des Gleitfluges eine unabdingbare Voraussetzung war und schlugen deshalb vorbehaltlos den von LILIENTHAL vertretenen Weg ein.

Ihr Herangehen an alle Probleme der Flugtechnik war kritisch und schöpferisch. Sie werteten die Fortschritte ihrer Vorgänger aus und kamen, von diesen Erfahrungen und eigenen grundsätzlichen, richtigen theoretischen Überlegungen ausgehend, auf kürzestem Wege zum Ziel. Ihr Hauptanliegen galt zunächst der Entwicklung einer perfekten, mit aerodynamischen Mitteln bewirkten Steuerung. Eine Steuerung durch Verlagerung des Körpers des Piloten hielten sie von Anfang an für unvollkommen. Bewegliche Seiten- und Höhenruder waren aus älteren Motorflugzeugpatenten bekannt, doch eine Quersteuerung war in keinem dieser Entwürfe aufgenommen worden. Das Patent von BOULTON (1868), das eine Querruderwirkung und deren Bedeutung für Luftfahrzeuge beschreibt, war weitgehend unbekannt geblieben.

Den ersten überzeugenden Beweis ihrer genauen Naturbeobachtung und ihres Schöpfertums lieferten sie mit ihrer Entdeckung der Verwindung, der Quersteuerung, bei den Vögeln. In einem Brief an CHANUTE vom 13. Mai 1900 wies Wilbur darauf hin, daß die Vögel viel wirksamere Steuermethoden als die der Verlagerung des Körpers anwenden: «Meine Beobachtung des Fluges von Bussarden läßt mich glauben, daß sie die Querstabilität wiedergewinnen, wenn sie von einem Windstoß aus dem Gleichgewicht gebracht worden sind, indem sie die Enden ihrer Flügel verdrehen. Wenn das hintere Ende des rechten Flügels nach oben und das des linken nach unten verdreht wird, bildet der Vogel eine lebendige Windmühle und beginnt augenblicklich um eine Achse vom Kopfe zum Schwanze zu drehen ... Ich glaube auch, daß der Vogel im allgemeinen die Querstabilität zu erhalten vermag, wenn er seine beiden Flügel unter einem unterschiedlichen Anstellwinkel dem Wind darbietet und

teilweise auch, in dem er einen Flügel einzieht und so seine Fläche verringert. Ich bin jedoch in der Auffassung bestärkt worden, daß die zuerst genannte Methode die bedeutendste und übliche ist.» [83, S. 18]

Es lag auf der Hand, daß die beschriebene Methode, eine Quersteuerung durch Verdrehen der äußeren Tragflügelhinterkanten zu bewirken, relativ einfach zu verwirklichen war. Man brauchte bei starren Tragflächen nur die äußere Hinterkante elastisch zu gestalten und konnte sie mit Hilfe eines Seilzuges entgegengesetzt verwinden. Dies war die von den Brüdern WRIGHT bevorzugte Lösung und ihre erste, entscheidende flugtechnische Erfindung. Man konnte aber auch, wie es Jahre später geschah, an den Enden der Tragfläche bewegliche Klappen, Querruder, anbringen. Bei den WRIGHT-Gleitern ab Typ Nr. 3 wurde die Verwindung durch eine sogenannte Wiege, in der der Pilot lag und die seitlich verschoben werden konnte, betätigt. Sie steuerten ihre Flugzeuge mittels Seitenruder, Höhenruder und Verwindung.

Die Vorzüge einer Flugzeugsteuerung mit aerodynamischen Mitteln waren von den Brüdern mehrfach betont und dargestellt worden. Die Steuerung durch Ruder wird mit zunehmender Wind- und Fluggeschwindigkeit immer wirksamer; und zwar, wie es die Brüder richtig erkannten, mit dem Quadrat der Fluggeschwindigkeit. Mit genügend großen und wirksamen Steuerflächen kann man daher auch bei den stärksten und böigsten Winden fliegen, während es sich bei einer Steuerung durch Körperverlagerung genau umgekehrt verhält und man sich nur bis zu mittleren Windgeschwindigkeiten in die Luft wagen kann.

Die zweite Neuerung, welche die Brüder in die Flugtechnik einführten, war das Entensystem, bei dem das Höhenleitwerk vor dem Tragflügel angebracht wird. Bisher war bei Projekten und gebauten Flugzeugen dem natürlichen Vorbild folgend

113   Der Wright-Gleiter von 1900 wird als Drachen erprobt.

das Höhenleitwerk hinter der Tragfläche angebracht worden. Nur Pénaud hatte ein Motorflugmodell in Entenanordnung gebaut. Neben Vorteilen in der Flugstabilität und Flugmechanik erleichtert die Entenanordnung das Erlernen des Fliegens wesentlich, weil das Höhenleitwerk zwischen dem Auge des Piloten und dem Horizont wie ein Visier wirkt. Bewegungen des Flugzeugs um die Querachse können dadurch leichter und schneller erkannt werden; zum anderen bietet das vorn liegende Höhenleitwerk dem Piloten bei unsanften Landungen und Stürzen Schutz. Auch die hohe Flugstabilität der Entenanordnung, ihr gutmütiges Überziehverhalten, waren ein weiterer Schlüssel zum Erfolg. Bei den Flugversuchen schoß sie einmal fast senkrecht in die Höhe, und ein senkrechter Absturz wie bei Lilienthal war zu erwarten. Doch die Stabilitätseigenschaften der «Ente» retteten den Piloten vor dem Verhängnis, was die Brüder zur intensiven Fortsetzung der Versuche ermutigte.

Eine dritte Neuerung war die liegende Position des Piloten, um auf diese Weise den Luftwiderstand des Apparates zu verringern. Das Vorhandensein einer wirksamen Steuerung ermöglichte es, den Piloten ohne größere Gefährdung so unterzubringen.

Die Absicht, aus ihren flugtechnischen Arbeiten materiellen Gewinn zu erzielen, besaßen die Brüder zu diesem Zeitpunkt noch nicht. Ihr Beruf als selbstständige Fahrradmechaniker kam ihren fliegerischen Plänen sehr entgegen. Diese Tätigkeit gab ihnen sowohl die erforderliche handwerkliche und mechanische Fähigkeit und Fertigkeit wie auch die notwendige Freizügigkeit und die materiellen Mittel zur Beschäftigung mit dem zeitraubenden Gleitflugsport.

Als Fluggelände hatten sie sich die einsame Dünenlandschaft von Kitty Hawk (North Carolina) an der Atlantikküste, etwa 1 000 km von ihrer Heimatstadt Dayton (Ohio) entfernt, ausgesucht. Durch das Studium von meteorologischen Berichten waren sie auf diese Gegend mit häufigen und beständigen Winden aufmerksam geworden. Weiterhin waren Sanddünen zum Erlernen des Fliegens sehr gut geeignet, weil der Sand das Verletzungsrisiko minderte. Die Einsamkeit des Geländes schützte sie vor ungebetenen Gästen und Zuschauern. Das Hügelgelände trug den bezeichnenden Namen Kill Devil Hill (Schlag-den-Teufel-tot-Hügel). Es besteht aus dem Big Hill (etwa 30 m hoch), dem Little Hill (etwa 9 m hoch) und dem West Hill, der etwa 18 m hoch ist. Die Hügel liegen auf

114 Der WRIGHT-Gleiter von 1901 mir WILBUR WRIGHT am Boden.

115 Der WRIGHT-Gleiter von 1901 mit WILBUR WRIGHT in der Luft (Flugrichtung von rechts nach links).

einer Nehrung, die den Albemarle-Sund vom Atlantischen Ozean trennt, etwa 6,5 km südlich der Ortschaft Kitty Hawk.

Im September 1900 begannen sie ihren ersten, etwa 16 m^2 großen Doppeldeckergleiter in Kitty Hawk zunächst als Drachen, dann als Gleitflugzeug zu erproben, wobei ein Gleitverhältnis von etwa 6, Flugzeiten um zehn Sekunden erreicht und in etwa einem Meter Höhe geflogen wurde. Diese Ergebnisse entsprachen zwar nicht den Erwartungen, dennoch waren die Brüder in keiner Weise entmutigt.

Während des Winters bauten sie ein zweites Gleitflugzeug. Die Grundkonzeption blieb unverändert, Spannweite und Tragflächeninhalt wurden vergrößert. CHANUTE besuchte die Brüder während ihres Aufenthaltes in Kitty Hawk im Sommer 1901. Wieder erprobten sie das Flugzeug zunächst als Drachen, danach starteten sie zu Gleitflügen. Als ungünstig erwies sich bei diesem Typ die noch zu starke Profilwölbung, die den Auftrieb verminderte. Die Steuerbarkeit des Flugzeugs war jedoch hervorragend und es gelangen auf Anhieb freie Flüge. Der Gleiter wurde im sogenannten Tragestart gestartet. Zwei Helfer ergriffen das Flugzeug links und rechts am Randbogen der unteren Tragfläche, der Pilot lief zunächst mit den Helfern mit und schwang sich, wenn er spürte, daß der Auftrieb zunahm, in das Flugzeug. Fühlte er, daß das Flugzeug von der Luft getragen wurde, gab er das Kommando zum Loslassen («Let go!»). Bald waren die Brüder, die im Wechsel flogen, in der Lage, Gleitflüge bis zu 100 m Länge bei Windstärken bis zu 10 m/s (36 km/h) auszuführen. Das Seiten- und Höhenruder wurde mittels je eines Handhebels, die Verwindung mit

116 Der Wright-Gleiter von 1901 im aufgerichteten Zustand.

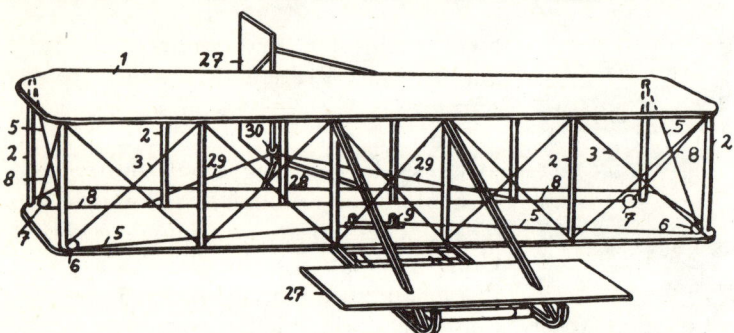

117 Das Prinzip der Verwindung (Querruderwirkung) der Brüder Wright nach der Patentschrift von 1904.

118 Von den Brüdern Wright im eigenen Windkanal untersuchte Profile und Flügelformen.

Hilfe der seitlich verschiebbaren «Wiege», in der der Pilot lag, betätigt.

Sie erkannten bei ihren Flügen des Jahres 1901 die hebende Wirkung des Hangaufwindes an der gemessenen verringerten Sinkgeschwindigkeit ihres Gleiters und stellten sogar fest, daß sie Höhe gewannen und es nur von der Geschicklichkeit des Piloten abhing – die schmale Aufwindzone durfte nicht verlassen werden –, wie lange die Flüge dauerten. Wilbur Wright stellte dazu optimistisch fest: «Wenn jedoch der Gleiterpilot eine größere Geschicklichkeit erlangt hat, kann er sich mit gewisser Sicherheit bei einem Flug Stunden in der Luft halten und durch ständige Übung sein Wissen und seine Fähigkeiten so entfalten, daß er sich höher in die Luft erheben und die Aufwinde suchen kann, die die segelnden Vögel befähigen, sich selbst zu jedem

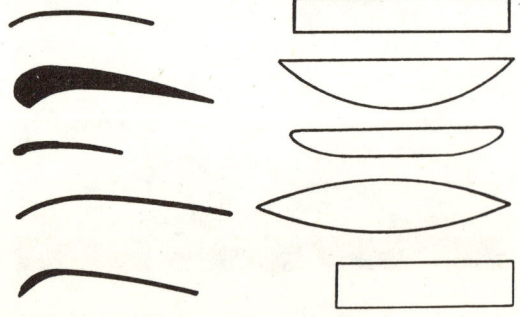

beliebigen Punkt zu befördern, indem sie sich erst kreisend erheben und dann auf absteigender Linie davonfliegen.» [83, S. 116 f]

Während der Gleitflüge des Jahres 1901 sammelten sie weitere wichtige Erfahrungen. Das von ihnen zeitweilig starr und unbeweglich befestigte Seitenleitwerk wirkte sich im Falle einer schrägen Anblasung bei eingetretener Schräglage eher destabilisierend aus, so daß sie das Seitenruder wieder beweglich gestalteten. Sie entdeckten in diesem Zusammenhang auch als erste in der Geschichte des Flugwesens das negative Wendemoment. Versuchten sie z. B. eine Linkskurve ausschließlich unter Verwendung des Querruders ohne Seitenruder zu fliegen, so trat folgender Effekt ein: Die rechte Flügelhinterkante wurde nach unten, die linke nach oben verwunden, das Flugzeug nahm die gewünschte und notwendige Schräglage für die Linkskurve ein, drehte dann mit links hängender Fläche jedoch nach rechts, d. h., genau in die entgegengesetzte Richtung, die man einschlagen wollte. Die Erklärung für diesen nicht ungefährlichen, schiebenden Flugzustand fiel den Brüdern leicht. Die nach unten ausgeschlagene Flügelhinterkante erhöht den Widerstand dieser Flächenhälfte so stark, daß sie zurückgehalten wird und das Flugzeug folglich nach rechts dreht. Nur mit Hilfe gleichsinniger und gleichzeitiger Ausschläge von Seiten- und Querruder konnten die Brüder Kurven ohne das Auftreten eines negativen Wendemoments fliegen. Das Seitenruder gibt dem Flugzeug die notwendige Dre-

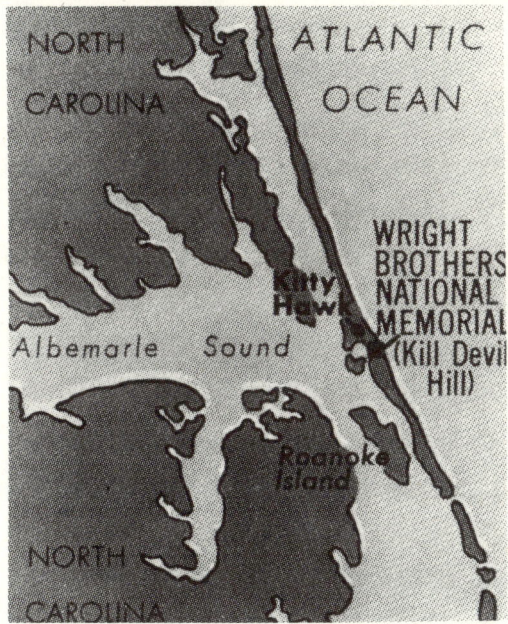

119 Lageplan des Fluggeländes von Kitty Hawk.

120 Der Hangar der Brüder WRIGHT in Kitty Hawk im Jahre 1902 (links OCTAVE CHANUTE, rechts WILBUR WRIGHT).

121   Tragestart des WRIGHT-
Gleiters von 1902 (10. Oktober
1902; links W. WRIGHT,
O. WRIGHT im Gleiter, rechts
DAN TATE).

122   WILBUR WRIGHT fliegt den
Gleiter von 1902.

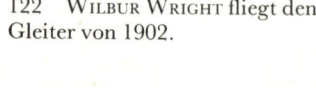

123   Der WRIGHT-Gleiter von
1902 im Fluge von hinten gesehen (WILBUR WRIGHT am
10. Oktober 1902, Start am
mittleren Hügel Nr. 2, westlich
des Hangars).

124   WILBUR WRIGHT fliegt am 24. Oktober 1902 eine Rechtskurve (im Hintergrund ist der Big-Hill, davor der mittlere Hügel Nr. 2 sichtbar).

hung um die Hochachse, während das Querruder für die Schräglage, die richtige Neigung um die Längsachse sorgt.

Ihre Absicht, in der Ebene mit Hilfe des Drachenstarts Gleitflüge auszuführen, konnte nicht realisiert werden, da der bei den gegebenen Windstärken tatsächlich erzielte Auftrieb wesentlich unter den erwarteten Werten lag. Nach dieser kraft- und zeitsparenden Startmethode sollte der bemannte Gleiter, bei starkem Wind an einem Seil gefesselt, wie ein Drachen aufsteigen. Nach Erreichen der gewünschten Flughöhe sollte der Pilot das Seil auskuppeln und einen Gleitflug vollführen, wie es schon D'ESTERNO vorgeschlagen hatte.

Das Jahr 1902 brachte dann die erfolgreichste Gleitflugperiode der Brüder. Während des Winters 1901/02 werteten sie die Flugerfahrungen der letzten Saison gründlich aus, bauten sich einen kleinen Windkanal mit Gasmotorantrieb und untersuchten über 200 Profile und zahlreiche Flügelformen. Auftrieb und Widerstand wurden mit einer Zweikomponentenwaage gemessen. Die besten Werte

erhielten sie mit leicht gewölbten, rundnasigen Profilen und Flügeln großer Streckung.

Mit dem Gleiter Nr. 3, einer vergrößerten und verbesserten Ausführung des Gleiters Nr. 2, robust gebaut und für harten Dauerbetrieb ausgelegt, gingen sie im Spätsommer des Jahres 1902 wieder nach Kitty Hawk. Für ihr Vorhaben stellte der Gleiter Nr. 3 eine effektive Lösung dar. Sie wollten vor allem die absolut sichere Beherrschung und Steuerung ihres Flugzeugs erreichen, um dann einen vergrößerten Typ mit einem Verbrennungsmotor und Luftschrauben auszurüsten. Eine Realisierung des Segelfluges gehörte zu diesem Zeitpunkt nicht zu ihren Zielen.

Die Gleitflugergebnisse, die die Brüder WRIGHT im September und Oktober 1902 in Kitty Hawk erzielten, lassen sich wie folgt zusammenfassen: Sie erreichten eine Gesamtstartzahl von 700 bis 1 000. Allein in den letzten sechs Tagen konnten sie unter günstigen Bedingungen 375 Starts absolvieren. Der längste Gleitflug führte etwa 190 m weit und dauerte 26 Sekunden, und sie flogen jetzt auch in Flughöhen bis etwa 15 m. Die größten Kurven, die sie geflogen hatten, waren Richtungsänderungen bis zu 90°. Die Brüder hatten erneut Bussarde am Big Hill im

125   ORVILLE WRIGHT am 10. Oktober 1902 kurz vor einer Landung.

126   Rücktransport des Gleiters von 1902.

Hangaufwind segeln sehen und waren davon überzeugt, daß dies mit dem Gleiter Nr. 3 bei entsprechendem Wind auch möglich sein müßte. Die nach ihrer Meinung noch ungenügende Flugerfahrung und ihre strengen Auffassungen zum Problem der Flugsicherheit hielten sie zunächst von derartigen Versuchen ab.

Das Gleitflugzeug des Jahres 1902 war, wie seine Vorgänger, eine Holzkonstruktion. Für die Holme wurden Kiefer und Rottanne verwendet; die Rippen waren aus Esche gefertigt, gedämpft und gebogen. Alle Holzverbindungen waren gelascht und die Knotenpunkte mit leimgetränktem Stoffstreifen umwickelt worden. Die größte Profilwölbung befand sich im ersten Drittel der Profilsehne. Die Bespannung, die aufgenagelt wurde, bestand aus dicht gewebtem Baumwollstoff, der jedoch weder mit Farbe noch mit Spannlack oder Wachs behandelt worden war. Die Verspannung bestand aus Kla-viersaitendraht mit mindestens zehnfacher Sicherheit. Zur Erleichterung der Landung waren kleine Kufen an den Holmen angebracht (siehe Dreiseitenansicht).

Tabelle 2:   Die Gleitflugzeugtypen der Brüder WRIGHT

Flugzeugtyp	Spannweite	Tragflächentiefe	Flügelfläche	Leermasse
	m	m	m²	kg
Gleiter Nr. 1 1900	5,64	1,52	15,6	21,8
Gleiter Nr. 2 1901	6,70	2,13	27,1	45,4
Gleiter Nr. 3 1902	9,75	1,52	28,4	53,0

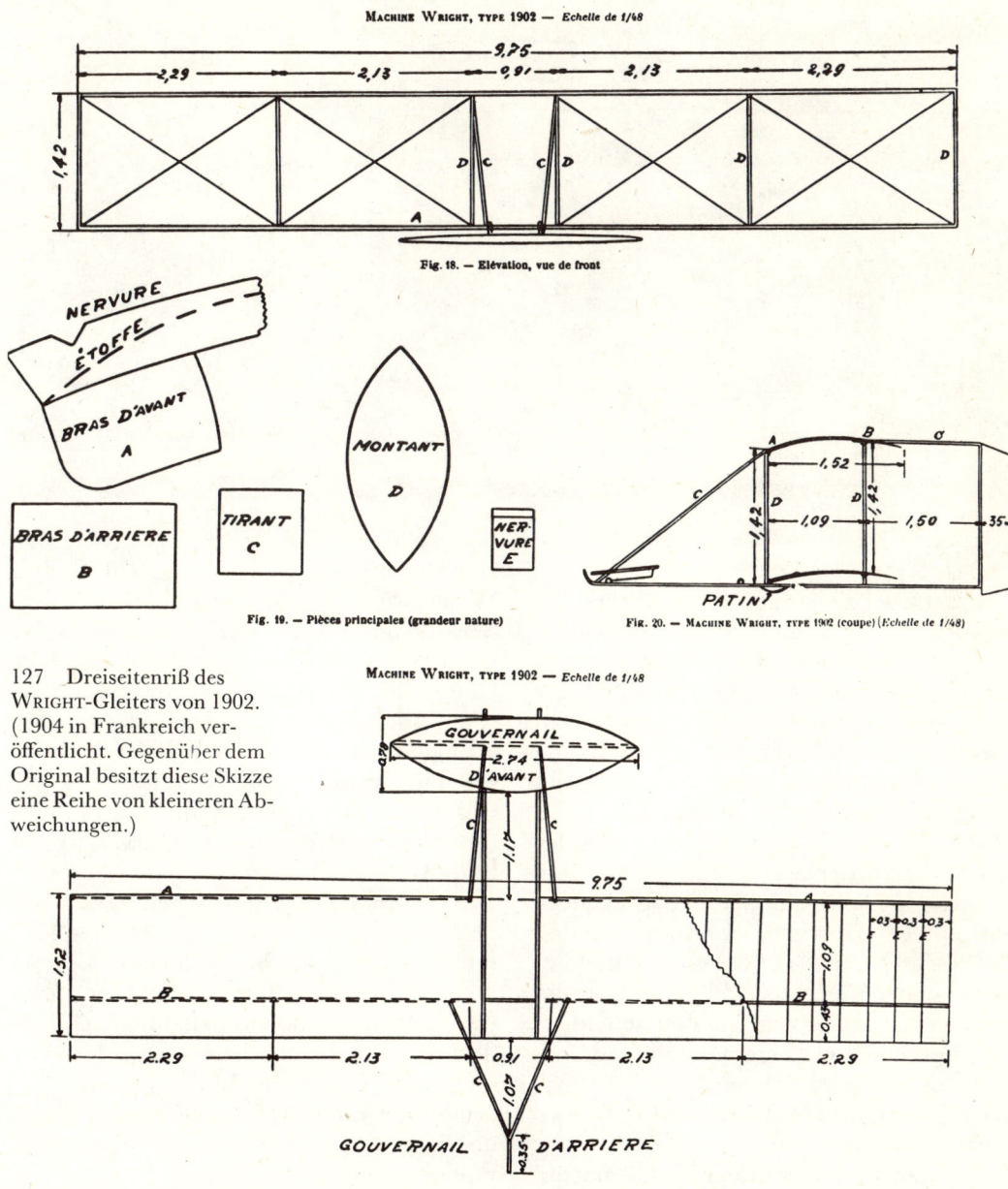

MACHINE WRIGHT, TYPE 1902 — *Echelle de 1/48*

Fig. 18. — Elévation, vue de front

Fig. 19. — Pièces principales (grandeur nature)

Fig. 20. — MACHINE WRIGHT, TYPE 1902 (coupe) (*Echelle de 1/48*)

NERVURE
ÉTOFFE
BRAS D'AVANT
A

BRAS D'ARRIERE
B

TIRANT
C

MONTANT
D

NERVURE
E

PATIN

127 Dreiseitenriß des WRIGHT-Gleiters von 1902. (1904 in Frankreich veröffentlicht. Gegenüber dem Original besitzt diese Skizze eine Reihe von kleineren Abweichungen.)

MACHINE WRIGHT, TYPE 1902 — *Echelle de 1/48*

GOUVERNAIL D'AVANT

GOUVERNAIL D'ARRIERE

Fig 17. — Vue en plan

Auf der Basis ihres Gleiters Nr. 3, ihrer Flugerfahrungen und zahlreicher neuer Studien und Experimente konstruierten und bauten die WRIGHTS während des folgenden Winters ein Motorflugzeug. Zur Vorbereitung der ersten Motorflüge vollführten sie im Oktober 1903 auf dem Gleiter Nr. 3 nochmals mehrere Gleitflüge von teilweise über einer Minute Dauer und bis zu 260 m Flugweite. Diese Ergebnisse waren an den kleinen Hügeln von Kitty Hawk nur durch Segeleffekte möglich. Noch im gleichen Jahr, am 17. Dezember 1903, gelangen den Brüdern WRIGHT die ersten vier Motorflüge in der Geschichte der Menschheit. Mit dieser

128   Das Wright-Motorflugzeug von 1903.

historischen Leistung sind sie in die Geschichte der Luftfahrt eingegangen. Die Brüder Wright hatten zwar weder eine Fach-, noch eine Hochschule oder Universität besucht, ihr Herangehen an die zu lösenden komplizierten Probleme der Flugtechnik ist dennoch als streng wissenschaftlich zu bezeichnen.

Die geniale Leistung der Brüder Wright resultierte aus einem Ensemble von Möglichkeiten und Notwendigkeiten, aus einem günstigen Zusammentreffen von gesellschaftlichen, wissenschaftlichen, technischen und menschlichen Voraussetzungen, wie sie bei allen entscheidenden Fortschritten gegeben sein müssen, und die in diesem Falle aus der Möglichkeit die Wirklichkeit des Motorfluges werden ließen.

Bis zum 17. Dezember 1903 hatten Segel- und Motorflug in vielem eine gemeinsame Vorgeschichte, doch an diesem Tage trennten sich die Wege.

In einer Geschichte des Segelfluges ist es angebracht, die Erkenntnisse der Brüder Wright über den Segelflug mit ihren eigenen Worten wiederzugeben: «Das Segeln der Vögel besteht in einem Abwärtsgleiten in einem aufsteigenden Luftstrom, der eine Steiggeschwindigkeit besitzt, die gleich der Sinkgeschwindigkeit des Vogels ist», [83, S. 320] stellte Wilbur Wright 1903 richtig fest. «Adler, Seeadler, Habichte und Bussarde gaben uns täglich Vorführungen ihrer Möglichkeiten. Die Bussarde waren die zahlreichsten und ausdauerndsten Segler. Sie schlagen offensichtlich nur dann mit den Flügeln, wenn es absolut notwendig ist, während Adler und Habichte gewöhnlich nur dann segelten, wenn sie dazu Muße hatten.

Zwei Methoden des Segelfluges wurden angewendet. Wenn das Wetter kalt und feucht sowie der Wind stark war, konnten wir die Bussarde hin und her segeln sehen. Sie nutzten offensichtlich den Vorteil des Luftstromes aus, der über diesen Hindernissen aufwärts strömt. An solchen Tagen waren sie anscheinend unfähig, außerhalb dieser speziellen Plätze zu segeln.

Aber an warmen klaren Tagen, wenn der Wind nur schwach wehte, konnten sie in großen Kreisen segelnd in der Höhe gesehen werden. Gewöhnlich schien es jedoch notwendig zu sein, eine Höhe von mehreren hundert Fuß mit Hilfe von Flügelschlägen zu erreichen, bevor dieser Stil des Segelns möglich wurde. Häufig fing eine große Zahl von ihnen an einer Stelle an zu kreisen und stieg gemeinsam höher und höher, bis sie schließlich verschwanden, jeder in die Richtung gleitend, in die er zu gehen wünschte. Bei solchen Gelegenheiten waren andere Bussarde, die nicht weit entfernt waren, gezwungen, mit den Flügeln zu schlagen, um sich in der Luft zu halten. Aber wenn sie einen Punkt unterhalb des kreisenden Pulks erreichten, begannen auch sie auf bewegungslosen Flügeln zu steigen. Das scheint darauf hinzuweisen, daß aufsteigende Luftsäulen nicht überall existieren, sondern daß die Vögel sie finden müssen. Sie beobachten sich augenscheinlich gegenseitig und wenn einer einen Aufwind gefunden hat, begeben sich die anderen schnell zu ihm hin ...

Nach meiner Einschätzung steht es außer Frage, daß der Mensch Flügel bauen kann, die genau so wenig Widerstand oder noch weniger Widerstand besitzen als die der Vögel ... Das Segelflugproblem ist wahrscheinlich nicht so sehr das Problem besserer Flügel als das besserer Piloten.» [83, S. 328 ff]

Soweit die Auszüge aus einem Vortrag, der am 24. Juni 1903 in Chicago gehalten wurde. Es war das erste Mal, daß der Hangsegelflug und thermische Segelflug der Vögel so genau beobachtet, wiedergegeben und im Prinzip zutreffend erklärt wurde. Die Anfrage eines Zuhörers, ob die WRIGHTS glaubten, daß ein Segelflug in einem ausschließlich horizontal wehenden Wind möglich sei, wurde klar verneint. Sie machten den Segelflug von einer Aufwärtskomponente der Luftbewegung abhängig.

Nachdem die Brüder WRIGHT den Motorflug im Jahre 1903 verwirklicht hatten, widmeten sie ihre Kraft ausschließlich seiner Weiterentwicklung, doch kehrten sie im Jahre 1911 noch einmal zum Problem des Segelfluges zurück. Der Initiator dieser Versuche war Orville. Im August des Jahres 1911 bauten sie in den WRIGHT-Werkstätten in Dayton ein neues Gleitflugzeug. Der Doppeldecker mit zwei gleich großen Tragflächen verfügte über 25 m² Flächeninhalt, besaß

129   Der WRIGHT-Gleiter des Jahres 1911.

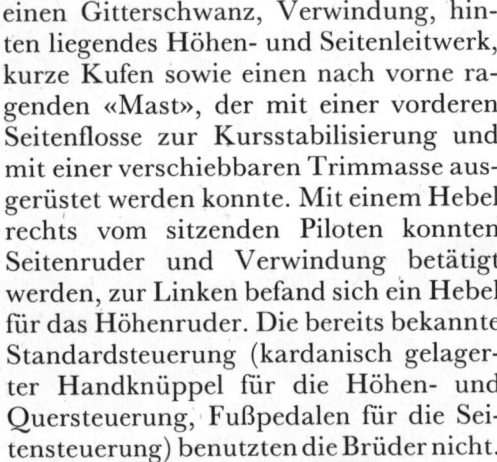

130   Überschlag des WRIGHT-Gleiters von 1911.

131   Der WRIGHT-Gleiter von 1911 beim Segelflug.

einen Gitterschwanz, Verwindung, hinten liegendes Höhen- und Seitenleitwerk, kurze Kufen sowie einen nach vorne ragenden «Mast», der mit einer vorderen Seitenflosse zur Kursstabilisierung und mit einer verschiebbaren Trimmasse ausgerüstet werden konnte. Mit einem Hebel rechts vom sitzenden Piloten konnten Seitenruder und Verwindung betätigt werden, zur Linken befand sich ein Hebel für das Höhenruder. Die bereits bekannte Standardsteuerung (kardanisch gelagerter Handknüppel für die Höhen- und Quersteuerung, Fußpedalen für die Seitensteuerung) benutzten die Brüder nicht.

Am 16. Oktober 1911 begann man in Kitty Hawk mit den Segelflugversuchen. Der längste Flug an diesem Tage gelang Orville mit 20 Sekunden Dauer. Wie in den Jahren 1900 bis 1903 wandte man den Tragstart an. Am 17. Oktober 1911 gewann A. OGILVIE 10 m Höhe und blieb 28 Sekunden in der Luft. Am 19. Oktober

konnte ORVILLE WRIGHT unter Ausnutzung des Hangaufwindes erstmalig 1:15 min fliegen. Bei einem der Starts kam es infolge einer Unaufmerksamkeit zu einer kritischen, noch glimpflich abgelaufenen Situation, die im Bild festgehalten wurde.

Der 24. Oktober wurde zum erfolgreichsten Flugtag. Wieder flog man am Big Hill. Die Windverhältnisse waren an diesem Tage sehr günstig: In der Ebene wurde ein Wind von 32 bis 40 km/h (etwa 10 m/s) gemessen, auf dem Big Hill betrug die Windgeschwindigkeit schon 64 km/h (etwa 17,5 m/s) und in 4 m Höhe zeigte der Windmesser 80 km/h (etwa 22 m/s) an. Man unternahm über 20 Flüge, der kürzeste dauerte eine Minute und der längste, von ORVILLE WRIGHT ausgeführt, 9:45 min. Die maximale Flughöhe betrug 15 m über dem Gipfel des Hügels. Nachdem die Brüder WRIGHT als erste den Motorflug realisiert hatten, gelang es ihnen, mit diesen Flügen und Flugzeiten auch den Segelflug im Hangaufwind erstmals in Minutenlänge auszuführen.

Am folgenden Tage wurde bei schwächerem Wind zu 31 Flügen gestartet, die jedoch sämtlich unter einer Minute Flugdauer blieben. Am 26. Oktober herrschte auf dem Big Hill ein Wind von 32 bis 40 km/h. Es gelangen 24 Flüge, neun davon länger als eine Minute. Die beiden längsten Flüge dauerten 2:52 min bzw. 2:25 min, beim letzteren lag der Landeort höher als der Standort. Da sich in der Folge die Wetterbedingungen verschlechterten, wurden die Versuche abgebrochen. In einem Brief an THOMAS S. BALDWIN bemerkte ORVILLE WRIGHT, daß es in Kitty Hawk sehr böig gewesen sei und die Segelflugzeuge deshalb noch steuerfähiger gebaut werden müßten als Motorflugzeuge.

In einer Stellungnahme für die Presse erklärte ORVILLE WRIGHT zu den Ergebnissen der Segelflugversuche: «Die längste Zeit, die sich unser Segelflugzeug in der Luft hielt, betrug 9 Minuten 45 Sekunden … Unser Anliegen, eine lange Zeit in der Luft zu bleiben, würde eine neue Epoche in der Wissenschaft vom Fliegen eröffnen.

Meine Erfahrungen in der Luft mit den komplexen Strömungen haben meine Theorie bestätigt, daß in der Praxis der Pilot mehr ‹Vogel› sein muß als er es zuvor war, daß wir dann den wirklichen Segelflug durch diese Art von Strömungen erhalten …

Wenn der Mensch das erreicht, was wir erwarten, wird er eines Tages 1000 Meilen zurücklegen, ohne einen Motor zu benötigen!» [78, S. 116]

Die Segelflugversuche – ein Doppelsitzer befand sich im Bau – konnten durch den Tod Wilburs am 30. Mai 1912 infolge einer Typhuserkrankung und den eintretenden Folgen nicht mehr fortgesetzt werden. WILBUR WRIGHTS letzte flugtechnische Arbeit galt bezeichnenderweise einer nochmaligen Würdigung des Lebens und des Wirkens OTTO LILIENTHALS. Dieser Artikel wurde postum im Bulletin des Aero-Clubs von Amerika im September 1912 veröffentlicht.

Als WILBUR WRIGHT im April 1911 in Berlin weilte, legte er an der Grabstätte OTTO LILIENTHALS einen Kranz nieder und besuchte AGNES LILIENTHAL. Wenige Monate später übersandte Wilbur der Witwe des Flugpioniers, die in schwierigen materiellen Verhältnissen lebte, ein Geschenk in Form eines Schecks über 1000 Dollar. In dem Begleitschreiben von ORVILLE WRIGHT zu diesem Geschenk hieß es: «Wie Sie wissen, hegen wir große Bewunderung für das Werk Ihres verstorbenen Gatten. Er war einer der Großen der Menschheit!» [115, S. 305]

Es ist in Segelfliegerkreisen die Frage aufgeworfen worden, warum es nicht schon 1911 in Kitty Hawk gelang, noch längere Flüge im Hangaufwind durchzuführen. Die Ursachen sind wahrscheinlich in den konkreten orographischen Bedingungen und der angewandten Flugtaktik zu suchen. Es sind z. B. keine Anhaltspunkte dafür bekannt, ob ORVILLE WRIGHT das Kreuzen in Achterschleifen am Hang ausgeführt hat.

Andererseits nahm man an, daß er bei seinen Minutenflügen vom Hang wegflog, geradeaus gegen den Wind; und nur wenn der Wind mit der Eigengeschwindigkeit des Flugzeugs oder etwas stärker wehte, konnte der Pilot, mit dem Flugzeug in der Luft stillstehend, in der schmalen Zone des Hangaufwindes verbleiben. Es wurde auch die Vermutung ausgesprochen, daß solch ein Flugstil durch die Übernahme der Theorie des dynamischen Segelfluges beeinflußt worden sein könnte, wofür die wiedergegebene Presseerklärung gewisse Anzeichen bietet, die jedoch im Widerspruch zu den klaren Stellungnahmen der Brüder gegen den dynamischen Segelflug stehen, die zuvor und von Orville zu einem späteren Zeitpunkt abgegeben worden waren. Da die günstigen Windgeschwindigkeiten über einen längeren Zeitraum anhielten, wären bei einem Kreuzen am Hang theoretisch auch längere Flugzeiten möglich gewesen. Diese aufgeworfenen Probleme bedürfen noch einer eingehenden historischen Untersuchung.

Über die Segelflüge der Brüder im Jahre 1911 erschienen in fast allen Luftfahrtzeitschriften der Welt fotografische Aufnahmen und kurze Berichte, ohne jedoch eine unmittelbare Nachahmung auszulösen. Die Luftfahrtkreise befanden sich zu sehr im Banne des technischen Fortschritts des Motorfluges, um diesen Flügen perspektivische Bedeutung beizumessen.

Abschließend werden wichtige Auszüge aus zwei Briefen ORVILLE WRIGHTS wiedergegeben, in denen er ein für den Segelflug richtungweisendes Flugerlebnis schilderte und zutreffende Überlegungen zur Verbesserung der Leistungsfähigkeit von Profilen anstellte.

Am 4. Dezember 1919 schrieb Orville an L. L. DRIGGS: «Ich sehe keinen Grund, warum Flüge von mehreren Stunden Dauer ohne Benutzung eines Motors nicht ausgeführt werden können. Natürlich aber müssen diese Flüge in aufsteigenden Luftströmungen ausgeführt werden – eine Bedingung, die auch bei allen Vögeln für den Segelflug erforderlich ist.

Während eines Motorfluges in Montgomery, Alabama, im Frühling 1910, machte ich eine höchst ungewöhnliche Erfahrung. Ich war bis zu einer Höhe von etwa 800 m aufgestiegen und befand mich im Abstieg, als ich in einer Höhe von etwa 460 m plötzlich entdeckte, daß ich nicht fähig war, abzusteigen, obwohl der Motor voll gedrosselt lief und das Flugzeug eine so starke Längsneigung nach unten einnahm, wie ich sie gerade noch für sicher hielt. Ich blieb in einer Höhe von ungefähr 460 m für eine Dauer von mindestens fünf Minuten, ohne irgendeinen wahrnehmbaren Höhenverlust zu bewirken. Plötzlich begann die Maschine wieder zu

sinken, und ich war in ungefähr einer halben Minute am Boden.

Die Sensation bestand darin, daß ich vorher nie etwas ähnliches erlebt hatte ... und es war sehr erregend. Ich habe immer vermutet, daß ich in einen Aufwind mit ungewöhnlich großem Durchmesser geraten war. Zur Zeit des Fluges schien die Luft vollkommen ruhig. Der Abstieg wurde in einer Spirale von nicht mehr als 150 bis 180 m Durchmesser vollzogen. Dies ist wahrscheinlich die Erklärung für die lange Zeit, die die Maschine in dem aufsteigenden Luftstrom verblieb. Ohne Zweifel, hätte ich das Flugzeug aus der Spirale in einem geraden Kurs herausgesteuert, so wäre ich in wenigen Sekunden aus dem Aufwind herausgewesen, aber ich dachte zu diesem Zeitpunkt nicht daran ...» [84, S. 1126f]

In einem Brief vom 14. Januar 1921 gab der amerikanische Flugpionier wichtige Hinweise zur Konstruktion leistungsfähiger Profile. Er schrieb an M. BARUS: «... Es ist die Bildung eines Wirbels auf der Oberseite einer Tragfläche, der den Auftrieb zu einem beträchtlichen Teil oberhalb von Anstellwinkeln von 12 bis 14 Grad zerstört. Wir haben schließlich herausbekommen, daß bei Ausfüllung dieses Raumes auf der Oberseite, den die Wirbel einnehmen, der Auftrieb nahezu aller Tragflächen um 50 bis 70 Prozent angehoben werden kann. Der Wirbel erzeugt keinen Auftrieb, sondern zerstört ihn ...» [84, S. 1131] Er deutete damit einen Zusammenhang an, der später bei der Entwicklung von Laminarprofilen eine Rolle spielte.

ORVILLE WRIGHT fühlte sich sein ganzes Leben lang mit dem Segelflug verbunden. Im Jahre 1923 gründete er die «Soaring Society of America» (Gesellschaft zum Studium des Segelfluges), deren erster Präsident er war. Später wurde er zum Ehrenpräsidenten ernannt.

FERBER

Im Jahre 1898 wurde FERDINAND FERBER (1862–1909) durch Zeitschriftenartikel auf LILIENTHALS Arbeiten aufmerksam und erkannte sofort deren praktische Bedeutung und methodischen Wert. Im gleichen Jahr legte er einen Kranz am Grabe LILIENTHALS nieder. Die Kranzschleife trug die Aufschrift «á son maître»

(für seinen Meister). Von 1899 bis 1901 baute er zu Versuchszwecken vier Drachenflächen, sämtlich ohne Höhen- und Seitenleitwerk. Die letzte Tragfläche ähnelte im Aufbau den LILIENTHAL-Eindeckern, sie besaß 8 m Spannweite und 15 m^2 Fläche.

Von einem 5 m hohen Anlaufgerüst flog FERBER in nur zwei Sekunden etwa 13 m weit!

132 FERDINAND FERBER (1862–1909).

133 FERBER springt mit dem Gleiter Nr. 4 (Nizza, 7. Dezember 1901).

134 FERBER fliegt seinen Gleiter Nr. 5 bei Beuil in den Seealpen (1902).

Im Jahre 1902 erfuhr Ferber von den Gleitflugversuchen Chanutes und der Brüder Wright und baute einen Doppeldecker in der Entenkonzeption der Brüder und der Bauweise Chanutes. Dieser Gleiter Nr. 5 wurde zunächst in den Seealpen erprobt. 1903 flog ihn der Konstrukteur in Conquête bei Finistère an der Atlantikküste und brachte im gleichen Jahr zusätzlich noch ein normales Höhenleitwerk an, so daß dieser Typ vor und hinter der Tragfläche eine Höhenflosse besaß. Außerdem vergrößerte er die V-Form der Tragflächen, und mit Hilfe einer seilbahnartigen Vorrichtung startete Ferber auch in der Ebene. Der Gleitflugzeugtyp Nr. 6 brachte gewisse Fortschritte, doch zeigten alle Gleitflugzeuge Ferbers bauliche Mängel, die sich aerodynamisch nachteilig auswirkten. Nach nur relativ wenigen Gleitflügen glaubte Ferber die Gleichgewichtserhaltung genügend zu beherrschen und ging zum Bau von Motorflugzeugen über. Bei einem Motorflugversuch verunglückte Ferber im Jahre 1909 tödlich.

135   Flüge mit dem Archdeacon-Gleiter in Berck-Sur-Mer (April 1904).

Archdeacon und Voisin

Ernest Archdeacon, geboren 1863, begann aufgrund von Nachrichten über die Fortschritte der Brüder Wright und infolge von Gerüchten über deren erste Motorflüge mit eigenen Gleitflugversuchen im Jahre 1904. Er stellte Gabriel Voisin als Helfer ein, baute einen Doppeldeckergleiter verhältnismäßig genau nach dem Wright-Muster und ließ ihn 1904 in Berck-Sur-Mer von Voisin und Ferber fliegen. Die Flugdauer lag durchschnittlich bei fünf Sekunden. Archdeacon kehrte nach Paris zurück und ließ dort seinen Gleiter auf dem Exerzierplatz von Issy-les-Moulineaux im Autoschlepp an einem Seil unbemannt, nur mit einem Sandsack an Bord, in die Luft ziehen. Der Apparat wurde bei diesem Versuch am 26. März 1905 völlig zertrümmert.

Um das Gefahrenmoment zu verringern, ließ Archdeacon einen von Voisin konstruierten, verbesserten Gleiter mit einem vorderen und hinteren Höhenleitwerk von einem Motorboot auf der Seine mit Voisin an Bord in die Luft schleppen. 17 m Flughöhe und 150 m Flugweite wurden erreicht, und der Gleiter erwies sich als recht flugstabil. Diese Flugzeugzelle

136   Erster Autoschlepp mit dem unbemannten
ARCHDEACON-Gleiter in Issy-les-Moulineaux
bei Paris (26. März 1905).

137   Erster Autoschlepp. Der Gleiter während des
Steigfluges.

138   Gleitflugzeug *Blériot-Voisin* (erste Ausführung)
auf Schwimmern vor den Schleppflugver-
suchen im Schlepp eines Motorbootes auf der Seine
(Juni 1905).

139   Gleiter der Gleitflugschule Palaiseau bei Paris
(1906).

bildete die Grundlage für die späteren VOISIN-FARMAN-Motorflugzeuge. Weitere Versuche folgten am 18. Juni 1905, wobei VOISIN auch einen für BLÉRIOT gebauten Doppeldecker mit origineller, oval-geschlossener Flügelform im Motorbootschlepp erprobte. Eine Bruchwasserung zerstörte dieses Gerät beim ersten Start.

ARCHDEACON ließ nach den Schleppflügen auf der Seine die Versuche auf dem Genfer See bei Evian fortsetzen, trotz der günstigeren Windverhältnisse ohne Erfolg. Bei starkem Wind konnte der Gleiter jedoch, an einem Seil gefesselt, wie ein Drachen im Eigenstart von der Wasserfläche abheben!

VOISIN trennte sich von ARCHDEACON, eröffnete eine eigene Flugzeugwerkstatt und baute nur noch Motorflugzeuge. In den Jahren nach dem ersten Weltkrieg trat VOISIN als Gegner der französischen Segelflugbewegung auf und erschwerte ihr Fortschreiten mit sehr unsachlichen, teilweise gehässigen Argumenten.

ARCHDEACON war und blieb jedoch ein überzeugter Anhänger der Methode LILIENTHALS, wie er es selbst in einer Bildwidmung 1905 zum Ausdruck brachte: «... Ein glühender Bewunderer von LILIENTHAL, der in seinem Lande gerne ein LILIENTHAL sein würde, ja der sich schon damit zufrieden geben würde, ein halber LILIENTHAL zu sein. In drei Jahren werden sie genötigt sein, LILIENTHAL ein Denkmal zu errichten.» [20, S. 91]

4.3. Die Gleitflugbewegung in den Jahren 1905 bis 1921

ETRICH und WELS · MAXIM · WEISS · MONTGOMERY · OFFERMANN · TEREVERKO, VEKŠIN und DOBROVOLSKIJ · Die FSV Darmstadt · HARTH · KNOLLER und BETZ · Erster Weltkrieg und Segelflug · I. Rhön-Wettbewerb 1920 · II. Rhön-Wettbewerb 1921 · HARTHS Rekordflug 1921

Nach der Verwirklichung des Motorfluges im Jahre 1903 verstärkten sich die Triebkräfte zur Ausübung des Gleitfluges noch beträchtlich. Ein Teil der Flugtechniker hatte erkannt, daß es auch zukünftig zweckmäßig ist, die Flugzeugzelle eines Motorflugzeugs zunächst ohne Motor im Gleitflug zu erproben; einem anderen Teil der Fluginteressierten blieb der Motorflug aus Kostengründen verschlossen, so daß der schon von MOUILLARD hervorgehobene demokratische und soziale Aspekt des Gleit- und Segelfluges als Triebkraft noch wirksamer wurde. Insgesamt aktivierten die vielen Motorflüge den Flugwunsch der Menschen und so bildete sich schon Jahre vor dem ersten Weltkrieg an vielen Orten in Europa eine beachtliche Gleitflugbewegung heraus.

140 Gleitflugsport in der Schweiz: D. DELUX (Genf) beim Start im Autoschlepp (1910).

ETRICH und WELS

Durch die Flüge von LILIENTHAL angeregt, beschäftigte sich IGNAZ ETRICH in Oberaltstadt bei Trautenau (heute Trutnov) im Nordosten der heutigen ČSSR seit 1898 mit dem Flugproblem und erwarb den beschädigten LILIENTHAL-Gleiter, mit dem der Altmeister des Gleitfluges tödlich abgestürzt war.

Die Versuche setzte dann der Sohn IGO ETRICH fort, der über WILHELM KRESS den Fechtmeister FRANZ XAVER WELS als Mitarbeiter gewann. WELS hatte sich die dafür notwendigen Kenntnisse durch ein Studium am Technikum Mittweida angeeignet. Beide setzten die Untersuchung des Flugproblems zunächst mit Literaturstudien fort. Bei den «unbeseelten Fliegern» der Natur, den gleitfähigen Samen, hofften sie ein Höchstmaß an automatischer Flugstabilität zu finden. So stießen sie auf eine Broschüre von Professor FRIEDRICH AHLBORN «Die Stabilität der Flugapparate» (Hamburg 1897), in der ihr Verfasser auf den absolut stabilen Gleitflug der Samen einer auf Java verbreiteten Palmenart hinwies. Die Spannweite dieser Zanoniasamen beträgt etwa 100 mm, die Tragflügeltiefe etwa 57 mm, das Gesamtgewicht 177 mg, wovon 30 mg auf den Flügel und der Rest auf den Samen fallen. Die Längsstabilität wird durch einen sogenannten S-Schlag des Profils erreicht. Das zunächst normal gewölbte Profil besitzt am Ende eine Aufbiegung, und diese macht das Profil annähernd druckpunktfest und damit längsstabil. Die Querstabilität wird durch eine leichte V-Form der Flächenenden während des Fluges erreicht, Druckmittelpunkt und Schwerpunkt befinden sich in Übereinstimmung.

Im Zanoniasamen fand man das Vorbild, nach dem man gesucht hatte und es ist entwicklungsgeschichtlich interessant, daß auch die Pflanzenwelt eine notwendige, flugtechnische Vollkommenheit hervorgebracht hat. Diese Leistungen der Natur sind fast noch bewundernswerter als die in der Vogelwelt, da es zwischen der Palme und ihrem Samen keinerlei informationelle Rückkopplung über die Flugfähigkeit des Samens geben konnte, während bei den Vögeln Informationen psychischer Art – beispielsweise die Emp-

141 Flugvorrichtungen im Pflanzenreich: Zanoniasamen.

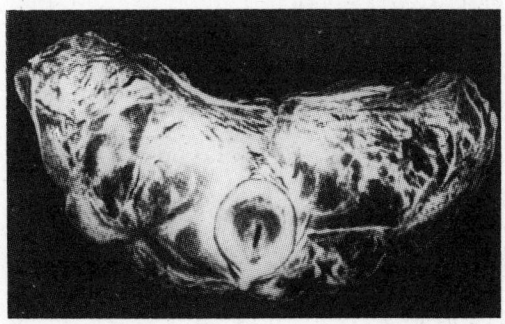

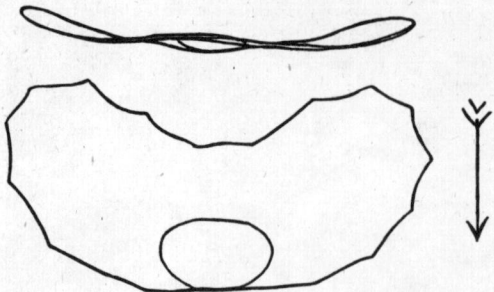

142 · Skizze eines Zanoniasamens. Deutlich ist die Schränkung und V-Form der Außenflügel zu erkennen, die dem Samen die Eigenstabilität verleihen.

findung von Flugvorgängen – Einfluß auf die Weiterentwicklung der körperlichen Voraussetzungen für den Flug und den Flugstil nehmen konnten.

Zunächst bauten ETRICH und WELS kleine Papiermodelle in Zanoniaform. Unter Verwendung von gespaltenem Bambusrohr vergrößerten sie die Flugmodelle bis auf etwa 7,5 m Spannweite und 20 kg Leermasse. An den Gebirgsausläufern in der Nähe des Heimatortes wurden viele Hunderte von Gleitflügen, teilweise mit Sandsäcken (bis zu 25 kg) an Bord, erfolgreich unternommen. Das große Modell startete man auch im Hochstart unter Verwendung einer 40 bis 50 m langen Leine, die mit einem Ring an einem Haken des Fluggerätes eingehängt wurde. Man lief mit dem freien Seilende gegen den Wind, das Modell stieg zunächst in steilem Winkel, dann flacher und kuppelte beim Überfliegen des Startenden selbsttätig aus. In der Regel beschrieb es einen Halbkreis und flog dann mit dem Wind häufig bis 1,5 km weit!

Im Jahre 1906 bauten sie einen manntragenden Gleiter mit 12 m Spannweite, einem Tragflächeninhalt von 36 m², einer Leermasse von 164 kg und einer Flugmasse von 227 kg. Das Gerät ruhte auf Kufen, wurde zum Fluge auf einen Startwagen gesetzt und mit Hilfe eines talwärts geneigten Feldbahngleises (28° Neigung)

gestartet. Wenn der Startwagen eine Geschwindigkeit von etwa 13 m/s erreicht hatte, hob der Gleiter selbständig von der Plattform ab und flog in einem vollkommen gleichmäßigen und ruhigen Fluge bis zu 300 m weit. Das Flugzeug landete stets ohne Beschädigung.

Bald entschloß sich WELS anstelle des Sandsacks mitzufliegen. Mit den Händen hielt er sich in halb liegender Position an den auf der Tragflächenoberseite befindlichen Holmen fest; die Flächen waren nur unterseitig mit Stoff bespannt. In Gegenwart zahlreicher Zuschauer unternahm WELS am 2. Oktober 1906 drei Flüge von 150, 180 und 225 m Länge und am 8. Oktober noch einmal vier Flüge mit Flugweiten bis zu 250 m. Die größte Flughöhe über Grund betrug 20 m, die Fluggeschwindigkeiten lagen zwischen 13 und 15 m/s. Durch leichte Bewegungen mit dem Oberkörper konnte WELS die Flugbahn in der gewünschten Richtung beeinflussen. Leider wurden danach die Versuche zugunsten des Motorfluges eingestellt. ETRICH entwickelte aus diesem Gleiter einen sehr bekannten Motorflugzeugtyp der Vorkriegszeit, die *Etrich-Taube*.

Im Jahre 1905 beschrieb und erklärte WILHELM KRESS (Wien) in seinem Buch «Aviatik» den dynamischen Segelflug des Albatros und den statischen Segelflug im Hang- und Wärmeaufwind. Die Gleitzahl des Albatros schätzte er auf 1:28.

MAXIM

Im Jahre 1908 erschien ein Buch unter dem Titel «Künstlicher und natürlicher Flug». Verfasser war HIRAM STEVENS MAXIM, Erfinder des Maschinengewehrs und Erbauer eines erfolglosen Motorflugzeugs (1894). Diese Veröffentlichung ist für eine Geschichte des Segelfluges in zweifacher Hinsicht interessant.

Einerseits gab MAXIM zutreffende Naturbeobachtungen und Erfahrungen wie-

143 Erklärung unter-
schiedlicher Steigwinkel von
Drachen durch MAXIM:
a Flug des Drachen im horizontalen Wind e; b und
c Flug des Drachen im Aufwind f.
Die Veränderung der
Anblasrichtung
ermöglicht es dem Drachen,
eine höhere Position über
und sogar vor dem Fesse-
lungspunkt am Boden ein-
zunehmen.

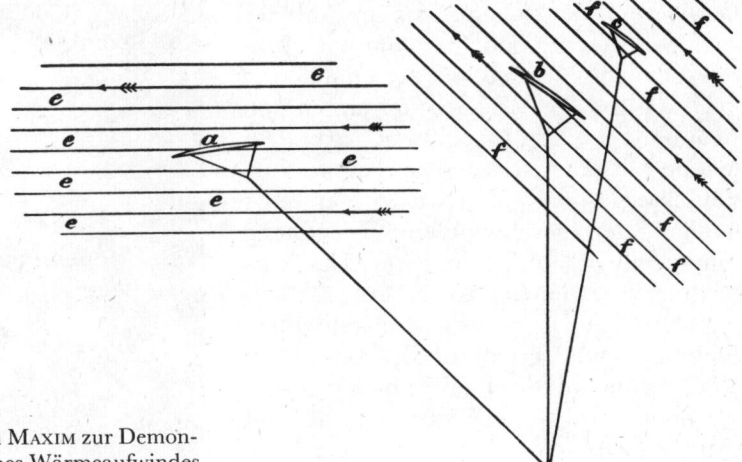

144 Versuchsanordnung von MAXIM zur Demonstration der Herausbildung eines Wärmeaufwindes
und der thermischen Zirkulationsströmung.

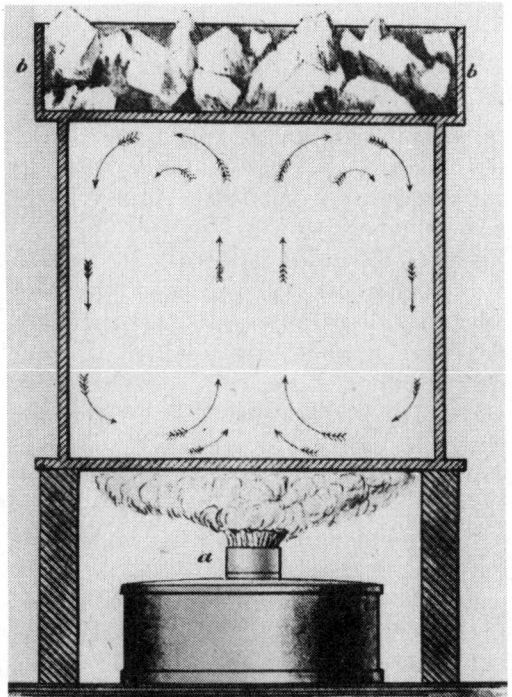

Aufwindsturm erzeugten, der zollstarke Bretter hoch in die Luft trug; baute eine anschauliche Versuchsanordnung zum Nachweis der Zirkulation von aufsteigenden und absteigenden Luftmassen. Andererseits kam er zu der nunmehr verblüffenden Schlußfolgerung, daß der Mensch niemals werde Segelfliegen können:

«Wir werden niemals in der Lage sein, den Flug der Segelvögel nachzuahmen. Wir können nicht hoffen, einen so empfindlichen Apparat zu bauen, der schnell genug reagiert, um Nutzen aus den aufsteigenden Luftströmen zu ziehen ... Daher müssen Flugzeuge ... mit genügend starken Motoren ausgerüstet werden, um sie durch die verschiedenen Luftströme voranzutreiben, so wie es Enten, Rebhühner und Fasane tun.»[19, S. 24]

WEISS

der: Er beobachtete den Hangsegelflug bei Adlern und Möwen, gab eine physikalisch zutreffende Erklärung des thermischen Aufwindes, schilderte überzeugend die Wirkung thermischer Auf- und Abwinde beim Drachensteigen; erlebte ein Großfeuer, bei dem 10 000 Faß Alkohol in Flammen aufgingen und einen

Es ist nicht überraschend, daß etwa gleichzeitig mit ETRICH ein anderer Flugpionier mit ähnlichen Mitteln eine automatische Flugstabilität von Flugzeugen anstrebte. Der Kunstmaler JOSÉ WEISS (1859-1919) war eine der bedeutenden Persönlichkeiten aus den Anfangsjahren des Gleit- und Segelfluges. Elsässer von

Geburt, mit deutschem Namen, fühlte er sich als Franzose und erwarb mit 35 Jahren die britische Staatsbürgerschaft.

Er kannte die Veröffentlichungen von MOUILLARD und LILIENTHAL, arbeitete jedoch mit einer selbstentwickelten Nurflügelkonzeption. Kernstück war eine nach hinten geschwungene Tragfläche mit vogelflügelähnlichem Profil. Das Mittelstück besaß einen positiven, die Außenflügel einen negativen Einstellwinkel (geometrische Verwindung), wodurch in Verbindung mit der Pfeilform eine ausgezeichnete Längs- und Richtungsstabilität gewährleistet wurde, so daß auf ein Leitwerk verzichtet werden konnte.

WEISS schrieb über den Beginn seiner flugtechnischen Aktivitäten: «Ich habe mit Gleitflugmodellen seit meiner Kindheit experimentiert, aber erst seit dem unglücklichen Tode LILIENTHALS habe ich es als ein regelrechtes Hobby betrieben, und ich schätze, in den letzten fünf Jahren nicht weniger als 200 dieser Modelle gebaut zu haben ...» [47, S. 66]

Er ließ seine Modelle vor allem vom Amberley Mount in Sussex, Südengland, fliegen, und sie zeichneten sich durch eine hohe Flugstabilität aus. Den Tragflächeninhalt steigerte er auf $4\,m^2$ und die Flugmasse auf 40 kg. WEISS war wahrscheinlich der erste Flugmodellbauer, dessen Modelle überzeugende Flüge im Hangaufwind vollführten: «Im Laufe des letzten Sommers (1908) habe ich eines Tages mit einem kleinen Flugmodell von 3 kg Masse vier große, aufeinanderfolgende Kreise beschreiben können, die mein Modell auf eine Höhe von ungefähr 100 m über dem Startpunkt trugen. Das ist augenscheinlich ein Erfolg, wie er nur unter Tausenden von Versuchen erzielt wird, aber er erklärt die Flugbahn der Vögel, und mit bemannten Flugzeugen ... werden wir eines Tages dasselbe machen wie die Vögel.» [78, S. 105]

JOSÉ WEISS war ein Gegner der Theorien des dynamischen Segelfluges. Seine Naturbeobachtungen und Modellversu-

145   JOSÉ WEISS (1859–1919).

che – seine Modelle konnten keine dynamischen Flugmanöver ausführen – ließen ihn zu dem Schluß kommen, daß der Segelflug durch Hindernis- und Wärmeaufwinde bewirkt wird.

Gegen Ende des Jahres 1907 waren die Vorarbeiten so weit gediehen, daß sich WEISS an den Bau einer manntragenden Ausführung wagte. Der Gleiter entsprach der eingangs dargestellten Konzeption, wurde zur Aufnahme des Piloten mit einem Rumpfboot ausgerüstet, so daß es sich jetzt um eine sogenannte schwanzlose Maschine handelte. WEISS verwendete für das Flugzeuggerüst volles und gespaltenes Bambusrohr. Kreuzungsstellen wurden mit dünnem, gewachstem Bindfaden mehrfach umschlungen und auf diese Weise verbunden. Die Steuerung war kombiniert: Die Höhensteuerung erfolgte durch Körperverlagerung mittels eines Rollsitzes, die Quersteuerung durch eine Verwindung der Tragflächen, ein Seitensteuer fehlte. Diesen ersten Gleiter flogen JOSÉ WEISS, GERALD LEAKE, ALEXANDER KEITH und ERIC GORDON-ENGLAND, die sämtlich keine Flugerfahrung besaßen, erfolgreich und unfallfrei. Man wandte bei stärkerem Wind den

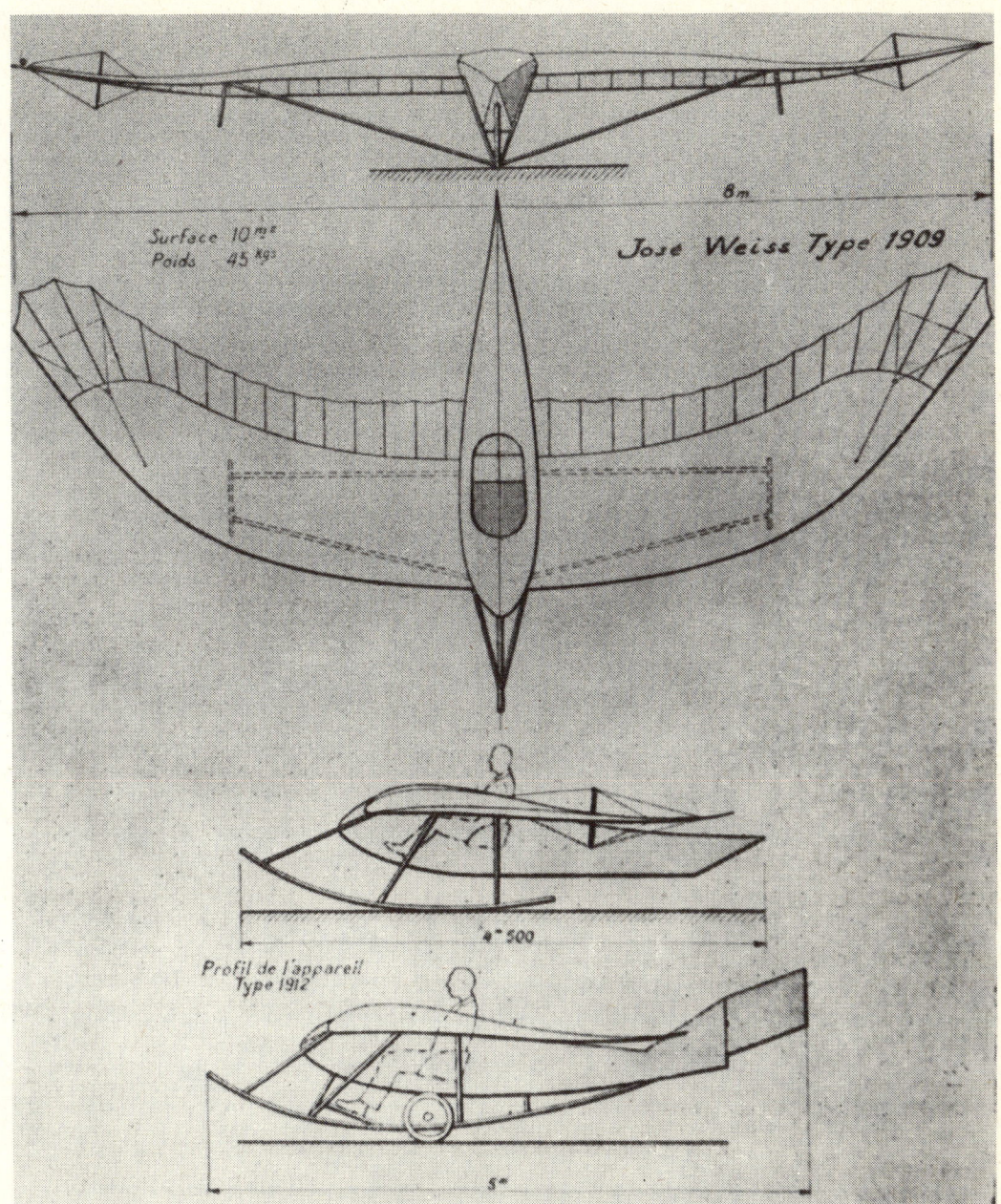

Surface 10ᵐ²
Poids 45 ᵏᵍˢ

Jose Weiss Type 1909

Profil de l'appareil
Type 1912

146 Dreiseitenansicht des WEISS-Gleiters von 1909. Die Seitenansicht unten zeigt die veränderte Rumpfform des Typs von 1912.

Eigenstart des Gleiters am Hang an. Am 27. Juni 1909 gewann GORDON-ENGLAND im Hangaufwind etwa 12 m Höhe und legte anschließend noch mehrere Hun-

dert Meter Strecke im Gleitflug zurück (Flugdauer 58 Sekunden). Leider konnte diese Leistung nicht wiederholt werden. Bei geringeren Windstärken nutzte man ein Katapultstartverfahren (wie bei den WRIGHT-Motorflugzeugen).

Von GORDON-ENGLAND ist eine fliegertypische Anekdote überliefert worden:

Die Verwirklichung seines Flugwunsches stieß auf den ernsten Widerstand seiner Familie. Schließlich spielte die Großmutter ihren letzten Trumpf aus: «Wenn der HERR es gewollt hätte, daß du fliegst, hätte Er dir Flügel gegeben!», worauf der Enkel geistesgegenwärtig antwortete: «Großmutter, wenn der HERR es beabsichtigt hätte, daß du Eisenbahn fahren sollst, so hätte Er dir Räder gegeben!» [111, S. 129] Mit dieser schlagfertigen Antwort war die Aussprache beendet, und GORDON-ENGLAND durfte mit dem damals nicht ungefährlichen Flugsport beginnen.

Im Jahre 1912 gründeten WEISS und GORDON-ENGLAND die Fluggesellschaft von Amberley mit etwa zwölf Mitgliedern, die ihre Tätigkeit dem Gleit- und Segelflug widmete. Ihre fliegerischen Aktivitäten unter Leitung von WEISS waren umfassend. 1910 und 1911 wurden zwei Motorflugzeuge mit 18,4 kW (25 PS) und 25,7 kW (35 PS) starken Motoren gebaut. Sie sollten dem Erreichen größerer Höhen dienen, in denen man Anschluß an Aufwinde zu finden hoffte, um auf diese Weise die Ursachen des Segelfluges exakt erforschen und die Erkenntnisse praktisch anwenden zu können. Leider endeten die Versuche im Juni 1911 mit der Zerstörung des zweiten Typs.

Bei der theoretischen Erklärung des Fluges unterliefen WEISS Irrtümer. So glaubte er, daß der Vortrieb beim Gleit- und Segelflug auch vibrativer Natur sein könne und hielt es für möglich, vollkommene Flügel ohne jeden Widerstand und Reibung zu bauen.

WEISS vollendete noch ein manntragendes Gleitflugzeug mit Schwingenantrieb, doch dann unterbrach der Ausbruch des ersten Weltkrieges alle Bemühungen zur Verwirklichung des Segelfluges des Menschen. Unter den unmenschlichen Tatsachen des Krieges – Millionen zivilisierter Menschen schlachteten sich mit den Mitteln einer modernen Technik gegenseitig ab – litt der sensible und humanistisch

147   JOHN J. MONTGOMERY (1858–1911).

eingestellte WEISS psychisch schwer. Der Gedanke an die großen Perspektiven des Segelfluges beschäftigte diesen unermüdlich tätigen Flugpionier bis in seine letzten Lebenstage. JOSÉ WEISS verstarb am 11. Dezember 1919 in Houghton.

MONTGOMERY

Im Jahre 1904 nahm JOHN J. MONTGOMERY mit Unterstützung des Klosters von Santa Clara die 1884 abgebrochenen Flugversuche (siehe Kap. 3. 4.) mit einem Gleitflugzeug auf der Grundlage der Tandemkonzeption von LANGLEY wieder auf. Bei diesem Gleiter Nr. 4 (*Santa Clara*) waren zwei gleich große Tragflächen auf dem Rumpfgerüst hintereinander angebracht, an seinem Ende befand sich ein Leitwerk. Der Pilot saß im Reitsitz auf dem unteren Rumpfholm, hielt sich mit den Händen an den beiden oberen Holmen fest und konnte eine Körper- und damit Schwerpunktverlagerung nach vorn und hinten vornehmen. Das Höhenleitwerk war zusätzlich mittels eines Seilzuges zu betätigen. Über einen Fußhebel konnten die Tragflächen zum Zwecke der

148 MONTGOMERY-Gleiter
Santa Clara (1904) mit
DANIEL MALONEY bei Startvor-
bereitungen.

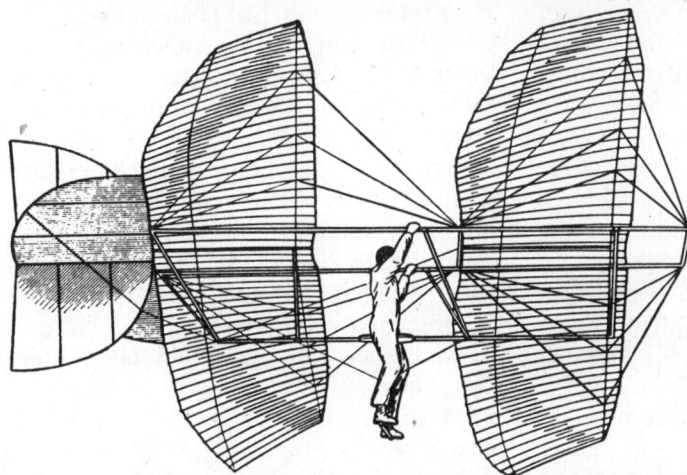

149 So wurde die *Santa Clara*
geflogen.

Quersteuerung verdreht werden. Das Gerüst des Flugzeugs bestand aus Hickoryholz. Wie es die Fotografien beweisen, waren die mit Klaviersaitendraht verspannten Flächen- und Leitwerkgerüste sehr elastisch. Mit diesem Gleiter unternahm MONTGOMERY eine Reihe von Gleitflügen von steilen Hügeln, die sämtlich erfolgreich verliefen. Eine Fußverletzung, die er sich beim Landen zuzog, hinderte ihn zunächst daran, die Versuche persönlich fortzusetzen.

MONTGOMERY bemühte sich darum, die nächsten Starts des Gleiters von Klein- luftschiffen oder Ballons aus größerer Höhe zu vollziehen. Dafür gewann er den Ballonfahrer CHARLES K. HAMILTON und den Fallschirmspringer DANIEL MALONEY. Zum rationelleren Ablauf der vorgesehenen Flugveranstaltungen ließ MONTGOMERY weitere fünf Exemplare des Typs Nr. 4 bauen. Da die Gleitflüge, von Ballons aus gestartet, einer Attraktion gleichkamen, beabsichtigte er, von den Zuschauern Eintrittsgeld zu verlangen. Mit diesen Einnahmen sollten dann seine weiteren und neue Versuche finanziert werden. Der erste Gleitflug von einem Heißluftballon aus wurde von MALONEY am 16. März 1905 in St. Leonhards bei Santa Clara vorgeführt. Der Pilot bewies sehr viel Mut und Kaltblütigkeit. Er löste sich in etwa 250 m Höhe vom Ballon, vollführte einen sicheren Gleitflug, in den er auch Kurven einbezog, und landete glücklich. MONTGOMERY hatte für diesen ersten Flug seines Mitarbeiters lediglich die Ruderausschläge begrenzt, um die Folgen von Angstreaktionen abzuschwächen. Der Abflug vom Ballon war natürlich problematisch, und es gab viele Zeitgenossen, die MONTGOMERY Leichtsinn vorwarfen und seinen Aktivitäten den Rang von Zirkusattraktionen gaben.

Am 17. März kuppelte MALONEY in 800 m Höhe aus und flog mit seinem Gleiter mit dem Wind und gegen den Wind, vollführte zahlreiche Kurven und Kreise und landete nach einem eindrucksvollen Flug in der Nähe des Startplatzes. Am 19. März unternahm HAMILTON seinen ersten Flug. Er kuppelte in 900 m Höhe aus und landete sicher. Die erfolgreichen Flüge ungeübter Piloten bestätigen die Tatsache, daß dieser Tandemgleiter ein hohes Maß von Eigenstabilität besaß. Am 29. April fand der längste Flug in dieser Versuchsreihe statt. MALONEY löste sich in 1 200 m Höhe vom Ballon. Er flog im freien Flug fast 17 Minuten. Die mittlere Sinkgeschwindigkeit betrug somit 1,17 m/s. Das tatsächliche Sinken dieses Gleiters dürfte jedoch größer gewesen sein, so daß die erreichte Flugdauer nur durch die Mitwirkung von thermischen Aufwinden zu erklären wäre.

In den folgenden Wochen fanden Flugveranstaltungen in Santa Cruz, Santa Clara, Oakland, Sacramento und San José statt. Am 19. Juni 1905 kam es zu einem tragischen Unfall. In San José stieg MALONEY mit seinem Flugzeug erneut an einem Heißluftballon auf. Im Moment des Abhebens drang ein Halteseil durch den Rumpf, verfing sich an der Endleiste des hinteren Flügels und beschädigte das Leitwerk und wahrscheinlich auch die Drahtverspannung. MALONEY hatte die Havarie offensichtlich nicht bemerkt; er trennte sich in 600 m Höhe vom Ballon. Die hintere Tragfläche begann zu flattern, das Flugzeug verlor an Steuerbarkeit und Flugstabilität und schlug auf dem Erdboden auf. MALONEY überlebte den Absturz nur eine halbe Stunde.

Die Gleitflugvorführungen hatten die Anziehungskraft der Gleitflugbewegung in diesem Gebiet so erhöht, daß sich trotz des tödlichen Unfalls zahlreiche Fluginteressenten bei MONTGOMERY meldeten. Die nächste Flugveranstaltung fand am 22. Februar 1906 in Idora Park/Oakland statt. MONTGOMERY beabsichtigte, für Ausbildungszwecke einen Doppelsitzer zu bauen, doch am 18. April 1906 wurden San Francisco und die Städte der weiteren Umgebung durch ein verheerendes Erdbeben zerstört, auch MONTGOMERYS Haus und Werkstatt. Er selbst entging dem Unheil glücklich.

Als Folge der materiellen Verluste konnte MONTGOMERY seine Versuche erst 1910 fortsetzen. Dieses Mal konstruierte und baute er einen Typ in Normalanordnung (Leitwerk hinter Tragfläche). Die Tragflügel waren verwindbar, Höhen- und Seitenleitwerk beweglich. Der Gitterrumpf bestand aus Stahlrohr und war mit vier Rädern ausgerüstet. Das Seitenruder wurde mittels Pedalen, Quer- und Höhenruder durch je einen Hebel betätigt. Das Höhenruder hatte MONTGOMERY entgegengesetzt zum natürlichen Bewegungssinn angeschlossen, d. h., ein Drücken des Hebels nach vorn bewirkte ein «Ziehen» und damit Steigen und umgekehrt. Der Start dieses Gleitflugzeugs erfolgte mittels Gummiseil. Das eine Ende des Seiles war am Boden befestigt, am freien Ende befand sich ein Ring, der in den Starthaken des Flugzeugs eingehängt wurde. Durch Zurückziehen des Flugzeugs wurde das Gummiseil gespannt, auf Kommando des Piloten gab die Haltemannschaft das Flugzeug frei, das dann in die Luft schoß. MONT-

150 MONTGOMERY-Gleiter (1911) mit JOSEPH VIERRA.

GOMERY war offensichtlich der erste, der Gummiseile zum Start von Gleitflugzeugen verwendete. Über die im Jahre 1911 an den weiten Hängen des Evergreen Valley durchgeführten Gleitflüge ist wenig bekannt geworden. MONTGOMERYS engste Mitarbeiter waren CORNELIUS REINHARDT und JOSEPH VIERRA.

Die Brüder WRIGHT hatten MONTGOMERY im Jahre 1911 persönlich kennengelernt. Über diese Begegnung berichtete ORVILLE WRIGHT am 18. November 1911 in einem Brief an T. S. BALDWIN. MONTGOMERY soll den WRIGHTS allen Ernstes erklärt haben, daß seine «boys» mit seinem neuesten Gleitflugzeug einen «Looping the loop» – also noch vor den ersten Loopings mit Motorflugzeugen im Jahre 1913 – nach dem anderen fliegen würden. Um dies zu verhindern, habe er die Ruderausschläge begrenzen müssen. [84, S. 1029]

Der Fliegertod beendete die Arbeiten auch dieses unermüdlichen Segelflugpioniers. Am 31. Oktober 1911 wurde MONTGOMERY bei einem Flug im Evergreen Valley in etwa 30 m Höhe von einer Bö erfaßt und mit dem Flugzeug zu Boden geschleudert. MONTGOMERY erlag kurze Zeit später seinen schweren Verletzungen. Das hervorstechende Merkmal seiner Tätigkeit bestand darin, daß für ihn der Gleitflug nicht eine notwendige Vorstufe für den Motorflug war, sondern darin, daß er den Segelflug verwirklichen wollte.

OFFERMANN

ERICH OFFERMANN aus Aachen (1885–1930), von Beruf Ingenieur, beschäftigte sich in den Jahren 1908 bis 1910 mit dem Gleitflug. Sein erster Gleiter – den WRIGHT-Flugzeugen nachgebildet – wurde im Winter in der Nähe von Aachen auf Schlittenkufen gestartet.

In den Jahren 1909/10 ließ er sich auf dem Plateau des Hohen Venn, in der Nähe des Dorfes Mützenich, einen künstlichen Starthügel von 60 m, einer kreisförmigen Startfläche von 20 m Durchmesser und einer Höhe von etwa 12 m aufschütten. In der Mitte dieser Fläche befand sich ein Schacht zur Aufnahme des Fallgewichts der Startvorrichtung. OFFERMANNS Starthügel besaß den Vorteil gleicher Abflugbedingungen bei allen Windrichtungen und den Nachteil, daß die Anlage nicht ortsveränderlich war und nicht auf geeignetere Gelände umgesetzt werden konnte. Der hohe Aufwand stand von Anfang an in einem Mißverhältnis zum erreichbaren fliegerischen Nutzen.

Seinen zweiten Doppeldeckergleiter in gleicher Konzeption, jedoch mit Flügelsteuerung und einem Seitenverhältnis von 1:10 (!) ausgerüstet, stellte OFFERMANN 1910 fertig. Im gleichen Jahre baute er auch seinen dritten Typ, einen aerody-

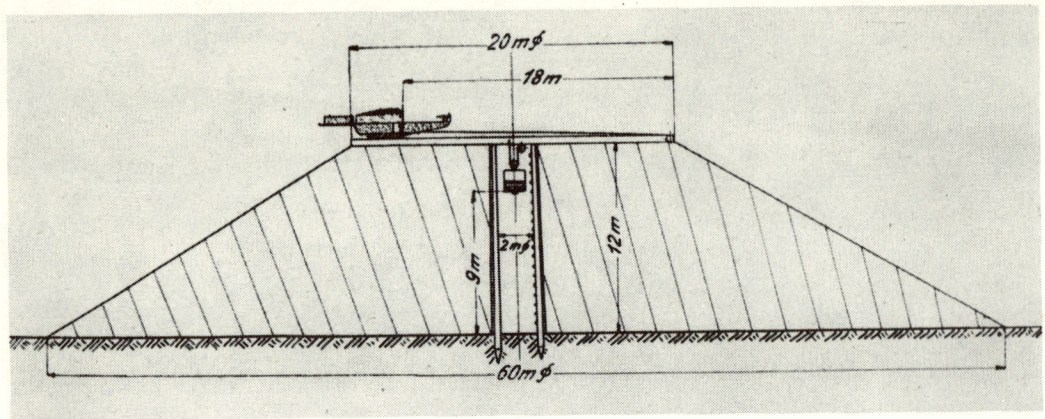

151   Startvorrichtung von E. OFFERMANN.

namisch relativ hochwertigen Gleiter in Entenanordnung. Es war ein Schulterdecker mit etwa 13 m Spannweite, einem möwenähnlichen Flügelknick, einem dikken, beidseitig bespannten Flügelprofil, günstiger Streckung und elliptisch abgerundeten Tragflügelenden mit Verwindung. Das schlanke Rumpfgerüst war vollständig verkleidet und mit einer breiten, federnden Kufe ausgerüstet. Der Pilot nahm eine liegende Stellung (Bauchlage) ein und betätigte Verwindung und Höhenruder mit einer Radsteuerung (Knüppel für die Höhensteuerung, ein daran befindliches Rad für die Quersteuerung).

OFFERMANN unterhielt Verbindungen zu den in Aachen tätigen Professoren JUNKERS und REISSNER. Mit dem Entenflugzeug, das für seine Zeit ein hohes technisches Niveau besaß, unternahm OFFERMANN zahlreiche Gleitflüge. Ins Auge fallende und überragende Flugleistungen erzielte der Konstrukteur leider nicht, da er sich nicht von seinem Startplatz trennte, dessen Umfeld nur begrenzte Leistungen zuließ. OFFERMANN widmete später seine Aktivität voll dem Motorflug, speziell dem Bau von Großflugzeugen. Im Jahre 1930 stürzte er beim Europa-Rundflug tödlich ab.

TEREVERKO, VEKŠIN und DOBROVOLSKIJ

Trotz der Rückständigkeit des zaristischen Rußlands und bürokratischer Behörden waren die Wissenschaftler und Techniker des Landes mit dem in der Welt vor sich gehenden Fortschritt auf dem Gebiet des Luftfahrtwesens eng verbunden und aufgeschlossen gegenüber dem Neuen, so daß es natürlich ist, daß auch hier der Gleitfluggedanke eine weite Verbreitung fand. Vorkämpfer des Segelfluggedankens in Rußland in der zweiten Hälfte des 19. Jahrhunderts waren Persönlichkeiten wie Dr. ARENDT aus Simferopol, KOTOV, GERMAN und NEŽDANOVSKIJ.

Im Jahre 1904 baute und erprobte ADLER in Kiev einen Gleiter. Drei Jahre später begann ALEKSEJ ŠIUKOV, Schüler am Gymnasium in Tiflis (heute Tblissi), mit Gleitflügen auf einer Eigenkonstruktion. Der Direktor der Schule stellte ihn vor die Alternative: «Gymnasium oder Fliegen. Wähle!» [90, S. 55] ŠIUKOV traf die Wahl, flog weiter und baute bis zum Jahre 1912 noch mehrere Gleitflugzeuge.

In diesen Jahren beschäftigte sich auch GEORGII SEMJONOVIČ TEREVERKO, Postangestellter in der Ortschaft Saburtali, in der Nähe von Tiflis gelegen, mit dem Gleitflug. Er hatte schon in seiner ukraini-

152   Gleitflugversuch von B. N. Jurev (1910).

153   Das Gleitflugzeug (Farman-Typ) von
S. P. Dobrovolskij (1913).

schen Heimat als Jugendlicher Flugmodelle gebaut. Mit seinem ersten, noch unvollkommenen Gleiter verunglückte er
1908 und brach sich ein Bein. Durch Literaturstudien erwarb er sich die notwendigen Kenntnisse und baute Anfang des
Jahres 1909 ein neues Gleitflugzeug, das
er ständig verbesserte und mit dem er
etwa 30 Flüge absolvierte. Der längste
Flug dauerte 1:36 min. Bei einem dieser
Flüge nahm er einen Jungen mit, flog also
mit Passagier, was für den Gleitflug der
damaligen Zeit noch außergewöhnlich
war. Tereverko baute dann ein Motorflugzeug, doch fehlten ihm die Geldmittel

für den Motor. Von Seiten des Statthal-
ters des Kaukasus wurde ihm unter der
Bedingung einer Gleitflugvorführung
finanzielle Unterstützung zugesagt. Das
Schaufliegen fand am 19. Februar 1911 in
Saburtali statt. In dem starken, böigen
Wind stieg der Gleiter schnell auf eine
Höhe von etwa 20 m, doch der Apparat
zerbrach in der Luft, und Tereverko
überlebte den schweren Absturz nicht.

In dieser Zeit flogen auch A. N. Tupo-
lev, B. I. Rossinskij, K. K. Arceulov auf
der Krim, Gorodeckij in Vladivostok
und Professor Delon in Kiev, P. Nesterov
und andere auf Gleitflugzeugen eigener
Konstruktion. Besonders hervorzuheben
sind die fliegerischen Leistungen von
G. A. Vekšin und S. P. Dobrovolskij.
Vekšin gewann in seinem Gleiter (1910)

28 m Höhe, blieb 4:30 min in der Luft und legte 200 m Strecke zurück. Dieser Flug fand noch vor dem Neun-Minuten-Segelflug von ORVILLE WRIGHT statt.

Im Jahre 1913 startete DOBROVOLSKIJ mit seinem Gleiter im Autoschlepp und erreichte mehr als 30 m Schlepphöhe; bei starkem Wind blieb er 5:00 min in der Luft und flog mehrere Kreise ohne Höhenverlust.

Die FSV Darmstadt

Umfassende flugsportliche Aktivitäten gab es vor 1914 in Darmstadt. Der Aufschwung des Motorfluges im Jahre 1908 und die Internationale Luftfahrt-Ausstellung (ILA) 1909 in Frankfurt a. M. trugen zur Bildung der ersten Gleitflugvereinigung in Darmstadt bei.

Am 25. August 1909 gründeten die Oberschüler BERTHOLD FISCHER, HANS GUTERMUTH, FRITZ KOLB, KARL PFANNEN-MÜLLER und WILLY NERGER die Flugsport-Vereinigung Darmstadt, abgekürzt FSV. Das Forstamt stellte der Gruppe eine leerstehende Halle auf dem «Holzhof» am westlichen Stadtrand zur Verfügung, und bereits in den Herbstferien befand sich ein Hängegleiter einfachster Ausführung, die *FSV I*, im Bau. Die ersten Sprünge von 5 bis 6 m Flugweite erfolgten von Holzstößen und einem etwa 6 m hohen Kugelfang, der «Schanze», die von den Jungen auch euphorisch «Chimborasso» genannt wurde. Als nachteilig erwies sich die Luftdurchlässigkeit des Bespannstoffs, die man nach Versuchen mit Wachs, Leinöl und Ölfarbe am einfachsten mit einem Stärkekleister beseitigte.

Die *FSV II* wurde bereits mit beweglichen Steuerflächen ausgerüstet und in der großen Halle des Pferdemarktes gebaut.

Um in den Besitz von Geldmitteln für weitere Versuche zu kommen, richteten die Jugendlichen mit viel Initiative und Gedankenreichtum eine eigene Luftfahrt-ausstellung aus, für die sie zwei Eindecker und zwei Doppeldecker bauten und viele andere Exponate herrichteten. Vorbild war die Internationale Luftfahrtausstellung in Frankfurt a. M. im Jahre 1909, und Dank der Neuigkeit des Flugwesens und des Wohlwollens der Darmstädter wurde sie auch finanziell ein voller Erfolg.

Da die «Schanze» für längere Flüge ungeeignet war, wurden die praktischen Übungen auf den Prinzenberg südlich der Stadt verlegt, der das Gelände etwa 40 m überragt und einen gleichmäßig geneigten, hindernisfreien Hang in Südostrichtung besitzt. Dort trafen die Flieger auf zwei andere flugbegeisterte Jugendliche, A. SCHWAN und H. WATZINGER, die ebenfalls mit einem eigenen Gleiter Flugversuche unternahmen. Die Vereinigung mit der FSV wurde sofort vollzogen und im Januar 1910 folgte der Zusammenschluß mit einer dritten Darmstädter Flugsportgruppe. Auf dem Prinzenberg erzielte man auf der *FSV V* Flüge bis zu 20 m Weite in maximal 3 m Flughöhe. Systematisch werteten die Mitglieder die praktischen Versuche aus und nahmen laufend Veränderungen an den Maschinen bzw. Neubauten vor.

Mit der *FSV VIII* hatte man im Frühjahr 1911 die Eindeckerbauweise endgültig verlassen. Dieser Typ war ein Anderthalbdecker. Die Spannweite der oberen Tragfläche, an der sich auch die beweglichen Querruderflächen befanden, betrug 9 m.

Die untere der Tragflächen spannte nur 3,8 m, die Flügeltiefe betrug 1,7 m, die Länge 8,0 m. Das Höhensteuer befand sich vorn. Am Rumpfende war ein Seitenruder angebracht. Gesteuert wurde mit zwei Handhebeln. An dem einen Hebel—kardanisch gelagert—waren das Höhensteuer und die Verwindungsflächen angeschlossen, mit dem anderen Hebel wurde das Seitensteuer bedient. Der Pilot saß auf einem Sitz, der aus starken Gummischnüren gebildet und somit elastisch war. Harte Landestöße und sogar Bruch-

154 HANS GUTERMUTH (1912).

landungen wirkten sich dadurch auf den Piloten gedämpft aus. Der Start erfolgte mittels Seil- oder Tragestart, als Fahrwerk diente eine Doppelkufe.

Diese neue und bessere Maschine erforderte ein geeigneteres Fluggelände, und so unternahmen Mitglieder der Gruppe Wanderungen in den Odenwald und zum Feldberg im Hochschwarzwald, der jedoch ungünstige Landemöglichkeiten aufwies. Freunde machten auf die Rhön aufmerksam, und so begaben sich FISCHER, GUTERMUTH und RÜTGERS hoffnungsvoll in dieses Mittelgebirge. Auf der Milseburg, unterhalb der Phonolitfelsen, verbrachte man die erste Nacht frierend in einem Zelt. Die Kälte trieb die «Kundschafter» zeitig heraus, und schon aus der Ferne begeisterten sich die drei Jungen für die kahle, unbewaldete Wasserkuppe und deren freie Hänge unterschiedlichster Neigung und Richtung. Die Rhön war von flugbegeisterten Gleitfliegern für den Gleitflug entdeckt worden, und unter dem Gesichtspunkt, daß der Segelflug noch in den Kinderschuhen steckte, war die Wasserkuppe (950 m) vielleicht der «mons idealis», der Idealberg, für diesen Zweck. Nach Besprechungen mit dem Bergbaudenwirt verhandelten die Schüler mit dem Landrat in Gersfeld, der für das Fluglager des Jahres 1911 eine leerstehende Viehhütte in der Nähe der Fuldaquelle zur kostenlosen Nutzung zur Verfügung stellte.

Vom 15. bis 30. Juli 1911 flogen die Darmstädter Oberschüler im Bereich der Fuldaquelle. Flugweiten von 100 bis 150 m bei nur etwa 10 m Starthöhe waren in den ersten Tagen keine Seltenheit. Die Startreihenfolge bestimmten die Piloten stets durch das Los. An etwas steileren und höheren Hängen flog man bald in 6 bis 8 m Höhe 200 bis 250 m weit; Halbkreise und Flüge bei Seitenwind bewiesen die gute Flugstabilität und Steuerbarkeit der *FSV VIII*, bei stärkerem Wind traten die ersten Segeleffekte auf: «Stellenweise, wenn der Wind stark und stetig blies, blieb der Gleitflieger ruhig in der Luft stehen, er schaukelte nur sanft hin und her. Ein Verstellen des Höhensteuers nach abwärts gab ihm wieder die notwendige Vorwärtsbewegung …» [23, S. 14], hieß es in einem Teilnehmerbericht. Der weiteste Flug im Jahre 1911 maß 330 m! Nur einmal gab es «Kleinholz», als das Flugzeug infolge eines Windsprungs an Fluggeschwindigkeit verlor und über die rechte Tragläche abrutschte. Glücklicherweise gab es keinen Personenschaden. Nach einer nur dreistündigen Reparatur konnte stör- und unfallfrei bis zum letzten Tag weitergeflogen werden. Einen Erfahrungsbericht mit eindrucksvollen Aufnahmen des Gleiters im Fluge übergab man einer Luftfahrtzeitschrift. Insbesondere wies der Verfasser HEINRICH WATZINGER auf die hervorragende Eignung der Rhön für Gleitflüge hin. Zum leichteren Transport konnte die *FSV VIII*, mit Ausnahme des Leitwerks, zu einem Bündel von etwa 3 m Länge und 0,6 m Durchmesser verpackt werden.

Im Winter 1911/12 baute die Fluggruppe die *FSV IX*, verzichtete auf das vordere Höhensteuer und verlegte es nach hinten. Der Verzicht auf die Querruder-

155 Die erfolgreiche *FSV X* (1912).

156 RICHTER fliegt vor dem ersten Weltkrieg in den Stöllner Bergen.

flächen bewährte sich jedoch nicht; nach den ersten Versuchen auf dem Prinzenberg baute man sie wieder an und gab den Tragflächen zusätzlich eine Pfeilform. Der Umbau erhielt die Typenbezeichnung *FSV X*.

Am 16. Juli 1912 begannen die Flugversuche des zweiten Fluglagers auf der Wasserkuppe. Gleich der erste Start führte 300 m weit ins Land und viele andere Starts bewiesen die gute Steuerbarkeit des Flugzeugs. Am 22. Juli 1912 herrschte eine günstige Wetterlage mit etwa 3 bis 4 m/s Windgeschwindigkeit. Zunächst wollte man mit dem ersten Start noch warten, doch um den anwesenden Zuschauern einen Eindruck vom Gleitflug zu geben, startete HANS GUTERMUTH bei zunehmendem Wind. Die *FSV X* er-

reichte 30 m Flughöhe über der Hangneigung und Böen wurden gut pariert. Der Zeitnehmer verkündete lautstark das Erreichen der 60-Sekunden-Grenze, und immer noch flog GUTERMUTH. Nach 1:52 min landete er in 835 m Entfernung vom Startpunkt, kurz vor einem Steinwall. Stürmisch feierten Freunde und Zuschauer den Piloten.

Dieser Erfolg machte die Gleitflieger jedoch etwas unvorsichtig. Andere, weniger geübte Piloten wollten es GUTERMUTH gleichtun und starteten aus relativ großen Abflughöhen. Beim zweiten Start nach GUTERMUTHS Flug kam es zu einem Absturz, da der Pilot die Maschine zu langsam geflogen hatte. Glücklicherweise blieb er unverletzt. Das Flugzeug erwies sich als reparierbar, doch die günstige

Wetterlage war vorüber. Am 14. August beendeten die Darmstädter nach über 200 Flügen das Fluglager des Jahres 1912.

Die *FSV X* erhielt während des Winters 1912/13 ein stromlinienförmiges Rumpfboot, und in den Sommerferien des Jahres 1913 ging es erneut auf die Wasserkuppe. Größere Erfolge wurden vor allem durch die anhaltende Schlechtwetterlage vereitelt.

Seit dem Jahre 1913 hatten die Darmstädter auch ein Motorflugzeug in Anlehnung an die *Etrich-Taube* mit einem 18,4-kW (25-PS)-Motor im Bau. Beim Erstflug 1914 stürzte das Flugzeug aus ungeklärten Gründen ab. Der Pilot KARL SCHMITZ blieb glücklicherweise unverletzt. Dann beendete der Ausbruch des ersten Weltkrieges alle flugtechnischen Bemühungen der Darmstädter Oberschüler und Studenten. BERTHOLD FISCHER, HANS GUTERMUTH, v. LOESSL, KURT MILKEN, WILLY NERGER und KARL PFANNENMÜLLER kehrten aus dem Krieg nicht mehr zurück.

In der Tätigkeit des FSV Darmstadt sind einige Tatsachen besonders hervorhebenswert:

- Die Mitglieder betrachteten den Gleitflug als selbständige Flugsportdisziplin und keineswegs nur als eine Ersatzlösung für den materiell kaum erschwinglichen Motorflug.
- In ihrer Mehrheit waren die Mitglieder des FSV schöpferische Persönlichkeiten mit einem ausgeprägten Gemeinschafts- und Kameradschaftssinn und vielen positiven Charaktereigenschaften.
- Die öffentliche Anteilnahme und Unterstützung durch die Eltern, Familienangehörige, Schule, Betriebe (kostenlose Übergabe von Werkzeugen), städtische und staatliche Institutionen begünstigten den Erfolg.
- Die Anwendung demokratischer Prinzipien erleichterten Schöpfertum, Aktivität und Zusammenarbeit der Mitglieder.

HARTH

FRIEDRICH HARTH (1880-1936), von Beruf Architekt, wurde 1910 zur ernsthaften Beschäftigung mit dem Segelflugproblem angeregt, nachdem er während eines Flugtages in München von der Schwerfälligkeit der Starts einer BLÉRIOT-Maschine enttäuscht worden war. Er erinnerte sich der starken Eindrücke, die er in seiner Jugend in der Försterei Zentbechhofen nahe Bamberg, beim Anblick der Segelflüge von Bussard, Storch und Reiher empfunden hatte.

Noch im gleichen Jahre baute er sein erstes Gleitflugzeug *S I* (Segelflugzeug I) nach dem Entensystem mit einem dicken, vogelflügelähnlichen Tragflächenprofil. Auf der Ludwager Kulm bei Bamberg unternahm er mit diesem Apparat die ersten Sprünge. 1911 folgte die strukturell fester gebaute *S II,* die er bei starkem Wind im Fesselflug erprobte. 1913 baute er die *S III,* die jedoch wegen zu geringer Längsstabilität schwierig zu fliegen war.

In der Natur fand HARTH erneut einen Hinweis, nach dem er gesucht hatte. Mit einem Fernglas beobachtete er eines Tages sieben Bussarde, die über ihm in einem thermischen Aufwind segelten und entdeckte, daß sie zu ihrer Stabilisierung und Steuerung ständig die Flügel verdrehten, während ihr Schwanzgefieder bei diesen Manövern fast unbeteiligt blieb.

Für HARTH war diese Beobachtung die Anregung zur Konstruktion und dem Bau einer Flügelsteuerung, die er in dem Typ *S IV* realisierte. Wenn die Flügelsteuerung auch schon von LE BRIS und D'ESTERNO dargelegt worden war, so war HARTH dennoch der erste, der mit ihr tatsächlich flog. Zu diesem Zeitpunkt war allerdings schon der KNOLLER-BETZ-Effekt in der Diskussion, durch den HARTH zusätzlich zur Flügelsteuerung angeregt worden sein kann. BETZ hatte in seinem Artikel ebenfalls eine Flügelsteuerung vorgeschlagen.

157   FRIEDRICH HARTH (1880–1936).

Die HARTHSCHE Flügelsteuerung funktionierte wie folgt: Die gesamte Tragfläche, praktisch aus zwei Hälften bestehend, war durch ein Bewegen der flexibel gelagerten Rippen um den starren, runden Hauptholm verdrehbar. Dieser Holm befand sich im Druckmittelpunkt der Normalfluglage. Mit je einem Steuerknüppel in der rechten und linken Hand konnten die Flügelhälften über Seilzüge gleichsinnig und auch gegensinnig verdreht werden. Eine gleichsinnige Verdrehung veränderte den Einstellwinkel und wirkte damit als Höhensteuerung. (Vergrößerung = Ziehen, Verkleinerung = Drücken). Die einseitige oder gegen-

läufige Verdrehung der Tragflügelhälften wirkte wie ein Querruder. Bei späteren Ausführungen wurden die Flächenenden stärker verwunden, so daß eine differenzierte Einstellwinkelveränderung möglich wurde. Die Höhenflosse war zusätzlich einstellbar, um dem Flugzeug die günstigste Normalfluglage geben zu können. Das Seitenruder konnte über Fußpedalen betätigt werden (DRP 390 780 vom 4. Dezember 1918 und DRP 390 781 vom 11. Juli 1922). In der Patentschrift von 1918 sah HARTH vor, auch das Höhenleitwerk im gleichen Sinne wie die Tragflächen anzustellen, damit das Gleitflugzeug ohne Veränderung der Rumpflage steigen oder sinken konnte, wovon sich der Patentnehmer günstige Wirkungen versprach:

«Der Gegenstand der Erfindung ist ein Flugzeug mit beweglich gelagerten, an die Windströmungen anpassungsfähigen Flügeln, bei dem die Änderung der Höhenlage dadurch erreicht wird, daß das Höhenruder jeweils im gleichen Sinne geneigt wird wie die Haupttragflächen … Auf diese Weise soll erreicht werden, die Energie des Windes nach Art der Segelvögel zum Fliegen möglichst auszunutzen …» [27, Zeile 1–7] Diese vorgesehene kombinierte Steuerwirkung von Tragfläche und Höhenruder ist dann offensichtlich von HARTH aufgegeben und die Steuerung auf die Tragfläche beschränkt worden.

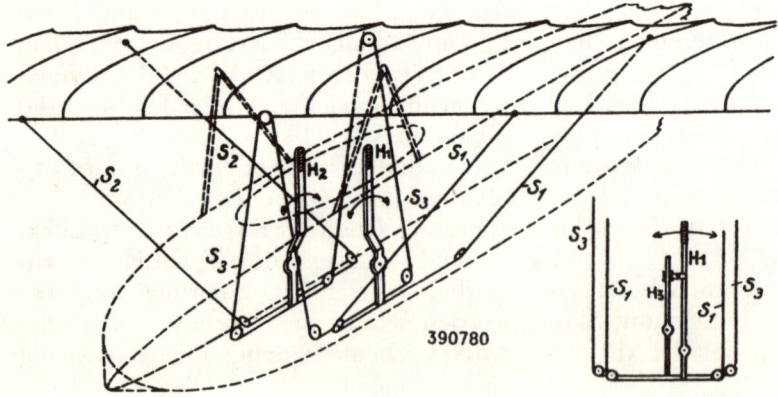

390780

158   Skizze zur Flügelsteuerung von HARTH nach der Patentschrift von 1918.

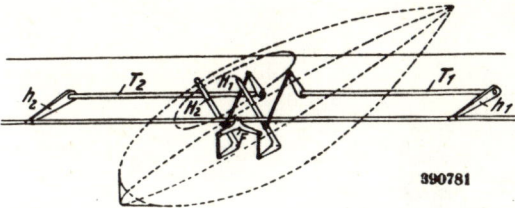

159 Die HARTH-Patentschrift von 1922 brachte eine wesentliche Vereinfachung durch die Anwendung von Gestängen.

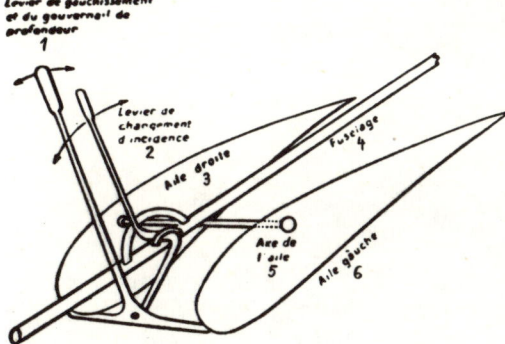

160 Die mechanisch einfachste Lösung einer Flügelsteuerung, angewendet im Typ *Loessl SB 3* (Rhön 1922). 1 – Knüppel für Querruderwirkung; 2 – Knüppel für Höhenruderwirkung; 3 – rechte Tragflächenhälfte; 4 – Rumpfträger; 5 – Tragflächenachse; 6 – linke Tragflächenhälfte.

Die Flügelsteuerung besitzt eine Reihe von Vorteilen: Das Flugzeug reagiert auf Steuerausschläge schneller als bei einer Normalsteuerung; bei einer Einstellwinkelveränderung steigt oder sinkt es ohne Veränderung der Rumpflage sofort in sich weg. Da der Pilot die Einstellwinkelveränderungen mit den Handhebeln herstellt, spürt er in seinen Händen auch alle Luftkräfte, die auf die Tragflächen wirken. Weiterhin erleichtert die Flügelsteuerung den Selbst- oder Eigenstart eines Gleitflugzeugs beträchtlich. Diese Tatsachen schienen für eine Realisierung des dynamischen Segelfluges besonders bedeutsam.

Die Flügelsteuerung besitzt jedoch auch ernste Nachteile. Die Tragflächen

benötigen Profile mit einer geringen Druckpunktwanderung, und selbst bei diesen entstehen an den Handhebeln bei Einstellwinkelveränderungen – bei flügelgesteuerten Flugzeugen sind das gleichzeitig Anstellwinkelveränderungen – so starke Steuerkräfte, daß bereits bei einem steileren Gleitflug die Körperkraft des Piloten nicht mehr ausreicht, um das Flugzeug wieder aufzurichten. Dieser Umstand führte später zu mehreren Abstürzen. Die Piloten bemängelten weiterhin die relativ schlechten Kurvenflugeigenschaften und die von HARTH gewählte flexible Bauausführung der Tragfläche, die das Fliegen bei stärkerem Wind erschwerte und unsicher machte.

Im Jahre 1914 gelangen die ersten Flüge mit der flügelgesteuerten *S IV*. Zunächst führte HARTH über fast ebenem Gelände mehrere Flüge von etwa 80 m Weite aus und erzielte dann auf der Ludwager Kulm bei einem Wind von 13 m/s einen Flug von einer Minute Dauer mit einer Flugweite von 100 m. Dieses Gelände war für größere Fortschritte wenig geeignet, und so siedelte HARTH in die Rhön über. Er errichtete noch im Frühsommer 1914 am Heidelstein eine Holzhütte zur Unterbringung seiner Gleiter. HARTH hatte in dem dreizehnjährigen Schüler

161 Führersitz eines *Harth-Messerschmitt-Gleitflugzeugs*.

162   Ein *Harth-Messerschmitt-Typ* startet im Rhön-Wettbewerb 1922.

WILLY MESSERSCHMITT einen zuverlässigen Helfer gefunden. Nach den Darmstädter Oberschülern hatte nun auch HARTH die Rhön für den Segelflug entdeckt.

Der Ausbruch des ersten Weltkrieges im August 1914 – HARTH mußte Soldat werden – verhinderte zunächst die Fortsetzung der Versuche. MESSERSCHMITT baute jedoch nach den Plänen HARTHS einen neuen Gleiter *S V* unter Verwendung von Bambus und Spanischrohr und mit nur einer zentralen Kufe. Während eines Urlaubs im September 1915 zog HARTH zum Heidelstein und flog dort vor allem am Osthang des Schwabenhimmels, wobei sich das flügelgesteuerte Flugzeug ausgezeichnet bewährte. Flüge bis 300 m Weite in 20 m Flughöhe gelangen. 1916 wurde HARTH als Lehrer für Flugzeugkonstruktion nach Schleißheim bei München abkommandiert. HARTH war von einer

regelrechten Bau- und Verbesserungswut befallen und baute nun mit MESSERSCHMITT die nächste Maschine *S VI* mit 12 m Spannweite. Die Mitwirkung MESSERSCHMITTS fand vom Jahre 1916 an in der Typenbezeichnung *Harth-Messerschmitt* ihren Ausdruck. Die Rumpfgerüste fertigte man jetzt aus Stahlrohr, die Rippen bestanden aus Sperrholz und die Tragfläche erhielt eine beidseitige Bespannung. Mit der neuen Maschine flog HARTH noch 1916 am Heidelstein dreieinhalb Minuten bei 12 m/s Windgeschwindigkeit und schwebte dabei fast drei Minuten in 8 bis 10 m Höhe über der Startstelle und landete in nur 30 m Entfernung von ihr, jedoch 15 m höher. Infolge technischer Mängel an der Steuerung mußte dieser Flug vorzeitig abgebrochen werden.

Nach dem Krieg ging HARTH zunächst als Konstrukteur zu den Bayrischen Flugzeugwerken (BFW), setzte seine Arbeiten auf dem Gebiet des Segelfluges jedoch ohne Unterbrechung fort. Mit der *S VII*, die im Frühsommer 1919 fertiggestellt werden konnte, unternahm HARTH in diesem und dem folgenden Jahr eine große Anzahl von Übungsflügen. Die HARTH-MESSERSCHMITT-Flugzeuge zeichneten sich seit 1921 durch gefällige Formen, eine relativ hohe aerodynamische Güte und solide ingenieurtechnische Bauausführung aus. Im Jahre 1921 richtete sich HARTH auf dem Heidelstein für einen längeren Aufenthalt ein und absolvierte am 12. September auf *S VIII* einen Segelflug von über 21 Minuten Dauer, der ab Seite 169 beschrieben wird. Dieser Flug endete leider mit einem schweren Absturz. Der Pilot erlitt einen doppelten Schädelbruch mit schwerer Gehirnerschütterung und daraus resultierendem Gedächtnisverlust sowie einen Beckenbruch.

1922 betrieben HARTH und MESSERSCHMITT auf der Wasserkuppe eine Segelflugwerkstatt und Flugschule. Gesundheitlich kaum wiederhergestellt, erschien HARTH als Pilot zum III. Rhön-Wettbewerb, doch die auf ihn und seine flügelgesteuerte Konstruktion gesetzten Hoffnungen erfüllten sich nicht. Der Hangsegelflug wurde von MARTENS und HENTZEN auf dem *Vampyr* verwirklicht.

In den Jahren darauf wurde es still um HARTH und seine Flügelsteuerung, wahrscheinlich zu Unrecht, da noch nicht alle Möglichkeiten dieser Steuerung ausgeschöpft waren. Der sich schon 1921 abzeichnende Bruch mit MESSERSCHMITT – dieser wollte nach dem Erfolg von PESCHKE am Feldberg auf *Weltensegler* ebenfalls eine schwanzlose Maschine bauen, während HARTH sein System beizubehalten gedachte – vollzog sich 1922 endgültig in technischer wie kommerzieller Hinsicht.

Von 1924 bis 1933 war HARTH arbeitslos, die letzten drei Jahre Wohlfahrtsempfänger, und er litt auch als Folge des schweren Flugunfalls und der nicht erfüllten fliegerischen Hoffnungen viele Jahre lang an Depressionen. Schon vor dieser Zeit hatte er sich den Nationalsozialisten angeschlossen. Unter Berücksichtigung der Tatsache, daß seine flugtechnischen Aktivitäten das Wertvolle und Bleibende an seiner Tätigkeit sind, gehört FRIEDRICH HARTH dennoch zu den Vorkämpfern und Altmeistern des Segelfluges.

KNOLLER und BETZ

Der Aerodynamiker ALBERT BETZ veröffentlichte im November 1912 in der Zeitschrift für Flugtechnik und Motorluftschiffahrt einen wissenschaftlichen Aufsatz über den Segelflug, der über Jahre hinweg große Beachtung fand und das Segelflugproblem aus der Vergessenheit heraustreten ließ, in die er durch die Erfolge des Motorfluges geraten war.

BETZ erwähnte die Möglichkeit des Segelfluges im Hangaufwind und führte den «wahren Segelflug», der nach seiner Meinung von Hängen und Aufwinden unabhängig war, auf Turbulenzerscheinungen des Windes zurück. Er betrachtete zunächst den bekannten Fall von schnellen Veränderungen der horizontalen Windgeschwindigkeit und empfahl einen Steigflug bei großer und einen Sinkflug bei kleiner Windgeschwindigkeit. BETZ wies jedoch darauf hin, daß bei den Vögeln dieser Flugstil nicht beobachtet werden kann. (Die theoretischen Probleme dieses Stils sind bereits im Abschnitt über LANGLEY dargelegt worden.)

Die Möglichkeit eines Segelfluges im thermischen Aufwind erwähnte der Autor nicht, und da er den Segelflug im Hangaufwind für unbedeutend hielt, wurde BETZ bis zum heutigen Tage als ein Vertreter der Theorie des dynamischen Segelfluges betrachtet.

BETZ entwickelte eine Theorie, die als KNOLLER-BETZ-Effekt in die Luftfahrtgeschichte eingegangen ist. RICHARD KNOLLER hatte schon 1909 diese Möglichkeit des Segelfluges erläutert, und KATZMAYR wies sie 1922 im Windkanal als realisierbar nach. BETZ vermutete periodische Schwankungen der Windrichtung in der Vertikalebene im Sinne einer aufsteigenden und absteigenden Wellenbewegung der Luftmasse (siehe PÉNAUD) und war der Meinung, daß der aufsteigende Teil einer kontinuierlichen Wellenbewegung der Luft eine Verringerung des Luftwiderstands und einen Vortrieb oder negativen Widerstand erzeuge und somit einen Segelflug ermögliche. Als Flugmanöver empfahl er, bei aufsteigender Windrichtung zu «ziehen» und bei fallender zu «drücken».

Der grundlegende Irrtum BETZ' und seiner zahlreichen Anhänger bestand darin, die Möglichkeit eines Energiegewinns bei vorhandener Vertikalkomponente des Windes dem dynamischen Segelflug zuzuordnen. In Wirklichkeit ist dies eine Variante des statischen Segelfluges, denn der aufsteigende Teil der Wellenbewegung der Luft ist ein Aufwind! In jedem Fall entnimmt ein Flugzeug beim Flug durch eine aufsteigende Luftmasse dieser Energie und gewinnt damit Höhe bzw. verringert den Höhenverlust, was gleichbedeutend mit einer Vortriebswirkung ist; genauso, wie es beim Fluge durch eine absinkende Luftmasse, einen Abwind, zusätzlich an Energie verliert. Dynamisch waren bei dem von BETZ vorgeschlagenen Flugstil lediglich die Flugmanöver. Diese beeinflussen die Energieausnutzung der aufsteigenden Luftmasse durch das Segelflugzeug tatsächlich, denn in einer gleichförmigen Wellenbewegung der Luft heben sich Energiegewinn im Aufwind und Energieverlust im Abwind zunächst gegenseitig auf, wenn nicht durch ein entsprechendes Flugregime – längeres Verweilen im Aufwind durch Langsamflug (bei BETZ Steigflug) und kürzeres Verweilen im Abwind durch Schnellflug (Sinkflug) – eine Zeitoptimierung vorgenommen wird. Allerdings begründete BETZ weder in Worten noch mathematisch die von ihm empfohlenen Manöver. Erst Jahrzehnte später

wurde dieses Verfahren, völlig unabhängig von BETZ, ein entscheidender Teil der Sollfahrttheorie und des Delphinstils.

Bis in die Gegenwart hinein hat die Umkehr der Theorie von KNOLLER und BETZ unter dem Gesichtspunkt der Relativität der Bewegung («Luftfahrt in gewellter Strömung» usw.) Verwirrung gestiftet. Der wellenförmige Flug eines Segelflugzeugs in ruhiger oder nur gleichmäßig horizontal bewegter Luft, oder die Erzeugung einer gewellten Strömung in einem Vortriebsmechanismus, bringt in keinem Fall einen Energiegewinn, da hier der energiespendende Aufwind fehlt; das Gegenteil, ein Energieverlust, ist der Fall.

BETZ konzipierte in seinem Aufsatz auch eine Flügelsteuerung und war der Meinung, daß sie ein schnelles Anpassen an wechselnde Luftströmungen erleichterte. Der Artikel von BETZ gab den im In- und Ausland existierenden Theorien des dynamischen Segelfluges und der Unterschätzung der Möglichkeiten des statischen Segelfluges neue Nahrung und trug zu einer regelrechten Fehlorientierung bei.

Erster Weltkrieg und Segelflug

In der älteren Segelflugliteratur ist wiederholt behauptet worden, daß der erste Weltkrieg und seine negativen Folgen eine positive Auswirkung auf die Herausbildung des Segelfluges gehabt haben sollen. Unter Verzicht auf jede Polemik sollen die wichtigsten Tatsachen des Zusammenhangs zwischen Weltkrieg und Segelflug dargelegt werden.

Erstens: Die Gleitflugbewegung mit dem Ziel der Verwirklichung des Segelfluges existierte im In- und Ausland schon viele Jahre vor 1914, und zu ihrer Herausbildung und Entwicklung bedurfte es weder des Krieges noch des Militarismus.

Zweitens: Durch den Krieg wurden die Segelflugaktivitäten in den meisten Ländern eingeschränkt, wenn nicht lahmgelegt. Viele der Gleitflugenthusiasten blieben auf den Schlachtfeldern.

Drittens: Die zwangsläufigen Auswirkungen des Krieges bei Siegern und Besiegten, wie wirtschaftliche Schwierigkeiten, Mangel an Rohstoffen, Inflation, Verarmung, jahrelange Erschwerung internationaler Kontakte, usw. wirkten sich nachteilig auf die Entwicklung des Segelfluges in allen Ländern aus.

Viertens: Auch im besiegten Deutschland waren die Folgeerscheinungen des Krieges keineswegs die Ursache für die Entwicklung des Segelfluges. Die Losung «Wenn man uns nicht mehr mit Motoren fliegen läßt, fliegen wir ohne Motor» war in dem unterstellten Sinne falsch, denn es gab nach 1918 zu keiner Zeit ein Motorflugverbot. Daher waren solche Sprüche wie «Trotz alledem», «unbeugsamer Wille zum Fliegen» usw. im Zusammenhang mit den die Luftfahrt betreffenden Klauseln des Versailler Vertrages nicht zutreffend und in der Segelflugbewegung auch nicht verbreitet. Diese schöpfte auch in Deutschland ihre Haupttriebkraft aus der Tatsache, daß der Segelflug als eigenständiger Zweig der Luftfahrt ein noch ungelöstes wissenschaftlich-technisches Problem darstellte, er eine interessante, schöpferische Betätigung versprach und wie vor dem Krieg als Alternative gegenüber dem äußerst kostspieligen Motorflug betrachtet wurde.

Der Altmeister des französischen Segelfluges, ERIC NESSLER, brachte den Zusammenhang zwischen erstem Weltkrieg und Segelflug wie folgt zum Ausdruck: «Nein, der Krieg und seine Folgen haben keineswegs das Anwachsen des Segelfluges begünstigt, sondern hat ihn ... gebannt ... Die Geißel, die die Menschen periodisch auf das Niveau wilder Tiere herabsinken läßt und die nichts als Schlechtes, Verwirrung und Perversion hervorbringt, schafft niemals ein Klima, das für die Entwicklung positiver und schöner Dinge günstig ist.» [78, S. 156 f]

Von wenigen durch den Krieg geschaffenen Umständen ging allerdings auch eine begrenzt fördernde Wirkung aus, die jedoch die negativen Folgen des Krieges für den Segelflug insgesamt nicht aufzuheben vermochte. Förderlich wirkte die Tatsache, daß es eine große Anzahl von ausgebildeten und nunmehr überflüssigen Militärflugzeugführern gab, von denen ein Teil auch nach dem Krieg gerne weitergeflogen wäre. So kamen einige ehemalige, aber noch flugbegeisterte Motorflieger auf den Gedanken, sich dem Neuland Segelflug zuzuwenden und brachten ihre Flugerfahrung in die Bewegung ein. Doch ohne die erkennbaren Perspektiven des Segelfluges wäre auch dieses fördernde Moment bald eingeschlafen. Dieser partiell fördernde Faktor, wie auch die anderen Triebkräfte, kamen in einer Stellungnahme von WOLFGANG KLEMPERER (Dresden) zum Ausdruck: «Als ich nach Kriegsende kaum Gelegenheit zum Fliegen mehr hatte und sah, daß es vielen Kameraden, die mit Leib und Seele Flieger waren, ähnlich ging, wurde mir bewußt, daß eine Wiederaufnahme des fast vergessenen Gleitflugsports, den ich von den Flügen von EULER, REICHELT und den Darmstädter Studenten vor dem Kriege her kannte, eine willkommene Möglichkeit bieten würde, ‹weiterzufliegen›, und zwar ohne das damals unerschwingliche Benzin und ohne Gefahr, seitens der Alliierten wegen verkappter kriegerischer Handlungen behindert zu werden. Vom wissenschaftlichen Standpunkte erwachte das Interesse an Flugversuchen ohne Propellerbeeinflussung. Auch lockte die Hoffnung, daß die Anwendung der Kriegsflugerfahrungen, übertragen auf motorlose Flugzeuge, die Lösung der menschlichen Nachahmung des Segelfluges der Vögel bringen möchte. In all diesen Gedanken traf ich mich mit mehreren Gleichgesinnten, insbesondere OSKAR URSINUS, Professor LINKE (Frankfurt) und ERICH MEYER (Dresden). Zusammen gaben wir den Anstoß zum ersten Besichtigungsausflug nach der Wasserkuppe, Pfingsten 1920, an dem auch ERNST VON LOESSL und Prof. HOFF teilnahmen und sich für die Idee begeisterten.» [62, S. 112 f]

Eine weitere positive Triebkraft für den Gleit- und Segelflug ging auch von der einseitigen Entwicklung des Flugwesens im Kriege aus. Höhere Flugleistungen der Militärflugzeuge waren vor allem durch den Einbau immer stärkerer Triebwerke erzielt worden. Der Weg des Fortschritts über die Verbesserung der aerodynamischen Qualität der Flugzeuge wurde vernachlässigt, wenn man von den wenigen Ausnahmen wie HUGO JUNKERS (Dessau) absieht. Einsichtigen Flugtechnikern war dieser grundsätzliche Mangel schon damals klar geworden und es gab entsprechende Veröffentlichungen von GREY, EULER, KLEMM, RUMPLER und anderen. Man kam zu der Schlußfolgerung, daß man den Flugmotor zunächst einmal beiseite stellen sollte, um das Flugzeug auf ein hohes aerodynamisches Niveau zu bringen. Je höher die Qualität eines Flugzeugs im Gleitflug, desto höher seine Leistungen als Motorflugzeug! Dieser Umstand bewirkte die intensive Unterstützung der Segelflugbewegung in ihren Anfangsjahren durch zahlreiche Flugwissenschaftler.

Die von rechten politischen Kräften in die Welt gesetzte, historisch nicht haltbare Behauptung, daß der Segelflug in Deutschland als Folge des Versailler Vertrages mit einer primär militärischen Zielsetzung entstanden sei, wurde teilweise sogar von Menschen mit einer kritischen Einstellung als bare Münze genommen und in dem Sinne noch überhöht, daß der Segelflug vor 1933 in diesem Lande als Ganzes das Ergebnis einer generalstabsmäßigen Planung des deutschen Militarismus und der Regierungen gewesen sei, um den Flugsport später für aggressive Ziele mißbrauchen zu können.

Derartige Meinungen entsprachen weder der Entstehungsgeschichte noch dem Inhalt der deutschen Segelflugbewegung vor 1933.

Die Berührungspunkte zwischen Segelflug und Militärwesen waren bereits aus sachlichen Gründen stark begrenzt. Das Segelflugzeug besaß gegenüber dem Motorflugzeug von Anbeginn die Besonderheit, daß seine militärischen Verwendungsmöglichkeiten gering waren, während das Motorflugzeug schon vor seiner Existenz als potentielle Waffe galt. Durch diese Tatsachen wurden die vielfältigen sozialökonomischen Zusammenhänge ausgelöst, die den massenhaften Mißbrauch des Motorfluges für Zwecke der Aggression und Vernichtung zur Folge hatten.

I. Rhön-Wettbewerb 1920

Der Startschuß zur Wiederaufnahme des Gleitfluges in Deutschland erfolgte am 15. Februar 1919 durch eine Artikelserie in der Zeitschrift Flugsport. In sechs Fortsetzungen erörterte ERICH MEYER (Dresden) bis zum 16. April 1919 das Thema: «Wie kann man das Gleit- und Segelfliegen betreiben?» Die Darlegungen fanden ein breites Echo, fast in jeder Ausgabe meldeten sich Enthusiasten zu Wort. WOLFGANG KLEMPERER und ERICH MEYER, Studenten der damaligen TH Dresden, veröffentlichten daraufhin am 24. März 1920 einen Aufruf für die Veranstaltung eines Gleit- und Segelflugwettbewerbs auf der Rhön im gleichen Jahre. Mit der Unterstützung weiter Kreise konnte er tatsächlich stattfinden. Damit begann eine neue Etappe in der Entwicklung des Gleit- und Segelfluges. Der unmittelbare Erfahrungsaustausch der Gleit- und Segelflieger eines hochentwickelten Landes wurde herbeigeführt und eine wichtige Triebkraft, der Wettbewerb, für die weitere Entwicklung dieser Sportart nutzbar gemacht.

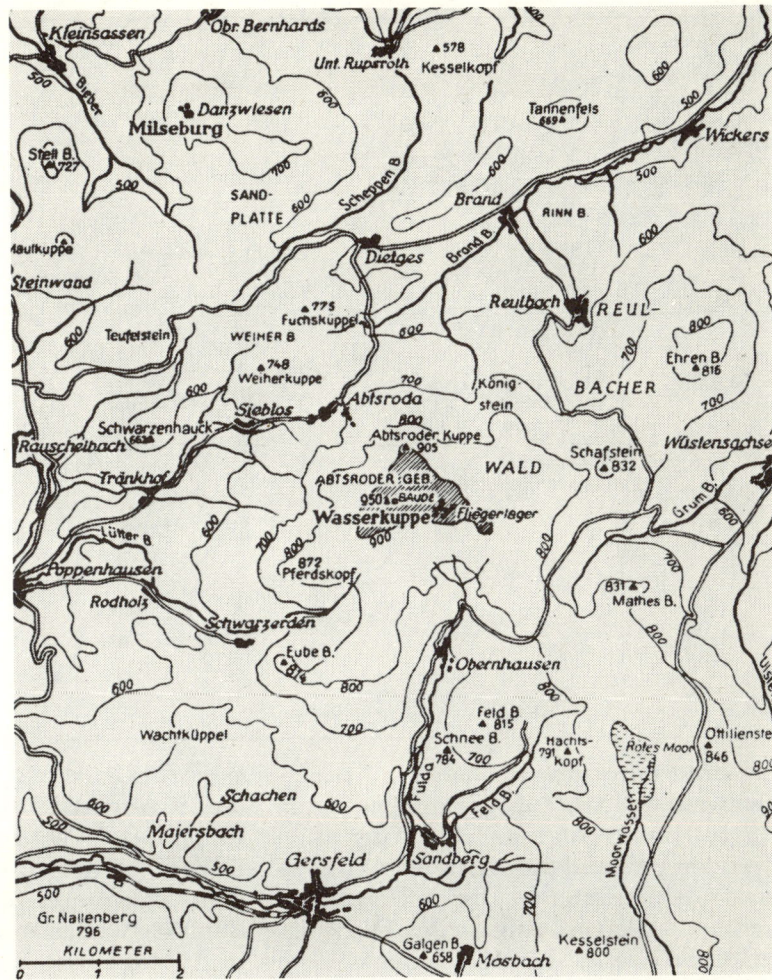

163   Die Wasser-
kuppe und ihre Um-
gebung.

164   Das Segel-
fluglager am Südhang
der Wasserkuppe
(1922).

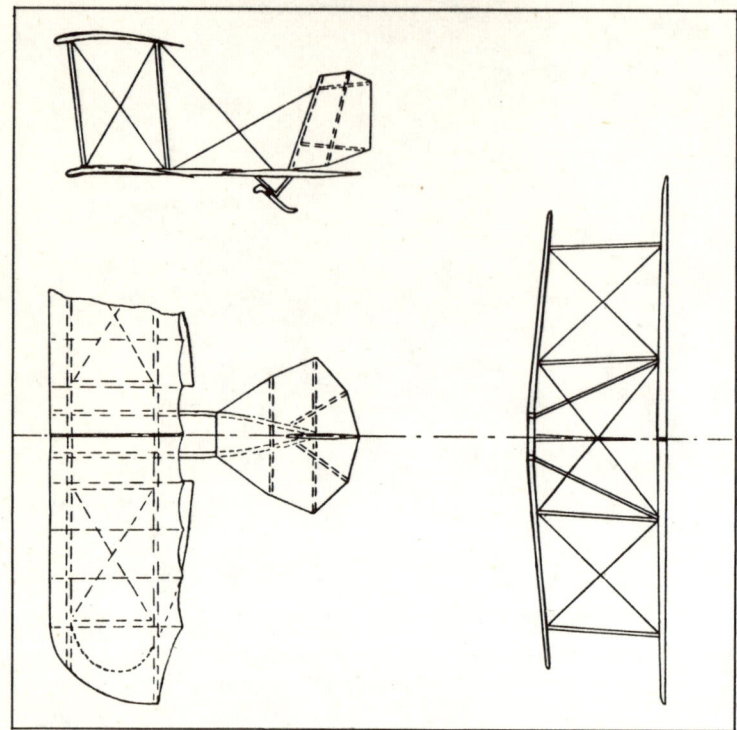

165   PELZNER-Hängegleiter (1920).
Spannweite 5,40 m, Flügel-tiefe 1,30 m, Länge 3,10 m, Höhe 1,30 m.

Veranstalter des I. Gleit- und Segel-flugwettbewerbs (ausgeschrieben vom 15. Juli bis 31. August 1920) auf der Rhön war der Verband der Deutschen Modell- und Gleitflugvereine. Drei auf der Wasserkuppe (950 m) aufgestellte Flugzeug-zelte und zwei «feste» Holzbauten dienten den Teilnehmern und 25 gemeldeten Flugzeugen als Unterkunft.

Am 6. August vollführte BRUNO POELKE auf einem Hängegleiter bei einem Wind von 10 bis 12 m/s mit acht Sekunden Flugdauer den ersten Wettbewerbsflug. PELZNER flog unermüdlich seinen Hänge-gleiter, der ganze 12,5 kg wog, mit Ölpa-pier nur einseitig bespannt war und 18,50 M Materialkosten verursacht hatte. Seinen längsten Flug erzielte er mit 452 m in 52 Sekunden bei 1 bis 3 m/s Windge-schwindigkeit.

EUGEN VON LOESSL, ein Gleitflieger aus der alten Darmstädter GUTERMUTH-Gruppe, hatte in der vierten Wettbe-werbswoche schließlich seinen Rumpf-doppeldecker fertiggestellt und unter-nahm am 8. August die ersten Probeflüge. Am 9. August 1920 startete er am West-hang. Der Höhenverlust am Anfang die-ses Fluges war so gering, daß man hier Einflüsse vermutete, die dem Segelflug ei-nen Weg weisen konnten. Mit zunehmen-der Flugstrecke nahmen jedoch die Längsschwingungen zu, die Höhenruder-ausschläge wurden immer größer, bis sich plötzlich die linke Hälfte des Höhenru-ders vom Rumpf löste und das Flugzeug am Westhang etwa 150 m tief in das Tal stürzte. Der offensichtlich nicht ange-schnallte Pilot war während des Sturzes aus dem Flugzeug gefallen. EUGEN VON LOESSL war das erste Opfer der jungen Segelflugbewegung der Nachkriegszeit. MEYER, Mitglied der Technischen Kom-mission, die das Flugzeug zugelassen hatte, schrieb nach diesem Unfall: «Die Verantwortung hat lange auf uns ge-lastet!»

Trotz dieses Ereignisses entschieden sich die Wettbewerbsteilnehmer, LOESSL zu ehren, indem sie weiterflogen.

166   EUGEN VON LOESSL fliegt seinen Doppeldecker (1920).

RICHTER und HAUENSTEIN (Berlin) flogen mit ihrem Dreidecker 200 m in 22 Sekunden; alle anderen Piloten vollführten Flüge und Sprünge unter 100 m Flugweite; die Vorkriegsleistungen konnten noch nicht überboten werden.

Einen Lichtblick brachte das verspätete Erscheinen der Flugwissenschaftlichen Vereinigung Aachen.

WOLFGANG KLEMPERER flog mit dem *Schwarzen Teufel* in 32 Sekunden 360 m, dann in 75 Sekunden 220 m, schließlich in 142 Sekunden 1830 m weit. Etwa 400 m nach dem Start zu dem letzten Flug überflog KLEMPERER in nur 10 m Höhe den Steilabfall des Westhangs in Richtung Sieblos. Deutlich war hier ein plötzliches, kurzzeitiges Steigen des Flugzeugs im Hangaufwind zu erkennen, ohne daß die Teilnehmer richtige Schlüsse über die Existenz und Nutzung des Hangaufwindes zogen. KLEMPERER landete bei der Siedlung Tränkhof, 300 m tiefer als die Kuppe. Die Windgeschwindigkeit betrug bei diesem Fluge 4 bis 5 m/s. Während der Flüge am 7. September – der Wettbewerb war bis zu diesem Tage verlängert worden – stieg KLEMPERER bei böigem Wind von 15 m/s mehrmals auf 5 bis 10 m Höhe über Start. Die guten Flugleistungen des *Schwarzen Teufels* waren auf seine aerodynamischen Vorzüge zurückzuführen und wurden durch die von den Aachenern mitgebrachte Gummiseilmethode erleichtert, die auch bei Windstille sichere Starts mit einer guten Beschleunigung ermöglicht. Diese Methode entwickelte sich zur klassischen Startart auf der Rhön.

Durchaus typisch verlief der letzte Wettbewerbstag. Die noch flugfähigen Gleiter brachte man zum Nordhang, der Abtsrodaer Kuppe; ein Flugzeug ging während des Transports zu Bruch, die verbleibenden Flugzeuge waren nach einer halben Stunde, nach Vollzug kurzer Sprünge, zu Kleinholz verarbeitet worden. Ein Teilnehmer berichtete mit einem

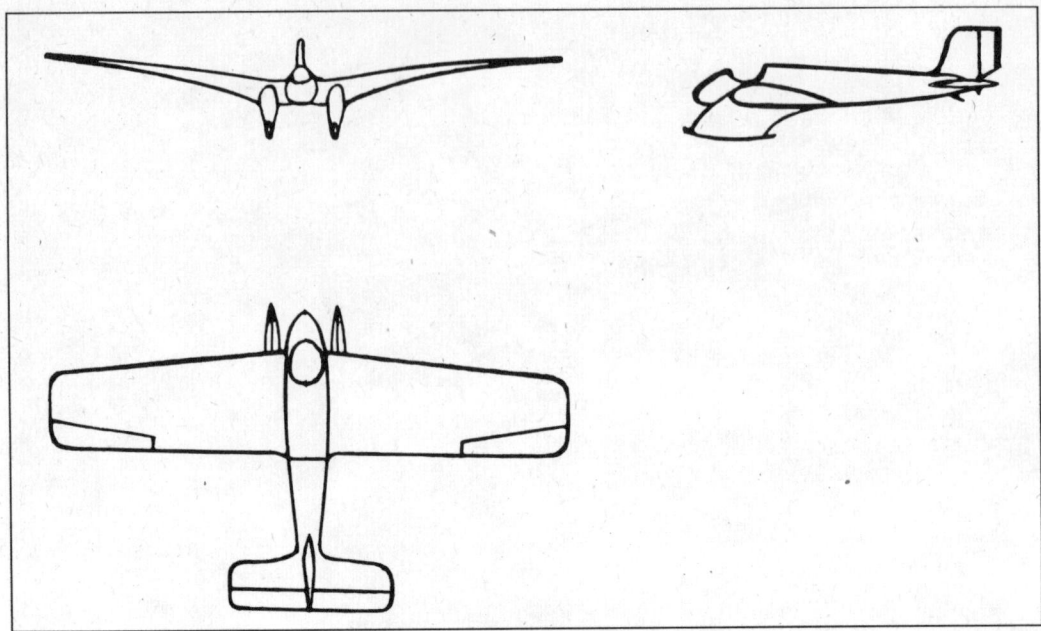

167 *FVA 1 Schwarzer Teufel* der Flugwissenschaftlichen Vereinigung Aachen (1920).

168 JUNKERS-Windkanalmodell. Die aerodynamischen Vorstellungen von Prof. JUNKERS regten KLEMPERER zum Bau des *Schwarzen Teufels* an.

Anflug von Ironie, daß dann am Hang mit einem «dreifachen Hoch» auf die «edle Segelfliegerei» der Wettbewerb seinen Abschluß fand. [86, S. 138] Die Überbietung der Leistungen der Darmstädter Gleitflieger durch KLEMPERER und speziell die Konzeption des *Schwarzen Teufels* ließen ahnen, zu welchen Leistungen es der Segelflug noch bringen könnte. Konkrete Vorstellungen über den Weg zum Segelflug existierten jedoch nicht.

Bei den beteiligten Fliegern und Vereinen herrschte Einigkeit darüber, daß der ersten eine zweite Rhön im Jahre 1921 folgen sollte. Von aerodynamisch verbesserten Segelflugzeugen, erfahreneren

169 Tragflügelprofile Rhön 1920:
I. *Schwarzer Teufel* II. LOESSL-Doppeldecker III. Fliegervorschule IV. RICHTER-HAUENSTEIN.

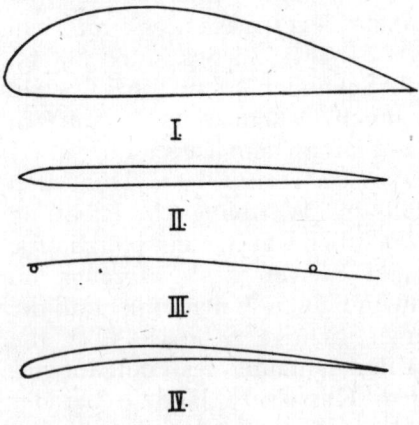

Piloten und einer engen Zusammenarbeit mit der Wissenschaftlichen Gesellschaft für Luftfahrt (WGL) versprach man sich neue Fortschritte.

Zum Zeitpunkt des Wettbewerbs hatte FRITZ PESCHKE auf dem schwanzlosen Segelflugzeugtyp *Weltensegler* am 19. August 1920 am Feldberg im Hochschwarzwald einen Segelflug von etwa zwei Minuten Dauer absolvieren können. PESCHKE war bei einer Windgeschwindigkeit von 8 bis 10 m/s um 14.35 Uhr gestartet, überflog die Startstelle zweimal in 6 bis 8 m Höhe und legte etwa 2,2 km Flugstrecke in Form einer langgestreckten, liegenden Acht mit engen Wendekurven zurück. Die Fluggeschwindigkeit schwankte zwischen 12 bis 20 m/s. Erst im letzten Teil des Fluges trat ein Höhenverlust von 85 m gegenüber der Startstelle ein. Bei der Landung in ungünstigem Gelände, etwa 300 m vom Start entfernt, wurde der Segler beschädigt. Wie es der Bericht des Sportzeugen VON ALTHAUS bezeugt, waren sich die Beteiligten über die Ursache des Segelns und die Bedeutung des Fliegens von Achten am Hang offensichtlich nicht im klaren: «Wenn der Führer den vogelähnlichen Apparat in die Kurve legte, konnte man jedes mal besonders starkes Steigen beobachten, was sehr an das Kreisen der Raubvögel erinnert.» [28, S. 413] Die tragende Wirkung des Hangaufwindes wurde als Segelflugursache nicht erwähnt.

170   LUDWIG PRANDTL (1875–1953).

II. Rhön-Wettbewerb 1921

Der Veranstalter veröffentlichte die Ausschreibung zum Rhön-Segelflug-Wettbewerb 1921 im Februar. Sein Ziel war die «Ausnutzung der natürlichen Windenergie beim Fluge ohne motorischen Antrieb». Die I. Rhön hatte die Anzahl der wissenschaftlichen Artikel und Diskussionen über das Segelflugproblem sprunghaft ansteigen lassen. Jm Juli 1921 veröffentlichte Professor LUDWIG PRANDTL – er

hatte den I. Rhön-Wettbewerb als Gast aufmerksam verfolgt – einen Aufsatz über den Segelflug, dessen Inhalt für die künftige Entwicklung des Segelfluges bedeutsam war:

«... Unter Segelflug sei – im Gegensatz zum Gleitflug – der motorlose Flug ohne Höhenverlust verstanden. Für den Segelflug stehen nach den Gesetzen der Flugmechanik zwei Energiequellen zur Verfügung, einmal aufsteigende Luftströme, dann aber auch die Ungleichmäßigkeiten des natürlichen Windes ... Wenn wir zunächst fragen, welcher der genannten Energiequellen sich die segelnden Vögel bedienen, so kann – wenigstens was die heimischen Vogelarten betrifft – die Antwort wohl nur sein, daß sie, wenn nicht ausschließlich, so doch der Hauptsache nach sich immer der aufsteigenden Luftströme bedienen. Aufsteigende Luftströme sind im unebenen Gelände immer zu finden, wenn Wind weht. Sie kommen bei ruhigerem Wetter auch über der Ebene durch meteorologische Einflüsse zustande. Die Vögel suchen für ihre Flugübungen natürlich die aufsteigenden Ströme auf, und da diese häufig räumlich nicht sehr ausgedehnt sind, müssen die Vögel kreisen, um in dem aufsteigenden Strom zu bleiben ...

Wenn man die aufsteigenden Luftströme in möglichst hohem Grade ausnutzen will, so wird man danach streben müssen, Flugzeuge mit kleiner Sinkgeschwindigkeit zu bauen. Man ist dann imstande, alle aufsteigenden Luftströme auszunutzen, deren lotrechte Komponente größer ist als die Sinkgeschwindigkeit ... An einem Hang, der steiler ist als die Bahn des flachsten Gleitfluges, ist es übrigens möglich, auch bei Windgeschwindigkeiten zu segeln, die kleiner sind als die kleinste Schwebegeschwindigkeit ... Wenn der Hang hinreichende Breitenausdehnung hat, kann das Flugzeug sich ... schräg zum Hang stellen und quer zu ihm auf ein- und derselben Höhe oder langsam steigend entlangstreichen ... Diese Flugart kann man bei Möwen am Strande häufig beobachten.

Sie dürfte unter ähnlichen Bedingungen auch für den Menschen gut ausführbar sein ...» PRANDTL war der Meinung, daß man den Satz: «Ohne aufsteigenden Wind kein Segeln», wohl als richtig ansehen kann und gab bezüglich der hoch im Kurse stehenden Theorie des dynamischen Segelfluges zu bedenken, «daß ja auch jede einzelne große Meereswoge eine Ablenkung des Windes nach oben ergibt, die die Vögel sich zu Nutze machen.» [31, S. 209f]

Für das Erreichen einer minimalen Sinkgeschwindigkeit empfahl PRANDTL Flügel mit einem großen Seitenverhältnis (Streckung), stärker gewölbten Profilen mit hohen Auftriebs- und kleinen Widerstandsbeiwerten und demonstrierte diese Zusammenhänge an Hand von Formeln.

Die in der Gleitflugbewegung geleistete Pionierarbeit zeitigte auf der II. Rhön (10. bis 25. August 1921) die ersten sichtbaren Erfolge. 46 Flugzeuge waren gemeldet worden, 26 davon erschienen auf der Kuppe. Bei vielen der Flugzeuge waren aerodynamische Fortschritte erkennbar. Die Aachener Studenten kamen mit der *Blauen Maus*, einer verbesserten und leichteren Variante ihres *Schwarzen Teufels*. Die Segelflugzeugwerke Baden-Baden erschienen mit dem *Weltensegler*, von spöttischen Piloten zu Unrecht als «Seltensegler» bezeichnet. Es war ein schwanzloser Eindecker mit einem kleinen Rumpfboot, großem Seitenverhältnis und geringer Flächenbelastung. Die Konstruktion stammte von Professor FRIEDRICH WENK, und PESCHKE hatte sie im Vorjahr erfolgreich geflogen. (Spannweite 15,0 m, Länge 4,1 m, Flächeninhalt 18 m^2, Leermasse 42 kg, möwenähnliche V- und Pfeilform der Tragfläche). Die elastischen Außenflügel dienten als Höhen-, Seiten- und Querruder.

Den größten technischen Fortschritt verkörperte der *Vampyr* der Studenten aus Hannover, der leistungsmäßig bei diesem Wettbewerb zwar noch nicht voll zum Zuge kam, aber dennoch als Ahn des modernen Segelflugzeugs und Beginn der eigentlichen Segelflugzeugentwicklung betrachtet werden muß.

Der Wettbewerb begann am 10. August 1921 mit zwölf Wettbewerbsflügen. Bis zum 14. August waren die Höchstleistungen des Vorjahres noch nicht erreicht worden. Am Nachmittag des 14. August startete WILHELM LEUSCH auf *Weltensegler-Eindecker FN 4* vom Westhang. Der Wind wehte mit 8 m/s, in Böen jedoch erheblich auffrischend. Regenwolken und Gewitterhagel zogen zeitweise über die Rhön hinweg. Vier Helfer hoben das Flugzeug auf ihre Schultern und nach nur 10 m Anlauf gelang der Übergang zum freien Flug. Im gleichmäßigen, verhältnismäßig schnellen Geradeausflug stieg das Flugzeug in 1:46 min auf mindestens 50 m Höhe über der Startstelle (nach anderen Angaben

171   *Vampyr* (Ausführung 1921) – der Ahn des modernen Segelflugzeugs. (Bild S. 165)

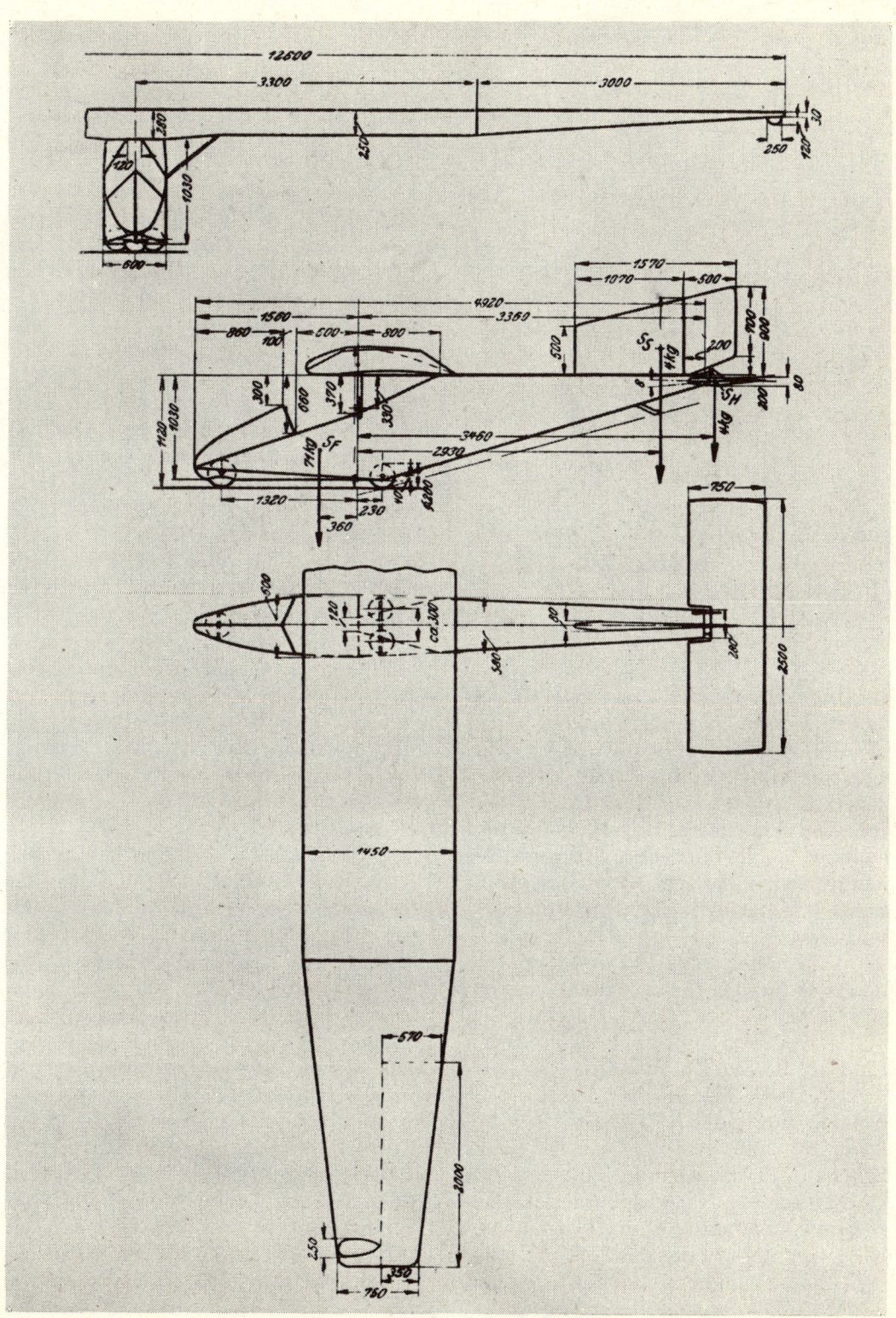

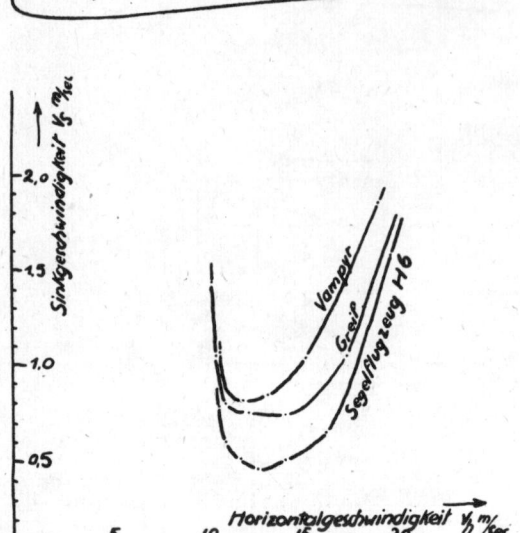

172   Das Profil des *Vampyr* –
Gö 482.

173   Sinkgeschwindigkeitspolare des *Vampyr*.

auf 100 m Höhe), die Flugweite betrug zu diesem Zeitpunkt etwa 975 m, die Fluggeschwindigkeit gegenüber Grund lag demnach bei etwa 9 m/s und die gegenüber der Luft bei etwa 17 m/s. LEUSCH war zunächst vom Hangaufwind gehoben und dann wahrscheinlich vom Aufwind der relativ niedrig hängenden Wolken erfaßt worden. Seltsamerweise wurde diese erstaunliche Tatsache von den Zeitgenossen nicht näher analysiert und kommentiert; das hier gegebene Signal war nicht verstanden worden! Der leichte Steigflug des *Weltenseglers* hinterließ einen tiefen Eindruck bei den Zuschauern.

Als LEUSCH sich in einer Rechtskurve befand, stürzte der *Weltensegler* fast senkrecht ab, offensichtlich infolge eines Bruchs in der Steuerung; dann brachen die Flächen ab. Nach anderen Angaben zerbrach zunächst eine Tragflächenhälfte. LEUSCH war das zweite Todesopfer des Rhön-Segelfluges, doch wieder galt das Motto: «Es wird weiter geflogen!»

Bis zum 20. August konnten 48 Wettbewerbsflüge und 17 Übungsflüge durchgeführt werden. KLEMPERER gelang es bei fünf Flügen, sich bis zu 10 m über die Abflugstelle zu erheben. Am 23. August legte ARTHUR MARTENS auf *Vampyr* 3580 m in 5:33 min zurück und landete glatt bei Oberndorf. Es war dies gleichzeitig sein Segelflugzeugführerprüfungsflug. Am letzten Wettbewerbstag, dem 25. August, flog KLEMPERER auf *Blaue Maus* 2580 m in 5:30 min und landete bei Poppenhausen. KARL KOLLER flog in 5:05 min bis Poppenhausen über 4000 m weit auf dem Eindecker des Bayrischen Aero-Klubs.

Die Gesamtstartzahl lag bei etwa 120 Flügen mit einer Gesamtdauer von 01:50:18 h und einer Gesamtstrecke von 61930 m. Den Stand der fliegerischen Erfahrungen erkennt man daran, daß die Wettbewerbsleitung Richtungsänderungen von 90° und Vollkreise besonders wertete.

Aus finanziellen Gründen konnte der Wettbewerb 1921 offiziell nicht verlängert werden, dennoch nahm das Fliegen noch kein Ende. Am 27. August flog KLEMPERER in 2:45 min 350 m weit. Am 31. August gelang ihm auf der *Blauen Maus* ein ganz beachtlicher Flug.

Gegen 13.50 Uhr startete er in der Nähe der LOESSL-Pyramiden, flog mit einem S-Schlag am Steilhang bis zum Pferdskopf und befand sich dort bereits in 100 m Höhe (!) über dem Startplatz – blieb dann aus unbekannten Gründen jedoch nicht in diesem Aufwindfeld, sondern flog zunächst in Richtung Tränkhof, dann in Kurven und Achten in Richtung Gersfeld weiter und landete dort bei einer Gärtnerei. KLEMPERER befand sich

174   WILHELM LEUSCH
wenige Minuten vor seinem
letzten Flug. (Die rechte
Tragfläche, in Flugrichtung
gesehen, besitzt in der
Vorlage für dieses Bild eine
technisch nicht zutreffende
Retusche. Um weitere
Ungenauigkeiten zu ver-
meiden, wurde das Bild so
belassen.)

175   Der letzte Flug von LEUSCH (1921).   176   *Vampyr* (1921).

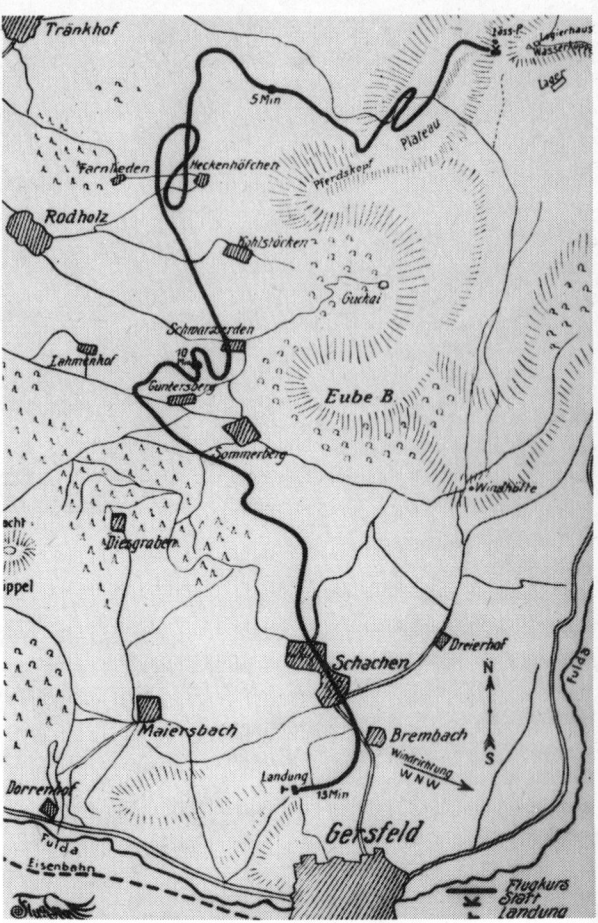

177   WOLFGANG KLEMPERER fliegt die *Blaue Maus*
(1921).

178   KLEMPERERS Flug vom 31. August 1921.

13:03 min in der Luft und legte in gerader
Linie die Strecke von 5 km zurück. Dieser
spektakuläre Flug stellte eine neue Dauer-
und Streckenweltbestleistung dar. Daß
hier Aufwinde im Spiel waren, erkennt
man nicht nur an der Startüberhöhung,
sondern auch an der Flugdauer. Der
Landeort lag in etwa 550 m Höhe, so daß
KLEMPERER eine Höhe von 500 m abfliegen konnte.

Bei einer Sinkgeschwindigkeit der
Blauen Maus von etwa 1 m/s (geschätzt)
hätte das eine Flugdauer von höchstens
8:20 min ergeben. Die noch zusätzlich
erzielten 4:43 min sind demzufolge auf
Aufwinde zurückzuführen.

KLEMPERER und andere Piloten waren
davon überzeugt, dynamische Flugmanöver ausgeführt zu haben. In KLEMPERERS
Flugbericht gab es jedoch wichtige Hinweise auf thermische Aufwinde: «Wenn
man nämlich sich an das langsame Fliegen mit 10−12 m/s gewöhnt hat, so kann
man allerhand in der Luft sehen: Mük-
ken, Käfer, Schmetterlinge, Blumensa-
men, Blättchen, Papierstückchen, und als
ich merkte, daß diese manchmal rechts
von mir relativ zu mir etwas aufwärts und
links von mir abwärts oder weniger
aufwärts entgegen kamen, da steuerte ich
natürlich nach rechts, was promt durch
einen Ausschlag des Beanspruchungs-

messers und folgendem Höhengewinn belohnt wurde.» [29, S. 339] Der «Beanspruchungsmesser» war ein Beschleunigungsmesser, der vertikale Beschleunigungen, also das Einfliegen in Auf- und Abwindgebiete anzeigte. W. Klemperer hatte auch als erster in ein Segelflugzeug einen Staudruckmesser zur Messung der Fluggeschwindigkeit eingebaut.

Die Ergebnisse der II. Rhön stellten einen beachtlichen Leistungsanstieg dar; alle Vorkriegsleistungen waren überboten worden, was die Segelflieger optimistisch in die Zukunft schauen ließ. Die in- und ausländische Presse war auf diese Entwicklung aufmerksam geworden und berichtete über die erzielten Fortschritte.

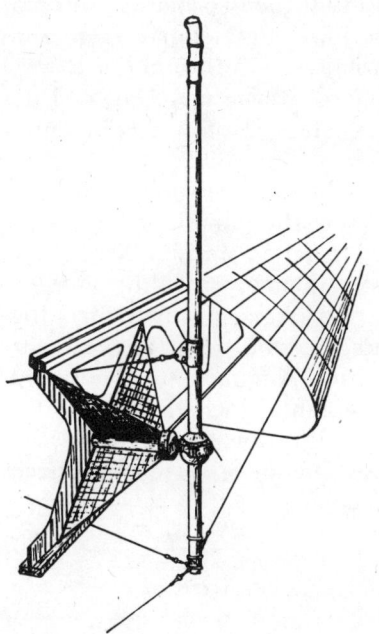

179 Lagerung des Steuerknüppels bei der *Blauen Maus*.

Harths Rekordflug 1921

Am 13. September 1921 gelang in der Rhön ein bedeutsamer Segelflug. Friedrich Harth, der am Rhön-Wettbewerb des Jahres nicht teilgenommen hatte, flog auf seinem *Harth-Messerschmitt-Eindecker S VIII* (Spannweite 11 m, Flächeninhalt 15,35 m^2, Leermasse etwa 48 kg, Tragflächenbelastung etwa 8 kg/m^2, flügelgesteuert) am 926 m hohen Heidelstein, etwa 6,5 km südöstlich der Wasserkuppe gelegen, 21:27 min und stellte damit eine neue Weltbestleistung im Dauerflug auf. Nur Messerschmitt und ein Helfer waren bei diesem Flug anwesend. Gestartet wurde am Hang im Eigenstart durch Vergrößerung des Einstellwinkels der Tragfläche.

Willy Messerschmitt berichtete in einem Artikel ausführlich über diesen Flug. Der Wind wehte an diesem Tage mit etwa 10 bis 12 m/s aus Südwest. Er zeichnete sich durch «außerordentliche Böigkeit und starken Richtungswechsel» aus. «Der Wind ließ oft momentan nach, um gleich darauf orkanartige Böen bis 20 m/s zu bringen.» Der Flug fand vom westlich gelegenen Höhenrücken des Hei-

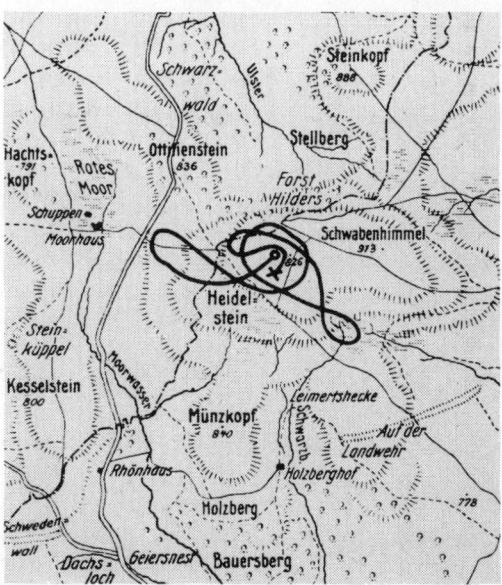

180 Flugweg von Harth auf *S VIII* während des Rekordfluges am 13. September 1921.

delsteins aus statt, die Startzeit lag bei 8.30 Uhr. Der Heidelstein «hat in der Richtung gegen Süden und Westen ein Gefälle von etwa 2–3°. Die anschließenden Hänge haben in einer Ausdehnung von 100–200 m ein Gefälle von 4–6°, um sich dann von hier auf mehrere Kilometer horizontal auszudehnen oder in einem Gefälle von 2–3° zu verlaufen.» [30, S. 302 f] Der Autor des Beitrages berichtete leider nicht über die Witterung, Bewölkung und Wolkenhöhe. Die großen Windsprünge lassen auf eine hohe Labilität der Luftmassen, also auf günstige Bedingungen für Hang- und Thermikaufwind schließen.

Die von MESSERSCHMITT beschriebenen Windverhältnisse waren die ideale Wetterlage, die sich Anhänger des dynamischen Segelfluges überhaupt wünschen konnten, und der Verfasser war auch des Glaubens, daß es sich um einen dynamischen Segelflug gehandelt habe.

Erstaunlich an dem Fluge von HARTH waren neben seiner Dauer unter den gegebenen orographischen Bedingungen auch die umfassenden Flugbewegungen, die MESSERSCHMITT in der wiedergegebenen Skizze darstellte.

HARTH flog zunächst gegen den Wind, dann 1,2 km nach Nordwest, also mit Seitenwind, kehrte zum Heidelstein zurück, umflog ihn in großem Bogen in etwa 150 m Höhe, flog dann 1,5 km in südöstlicher Richtung wieder mit Seitenwind ab, um in großen Schleifen den Heidelstein nördlich und westlich umfliegend zur Startstelle zurückzukehren. Die Flugstrecke kann etwa 12 km betragen haben. Die Landestelle (nach HARTH war es die Absturzstelle), lag 150 m vor der Abflugstelle und nur 12 m tiefer! Nach den Flügen von ORVILLE WRIGHT im Oktober des Jahres 1911 war der Flug von HARTH der zweite Segelflug, der diese Bezeichnung verdiente.

HARTH und MESSERSCHMITT führten diesen Erfolg auf ihre Flugzeugkonstruktion und die Flügelsteuerung zurück, die speziell für die Realisierung des dynamischen Segelfluges geschaffen worden war. «Man konnte vom Boden aus deutlich beobachten, wie die Tragflächen sich dauernd bewegten und sich gewissermaßen automatisch in die jeweils günstigste Lage zum Winde einrichteten, während der Rumpf in ruhiger Lage verharrte. Das Ziel des Dauerfluges ohne Motor scheint nunmehr erreicht.» [30, S. 302]

Die Tatsache des schweren Absturzes von HARTH bei diesem Fluge und seine möglichen Ursachen sind im Artikel von MESSERSCHMITT nicht erwähnt worden. Die Redaktion der Zeitschrift für Flugtechnik und Motorluftschiffahrt vertraute den gemachten Angaben und veröffentlichte sie, empfahl jedoch, derart wichtige Flüge zukünftig unbedingt in Anwesenheit von bestätigten Sportzeugen durchzuführen.

5. Der Hangsegelflug 1922 bis 1928 und die Entwicklung des Dauersegelfluges bis zum Jahre 1955

5.1. Das Jahr 1922

III. Rhön · Combegrasse
Itford-Hill · Stand der Theorie

III. Rhön

Die Segelflugbegeisterung in Deutschland war dank der Wettbewerbsleistungen des Jahres 1921, des 21-Minuten-Fluges von HARTH, solcher gelungenen Segelflugzeugkonstruktion wie der *Blauen Maus* und dem *Vampyr* gegenüber den Vorjahren weiter angewachsen, und die Flugwissenschaftler unterschiedlichster Spezialisierung hatten ihre Erörterungen über das Segelflugproblem intensiviert.

In der Frage des dynamischen Segelfluges existierten zwei Richtungen: Es gab Anhänger der Theorie von KNOLLER und BETZ und Vertreter der Auffassungen von Professor KÁRMÁN und KLEMPERER, die wie LANGLEY von der Ausnutzung der Schwankungen der horizontalen Windgeschwindigkeit ausgingen. Der dynamische Segelflug war für die Wissenschaftler deshalb so interessant, weil sich im Falle seiner Verwirklichung ein noch breiteres Anwendungsfeld für den Segelflug zu ergeben schien. Neben diesen Richtungen gab es Vertreter des statischen Segelfluges, des Fliegens in Aufwinden, zu denen Professor PRANDTL gehörte.

Das Ausmaß der Segelflugbegeisterung wurde auch an Verhaltensweisen offensichtlich. ALEXANDER LIPPISCH und GOTTLOB ESPENLAUB beschlossen nach dem Wettbewerb 1921 auf der unbewohnten Wasserkuppe unter einfachsten Bedingungen zu überwintern, um sich Flugzeuge bauend, besser für die nächste Saison zu rüsten. Diese und die nachfolgenden Überwinterungen wurden Quelle zahlreicher Geschichten und Legenden.

Der III. Rhön-Wettbewerb 1922 wurde vom 9. bis 24. August veranstaltet. 53 Meldungen waren abgegeben worden, 45 Maschinen erschienen, 32 erhielten die Zulassung zu Wettbewerbsflügen. Die Hannoveraner hatten ihren *Vampyr* verändert, ihm ein rechteckiges Tragwerk gegeben, das leicht nach hinten geschwungen war und eine spaltlose Verwindung besaß. Die *vampyr*ähnliche Neukonstruktion *Greif*, genannt «Orkanbestie», erwies sich als Fehlgriff.

Die Aachener waren mit einem Schuldoppeldecker, zwei flügelgesteuerten Maschinen und mit einer aerodynamisch gut durchgebildeten, zweisitzigen Entenkonstruktion von KLEMPERER (Spannweite 12 m, Länge 6 m, Leermasse 94,5 kg) auf die Kuppe gekommen. Von dem vorn liegenden Höhenruder («Windfühler») versprach man sich bessere Möglichkeiten für den dynamischen Segelflug. Die Piloten waren im Schwerpunkt nebeneinander untergebracht, die Querruder waren als Spaltflügel nach dem System LACHMANN (auch der Wissenschaftler GUSTAV LACHMANN, der unabhängig von HANDLEY-PAGE den Spaltflügel erfand, hatte sich vor dem Weltkrieg als Gleitflieger betätigt) ausgebildet worden, ein Seitenruder fehlte. Höhen- und Seitensteuerung wurden von dem in einem Punkte kugelig gelagerten Vorderflügel übernommen. An dieser wenig wirksamen Seitensteuerung durch Neigung des Vorflügels um die Längsachse scheiterte die interessante Konstruktion. Man hatte zuviel Neues in einem Flugzeug auf einmal realisieren wollen.

Die Darmstädter Studenten hatten den flügelgesteuerten *Geheimrat* und die *Edith* gebaut, die beide eine Anlehnung an den *Vampyr* erkennen ließen, ohne die Leistungen des letzteren ganz zu erreichen. Eine interessante Konstruktion war der

schwanzlose Eindecker *Charlotte* (Spannweite 15,2 m, Länge 4,5 m, Leermasse 100 kg) der Berliner Flugwissenschaftlichen Vereinigung.

Bemerkenswert war auch der Hochdecker von FERDINAND SCHULZ. Da das Rumpfgestell teilweise aus naturgewachsenem Rundmaterial bestand, erhielt die *F. S.–3* sofort die treffende Bezeichnung «Besenstielkiste»; (12,5 m Spannweite, 4,5 m Länge, Tragflächeninhalt 16 m²). Die an den Flügelenden drehbar angebrachten Klappen dienten sowohl der Quer- wie der Seitensteuerung. Das Seitenleitwerk war unbeweglich. Mit zwei Knüppeln, die aus der Fläche herausragten, wurde das Steuersystem betätigt. Die *F. S.–3* erhielt nicht die technische Zulassung. SCHULZ unternahm außerhalb des Wettbewerbs Flüge bis zu fünf Minuten Dauer, für die er einen Aufmunterungspreis erhielt. Einer der Fachleute glaubte schriftlich festhalten zu müssen, daß die-

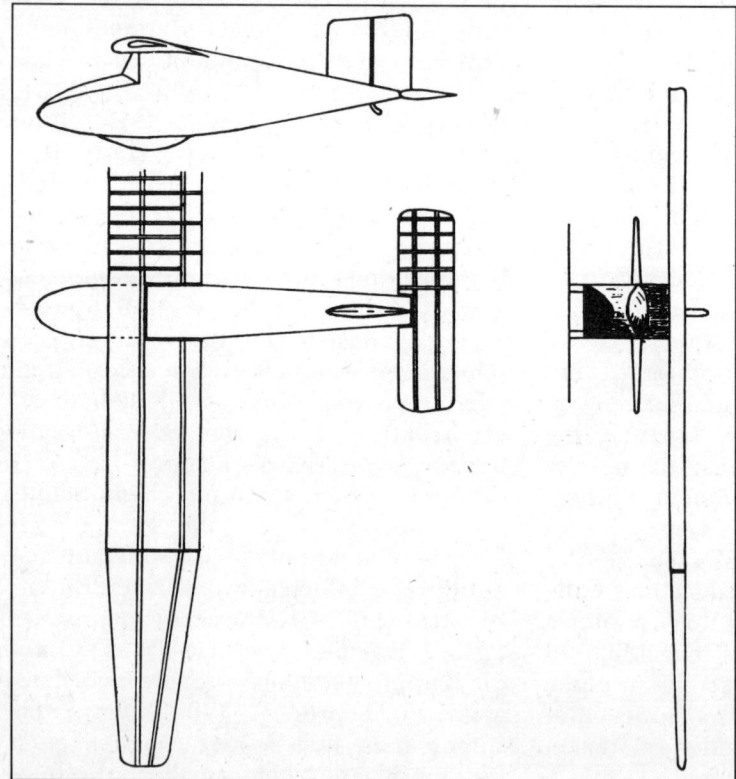

181   Der flügelgesteuerte *Geheimrat* (1922).

182   *Edith* (1922).

183   Die *Charlotte* der
Berliner Studenten (1922).

ses Flugzeug kaum längere Flüge werde
ausführen können, dennoch flog SCHULZ
mit dieser Maschine 1924 einen sensationellen Weltrekord im Dauerflug.

Die Wettbewerbsflüge bis zum 14. August dienten vor allem dem Einfliegen der
neuen Maschinen. Mit dem verspäteten
Eintreffen der Hannoveraner begann der
sportliche Kampf. Am 16. August wurde
der «Achterpreis» ausgeflogen, den HENT-
ZEN auf *Vampyr* mit zwei geflogenen Achten gewann. Am 17. August kam ein Ziel-
landungspreis zur Austragung. Nach dem
Start sollten an der Eube (834 m) in etwa
1 600 m Entfernung von der Wasserkuppe
Ziellandungen ausgeführt werden. MAR-
TENS gewann auf *Vampyr* mit 4,05 m Ent-

fernung von der Zielflagge. Während dieser Konkurrenz vollführte BOTSCH auf
Edith den ersten wirklichen Segelflug des
Wettbewerbs und demonstrierte erstmalig die Hangflugtaktik in Achterschleifen:
«In glänzendem Hin- und Herfluge
schraubte er sich am Südhang unter Beschreibung enger Kurven ... auf der *Edith*
immer höher, kam schließlich etwa 80 m
über die Abflugstelle, verließ dann den
Hang und bewegte sich im Spiralgleitflug
raubvogelartig nach dem Ziele zu, um in
14 m Entfernung glatt zu landen!» [38, S.
273] Wieder hatte ein Segelflieger die
Chance nicht genutzt, in einem Aufwind
länger zu verweilen. Die Ziellandungen
waren ohne Bremsklappen oder andere

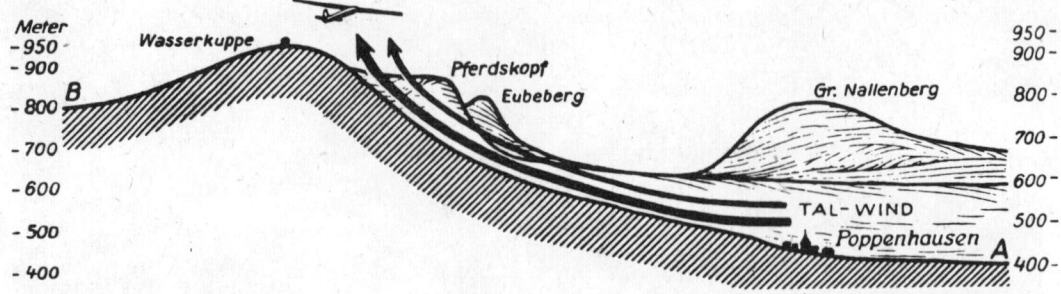

184 Höhenprofil der Wasserkuppe von Norden gesehen.

185 *Vampyr* (Ausführung 1922).

Landehilfen ausgeführt worden und stellten eine hervorragende Vorübung für Außenlandungen dar.

Am 18. August schrieb man in Ermangelung eines Segelwindes erneut einen Ziellandepreis, den «Zuckerpreis» aus, den HENTZEN und MARTENS gewannen. Dann frischte der Wind auf und blies mit 7 bis 8 m/s gegen den steilen Westhang. Jetzt konnte um den «Großen Industriepreis» geflogen werden. Der Bewerber sollte mindestens 40 Minuten in der Luft bleiben, dann die Startstelle überfliegen und einen Streckenflug von nicht weniger als 5 km Länge zurücklegen.

Die Darmstädter hatten beim Anmarsch zur Startstelle bei den LOESSL-Pyramiden einen Vorsprung, und BOTSCH auf *Edith* konnte zuerst starten. Er stieg in Richtung Eube immer höher, doch beim Einkurven am Steilhang verlor er plötzlich Höhe und mußte im Tal landen. Eine Flaute oder ein Verfehlen des Aufwindes könnten die Ursachen gewesen sein. Dann startete MARTENS zu einem Flug, der in die Geschichte des Segelfluges einging und den er in einem eindrucksvollen Flugbericht beschrieb: «Eine kräftige Bö wird abgewartet. Scharf kommt das Kommando ‹Los!› aus dem Führersitz, ein kurzes Anrollen der Bälle, und schon durcheilt der *Vampyr* das ihm so vertraute Element ... steigend, immer weiter steigend, nähert sich der große Segler langsam der steilen Wand am Westhange, und allmählich stelle ich ihn mit leichtem Steuerdruck schräg zum Hang. Wie ein Segelboot, quer zum Winde, nähert sich der *Vampyr* schnell dem Pferdskopf-Kegel

(876 m), der tiefer und tiefer unter mir versinkt. Jetzt bin ich senkrecht über dem Berggipfel am Ende des Hanges und die erste Kehrtwendung muß kommen ... als der Ausblick nach der Startstelle frei wird, sehe ich, daß diese hinten tief unter mir liegt.

Die Wendung ist geglückt! Mit großer Fahrt eilt der *Vampyr* zum Abflugort zurück! Etwa vier Minuten sind vergangen und stolz durchfliegt der brave Vogel zum

186   *Vampyr* (Ausführung 1922).

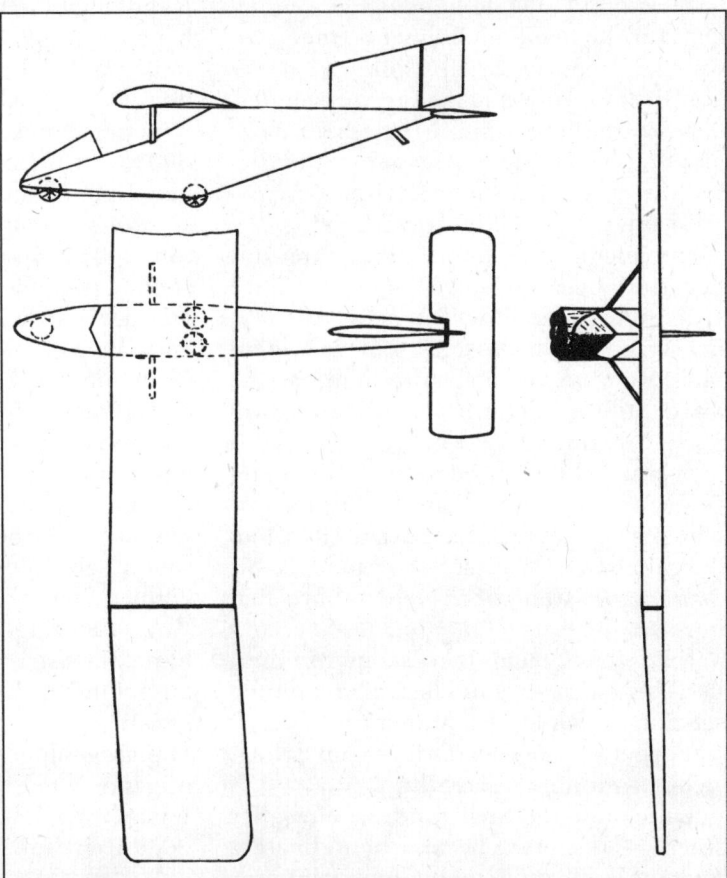

187   Dreiseitenriß des *Vampyr* (Ausführung 1922).

ersten Male die Startmarken und wird jubelnd begrüßt von Tausenden von Zuschauern, die sich dort unten versammelt haben ...

Nur wenige Augenblicke gibt es zu überlegen – dann steht der Segler schon wieder turmhoch über der steilen Westwand! Zur linken sehe ich wieder den Pferdskopf tiefer und tiefer sinken ...

Zum zweiten Male wende ich über dem Eube-Kessel, um wiederum, auf den Hang zufliegend, zum Startplatz zurückzusteuern. Mit großer Geschwindigkeit fliegen Felsblöcke und verkrüppelte Kiefern unter mir vorbei, denn der Segler liegt fast im Rückenwind ... Wohl schon dreimal habe ich auf meine Uhr geschaut, um festzustellen, wie lange ich eigentlich schon in der Luft bin, aber infolge all' der neuen Eindrücke vergaß ich die Startzeit und bin lediglich auf Schätzen angewiesen. Ich schreie hinunter: ‹Wie lange fliege ich schon?› Ein wirres Durcheinander von Stimmen schallt herauf … Am Abflugort liegt eine riesengroße Zahl, die von lauter begeisterten Menschen gebildet ist. Beim Näherkommen kann ich sie lesen. ‹18› … ein findiger Kopf hat es verstanden, mir diese seltsame drahtlose Nachricht zu übermitteln.

Zum fünften Male habe ich gewendet. Die Luft scheint nicht mehr tragen zu wollen! Tiefer und tiefer sinkt der brave Vogel, obwohl ich nur ganz geringe Steuerkorrekturen gebe. Einen Moment überlege ich: Soll ich vor dem Startpunkt, der dieses Mal ziemlich hoch liegt, abbiegen? …

In etwa 25 m Höhe wendet der große Vogel über dem Abflugort, und unter mir liegt die lebende ‹25›.

Ich schreie hinunter: ‹Was ist los? Hat der Wind nachgelassen?› Einen Augenblick Ruhe: – Dann schallt deutlich eine klare Stimme herauf: ‹Wind läßt stark nach. Nur noch 3 bis 4 m/s›.

Schon geht es wieder dem Steilhang entgegen, tiefer und tiefer … Hinter mir höre ich noch lautes Rufen: ‹Durchhalten, durchhalten!› Was soll werden? 3 bis 4 m/s … Zu wenig! Ich werde abbrechen müssen.

Ich schaue zum Pferdskopf hinüber, der langsam zu mir heraufzukommen scheint. Ich sinke also immer noch! …

Vorbei – vorbei der Traum vom Erfolg, zieht es mir durch den Sinn …

Unter mir die Steilwand. … ein jäher Ruck! – Ich erwache aus dem Brüten, und ein Blick auf den Horizont zeigt mir, daß ich steige. Schon habe ich die Pferdskopfhöhe wieder überschritten und drehe langsam bei, immer mehr an Höhe gewinnend. Schlag auf Schlag treffen starke Böen den Segler, stärker und stärker weht der Wind, und sprunghaft, aller Erdenschwere spottend, zieht der *Vampyr* wieder dem Himmelsblau entgegen … Jetzt ist der Bann gebrochen! Schon aus weiter Ferne erkenne ich nach der neunten Wende die große lebende Zahl ‹40›. Jetzt liegt sie senkrecht unter mir, und von viel-

hundertstimmigen ‹Hurra› werde ich begrüßt. Noch eine volle Ehrenrunde über dem Start, dann geht es langsam abwärts ins weite Tal hinaus, das in Abenddunst gehüllt vor mir liegt … Sechzig Minuten müssen überschritten sein! … Langsamer wird die Fahrt. Jetzt ein kurzer Stoß, … und reglos bleibt der weiße Vogel am Rande eines tief einschneidenden Baches liegen … » [48, S. 131 ff] Martens landete in der Nähe der Ortschaft Weyhers. Mit dem *Vampyr* war der Schritt vom Gleitflug zum Segelflug gelungen!

Arthur Martens war 01:06:00 h in der Luft geblieben, hatte 8,9 km Flugstrecke zurückgelegt und die Startstelle um 108 m überhöht. Diese Leistungen stellten drei neue Weltrekorde dar, und es war der erste Stundenflug eines Segelfliegers in der Geschichte der Luftfahrt. Noch nachts kabelten die Telegraphen diese Nachricht um die Erde. Die Welt war um eine Sensation, aber auch um einen echten flugtechnischen und kulturellen Fortschritt reicher. Der Bann war wirklich gebrochen. Das Ereignis, das schon seit 1895 hätte vollzogen werden können, war eingetreten, und jetzt folgte Zug auf Zug. Die Gleitflugbewegung hatte aus einer zu erwartenden Krise herausgefunden. Die Gründe für diese schon so lange ausstehende Verwirklichung des Hangsegelfluges lagen auch in einer ungenügenden geistigen Durchdringung der Ursache und Methode des Hangsegelfluges durch die Gleitflieger.

In den nächsten Tagen hielt der Segelwind an und die Rhönflieger, nunmehr die von Botsch demonstrierte Hangflugtaktik des Kreuzens vor dem Steilhang bewußt und konsequent nutzend, bewiesen, daß der Stundenflug von Martens kein Zufall war. Nur einen Tag später, am 19. August 1922, flog Hentzen auf dem bewährten *Vampyr* 02:10:00 h (Martens und Hentzen wechselten sich auf *Vampyr* und *Greif* ab). Am 21. August war die Windrichtung ungünstig, Südost, 6 bis 7 m/s Geschwindigkeit. Martens startete

188   *Greif* am Boden, *Vampyr* und *Geheimrat* in der Luft (1922).

auf *Vampyr* um den Tagespreis und gewann ihn, indem er über Gersfeld den geforderten Vollkreis flog. Am 23. August lag die Kuppe ganztägig im Nebel. Zum Glück klarte es am 24. August gegen Mittag wieder auf, und es herrschte Westwind, Segelwind. Gegen 13.00 Uhr erreichte er etwa 15 m/s; es sollte ein «Sturmflugtag» werden. BOTSCH auf *Edith* konnte sich in der turbulenten Luft nicht halten, wurde wie ein Blatt durch die Luft getrieben, gewann in letzter Sekunde die Kontrolle über das Flugzeug wieder und landete derart, daß die Zuschauer schon das Schlimmste befürchteten.

FRIEDRICH HEINRICH HENTZEN, der wieder im *Vampyr* an der Reihe war, meldete zum Start auf alle offenen Preise, und gegen 17.00 Uhr fing der *Vampyr* an, am Westhang seine Achten zu ziehen. Zeitweilig hingen fünf Maschinen gleichzeitig in der Luft! Ein noch völlig ungewohnter

Anblick im Segelflug. MARTENS flog den *Greif*, kam aber in der starken Böigkeit mit ihm nicht zurecht, verlor im Hexenkessel zwischen Pferdskopf und Eube den Aufwind, mußte ins Tal abdrehen und bei Poppenhausen landen. HENTZEN, zum Schluß nur noch begleitet von HACKMACK auf dem flügelgesteuerten *Geheimrat*, zog Stunde um Stunde seine Achten und Kreise.

Es wurde nun langsam dunkel, und man zündete auf der Wasserkuppe Feuer zur besseren Orientierung an: HACKMACK brach den Flug ab und flog talwärts, HENTZEN blieb noch am Hang, glitt dann schließlich auch ins Tal und gewann infolge seiner längeren Flugzeit endgültig den «Großen Industriepreis». HENTZEN war 03:10:00 h (16.52 bis 20.02 Uhr) in der Luft geblieben und hatte die Startstelle um 350 m überhöht. HACKMACK blieb 01:18:00 h (17.30 bis 18.48 Uhr) in der Luft und erreichte 332 m Höhe.

HENTZEN und HACKMACK, die sich teilweise auf wenige Flügelspannweiten näherten, bewiesen, daß sie das Fliegen im Hangaufwind vollkommen beherrschten. Ein Augenzeuge schrieb: «Mit großer Spannung beobachteten die anwesenden Menschenmassen diese beiden hervorragenden Flugzeuge, verfolgten ihre Bahn im einzelnen, sowohl die bald kreis- bald achterförmig verlaufenden Kurven, die sie beschrieben, wie die Höhenlagen, die sie einnahmen. Minutenlang standen sie in der Luft still, besonders der *Geheimrat*, dann wieder flogen sie vorwärts, dann wurden sie zeitweise seitlich abgetrieben oder nach rückwärts getrieben – ein herrliches Schauspiel, das die Segelfähigkeit der beiden Flugzeuge glänzend zur Geltung kommen ließ. Man hatte die Empfindung des völlig Selbstverständlichen und erkannte allgemein, wie hierbei und mit viel mehr Berechtigung vom Fliegen gesprochen werden könne, als bei der Bewegung eines Motorflugzeuges.» [38, S. 273]

189 Die erfolgreichen deutschen Segelflieger im September 1922 beim Reichspräsidenten EBERT (von links nach rechts: HACKMACK, Konsul Dr. KOTZENBERG, MARTENS, Reichspräsident EBERT, HENTZEN).

Einen wesentlichen Anteil an diesen Erfolgen hatte die Wissenschaft. Wie eng die Verbindung zum Segelflug war, fand in der Tatsache einen Ausdruck, daß fast alle deutschen Hochschuldozenten und Professoren der Flugwissenschaften kürzere oder längere Zeit auf der Rhön weilten. Fachgelehrte aus den Niederlanden, den skandinavischen Ländern und den USA stellten auf der Wasserkuppe Beobachtungen an. Professor PRANDTL leitete in Gersfeld zwei Diskussionsabende und die WGL hielt zwei Tagungen (Sprechtage) ab. Ein Teilnehmer brachte die Atmosphäre sehr humorvoll, vom Wesen her jedoch zutreffend, zum Ausdruck: «Die Wissenschaft kam in der kleinen, verräucherten Bude der ‹Wissenschaftlichen Gesellschaft für Luftfahrt› zu ihrem Recht. Hier wurden die ganz großen Theorien gestartet. Da konnte man Professor PRANDTL im Lodenkostüm auf den Tisch steigen sehen, um Papiermodelle fliegen zu lassen, während Professor HOFF mit Gelenkrheumatismus im Bett lag und Dr. MADELUNG, ‹Faust› zitierend, ein But-

terbrot schmierte. Professor VON PARSEVAL pustete, die Sportmütze auf dem Kopf, Turbulenz, um PRANDTLS Modelle zum Kentern zu bringen. ROLAND EISENLOHR versuchte vergeblich, zu Wort zu kommen, bis Freiherr VON FREYBERG in seinem alten Ledermantel hereinstolperte und kurzweg erklärte: ‹Die Theorien haben jedenfalls den einen Vorzug …› worauf die Männer der Wissenschaft sich erfreut ihm zuwandten, bis er, den Darmstädtern zublinzelnd, fortfuhr: ‹… daß sie nie stimmen!› Nur schnelle Flucht konnte ihn retten …» [94, S. 596]

Ein Beispiel zur charakterlichen Haltung der Segelflieger sei noch erwähnt. Nach den bedeutenden Segelflügen dieses Wettbewerbs sah ein amerikanischer Filmproduzent eine Chance, Gewinn aus dieser Sensation zu ziehen und versuchte, MARTENS, HENTZEN und HACKMACK für Filmflüge in den USA zu gewinnen. Der kommerziell erfahrene Dr. KOTZENBERG empfahl vertragliche Festlegungen sowie eine Kaution von 100 000 Dollar! Daraufhin versuchte der Geschäftsmann, HACK-

MACK allein für 20000 Dollar zu engagieren – anbetracht der wirtschaftlichen Situation (Inflation) in Deutschland war das ein überaus verlockendes Angebot. HACKMACK lehnte sofort ab: Entweder alle unter den genannten Bedingungen oder keiner!

Die III. Rhön 1922 hatte die Verwirklichung des Segelfluges im Hangaufwind gebracht. Die Schar der Zweifler, die dem Segelflug des Menschen keine Chance gegeben hatte, mußte ihren Pessimismus aufgeben. Eine gewisse Enttäuschung empfanden allerdings die Anhänger der Theorie des dynamischen Segelfluges, denn auf der Rhön war statisch, das heißt, in Aufwinden gesegelt worden. Dennoch gab man die Hoffnung nicht auf und glaubte an die Verwirklichung des dynamischen Segelfluges bei den nächsten Wettbewerben. In überschäumender Begeisterung brachte eine Berliner Illustrierte auf ihrem Titelblatt die ganzseitigen Porträts der über Nacht berühmt gewordenen Segelflieger unter der Überschrift «Vogelmenschen» und zog Vergleiche zwischen «windschnittigen» Gesichtern und Flugleistungen, etwa im Sinne der scherzhaften Losung, die später bei aufkommendem Segelwind verwendet wurde: «Männer mit abstehenden Ohren, raustreten zum Segeln!»

Wo lagen die Ursachen dieser Fortschritte, die sich innerhalb von nur drei Jahren unter sehr schwierigen und komplizierten äußeren Bedingungen vollzogen?

Erstens lagen sie in der Flugbegeisterung und dem Einsatz der segelfluginteressierten Jugend.

Zweitens lagen sie in der Unterstützung durch zahlreiche ältere und erfahrene Förderer des Flugsports wie OSKAR URSINUS, Konsul Dr. KOTZENBERG, Dr. WALTER GEORGII und viele andere Persönlichkeiten. Zeitgenossen waren der Meinung, daß die ersten Rhön-Wettbewerbe und ihre so wichtige Kontinuität ohne die selbstlose und großzügige

190 OSKAR URSINUS (links) und WALTER GEORGII. Zwei der vielen unermüdlichen Förderer der jungen Segelflugbewegung.

ideelle, organisatorische und materielle Unterstützung durch den liberal und tolerant eingestellten Dr. KOTZENBERG nicht möglich gewesen wären.

Drittens kam das Nichtvorhandensein von Bürokratismus hinzu. Es gab keine «Flugbeamten», die nach dem Motto handelten, «wo nicht geflogen wird, kann auch nichts passieren!» Weiterhin verlangte bereits der organisatorische Aufbau – die Segelflugbewegung bestand aus Hunderten von selbständigen Flugsportvereinen – die Anwendung demokratischer Organisationsprinzipien, was sich auf die Verbundenheit der Segelflieger mit der Segelflugbewegung und auf ihre Initiative nur positiv auswirken konnte.

Viertens waren sie in der Unterstützung der jungen Segelflugbewegung durch die Flugwissenschaftler zu finden.

Fünftens wirkte die Anteilnahme der Öffentlichkeit stark fördernd, die in der

Stiftung zahlreicher Sach- und Geldpreise durch Privatpersonen und nicht-staatliche Institutionen, in der kosten-losen Bauausführung von Segelflugkon-struktionen durch Flugzeugwerke usw., zum Ausdruck kam. Alleine für die III. Rhön waren bis zur Eröffnung 80 Preise im Werte zwischen 400 und 100000 M ausschließlich von privater Seite gestiftet und durch die Wettkampf-leitung wettbewerbswirksam ausgeschrie-ben worden. Für die in der Regel finan-ziell unbemittelten Segelflieger war dies eine große Hilfe für den Bau neuer, besse-rer Flugzeuge und ein entsprechender Ansporn. Die Preise waren auch nach bekannten ausländischen Segelflugpio-nieren wie LANGLEY, CHANUTE und den Brüdern WRIGHT benannt worden.

Sechstens waren das Schöpfertum und die Aktivitäten der Studenten der Flug-wissenschaften an den Technischen Hochschulen eine wichtige Triebkraft für den Fortschritt. Hier gab es ein günstiges Zusammentreffen von theoretischen und praktischen Voraussetzungen und Inter-essen, relativ günstige zeitliche Möglich-keiten und einen vollen Einsatz für die Sache, getragen von einer wohlwollenden Unterstützung durch die Hochschulleh-rer.

Die Segelflugbewegung war eine Arbeits- und Interessengemeinschaft von Fliegern, Wissenschaftlern, Technikern und Handwerkern zur Erschließung eines theoretischen und praktischen Neulan-des, und das Segelfliegen selbst bestand aus einer Dreiheit von Mensch, Maschine und Wetter. Professor EVERLING (TH Ber-lin) erkannte im Segelflug eine Einheit von vier zu realisierenden Aufgaben: For-schen – Gestalten – Ausbilden – Erziehen!

Alle diese Triebkräfte waren schon in der Gleitflugbewegung der Vorkriegszeit im Keime zu erkennen gewesen. So brachten es die Umstände mit sich, daß der Hangsegelflug aus einer Wechselwir-kung zwischen Möglichkeiten, Interes-sen, Notwendigkeiten, Zufällen und Per-sönlichkeiten durchaus folgerichtig im Jahre 1922 auf der Wasserkuppe überzeu-gend verwirklicht werden konnte.

Combegrasse

Der erste Segelflugwettbewerb des Aus-landes, der «Prémier Congrès Experi-mental d'Aviation sans Moteur», fand vom 6. bis 20. August 1922 auf dem Puy de Combegrasse (1118 m), etwa 22 km südwestlich von Clermont-Ferrand gele-gen, statt. Die zuständigen französischen sportlichen und staatlichen Gremien hat-ten im Mai 1921 über diesen Wettbewerb erstmals beraten und im November des gleichen Jahres seine Durchführung be-schlossen. An Preisen waren von privater Seite 35000 Francs und von staatlicher Seite 75000 Francs eingegangen. Mit etwa 130 m über Grund, Start- und Landemöglichkeiten in allen Windrich-tungen, war der fast hindernisfreie Com-begrasse für Gleitflüge sehr gut geeignet und erlaubte infolge seiner Breitenaus-dehnung von mindestens 500 m auch Hangsegelflüge. Doch die Hoffnungen galten auch hier der Verwirklichung des dynamischen Segelfluges.

34 Gleitflugzeuge wurden der Techni-schen Kommission vorgestellt, von denen 15 die Wettbewerbsflüge aufnahmen. Verbreitet waren motorlose Ausführun-gen von Leichtflugzeugen. Die gelungen-ste Segelflugzeugkonstruktion war der *Dewoitine-Eindecker*. In der ersten Woche gab es bei schwachen Winden nur Gleit-flüge mit einer Flugdauer bis maximal zwei Minuten. Irgendwelche Segelflugef-fekte waren nicht zu erkennen. Am 18. Au-gust stürzte ADRIEN FÉTU infolge einer Deformation der Tragflächen tödlich ab.

Am 19. August 1922 gelangen dann zwei bedeutsame Flüge. L. BOSSOUTROT auf *Farman-Eindecker* (12 m² Tragfläche, 43 kg Leermasse) flog 5:18 min und konnte sich auf knapp 80 m Flughöhe über dem Startpunkt erheben. Bei nur

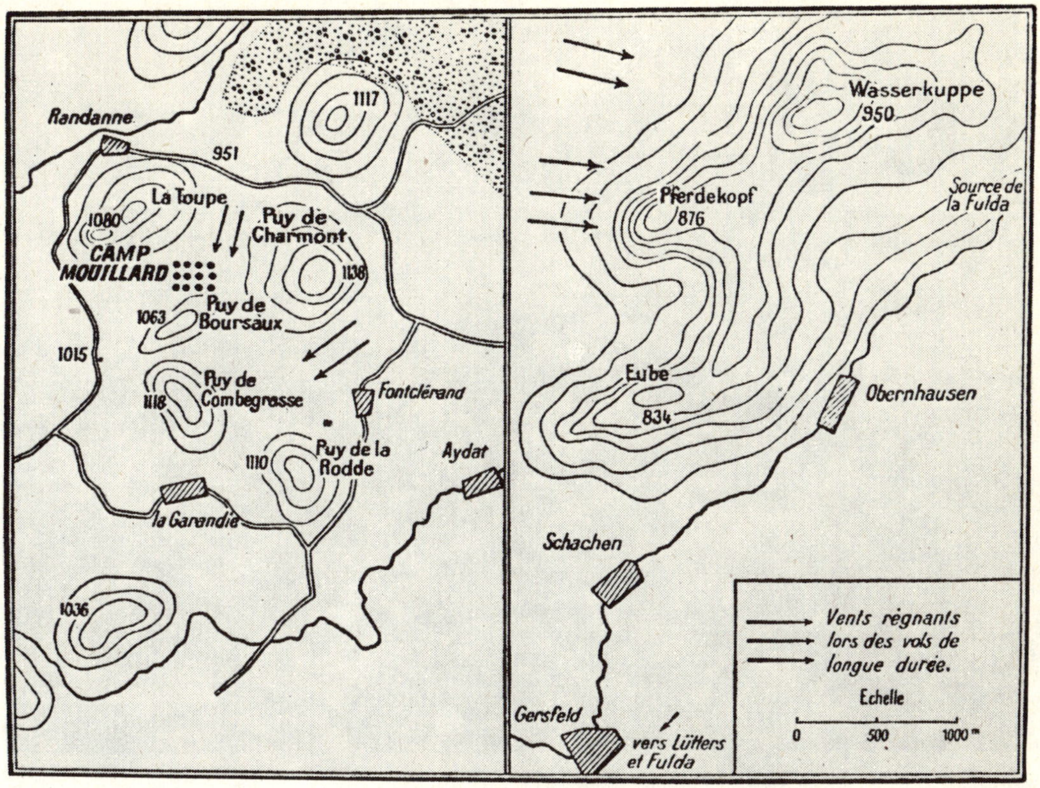

Randanne
1117
951
La Toupe
1080
Puy de
Charmont
CAMP
MOUILLARD
1138
1063
Puy de
Boursaux
1015
1118
Puy de
Combegrasse
Fontclérand
Puy de la
Rodde
1110
Aydat
la Garandie
1036

Wasserkuppe
950
Pferdekopf
876
Source de
la Fulda
Eube
834
Obernhausen
Schachen
Gersfeld
vers Lütters
et Fulda

Vents régnants
lors des vols de
longue durée.

Echelle
0   500   1000 ᵐ

191   Karte des Segelfluggeländes von Combegrasse
und Geländevergleich mit
der Wasserkuppe.

192   Der Schweizer
F. CHARDON startet mit
seinem Hängegleiter vom
Puy de Combegrasse.

193   *Clément-Dreidecker*, geflogen von G. SARDIER,
über dem «Camp-Mouillard».

schwachem Wind war er zunächst vom Combegrasse abgeflogen ohne Höhe zu verlieren, nahm dann gleichmäßig steigend Kurs auf den Puy de Charmont, flog vor Erreichen dieser Kuppe eine Kurve und einen Vollkreis, dem noch drei weitere, dabei beständig an Höhe gewinnend, folgten. Weshalb BOSSOUTROT das Kreisen abbrach, ist nicht bekannt.

LUCIEN COUPET, der auf seinem *Coupet-Guerchais-Eindecker* (20 m² Tragfläche, 55 kg Leermasse) unmittelbar nach BOSSOUTROT startete, geriet offensichtlich in die gleiche Luftströmung. Nach dem Abflug erlitt er zunächst einen leichten Höhenverlust, flog dann in großen S-Schlägen ständig an Höhe gewinnend über das Lager hinweg und landete in Richtung Randamme. Sein Höhengewinn über Start betrug etwa über 50 m

und die Flugzeit lag ebenfalls bei etwa fünf Minuten. Da die Windgeschwindigkeit an diesem Tage nur gering war, das Steigen über dem Tal und im Luv des Charmont stattfand, ist die Annahme zwingend, daß sich BOSSOUTROT und COUPET in einer thermischen Ablösung befanden, doch keiner der Piloten und Zuschauer wußte diese Erscheinung richtig zu deuten. Anstelle des Wirkens eines thermischen Aufwindes vermutete man, daß dynamische Segeleffekte Ursache des Höhengewinns waren.

Den Preis für die größte Flugstrecke erhielt DOUCHY, der einen *Potez-Doppeldecker* flog. Die Preise für die geringste Sinkgeschwindigkeit und den Ziellandungswettbewerb gewann BOSSOUTROT.

Nach Bekanntwerden der Stundenflüge auf der Rhön flogen BOSSOUTROT, BARBOT, COUPET und DOUCHY am Puy de Dôme (1 465 m), ohne jedoch die Leistungen von Combegrasse erreichen zu können.

Itford-Hill

Ausgelöst durch die Fortschritte im Hangsegelflug fand der erste englische Segelflugwettbewerb vom 16. bis 21. Oktober 1922 auf dem Itford-Hill bei Brighton (Südengland) statt. Die Daily Mail hatte einen 1000-Pfund-Sterling-Preis für einen Flug von mindestens 30 Minuten Dauer und 731,52 m Entfernung zwischen Start und Landeort ausgeschrieben. Die höchste Erhebung dieser unbewaldeten, frei aus der Ebene aufsteigenden Hügelkette beträgt 218 m. Der größte Höhenunterschied beträgt 190 m und die durchschnittliche Hanghöhe liegt zwischen 100 bis 150 m. Bei allen Windrichtungen bestehen gute Start- und Landemöglichkeiten. Tief eingeschnittene Täler verstärken den Hangaufwind durch Düsenwirkung. Für den Hangsegelflug war dieses Fluggelände ideal. Die Bedingungen waren so hervorragend, daß ANTHONY FOKKER sinngemäß sagte: Hier braucht man nur eine gute Steuerbarkeit der Apparate, dann segelt jedes Scheunentor.

Zum Wettbewerb waren 35 Flugzeuge gemeldet worden, von denen etwa die Hälfte zum Start erschien. Der *Courtney-Wright-Sayer-Eindecker*, der *Handasyde-Ein-decker* und der *Gordon-England-Eindecker* verfügten über eine moderne *vampyr*ähnliche Konzeption. Insbesondere hinterließ der letztere in aerodynamischer Beziehung einen sehr guten Eindruck (Spannweite 8,55 m, Länge 5,35 m, Tragflächeninhalt 11,2 m^2, Leermasse 39 kg, Tragflächenbelastung 10,2 kg/m^2). Leider stürzte GORDON-ENGLAND am 21. Oktober nach 52 Sekunden ab, wahrscheinlich infolge Überziehens, und verletzte sich schwer. Zu den ausländischen Teilnehmern gehörten FOKKER mit seinen beiden Doppeldeckern, die er schon während der III. Rhön geflogen hatte, BARBOT mit seinem *Dewoitine-Eindecker* (Bruch beim ersten Start) und MANEYROL auf einem *Peyret-Tandem*, mit dem er in Combegrasse nicht zum Zuge gekommen war. Eine *Blaue Maus* flog der Engländer JAYES, der in Aachen studierte und aktives Mitglied der dortigen Flugwissenschaftlichen Vereinigung war.

Die Segelflüge wurden witterungsmäßig von starkem Wind begünstigt, der andererseits das Fliegen erschwerte und zu mehreren Brüchen führte (HERNE, MERRIAM und JAYES), die jedoch glimpflich verliefen. Bereits am ersten Wettbewerbstag flog FOKKER 37:06 min und

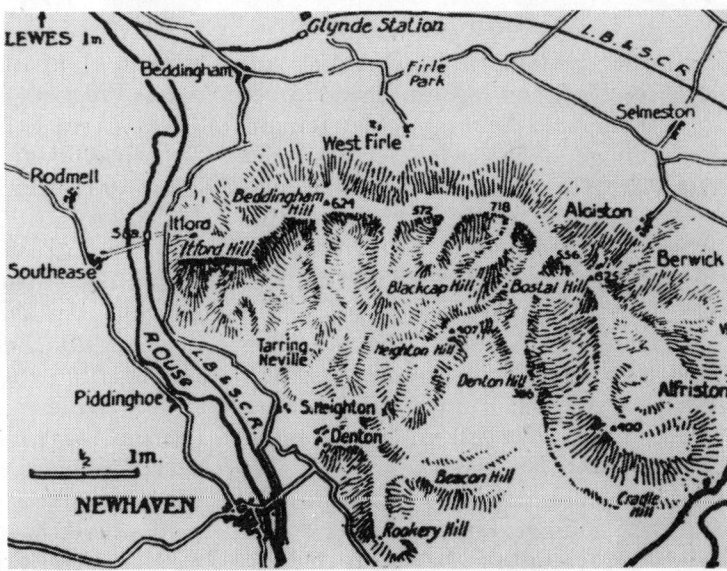

194 Das Segelfluggelände Itford-Hill bei Newhaven.

195   FOKKER startet doppelsitzig in Itford-Hill.

196   RAYNHAM fliegt den
Handasyde-Eindecker (1922).

demonstrierte den Teilnehmern die Technik des Segelns am Hang. RAYNHAM auf
Handasyde-Eindecker flog am 17. Oktober
01:53:02 h. Am 18. und 20. gelangen nur
Minutenflüge, doch erwies sich dann der
letzte Wettbewerbstag als der erfolgreichste. Am 21. Oktober 1922 herrschte stürmischer Nordostwind mit Windgeschwindigkeiten zwischen 20 und 26 m/s.
OLLEY flog auf dem *Fokker-Doppelsitzer* mit
Passagier   49:00 min.   GRAY   flog
01:00:04 h auf einem originellen Flugzeug. Er hatte den Rumpf mit Leitwerk
von einem *Bristol-Fighter* und die Tragfläche von einem *Fokker-Jagdeinsitzer D VII*
übernommen und beides zusammenge-
baut. Beschaffungs- und Baukosten sollen
nur 18 1/2 Schilling betragen haben.

Dank der guten Steuerfähigkeit und des
starken Hangaufwindes erwies sich auch
dieses Flugzeug als segelfähig.

Die beste Leistung erflog ALEXIS MA-
NEYROL auf dem *Peyret-Tandemeindecker* mit
03:21:00 h. Er war es auch, der die
Initiative zu den Flügen am 21. Oktober
ergriffen hatte. Nachdem man diesen Tag
wegen des stürmischen Windes und damit auch den Wettbewerb für «gelaufen»
hielt und die Teilnehmer sich abreisefer-
tig machten, meldete MANEYROL gegen
Mittag seine Startabsichten an. Er startete um 14.32 Uhr. RAYNHAM, durch MA-
NEYROL angespornt, erhob sich zehn
Minuten später in die Luft, mußte jedoch
bald wieder landen, da er aus dem Auf-
windbereich geraten war. Später starte-

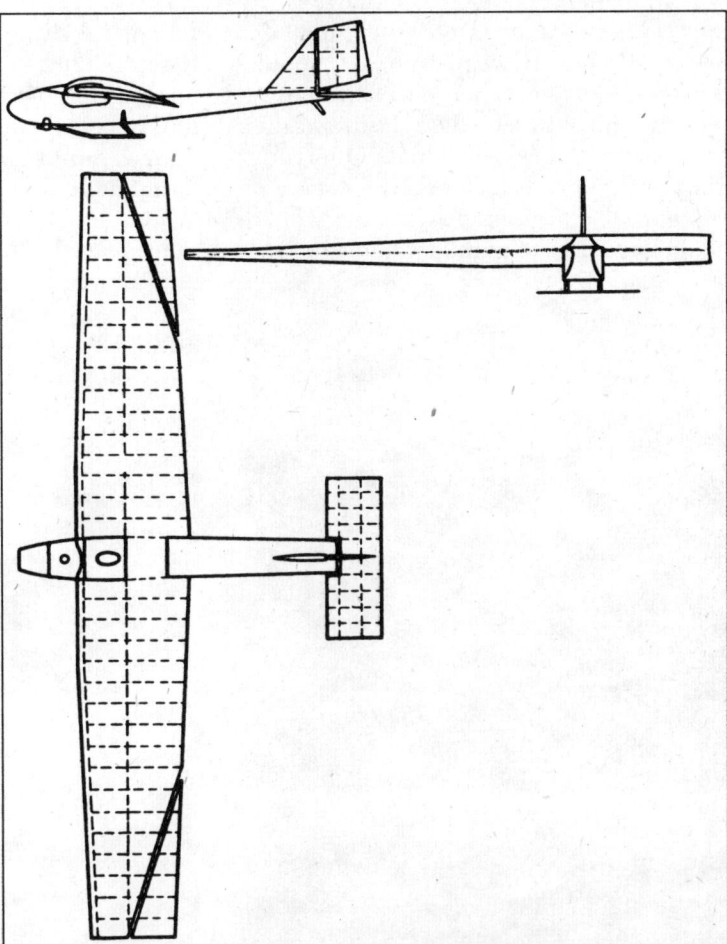

197 *Handasyde-Eindecker*
(1922).

ten dann noch OLLEY und GRAY, der letztere erst um 16.28 Uhr.

Inzwischen zog der *Peyret-Tandemeindecker* gleichmäßig seine Bahn und blieb mit ganz engen Kurven im Bereich des stärksten Hangaufwindes. Das Wetter verschlechterte sich im Laufe des Nachmittags beträchtlich, die Böenspitzen lagen bei 26 m/s, die Wolken senkten sich tief herab und entließen kräftige Platzregen! Bald war der englische Dauerrekord von RAYNHAM gebrochen, GRAY landete nach einer Stunde, der Sieger hieß also MANEYROL. Wollte er den Dauerweltrekord von HENTZEN noch brechen, so mußte er bis in die Dämmerung hinein weiterfliegen. Scheinwerfer von Kraftfahrzeugen wiesen MANEYROL um

17.53 Uhr zur Landung ein. Ein ungeheurer Jubel der Zuschauer, ein nicht enden wollendes Hupkonzert der Autos, waren die Quittung für diesen mutigen, ausdauernden und eindrucksvollen Flug. Es war der einzige Start, den MANEYROL in Itford-Hill absolviert hatte.

Da Tandemeindecker heute nicht mehr gebräuchlich sind, erscheint eine technische Beschreibung dieses erfolgreichen Flugzeugs angebracht. Der Apparat war von PEYRET in Anlehnung an die flugtechnischen Auffassungen LANGLEYS konstruiert und gebaut worden. Die Steuerung entsprach genau der eines Normalflugzeugs: Seitenruder mittels Fußpedalen, Höhenruder durch Ziehen und Drücken des Steuerknüppels, Querruder mit Hilfe einer Links- oder Rechtsneigung des Knüppels. Die Bewegungen des Steuerknüppels wurden über ein Differentialgetriebe übertragen. Die Hinterkanten der beiden Flügel wirkten als Querruder wie als Höhenruder. Der *Peyret-Tandemeindecker* besaß eine doppeltwirkende Höhensteuerung: Bei einem Höhenruderaus-schlag im Sinne des Ziehens gingen die Ruderflächen des vorderen Tragflügels nach unten, die des hinteren Tragflügels nach oben (Druckmittelpunkt und Schwerpunkt liegen zwischen den beiden Tragflächen).

Tandemeindecker zeichneten sich bei richtiger Ausführung durch Handlichkeit und Beweglichkeit (kleinere Spannweite als bei Eindeckern), gute Steuerbarkeit und Festigkeit sowie große Flugstabilität und hohe Flugsicherheit aus (Spaltflügel-

198   ALEXIS MANEYROL im *Peyret-Tandem* (1922).

199   MANEYROL startet zum Rekordflug (1922).

200   MANEYROL während des Rekordfluges. Unter ihm GRAY auf *Brokker* (1922).

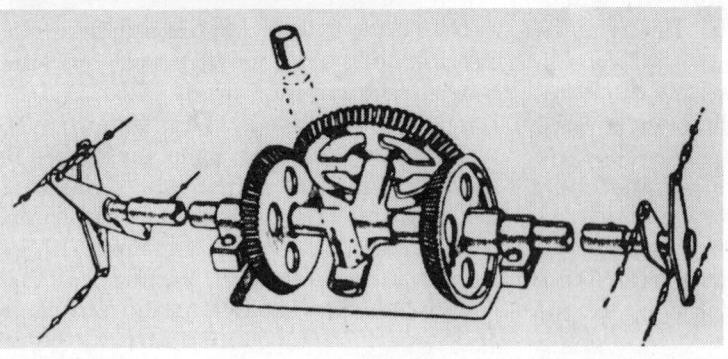

201   Höhen- und Quersteuerung beim *Peyret-Tandem.*

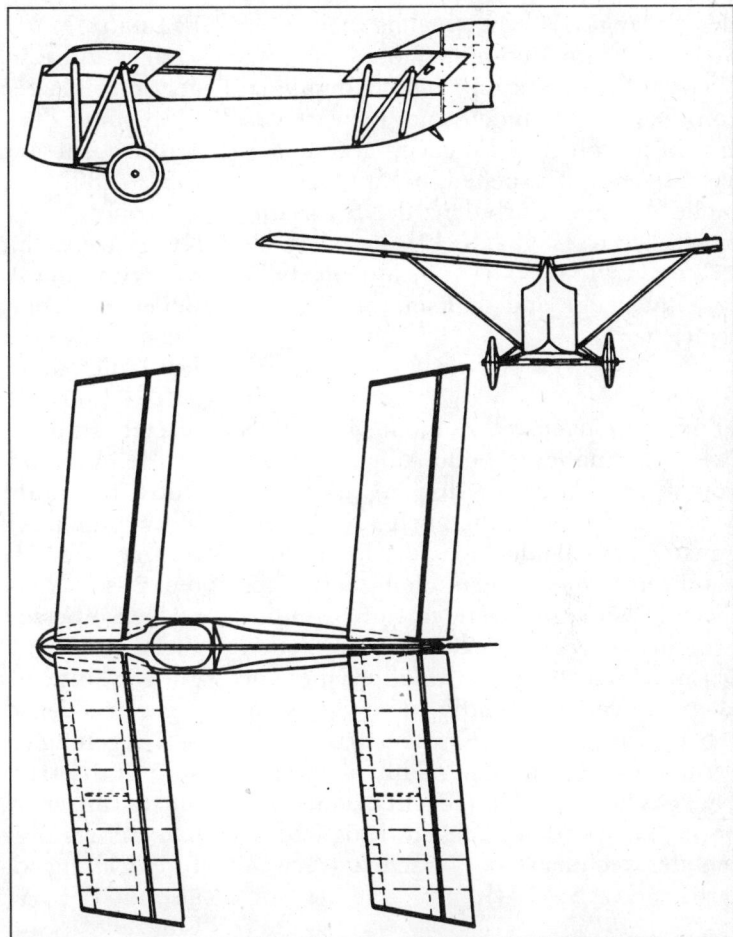

202   *Peyret-Tandem* (1922).

wirkung der Tragflächen), besaßen jedoch auch aerodynamische Nachteile, so
daß sie sich im Flugzeugbau nicht durchsetzen konnten.

Die große Bedeutung des englischen
Wettbewerbs bestand darin, überzeugend nachzuweisen, daß der Hangsegelflug keineswegs an die speziellen Bedingungen der Rhön oder die überragenden
Fähigkeiten einzelner Flieger gebunden
war, sondern in allen hügeligen und wind-
reichen Gebieten mit einfachen Flugzeugen von durchschnittlich erfahrenen Flugzeugführern ausgeübt werden konnte,
was bis dahin noch angezweifelt wurde.
So löste der englische Wettbewerb neue
Antriebe für die Entwicklung der Segelflugbewegung aus.

Stand der Theorie

Die Gleit- und Segelflugerfahrungen bis
Ende 1922 regten die Wissenschaftler
dazu an, sich prognostische Gedanken
über die weitere Entwicklung des Segelfluges zu machen. Hier einige Auszüge
aus Veröffentlichungen, wenn nicht besonders gekennzeichnet, aus dem Zeitraum Oktober bis Dezember 1922.

P. Brenner und M. Schrenk (Februar
1922):
«... bei schwachem Wind bemerkt man
oft, wie einzelne Vögel mit gelegentlichen
Flügelschlägen sich scheinbar planlos
durch die Luft bewegen; dann plötzlich
gehen sie zum ruhigen Kreisen über, das

sie oft lange Zeit an ein und derselben Stelle wie zum Vergnügen fortsetzen, wo offenbar besonders günstige Bedingungen zum Segeln vorhanden sind. Es wäre von Interesse, mit dem Flugzeug gerade solche Stellen aufzusuchen, um an Ort und Stelle Art und Turbulenz der Strömung zu studieren ...» [32, S. 49]

BRENNER und SCHRENK schlugen dafür Segelflugzeuge mit Hilfsmotor, Motorsegler, vor!

A. PRÖLL:
«Für die nächste Zukunft jedenfalls haben wir näherliegende Aufgaben, und von diesen seien nur drei erwähnt: der Versuch, den Segelflug auch auf weniger günstigem Gelände und in der Ebene auszuführen unter Ausnutzung etwaiger thermischer aufsteigender Luftströmungen, die Verbesserung der Startmethoden bis zum ‹Selbststart› ... Endlich ist es vor allen Dingen notwendig, dem Segelflug recht viele tüchtige Kräfte zuzuführen, denn dadurch, daß allmählich ein des Fliegens kundiges Geschlecht bei uns heranwächst, werden auch die Möglichkeiten des technischen Fortschritts erweitert ...» [37, S. 279 f]

A. V. PARSEVAL:
«Aufgabe des Fliegers ist es also ... die aufsteigenden Luftströmungen zu finden, sich mit ihrer Hilfe emporzuschrauben und aus der erlangten Höhe die etwa gegebenen Zielpunkte der Fahrt im Gleitflug zu erreichen ... Wenn der Boden durch die Sonne erwärmt wird, so nimmt die den Boden direkt berührende Luft eine höhere Temperatur an und steigt infolgedessen in die Höhe; es entstehen sogenannte Sonnenböen ... Die Sonnenböen werden vielfach von den Vögeln ausgenutzt, und aus ihnen erklärt sich ihr schönes Kreisen. Unsere Flieger werden bei vermehrter Erfahrung auch diese Erscheinungen voll auszunutzen lernen.» [36, S. 280]

F. LINKE:
«Ich könnte mir denken, daß ein Segelflieger von einer Kumuluswolke zur anderen fliegt und den unter ihr vorhandenen Strom (Aufwind, d. Verf.) ausnützt ...» [35, S. 286]

KURT WEGENER:
«Thermischer Aufwind
Bei einem labilen Gleichgewicht der Luft steigen wärmere, und deshalb leichtere Luftballen in die Höhe und werden durch kältere Luft, die aus der Höhe herabsinkt, ersetzt. In der Höhe kann der so entstehende Aufwind (Vertikalbewegung der Luft) bei kräftiger Sonneneinstrahlung beträchtlich sein. Man kann ihn unter sommerlichen Haufenwolken stets erwarten. 2–4 m/s sind häufig. Unter Gewitterwolken überschreitet er 8 m/s. An der Erdoberfläche werden die Vertikalbewegungen in horizontale umgewandelt, die uns der Böenschreiber aufzeichnet. Für den Segelflug entsteht also die Schwierigkeit, in die Höhen zu gelangen, in denen die thermischen Ströme genügende Vertikalgeschwindigkeiten besitzen ... Eine Entwicklung der Startmethode scheint also in der Weise erwünscht, daß das Flugzeug ... am Draht oder Kabel wie ein meteorologischer Drachen in größere Höhen gebracht und erst dort durch den Führer vom Draht befreit wird. Auf diese Weise kann man in die Höhe gelangen, in der der thermische Aufwind, oder die Aufwärtskomponente der Luftbewegung zum Tragen und Heben ausreicht. Technische Schwierigkeiten, das Flugzeug wie einen Drachen am Draht oder Kabel aufzulassen, bestehen kaum ... Die Stabilitätsschwierigkeiten, die für den Drachen bei böigem Wetter auftreten, existieren für das gefesselte Flugzeug ebenfalls kaum, weil es gesteuert wird. Das Hochlassen kann vom fahrenden Automobil mit einigen hundert Metern Draht, oder, wie beim meteorologischen Drachen von einer Winde (Motor, fahrbar) aus erfolgen. Dadurch, daß man die Gipfelhöhe

des Aufstiegs beim Hochlassen des gefesselten Flugzeugs beliebig wählen kann, bietet sich auch bequeme Gelegenheit zum Schulen ...

Bei stillem Wetter ist man auf die thermischen Ströme angewiesen, muß sich hochkreisen im thermischen Strom (unter Haufenwolken) und dann im Gleitflug zur nächsten Wolke gehen ...» [39, S. 288 f]

W. GEORGII:
Von der Erwartung ausgehend, daß die thermischen Aufwinde nicht stärker als 1 m/s sein könnten, kam GEORGII 1922 zunächst zu der nicht zutreffenden Schlußfolgerung: «Unter diesen Gesichtspunkten erscheint es ausgeschlossen, den menschlichen Segelflug mit Hilfe der thermischen Aufwinde dauernd aufrechtzuerhalten.» [33, S. 75] Doch bereits im Juli 1923 korrigierte GEORGII seine unhaltbare Auffassung und schrieb: «Der thermische Aufwind ist praktisch im Segelflug noch nicht erprobt, doch wissen wir, daß seine Energie zur Durchführung eines Fluges ausreicht.» [40, S. 114]

Ein ganz entscheidender Hinweis für zukünftige thermische Segelflüge wurde im Dezember 1922 veröffentlicht, als erstmalig auf die Anwendung eines Meßgerätes für Vertikalgeschwindigkeiten hingewiesen wurde. Im Ballonwesen gab es für diesen Zweck das Variometer, das im Motorflug jedoch nicht zur Instrumentierung gehörte. Ein Variometer zeigt die tatsächliche Steig- oder Sinkgeschwindigkeit eines Luftfahrzeugs in m/s an und war schon im damaligen Entwicklungsstand ausreichend reaktionsschnell.

HEINRICH KOPPE:
«Von hoher Wichtigkeit für den Segelflieger, durch unmittelbare Sinnesempfindungen aber schwer richtig abzuschätzen, sind die Bewegungen des Flugzeuges in senkrechter Richtung ... Das Auftreten von senkrechten Beschleunigungen wird aber im allgemeinen durch unmittelbare Sinneswahrnehmungen so lebhaft gefühlt, daß, wo keine Messungen erforderlich sind, von einem besonderen Gerät abgesehen werden kann. Anders liegt der Fall bei länger anhaltendem Steigen oder Fallen. Bei Flügen in größerer Höhe oder über ebenem Gelände, wo die Schätzung der Höhe durch Augenmaß erschwert ist, wird sich der Flieger gern auf die Angaben eines Variometers oder auch Statoskops verlassen. Derartige Meßgeräte werden in Zukunft – Segeln von Wolke zu Wolke – vielleicht sogar geeignet sein, das Auffinden von aufsteigenden Luftströmungen zu erleichtern.» [34, S. 332]

Mit diesen Hinweisen hatten Theoretiker künftige Entwicklungslinien des Segelfluges richtig aufgezeigt, doch war es noch ein weiter Weg bis zu ihrer Verwirklichung.

5.2. Das Jahr 1923

Neue Weltrekorde · I. Küsten-Segelflugwettbewerb · IV. Rhön · Vauville · Waschberg · Krim

Neue Weltrekorde

Am 3. Januar 1923 segelte der Franzose JOSEPH THORET in der Nähe von Biskra (Algerien) über dem Berg Djebel-Driss länger als sieben Stunden, doch wurde dieser Flug nicht anerkannt, weil er auf einem Motorflugzeug mit stillgelegtem Triebwerk ausgeführt worden war. BOSSOUTROT flog am 23. Januar 1923 mit seinem *Farman-Eindecker* über dem Segelhang von Dannes-Cannier bei Boulogne 03:31:00 h und schon am 29. Januar 1923 steigerte MANEYROL über dem Hangfluggelände von Vauville an der Küste der Bretagne den Dauerweltrekord auf 08:05:00 h.

203   Joseph Thoret, einer der vielen Segelflugenthusiasten in Frankreich.

Vom 25. Januar bis 6. Februar 1923
fand in Biskra ein Segelflugwettbewerb
statt. Thoret und Descamps konnten am
30. Januar länger als drei Stunden segeln.
Am 31. Januar 1923 flog Barbot sogar
08 : 36 : 00 h, doch wurde dieser Flug offiziell nicht anerkannt. Einen neuen
Höhenweltrekord stellte am 7. Februar
1923 E. Descamps mit 546 m Höhengewinn am Hang des Djebel-Driss auf.

I. Küsten-Segelflugwettbewerb

Im Mai des Jahres 1923 fand dieser Wettbewerb mit dem Ziel statt, die Segelflugbedingungen an der Küste zu erkunden.
Schon 1921 hatte man über seine Durchführung beraten. Als Gelände waren die
Sanddünen der Kurischen Nehrung,
wenige Kilometer nördlich des Dorfes
Rossitten (heute Rybači) ausgewählt
worden.
Der Wettbewerb wurde erst im März
1923 ausgeschrieben, und so gab es nur
wenige Teilnehmer. Freyberg auf *S 13*,
Wegener und Schnell auf zwei Amphibiensegelflugzeugen der LFG Stralsund,

Berliner Studenten mit dem *Teufelchen* von
K. Tank, Schulz mit zwei Eigenkonstruktionen und mehrere Wettbewerber
aus der Umgebung gingen an den Start.
Die Veranstaltung litt unter ungünstigen
Windverhältnissen, und es gelang nur
Schulz auf *F. S.–3* einen Hangsegelflug
auszuführen: «Schulz allein gelangen
Kreuzflüge am zum Haff abfallenden
Steilhang. Er warf seinen wendigen Eindecker kurz nach erfolgtem Abflug in die
neue Richtung und vermochte dadurch
im schwachen Aufwind zu bleiben. Auf
diese Weise gelang ihm auch der Überlandflug nach Pillkoppen (5,2 km), mit
welchem er den Nachweis der Eignung
des Dünengeländes für Segelflüge
erbrachte. Schulz ist dieser Erfolg auf-
richtig zu gönnen. Mit seiner großen fliegerischen Befähigung überwindet er die
technischen Unvollkommenheiten seiner
Flugzeuge ...» [41,S. 85]
Dieser und die folgenden Küsten-
Segelflugwettbewerbe waren von dem
Ostpreußischen Verein für Luftfahrt mit
starker Unterstützung durch den damaligen Oberbürgermeister von Königsberg
i. Pr. (heute Kaliningrad), Dr. Karl
Goerdeler, veranstaltet worden.

IV. Rhön

Erstmalig war der Wettbewerb in einen
Vorwettbewerb (14 Tage) für den fliegerischen Nachwuchs und den anschließenden Hauptwettbewerb (14 Tage) unter-
teilt worden und fand vom 3. bis 31. August 1923 statt. 97 Flugzeugmeldungen
waren eingegangen, 70 Flugzeuge erschienen auf der Kuppe, 60 erhielten die
Zulassung. Diese Zahlen zeugen von der
Breite der Segelflugbewegung, die trotz
der wirtschaftlichen Schwierigkeiten und
des Höhepunktes der Inflation erreicht
worden war.
Wegen der ungünstigen Witterung
konnten die Hauptpreise nicht erflogen
und die Leistungen des Vorjahres nicht

überboten werden. Hervorhebenswert war vor allem der technische Fortschritt, der in den Neukonstruktionen *Konsul*, *Strolch*, *Der Dessauer* (Flugtechnischer Verein Dessau), *Falke* (Flugtechnischer Verein und TH Dresden), *Espenlaub 5*, *Rheinland* (KLEMPERER), *S 14* (MESSERSCHMITT) und dem Schul- und Übungsflugzeug *Hol's der Teufel* (LIPPISCH und STAMER) zum Ausdruck kam.

Insbesondere erregten der *Konsul* und der *Strolch* die Aufmerksamkeit der Fachleute. Der *Konsul* der Darmstädter Studenten besaß die bei einem Segelflugzeug noch ungewöhnliche Spannweite von 18,70 m bei 1,1 m mittlerer Flügeltiefe. Der 6,65 m lange, ovale und sperrholzbeplankte Holzrumpf ging gefällig in die Seitenflosse und das große Seitenruder über. Ungewohnt war der Anblick der am

Boden leicht herunterhängenden Flügelenden. Trotz seiner großen Spannweite war der *Konsul* gut steuerbar. ALBERT BOTSCH flog am 29. August auf diesem Typ 18,9 km bis Kerzell, und nur das ungünstige Landegelände verhinderte die Überbietung der im Streckenflugpreis geforderten 20 km.

Eine gelungene Konstruktion war auch der *Strolch* von MARTENS. Mit einer Spannweite von 14,0 m, einer mittleren Flügeltiefe von 1,0 m, einem eckigen, sperrholzbeplankten Rumpf sparsamsten Querschnitts entsprach er im Aufbau einem verfeinerten *Vampyr*. Hervorragend war das Problem der Montage gelöst worden. Der *Strolch* konnte innerhalb weniger Minuten ohne Schwierigkeiten auf- und abgerüstet werden, was MARTENS bei den vielen Außenlandungen im Tal einen zeit-

204 Amphibiensegelflugzeug *Phönix 3* der Luft-Fahrzeug-Gesellschaft, Werft Stralsund, nach einer Wasserlandung.

205 Die *F. S.-3* wird zum Startplatz gebracht.

206   FERDINAND SCHULZ im Führersitz der *F. S.-3*, der «Besenstielkiste».

207   SCHULZ bei seinem Streckenflug von 5,2 km im Hangaufwind (Mai 1923).

208   PELZNER fliegt seinen Hängegleiter.

lichen Vorsprung gegenüber den Konkurrenten sicherte. Das Gleitverhältnis schätzte man auf etwa 20, wodurch Landungen auf kleinen Flächen erschwert wurden.

Diese Tatsache veranlaßte PRANDTL in einer Auswertung der IV. Rhön zu den richtungweisenden Feststellungen: «Die Flugzeuge mit sehr flachem Gleitwinkel

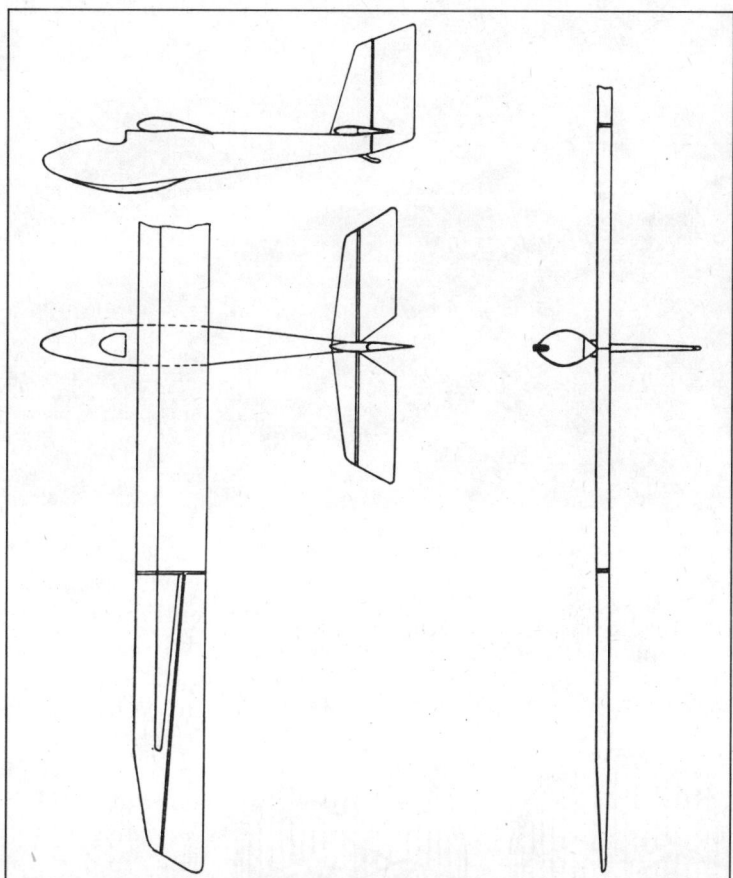

209/210   *Konsul* (1923).

wie *Strolch* und *Konsul* haben erhebliche Schwierigkeiten bei der Landung ... Es würde daher bei solchen Flugzeugen wohl eine Luftbremse sehr angebracht sein. Man würde hierfür wohl Klappen verwenden können, die auf der Flügelunterseite herausgeklappt werden können. Klappen auf der Oberseite wären noch wirkungsvoller in Bezug auf Bremsung, wären aber wohl nicht rätlich, da sie den Höchstauftrieb vermindern würden.» [42,S. 145] Es vergingen jedoch noch über zehn Jahre, ehe diese wichtige, auch die Sicherheit des Segelfluges erhöhende Vorrichtung eine Verwirklichung fand. PRANDTL lieferte mit seinem Vorschlag ein Argument gegen die Motorflieger, die vor einer aerodynamischen Verbesserung

211   MAX STANDFUSS startet auf *Erfurt-Eindecker* (1923).

212   Die Segelflugabzeichen A, B, C, Silber- und Gold-C. Weiße Möwen befinden sich auf blauem Grund. Die Silber-C wird von einem silbernen, die Gold-C von einem goldenen Kranz umrahmt.

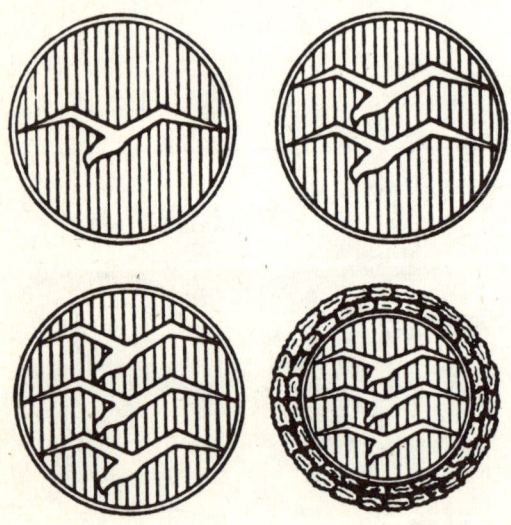

hatte, flogen die Segelflieger, um die zahlreich erschienenen Zuschauer nicht zu enttäuschen und den Beweis anzutreten, daß das Segelflugzeug kein «Schönwettergerät» ist. Neben eindrucksvollen Flügen, die vor allem mit Flugzeugen mit hoher Flächenbelastung gelangen, gab es Brüche und Abstürze. MAX STANDFUSS startete auf dem Eindecker *Erfurt* des Erfurter Vereins für Luftfahrt und trieb vom Westhang in das Abtsrodaer Tal. Über einem Sumpf brachen in 30 m Höhe die Tragflächen. STANDFUSS erlag im Krankenhaus seinen schweren Verletzungen.

Trotz der begrenzten Flugleistungen (von 28 Tagen herrschten an 25 Tagen Nebel und Regen auf der Kuppe!) erzeugte der Wettbewerb 1923 keinerlei Pessimismus, denn es war abzusehen, daß mit dem höheren technischen Niveau der Flugzeuge bei geeignetem Wetter auch höhere Flugleistungen erzielt werden können.

Nach der Beendigung des Wettbewerbs 1923 gründete ARTHUR MARTENS auf der Wasserkuppe eine private Segelflugschule und gewann FRITZ STAMER als Flugleiter, der im Verlauf mehrerer Jahre eine perfekte Methode der Einsitzerschulung mit den dazu benötigten Flugzeugtypen entwickelte.

von Flugzeugen allgemein warnten, weil dadurch die Landungen erschwert würden.

Tragisch verlief am 30. August der vorletzte Wettbewerbstag, der bei stürmischen Winden mit Geschwindigkeiten um 20 m/s stattfand. Obwohl die Flugleitung den Teilnehmern den Start freigestellt

Im Jahre 1923 wurde in Deutschland mit den Gleitflugabzeichen A und B auch das bekannte internationale Symbol des Segelflugs geschaffen: die stilisierte weiße Möwe auf blauem Grund. Die Prüfungsflüge für die A waren ein Flug von 300 m Weite oder 30 Sekunden Dauer, und für die B war ein Flug von 60 Sekunden Dauer mit einer S-Kurve erforderlich.

Vauville

Der «2. Experimentalkongreß für motorlosen Flug» fand im August 1923 auf dem Segelfluggelände von Vauville, an der Westküste der Halbinsel Cotentin, etwa 20 km südwestlich von Cherbourg gelegen, statt. Zum Wettbewerb waren 56 Flugzeuge gemeldet worden, von denen sich sieben Segelflugzeuge als flugfähig erwiesen. In der Kategorie der Leichtflugzeuge, die im Motorflug wie im Segelflug fliegen sollten, waren drei Maschinen mit Motorenleistungen zwischen 8,8 und 11,7 kW (12 und 16 PS) erschienen.

Der Wettbewerb litt zunächst unter ungünstigen Witterungsbedingungen. Am 15. August 1923 stürzte JEAN HEMMERDINGER auf dem Typ *Thomas T–1* bei nur schwachem Wind infolge eines Bruchs der Tragflächen in geringer Höhe tödlich ab. HEMMERDINGER hatte als erster Segelflieger ein Variometer in sein Flugzeug eingebaut. Am 17. August gelangen eine Reihe von Dauerflügen im Hangaufwind. Der Belgier SIMONET gewann den Preis für die längste Flugdauer mit einem Flug von etwa fünf Stunden; THORET erzielte mit 8 250 m die weiteste Flugstrecke.

Waschberg

Vom 13. bis 21. Oktober 1923 fand am Waschberg bei Stockerau, nord-nord-westlich von Wien, der erste österreichische Segelflugwettbewerb statt. Von den erfolgreichen Rhönfliegern erschienen BOTSCH mit *Konsul*, MARTENS mit *Strolch*, SPIES mit *Edith*, die Berliner Studenten mit ihrer schwanzlosen Konstruktion *Charlotte* und STAMER mit *Hol's der Teufel*. ESPENLAUB brachte zwei Eigenkonstruktionen mit. Eine Reihe österreichischer Flugzeuge vervollständigte den Wettbewerb. Segelflüge im Hangaufwind konnten nur am 17. Oktober gezeigt werden. Die Bestleistungen betrugen 48 Minuten Dauer, 270 m Höhe und 10 km Strecke.

Zur Überraschung aller erreichte der des Fliegens bis dahin unkundige GOTTLOB ESPENLAUB mit 2,5 km den zweiten Platz im Streckenflug. ESPENLAUB hatte bisher die von ihm konstruierten und gebauten Flugzeuge von anderen Piloten mit dem fatalen Ergebnis fliegen lassen, daß es fast immer Bruch gab. Am Waschberg entschied er, sich in einer Schnellmethode das Fliegen selbst beizubringen. Hier sein Bericht über seinen denkwürdigen ersten Start: «Als ich im Morgengrauen startbereit auf dem 300 m hohen Berg in meinem Flugzeug saß, wurde mir doch etwas brenzlich, jedoch in meiner Wut über den Verlust meines Flugzeuges sagte ich mir: ‹Die Letzte wird selbst zu Bruch gemacht!› Ich gab – ohne weiter zu überlegen – das Kommando ‹Los› und hatte gleich eine ordentliche Höhe. Da wurde ich etwas unruhig in der Steuerung, dachte aber plötzlich an die Worte von MARTENS, der immer sagte: ‹Steuer ruhig halten!› Ich hielt den Knüppel eisern still, manchmal, glaub' ich, sogar mit beiden Händen – und er hatte recht. Das Flugzeug brauste nur so mit mir durch die Gegend, ohne daß ich wußte, wohin. Wie auf Nadeln sitzend, wagte ich keinen Blick in die Tiefe, denn der Anblick war mir zu seltsam. Inzwischen hatte ich an Höhe verloren und mußte an die Landung denken. In meiner Flugrichtung sah ich eine Baumreihe am Wege, über die ich nicht mehr wegkommen konnte. Also eine Linkskurve! – Ich trat natürlich falsch ins

213   GOTTLOB ESPENLAUB.

Seitensteuer, und das Flugzeug ging nach rechts. Im letzten Augenblick konnte ich den Fehler korrigieren und landete glatt 8 m vor den Bäumen ... » [54, S. 31 f]

Krim

Der letzte Wettbewerb des Jahres 1923 fand im Herbst im Süden der Sowjetunion statt. Schon unmittelbar nach Beendigung des Bürgerkrieges waren die sowjetischen Segelflugenthusiasten unter sehr schwierigen Bedingungen wieder an die Arbeit gegangen – nach mehr als sieben Jahren Kriegszustand fehlte es häufig an den einfachsten und wichtigsten Dingen. Segelflugzirkel existierten in Moskau unter Leitung von K. K. ARCEULOV; in Podolsk, Zaratov und anderen Städten gab es weitere Zirkel. Zwischen den Bergen Kurbaš und Usun-Syrt, im Osten der

Halbinsel Krim gelegen, etwa 12 km von Feodosia entfernt, hatte man in der Nähe des Badeortes Koktebel (heute Planernoe) ein ausgezeichnetes Hangsegelfluggelände entdeckt. Eine unbewaldete Hügelkette, etwa in Ost-West-Richtung gelegen, erhebt sich 150 bis 250 m hoch aus der Ebene und bietet bei den häufigen südlichen Winden sehr gute Start-, Lande- und Segelmöglichkeiten.

Der Wettbewerb fand vom 1. bis 18. November 1923 statt und bestand aus einem Vor- und Hauptwettbewerb. Von den 20 gemeldeten Segelflugzeugen waren neun erschienen und zugelassen worden (fünf Eindecker, darunter drei freitragende und ein Nurflügelflugzeug von B. ČERANOVSKIJ; vier Doppeldecker, darunter ein Flugzeug von S. ILJUŠIN. Der *Burevestnik (Sturmvogel)* von V. NEVDAČIN war aerodynamisch am besten durchgebildet.

Das erfolgreichste Flugzeug war ARCEULOVS verspannter Hochdecker *A 5*. Er besaß 13,0 m Spannweite, 4,5 m Länge, 19 m^2 Flügelfläche, 133 kg Flugmasse und eine Tragflächenbelastung von nur 7 kg/m^2, woraus die niedrige Normalfluggeschwindigkeit von 38 km/h (10,6 m/s) resultierte. Die Gleitzahl soll 1:15 und die Sinkgeschwindigkeit 0,71 m/s betragen haben.

Am 5. November flog L. JUNGMEISTER auf *Burevestnik* einen sowjetischen Streckenflugrekord mit 1 487 m. Am 15. November gelang ihm auf der *A 5* ein Höhengewinn von 100 m, und am 18. November konnte er auf dem gleichen Typ einen sowjetischen Dauerrekord mit 01:02:30 h aufstellen. JUNGMEISTER landete beim letzten Flug wieder am Startplatz. Insgesamt waren die Ergebnisse sehr ermutigend und verstärkten in der Jugend des Landes die Begeisterung für den Segelflug, wie sie zu diesem Zeitpunkt vergleichsweise nur in Deutschland anzutreffen war. Die Kommunikation über alle Ereignisse des Segelfluges war zu diesem Zeitpunkt national und international voll entwickelt.

5.3 *Das Jahr 1924*

II. Küsten-Segelflugwett—
bewerb · Gründung der Rhön-
Rossitten-Gesellschaft ·
Asiago · Krim ·
Das Ende der Bemühungen um
den dynamischen Segelflug

II. Küsten-Segelflugwettbewerb

Vom 10. bis 16. Mai 1924 fand dieser
Küsten-Segelflugwettbewerb statt, an
dem unter anderem MARTENS auf *Strolch*,
KOCH auf der Neukonstruktion *Pelikan H 6*
und ESPENLAUB auf *Espenlaub 5* teilnahmen.

FERDINAND SCHULZ erzielte am 11. Mai
1924 eine Weltbestleistung im Dauerflug.
Im Hangaufwind der Haffdünen segelte
er auf seiner alten *F. S.-3*, der «Besenstielkiste», 08:42:00 h. Bei einem Südostwind
von 10 m/s hielt er sich vor allem am Predinberg auf, einen Flugraum von etwa
200 m Ausdehnung im Hin- und Herflug
nutzend. SCHULZ «schob» im günstigen
Aufwind der Predin-Bucht langsam am
Hang entlang und stand zeitweilig in der
Luft still; seine Flugbahn lag dem Haffufer näher als dem Hangkamm. Da die leistungsfähigeren Segelflugzeuge unter den
gegebenen Bedingungen diesen Flugstil
nicht ausführen konnten, flog SCHULZ an
diesem Tage ohne ernsthafte Konkurrenz. Dieser Flug stellte in fliegerischer

214 SCHULZ startet auf
F. S.-3 (1924).

215 SCHULZ segelt während
seines Weltrekordfluges am
11. Mai 1924 über dem
Meßtrupp auf dem Predin-
berg.

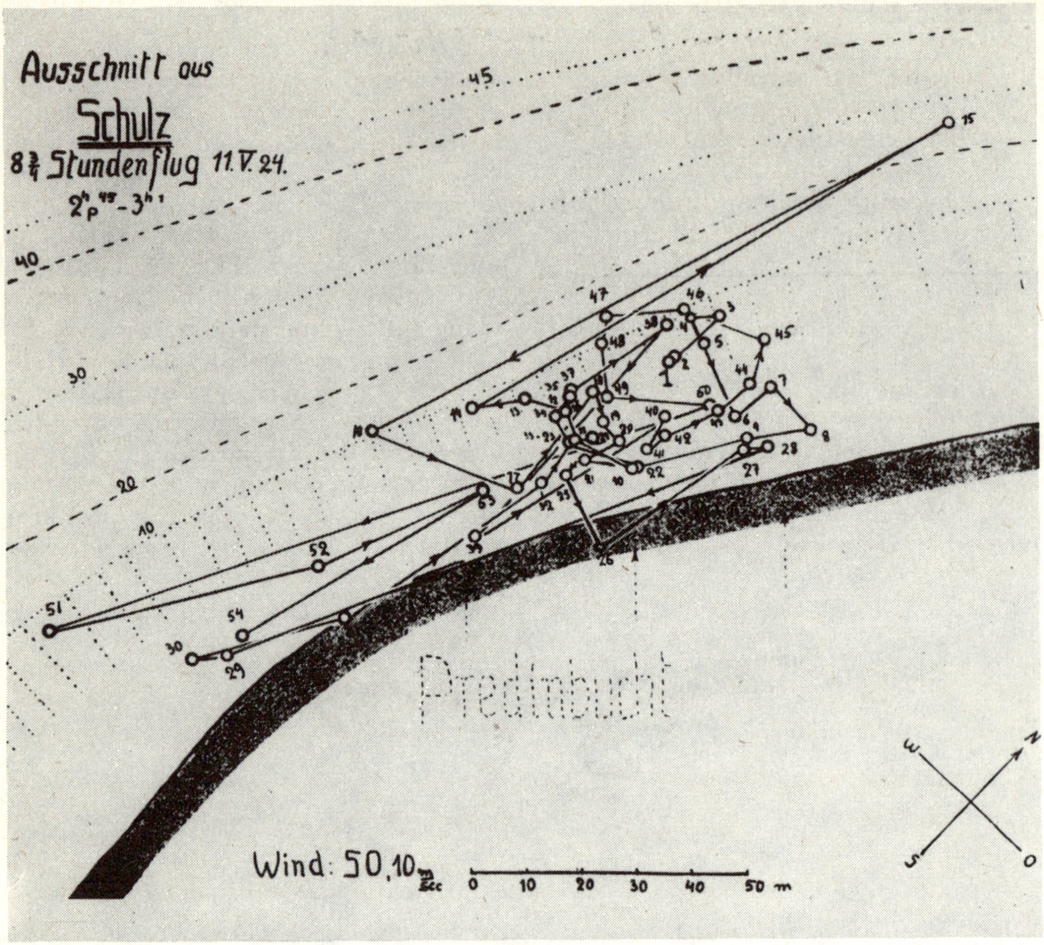

Ausschnitt aus
Schulz
8¾ Stundenflug 11.V.24.
2ʰ P ⁴⁵ – 3ʰ ¹

Predinbucht

Wind: SO,10 m/sec

0   10   20   30   40   50 m

216   Vermessung eines Flugabschnitts des Welt-rekordfluges von SCHULZ.

217   Kritischer Start von ESPENLAUB.

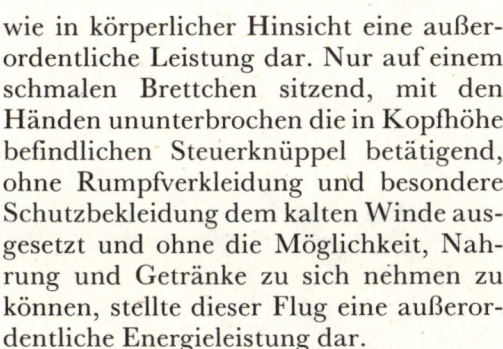

218   MARTENS startet auf *Strolch* (1924).

219   Vermessung der Aufwindverhältnisse mit Hilfe von Rauchraketen und Filmaufnahmen.

wie in körperlicher Hinsicht eine außerordentliche Leistung dar. Nur auf einem schmalen Brettchen sitzend, mit den Händen ununterbrochen die in Kopfhöhe befindlichen Steuerknüppel betätigend, ohne Rumpfverkleidung und besondere Schutzbekleidung dem kalten Winde ausgesetzt und ohne die Möglichkeit, Nahrung und Getränke zu sich nehmen zu können, stellte dieser Flug eine außerordentliche Energieleistung dar.

Die größte Flughöhe erreichte MARTENS auf *Strolch* mit 240 m über Start. Während des Wettbewerbs wurde eine genaue Vermessung der Flüge, der Leistungen der Flugzeuge, der Aufwindfelder und Aufwindstärken mittels Theodoliten, Entfernungsmeßgeräten und Filmaufnahmen vorgenommen. Die Haffdünen waren für derartige Untersuchungen wie geschaffen: «Das Rossittener Gelände ist in seltenem Maße zum Studium des Aufwindes im zweidimensionalen Raume geeignet. Bei günstigem Segelwind ... streicht die Luft 20 bis 30 km weit über das Haff und tritt in wesentlich geordnetem Zustand an die Küste heran, wird in einer Ausdehnung von 10 km (von der schmalen Senke bei Pillkoppen abgesehen), an den Steildünen heraufgepreßt, die im Mittel unter 32 Grad auf 50 m ansteigen, und gleitet dann auf dem weniger geneigten Nordwesthang zur Ostsee herab.» [44, S. 238]

Gründung der Rhön-Rossitten-Gesellschaft

Über die V. Rhön (1924) gibt es nicht viel zu berichten. Wie bereits im Vorjahre herrschten ungünstige Wetterbedingungen, und die Leistungen des Jahres 1922 konnten auch nicht annähernd erreicht werden. Einen technischen und aerodynamischen Fortschritt zeigte die von SCHATZKY konstruierte *Roemryke Berge*. Das leistungsfähigste Segelflugzeug dieser Zeit, der *Pelikan*, erlitt kurz nach dem Start einen Tragflügelbruch als Folge von Flügelschwingungen.

Ein anderes Ereignis des Jahres 1924 ist noch hervorzuheben, die mit staatlicher Unterstützung erfolgte Gründung der Rhön-Rossitten-Gesellschaft e. V. (RRG). Sie war weder eine Massen- noch

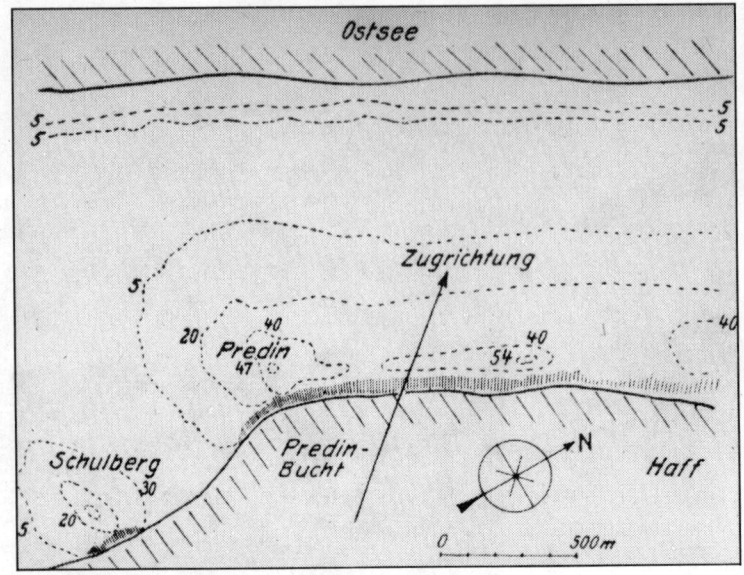

220   Das Küstensegelfluggelände mit Schulberg,
Predinberg und dem an-
schließenden Segelhang.

221   Querschnitt durch ein
typisches Küstensegel-
fluggelände.

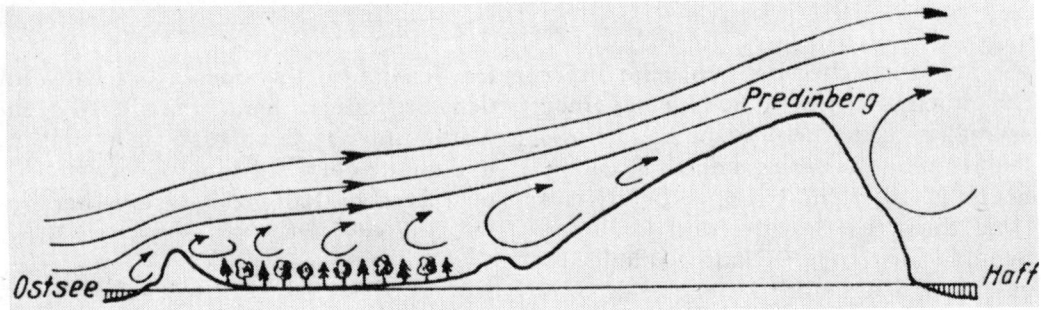

eine Sportorganisation, sondern eine Leitinstitution, deren Ziel in der Förderung des fliegerischen, technischen und wissenschaftlichen Fortschritts im Segelflug lag. Ihr Name setzte sich aus den ersten beiden deutschen Segelfluggeländen zusammen.

Zu den Aufgaben der RRG gehörten:
- die Erarbeitung einer Ausbildungsmethodik und die Unterstützung der Gleit- und Segelflugschulung,
- der Aufbau des Segelflugzeugprüfwesens,
- die Unterstützung aller Segelflugaktivitäten und die Organisation von Segelflugwettbewerben,
- das Vorantreiben der Segelflugforschung, speziell auf dem Gebiet der Flugzeugkonstruktion und Flugmeteo-

rologie, mit dem Ziel, der Segelflugbewegung hochentwickelte Schul-, Übungs- und Leistungssegelflugzeuge anzubieten und entsprechende Erkenntnisse über Aufwinde zu vermitteln,
- die Popularisierung der Leistungen des Segelfluges.

Der erste Präsident der RRG war Dr. KOTZENBERG. Im April 1925 wurde der Gesellschaft ein Segelflugforschungsinstitut unter Leitung von Professor Dr. GEORGII angeschlossen, das auf die Weiterentwicklung des Segelfluges noch großen Einfluß nehmen sollte. Es war das erste Mal, daß eine wissenschaftliche Institution speziell im Interesse einer Sportart arbeitete.

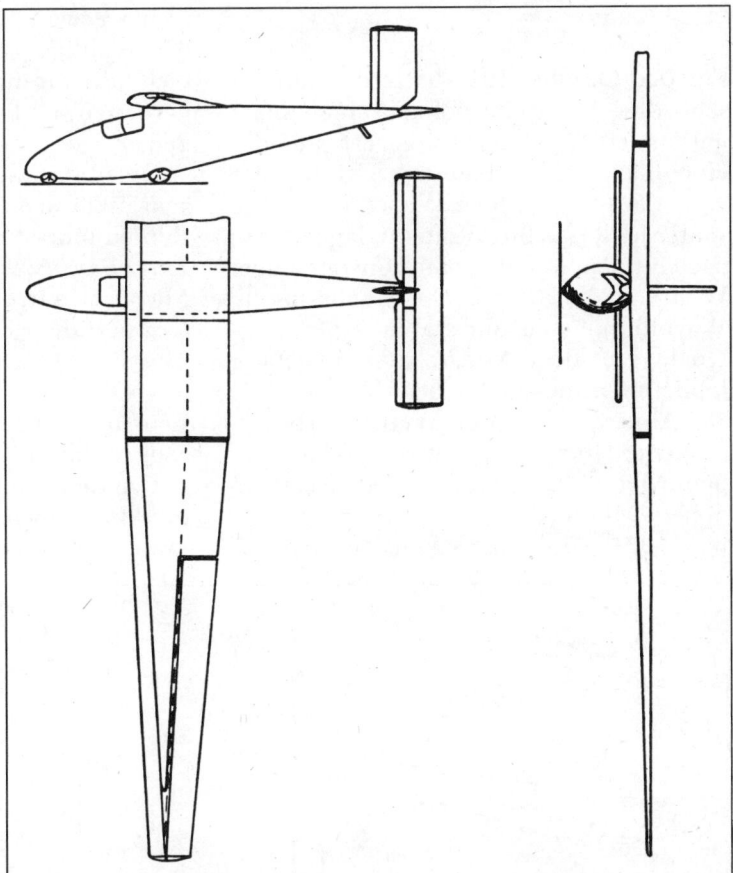

222   *Hannover H 6 Pelikan*
(1924).

223   Flügelbruch beim
Pelikan (1924).

Asiago

Für den Oktober 1924 hatte die italienische «Lega Aerea Nazionalé» einen internationalen Segelflugwettbewerb auf der Hochfläche von Asiago am Südrand der Alpen ausgeschrieben. Wie es sich Jahre später herausstellte, besitzt Asiago klimatisch für den Segelflug eine günstige Lage. Während über der Poebene sehr häufig Warmluftmassen mit stabilem Gradienten lagern, liegt Asiago im Bereich der labileren atmosphärischen Verhältnisse der Alpen. Die für den Wettbewerb ausgesuchte Hochfläche – etwa 1 000 m über dem Meere gelegen und mit dem 1 300 m hohen Monte Sisemol als Startpunkt – war 1924 jedoch für einen Wettbewerb wenig geeignet, da überall noch Spuren des Weltkrieges gegenwärtig waren; das Gelände war mit Granattrichtern, Drahtverhauen und Schützengräben überzogen.

Die ausländische Beteiligung beschränkte sich auf eine Gruppe deutscher Piloten mit OTTO FUCHS auf *Der Dessauer*, FRITZ PAPENMEYER auf *Konsul* und ARTHUR MARTENS mit dem Doppelsitzer *Deutschland* und dem Einsitzer *Moritz* unter Leitung von OSKAR URSINUS. Die Wettbewerbsflüge brachten keine überragenden Leistungen und endeten bei allen Flugzeugen, bis auf den *Moritz*, mit Brüchen!

Um dem Treffen dennoch einen Höhepunkt zu geben, wurde der *Moritz* auf den etwa 1 400 m hohen Monte Mazze trans-

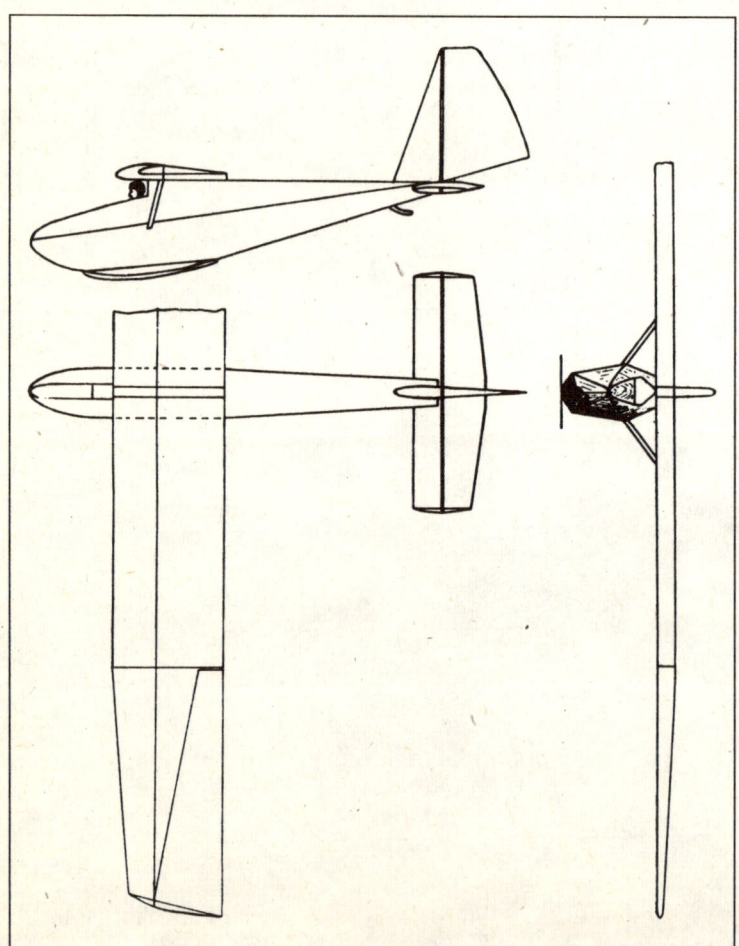

224   *Der Dessauer* der Fluwiac Cöthen (1924).

portiert, von dem aus mehr als 1 000 m Höhe in Richtung Poebene abgeflogen werden konnte. MARTENS plante einen Rekordflug bis Vicenza, knapp 27 km weit. Aufgrund eines größeren Höhenverlustes änderte MARTENS den Kurs in Richtung Dueville und erkannte im ganzen Gebiet nur sehr schlechte Landebedingungen. Hier sein Bericht über die Endphase dieses Fluges: «Dueville! In großen S-Kurven schlängelt sich der *Moritz* näher (Taktik des Landeanfluges ohne Bremsklappen, d. Verf.) – noch einmal rechts – Sturzflug – Linkskurve – und mit großer Fahrt – ‹Ja sind denn die ganz verrückt geworden?› … Weidete doch ausgerechnet auf dieser Wiese eine ganze Herde Kühe und Ochsen … Ich verzichtete freiwillig auf das Vergnügen eines krachenden ‹Empfanges› … und reiße den *Moritz* dicht über dem Boden in scharfer Linkskurve herum, eingedenk des Sprichwortes: ‹Der Klügere gibt nach!› Vor mir – schier unüberwindlich – eine Pappelreihe, wenigstens 15 m hoch … Ich drücke, was die Tragflächen halten wollen! … 100 Kilometer … 110 … 115! Jetzt – ein kurzer Ruck im Höhensteuer, ein eleganter Sprung der Maschine – Baumspitzen! Rechts etwas heben! So … ‹Krach!› – hängt der linke Flügel im Baumwipfel! Senkrecht schießt die Erde mir entgegen … Beine angezogen … Brille ab … ein Arm deckt das Gesicht … Nacht … Meine Knochen waren noch ganz, das stellte ich zunächst fest, bevor

225   *AWF 15 Parabel* von B. ČERANOVSKIJ, Moskau (1924).

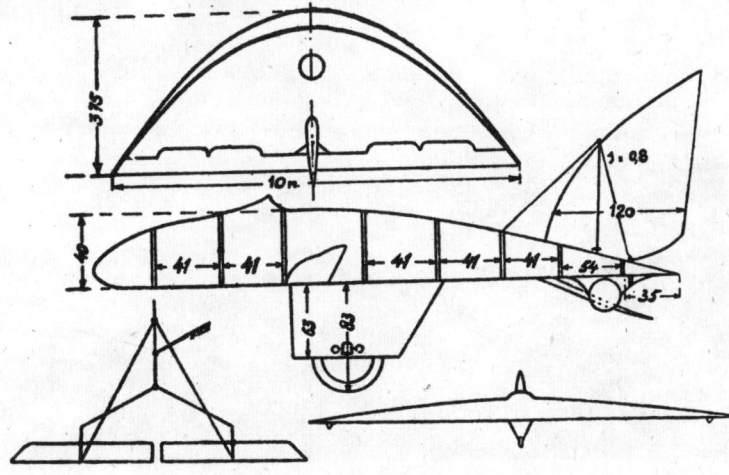

226   *AWF 15* (1924).

ich anfing, mich langsam aus den Resten zu befreien … Einige Tage später, in Mailand, wurde mir dann eine riesige silberne ‹Coppa› feierlichst überreicht, weil dieser Flug ein Weltrekord – 21,2 Kilometer Entfernung – gewesen war.» [54, S. 62f]

Die Entwicklung des italienischen Segelfluges litt viele Jahre lang unter der Tatsache, daß die Behörden den Gleitflug zwar förderten, ihn aber nur unter dem Gesichtspunkt der Vorausbildung von Motorfliegern anerkannten und die Schulung nur bis zur Gleitflugprüfung B betrieben. So konnte die erste C-Prüfung in Italien nicht vor 1934 abgelegt werden.

Krim

Im Herbst des Jahres 1924 fand der zweite Allunions-Segelflugwettbewerb mit guten Ergebnissen auf der Krim statt. Durch ARCEULOV, JAKOBČUK und andere Piloten konnten mehrere Stundenflüge erreicht werden. Diese Leistungen übertrafen die des Rhön-Wettbewerbs des Jahres. Technisch herausragend waren das Parabelnurflügelflugzeug von ČERANOVSKIJ und der *KPIR* der Studenten aus Kiew. Leider verloren die Segelflieger KLEMENTEV und RUDSIT bei Flugunfällen ihr Leben.

227   *KPIR* (1923).

Das Ende der Bemühungen um den dynamischen Segelflug

Eine spezielle Problematik der Auffassungen über den dynamischen Segelflug bestand darin, daß viele seiner Anhänger in ihm die Methode des Segelfluges schlechthin sahen, nach der angeblich auch die Vögel über den Ebenen segeln, und diese Theoretiker deshalb im statischen Segelflug (Segelflug im Aufwind) so etwas wie einen zweitklassigen Ersatz sahen. Schon Ende 1921 hatte ein Enthusiast sinngemäß erklärt: Wenn nur statisch (am Hang) und nicht dynamisch gesegelt werden könnte, sollte man alle Bemühungen um die Verwirklichung des Segelfluges einstellen und stattdessen Drachen steigen lassen!

Die Wettbewerbe der Jahre 1923 und 1924 brachten nun weitere Beweise für die Richtigkeit der Theorie des statischen Segelfluges; die Praxis hatte den theoretischen Streit der Wissenschaftler entschieden. Der um den Segelflug verdiente Professor PRÖLL gab den enttäuschten Hoffnungen Ende 1923 Ausdruck: «Sprechen wir es offen aus: Der dynamische Segelflug durch Ausnutzung der turbulenten Windenergie, seiner Richtungs- und Stärkeschwankungen war das Ziel, dem wir 1923 näher zu kommen hofften. Der dadurch mögliche Segelflug weit ab vom Hange auch über ebenem Gelände ist tatsächlich noch unerreicht.» [43, S. 150]

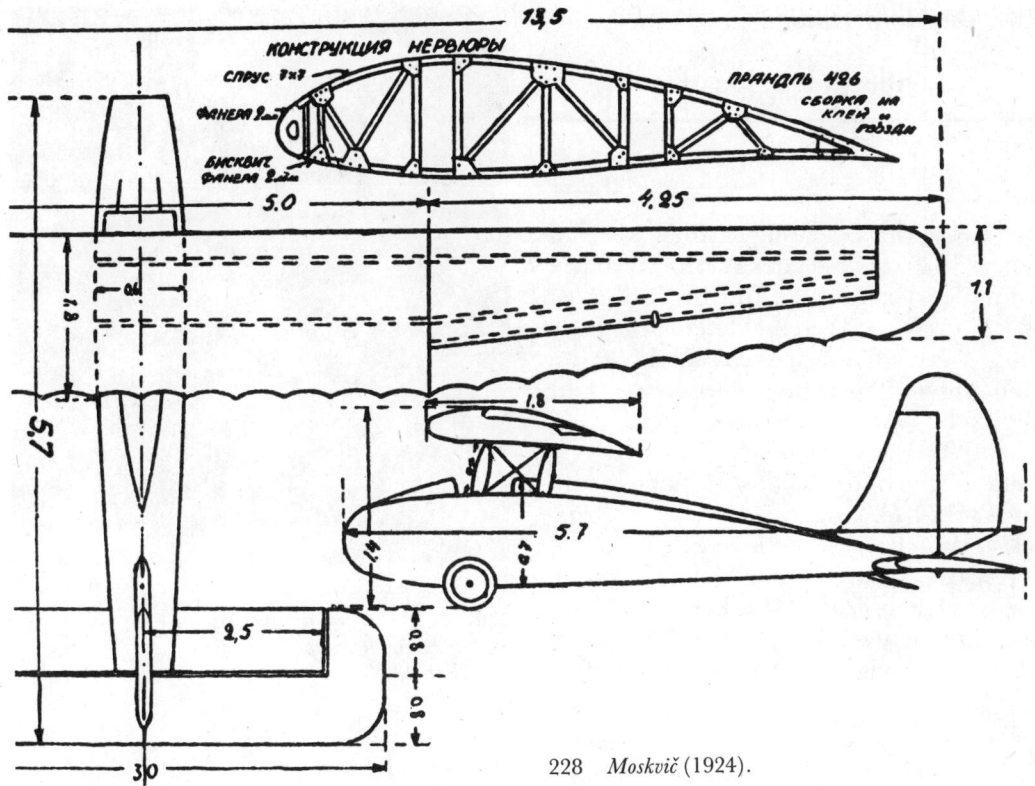

228   *Moskvič* (1924).

Spätestens 1924/25 wurde es den Betroffenen klar, daß man ein Opfer der eigenen ungenauen Vorstellungen und Wünsche geworden war, worauf die Theorie des dynamischen Segelfluges und die Versuche zu ihrer Anwendung völlig von der Bildfläche verschwanden – zum Nachteil des Segelfluges, da der tatsächlich mögliche kurzzeitige Energiegewinn mit Hilfe dynamischer Flugmanöver im Sinne einer Zeitoptimierung nicht mehr erforscht wurde.

1924 gab der erfahrene deutsche Ballonfahrer PETSCHOW aus seiner Freiballonpraxis einen wichtigen Hinweis auf eine real existierende Möglichkeit des anhaltenden dynamischen Segelfluges: «Einzige Möglichkeit, dynamisch länger zu segeln, nur an Schichtgrenzen, die der Freiballon als Schwimmschichten (Inversionen, d. Verf.) feststellt; an solchen Gleitflächen meist Zunahme des Windes um 8 bis 10 m/s, Luftwogen von 20 bis 50 m Höhe und 400 bis 500 m Wellenlänge, die dem Segelflugzeug periodische Wiederkehr von Schwellen und Flauten geben ... hier ist der dynamische Segelflug mit Erfolg durchführbar.» [45, S. 142]

Auf diese Möglichkeit eines dynamischen Segelfluges im Bereich von Inversionsschichten hatte bereits RAYLEIGH hingewiesen. Sie wurde im Jahre 1974 erstmalig realisiert (siehe Kap. 6.1. Punkt 8). PETSCHOW beschrieb hier andererseits auch Inversionswellen, an denen unter günstigen Bedingungen (ausreichende Vertikalkomponente der Welle) ein Segelflug möglich ist.

5.4. Das Jahr 1925

Vauville · VI. Rhön · Krim

229   Der Franzose ALFRED AUGER (links)
und der Belgier ANDRÉ MASSAUX
im Jahre 1925.

Vauville

Die Reihe der Segelflugwettbewerbe des Jahres 1925 eröffnete der Wettbewerb von Vauville, der vom 26. Juli bis 9. August stattfand. Von 34 gemeldeten Segelflug-zeugen erwiesen sich sechs für Flüge im Hangaufwind geeignet. Der erste, sehr folgreiche Wettbewerbstag wurde am Abend leider von einem tödlichen Ab-sturz überschattet – das Höhenleitwerk des *Poncelet-Eindeckers* von SIMONET (Brüs-sel) zerbrach in etwa 100 m Flughöhe.

ALFRED AUGER stieg gleich am ersten Tage auf dem *Vautour* von PEYRET und AB-RIAL bei einem Fluge von 53:00 min Dauer nach eigenen Angaben auf 720 m

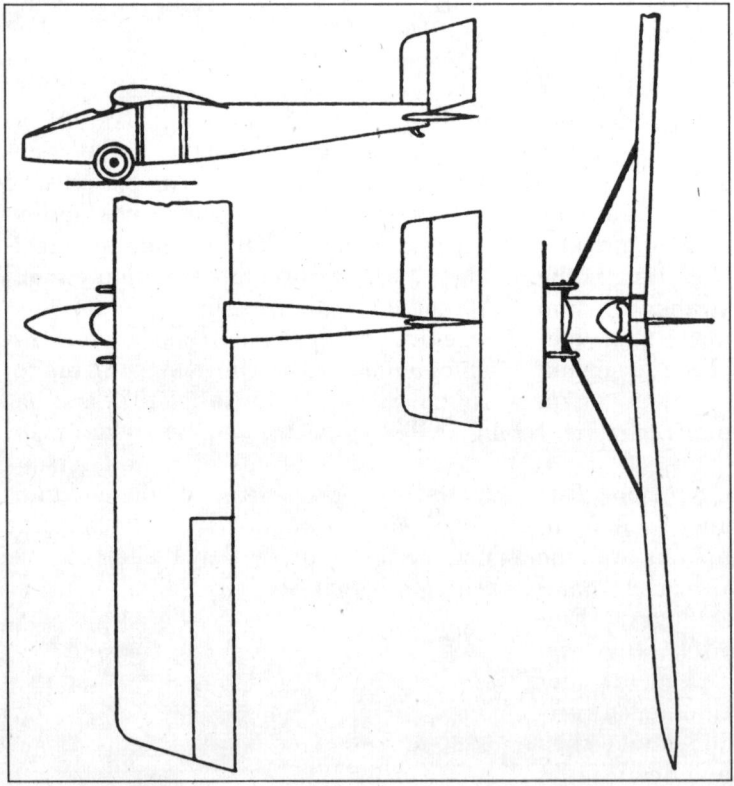

230   *Abrial A 2 Vautour*
(1925).

231 MASSAUX überbietet am Hang von Vauville die Zehnstundengrenze im Hangsegelflug (1925).

Höhe über Start. AUGER war in den Aufwind einer vorüberziehenden kräftigen Wolke geraten, mit ihr mitgezogen und unter ihr auf die genannte Höhe gestiegen. Dabei hatte er die Zone des Hangaufwindes leewärts weit verlassen. Die Rückkehr zum Startplatz gelang ohne Schwierigkeiten. AUGER flog mit einem Variometer an Bord!

Der thermische Aufwind hatte erneut auf sich aufmerksam gemacht, doch erkannte der Pilot die günstigen flugtaktischen Möglichkeiten seiner Position nicht, und es gab in Frankreich auch keinerlei Versuche zur Wiederholung dieses Ereignisses. Wäre er kreisend oder kreuzend unter dieser Wolke geblieben, so wäre bei der herrschenden hohen Windgeschwindigkeit und der Lebensdauer solcher Wolken ein neuer, sensationeller Streckenweltrekord möglich gewesen.

Die beiden anderen belgischen Piloten MASSAUX und DAMBLON flogen an diesem 26. Juli 1925 seit den Morgenstunden unermüdlich im Hangaufwind. ANDRÉ MASSAUX (Lüttich) stellte schließlich auf einem *Poncelet-Eindecker* mit 10:41:00 h einen neuen Dauerweltrekord für Einsitzer auf und überbot somit als erster Segelflieger die Zehnstundengrenze.

VI. Rhön

Der Rhön-Wettbewerb 1925 (vom 31. Juli bis 10. August Vorwettbewerb, vom 11. bis 31. August Hauptwettbewerb) erhielt eine besondere Bedeutung durch die Teilnahme sowjetischer Segelflieger, der ersten offiziellen ausländischen Delegation, die an einem Rhön-Wettbewerb teilnahm. Als Folge der positiven Auswirkungen des Rapallo-Vertrages zwischen Deutschland und der Sowjetunion hatte die RRG eine sowjetische Mannschaft eingeladen und die erfahrenen Piloten SERNOV, JUNGMEISTER, KUDRIN, ARCEULOV, JAKOBČUK und SERGEEV waren mit ihren technisch beachtlichen Flugzeugen *Rote Pressnia*, *Transkaukasier*, *Moskva*, *KPIR* und *Feuerschlange* auf die Rhön gekommen. Der *KPIR* der Kiever Technischen Hochschule war konzeptionell an den *Vampyr* angelehnt und aerodynamisch wie konstruktiv sehr gut ausgeführt. Diese Einladung muß als Ausdruck der Tatsache gewertet werden, daß die deutsche Segelflugbewegung nicht von rechtsextremistischen politischen Kreisen beherrscht wurde.

Die Flüge der sowjetischen Piloten stellten eine echte Bereicherung des Wett-

232   Die *Rote Pressnia* startet beim VI. Rhön-Wettbewerb (1925).

233   Die *Moskva* startet auf der Wasserkuppe.

bewerbs dar. Wie in der deutschen Presse festgestellt wurde, zeichneten sich die sowjetischen Segelflieger durch Kameradschaftlichkeit, Disziplin und Aktivität aus.

«Durch diesen Flugeifer wirkten die Russen erfreulicherweise vorbildlich und anspornend ...», hieß es in einer Veröffentlichung. «Diese großen Leistungen waren nur durch das kameradschaftliche und gute disziplinierte Arbeiten der etwa 15 Mann starken russischen Gruppe möglich. Auch der letzte Flugtag sah wieder alle Flugzeuge der Russen am Start, und von 20 Flügen wurden 7 von russischen Flugzeugen durchgeführt. Durch diese rege Flugbeteiligung haben die Russen unseren Dank verdient.»

Jakobčuk vollführte auf *KPIR* auch den ersten Stundenflug dieses Wettbewerbs und gleichzeitig den ersten in einem Rhön-Wettbewerb nach 1922.

Anerkennend berichtete man in der Fachpresse über diesen Flug: «Besonders hinweisen will ich auf einen Flug vom 27. August ... Jakobtschuk (Jakobčuk) sah dabei dichte Wolkenbänke, die seinem Dauerflug ein Ende aufzwangen, immer näher auf sich zukommen und setzte zur Landung an. Im Sattel zwischen Kuppe und Eube kam er dicht über dem Boden heran, sah aber, daß es nochmals zu einem Kreisflug langte. So flog er in drei bis vier Meter Höhe weiter, ließ sich nochmals in den Wind fallen und führte einen großen Kreis aus, worauf er in genau gleicher Höhe und am gleichen Platz wie vorher wieder zurückkam und nun landete. Kaum stand das Flugzeug, da waren auch schon die Nebelwolken da

234 RICHTER (Berlin) flog auf der Rhön mit einem Nachbau-LILIENTHAL-Gleiter.

und machten jedes weitere Starten unmöglich. Dieser Flug gehörte zu dem Besten, was in der Rhön in diesem Jahr geleistet worden ist.» [49, S. 33]

Im Hauptwettbewerb siegte MARTENS auf *Moritz* vor ESPENLAUB auf *Espenlaub 5* und NEHRING auf *Konsul*. PETER HESSELBACH erzielte auf dem Doppelsitzer *Margarete* mit 03:05:55 h vor JUNGMEISTER auf *Transkaukasier* mit 01:55:00 h und JAKOBČUK auf *KPIR* mit 01:31:00 h die längste Flugdauer. Die größten Flughöhen erreichten NEHRING mit 310 m vor MARTENS und HESSELBACH mit je 300 m über dem Westhang. Den längsten Streckenflug vollzog NEHRING auf *Konsul* mit 21 km. Er bewies schon bei diesem Flug seine Begabung für Streckenflüge im Hangaufwind, die in den nächsten Jahren zur vollen Entfaltung kam.

Im Jahre 1925 wurde auch die Segelflieger-C-Prüfung eingeführt, die einen Prüfungsflug von fünf Minuten Flugdauer über der Startstelle, also ohne Höhenverlust, erforderte.

Während des III. Küsten-Segelflugwettbewerbs (1925) wurde erstmalig nachts gestartet und geflogen. SCHULZ, MARTENS und FUCHS starteten nach Mitternacht und blieben über eine halbe Stunde in der Luft. Im gleichen Jahr konnte nach der Flugschule auf der Wasserkuppe auch die zweite Segelflugschule der RRG in Rossitten eröffnet werden.

Krim

Als Folge der Teilnahme sowjetischer Piloten an der VI. Rhön erhielt die deutsche Segelflugbewegung offiziell eine Einladung zum III. Allunions-Segelflugwettbewerb auf der Krim. Die Segelflieger MARTENS, PAPENMEYER, SCHULZ, NEHRING, und HESSELBACH flogen mit der Fluggesellschaft Deruluft bis Moskau, während ihre Segelflugzeuge *Moritz*, *Konsul*, *Der Dessauer*, *Witwe Bolte*, *Phönix* und *Margarete* auf dem Seewege nach Leningrad und dann mit der Bahn über Moskau zur Krim transportiert wurden.

Das Fluggelände übertraf noch die Erwartungen der deutschen Segelflieger, und in welch starkem Maße Wettbewerbe – insbesondere mit ausländischer Beteiligung – die Leistungen aller Teilnehmer zu steigern vermögen, zeigte dieses Treffen. Für die Gäste war der Aufenthalt auf der Krim in jeder Beziehung außerordentlich erfolgreich. Am 1. Oktober 1925 stellte HESSELBACH auf dem Doppelsitzer *Margarete* einen neuen Dauerweltrekord in dieser Kategorie mit 05:52:06 h auf. Die *Margarete* der Darmstädter Studenten besaß eine Spannweite von 15,0 m, 25 m² Tragflächeninhalt, 6,6 m Länge, 180 kg Leermasse und 320 kg Flugmasse, was dann eine Flächenbelastung von 12,1 kg/m² ergab.

SCHULZ segelte am 2. Oktober 1925 einen neuen Dauerweltrekord in der Einsitzerklasse mit 12:06:00 h. Er erreichte bei diesem Flug mit 405 m Startüberhö-

235   Die deutsche Krim-Segelflug-Delegation (1925).

hung auch die zweitbeste Höhe des Wettbewerbs. Schließlich verbesserte NEHRING am 9. Oktober den Streckenweltrekord auf 24,4 km.

FERDINAND SCHULZ schrieb über seinen Rekordflug: «Genügend Aufwind – wolkenloser Himmel – günstiges Landegelände. ‹Na denn man los› ... Ich ging gleich auf den Dauerrekord aus ... Da ich unter Umständen mit Nachtflug rechnen mußte, waren eigentlich Vollmondnächte Vorbedingung. Es traf sich günstig ... Beim ersten Versuch brachte mich eine abendliche Windflaute nach einem Flug von 05:51:00 h in die Arme der Mutter Erde zurück. Als am nächsten Tage der Russe JAKOBTSCHUK (JAKOBČUK) 9 1/2 Stunden flog, wurde es doch allmählich Zeit! – Am nächsten Tage, dem 2. Oktober, ging's bei uns zeitig heraus. Um 6 Uhr stand der *Moritz* am Start. Der Wind war aber reichlich schwach, so daß ich vorzog, bis kurz nach 7 Uhr zu warten. Als der Windmesser 6 bis 7 m/s zeigte, ließ ich mich ‹torpedieren›, kam gut weg und konnte bei der ersten Runde auf 70 Meter steigen. Bei der zweiten

sackte mir die Maschine ziemlich stark weg. Dann aber ging es ohne Halt höher und höher. Die Normalhöhe betrug 150 bis 200 Meter über dem Start ... Stunde um Stunde korkste ich hin und her. Unten ging alles zum Mittagessen. Da dachte ich denn auch an meine Brötchen ... Um 6 Uhr wurde es dunkel. Damit hatte ich den Rekord gebrochen. Ich wollte aber etwas Vorgabe schaffen und flog, da der Mond auch gerade aufging, in die Nacht hinein. Ganz allmählich verlor ich an Höhe. Unten wurden Richtungsfeuer angezündet, leider nur am Startplatz. Anfangs war's reichlich duster, und ich verfranzte mich ein paarmal ins Hintergelände, doch merkte ich das immer noch rechtzeitig genug. 1 1/4 Stunden flog ich noch in die Nacht hinein. Unten – am einsamen Lagerfeuer – standen die Kameraden ... deutsche und russische Piloten – ein brausendes ‹Hurra› – und in dunkler Nacht flammte es auf! – Eine brennende XII aus Holzscheiten ... Da – plötzlich eine Flaute, daß ich, ehe es mir dämmerte, was los war, unter dem Startpunkt saß.

Eine mitleidige Bö nahm den *Moritz* noch einmal auf die Arme, so daß ich ihn doch noch auf den Berg – ca. 200 Meter

236 Der hervorragende Segelhang (Südhang) bei Koktebel (heute Planernoe) auf der Krim.

vom Start – zur Landung bringen konnte. 12 Stunden 6 Minuten 25 Sekunden hatte der Flug gedauert! ... Lange blieb ich nicht auf der Erde, denn es bemächtigten sich meiner die Russen und spielten unter andauernden Hurra-Rufen mit mir Fangball, bis ihnen die Puste ausging!» [54, S. 75 ff]

Fliegerkameradschaft. Die sowjetischen Segelflieger feierten den auf ihrem Gelände aufgestellten Weltrekord wie ihren eigenen.

Über seinen Streckenweltrekord von 24,4 km im reinen Hangaufwind berichtete JOHANNES NEHRING: «Der Wind bläst anhaltend mit 8 bis 12 m/s. Der stark bewölkte Himmel gibt wenig Aussicht auf Aufwind. Russische Kameraden helfen den *Konsul* zum Start zu ziehen, und fünf Minuten später hänge ich oben ... Doch über 200 Meter geht es nicht. Nichtsdestoweniger entschließe ich mich, abzuhauen, d. h. auf Strecke zu gehen. Hinter mir liegt eine große Schlucht, gegenüber ein bewaldeter Hang. Dort muß ich hin! In kaum 15 Meter Höhe über den Baumkronen komme ich an. Der Hang liegt fast quer zum Wind. Nur so viel Aufwind ist da, daß ich meine Höhe halten kann. An der Westseite biegt er gegen den Wind um. Dort gibt es sicher Aufwind. In mehreren Achten schraube ich mich auf 300 Meter und springe jetzt von einem Hang zum anderen, kaum an Höhe verlierend. Leise rauschend fliege ich über ein Bergkloster. Rechts im Tale lasse ich eine Siedlung liegen. Zwei Kilometer vor mir liegt ein hoher, hufeisenförmiger Bergrücken. Die Maschine leicht gedrückt, habe ich ihn bald erreicht, spüre Aufwind, kurve hin und her und steige, 350, 405 Meter zeigt der Höhenmesser. SCHULZENS größte Höhe ist erreicht. Doch weiter bis 435 Meter, – die Aufwindgrenze ist erreicht. Jetzt die Höhe im flachen Gleitflug ausgenutzt. Ich muß über ein langgestrecktes tiefes Tal. Der Abwind eines seitwärts gelegenen Bergmassivs verpaßt mir peinliche Böen. Bald geht's rauf, bald runter, bald hängt der Vogel rechts, bald links. Stark biegen sich die armen Flügel durch: der reine Hexenkessel. Endlich hat sich der *Konsul* durchgekämpft. An einer kleinen Bergnase gibt es den letzten Aufwind. Mit Rückenwind geht's kaum 5 Meter hoch über eine Steilkante ... Langsam fällt der Höhenmesser, die Erde kommt näher. Auf einer Wiese, nach 300 Meter langem Ausschweben und 100 Meter Rutschen, steht die Maschine. 10 Meter zeigt der Höhenmesser. Der erste große Überlandflug ohne Höhenverlust. Wie weit mag ich geflogen sein? Meine Überlegung unterbricht das typische Schnirpsen eines Rotationsmotors. Eine *Avro* turnt in niedlichen Spiralen vom Himmel und setzt sich neben mich. KUDRIN ist der Führer. Ich steige ein, Vollgas, und schon brummen wir zurück. Schnell eine Karte: wir lesen 24,4 Kilometer ab. Erfreut über meinen Erfolg schütteln mir MARTENS und die übrigen die Hand …» [54, S. 85 ff]

ARCEULOV errang den dritten Höhenpreis mit 340 m Startüberhöhung, JUMAŠEV den zweiten Streckenflugpreis mit 4,8 km und JAKOBČUK den zweiten Dauerflugpreis mit 09 : 25 : 00 h.

Leider wurde dieser erfolgreiche Wettbewerb von einem tragischen Unglücksfall überschattet. SERNOV, der wie auf der Rhön die *Rote Pressnia* flog, hatte das unsagbare Pech, daß in einer starken Bö die Anschnallgurte rissen, er aus der Maschine geschleudert wurde und dabei den Tod fand.

In Frankreich und Großbritannien wurden nach den dort erreichten Erfolgen im Hangsegelflug die Wettbewerbe leider weitgehend eingestellt und damit der Entwicklung des Segelfluges in diesen Ländern eine wichtige Triebkraft genommen. Die Ursachen lagen unter anderem darin, daß man das Problem des Hangsegelfluges für gelöst hielt und die Möglichkeiten des Streckenfluges im thermischen Aufwind prognostisch nicht erkannte. Erst nachdem dieser realisiert worden war, erhielt die Segelflugbewegung in diesen und anderen Ländern wieder eine größere Anziehungskraft. Um so höher sind die in Deutschland und der Sowjetunion weiterhin veranstalteten Segelflugwettbewerbe und umfassenden Aktivitäten einzuschätzen.

5.5. *Das Jahr 1926*

Neunstundenflug im Doppelsitzer · VII. Rhön und erster Gewittersegelflug

Neunstundenflug im Doppelsitzer

Die Mitglieder der sehr rührigen Flugwissenschaftlichen Arbeitsgemeinschaft Cöthen (Fluwiac) weilten im Sommer 1926 mit ihrem Doppelsitzer *Cöthen* und dem Einsitzer *Scherbelberg* in Rossitten (heute Rybači), um unter den günstigen Bedingungen der Nehrung zu fliegen. Die *Cöthen* war 1925 von W. SEILER (Görlitz) konstruiert worden und hatte 15,0 m Spannweite, 21,3 m^2 Tragflächeninhalt und 6,15 m Länge. Fluglehrer war der für den Sommer von seinem Lehramt freigestellte Volksschullehrer FERDINAND SCHULZ, zu dessen Flugschülern auch GÜNTHER GROENHOFF gehörte.

Die Köthener Segelflieger hatten sich vorgenommen, den bestehenden Dauerweltrekord für Doppelsitzer, aufgestellt von HESSELBACH auf der Krim, zu brechen. Am 3. Juni 1926 schien die Wetterlage günstig. Um 2.00 Uhr wurde aufgestanden, um 04.30 Uhr stand die *Cöthen* startbereit auf dem Steilhang des Predin, und SCHULZ und der Köthener «Copilot» HEINZ REICHARDT, der in seiner Heimatstadt bis in die siebziger Jahre mit dem Segelflug verbunden war, nahmen Platz. Der Ostwind wehte mit einer Stärke zwischen 8 und 9 m/s. Hier der interessante Bericht von REICHARDT aus dem Jahre 1926.

««Ausziehen – Laufen – Los!› Unter den Glückwünschen der Zurückbleibenden sausten wir aus dem Startseil hinaus in die morgendliche Dämmerung; eine scharfe Linkskurve und schon segelten wir, langsam steigend, an den Sanddünen des Haffs entlang. Gerade war ich dabei, mir das Bordbuch und den Bleistift schreibgerecht zu legen, als sich SCHULZ halb umwendete und mir zurief, daß der Staudruckmesser nicht anzeige … Ich … erkannte auch, daß sich in die Staudruckdüse … eine Fliege eingeklemmt hatte; schnell war der Höhenmesser abgebunden und mit dem zur Befestigung benutzten Draht die Düse durchstoßen … Während wir noch an der Steildüne kreisten, wurden unten vom Predin bis an die deutsch-litauische Grenze bei Pillkoppen Beobachtungsposten aufgestellt, denn SCHULZ beabsichtigte auch, den bisherigen französischen Pendelstreckenweltrekord von 250 km zu schlagen.

Die erste Stunde unseres Fluges war nicht sehr angenehm, da die aufgehende Sonne Böen verursachte, die unsere *Cöthen* zum Bocken brachten. Doch man gewöhnt sich an alles. Nachdem wir einige Zeit am Predin herumgekrebst hatten, ging es nach Pillkoppen … am Fuße der mit Nadelholz bewachsenen Ephashöhe … der Posten dort rief uns die Windgeschwindigkeit – ‹3 m/s› – zu. Trotz dieses geringen Windes begannen wir hier an dem Steilhang merklich zu steigen und flogen dann nach dem Predin zurück.

Während der ersten sechs Stunden pendelten wir immer zwischen Predin und Pillkoppen (Ephashöhe) hin und her und brauchten von einem Wendepunkt zum anderen etwa sieben Minuten … ich hatte eigentlich immer Beschäftigung; ab und zu mußte ich die Barographenfeder mit Tinte nachfüllen, dann wieder an den Wendepunkten Zeit und Höhe in das Bordbuch eintragen, SCHULZ von Höhenänderungen in Kenntnis setzen usw. Zwischendurch gab es stets etwas zu sehen … den Memeler Dampfer, der nach Rossitten fuhr … und dergleichen mehr. Den meisten Spaß hatten wir immer über Pillkoppen, wo man allmählich auf uns aufmerksam geworden war. Dort hatten wir es endlich nach öftern Kreisen und Rufen über dem Schulgelände dahin gebracht, daß der geplagte Lehrer wegen Unaufmerksamkeit seiner Schüler den Unterricht abbrechen mußte.

Einmal hätte beinahe unser Weltrekordangriff ein vorzeitiges Ende erlebt, als nämlich SCHULZ eine scharfe Kurve aus dem Winde heraus drehte, und wir von unserer stolzen Höhe von etwa 100 m kläglich absackten. Doch gelang es ihm, die *Cöthen* wieder hoch zu bringen, schon um der drohenden Faust des Schulleiters RÖHRE, der dieses Manöver mit Entsetzen gesehen hatte, zu entgehen …

Wir befanden uns gerade über Pillkoppen und mußten, wenn wir nach dem Predin zurückkehrten, die bisherige Rekordzeit … überschritten haben. Wir näherten uns dem Predin und sofort fiel uns auf, daß man sich dort in Reihe und Glied aufgestellt hatte. Im steilen Gleitfluge kamen wir auf die Versammelten herabgeschossen, und SCHULZ fing kurz über ihren Köpfen die Maschine ab; lautes Bravo- und Hochrufen schallte zu uns herauf. Ein zufällig anwesender Förster schoß aus seinem Gewehr eine Freudensalve ab; allem Anscheine nach herrschte unten große Begeisterung, die sich noch steigerte, als wir herunterriefen: ‹Wir fliegen weiter!›

Nun beglückwünschte ich SCHULZ an Bord der braven *Cöthen* im Namen der Flugwissenschaftlichen Arbeitsgruppe an der Gewerbe-Hochschule Cöthen und er mich ebenfalls als seinen ‹Rekordfranz›.

Nachdem wir den Weltrekord sozusagen in der Tasche hatten, stand dem nichts mehr im Wege, den Versuch zu machen, über das Pillkoppener Tal nach der litauischen Grenze zu fliegen. Es gelang auch gut, und wir erweiterten von jetzt ab also unsere Pendelstrecke bis zur Grenze.

Nach der 9. Flugstunde fing die Maschine an zu bocken und die Wolken ließen ein heraufkommendes Gewitter erkennen. Wir beschlossen deshalb zu landen und gaben unsere Absicht am Predin bekannt, flogen noch einmal zur Grenze zurück und zogen unterwegs alle aufgestellten Posten durch Zuruf ein.

Nach einer reinen Flugzeit von 09:21:53 h landeten wir glatt unweit der Startstelle auf dem Predin und hatten zwei neue Weltrekorde aufgestellt und zwar in Dauer (für Zweisitzer) und Pendelstrecke (330 km).

Noch ehe wir aussteigen konnten, waren wir umringt, herausgehoben und auf die Schultern geladen, – manchem schimmerte eine Träne der Begeisterung im Auge … Nun folgte der anstrengendste Teil unseres Rekordfluges: die Feier, doch auch das wurde glücklich überstanden.» [54, S. 89 ff]

Duplizität der Bedingungen im Jahre 1926? SCHULZ und REICHARDT hatten – wie wenige Wochen später MAX KEGEL – die Möglichkeit, das Gewitter mit seinen starken Aufwinden herankommen zu lassen, doch war der Doppelsitzer noch gefährdeter als ein Einsitzer und die Nehrung war nur schmal.

VII. Rhön und erster Gewittersegelflug

Trotz aller Erfolge im Hangsegelflug befand sich die Segelflugbewegung in den Jahren 1923 bis 1926 in einer schwierigen Situation, denn auch die Fachleute und Optimisten konnten den Weg zu den anderen Formen des Segelfluges nicht genau beschreiben. Eine Beschränkung auf den Flug im Hangaufwind hätte den sportlichen Wert des Segelfluges stark vermindert, denn das Hangsegeln ist in dreifacher Beziehung abhängig: Es bedarf geeigneter Segelhänge, einer brauchbaren Wetterlage mit der richtigen Windrichtung, Windstärke und Labilität der Luftmassen und beschränkt den Bewegungsraum des Segelflugzeugs auf die Hangzone. So schön und eindrucksvoll das Segelfliegen am Hang auch sein kann, es besitzt von den Voraussetzungen her eine gewisse Ähnlichkeit mit dem Rodeln an Hügeln eines nicht schneesicheren Flachlandes.

Um so bedeutsamer war die Tatsache, daß unbeirrt von den vielen Zweiflern und Skeptikern die Rhön-Wettbewerbe kontinuierlich fortgesetzt wurden. Sie erwiesen sich als eine Haupttriebkraft und Motivation für den Fortschritt auf allen Gebieten des Segelfluges. Nur neue fliegerische Erfahrungen, die sich an die vorhandenen reihten, nur aerodynamisch und technisch verbesserte Segelflugzeuge, das Eintreffen glücklicher, zufälliger Umstände und die Einsatzbereitschaft von Segelfliegern konnten zum Erkennen und Ausnutzen des thermischen Aufwindes führen und andere Formen des Segelfluges erschließen.

Die VII. Rhön fand vom 25. Juli bis 14. August 1926 statt. Sie begann traditionell; die Experten des Hangsegelfluges kämpften hartnäckig um die größte Flugdauer, Flughöhe und Flugstrecke im Hangaufwind. Die Begriffe Thermik und thermische Aufwinde waren bekannt, spielten in den praktischen Überlegungen der Segelflieger jedoch keine Rolle. SCHULZ, LAUBENTHAL und andere Piloten vollführten zum ersten Male Schlechtwetterflüge, segelten bei Regen und Hagelschauern und bereiteten auf diese Weise den sensationellen Flug von MAX KEGEL (Kassel) am 12. August 1926 vor.

KEGEL hatte bereits am 5. August einen fast vollständigen Bruch «hingezaubert», ohne dabei verletzt zu werden. Er war durch starken Abwind zu einer vorzeitigen Landung mit Totalschaden gezwungen worden. SCHULZ war der erste, der in der Nähe landete, um dem Verunglückten Hilfe zu leisten. In Tag- und Nachtarbeit bauten die Mannschaftskameraden von KEGEL binnen dreimal 24 Stunden den Leistungssegler wieder auf, so daß auch diese «Namenlosen» an dem kommenden berühmten Flug beteiligt waren.

Nach einem vergeblichen Dauerflugversuch am Vormittag des 12. August startete KEGEL um 15.17 Uhr trotz eines aufziehenden Gewitters noch einmal, um mit den noch in der Luft befindlichen SCHULZ auf *Cöthen* und WEBER auf *Witwe Bolte* um die Tagespreise zu kämpfen. Während SCHULZ und WEBER unmittelbar vor dem Gewitter aus Sicherheitsgründen auf der Wasserkuppe landeten, flog KE-GEL weiter. Hier sein Flugbericht: «In Eile wird gestartet und in wenigen Minuten habe ich größere Höhe! Die Gewitterwand kommt näher! Die *Witwe Bolte* und *Cöthen* sehe ich in Richtung Lager abdrehen und landen! Ich kurve nochmals dem Gewitter entgegen und komme in gewaltig aufsteigende Luftmassen. Sofort ist mir klar, daß ich auf Strecke in Richtung Neustadt fliegen muß! Ich drehe in den Rückenwind ein, um aus den immer dichter werdenden Wolkenmassen herauszukommen! – Aber die Rechnung war falsch, die Wolkenbildung hat sich in großem Umfange zu schnell vollzogen, so daß ich nicht mehr herauskomme, obwohl ich in Zugrichtung des Gewitters fliege. – Im Nu ist die Maschine in Wolken gehüllt! – Es regnet – es hagelt – und die Wolken ballen sich immmer dichter zusammen. – Längst ist die Erde meinen Blicken entschwunden und jede Orientierung unmöglich! – Die Flügelenden meiner Maschine sind nicht mehr sichtbar, – schwarze, dichte Wolken umgeben mich, – der Hagel sticht ins Gesicht und nur mit Mühe kann ich meinen Geschwindigkeitsmesser ablesen!

Ich bin mitten im Gewitter! – Mitten drin! – Nach welcher Richtung fliege ich?

Bevor ich in den Wolken verschwand, hatte ich den Wind im Rücken, so daß ich in wenigen Sekunden aus den Wolken herauskommen müßte! – Der Kurs muß sich geändert haben; da ich außer dem Schalenkreuzanemometer ohne jedes Instrument fliege, wäre das verständlich. – Die Änderung des Kurses kann nur durch Abschieben oder durch Hereinkeilen in den Wind erfolgt sein, – eine Erfahrung, die ich des öfteren mit Motorflugzeugen beim Durchstoßen von kleinen Wolken

mit abgestelltem Motor gemacht habe. – Zu gut kenne ich die Gefahren von Wolkenflügen und vermeide daher jetzt wohlweislich, mein Flugzeug absichtlich in die Kurve zu legen. Ich fühle dauerndes Steigen. Mein Flugzeug gleicht zeitweise einem Blatt Papier, das in einem Kamin hochgezogen wird. Die Tatsache des fortgesetzten Steigens schaltet die Gefahr aus, plötzlich mit einem Berg, Wald oder anderen Hindernissen in Berührung zu kommen. – Um mich ist tiefe Finsternis und ein Getöse, als stände ich unter einem Wasserfall, denn Sturmböen und Hagel finden an Sperrholzrumpf und Flächen eine gute Resonanz.

Mein Hauptaugenmerk ist darauf gerichtet, die Beanspruchung der Maschine auf ein Minimum zu bringen. Aus diesem Grunde versuche ich, die ‹Kiste› nach Möglichkeit auf ihrer Eigengeschwindigkeit von 16 m/sek zu halten. Plötzlich auftretende, aber lang anhaltende Windstöße von irgendwoher lassen es nicht vermeiden, daß der Windmesser, der bis 20 m/sek maximal anzeigt, sich plötzlich überschlägt und nun 8 bis 12 m/sek gibt – also in Wirklichkeit über 30 m/sek! –

Jetzt heißt es Ruhe – und wieder Ruhe! Um jegliche Schwingung in der Fläche zu verhüten, ziehe ich ganz langsam und gleichmäßig die Maschine auf 16 m/sek – plötzlich – Totenstille um mich! Der Zeiger geht rapide auf 4 m/sek, und die Maschine rutscht nach hinten, über den Schwanz – nicht über die Fläche! – Das Gefühl der richtigen Querlage habe ich immer. – Ganz langsam und vorsichtig drücke ich wieder bis 16 m/sek. Das wiederholt sich – mehrere Male –.

Schmerzlich vermisse ich den Höhenmesser und endlos erscheint mir die Zeit. Dann – plötzlich sackt die Maschine unter dem Sitz weg, – eine kräftige Fallböe – und dann wieder das Gefühl eines senkrechten Steigens! – Könnte ich doch nur einen Moment einen Blick zur Erde werfen, um mich von der Lage der Maschine zu überzeugen. Es muß doch

237 MAX KEGEL nach seinem Gewitterflug: Die
Wochenschau macht Filmaufnahmen (1926).

schon unendlich lange Zeit her sein, daß
mich schwarze Wolken umgeben! – Jetzt
wird es heller! – Ein kleines Wolkenloch
huscht vorbei – einen Augenblick nur,
aber es genügte um mich zu überzeugen,
daß ich mich auf mein Gefühl für die richtige Querlage verlassen kann! – Rechts
von mir werden die Wolken heller – noch
ein Wolkenloch – ein leichter Druck ins
Seitensteuer – und ich fliege nach dieser
Richtung. Nur noch Sekunden – und die
Wolken nehmen ein Ende. Das schönste
Wetter umgibt mich, und unter mir, vielleicht 1500 bis 1800 m tief, eine Landschaft im Sonnenschein.

Wo bin ich? Von der Wasserkuppe
nichts zu sehen – kein bekannter Punkt –
das Korn steht in Garben auf dem Felde –
also Tiefland! – Fuldaer Gemarkung? –
Nein! – Neustadt? – Kann sein! – Den
Wald habe ich im Rücken, also auch die
Wasserkuppe. – Ein Freudengeschmun-
zel! – Neustadt und diese Höhe! –

‹Der Bart ist ab!› denke ich nach alter
Fliegerweise. – Dort Königshofen und da
die Fränkische Saale. Herrlich und geräuschlos schwebe ich durch die Lüfte.
Ich nehme Kurs auf Neustadt und
schneide dann rechts Königshofen. In
schnellem Fluge – den Wind im Rücken –
überfliege ich eine Ortschaft nach der anderen. Verstohlen schaue ich ab und zu
halbrechts hinter mich, wo das Gewitter
zieht. Vor mir breitet sich der Thüringer
Wald aus! – Jetzt habe ich noch eine Höhe
von 300 bis 400 m und unter mir liegt ein
Kirchdorf. Mit lautem Halloh überfliege
ich es. Zwei Kilometer südlich liegt eine
wunderbare Wiese zum Landen. – Wer
weiß, ob ich noch einen so guten Landeplatz finde – also, hinab! Im Kurvenflug
gehe ich nieder, ein leichtes Rutschen, ein
kurzer Ruck – die Maschine steht. Langsam klettere ich aus dem Sitz, und durch
herbeieilende Landleute erfahre ich, daß
ich in Gompertshausen bin.» [54, S. 96 ff]
Der Landeort befand sich 1,2 km östlich
von Gompertshausen, Kreis Hildburghausen. Die Luftlinie zwischen Start- und

Landeort betrug 55,2 km, die tatsächliche Wegstrecke etwa 65,0 km, die Landezeit lag bei 16.00 Uhr. Der alte Streckenweltrekord von JOHANNES NEHRING war mit diesem Flug um mehr als 100 % überboten worden.

Nach dem Abflug KEGELS war ein fürchterlicher Platzregen mit Hagel und anschließendem Nebel über der Kuppe niedergegangen, dann wurde es kristallklar, doch die Telefonverbindungen waren durch das Gewitter gestört. KEGEL blieb verschwunden – Suchflüge mit Motorflugzeugen blieben ergebnislos – alarmierte Landjäger gaben Fehlmeldungen. Nach bangen Stunden traf gegen Abend die lang erhoffte Landemeldung ein, und ein Jubelsturm ohnegleichen ging über die Wasserkuppe. Eine neue Möglichkeit des Segelfluges, theoretisch vorausgeahnt, war praktisch entdeckt und verwirklicht worden: der Segelflug in Gewitterwolken. Dieser Flug KEGELS stellte unter völlig neuen und unbekannten Bedingungen eine außerordentliche fliegerische Leistung dar. Der Flug war sensationell, weil er die enormen Aufwinde einer Gewitterwolke erstmals praktisch demonstrierte und nutzbar machte; weil der Weltrekord mehr als verdoppelt wurde und KEGEL in Höhen aufstieg, die bisher im Segelflug noch nicht erreicht worden waren.

Zum anderen bewies der Flug fliegerisches Gefühl, vernünftiges Verhalten, Kaltblütigkeit und Mut, denn KEGEL flog ohne jedes Blindfluginstrument und ohne Fallschirm. Diese gehörten erst Jahre später zur Standardausrüstung von Segelflugzeugen. MAX KEGELS Gewitterflug war der erste Streckensegelflug, der zwar noch im Hangaufwind begann, dann aber völlig unabhängig vom Bodenprofil nur mit Hilfe der Kraftquellen der freien Atmosphäre verlief. Der Segelflug war um eine, wenn auch relativ selten anwendbare Methode bereichert worden. Der Flug trug mit seinen Wirkungen dazu bei, die noch bevorstehende «Durststrecke» bis

238 JOHANNES («Bubi») NEHRING (1928).

zur Erschließung des Segelfluges im thermischen Aufwind leichter zu überwinden.

Eine weitere beachtenswerte und seit Jahren angestrebte Leistung dieses Wettbewerbs war der Zielflug mit Rückkehr zur Milseburg. Sie ist ein 835 m hoher Vulkankegel, etwa 5,5 km nordwestlich der Wasserkuppe gelegen. NEHRING startete am 13. August bei WSW-Wind von etwa 6 m/s Geschwindigkeit am Westhang, erreichte dort 180 m Flughöhe über Start, konnte dann unter einer aufziehenden Wolke im Hangbereich auf 320 m steigen und setzte zum Milseburgflug an. Unter geschickter Ausnutzung des Aufwindes mehrerer Hänge konnte er die Milseburg umfliegen und wieder zur Wasserkuppe zurückkehren.

Bedeutsam waren auch die Wettbewerbsflüge bei schwachem Wind. Am 4. August segelte NEHRING am Nordhang der Kuppe bei nur 3 bis 4 m/s Windgeschwindigkeit eine Stunde und erreichte 100 m Flughöhe. Am 6. August segelte der gleiche Pilot gegen 16.30 Uhr am Westhang bei einem Wind von nur 1 bis 2 m/s eine viertel Stunde lang ohne Höhenverlust und erreichte 85 m Flughöhe. Da weder die Dauer noch die Höhe beim letzten Flug vom Hangaufwind bewirkt werden konnten, schrieb GEORGII euphorisch: «Diese Flüge haben endlich einwandfrei den Segelflug im thermischen Aufwind gebracht.» [50, S. 505] Von einer erkenntnismäßigen und methodischen Beherrschung dieser Flugart konnte jedoch noch keine Rede sein. Man kannte weder Entstehung, Struktur, Umfang noch Stärke der Thermik genau. Doch die Erfahrungen des Jahres 1926 genügten, um die folgenden Rhön-Wettbewerbe unter die Losung zu stellen: «Weg vom Hang und auf die Strecke» [86, S. 193] und die neue Ära des thermischen Segelfluges vorzubereiten. Die Entwicklungskrise, in der sich die Segelflugbewegung 1925/26 als Folge der Beschränkung auf den Hangsegelflug und des Aufschwungs des Sportfluges mit Motorflugzeugen befand, ging ihrem Ende entgegen.

5.6. Das Jahr 1927

IV. Küsten-Segelflug- wettbewerb · VIII. Rhön

Das Jahr 1927 war das erfolgreichste Jahr der Zeit des reinen Hangsegelfluges. Es wurde geprägt durch die Leistungen der damals erfahrensten Hangsegelflieger SCHULZ und NEHRING und begann mit den richtungweisenden Flugzeugschleppversuchen von ESPENLAUB, RAAB und KATZENSTEIN, die im Kapitel 6.5. genauer beschrieben werden.

Der schon 1926 erhoffte Durchbruch zum thermischen Segelflug gelang allerdings noch nicht; SCHULZ und NEHRING konnten jedoch im Hangaufwind die 50-km-Grenze überbieten.

IV. Küsten-Segelflug- wettbewerb

Dieser Wettbewerb fand im Mai 1927 statt. Er erwies sich als außerordentlich erfolgreich, brachte neue Erfahrungen und wurde mit nationalen und internationalen Rekorden abgeschlossen, die sozusagen an «Maulwurfshügeln» erflogen worden waren.

Am 3. Mai 1927 flog FERDINAND SCHULZ an den Haffdünen mit 14:07:00 h einen neuen Dauerweltrekord und gleichzeitig im Pendelflug eine neue Weltbestleistung in der Kategorie «Entfernung in geschlossener Bahn» mit 455,8 km. Er hatte die Strecke Predinberg—Pillkoppen—Predinberg 43mal zurückgelegt. Die Durchschnittsgeschwindigkeit über Grund betrug 54,5 km/h. Mit 503 m Startüberhöhung stellte er bei diesem Flug auch einen neuen Landesrekord im Höhenflug auf. SCHULZ meinte, daß ihn der Aufwind einer vorüberziehenden Wolke auf diese Höhe emporgetragen habe. Wieder einmal hatte die Thermik auf sich aufmerksam gemacht. SCHULZ flog die von HOFMANN konstruierte *Westpreußen*, die zur Darmstädter Schule gerechnet werden muß.

Die Verknüpfung von Wissenschaft und Sport brachte dann die erstaunlichsten Ergebnisse des Wettbewerbs. Bisher war nur an den relativ hohen Haffdünen gesegelt worden, an den niedrigen Ostseedünen mit einer Höhe von etwa 2 bis 10 m hatte man es noch nicht versucht, obwohl schon 1923 in einer Denkschrift auf diese Möglichkeit hingewiesen worden war. Die Seedüne hat hier den Vorteil, den häufigen Westwinden ausgesetzt zu sein, fast 100 km Länge und einen breiten Strand für Landungen zu besitzen. Im Jahre 1923 hatte GEORGII auch theoretisch den Reibungsaufwind nachgewiesen, und die während des Wettbewerbs vorgenommenen Windmessungen und Rauchversuche an der Seedüne bestätigten seine Theorie. Über dem breiten Strand kommt

239   SCHULZ startet! Die Lederverkleidung des Einstieges ist bis zum Hals geschlossen.

240   Optische Telegraphie.

241   FERDINAND SCHULZ nach seinem Weltrekordflug (1927).

242   Nicht untypisch für Küsten-Segelflugwett-bewerbe: Landung im Wasser (1927).

243   Schwieriger Rück-transport!

es zu einer Abnahme der Windgeschwindigkeit als Folge des höheren Reibungswiderstands des Sandes, was zu einem Ausweichen der Strömungslinien nach oben und damit zu einem Aufwind führt.

NEHRING segelte als erster auf *Roemryke Berge* an der Seedüne nach Süden. Überraschend war der Überflug über das Ostseebad Cranz, wo es keine Stranddüne mehr gab, sondern nur noch winddurchlässige Baum- und Gebäudereihen. NEHRING flog dort zuweilen bis zu 75 m seewärts und fand guten Aufwind. In einer Veröffentlichung hieß es dazu: «Der Flug über diesem Gebiet stellt den ersten, gut geglückten Segelflug im reinen Reibungsaufwind dar. Er zeigt weiterhin, daß eine bewaldete Küste die günstigsten Bedingungen für die Entwicklung des Reibungsaufwindes bietet. Der Flug in 70 m Höhe setzt eine Vertikalbewegung des Windes von ungefähr 0,6 bis 0,7 m/s in dieser Höhe voraus.» [52, S. 323]

Diese Erfahrungen nutzte FERDINAND SCHULZ zu einer neuen Welthöchstleistung im Streckenflug. Am 14. Mai herrschte stürmischer Westwind und eiskalter Regen fiel vom Himmel; am frühen

Morgen lag sogar noch eine des Nachts gefallene Schneedecke auf der Nehrung. SCHULZ ließ dennoch seine rot gestrichene *Westpreußen* an die Seedüne schaffen und startete nach Aufhören des Regens bei blauem Himmel zum Flug nach Norden. «Diktator Ostwind regiert heute einmal nicht!» war die Meinung des Segelfliegers. SCHULZ flog bis zum Memeler Tief mit 60,2 km neuen Weltrekord (Flugzeit 01:35:00 h) und mußte diese Strecke teilweise im Tiefstflug in einem regelrechten «Flachbahnrennen» erkämpfen. Hier sein aussagekräftiger Bericht: «Im Mai 1927 war das. Nachdem alle meine Welthöchstleistungen auch nach unserem Eintritt in die FAI nicht anerkannt worden waren, beschloß ich, mich noch einmal in meine mehr als enge Kiste für einige Stunden einzusargen und nun einen Flug hinzulegen ... So kam der Sechzig-Kilometer-Flug von Rossitten (heute Rybači, d. Verf.) nach Memel (heute Klaipeda, d. Verf.) zustande.

So ganz einfach war die Sache nicht, denn in Richtung Memel stehen die Dünen manchmal nur auf dem Papier. An den nur ein bis acht Meter hohen Vordünen ist die Aufwindzone dermaßen schmal, daß sich bei meinem Flugzeug der verschieden starke Aufwind heftig bemerkbar machte. Dazu kam noch, daß meine *Westpreußen*, wie das bei Segelflugzeugen meistens ist, hing, und zwar etwas links. Der Erfolg davon war, daß ich sie nun infolge des rechts stärkeren Aufwindes kaum noch waagerecht halten konnte, zumal ich mehr Rechtsverwindung nicht geben konnte.

Eisern flog ich diesmal über die Mastbaumspitzen, wenn's auch manchmal gruselte. So blieb ich schön sauber an der Hangkante, denn beim Flug nach Cranz hatte ich den Fehler gemacht, anstatt über die Mastbäume der an die Düne gezogenen Kähne hinwegzugehen, vor diesen entlang zu fliegen ...

Bald wurden die Dünen aber immer niedriger. Bei Nidden (heute Nida,

d. Verf.) wurde es schon sehr schwül. Ganz war das Ende weg hinter dem Mastenwald von Preil. Hier war ich auch meine Konkurrenten KEGEL, genannt Maxe, LAUBENTHAL und Bubi NEHRING losgeworden ... Das Loch erschien mir endlos lang. Ich schätze auf gute vier Kilometer. Zum Glück war der Wind stark. Er erzeugte so viel Aufwind, daß ich die Maschine gerade eine Handbreit über dem Boden halten konnte. Wenn's mal zwei Handbreit waren, atmete ich schon auf. Was will man bei einer Dünenhöhe von ein bis zwei Metern! ...

Mit Geschwindigkeit wurde gespart wie mit Sandballast. Nur wenn's gar nicht anders ging, zog ich ein oder zwei Kilometer der Fahrt weg. Wenn dann ein zwei Meter hoher Huppel kam, dann setzte ich schleunigst den größeren Aufwind in Geschwindigkeit um...

Als ich dieses Loch etwa 39 Kilometer vor Memel hinter mir hatte, ging alles wie in Butter. Nur bei Kilometertafel 9 wurde die Sache nochmal peinlich. Die Nehrung biegt dort nämlich fast nach Norden. Dementsprechend kam der Nord-West-Wind ziemlich spitz auf den Hang und trug schlecht. Ein Unwetter kam mir außerdem dazwischen. Seine Vorböe war so stark, daß ich mit 80 Kilometer Geschwindigkeit auf demselben Fleck stehen blieb. Dann hatten sich Badebuden vorgenommen, mir das letzte bißchen Aufwind wegzuschnappen, und zuguterletzt standen gerade dort, wo ich landen wollte, eiserne Pfähle, die keine Miene machten, das Feld vor mir zu räumen. Als der Vogel 40 Meter vor der Südmole des Memeler Tiefs stand, hatte ich aber immerhin 60 Kilometer und 380 Meter Luftlinie hinter mich gebracht. Diese Fliegerei in Handbreitenhöhe ist sicher nicht jedermanns Sache... früher ... würde ich vielleicht auch verschiedene Haare drin gefunden haben, aber jetzt habe ich gesagt: ‹Nu gerade nich! Der Offizielle wird hingehauen!›, und da ging's ja auch!» [64, S. 184 ff]

VIII. Rhön

Der Hauptwettbewerb fand vom 31. Juli bis 14. August 1927 statt. Meldungen für 72 Flugzeuge waren eingegangen, 68 Flugzeuge erschienen zum Wettbewerb. Sensationelle Leistungen, wie sie 1922 und 1926 erzielt worden waren, blieben aus. Auch kam man in der Erschließung des thermischen Aufwindes nicht weiter voran, und dennoch zeigte auch diese Rhön einen Leistungsanstieg, der auf die ständige aerodynamische Vervollkommnung der Segelflugzeuge und das Wachstum der fliegerischen Erfahrungen, Fähigkeiten und Fertigkeiten der Piloten zurückzuführen war. Schwerpunkte der Ausschreibung 1927 waren ein Fernsegelflug mit mindestens 25 km Streckenlänge und ein Fernzielflug mit Rückkehr zum Startgelände.

JOHANNES NEHRING gewann beide Preise, den Fernsegelflugpreis mit einem Streckenflug von 51,8 km nach Herda bei Berka an der Werra. Dieser Flug fand bei WSW-Wind von durchschnittlich 8 m/s statt. NEHRING segelte zunächst am Westhang der Wasserkuppe und ging dann in Nordrichtung – von Hangaufwind zu Hangaufwind springend – ohne Ausnutzung thermischer Einflüsse auf Strecke. NEHRING war ein Meister dieses nicht ungefährlichen Fliegens in geringen Höhen über unbekanntem Gelände und der stets risikobehafteten Außenlandungen. Den letzten brauchbaren Aufwind fand er am Öchsenberg (630 m) in der nördlichen Rhön. Den Preis für den Fernzielflug mit Rückkehr errang NEHRING mit einem Flug zum Heidelstein (926 m) und zurück.

An dem Wettbewerb nahm auch ALFRED AUGER (Paris) – begleitet von ABRIAL – mit einem der besten französischen Segelflugzeuge, dem *Vautour* teil. ALFRED AUGER konnte bei den vorherrschenden Schwachwindwetterlagen nicht einen Segelflug vollführen. Die Sinkgeschwindigkeit seiner Maschine war offensichtlich zu groß. Nach ihrer Rückkehr hielten AUGER und ABRIAL im Lande Vorträge, um über den Entwicklungsstand und die Organisation des deutschen Segelfluges zu berichten.

ESPENLAUB führte im Rahmen des technischen Teiles des Wettbewerbs einen Schleppflug im Autoschlepp vor. Mit einem Drahtseil wurde der von ESPENLAUB gesteuerte Gleiter von einem Kraftwagen in die Höhe gezogen und dann ausgekuppelt. Die Vorführung bewies, daß die Herausbildung neuer Startmethoden von den Fliegern als Notwendigkeit und Bedürfnis empfunden wurde.

In Auswertung dieser beiden Wettbewerbe und der anderen Aktivitäten des Jahres 1927 schrieb GEORGII vorausschauend: «Das Hochschleppen des Segelflugzeuges mit dem Motorflugzeug gestattet, das Segelflugzeug in beliebige Höhen und an beliebige Stellen der freien ... Atmosphäre zu bringen. Dadurch werden dem Segelfluge weite Gebiete des Luftmeeres erschlossen. Der Flug unter Wolken oder im thermischen Aufwind und der Flug im Aufwind der Turbulenzwirbel wird erst durch diese Startmethode in seiner umfassenden Möglichkeit erkundet werden können ...» [52, S. 324]

Die hervorragenden Flüge von SCHULZ und NEHRING im Jahre 1927 waren für GEORGII Anlaß, den Flugstil beider Piloten – der in gewissem Maße auch stets von den individuellen Charaktereigenschaften geformt wird – miteinander zu vergleichen: «Ist SCHULZ ein Meister im zähen Durchhalten und von eiserner Energie» – von Freunden wurde er deshalb auch «Eiserner Ferdinand» genannt – «die ihn allein befähigt, immer und immer wieder den Dauerrekord an sich zu bringen, so ist NEHRING unübertrefflich in fliegerischer Geschicklichkeit und fliegerischem Verständnis. In der Art, wie er seine Flüge überdenkt, und in der Sicherheit und ruhigen Überlegung, mit der er sie planmäßig durchführt, kommt ihm keiner gleich. Den Sinn des Segelfluges, seine

Schönheit und seinen fliegerischen Wert erlebt und versteht man beim Anblick dieser Flüge NEHRINGS.» [53, S. 538] Es ist noch erwähnenswert, daß NEHRING den typischen langen und schweren Weg bis zu diesem Niveau zurückzulegen hatte. Als Mitglied der Akademischen Fluggruppe Darmstadt verrichtete er eine Unzahl von Baustunden und anderen Leistungen für seine Fluggruppe, bevor er die berühmten Flugzeuge wie *Konsul, Margarete* und schließlich die *Darmstadt* fliegen durfte.

SCHULZ erschloß im Herbst noch ein neues Hangsegelfluggelände in Willenberg bei Marienburg (heute Małbork). Der dort befindliche, viele Kilometer lange Steilhang der Nogat mit Höhen zwischen 20 und 60 m liefert bei dem meteorologisch günstigen und häufig auftretenden Nordwestwind einen ausgezeichneten Aufwind. Am 18. Oktober 1927 segelte er dort 04:01:00 h und erreichte dabei eine Höhe von 650 m (!), die wiederum nur durch den Aufwind einer vorüberziehenden großen Wolke oder Luftmassenthermik erflogen werden konnte. Wie AUGER 1925 hatte auch SCHULZ offensichtlich die außerordentlich günstigen Möglichkeiten seiner Position für einen Streckenflug nicht erkannt.

Der Flug von SCHULZ ist insofern von historischem Interesse, da sich die FAI im Jahre 1927 entschlossen hatte, nicht mehr Segelflugweltrekorde, sondern nur noch lokale Rekorde, Klasse D (Segelflugzeuge), d. h. geländegebundene Rekorde, zu führen und sich SCHULZ mit diesen Leistungen als erster in die neue FAI-Kategorie eintrug. Ende des Jahres ergab sich für SCHULZ die bisher in der Geschichte des Segelfluges einmalige Situation: Er vereinigte die wichtigsten der Weltbestleistungen in seiner Hand.

Von April bis September 1927 weilte eine deutsche Segelflugdelegation mit RÖHRE, LAUBENTHAL und HESSELBACH in den USA, um Erfahrungen im Hangsegelflug und der Segelflugzeugtechnik zu vermitteln; auf dem Küstensegelfluggelände am Atlantik bei Cape Cope gelangen Dauerflüge bis zu vier Stunden. Das mitgeführte Leistungssegelflugzeug, die *Darmstadt*, verblieb in den USA und erhielt nach Umbauten den Namen *Chanute*, auf dem JACK O'MEARA die ersten bedeutenderen Segelflugleistungen in den USA gelangen.

5.7. Das Jahr 1928

Vauville · IX. Rhön

Das Jahr 1928 war zwar noch ein Hangsegelflugjahr, doch brachte es auch die erste bewußte Nutzung thermischer Aufwinde. Im Frühjahr dieses Jahres gelang es, das Segelfluggelände von Grunau (heute Jeżów) weiter zu erschließen. FERDINAND SCHULZ unterstützte die einheimischen Segelflieger mit seinen reichen Hangflugerfahrungen, segelte erstmalig am bewaldeten Westhang und stellte dort einen lokalen Dauerrekord mit 01:05:00 h auf und stieg auf 570 m. Im Laufe des Jahres gründete die RRG in Grunau die dritte ständige Segelflugschule. Die Grunauer Segelflieger gingen wenige Jahre später in die Luftfahrtgeschichte ein, weil in diesem Fluggelände die «Lange Welle» entdeckt und für den Segelflug erstmalig erschlossen wurde.

Vauville

Der vierte Vauville-Wettbewerb fand vom 12. bis 26. Juli 1928 statt. Aufgrund der Teilnahme französischer Flieger an der VIII. Rhön waren NEHRING, KEGEL, HIRTH, BACHEM und MAGERSUPPE zu einem Gegenbesuch eingeladen worden. Da nur zwei französische Piloten, AUGER auf *Vautour* und SAVOYAS auf *Hirondelle* gemeldet hatten, bezeichneten die Flieger diesen Wettbewerb auch scherzhaft als «deutsche Segelflugvorführung unter französischer sportlicher Leitung». Bei den vorherrschenden Schwachwindwetterlagen, im Durchschnitt herrschten 4 bis 5 m/s Westwind, kamen die aerodynamisch und leistungsmäßig schwächeren Flugzeuge der Gastgeber erneut nicht zum Zuge. Dennoch waren die Ergebnisse für die französische Segelflugbewegung keineswegs entmutigend, sondern anspornend, weil offensichtlich wurde, welche Leistungssteigerung unter Anwendung technisch-wissenschaftlicher Gesichtspunkte möglich ist.

Der Wettbewerb sah Preise für die längste Strecke, die größte Höhensumme und die größte Anzahl von Flügen über 30 Minuten Dauer mit Landung am Startplatz vor, damit die schaulustigen Badegäste recht viel vom Segelflug sehen bekamen. Der Sieger hieß WOLF HIRTH auf *Württemberg*, der seit dieser Zeit für viele Jahre zu den führenden Leistungssegelfliegern gehörte (Streckenpreis mit 29 km, Höhenpreis mit 327 m, Preis für größte Höhensumme mit 1 224 m bei zehn Flügen, Preis für die größte Anzahl von Flügen (zehn) über 30 Minuten). Bei seinem Streckenflug am 25. Juli von Vauville nach Carteret –

HIRTH war um das Kap Flamanville nur herumgekommen, indem er die Erfahrungen des IV. Küsten-Segelflugwettbewerbs verwendete und auf das Meer hinausgeflogen war – gab es ein kleines Ereignis vom Range einer schönen Anekdote. Als HIRTH fast geräuschlos im Hangaufwind segelte, beobachtete er, wie unter ihm auf dem Felde eine Bauersfrau einen Jungen mit einem Stock verprügelte. HIRTH bekam Mitleid mit dem «Opfer» und rief ein lautes Hallo hinunter. Die Bäuerin erschrak, und der Junge konnte sich aus dem Staube machen.

GEORGII beobachtete vor der Küste von Vauville an mehreren Tagen seewärts eine stationäre Wolkenwalze, die nur durch Aufwinde entstanden sein konnte. Leider reichten die Hangflughöhen nicht aus, um diese Wolke anfliegen zu können.

IX. Rhön

Dieser Wettkampf fand vom 1. bis 14. August 1928 statt. 60 Preise mit einer Preissumme von zunächst 26 000 RM, bei Wettbewerbsende 33 067 RM, ausschließlich von privater Seite stammend, konnten an die gleichzeitig stattfindenden

244   Die erfolgreichen Rhönflieger 1928 und Initiatoren des thermischen Segelfluges. Von links nach rechts: HIRTH, SCHULZ, KEGEL, EDGAR DITTMAR, STAMER, KRONFELD.

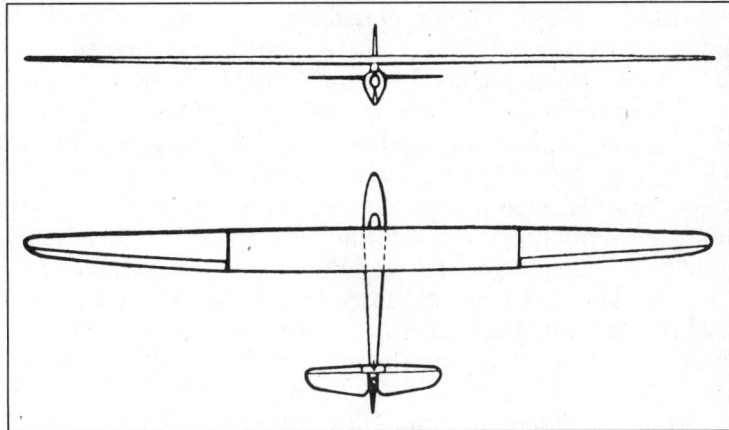

245   *Darmstadt II* (1928)

Wettbewerbsteile ˉSchulungs-, Übungs- und Leistungsfliegen vergeben werden.

Die seit dem Jahre 1922 bestehenden Rhönrekorde in Dauer und Höhe konnten endlich überboten werden, und zwar gleich 21mal! Der Österreicher ROBERT KRONFELD flog am 14. August 1928 auf *Rhöngeist* einen neuen Rhöndauerrekord mit 07:54:00 h. EDGAR DITTMAR (Schweinfurt) stieg auf *Albert* unter Einfluß eines thermischen Aufwindes auf 775 m Höhe über Start und absolvierte im gleichen Flug eine Strecke von 33,5 km. ERICH BACHEM (Stuttgart) und KRONFELD (Wien) stiegen auf 660 m; diese Flüge werden im Kapitel 6.2. ausführlich behandelt, da mit ihnen das bewußte Fliegen im thermischen Aufwind begann. JOHANNES NEHRING (Darmstadt) flog auf *Darmstadt II* auf seiner Strecke des Vorjahres bis zum Öchsenberg, konnte dann beim Verlassen der Rhön unter einer Böenwalze Höhe gewinnen und 71,2 km weit bis Schnellmannshausen bei Treffurt fliegen. Ein neuer, viel bewunderter und umjubelter Streckenweltrekord war aufgestellt worden.

NEHRING behielt auch jetzt sein bescheidenes Wesen. «Nun ist er etwas verlegen», berichtete ein Augenzeuge, «ob der Glückwünsche von allen Seiten. Es ist nichts besonderes, meint er, nur arbeiten muß man vorher. Man muß Flugwege nach der Karte ausarbeiten, für jede in Frage kommende Windrichtung. Nicht ins Blaue hineinfliegen, sondern eine genaue, bis in alle Einzelheiten ausgearbeitete Marschroute haben. Flugstrategie! Bubi NEHRING! Eisern gegen sich selbst, ein bescheidener, lieber Mensch, ein treuer, allzeit lustiger Kamerad und ein begnadeter Flieger …» [105, S. 99f]

Den Streckenforschungspreis, der über ein bisher noch nicht beflogenes Gelände mindestens 25 km weit führen mußte, errang KRONFELD mit einem Flug von 41 km nach Klein-Bardorf. SCHULZ holte mit einem Flug von 34,2 km nach Stadt Lengsfeld den zweiten Preis.

Einen Fernzielflug mit Rückkehr zum Himmeldankberg absolvierte KRONFELD am 6. August. BACHEM erfüllte diese Aufgabe am 9. August auf noch überzeugendere Weise. Über beide Flüge wird im Kapitel 6.2. berichtet. Die von allen erhoffte Wiederholung eines Gewittersegelfluges im Stile KEGELS blieb auch 1928 aus.

Gesamtsieger der IX. Rhön wurde ROBERT KRONFELD. Er war nicht über den Motorflug zum Segelflug gekommen, sondern hatte das Segelfliegen im Jahre 1927 in Rossitten erlernt. Die fliegerische Beurteilung, die man ihm dort gegeben hatte, lautete: «Fliegerisch langsam, auffallend langsam fortschreitend, aber von einer Energie, die schwerste Aufgaben meistern wird.» [105, S. 88]

Seine Kameraden, mit denen er die ersten «Rutscher» ausgeführt hatte, waren schon längst nach Hause gefahren, doch KRONFELD verlor nicht die Geduld. Er flog und baute, mußte viele Wochen auf den ersehnten Ostwind warten, und flog dann als letzter des Lehrgangs die beste «C» mit über einer Stunde Flugdauer. ROBERT KRONFELD war der erste Österreicher, der einen Stundenflug absolvieren konnte. Im Frühjahr 1928 stellte ihn die RRG als hauptamtlichen Mitarbeiter und Fluglehrer ein.

Die Höhenflüge und die Flüge zum Himmeldankberg konnten nur mit Hilfe des Aufwindes unter den Wolken, dem damals so bezeichneten Wolkenflug, verwirklicht werden. Während der IX. Rhön war dieses Verfahren so perfekt entwickelt worden, daß es fortan zum Allgemeingut des Segelfluges gehörte.

Die Rhön-Wettbewerbe der Jahre 1922, 1926, 1928 sind Marksteine der Entwicklung des Segelfluges. Hatte sich die Wasserkuppe bereits 1922 als ideal für die Erschließung des Segelfluges erwiesen, ermöglichte sie 1926 die Entdeckung des Fronten- und Gewittersegelfluges, so begünstigte sie 1928 mit ihren Höhenunterschieden bis 400 m unter den gegebenen Bedingungen (Fehlen einer Startart, die das Segelflugzeug in größere Höhen bringen konnte) die Verwirklichung des Segelfluges im Aufwind unter Wolken.

Zum Abschluß dieser Betrachtungen über die erste Periode des Hangsegelfluges sei noch etwas über das Schicksal der beiden aktivsten Segelflieger dieses Zeitraumes, FERDINAND SCHULZ und JOHANNES NEHRING, berichtet.

FERDINAND SCHULZ (1892–1929) stürzte am 16. Juni 1929 mit seinem Freund BRUNO KAISER über dem Marktplatz von Stuhm (heute Sztum) bei der Einweihung einer Gedächtnisstätte für die Opfer des ersten Weltkrieges ab. SCHULZ kreiste zunächst in geringer Höhe über dem Festplatz, dann lösten sich während der Ausführung von Kunstflugfiguren die Tragflächen vom Rumpf; SCHULZ und KAISER fanden beim Aufschlag den sofortigen Tod. Der Kranz, den sie hatten abwerfen wollen, wurde auf ihr eigenes Grab gelegt.

JOHANNES NEHRING stürzte am 16. April 1930 bei seinem täglichen Wetterflug über Darmstadt tödlich ab. In den tiefhängenden Wolken, die er durchsteigen wollte, vereisten die Blindfluginstrumente. Als er in niedriger Höhe das Motorflugzeug aus dem Sturzflug wieder abfangen wollte, zerbrachen die Tragflächen.

Die Umstände des Todes von FERDINAND SCHULZ könnten die Vermutung aufkommen lassen, daß dieser bekannte Segelflieger zur politischen Rechten gehört habe. Das war nicht der Fall. SCHULZ unterhielt Kontakte zu linksstehenden und demokratischen Gruppen, was z. B. auch in der Tatsache einen Ausdruck fand, daß er in der westpreußischen Industriestadt Elbing (heute Elbląg), einem Zentrum der Arbeiterbewegung, Vorträge über den Segelflug vor Mitgliedern und Sympathisanten dieser Gruppen gehalten hat. Zum Nationalsozialismus hatten SCHULZ und seine Freunde keinerlei Verbindungen. Einen indirekten, aber überzeugenden Ausdruck fand dies in der SCHULZ-Biographie von ERICH BORCHERT aus dem Jahre 1934. Sie ist nicht nur biographisch, sondern auch politisch hochinteressant. Obwohl SCHULZ im Weltkrieg ordensdekorierter Schlachtflieger gewesen war und sich hier Anknüpfungspunkte zum militanten Wesen des deutschen Faschismus ergeben hätten, wird keinerlei Verbindung zu den neuen Machthabern hergestellt; man kann nicht einmal erkennen, daß es in Deutschland einen politischen Machtwechsel gegeben hatte, nicht einmal Namen und Bezeichnungen des deutschen Faschismus werden erwähnt. Wie zum Trotz befindet sich auf dem Buchdeckel das geprägte Emblem des Westpreußischen Vereins für Luftfahrt e. V., der zu diesem Zeitpunkt schon längst zwangsweise aufgelöst und in den faschistischen Deutschen Luftsportverband (DLV) gleichgeschaltet worden war.

Das schlichte Grabmal, welches für SCHULZ 1934 auf dem Friedhof in Heilsberg (heute Lidzbark) gesetzt wurde, trug folglich auch nur die Inschrift: «Segelflieger FERDINAND SCHULZ, geboren am 18. 12. 1892, stürzte in Stuhm bei einem Fluge am 16. 6. 1929.»

5.8. Der erste Streckensegelflug über 100 km

Streckenflüge waren bereits zu diesem Zeitpunkt von höherem sportlichen Wert als Dauerflugleistungen im Hangaufwind, insbesondere wenn von einem Segelflughang zu einem anderen gesprungen werden mußte, um auf die notwendigen Kilometer zu kommen. Mit den geschilderten Streckensegelflügen von SCHULZ und NEHRING war es offensichtlich geworden, daß die 100-km-Grenze unter Ausnutzung des Hangaufwindes überwunden werden konnte. Im Jahre 1928 begann ein regelrechter Wettlauf um diese Leistung, der noch durch einen 5000-RM-Preis der Wochenzeitung Grüne Post, für den die RRG die Ausschreibung erarbeitet hatte, kräftig belebt wurde. Die Bedingungen gab man am 7. Oktober 1928, dem Tag der Eröffnung der Internationalen Luftfahrtausstellung in Berlin, bekannt. Viele hielten die geforderte Leistung für unerfüllbar.

Mehrere Segelflugvereine nahmen den Kampf um den Preis ernsthaft auf: der West- und Ostpreußische Verein für Luftfahrt, der Württembergische Luftfahrtverband, die Akademische Fliegergruppe Darmstadt und ROBERT KRONFELD. Im Winter erkundete KRONFELD mit STAMER die Rax-Alp bei Wien als Segelfluggelände, die Württemberger segelten

an den Abhängen der Schwäbischen Alb, SCHULZ erprobte fliegerisch die Steilküste des Samlandes, um hier gegebenenfalls die Bedingungen des Preises zu erfüllen. NEHRING erschloß den Odenwald als Hangfluggelände, startete am 3. April 1929 am Frankenstein bei Darmstadt, überflog den Odenwald längs der Bergstraße bis nach Heidelberg und versuchte dort, Anschluß an die Berge des Schwarzwaldes zu gewinnen. Die Lücke war jedoch zu groß. Nach einer Flugzeit von 01:40:00 h und 70,6 km Strecke mußte NEHRING bei Bruchsal landen. Am 25. April 1929 wiederholte NEHRING den Flug mit gleicher Streckenführung, kam aber wieder nur 72,2 km weit, womit er seinen eigenen Weltrekord geringfügig verbesserte. NEHRING war auf *Darmstadt II* bei Malchen gestartet und bei Upstadt gelandet. Während dieses Fluges konnte er durch Ausnutzung einer Thermikblase mit 1209 m Höhengewinn einen neuen Weltrekord aufstellen und bekräftigte damit die Möglichkeiten des Streckenfluges durch Ausnutzung thermischer Aufwinde. Es war die Erstüberbietung der 1000-m-Höhengewinngrenze im thermischen Segelflug.

Rückblickend erscheint es überraschend, daß alle Pläne, die 100-km-Grenze mit dem Segelflugzeug zu überwinden, von der Nutzung des Hangaufwindes ausgingen, obwohl man 1928 die ersten Erfahrungen mit der Thermik gesammelt hatte. Die Hauptursache lag darin, daß noch keine Startart existierte, die die Segelflugzeuge in Höhen bringen konnte, die einen sicheren Anschluß an thermische Aufwinde ermöglichten und daß umfassende Thermikflugerfahrungen praktisch noch nicht existierten. Man war auf den Gummiseilstart und damit auf den Hang und den Hangaufwind angewiesen. Hinzu kam die Tatsache, daß die Segelflieger noch immer ohne Variometer flogen, wodurch eine systematische Ausnutzung der Thermik enorm erschwert, wenn nicht gar vereitelt wurde. So ist es ver-

246   ROBERT KRONFELD im Führersitz der *Wien* (1929).

247   KRONFELD fliegt die *Wien*.

ständlich, daß keiner der Bewerber auf den Gedanken kam, nur mit Wärmeaufwinden die 100-km-Grenze überbieten zu wollen.

Es gelang dann ROBERT KRONFELD auf *Wien*, am 15. Mai 1929 den Preis zu gewinnen. Er hatte sich als Gelände den segelfliegerisch noch nicht erschlossenen Teutoburger Wald, günstig in der Richtung Nordwest-Südost gelegen und aus der Ebene aufsteigend, ausgesucht. Über seinen Rekordflug berichtete KRONFELD wie folgt: «Nach dem verflossenen Rhön-Wettbewerb, als die Ausschreibung der Grünen Post zu einem 100-km-Segelflug herauskam, war das erste, was man tat, daß man sich über die verschiedenen Gelände in Deutschland, die für einen solchen Flug in Frage kommen konnten, an Hand der Karten informierte ... Das von NEHRING erschlossene Gelände aufzusuchen, hätte geheißen, «die Erfahrungen des anderen auszunutzen». So wandte ich mich, der freundlichen Einladung der Segelflugvereinigung ... in Bielefeld folgend, zum Teutoburger Wald. Ein erster Flugversuch allerdings schien eher das Gegenteil zu beweisen ... Fliegerisch dürfte es sich um eine Mittelstufe zwischen Rossitten und Rhön handeln ... die vorhandenen Lücken in den Bergzügen machen die Anwendung der in der Rhön gesammelten fliegerisch-wissenschaftlichen Erfahrungen notwendig … Nach 35 km Flugstrecke mußte ich bei wolkenlosem Himmel in einem verhältnismäßig nicht sehr großen Loch bei Iburg herunter. Über die Löcher konnte nur Wolkenaufwind hinweghelfen …

Beim zweiten Versuch war die Wetterlage günstig. ‹Rückenseitenwetter› herrschte vor, allerlei Kumuluswolken, wenn auch nicht allzu mächtige, bevölkerten den Himmel. Da ging's los … bald

ich eine dreiviertel Stunde, vielfach schon in unmittelbarer Bodennähe, ‹krebsen›, bevor ich wieder hoch kam!

Unter einen Kumulus gehängt, ging es diesmal fröhlich über Iburg weg und gleich in einem Zug weiter über die nächste Strecke bei Rothenfelde und Borgholzhausen, wo einerseits vorgelagerte Hänge, andererseits eine ziemliche Unterbrechung der Hänge beim vorherigen Kartenstudium lebhafte Bedenken hervorgerufen hatten … An der Schwedenschanze ging es vorbei, über Brakwede hinweg, Bielefeld knapp links liegen

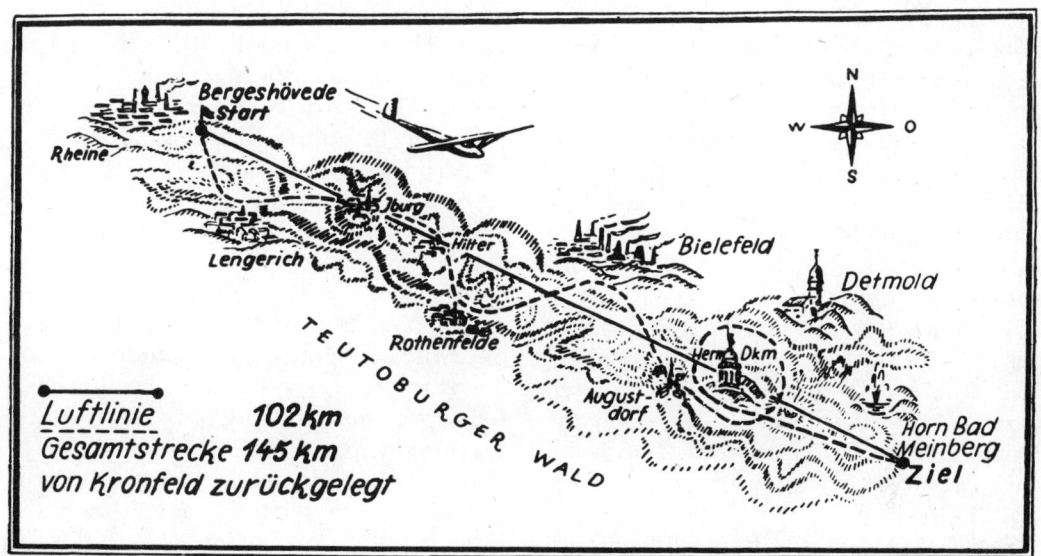

248 KRONFELDS Streckenflug über 102 km am 15. Mai 1929 auf *Wien.*

war ich an die Wolken heran. Dadurch, daß eine ruhige Oberschicht der Strömung, die in der Rhön das Fliegen in höheren Lagen relativ angenehm macht, nicht vorhanden war, gestaltete sich der Flug sehr anstrengend. Gewonnene Höhe war ebenso schnell wieder verloren, Wolkenanschluß kaum zu bekommen … Ständig auf Höhengewinn bedacht, brauchte ich bis Iburg wesentlich mehr Zeit als beim erstenmal. Bei den Kaminen der Zementfabrik von Lengerich mußte

lassend. Unten rauchten Lokomotiven im Bahnhof. Eine ganze Autokolonne verfolgte mich auf der Straße, hintendrein kam auch mein Transportwagen. Immer, wenn ich mit halbem Rückenwind ‹abhaute›, verlor ich die Verfolger aus den Augen, wenn ich an irgendeinem Hang ‹baumelte›, um mir die nötige Höhe anzuzüchten, stieß einer nach dem anderen erneut zu mir. Die Stapellager-Senne präsentierte mir einige schöne Wärmekumuli. Diese hatte ich auch sehr notwendig. Weit und breit dehnte sich vor mir der Wald. Nur mehr segelfliegerische Orientierung nach oben, nicht nach unten, konnte über die immer mehr verflachenden, nach Süden abbiegenden Berghänge hinweghelfen.

In der Nähe des Hermannsdenkmals, das von unten sein Schwert zu mir emporstreckte, wäre es beinahe schief gegangen. Mit bangen Gefühlen, einer ‹Affenfahrt› und ziemlich viel Glück wischte ich knapp über die Bäume weg und rappelte mich dann noch einmal verzweifelt hoch. Alles genügte, um gerade über die geforderte 100-km-Grenze unweit Horn hinwegzuhuschen. Eine Rückenwindlandung gab's und die Kufe zischte verdächtig, als es mit einem 90-km-Tempo über den Acker hinwegging. 5 Stunden 15 Minuten hatte der Flug gedauert. Der bisherige Streckenweltrekord war über ein Drittel überboten worden. Der Jubel in Westfalen war groß, war doch ein ganz neues deutsches Gebiet dem Segelflug erschlossen worden.

Keine Leistung dieser Art kann zustande kommen, ohne die zahlreichen Erfahrungen, die gemeinsam vorher mit anderen gesammelt wurden. Die Meisterflüge von Schulz an den niedrigen Hängen der Kurischen Nehrung haben gezeigt, was sportliche Fähigkeiten möglich machen, die von Nehring, wie sich die Leistungen steigern, wenn wissenschafliche Erfahrungen hinzutreten ...» [55, S. 127 ff]

Kronfeld war von Bergeshövede bei Rheine bis nach Horn bei Bad Meinberg 102 km weit geflogen. Das von ihm benutzte Leistungssegelflugzeug *Wien* war ein Entwurf von Alexander Lippisch, die Konstruktionszeichnungen stammten von Emil Bochorille (Dresden) und Hans Jacobs (Wasserkuppe).

Wie es dem Bericht Kronfelds zu entnehmen ist, beruhte der Rekordflug auf einer kombinierten Ausnutzung des Hangaufwindes und des thermischen Aufwindes, wobei der Hangaufwind noch die Hauptkomponente darstellte. Der Flug wurde über weite Strecken in geringer Höhe und über bewaldeter Gegend ausgeführt.

5.9. Die Überbietung der 30-Stundengrenze im Dauersegelflug

Nachdem Martens am 18. August 1922 die Stundengrenze, Massaux am 26. Juli 1925 die Zehnstundengrenze überboten hatte, segelte William Cocke auf *Nighthawk* vom 17. zum 18. Dezember 1931 über Hawai mit 21:55:00 h einen neuen Weltrekord und überbot als erster die 20-Stundengrenze. Die Dauerflugleistungen oberhalb von zwölf Stunden werden fliegerisch und sportlich auch deshalb so schwierig, weil der Nachtfluganteil über den meistens nur notdürftig mit wenigen Lichtsignalen markierten Hangfluggeländen größer wird. Kurt Schmidt gelang es, vom 3. zum 4. August 1933 mit 36:36:00 h in Korschenruh erstmals die 30-Stundengrenze zu überbieten.

Bemerkenswert ist der Weg, auf dem Schmidt zum Rekord kam. Er war Student in Königsberg i. Pr. (heute Kaliningrad), flog 1931 in Rossitten (heute Rybači) die «B» und seine Freunde wählten ihn zum Vorsitzenden und Technischen Leiter der neugegründeten Universitätssegelfluggruppe. 1932 flog er die «C» und legte bei Wolf Hirth den «Bauprüfer» ab. In nur sechs Monaten baute die Fluggruppe dann ein *Grunau-Baby I*! Auch

249. William Cocke im *Nighthawk* (1931).

hier war es der unbändige Wille zu fliegen, der sich die Flügel schuf, und der es
dem leidenschaftlichen Segelflieger ermöglichte, den neuen Dauerweltrekord zu
fliegen. Die Studenten entdeckten das
20 km südwestlich der Stadt unmittelbar
am Haffufer gelegene, ideale Hangfluggelände von Korschenruh. Das etwa 50 m
hoch ansteigende, bewaldete und land-
schaftlich reizvolle Landmassiv bildet an
der Haffküste einen Steilhang, der auf
6 km Länge ausgezeichnet zum Segeln geeignet ist. Der Hang konnte bei der günstigen und häufig auftretenden Windrichtung Nordwest beflogen werden, und der
Wind strömte ungehindert kilometerweit
über das Frische Haff frei heran. Während der Flugsaison 1932 wurde in diesem
Gelände bereits sehr erfolgreich geflogen.
Die Zahl der C-Piloten der Gruppe wurde
schnell zweistellig. Dem Weltrekordflug
gingen mehrere Nachtflugversuche voraus. Die Einstellung von KURT SCHMIDT
zum Segelflug fand in folgenden Sätzen
einen Ausdruck: «Mit großer Deutlich-
keit entsinne ich mich an die Einzelheiten
der ersten Flüge. Es ist doch eine Mords-
sache, mit dem Gestell aus Holz, Leinwand und Blech auf eigene Faust durch
das wenig bekannte Element Luft zu zwit-
schern.» [62, S. 180] .

Hier der in knappen Worten gehaltene
und dennoch eindrucksvolle Bericht des
Rekordpiloten: «Start am 3. August 1933,
07.22 Uhr auf selbstgebautem *Grunau-
Baby.* Bei anfangs schwachem Wind
beschränke ich mich auf die C-Flug-Pen-
delstrecke von Korschenruh. Bei auffri-
schendem Wind finde ich Thermikanschluß. Gegen Abend überfällt mich
eine Flaute, während der ich mich bis
zum erneutem Auffrischen des Windes
eine halbe Stunde in Hanghöhe hinüber-
mogele. Kräftiger Stiem aus Nordwest
trägt mich über alle Fährnisse der Nacht
einem regnerischen Morgen entgegen. Bis
Mitternacht erleichterte Ortung durch
Mondlicht. Für mich sind diese Stunden
ein ergreifendes Erleben der Naturschön-

250   KURT SCHMIDT im *Grunau-Baby I.*

heit. Als der Mond untergegangen ist,
muß ich mich behelfen mit meiner genauen Kenntnis der Haffküste, zum anderen unterstützen mich meine Kameraden
durch Lagerfeuer an den Wendepunkten,
dabei blinken sie mir Windstärke und
-richtung zu. Inzwischen besorge ich alle
meine menschlichen Geschäfte, nur das
Schlafen muß ausfallen. Die Regenfälle
am ganzen folgenden Vormittag vereinigen sich mit Knofe und Böigkeit, so daß
trotz Gegenwehr sich Luftkrankheit einstellt. Meine größte Höhe beträgt
345 Meter, aber ich nutze nicht alle Thermik aus, denn ich muß mich konzentrieren. Beinahe führt mich der Aufwind
unter einer dicken Regenwolke vom Hang
weg.

Gegen Mittag läßt der Regen nach,
während der Wind auf etwa 18 Meter-
sekunden bei großer Böigkeit ansteigt.
Ich werde gehörig durcheinanderge-
schaukelt. Mein Kreuz ist davon durch-
geschlagen und angeschwollen, so daß
mir das Wachbleiben im toten Punkt erleichtert wird. Er tritt in der dreißigsten
Stunde ein und dauert gegen vierzig Minuten, während denen die Uhr zu stehen
scheint. Ich muß ungeheuer gedrückt fliegen und kann mich nur an einer kleinen
Stelle des Hanges halten. Dort liege ich
einmal eineinhalb Stunden vor Anker. Als

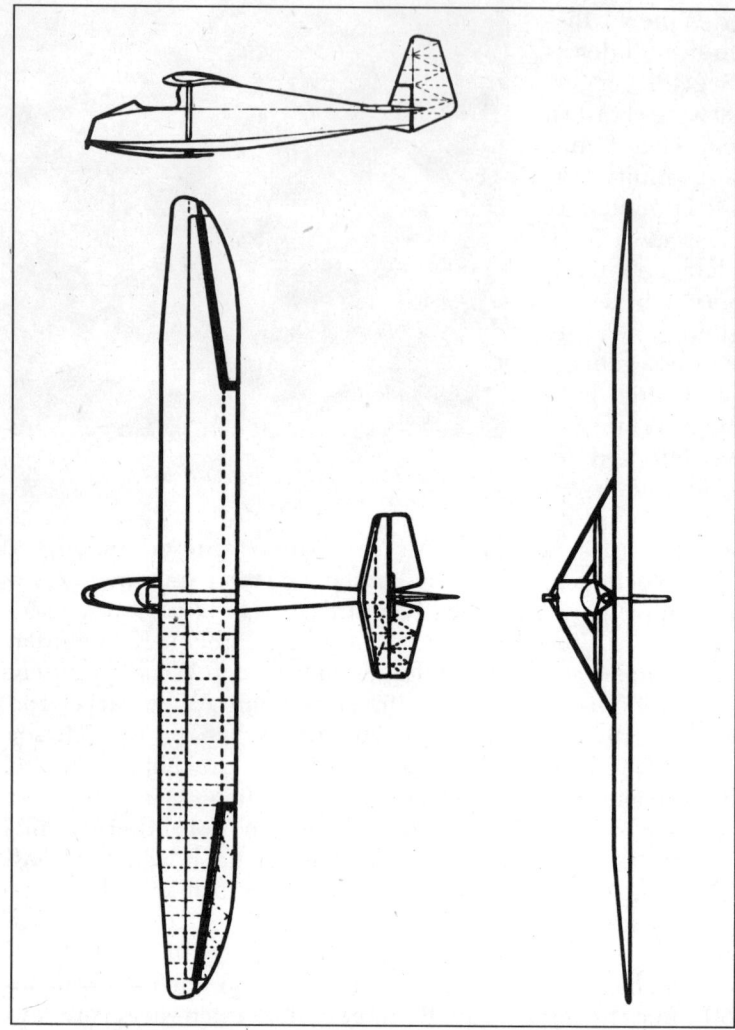

251   *Grunau-Baby I* von
EDMUND SCHNEIDER und
WOLF HIRTH.

gegen Abend endlich der Wind nachläßt und die Wolkendecke aufreißt, fühle ich mich dort oben sauwohl. Um so unverständlicher sind für mich die Landeketten, die sich kurz nach Sonnenuntergang gruppieren. Ich erhebe von oben her Einspruch dagegen unter Hinweis auf meine gute Verfassung. Doch das hilft nichts. Tieftraurig drehe ich zur Landewiese ab, wo um 19.58 Uhr die Erde mich wieder hat, nach 36 Stunden und 36 Minuten.» [64, S. 353 f]

Die Sorge um die Gefahren eines zweiten Nachtfluges waren den Freunden der Anlaß, das Signal zum Abbrechen des

Fluges zu geben. SCHMIDT war nun Weltrekordhalter im Dauersegelfug, besaß jedoch noch keine Streckenflugerfahrung auf Segelflugzeugen. 1934 konnte er erstmals an einem Rhön-Wettbewerb teilnehmen. Dort gewann er den Höhenpreis mit 1 710 m im Wolkenflug und mit CARIUS (Leipzig) und PERNTHALER (Dessau) den Kettenpreis im Streckenflug.

Sein Weg zu den ganz Großen des Leistungssegelfluges vollzog sich mit der ihm eigenen Ausdauer und Energie auf eine ähnliche Weise wie der zum Dauerweltrekord. In enger Zusammenarbeit mit EGON SCHEIBE konstruierte und baute SCHMIDT die sehr gelungene *Mü 13 Atalante*. Mit ihr wurde SCHMIDT überlegener Sieger des XVII. Rhön-Wettbewerbs im Jahre 1936.

Es ist interessant, wie sich die Höchstleistungen der sowjetischen Segelflieger im Dauerflug – ausschließlich auf der Krim erzielt – entwickelten. GOLOVIN flog 1932 während des 8. Krim-Wettbewerbs 14:38:00 h. 1933 steigerte ANOCHIN den Landesrekord auf 15:47:00 h. Doppelsitzig kam GAVRIŠ auf 13:17:00 h und 2 530 m Höhe und überbot damit die bestehenden Weltbestleistungen in diesen Disziplinen. Im Sommer 1934 kam SIMONOV am Südhang auf dem Segler *G 9* von GRIBOVSKIJ auf 35:11:00 h und näherte sich damit dem offiziellen Weltrekord von SCHMIDT. Während dieses 10. Krim-Wettbewerbs war erstmalig eine Funkverbindung zwischen Segelflugzeug und Bodenstation hergestellt worden.

Während des 11. und letzten Krim-Wettbewerbs 1935 wurden dann einsitzig wie doppelsitzig die bestehenden Dauerweltrekorde überboten. Einsitzig kam J. SUCHOMLIN auf seiner *Stalinec–4* auf 38:10:00 h. Doppelsitzig flog V. LISSICYN 38:40:00 h. Während des gleichen Wettbewerbs flog D. A. KOŠIC auf dem Segelflugzeug *Š–3* des Konstrukteurs B. N. ŠEREMETEV dreisitzig 11:30:00 h. Leider wurden diese hervorragenden Dauerflüge nicht als Weltrekorde anerkannt, da die Sowjetunion noch nicht Mitglied der FAI war.

5.10. Nachtflug an der Kliffkante – der erste 40-Stundenflug

Am 27. Mai 1937 begann an der Segelflugschule Sylt ein Flug, mit dem zum ersten Male die 40-Stundengrenze im Segelflug überboten werden konnte. Nachdem um 4.00 Uhr bereits mit dem F-Schleppbetrieb begonnen worden war,

252 ERNST JACHTMANN.

um die ruhige Wetterlage für Schulflüge ausnutzen zu können, startete ERNST JACHTMANN am späten Vormittag auf einem *Grunau-Baby II* zu einem längeren Einweisungsflug am Roten Kliff. Eine Tafel Schokolade, zwei belegte Doppelschnitten und ein Stück trockenes Brot als Möwenfutter waren die Startverpflegung für einen Flug, der keineswegs als Rekordversuch begann. An dem etwa 35 m hohen Steilhang des Kliffs segelte JACHTMANN Stunde für Stunde, sammelte seine ersten Klifferfahrungen und konnte Interessantes beobachten. Das Phänomen des Aufwindes über der Wasserfläche erklärte er folgendermaßen: «Erstaunlicherweise kann man trotz des mäßigen Windes ohne Höhenverlust weit auf die Nordsee hinausfliegen. Der Strand hat sich scheinbar nun so stark erwärmt, daß er die jeweils darüberliegende Luft trotz der immerhin noch erheblichen Windgeschwindigkeit ebenfalls erwärmt und so zum Aufsteigen bringt. Hierdurch wird das Aufwindfeld bedeutend breiter und höher ...» [77, S. 23]

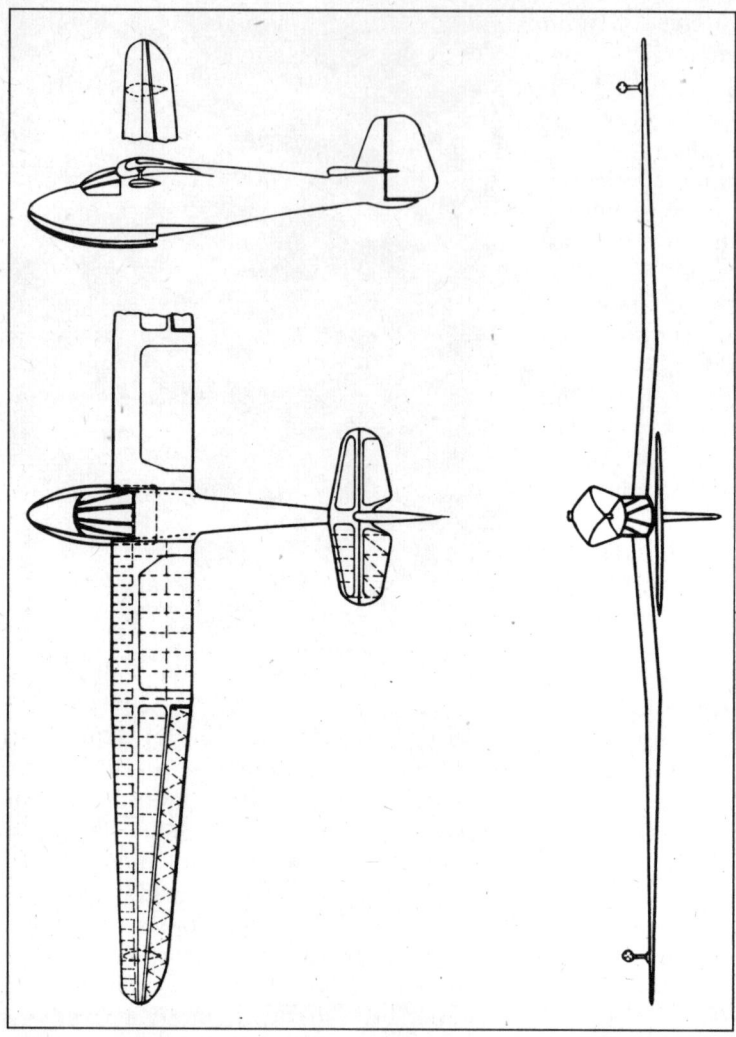

253 *Jacht 71* (1937).
Mit dieser Konstruktion
versuchte JACHTMANN das
Problem des Amphibien-
segelflugzeugs zu lösen.

JACHTMANN erlebte einen wundervollen
Sonnenuntergang und flog dann in die
Nacht hinein. In der Dämmerung übte er
eisern das Kurshalten an der Kliffkante
nach Lichtpunkten, und dann begann ein
Nachtflug, der verdeutlichte, was das
Hangsegeln einerseits so anziehend, andererseits aber auch so gefährlich macht:
«... selbst die Flügelenden sind nicht erkennbar. Ein solches nächtliches Segeln
läßt die Wunder des Segelfluges in einer
ganz neuen Art erleben. Doch diese Betrachtungen weichen bald ganz nüchternen Beobachtungen, denn der Wind flaut
immer mehr ab.

Die Maschine muß schon beträchtlich
an Höhe verloren haben, da sich die Silhouette der Düne plötzlich trotz der Dunkelheit scharf gegen den Horizont abhebt,
was auf die unmittelbare Nähe der Kliffkante, die nur wenige Meter unter der
Dünenkette beginnt, schließen läßt. Die
Breite des Aufwindfeldes wird immer geringer und erfordert ein immer näheres
Heranfliegen an das Kliff. Trotz der
durch die Lampen bisher guten Orientie-
rungsmöglichkeiten wird die Lage nun
kritisch, weil keine Möglichkeit mehr besteht, hinter der Kliffkante zu fliegen, was
sich durch fahrstuhlartiges Durchsacken

immer noch rechtzeitig anzeigte. Mein zweiter Anhaltspunkt, die beleuchtete Westerländer Strandpromenade, ist der geringen Höhe wegen und infolge eines etwas vorspringenden Dünenteils nicht mehr zu sehen ... Man sieht plötzlich Trugbilder, die die sonderbarsten Formen annehmen. Am Strand zeigt sich wegen der eingetretenen Ebbe auch keinerlei Brandung mehr, so daß hier ebenfalls jeder Anhaltspunkt fehlt. Es ist ein geradezu unheimliches Gefühl, mit der einen Fläche ins Ungewisse an der Kliffkante entlangzutasten. Die Nerven sind aufs äußerste gespannt – erwartet man doch jeden Augenblick ein kratzendes Geräusch, was unweigerlich ein unfreiwilliges Ende des Fluges nach sich ziehen muß.

Endlos langsam verrinnt die Zeit – der Begriff für sie geht vollkommen verloren. Dem Wasserstand nach zu urteilen, muß es gegen Mitternacht sein. Auflaufendes Wasser bei Flut soll nach einer alten Regel der hiesigen Segelflieger Wind mit sich bringen. Der Wasserstand war um 21.47 Uhr am tiefsten und soll laut Flutkalender 3.57 Uhr seinen höchsten Stand erreichen, so daß also mit einem Auffrischen des Windes zu rechnen wäre. Die Erkenntnis, daß das Krebsen nur von kurzer Dauer sein wird, gibt wieder neuen Auftrieb und ermuntert zum Durchhalten. Außerdem muß ja auch der Mond jeden Augenblick sichtbar werden. Ausgerechnet heute läßt er, der starken Bewölkung wegen, ziemlich lange auf sich warten. Als wären meine Wünsche zu ihm gedrungen, zieht er langsam, ab und zu durch Wolkenfetzen verdeckt, am Horizont auf ...

Die Zeit scheint stillzustehen, und immer öfter wandert der Blick nach Westen in der Hoffnung, Schaumkronen zu erspähen, die Vorboten der herannahenden Flut. Die Ausdauer wird schließlich belohnt. Weiße Schaumkämme bilden sich langsam auf der See und bringen tatsächlich ein Auffrischen des Windes mit sich. Zentimeter für Zentimeter wird

die alte Höhe zurückerobert, was endlich wieder ein Aufatmen gestattet. Im Osten läßt sich plötzlich ein heller Lichtschein wahrnehmen, die Stelle der aufgehenden Sonne verratend. Gespenstisch huscht eine einsame Möwe, klagende Schreie ausstoßend, vorüber. Sie scheint noch schlaftrunken zu sein, da sie teilweise so dicht an der Maschine vorbeistreicht, daß ein Zusammenprall mit ihr unvermeidlich erscheint ... Ein großartiger Sonnenaufgang folgt und verwischt bald alle Erlebnisse der Nacht. Die Sonnenstrahlen trocknen sofort die von Nachttau beschlagene Maschine und erwärmen die doch etwas steif gewordenen Glieder. Die Wärme scheint auch die treue Nachtwache hinter ihrer Sanddüne hervorgelockt zu haben, die sie teilweise zugeweht hat. Sie streckt sich, reckt sich und schüttelt gleichzeitig den Sand aus dem Schafspelz. Einige Begrüßungskurven beantwortet sie durch einen in den Sand gemalten «Guten Morgen»».

Der Weiterflug an diesem Tage war ebenfalls voller Erlebnisse und Beobachtungen, so interessierte sich JACHTMANN auch für das thermische Segeln der Möwen: «Plötzlich wird eine Möwe wie in einem Kamin hochgerissen ... Wie auf ein Kommando erheben sich nun ganze Möwenschwärme ... Sich gegenseitig verfolgend, stürzen sie in die Tiefe, um anschließend wieder mühelos auf die alte Höhe zu steigen. Was mag diese Tiere veranlassen, sich weitab von Futterplätzen in diese Höhe zu schrauben? ... Es kann nur die reine Freude am Fliegen sein, welche sie gleich mir veranlaßt, günstige Aufwindgebiete auszunutzen, um, alle Erdenschwere vergessend, sich darin zu tummeln ...» [77, S. 26 ff]

Inzwischen hatte JACHTMANN eine Flugzeit erreicht, die erwarten ließ, daß er den bisherigen Dauerrekord von KURT SCHMIDT überbieten könnte. Mit riesigen Buchstaben malte die Bodenmannschaft folgende Aufforderung in den Sand: «Weltrekord brechen – Berlin Aero-Club

– Anerkennung 40 Stunden!» Um diese Zeit zu erreichen, mußte JACHTMANN noch eine Nacht am Roten Kliff verbringen, die fliegerisch leichter, aber physisch und psychisch um so anstrengender wurde.

Am frühen Morgen des nächsten Tages landete JACHTMANN bei aufgehender Sonne nach einer Flugzeit von 40:55:00 h sicher am Strand. Aus einem Übungsflug war ein Weltrekordflug geworden.

ERNST JACHTMANN konnte dann auch im Jahre 1943 als erster im Einsitzer die 50-Stundengrenze überbieten. Vom 22. bis zum 24. September flog er auf einer *Weihe* an der Steilküste von Brüsterort mit 55:51:00 h eine neue Höchstleistung.

5.11. Die Überbietung der 50-Stundengrenze im Dauersegelflug

Während die Überwindung der anderen Dekadenstundengrenzen noch auf einsitzigen Segelflugzeugen gelang, blieb die erstmalige Überbietung der 50-Stundengrenze einem Doppelsitzer mit Doppelsteuerung vorbehalten. Hier können sich die Piloten in der Steuerung des Flugzeuges ablösen und der jeweils Nichtfliegende kann sich ausruhen und unter Umständen sogar etwas schlafen. Wieder waren es die Haffdünen der Kurischen Nehrung, die einen weiteren Dauerweltrekord aus der Taufe heben halfen. Am 9. Dezember 1938 schien endlich die seit Monaten ersehnte Ost-Wetterlage mit einem tagelang anhaltenden Segelwind gekommen zu sein. Brötchen, Thermosflaschen mit heißer Milch und starkem Bohnenkaffee, Schokolade, Äpfel und Zigaretten wurden im *Kranich* verstaut. AUGUST BÖDECKER und KARLHEINZ ZANDER starteten, in dicken Winterkombinationen vermummt, bei einem günstigen Südostwind von 15 bis 25 m/s Geschwindigkeit um 10.45 Uhr am Gummiseil von der Hochfläche des Predinberges.

254   BÖDECKER und ZANDER nach ihrem Weltrekordflug (1938).

Man flog auf der altbewährten Pendelstrecke zwischen dem Predin und der Ephashöhe. Letztere schien wegen des dort herrschenden gleichmäßigen, starken Aufwindes und ihrer ausgeprägten Umrisse für eine «Übernachtung» am besten geeignet, zumal das Dorf Pillkoppen wenigstens etwas optische Abwechslung bot. Bereits gegen 15.30 Uhr setzte die Dämmerung ein, und man segelte jetzt nur noch im Bereich der Ephashöhe auf einer Pendelstrecke von etwa 1000 m Länge. Gegen 19.30 Uhr ging endlich der Mond auf. Doch auch dieser Flug verlief nicht ohne Krisen.

Hier Auszüge aus dem Flugbericht von BÖDECKER: «Es wurde sehr böig, wie wir es am Rossittener Hang nicht kannten. Trotzdem wir schon manches gewöhnt waren, trat in kurzer Zeit Brechreiz ein. Der Wind drehte auf Süd-Süd-Ost, wurde daher für den Hang sehr spitz, und wir verloren langsam unsere Höhe und krebsten nun zwei Stunden in 20 m Höhe am Hang entlang. Dazu kam nun auch noch, daß der Mond hinter den Wolken verschwunden war ... Wir glaubten schon an eine Landung ... In Gedanken sahen wir uns dabei schon im Haff schwimmen.

255 Anordnung der
Führerkabine im Doppel-
sitzer *Kranich II.*

Die Nervenanspannung war ungeheuer. Um 12 Uhr nachts klarte es wieder auf. Der Wind drehte zurück und wir erreichten unsere alte Höhe wieder ... Durch die allgemeine Anstrengung setzte jetzt eine erhebliche Müdigkeit ein, die uns zwang, uns kurzfristig in der Führung der Maschine abzulösen ... Bei Eintritt der Dämmerung um 7 Uhr schwand die Müdigkeit, wir waren vollkommen frisch ...

Wir hatten eine Höhe von 200 m, Wolken jagten über uns hinweg, und unsere Maschine fing an, mit 1 bis 1,5 m/s zu steigen. Wir hatten nun wieder eine nette Abwechslung. Jeder setzte seinen Eifer daran, die größte Höhe zu erreichen ...

Um 15.30 Uhr setzte wieder die Dämmerung ein. Es war aber wesentlich dunkler, wir hatten vollkommen bedeckten Himmel. Es war in dieser Zeit nur dem vorderen Piloten möglich, am Pillkoppener Hang zu fliegen. Nur unter größter Anstrengung gelangen einzelne Flüge zur Startstelle, um uns dort bemerkbar zu machen. Es wurde sehr kalt, und wir wurden allmählich steif. Das Thermometer zeigte −8 °C an. In dieser Nacht blieb auch der erwartete Mondschein aus. Wir machten nun so kleine Beobachtungen über die Einwohner im Dorf Pillkoppen. Man blinkte mit Taschenlampen, und das Ganze sah aus, als wäre es ein Glüh-

würmchenidyll ... die Leuchttürme von Nidden und Rossitten blinkten in regelmäßigen Abständen auf. Um 2 Uhr morgens setzte die größte Müdigkeit während des ganzen Fluges ein, die uns beinahe zur Aufgabe des Fluges gezwungen hätte. Wir wechselten alle drei Minuten, manchmal in noch kürzeren Zeitabständen ab. Trotz Aufraffung aller Energien passierte es uns vier- bis fünfmal, daß wir unbemerkt eingeschlafen waren und erst beim Aufholen der Fahrt wieder wach wurden. Durch die enorme Übermüdung sahen wir ab und zu große Türme und geisterhafte Gestalten am Hang, die sich beim Näherkommen auflösten. Dieser Zustand hielt bis zum Einsetzen der Morgendämmerung um 7.30 Uhr an. Es war der schwierigste und gefährlichste Teil des Dauerfluges. Sowie es wieder hell wurde, schwand jegliche Müdigkeit, wir waren wieder verhältnismäßig frisch und konnten den Zustand nachts kaum begreifen.

Die früheren Rekorde waren gebrochen, die Energie ließ nach ... langsam stellte sich auch Hunger und Durst ein, und wir unterhielten uns schon darüber, wie schön es sein wird, am Abend in einem Bett zu schlafen.

Die Landung erfolgte dann am Sonntag, dem 11. Dezember 1938, um 13.10 Uhr genau an der Startstelle. Im trauten Kreise tauten wir allmählich bei Kaffee und Kuchen wieder auf. Nun mußten wir unseren Kameraden erst noch alles genau erzählen, und da möchte ich auch nochmals ihrer gedenken, denn bei der Kälte und dem Sturm war es bestimmt nicht einfach, Wache zu stehen. Wir hatten immerhin ein Dach über dem Kopf und waren nicht den feinen Sandteilchen preisgegeben ...» [77, S. 75 ff]

Die Bedingungen für diesen Flug waren insbesondere durch die Minustemperaturen und die Tatsache, daß von den 50:26:00 h Flugzeit fast zwei Drittel im Nachtflug verbracht werden mußten,

enorm erschwert. Bereits diese beiden Umstände zeigen die Hauptgefahr solcher Unternehmungen, das Einschlafen während des Fluges infolge Übermüdung. Der Übergang vom wachen in den schlafenden bzw. bewußtlosen Zustand geschieht in solchen Situationen in Bruchteilen von Sekunden.

Das Jahr 1938 war ein «Hochjahr» für neue Doppelsitzerdauerrekorde. MAKAROV und GODOVIKOV (beide Sowjetunion) begannen am 9. April 1938 auf der Krim die Serie der Dauerweltrekorde mit 19:08:00 h auf *KIM–2*.

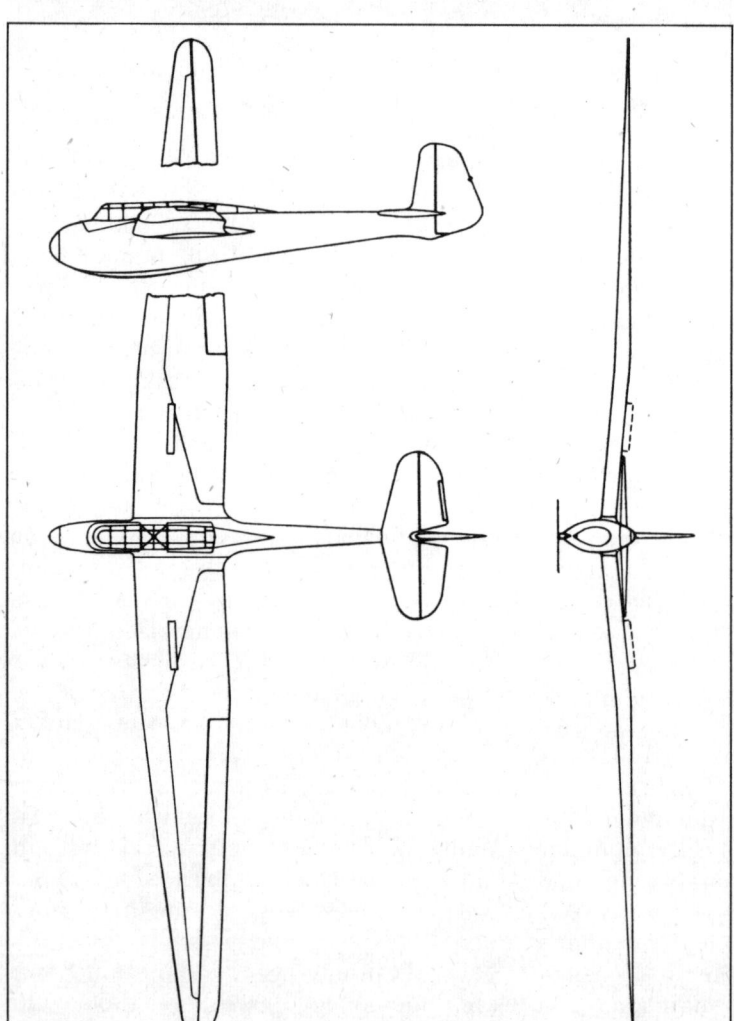

256   *Kranich II* von HANS JACOBS (1936).

257   Der *Kranich II* den Wolken nahe. (Bild S. 239)

MEIER und SCHNEIDER folgten am 29. Juni 1938 auf *Kranich* am Hornberg mit 21:02:00 h, dann segelten KAHLBACHER und TAUSCHEGG am Hundsheimer Kogel bei Wien auf *Musger MG–9* mit 23:41:00 h vom 5. bis zum 6. August und schließlich blieben KAHLBACHER und FÜHRINGER vom 8. bis 10. September 1938 auf dem gleichen Typ am Hundsheimer Kogel 40:38:00 h in der Luft. Vom 1. bis 3. Juni 1939 unternahmen dann SEPP FÜHRINGER und TONI HOFMANN einen neuen Angriff auf den Dauerweltrekord. Auf *Goevier* flogen sie, wiederum am Hundsheimer Kogel, 49:30:00 h.

Der Segelflug erwies sich in diesen Jahren auch als ein Sport, der in zunehmendem Maße das Interesse von Angehörigen des schönen Geschlechts erweckte und von diesen erfolgreich betrieben wurde. Die Entwicklung der Dauerflugrekorde in der Frauenklasse ist ein Ausdruck dieser Tatsache. Der erste Flug von mehr als einer Stunde Dauer gelang MARGA VON ETZDORF 1929 am Dreifaltigkeitsberg mit 01:20:00 h. Im Jahre 1931 steigerte LOTTE ORTHBAND in Rossitten den Weltrekord auf 05:15:00 h. HANNA REITSCH erreichte 1933 über dem gleichen Fluggelände die Zehnstundengrenze. MARTHA MENDEL flog dann 1935 in Kirchheim 11:28:00 h, und im gleichen Jahre kam LIESL ZANGEMEISTER über der Kurischen Nehrung auf 12:57:00 h,

Im Krim-Wettbewerb 1935 flog E. ZELENKOVA mit Begleiterin auf dem Doppelsitzer *Š-5* 12:00:00 h, und 'M. RAZENSKAJA blieb auf dem gleichen Typ, einsitzig geflogen, 15:39:00 h in der Luft. 1937 konnte WANDA MODLIBOWSKA (Polen) erstmalig die 20-Stundengrenze überbieten und mit 24:14:00 h einen neuen Weltrekord aufstellen.

Im gleichen Jahre wurde am 27. Juni der deutsche Rekord von FEODORA SCHMIDT aus Breslau (heute Wrocław) über dem Hangfluggelände von Sylt zunächst auf 14:20:00 h, dann am 30. Juni von INGE WETZEL aus Königsberg i. Pr. (heute Kaliningrad) in Rossitten auf 18:31:00 h, verbessert, und am 8. Juli verfehlte SCHMIDT über Sylt mit 23:48:00 h den Weltrekord nur knapp.

Der Weltrekord in der Doppelsitzerkategorie wurde seit 1939 von ZELENKOVA und ZAMARINA (beide Sowjetunion) mit 12:30:00 h gehalten.

Interessant dürfte in diesem Zusammenhang die Frage nach den Leistungsbesonderheiten von Mann und Frau im Segelflug sein. Die Anforderungen in diesem Sport sind derart, daß die tatsächlichen physischen und psychischen Besonderheiten des weiblichen Geschlechts gegenüber dem männlichen Geschlecht – abgesehen von vielleicht extremen Ausdauerleistungen – keinen Leistungsnachteil darzustellen brauchen. Leistungsunterschiede, wie sie sich in Rekorden widerspiegeln, waren früher eher eine Folge fehlender Gleichberechtigung, die sich auch auf eine unterschiedliche Ausbildung und Unterstützung erstreckte.

5.12. Die Thermik-Hang-Streckenflugtaktik

Nach der Erstüberbietung der 100-km-Grenze im Segelflugzeug durch KRONFELD (1929) mit Hilfe des Hangaufwindes wurde dessen Bedeutung für den Langstreckensegelflug so gut wie vergessen. Der Segelflug in der Thermik trat mit der Herausbildung des Flugzeug- und Windenschlepps seinen Siegeszug an, und mit Hilfe thermischer Aufwinde konnte man lange Strecken auch ohne jeden Hangaufwind fliegen. Nur in der Theorie blieb der Gedanke erhalten, den thermischen Streckensegelflug mit dem Hangsegelflug zu verbinden. Wenn man während des Tages mit Rückenwind und guter Thermik auf Strecke ging und die Nacht segelnd an einem Hang verbrachte, so wäre es bei anhaltender Wetterlage am nächsten Tage möglich gewesen, den thermischen Streckenflug in Kursrichtung fortzusetzen, und bei Anwendung dieser Taktik wären Segelflugstrecken über 1 000 km schon mit den damaligen Segelflugzeugen erreichbar gewesen. Wetterlagen mit anhaltendem Wind und guter Thermik sind keineswegs so selten, um diese Taktik in den Bereich der Utopie zu verweisen. «Übernachtungshänge» in Wind- und Kursrichtung lassen sich durchaus finden. Den ersten ernstzunehmenden Nachweis der Anwendbarkeit dieser Theorie lieferte ERICH VERGENS im September 1942.

VERGENS war an einem Septembermorgen auf *Weihe* am Hundsheimer Kogel bei Wien frühzeitig zu einem Flug im Hangaufwind gestartet. Mit aufkommender Thermik stieg er gegen 11.00 Uhr auf 2 500 m Flughöhe und ging zum Streckenflug über, flog in Richtung Bratislava, dann die Kleinen Karpaten entlang und wieder zurück. Nachdem er etwa 400 km Strecke zurückgelegt hatte, kam er wieder am Hundsheimer Kogel an und segelte dort die Nacht über am Hang. Es herrschte Mondschein und der Nachtflug verlief ohne Komplikationen. Als der Morgen anbrach, segelte VERGENS zunächst am Hang weiter, um dann erneut auf Strecke zu gehen, kam wieder zum Segelhang zurück und flog in der zweiten Nacht etwa bis Mitternacht, als er durch eine Flaute zur Landung gezwungen wurde. VERGENS war auf eine Flugdauer von über 44 Stunden gekommen. Es gab Segelflugexperten, die diesen Flug von VERGENS sportlich und fliegerisch als den bedeutendsten Segelflug bis zu diesem Zeitpunkt einschätzten.

Es ist noch erwähnenswert, daß ERICH VERGENS am 19. und 20. November 1942 einen Dauerflug von 45:28:00 h am Hundsheimer Kogel vollführte.

Die hohen Reisegeschwindigkeiten der späteren Laminarflugzeuge ließen dann diese Thermik-Hang-Streckenflugtaktik erneut in Vergessenheit geraten, da es mit Fluggeschwindigkeiten über 150 km/h und der entsprechenden Rückenwindkomponente theoretisch und praktisch möglich ist, an einem Tage zwischen Thermikbeginn und Thermikende um 1 500 km Strecke zurückzulegen. Und beim Überschreiten solcher Entfernungen ist man ohnehin der Gefahr ausgesetzt, in eine andere, für den Segelflug weniger geeignete Wetterlage einzufliegen. Dennoch ermöglichte es die alte Hangflugtechnik, die bisher längsten Streckenflüge in der Geschichte des Segelfluges mit Laminarflugzeugen zu vollenden. Im Zusammenspiel von Hangaufwind, Thermik und Leewellenaufwind konnte KARL STRIEDICK als erster im Jahre 1977 an den Appalachen (USA) die 1 000-Meilen-Grenze, das sind mehr als 1 600 km, überbieten.

5.13. Die Entwicklung der Segelflugdauerweltrekorde bis 1955

Nach dem zweiten Weltkrieg waren es französische Segelflieger, die, an ihre alten Traditionen anknüpfend, den Kampf um den Dauerweltrekord weiterführten. Unter ihnen ist besonders GUY MARCHAND mit mehreren Rekordversuchen zu nennen. Bei seinem längsten Flug erzielte MARCHAND vom 16. bis 18. März 1949 auf *Nord 2000 (Meise)* mit 40:52:00 h am Segelhang von Romain-les-Alpilles einen neuen offiziellen Weltrekord. CARRAZ und BRUNSWICK flogen wenige Jahre später über dem gleichen Fluggelände vom 4. bis 6. Februar 1952 auf *CM 7* mit 53:04:00 h einen neuen Dauerweltrekord für Doppelsitzer.

Vom 2. bis 4. April 1952 konnte CHARLES ATGER auf *Nord 2000 (Meise)* als erster die Einsitzerflugleistung von ERNST JACHTMANN (55:51:00 h) aus dem Jahre 1943 überbieten. ATGER blieb am Hang von St. Remy de Provence 56:16:00 h in der Luft.

Dann flogen DAUVINT und COUSTON über dem Fluggelände von Romain-les-Alpilles vom 8. bis 10. April 1952 auf *Kranich III* einen neuen Doppelsitzerweltrekord mit 57:10:00 h. Er stellt die längste Flugzeit dar, die ein bemanntes Segelflugzeug bisher in der Luft verblieb. Es muß hier noch einmal erwähnt werden, daß derartige Dauersegelflüge am Hang aufgrund der ständig wechselnden Hangflugbedingungen alles andere als Routineflüge sind, ganz zu schweigen von den enormen physischen, psychischen und fliegerischen Anforderungen, die ein Nachtflug am Hang stellt.

Die menschliche Leistungsgrenze war mit diesen Flügen im Einsitzer und sicherlich auch im Doppelsitzer erreicht worden. Vom sportlichen Gesichtspunkt aus betrachtet war es unbedeutend geworden, ob man diese Dauerleistungen noch um einige Stunden würde erhöhen können und welcher Segelflieger in den Besitz dieses nunmehr lebensgefährlichen Rekordes käme. Da die Dauerrekorde in den Weltrekordlisten der FAI trotzdem weiter verblieben, mußten sich über kurz oder lang wieder Rekordanwärter finden. So geschah dann im Jahre 1954 das, was bei früheren Weltrekordversuchen vielleicht nur dank glücklicher Umstände nicht eingetreten war, ein tödlicher Absturz. In der Nacht vom 25. zum 26. Dezember 1954 stürzte DAUVINT, der Mitinhaber des Dauerweltrekordes für Doppelsitzer, bei dem Versuch, den von ATGER gehaltenen Einsitzerdauerweltrekord zu brechen, infolge von Übermüdung nach 45 Stunden Flugzeit tödlich ab. Die FAI zog daraufhin 1955 die gerechtfertigte und notwendige Konsequenz, Dauerflugleistungen nicht mehr zu registrieren und sie ab 1960 auch nicht mehr in den Weltrekordlisten zu führen. Auf diese Weise zählen die Dauerweltrekorde von ATGER, DAUVINT und COUSTON zu den ewigen Rekorden.

In der Frauenklasse werden sie einsitzig von MARCELLE CHOISNET (Frankreich) mit 35:03:00 h seit dem Jahre 1948 und in der Doppelsitzerkategorie von JAQUELINE MATHÉ und M. GARBARINO (Frankreich) mit 38:41:00 h, aufgestellt am 11./12. Januar 1954, gehalten.

Dennoch wird der normale sportliche Hangsegelflug, der nicht auf Dauerrekorde aus ist, als älteste Art des menschlichen Segelfluges auch in Zukunft seine Bedeutung für die Segelflieger beibehalten. Segelhänge in unmittelbarer Nähe eines Fluggeländes und in günstiger Windrichtung gelegen «ökonomisieren» den Flugbetrieb während des ganzen Jahres und erhöhen die Gesamtflugzeiten bedeutend, insbesondere dann, wenn es ein sogenannter «Schwachwindhang» ist. Der Hangsegelflug ist auch heute noch für jeden Segelflieger ein interessantes Erlebnis, vielleicht auch deshalb, weil in relativ geringen Höhen geflogen wird.

6. Der Segelflug im thermischen Aufwind von den Anfängen bis zum Aufkommen der Laminarflugzeuge

6.1. Flugmechanische Grundlagen, Kraftquellen und Formen des Segelfluges

Flugmechanische Grundlagen

Wenn ein Flugzeug mit Auftriebsbildung durch Tragflächen sich ohne Höhenverlust in der Luft halten soll, muß eine Kraft aufgebracht werden, die gegen den Luftwiderstand wirkt. Beim Motorflug wird diese Leistung durch die Triebwerke, beim Ruderflug der Vögel durch deren Muskelkraft und beim Segelflug durch Kraftquellen des Lufmeeres erzeugt. Alle Flugkörper, die nach dem Drachenprinzip fliegen, sind ihrem Wesen nach zunächst Gleitflugzeuge.

Beim Gleitflug wird die Energie der Lage des Flugzeugs (potentielle Energie, Flughöhe) in Energie der Bewegung (kinetische Energie, Fluggeschwindigkeit) unter ständigen Reibungsverlusten umgewandelt. Der stationäre Gleitflug wird folglich durch die Schwerkraft ermöglicht. Auf die Fluggeschwindigkeit beschleunigt, liefert die von der Luft umströmte starre Tragfläche den zum Fliegen notwendigen Auftrieb. Der dabei entstehende Luftwiderstand verringert jedoch die Fluggeschwindigkeit, die nur dadurch aufrecht erhalten werden kann, daß das Gleitflugzeug beständig Höhe aufgibt und sie in Geschwindigkeit verwandelt. Je kleiner der Luftwiderstand bei gegebenem Auftrieb ist, desto geringer ist dieser unvermeidliche Höhenverlust.

Das Gleitflugzeug besitzt eine Geschwindigkeit in der Horizontalen (in km/h) und in der Vertikalen (Sinkgeschwindigkeit in m/s). Die Resultierende aus beiden ist die Flugbahn mit der Fluggeschwindigkeit, die zur Horizontalen gemessen den Gleitwinkel ergibt. Er hängt von dem Verhältnis zwischen Auftrieb und Widerstand, das auch als aerodynamische Qualität oder Gleitverhältnis bezeichnet wird, ab.

Aus dem Gleitflug wird ein Segelflug ohne Höhenverlust, wenn das Flugzeug in eine nach oben gerichtete Luftbewegung, einen Aufwind einfliegt, dessen aufwärts gerichtete Vertikalgeschwindigkeit mindestens so groß oder größer ist als seine Sinkgeschwindigkeit. Auch im letzteren Fall befindet sich das Segelflugzeug weiterhin im Gleitflug, es steigt mit der aufsteigenden Luftmasse jedoch schneller als es sinkt. Der Aufwind kompensiert die Sinkgeschwindigkeit (tatsächliches Steigen des Flugzeugs = Aufwindgeschwindigkeit minus Sinkgeschwindigkeit).

Als Gleitflugzeuge bezeichnete man in den Anfangsjahren des Segelfluges die in aerodynamischer Hinsicht weniger vollkommenen motorlosen Flugzeuge, die in entsprechend starken Aufwinden natür-

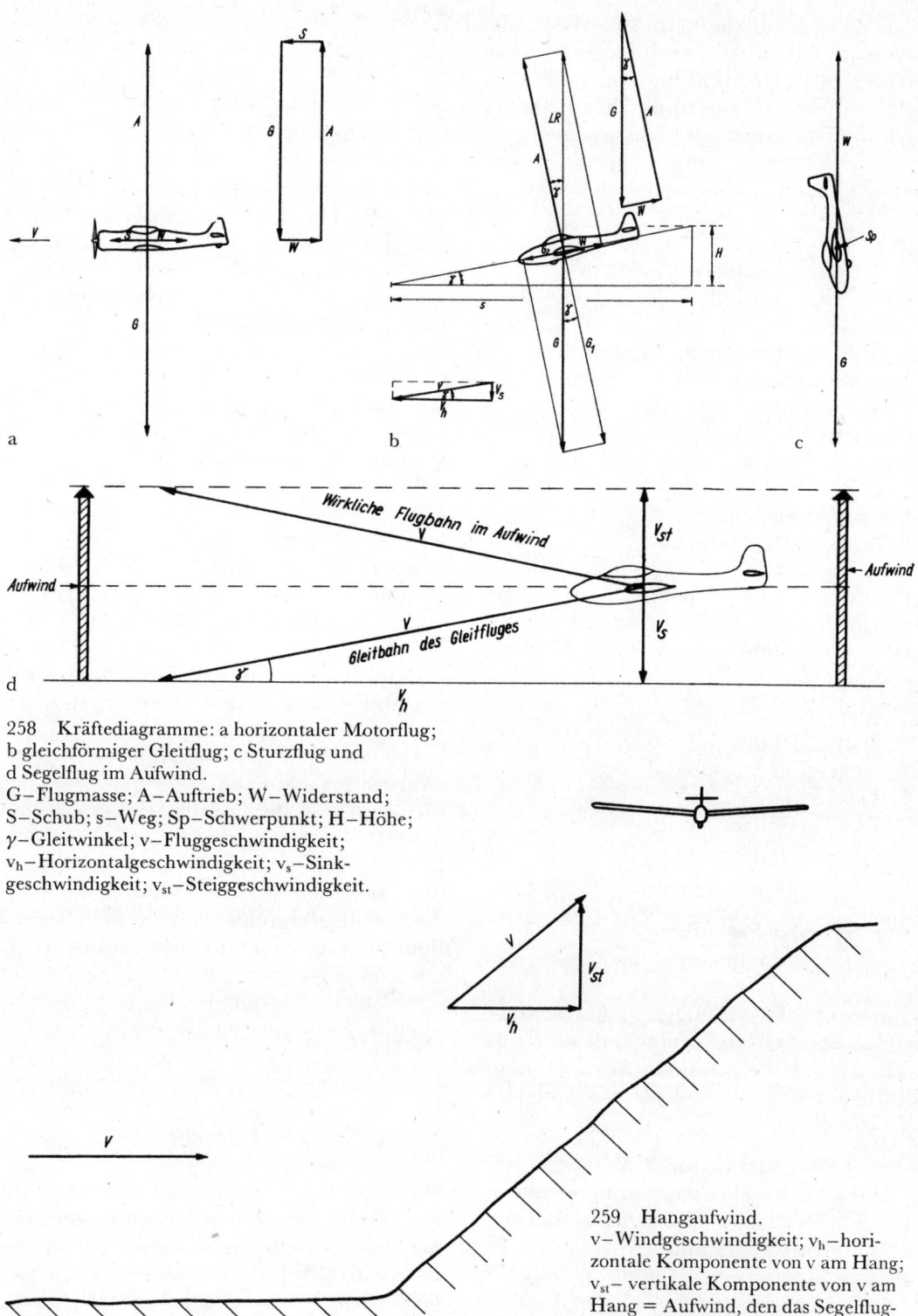

258 Kräftediagramme: a horizontaler Motorflug;
b gleichförmiger Gleitflug; c Sturzflug und
d Segelflug im Aufwind.
G–Flugmasse; A–Auftrieb; W–Widerstand;
S–Schub; s–Weg; Sp–Schwerpunkt; H–Höhe;
γ–Gleitwinkel; v–Fluggeschwindigkeit;
v_h–Horizontalgeschwindigkeit; v_s–Sink-
geschwindigkeit; v_{st}–Steiggeschwindigkeit.

259 Hangaufwind.
v–Windgeschwindigkeit; v_h–horizontale Komponente von v am Hang;
v_{st}– vertikale Komponente von v am
Hang = Aufwind, den das Segelflugzeug zum Segelflug nutzt.

lich auch segeln konnten. Andererseits ist auch das modernste Segelflugzeug seinem Wesen nach ein Gleitflugzeug geblieben. Der dargestellte Zusammenhang des Segelfluges ist nur von der Sinkgeschwindigkeit des Flugzeugs und nicht von dessen Masse abhängig!

Kraftquellen und Formen des Segelfluges

In Abhängigkeit von den auszunutzenden Energiequellen sind zwei Arten des Segelfluges möglich, der statische und der dynamische Segelflug.

Statischer Segelflug
(Segelflug in Aufwinden)

Die zum anhaltenden Flug notwendigen Energien werden Aufwinden entnommen, die in folgenden Formen auftreten können:

1. Aufwind an Strömungshindernissen,
2. Reibungsaufwind,
3. Thermischer Aufwind,
4. Industriethermik,
5. Gewitteraufwind und
6. Leewellenaufwind.

Dynamischer Segelflug
(Segelflug durch Ausnutzung der Windenergie)

Einem gleichförmigen, horizontalen Wind kann ein frei in der Luft fliegender Flugkörper bekanntlich keine Energie entnehmen. Jedoch existieren folgende Möglichkeiten:

7. Segelflugeffekte durch Ausnutzen von Geschwindigkeitsschwankungen (Turbulenzen) eines horizontal wehenden Windes und
8. Segelflug durch Ausnutzen von Geschwindigkeitsunterschieden des Windes in benachbarten Luftschichten.

1. Segelflug im Aufwind an Strömungshindernissen

Der horizontale Wind trifft auf ein Strömungshindernis und wird von diesem zum Aufsteigen gezwungen, wodurch eine vertikale Komponente, der Hindernis- oder Hangaufwind, entsteht. Konische Hindernisse sind weniger geeignet, da der größte Teil der Luftmasse seitlich ausweichen kann (dreidimensionale Strömung). Günstig sind Hindernisse mit einer großen Ausdehnung quer zur Windrichtung (zweidimensionale Strömung) und Hänge mit Einbuchtungen, die eine Düsenwirkung (Zunahme der Windgeschwindigkeit) hervorrufen.

Die im Hangaufwind erreichbaren Flughöhen (Aufstiegshöhe, Einflußhöhe) hängen ab von:
- der relativen Höhe, Neigung, Ausdehnung und dem Bewuchs des Hanges,
- der Windgeschwindigkeit und Windrichtung und
- den meteorologischen Bedingungen (labiler oder stabiler Gradient, Lage der Inversion).

Bei normalen Hangwindwetterlagen kann mit Flughöhen gerechnet werden, die etwa der dreifachen Hindernishöhe über Grund entsprechen. In Abhängigkeit von Windstärke, Windrichtung und den meteorologischen Faktoren können die Segelbedingungen am gleichen Segelhang jedoch sehr unterschiedlich und wechselnd sein – die Flughöhen weit unter oder über dem Schätzwert liegen – aber auch völlig fehlen (siehe Kapitel 5.1.).

2. Segelflug im Reibungsaufwind

Die tatsächliche Windgeschwindigkeit in Bodennähe hängt auch vom Reibungswiderstand zwischen Luftmasse und Untergrund ab. Strömt eine Luftmasse in ein Gebiet mit größerer Bodenreibung ein, so verringert sich die Windgeschwindigkeit

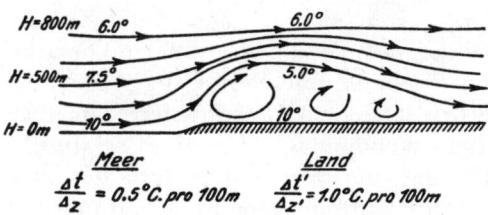

260   Reibungsaufwind.

in geringen Höhen. Dies führt nach dem BERNOULLIschen Gesetz – um den Durchfluß der gleichen Luftmenge zu ermöglichen – zu einem Ausweichen der Luftmasse nach oben, und so entsteht der sogenannte Reibungsaufwind. Er tritt z. B. beim Übergang des Windes von Wasser- auf Landflächen auf (siehe Kapitel 5.6.).

3. Segelflug im thermischen Aufwind

Die wichtigste atmosphärische Kraftquelle für den Segelflug ist der Wärmeaufwind, die Thermik (siehe Kapitel 6.2.). Sie besteht aus erwärmter und folglich leichterer Luft mit geringerer Luftdichte, die aufgrund des archimedischen Prinzips in der umgebenden kühleren Luft wie ein Warmluftballon aufsteigt, bis der Gleichgewichtszustand zwischen ruhender und aufsteigender Luft wiederhergestellt ist. Die physikalischen Eigenschaften der Luft verursachen es, daß eine erwärmte Luftmasse tatsächlich wie ein Ballon aufsteigt und sich nicht mit der umgebenden, ruhenden Luft vermischt. Die Temperaturabnahme der aufsteigenden Luft erfolgt adiabatisch, durch Ausdehnung infolge der Luftdruckabnahme in der Höhe (Druckabnahme = Abkühlung bzw. Druckzunahme = Erwärmung) und nicht etwa durch Vermischung mit der kühleren Luft.

Entstehungsbedingungen sind:
a) die Sonneneinstrahlung,
b) günstige Bodenverhältnisse und
c) ein labiler Gleichgewichtszustand der Atmosphäre.

Zu a): Die Luft wird nicht direkt, sondern nur indirekt durch die Sonnenstrahlen erwärmt. Die Erdoberfläche nimmt Sonnenwärme auf und gibt sie, wie ein Ofen, durch Wärmeleitung an die Luft ab.

Zu b): Die Bodenverhältnisse haben großen Einfluß auf die Wärmeaufnahme und das Verhältnis zwischen Wärmeaufnahme und Wärmeabgabe an die Luft (Bodenart, Bodenfeuchtigkeit, Grundwasserspiegel, Bewuchs, Bearbeitungszustand, Farbe, Neigung zur Sonne usw.). Die besten Bedingungen für eine Erwärmung der Luft bieten helle, trockene, bearbeitete Böden, die ungünstigsten feuchte Moorböden. Optimal für die Herausbildung thermischer Aufwinde ist ein Wechsel zwischen günstigen und weniger günstigen Oberflächen, der das Entstehen der für den Aufwind erforderlichen Temperaturdifferenzen begünstigt. Eine erwärmte Luftmasse löst sich nicht sofort, schon bei der geringsten Temperaturdifferenz, von der Erdoberfläche ab. Infolge der Oberflächenspannung der Luftmasse bedarf es einer meßbaren Erwärmung einer größeren Luftmasse. Nur dadurch können sich größere, stärkere und anhaltendere thermische Aufwinde bilden, die für den Segelflug nutzbar sind.

Zu c): Thermische Aufwinde entstehen nur bei labilem Gleichgewichtszustand der Luft. Darunter versteht man folgenden Zustand: Die ruhende, nicht aufsteigende Luftmasse unterliegt mit zunehmender Höhe einer Temperaturabnahme, die größer ist als die adiabatische Temperaturabnahme der erwärmten und aufsteigenden Luftmasse. Die Temperaturabnahme der ruhenden Luft kann aufgrund ihrer Herkunft und ihres Alters recht unterschiedlich sein und wechselt täglich. Sie wird mittels Ballonsondenaufstiegen gemessen und als Temperaturzustandskurve dargestellt. Die Temperaturabnahme der ruhenden Luft auf 100 m Höhenunterschied bezogen bezeichnet man als Gradienten.

Demgegenüber ist die Temperaturabnahme einer zum Aufstieg gebrachten Luftmasse aufgrund der gleichmäßigen Druckabnahme mit der Höhe eine konstante Größe. Auf 100 m Höhenunterschied bezogen, bezeichnet man sie als Adiabate. Bei trockener Luft beträgt sie 1°C pro 100 m Höhenunterschied (Trokkenadiabate) und bei gesättigter feuchter Luft nur 0,5 °C (Feuchtadiabate).

Thermische Aufwinde können dann entstehen, wenn der Gradient größer ist als die zutreffende Adiabate. Da die Temperaturdifferenz zwischen ruhender und aufsteigender Luft in diesem Fall mit zunehmender Höhe größer wird, nimmt auch die Aufstiegsgeschwindigkeit zu. Der Aufstieg wird erst beendet, wenn die Temperaturgleichheit zwischen ruhender und aufsteigender Luft wiederhergestellt ist oder eine Inversionsschicht (Schicht mit zunehmender Lufttemperatur) den Aufstieg stoppt. Bei diesen labilen atmosphärischen Verhältnissen gibt die Sonnenwärme nur den Impuls zum Aufstieg (labil = eine Störung verstärkt sich, der ursprüngliche Gleichgewichtszustand wird nicht wiederhergestellt).

Entspricht der Gradient der zutreffenden Adiabate, so herrscht der indifferente Gleichgewichtszustand. Thermische Aufwinde können im Ausmaß der Aufheizung der Luft am Boden entstehen (indifferent = in Abhängigkeit von der Größe der Störung stellt sich ein neuer Gleichgewichtszustand ein).

Ist der Gradient kleiner als die zutreffende Adiabate, so spricht man von stabilen Verhältnissen. Erwärmte Luft kann zwar noch aufsteigen, doch ist schon nach kurzem Aufstieg das Gleichgewicht wieder hergestellt und der Aufstieg beendet (stabil = nach einer Störung den alten Zustand wiederherstellend).

Wenn die Temperaturzustandskurve, die Wettervorhersage für den gegebenen Tag und das betreffende Gebiet sowie der zu erwartende Temperaturanstieg bekannt sind, lassen sich die für den Segelflug wichtigsten Werte wie Thermikbeginn, Aufstiegshöhe und Stärke der Aufwinde, Höhenbereiche des stärksten Steigens, Thermikende usw. theoretisch relativ genau und mit einfachsten Methoden graphisch ermitteln. Eine hohe Labilität ist für den Segelflug günstig, doch in Verbindung mit einer hohen Luftfeuchtigkeit entstehen dann auch schnell größere Abschirmungen, das sind geschlossene Wolkendecken mit nachlassender und schließlich fehlender thermischer Aktivität.

Die Ablösung einer erwärmten Luftmasse vom Erdboden ist mit der Bildung eines auf der nördlichen Halbkugel rechtsdrehenden Wirbels verbunden, der häufig durch in die Luft emporgehobenen Staub, Heu, trockene Blätter usw. sichtbar wird. Ein geringer horizontaler Bodenwind kann die Ablösung erwärmter Luftmassen erleichtern. Genau so wirkt die Turbulenzschleppe eines Segelflugzeugs, das in eine erwärmte, aber noch ruhende Luftmasse einfliegt («eine Büchse Thermik aufmachen»).

Da einer aufsteigenden Luftmasse noch viele Minuten lang wärmere Luft aus der Umgebung zugeführt werden kann, entstehen regelrechte Thermikkamine. Der Raum der nach oben abziehenden Warmluft wird von herabsinkender kälterer Luft eingenommen, die am Boden horizontal und konzentrisch zum Mittelpunkt der Ablösung fließt. Wird sie dabei schnell genug erwärmt, so bilden sich sogenannte Thermiköfen, die über Stunden hinweg eine ortsgebundene thermische Zirkulationsströmung erzeugen.

Bei Erreichen einer bestimmten Höhe kondensiert die in der Luft befindliche Luftfeuchtigkeit und bildet eine Wolke. Liegt dieses Kondensationsniveau beträchtlich unter der Aufstiegshöhe des thermischen Aufwindes, so können sich Kumuluswolken von vielen Hundert Metern Höhenausdehnung bilden. Hier entsteht nun für den Segelflug ein sehr gün-

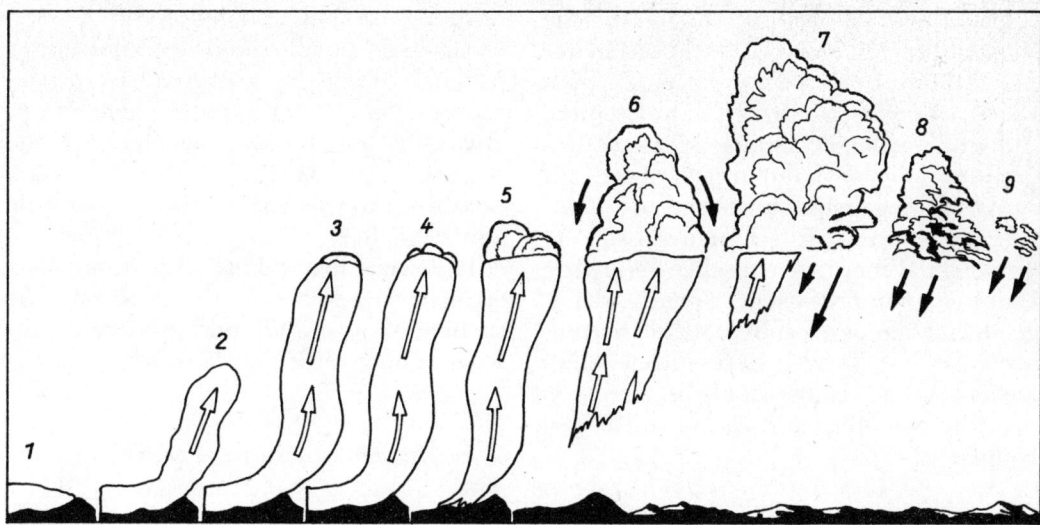

261 Entstehung einer Haufenwolke durch Wärmeaufwind (nach Reichmann): 1 Warmluftquelle; 2 Ablösung der Luft; 3 Thermikschlauch, Dunstkappe; 4 Beginn der Wolkenbildung in Basishöhe; 5 zusammengewachsene Wolkenbasis; 6 Reifestadium der Wolke; 7 beginnender Zerfall der Wolke; 8 Zerfall der Wolke von der Basis her, Abwind; 9 Wolkenauflösung, Abwind.

stiger Effekt: Nach Erreichen des Kondensationsniveaus kühlt die aufsteigende trockene Luft nicht mehr trockenadiabatisch (1 °C/100 m), sondern nur noch feuchtadiabatisch (0,5 °C/100 m) bei unverändertem Gradienten ab – Kondensationswärme wird frei – wodurch die Aufwindgeschwindigkeit in solchen Wolken erhöht wird. Erreicht der Aufwind nicht das Kondensationsniveau, so bildet er keine Wolke und man spricht in diesem Falle von Trocken- oder Blauthermik

Da der Durchmesser der Thermikblasen in der Regel begrenzt ist, werden Vögel und Segelflieger zum Kreisen gezwungen, um im Aufwind zu bleiben, allerdings gibt es auch großflächige thermische Aufwinde.

Interessant ist die Tatsache, daß ein thermischer Aufwind sogar bei gleicher oder niedrigerer Temperatur der aufsteigenden Luftmasse möglich ist, wenn diese eine größere Luftfeuchtigkeit als die umgebende Luft besitzt. Dieser Fall kann über feuchten Gebieten eintreten. Da Wasserdampf auch im nichtkondensierten Zustand um 3/8 leichter ist als trockene Luft, verringert ein höherer Wasserdampfanteil das spezifische Gewicht dieser Luftmasse und bewirkt einen Aufstieg unter den erwähnten Temperaturbedingungen. Aus diesem Grunde halten sich bekanntlich auch die Wolken schwebend in der Luft, besitzen Regengebiete auch einen geringeren Luftdruck als trockene Schönwettergebiete. Gebiete mit schlechter Wärmeleitung und großem Wärmespeichervermögen geben in der Regel am Abend Wärme an die Luft ab, so daß hier die sogenannte Umkehr- oder Abendthermik entsteht.

Unerfüllt ist nach wie vor der Wunschtraum aller Segelflieger, den thermischen Aufwind sichtbar zu machen. Theoretisch wie praktisch ist die Aufgabe lösbar, doch derzeit nur mit einem hohen technischen Aufwand.

Thermische Aufwinde sind in Mitteleuropa von März bis Oktober anzutreffen, die stärksten in der Regel in den Monaten April bis Juni, doch auch im Winter bilden sich bei Sonneneinstrahlung, selbst bei geschlossener Schneedecke, nutzbare Aufwinde.

Die Energien die durch thermische Vertikalbewegungen (Konvektion) in der Atmosphäre freigesetzt werden, sind gewaltig. In einem starken, anhaltenden Aufwind werden Zehntausende und Hunderttausende von Tonnen erwärmter Luft zum Aufstieg gebracht, wobei die Aufstiegshöhen in der Regel mehr als 1 000 m betragen. Einen thermischen Aufwind könnte man in prosaischer Form auch folgendermaßen beschreiben: «Eine Kumuluswolke ist die sichtbare Krone eines unsichtbaren Luftspringbrunnens, in dem die Segelflieger kreisend aufsteigen können!» [75]

4. Segelflug in Industriethermik

Bei Wetterlagen mit labilen Gradienten können Industriewerke mit großer Wärmeabgabe, sogar unabhängig von der Sonneneinstrahlung, eine autonome Quelle nutzbarer, stationärer thermischer Aufwinde sein, die besonders in den Abend- und Nachtstunden dazu beitragen können, Segelflüge zu verlängern. Diese Aufwindform wurde am 28. Juli 1938 von mehreren Segelfliegern auf dem Fluge Wasserkuppe – Berlin über größeren mitteldeutschen Industriewerken ausgenutzt. Bei Sonnenschein ist die Thermik über diesen Werken meist stärker und beständiger als in der Umgebung.

Da Erfahrungsberichte über Flüge in Industriethermik selten sind, sei kurz auf einen Flug des Verfassers vom 31. Mai 1957 verwiesen. Er war in Riesa gegen 15.00 Uhr bei guten meteorologischen Bedingungen, geringem Wind und einer Basishöhe von über 2 000 m zu einem Thermikflug gestartet. Der «Stahlwerkbart» lieferte zu diesem Zeitpunkt ein geringfügig besseres Steigen als die Umgebung; gegen 18.00 Uhr wurde der Aufwind in dem stabil stehenden und gut markierten Industriebart zunehmend stärker; die letzte Umkehrthermik über der Stadt und der Umgebung verschwand

noch vor 19.00 Uhr. Von dieser Zeit an bis nach 21.00 Uhr fand der Pilot in der nunmehr verselbständigten Industriethermik bei jedem Einflug ein Steigen von etwa 8 m/s, das bis auf etwa 2 800 m Höhe reichte. Das Wölkchen, welches den «Stahlwerkbart» Riesa krönte, stand die ganze Nacht!

Die verselbständigte Thermik über Großstädten besitzt die gleichen Ursachen. Waldbrände und größere Strohfeuer erzeugen die gleiche Wirkung.

5. Segelflug in Gewitteraufwinden

Der Segelflug mit Hilfe von Gewitteraufwinden kann in Wärmegewittern und in Frontgewittern ausgeführt werden. Der erstere ist eine spezielle Form des Segelfluges in den Wolken und zeichnet sich durch hohe Aufwindgeschwindigkeiten und die Möglichkeit des Erreichens großer Flughöhen aus, ist jedoch mit einer Reihe von Gefahren verbunden.

Frontgewitter entstehen, wenn bei entsprechenden Windgeschwindigkeit Kalt- und Warmluftmassen aufeinandertreffen. Dabei entstehen an der Vorderseite die Frontaufwinde, die günstige Bedingungen für den Streckenflug liefern. Die Technik dieser Form des Segelfluges besteht darin, unter Sichtflugbedingungen im Aufwind vor der Front zu fliegen und mit dem Gewitter über Land zu ziehen. Allerdings liefert nur die Einbruchsfront, bei der die heranziehende Kaltluft ruhende oder langsamere Warmluft zum Aufstieg zwingt, den genannten nutzbaren Aufwind (siehe Kapitel 5.5.).

6. Segelflug im Leewellenaufwind

Die von Strömungshindernissen zum Aufstieg gezwungene Luftmasse sinkt auf der Leeseite wieder herab. Aufgrund der Trägheit der Luftmasse pflanzt sich diese Wellenbewegung hinter dem Hindernis

262   Leewellenaufwind.

fort, jedoch mit geringer werdender Schwingungshöhe. In jedem der aufsteigenden Teile der Welle – die Wellenberge bleiben trotz des Windes räumlich an derselben Stelle – besitzt die Luftströmung eine vertikale Komponente, die zum Segelflug ausreichen kann und dem Segelflieger das Erlebnis bietet, unabhängig von Segelhängen und thermischen Bedingungen in einem absolut ruhigen Aufwind zu fliegen.

Derartige stehende Wellen können durchaus auf ein Mehrfaches der Hindernishöhe aufsteigen und bilden bei günstigen atmosphärischen Verhältnissen die für diesen Aufwind typischen, ortsfesten linsenförmigen Wolken (Lenticularis). Der gleiche Wellenaufwind kann sich in der freien Atmosphäre auch ohne Hindernisse, lediglich als Folge der meteorologischen Bedingungen herausbilden, z. B. bei Windscherungen und Inversionen mit entsprechend gewellter oberer Begrenzung, die dann wie ein Hang wirkt (Inversionswellen).

Eintreffende feuchte Warmluft mit stabilem Gradienten verstärkt diese Wellen. Die herangeführten Luftmassen gleiten dann unmittelbar auf der Leeseite des Hindernisses wieder hinab und lösen eine starke Wellenbewegung und bei steilem Gebirgsabfall einen Leewirbel (Rotor), aus, der die Wellenbewegung in der Höhenrichtung wesentlich verstärkt. Das ist dann die bekannte Leewelle, Lange Welle oder Föhnwelle, die ausgezeichnete Möglichkeiten für Höhenflüge bietet (siehe Kapitel 7.).

7. Segelflug durch Ausnutzen von Geschwindigkeitsschwankungen eines horizontal wehenden Windes (dynamischer Segelflug)

Die notwendigen Flugmanöver zur Erzielung eines Energiegewinns unter diesen Windverhältnissen sind im Kapitel 3.4. beschrieben worden.

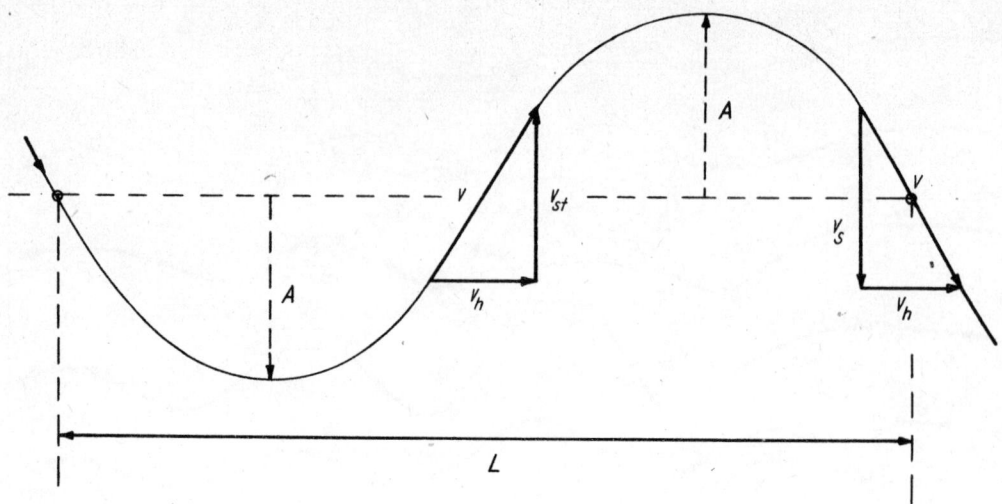

263   Leewellenaufwind.
L−Wellenlänge (Schwingungsweite); A−Amplitude (Schwingungshöhe); v−Windgeschwindigkeit; v_h−Horizontalkomponente von v in der Welle; v_{st}−Vertikalkomponente (Aufwind) von v in der Welle; v_s−abwärts gerichtete Vertikalkomponente (Abwind) von v in der Welle.

8. Segelflug durch Ausnutzen von Geschwindigkeitsunterschieden des Windes in benachbarten Luftschichten (dynamischer Segelflug)

Auf diese Möglichkeit ist 1883 von RAYLEIGH (siehe Kapitel 3.4.) und 1924 von PETSCHOW (siehe Kapitel 5.3.) hingewiesen worden. Meteorologische Voraussetzung ist das Vorhandensein einer windstillen Inversionsschicht.

Das Segeln unter derartigen Bedingungen (gleiche Windstärke und -richtung in der oberen und unteren Windschicht angenommen) würde wie folgt aussehen: Ein Segelflugzeug fliegt mit 100 km/h in der unteren Windschicht von 40 km/h mit Rückenwind; es besitzt folglich eine Geschwindigkeit von 140 km/h über Grund. Steigt das Segelflugzeug in die Inversionsschicht hinein, so sind die 140 km/h über Grund zu 140 km/h gegenüber der Luft geworden, es liegt ein wirklicher, im Steigflug in Höhe verwandelbarer Energiegewinn vor (Umwandlung von kineti-

scher in potentielle Energie). Das Segelflugzeug müßte jetzt, in der Inversion weiter hochziehend, eine Kurve von 180° beschreiben und in die obere Windschicht einfliegen. Es trifft dort wieder auf einen Gegenwind von 40 km/h und verfügt damit kurzzeitig erneut über einen weiteren Energiegewinn, der in Flughöhe, Fluggeschwindigkeit oder Flugstrecke verwandelt werden kann, bis das Manöver nach einem Eindrehen in den Rückenwind und einen Sinkflug durch die Inversionsschicht in die untere Windschicht wiederholt werden muß. Ein Unterlassen der 180°-Kurve oder ihr zu spätes Durchführen in der unteren Windschicht würde diesen Segelflug beenden.

Aus Platzgründen können die anderen meteorologisch möglichen Varianten dieser Form des dynamischen Segelfluges nicht aufgezeigt werden. Für alle Formen dynamischer Flugmanöver kann jedoch die Grundregel aufgestellt werden, Geschwindigkeitsunterschiede des Windes über die Fluggeschwindigkeit auszugleichen, indem man bei Windzunahme kurzzeitig langsamer und bei Windabnahme, möglichst mit dem Winde, schneller fliegt.

Die erstmalige bewußte Ausführung des dynamischen Segelfluges unter Ausnutzung der Windverhältnisse an einer

Inversionsschicht gelang im Jahre 1974. INGO RENNER, der spätere mehrfache Weltmeister im Segelflug, durchflog im Oktober des genannten Jahres in Tocumwal (Australien) im F-Schlepp in etwa 300 m Höhe eine deutlich wahrnehmbare Inversionsschicht und traf über ihr einen Gegenwind von fast 20 m/s (72 km/h) an. In 350 m Höhe klinkte er aus, stürzte mit seinem Segelflugzeug mit Rückenwind durch die Inversion auf 250 m hinab, beschleunigte dabei auf etwa 200 km/h, ging dann zum Steigflug über und vollführte eine enge, hochgezogene Kehrtkurve gegen die Richtung des Höhenwindes. Nach dem Durchstoßen der windstillen Inversion traf er wieder auf den 20 m/s starken Gegenwind. Die Trägheitskraft bewirkte nun erneut einen Energiegewinn. RENNER erreichte eine etwas größere Flughöhe, als er sie zu Beginn des Manövers besaß. Im Gipfelpunkt des Aufstiegs führte er wieder eine Kehrtkurve in den Rückenwind mit anschließendem Bahnneigungsflug von 30° aus. Dieses Verfahren – Bahnneigungsflug mit dem Wind und Durchstoßen der Inversion von oben nach unten, Steigflug und Kehrtkurve gegen den Wind, Durchstoßen der Inversion von unten nach oben und erneute Kehrtkurve im Gipfelpunkt usw. – wiederholte er 20 Minuten lang. Im Jahre 1975 konnte RENNER auf einer *PIK–20* die mit diesem Flugstil erreichte Flugzeit auf 30 Minuten erhöhen, ohne vom Startpunkt versetzt zu werden. Bei einer Verlagerung der Flugbahnen wäre auch ein Streckenflug mit diesem Stil möglich.

Die Grenzen dieses ununterbrochenen «Achterbahnfahrens» mit ständigen positiven und negativen Beschleunigungen bis zu 3 g und mehr bei nur geringem Höhengewinn sind leicht zu erkennen.

RENNER hatte sich auf diese Flüge nicht nur theoretisch, sondern auch durch Versuche mit ferngesteuerten Segelflugmodellen und die Beobachtungen des Fluges von Albatrossen vorbereitet.

6.2. Die Erschließung des thermischen Aufwindes

Unbeabsichtigt waren die Gleit- und Motorflieger, wie bereits dargestellt, schon öfter in thermische Aufwinde geraten, ohne die Bedeutung dieser Begegnung für den Segelflug erfassen zu können. Wie wenig man trotz vorhandener und veröffentlichter theoretischer Erkenntnisse auf die Entdeckung der Thermik eingestellt und vorbereitet war, kann man einem Bericht von FRITZ STAMER über einen Flug im Jahre 1923 auf der Rhön entnehmen: «Mit unserer *Bremen* segelte ich am Westhang. Nach ungefähr vierzig Minuten kam ich in einer Flaute unter Starthöhe und mußte nach Gersfeld abfliegen, da von dort der Transport leichter war. Mitten über dem Tal stieg die Maschine dann wieder bis weit über Starthöhe. Uns erschien dieser Vorgang unbegreiflich, und immer wieder dachten wir an dynamische Segeleffekte. Wir hatten, ohne es zu begreifen, über dem Tal einen Thermikschlauch erwischt. Vielleicht war er sogar durch eine Wolke gekrönt und markiert. Wer wußte das damals?» [61, S. 67]

Im Jahre 1925 bekam FERDINAND SCHULZ während des Segelflugwettbewerbs auf der Krim die hebende Wirkung eines thermischen Aufwindes zu spüren: «Um 10 Uhr kletterte meine ‹Mühle› mit einem Male wie ein Affe weg. 200 m war ich hoch. Ich merke, wie ich angehoben werde und bin bald 250, 280 m hoch ... Ich drehe mich noch etwas an dieser Stelle herum und sehe, wie mein Höhenmesser steigt und steigt, 300 m bin ich hoch. Da faßt's mich und bringt mich in einer halben Minute auf etwa 400 m ...» [54, S. 76] SCHULZ hatte 405 m erreicht. Das entsprach einer tatsächlichen Steiggeschwindigkeit des Seglers von 3,3 m/s auf den letzten 100 m. Doch immer noch sahen die Segelflieger in diesen Aufwinden nur eine willkommene Beigabe für

264   Die *Bremen* (1923). Ein typisches Segelflugzeug der Anfangsjahre.

das Segeln am Hang und nicht etwa den Kern eines ganz neuen Segelflugstils, der von Wind und Hängen unabhängig machen konnte.

Ein Ziel des VII. Rhön-Wettbewerbs 1926 bestand in der beabsichtigten Ausnutzung thermischer Aufwinde, wie es in den Ausschreibungen der Sportleitung zum Ausdruck kam. Am 6. August flog NEHRING gegen 16.30 Uhr am Westhang bei Windgeschwindigkeiten von nur 1 bis 2 m/s eine viertel Stunde lang und erreichte eine Höhe von 85 m. Dieser Flug beruhte auf dem Vorhandensein thermischer Aufwinde. In der ersten Phase des Milseburgfluges von NEHRING am 13. August 1926 während des gleichen Wettbewerbs waren gleichfalls deutlich thermische Einflüsse zu erkennen.

Auch der sensationelle Gewittersegelflug von MAX KEGEL während des Rhön-Wettbewerbs 1926 änderte nichts an der Tatsache, daß der Segelflug in der Thermik noch immer nicht bewußt realisiert worden war.

Inzwischen hatte sich Professor Dr. WALTER GEORGII, Meteorologe und seit 1926 Leiter des Forschungsinstituts der RRG, ernsthaft mit der Erforschung der Thermik und der Verwirklichung des thermischen Segelfluges befaßt. Die zu diesem Zeitpunkt herrschende Situation in der Theorie schätzte er wie folgt ein: «Es war eigentlich erstaunlich, daß die meteorologische Wissenschaft dem Segelflug bisher nichts genaues über das Auftreten und die Intensität der thermischen Aufwinde sagen konnte, daß man wohl nach theoretischen Formeln ihre Existenz berechnete, aber keine Vorstellung von ihrer Anordnung im Raum und ihrer Vertikalgeschwindigkeit besaß. Auf diese letzten Angaben kam es aber gerade an für die Prüfung der Möglichkeit des thermischen Segelfluges.»

Das Denken und Trachten GEORGIIS galt bis zum Frühling 1928 der Lösung dieses Problems. «Oft lag ich stundenlang allein am sonnigen Hang der Wasserkuppe und beobachtete das Entstehen und Vergehen von Wolken ... Auch in Darmstadt beobachtete ich vom Flugplatz aus die Lage, Entstehung und Auflösung der am nahen Odenwald stehenden Wolken. Ich hatte festgestellt, daß die Wolken des thermischen Aufwindes mit großer Regelmäßigkeit an bestimmten Stellen entstehen und nach einiger Dauer sich auflösen, um sich anschließend an gleicher Stelle von neuem zu bilden. Die thermischen Auf- und Abwinde bildeten also kein chaotisches Durcheinander, sondern geordnete, aufsteigende Luftströme und zugehörige Lufträume mit Abwind.» [86, S. 194f] Wenn diese Beobachtungen und Schlußfolgerungen stimmten, konnte nach Meinung GEORGIIS das Problem des thermischen Segelfluges schnell gelöst werden.

Am 30. April 1928 bemerkte GEORGII über einer Ecke des alten Flugplatzes von Darmstadt sehr schöne Kumuluswolken. Umgehend gab er JOHANNES NEHRING den Auftrag, mit einem *G. M. G.-Motorflugzeug* die Wolke abzufliegen. NEHRING flog an die Basis der schon wiederholt gesehenen Wolke, stellte auftragsgemäß den Motor ab und segelte in flachen Kreisen unter der scharf abgegrenzten Wolkenfläche. Zehn bis zwölf Minuten hielt er sich mit stehendem Triebwerk unter ihr ohne Höhenverlust. Eine Auswertung des Barogramms ergab eine Aufwindgeschwindigkeit von 4 bis 5 m/s. Der thermische Aufwind erwies sich stärker als ein guter Hangaufwind auf der Wasserkuppe. NEHRING war zufällig in eine Aufbauperiode dieser Wolke hineingeflogen.

265 Diagramm des zweiten Thermikfluges von NEHRING auf *G.M.G. Ia* am 12. Juni 1928 (mit abgestelltem Triebwerk).

GEORGII bezeichnete dieses Ereignis als eine der Sternstunden des Segelfluges, was auch unter dem Gesichtspunkt zutreffend ist, daß ungünstige Umstände diese überzeugende Demonstration jederzeit hätten verhindern können. Im Unterschied zu den ersten Jahren des Hangsegelfluges existierten jetzt jedoch stärkere Triebkräfte und Motivationen sowie bessere technische Möglichkeiten zur Erschließung der Thermik.

Nach diesem Versuch in Darmstadt fuhr GEORGII sofort zur Wasserkuppe, um dort das Experiment mit einem Segelflugzeug wiederholen zu lassen. Das Problem bestand darin, wie man ein motorloses Flugzeug auf die notwendige Ausgangshöhe bringen könnte, und da erwies sich die Wasserkuppe wieder einmal mehr als der Idealberg des Segelfluges der Anfangsjahre. Vom Westhang aus beobachtete GEORGII die in nördlicher Richtung über dem Tale stehenden kräftigen Schönwetterkumuli, ging zur Fliegerschule der RRG und beriet sich mit ROBERT KRONFELD. Dieser startete sofort mit einem Segelflugzeug des Typs *Professor* im Gummiseilstart, verließ auftragsgemäß die Zone des Hangaufwindes, flog die über dem Abtsrodaer Tal stehende Wolke an und begann unter ihr, ohne Variometer an Bord, zu kreisen. Er stieg rasch bis

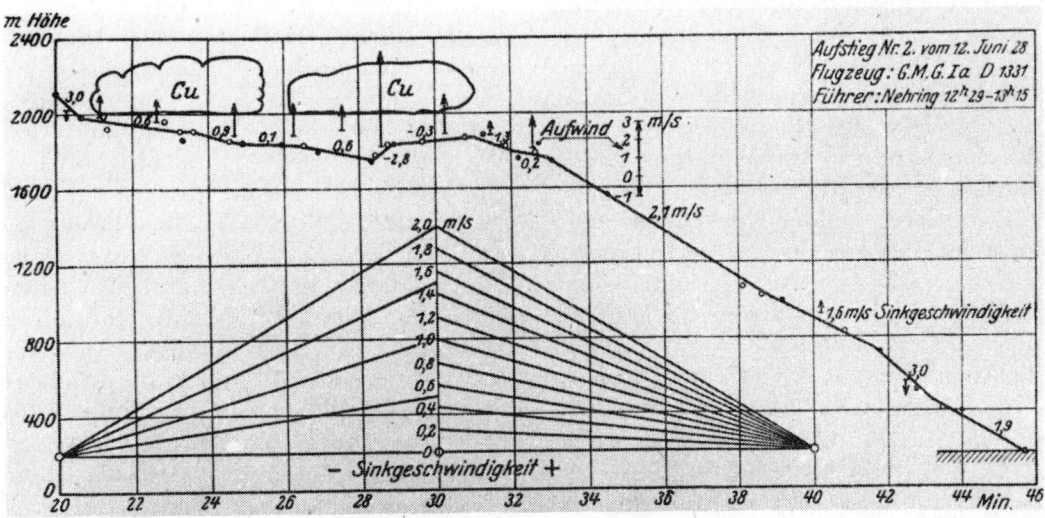

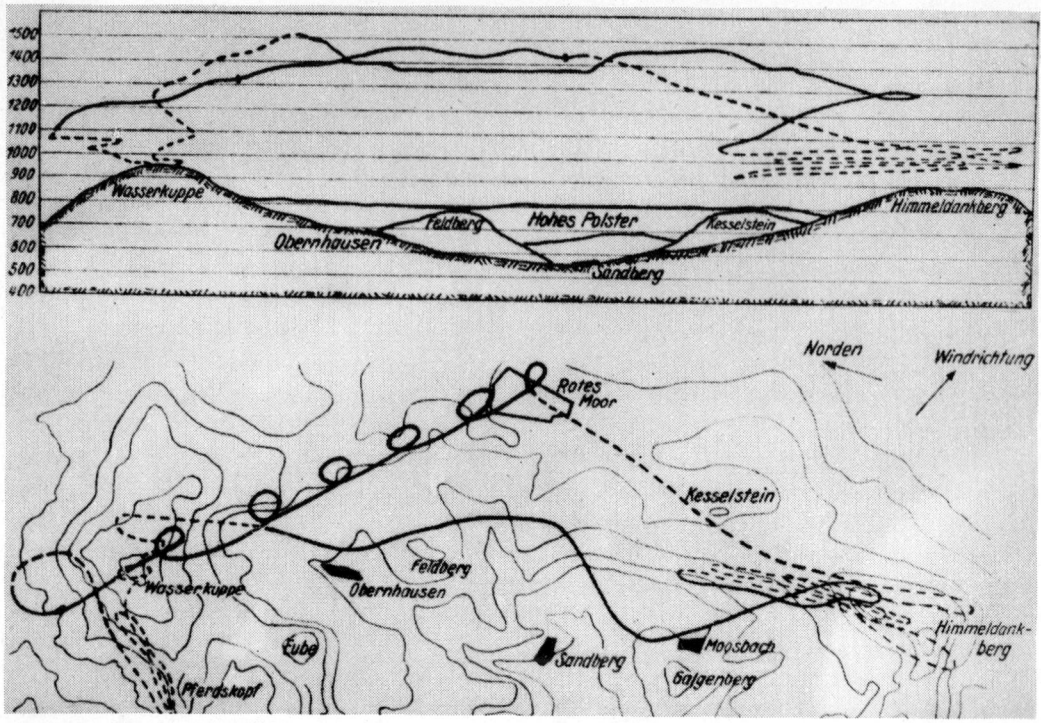

266   Flugweg des ersten thermischen Strecken-
fluges. ROBERT KRONFELD am 6. August 1928 auf
Professor (Wasserkuppe–Himmeldankberg–
Wasserkuppe).

zur Basis empor und kehrte mit einem beträchtlichen Höhengewinn zur Startstelle
zurück.

Der Flug KRONFELDS brachte auch flug-
taktisch etwas Neues, den Einflug in die
Thermik aus einem langen Gleitflug, wodurch sich die Chancen des Auffindens
der Thermik erhöhten, allerdings auch
das Risiko einer Außenlandung größer
wurde.

Die sich ergebenden Konsequenzen des
gelungenen Versuchs schilderte GEORGII
wie folgt: «Dieser Flug, den nur wenige
Angehörige des Instituts am Fliegerdenk-
mal der Wasserkuppe erlebt hatten,
dürfte mindestens die gleiche historische
Bedeutung gehabt haben, wie der erste
Stundenflug an diesem Hang im August
1922. Ich bat KRONFELD, Stillschweigen
zu bewahren, da die Vorführung der

neuen Methode des thermischen Segelfluges die Überraschung des Rhön-Wettbewerbs 1928 werden sollte.»

Am 6. August 1928 war während des
Wettbewerbs ein Zielflug mit Rückkehr
nach dem etwa 8 km entfernten Himmeldankberg ausgeschrieben worden.
«Jetzt galt es, die überlegene Taktik des
thermischen Segelfluges von Wolke zu
Wolke allen Segelfliegern des Wettbewerbs vorzuführen», schrieb GEORGII.
«KRONFELD wurde zum Himmeldank-
bergflug angesetzt. Am Südhang der
Wasserkuppe wartete er im Hangaufwind
eine günstige Wolke ab, stieg unter ihr auf
größere Höhe, flog die nächste Wolke an
und war schon in kurzer Zeit über dem
Himmeldankberg. Hier fand er wieder
eine gute Wolke und kehrte mit ihrer
Hilfe, hoch über dem Gipfel der Wasserkuppe kreisend, mit souveräner Sicherheit zu seinem Stützpunkt zurück. Alle
Wettbewerbsteilnehmer waren sprachlos
und staunten. So etwas hatten die Rhön
und die Segelflieger noch nicht gesehen.

Da gab es nur eines: gleich nachmachen. Der Stuttgarter Segelflieger BACHEM wiederholte KRONFELDS Zielflug ... und zeigte, daß man schon unter einer Wolke so viel Höhe erreichen konnte, um in einem Gleitflug mit großer Geschwindigkeit zum Ziel und zurück zu kommen. Wie einfach war doch auf einmal die Segelfliegerei geworden! Ein Streckenflug nach Klein-Bardorf offenbarte, daß man nun, wie die Zugvögel, sich den wandernden Wolken anvertrauen und unter ihnen kreisend, mit ihrer Zuggeschwindigkeit über Täler und Gebirge mühelos hinwegfliegen kann. Die auffallendste Leistung dieses von Jubel und Begeisterung getragenen Wettbewerbs war aber der Höhenflug mit anschließendem Streckenflug bis Bad Kissingen von EDGAR DITTMAR, der den seit 1922, also schon über sechs Jahre bestehenden Wasserkuppen-Höhenrekord von HENTZEN von 350 auf 775 Meter steigern konnte. Damit war eine neue Epoche des Segelfluges angebrochen, die eine geradezu stürmische Steigerung der Leistungen und in weiten Teilen der Welt eine neue Welle der Segelflugbegeisterung auslöste.» [86, S. 196 ff]

Der Segelflug war aus einer ernsten und für die Zukunft dieses Sports gefährlichen Stagnation herausgeführt worden. Bei einer Bewertung dieser Flüge muß man berücksichtigen, daß sie ohne Variometer absolviert wurden und demzufolge eine volle Ausnutzung der gegebenen thermischen Bedingungen noch nicht möglich war. KRONFELD war es, der 1929 als erster ein Variometer speziell für die Durchführung thermischer Segelflüge mitführte und zugleich einen Fallschirm benutzte, der insbesondere bei den nun auftretenden Flughöhen notwendig wurde und dem Piloten physische und psychische Sicherheit verlieh.

Mit der Erschließung des thermischen Aufwindes konnte sich der Segelflug endgültig von Wind und Bergen freimachen und auch in das Flachland einziehen. Die Umstände brachten es mit sich, daß annähernd gleichzeitig, aber zunächst noch ohne Bezug zum thermischen Segelflug, Flugzeugschlepp und Windenschlepp entstanden, die den Segelflug auch startmäßig von Bergen unabhängig machten. Dem Flug unter den Wolken folgte bald der Flug in den Wolken, insbesondere der Blindflug in Kumulonimbuswolken, über den an anderer Stelle noch berichtet wird.

Neben einer Thermik, die zur Bildung von Wolken führt, die Standort, Stärke und Häufigkeit der Aufwinde leichter erkennen lassen, gibt es auch Wärmeaufwinde ohne Wolken. Der erste thermische Streckenflug bei wolkenlosem Himmel fand am 2. Oktober 1930 in New Jersey (USA) statt. WOLF HIRTH nahm am Segelflugwettbewerb in Elmira teil und segelte mit seinem *Musterle* bei Windgeschwindigkeiten von etwa 5 bis 8 m/s am Hang, als er plötzlich HALLER auf *Schloß Mainberg* bei einer Wendekurve in 350 m Höhe fahrstuhlartig in die Höhe steigen sah. HIRTH fand dort das erwartete thermische Aufwindgebiet und schraubte sich in etwa zehn Minuten in engen Kreisen auf annähernd 1 000 m über Start – von Wolken war jedoch keine Spur zu sehen. Trotzdem entschloß sich HIRTH, auf Strecke zu gehen! Zwei Greifvögel markierten etwa eine viertel Stunde nach dem Verlassen des ersten Aufwindes den nächsten Bart, der ihn wieder hoch und weiter führte. Als er sich schon eine Wiese zum Landen ausgesucht hatte, fand er an einer Stelle, wo es nach Hangflugerfahrungen Abwind hätte geben müssen, wieder einen thermischen Aufwind, der ihn in kurzer Zeit erneut auf 900 m brachte. Am Ende des nun folgenden langgestreckten Gleitfluges fand HIRTH diesmal einen Hangaufwind, welcher ihn auch bald wieder in einen thermischen Aufwind lotste, der für ihn der letzte dieses Tages sein sollte. Wieder flog er in Richtung Ost ab und landete nach 53 km. HIRTH hatte während seines Fluges von etwa zweieinhalb Stunden Dauer insgesamt viermal

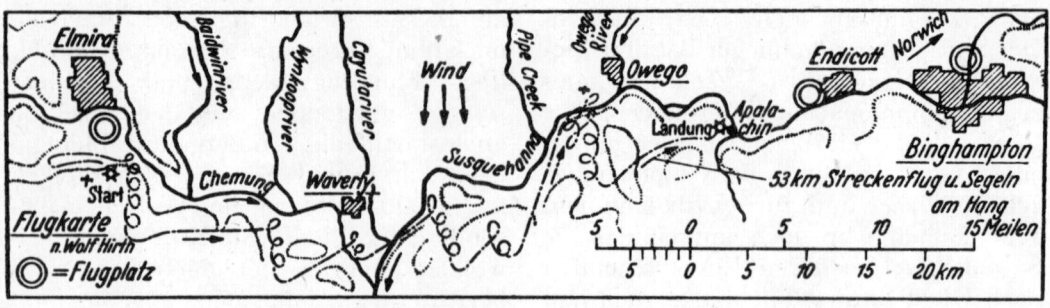

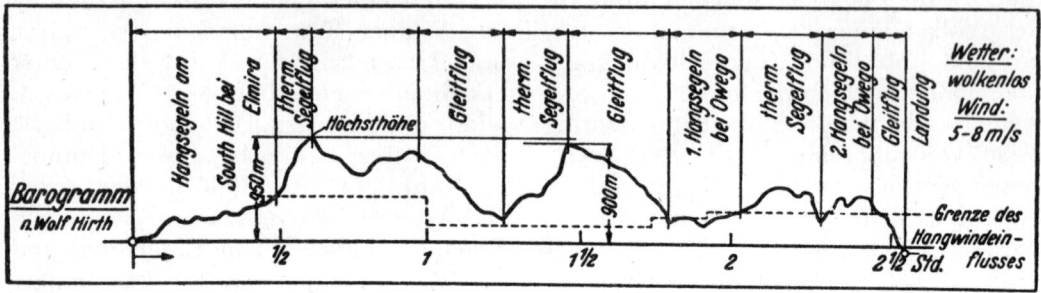

267   Erster Streckenflug bei Trockenthermik durch
WOLF HIRTH (1930).

268   HIRTH startet am Hudson-River.

Aufwinde ohne jede Wolkenbildung gefunden. Es war der erste nachweisbare
Streckenflug bei Trockenthermik oder
Blauthermik. HIRTH hatte mit ihm auf
eine neue Möglichkeit des thermischen
Segelfluges aufmerksam gemacht, so daß
sich die Anzahl der meteorologisch nutzbaren Segelflugtage im Jahre weiter
erhöhte.

Während HIRTH in einem 1933 veröffentlichten Bericht diesem Flug noch
keine größere Bedeutung beimaß,
schätzte er ihn 1951 in flugtaktischer
Beziehung als bahnbrechend ein. Die
durch den begrenzten Durchmesser der
thermischen Aufwindgebiete unvermeid-
bar gewordene Steilkreistechnik war jedoch bereits von GROENHOFF am 17. August 1930 in der Rhön auf dem *Fafnir* beim
Kreuzbergflug überzeugend demonstriert
worden. Sie war auch von HIRTH beim
Fluge am 2. Oktober 1930 angewendet
worden und stellte neue Anforderungen
an die fliegerischen Fähigkeiten und Fertigkeiten der Segelflieger.

WOLF HIRTH hatte auch den ersten
Segelflug in Stadtthermik unternommen.
Im Dezember 1930 beobachtete er eine

288 Der erste Flugzeugschlepp in der Geschichte (1927).

Motorflugzeug anhängen – na, na, ob das gut geht? So wurde denn von ‹Hangwind›, alias ALEXANDER LIPPISCH, ein Anhänger-Segelflugzeug konstruiert. Es war schnell, sehr schnell, allzu schnell. Nie werde ich vergessen, wie ich mit GÜNTHER GROEN-HOFF im Schlepp von der Wasserkuppe losbrauste, mit 80 PS und 1 700 Touren, daß der Motor schon bläulich rauchte. Und es ging statt aufwärts langsam tiefer, ich mußte immer mehr meinen *Flamingo* drücken, denn GROENHOFFS Arm winkte heftig: ‹Schneller, schneller!› Er konnte den Drachen sonst nicht in der Luft halten. Schon brausten wir niedrig über das Rote Moor, die Büsche flitzten dicht unter uns lang. Tiefer ging's ja nicht, sonst hätte ich rollen müssen! Also hinab ins Tal von Wüstensachsen. Hoch droben die Wasserkuppe! Wie kommen wir nun wieder rauf? Endlich ein rettender Gedanke. Es ist ja leichter Nordwestwind. Also, sausen wir durch den Aufwind. Dann wird's schon höher gehen. Und siehe da, es ging höher. Mit Ach und Krach erreichten wir Wasserkuppenhöhe, und als sich der Anhängedrachen endlich ausklinkte, atmeten der *Flamingo* und ich erleichtert auf.» [62, S. 170]

Probleme bei der Entwicklung einer standardisierten Flugzeugschleppmethode lagen vor allem in der Anbringung der Seilkupplung am Motorflugzeug. In der irrtümlichen Annahme, den verlängerten Seilzug unbedingt durch den Schwerpunkt des Motorflugzeugs führen zu müssen, wurde das Seil zunächst an einem Gestänge oberhalb des Rumpfes und des Seitenleitwerks angebracht. Dann erst kam man auf die einfachste Lösung, die Seilkupplung am Sporn des Motorflugzeugs zu befestigen. Schleppte man anfangs mit 100 m langen Stahlseilen von etwa 3 mm Stärke, so ging man auch bald zu kürzeren über. Für spezielle Einsätze, wie dem Rausschlepp bei Außenlandungen, kamen später nur 10 m lange Seile zur Anwendung.

Während des zweiten Weltkrieges unternahm man für militärische Zwecke Versuche im Starrschlepp, wobei das Schleppflugzeug an einem kurzen, beidseitig vollkardanisch gelagerten Rohr befestigt wurde. Nach dem Kriege setzten sich allgemein geflochtene Seile aus Kunstfasern durch, die sich durch größere Elastizität und dämpfende Wirkung auszeichneten. Die Steuertechnik des Flugzeugschlepps erlernten die Segelflieger in der Regel zunächst im Doppelsitzer unter Anleitung eines Fluglehrers, bevor sie ihren ersten Alleinstart in dieser Startart unternahmen.

Der Flugzeugschlepp hat für den Segelflug den großen Vorteil, daß das Segelflugzeug räumlich und höhenmäßig an jeden beliebigen Auskuppelort gebracht werden kann, der im Leistungsvermögen des Motorflugzeugs liegt. Einen sportlichen Mißbrauch dieser Möglichkeit verhinderte die internationale Festlegung, nach der die maximale Auskuppel- bzw. Abmeldehöhe für Streckenflüge 1 000 m nicht übersteigen darf. Typisch für die Anwendung des Flugzeugschlepps im Leistungssegelflug ist das Hineinschleppen des Segelflugzeugs in einen Aufwind, wofür häufig schon Schlepphöhen von 200 m ausreichend sind.

Als nachteilig erweist sich beim Flugzeugschlepp die Tatsache, daß Motorflugzeuge mit Schleppiloten und geeignete Startbahnen zur Verfügung stehen müssen, wodurch der F-Schlepp eine relativ kostenaufwendige Startart ist. Auch Doppelschlepps (zwei Segelflugzeuge an zwei Seilen hinter einem Motorflugzeug) ändern an dem hohen Primäraufwand zunächst nichts.

Die Seilzugkraft ist im unbeschleunigten horizontalen Flugzeugschlepp relativ gering und kann in Abhängigkeit vom Gewicht und der aerodynamischen Qualität des Segelflugzeugs zwischen 100 bis 300 N liegen. Aus dieser Tatsache wurden schon zu Beginn der Entwicklung des Flugzeugschlepps interessante Schlußfolgerungen für den Verkehrsflug abgeleitet. Unter Verzicht auf die im Alleinflug erreichbaren Reisegeschwindigkeiten vermag ein Motorflugzeug als Schleppflugzeug mehrerer motorloser «Anhänger» ein Mehrfaches an Nutzlast durch die Luft zu bewegen, als im Alleinflug. So erschien der Schleppflug auch als Mittel einer Ökonomisierung des Luftverkehrs.

Auto- und Windenschlepp

Etwa zur gleichen Zeit, als der Flugzeugschlepp entstand, wurde auch der Auto- und Windenschlepp entwickelt. Diese beiden Verfahren waren im Prinzip seit Jahrzehnten bekannt. Beim Autoschlepp bewegt sich das Kraftfahrzeug und zieht das Gleitflugzeug an einem Schleppseil, dessen Länge sich während des Starts nicht verändert. Beim Windenschlepp dagegen ist das Schleppgerät stationär

aufgestellt, und ein langes Seil wird mit Hilfe des Motors auf eine Trommel aufgespult, wobei am freien Seilende eine entsprechende Geschwindigkeit bei ständiger Verkürzung des Schleppseiles erreicht wird. Das Segelflugzeug steigt wie ein Drachen in die Luft und wird vom Flugzeugführer bei Erreichen der gegebenen Höhe ausgekuppelt. Die Schleppwinde arbeitet effektiver als der Autoschlepp, da ihr hohes Eigengewicht nicht beschleunigt und bewegt zu werden braucht. Vorbild war die stationäre Ballon- oder Drachenwinde.

In den Anfangsjahren des Gleitfluges verwendete PILCHER schon 1895 eine Art Windenstartmethode mittels Umlenkrollen. WILLIAM AVERY ließ sich 1904 in St. Louis anläßlich der Weltausstellung mit seinem CHANUTE-Hängegleiter von einer stationären Elektrowinde in die Luft ziehen. CHANUTE hatte sich den Schleppstart von Hängegleitern durch motorisierte Schleppwinden am 16. September 1904 patentieren lassen. Französische Gleitflieger unternahmen 1905 einen unbemannten Autoschlepp und mehrere Motorbootschlepps mit bemannten Gleitflugzeugen. ESPENLAUB führte 1927 den Autoschlepp auf der Rhön vor.

Diese Bemühungen fanden zunächst keine Fortsetzung; es fehlte ein wirkliches Bedürfnis für diese neuen Startarten, so daß der Gummiseilstart viele Jahre lang die dominierende Startmethode blieb. Vom Jahre 1928 an wurden verschiedene nichtmotorisierte Seilstartverfahren, die einen Hochstart ermöglichten, in verstärktem Maße erprobt. Dabei arbeitete man mit Muskelkraft und Umlenkrollen, mit und ohne Verwendung von Gummiseilen. Bei etwa 300 m Seillänge konnten mit einfachen Schulgleitern Schlepphöhen von 40 bis 50 m erreicht werden.

Mit dem Vorhandensein leistungsstarker Personenkraftwagen und dem wachsenden Bedürfnis, Gleit- und Segelflugzeuge auch in der Ebene starten zu können, wurde der alte Gedanke des Auto-

289   Autoschlepp.

und Windenschlepps zwischen 1929 und 1932 erneut aufgegriffen und zeitgemäß realisiert. Es war nach der Renaissance des amerikanischen Gleitfluges im Jahre 1928 verständlich, daß der Autoschlepp im klassischen Lande des Automobils, den USA, zuerst und besonders aktiv betrieben wurde. Der Autoschlepp ersparte die langen Anreisen zu Hangfluggeländen, verkürzte die Rücktransporte zur Startstelle und beseitigte den schwierigen Bergauftransport. Professor FRANKLIN und BOWLUS entwickelten in ihrer Gleitflugschule eine neue Einsitzerausbildungsmethode, die von langen Rutschern an kurzen Seilen, über Sprünge auf 1 bis 2 m Höhe, Geradeaus- und Kurvenflüge in 50 m Höhe bis zu Flughöhen über 100 m an noch längeren Seilen führte.

HIRTH brachte im Jahre 1931 diese Methode aus den USA mit und praktizierte sie in Grunau (heute Jezów); von dort aus verbreitete sie sich schnell über Deutschland und Europa. Im Autoschlepp konnten mittels Kraftfahrzeugen mit mehr als 44,1 kW (60 PS) Motorenleistung und Eigengeschwindigkeiten von mindestens 60 km/h bei Seillängen von 300 bis 400 m bis zu 200 m Flughöhe auf geeigneten Plätzen erreicht werden. In Deutschland entwickelte man aus dem Autoschlepp den noch zweckmäßigeren

Windenschlepp, der den Schleppstart von einer einwandfreien Bodenbeschaffenheit weitgehend unabhängig machte. Die Schleppwinde ist bei einem vertretbaren technischen Mehraufwand wesentlich leistungsfähiger und verdrängte infolgedessen den Autoschleppstart binnen weniger Jahre. KRONFELD hatte sich während seiner Tätigkeit an der deutschen Verkehrsfliegerschule (DVS) im Winter 1931/32 in Zusammenarbeit mit Professor KOPPE (Braunschweig) dieser Problematik theoretisch angenommen. Bei den ersten Windenausführungen mit Automobilen zwischen 58,8 und 73,6 kW (80 und 100 PS) Leistung wurde eine Seiltrommel auf ein Hinterrad aufgesetzt und die Hinterachse mit beiden Rädern aufgebockt. Aus diesen Anfängen entwickelten sich die noch heute gebräuchlichen Schleppwinden mit Aufspul- und Kappvorrichtung, die entweder selbstfahrend oder als Anhängegerät ausgeführt werden. Für das Hochschleppen leichter Schulgleiter wurden auch Motorräder im aufgebockten Zustand oder mit Hilfe einer sinnvollen Vorrichtung nach dem Prinzip des hometrainers als Winden eingesetzt.

Bereits 1932 verfügte der Deutsche Luftfahrtverband (DLV) über einen Schleppversuchswagen, mit dem man im Lande Schleppvorführungen darbot, um

290   Eine Schleppwinde der Anfangsjahre. Ein Schulgleiter wird hier zu einem Schulflug auf etwa 30 m Höhe geschleppt.

291   Motorradschleppwinde (nach 1945).

bei den Segelfluggruppen für die neue Startart des Windenstarts zu werben. Die Seiltrommel nahm bis zu 1 600 m lange Schleppseile auf (Stahlseil, sechs Kardelen, etwa 3 mm Durchmesser). In der Anfängerschulung wurde mit einem freien Seilende von nur 200 bis 300 m geschleppt, wodurch der Windenfahrer Steuerfehler des Flugschülers leichter kompensieren konnte. Für Hochstarts in der Fortgeschrittenenschulung kam bei entsprechender Platzgröße die volle Seillänge zum Einsatz. Das Gerät war mit einer Seilkappvorrichtung ausgerüstet. In einer Veröffentlichung vom April 1933 hieß es zu den mit dem Schleppversuchswagen erzielten Ergebnissen: «Wer es bei der letzten ‹Wanderzirkustour› mit angesehen hat, wie DEUTSCHMANN bei jedem Start mühelos Höhen zwischen 400 und 500 m erreichte, der war überzeugt!» [59, S. 6]

Für einen derartigen Start rechnete man mit einem Kraftstoffverbrauch von etwa 1 l. Die erwähnten Flughöhen wurden noch mit der sogenannten Bugfesselung erreicht, bei der die Schleppkupplung an der Rumpfspitze angebracht war.

Bei dieser Fesselung trat ab mittleren Schlepphöhen das «Dümpeln» oder Wippen des Segelflugzeugs um die Querachse auf, ein Zeichen dafür, daß die nach unten gerichtete Zugkraft des Seiles größer war als die Kraft des gezogenen Höhenruders. Durch Nachlassen des Höhensteuers wurde das «Dümpeln», aber auch der Steigwinkel verringert, worauf der Pilot erneut ziehen mußte. ERICH OFFERMANN hatte jedoch schon 1923 und ALEXANDER LIPPISCH 1928 eine Schwerpunktfesselung vorgeschlagen, bei der der Seilzug auch in Steigfluglage annähernd durch den Schwerpunkt geht – allerdings war der

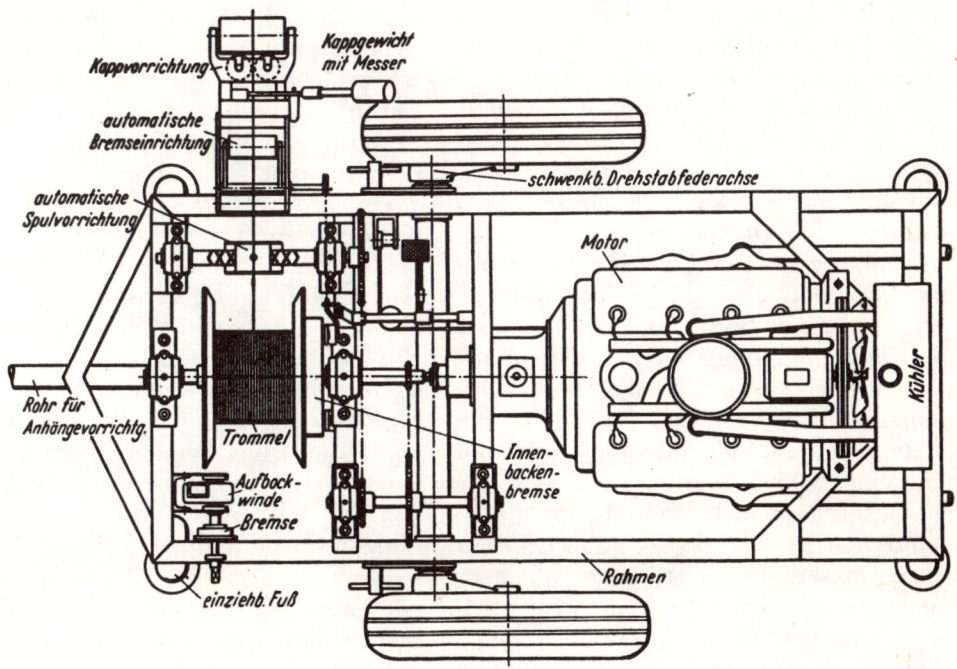

292   Schwerpunktfesselung nach OFFERMANN (1923).

293   Draufsicht einer Schleppwinde in Queranordnung, nicht selbstfahrend (etwa 1939).

Vorschlag LIPPISCHS für den Flugzeugschlepp gemacht worden. Eine Schwerpunktfesselung vermag die Leistung des Windenmotors in noch effektiverem Maße in Höhe umzusetzen.

Praktische Schritte zu einer günstigeren Anbringung der Schleppkupplung wurden zuerst in den Niederlanden noch vor 1939 verwirklicht. An den Übungsflugzeugen hatte man zwei Schleppkupplungen angebracht; eine an der Rumpfspitze für Schlepphöhen bis 125 m Höhe, und eine zweite für größere Schlepphöhen, die sich etwas weiter hinten an der Kufe befand. Mit der zweiten Kupplung

konnte bei gleicher Seillänge, gleichem Wind und Flugzeug ein Höhengewinn von mindestens 50 m gegenüber der Bugfesselung erzielt werden.

Anfang der vierziger Jahre befanden sich in Deutschland Schwerpunktkupplungen, als Schulter- und Kielfesselung ausgeführt, in systematischer Erprobung (Trebbin-Schönhagen und Rangsdorf) und seit 1944 in Anwendung. Sie erlaubten noch größere Schlepphöhen – 600 m waren keine Seltenheit – ohne jedes «Dümpeln». Im «Drachenschlepp» erreichten einsitzige Segelfluzeuge Auskuppelhöhen von über 1 000 m. Bei starkem

Wind löste der Windenfahrer nach Erreichen der Schlepphöhe die Kupplung zur Seiltrommel, so daß das Seil wieder abspulen konnte und der Segler vom Winde wie ein Drachen am losen Seil zurückversetzt wurde. Beim erneuten Anschleppen erzielte man dann eine noch größere Schlepphöhe als beim ersten Versuch. Der Windenschlepp besitzt jedoch den Nachteil, daß das Schleppseil nach jedem Start zum Startplatz zurückgezogen werden muß, was per Muskelkraft, tierischer Zugkraft, Seilrückholwinde oder Kraftfahrzeug geschehen kann.

Nach dem zweiten Weltkrieg konnten an dem bereits bewährten Windenprinzip (Winde in Längs- oder Querrichtung, selbstfahrend oder als Anhängegerät ausgeführt) noch eine Reihe von Verfeinerungen vorgenommen werden. Schwenkbare Seiltrommeln zur Verringerung des Reibungswiderstands an der Trommel und den Seilführungsrollen, Seilgeschwindigkeitsmesser und Seilzugsmesser (Dynamometer) vervollkommneten die Schleppwinden. Seilrückholwinden, die schon vor 1945 existierten, wurden weiter entwickelt und in breitem Umfang eingesetzt. Ihre Rückholseile kleineren Durchmessers befestigte man vor dem Flugzeug am Schleppseil, so daß nach dem Auskuppeln die verhältnismäßig kleine und transportable Rückholwinde das Zurückholen des Schleppseiles übernehmen konnte. Allerdings verringerten sich die Schlepphöhen durch das zusätzliche Seilgewicht um etwa 30 bis 50 m.

Anstelle der Anbringung der Seilkupplung am Bug setzte sich nach 1945 die bereits erwähnte Schwerpunktfesselung als Kiel- oder Schulterfesselung voll durch. Letztere erforderte jedoch ein gegabeltes Seilstück, das man links und rechts in Schulterhöhe des Piloten an den Seitenwänden des Rumpfes einkuppelte. Wirkliche Verbesserungen ergaben sich durch diese Befestigung des Seiles jedoch nicht.

Einen echten Fortschritt stellte dagegen die Ausrüstung der Schleppwinden mit einer zweiten Seiltrommel dar, wodurch sich die mögliche Startzahl fast verdoppelte. Bahnbrechend auf diesem Gebiet waren tschechoslowakische Fahrzeugbauer mit ihrer bekannten selbstfahrenden Segelflugzeugschleppwinde «Herkules III». Zunächst wird bei dieser Bauart mit einer Seiltrommel ein Flugzeug hochgeschleppt, nach Aufspulen des Seilendes wird mit der zweiten Trommel, die vom gleichen Motor angetrieben wird, ein weiteres Flugzeug hochgezogen. Beide Seile können dann mit einem Rückholfahrzeug zurückgezogen werden, wodurch eine erhebliche Rationalisierung und Effektivierung des Windenschlepps erreicht wird.

Im Jahre 1980 wurde in Nijmegen (Niederlande) von PETER VAN GELDER eine Schleppwinde einfachen, aber sehr zweckmäßigen Aufbaus mit sechs Seiltrommeln nebeneinander entwickelt – eine wahre «Himmelsschleuder» oder «Schleppfabrik» – und erfolgreich im Flugbetrieb eingesetzt. Die seit den Anfangsjahren des Windenschlepps immer wieder ins Gespräch gebrachte Elektrowinde, die den Windenschlepp weiter verbilligen und ihn von den flüssigen Kraftstoffen unabhängig machen würde, ist bis zum heutigen Tag noch nicht erfolgversprechend realisiert worden.

In den ersten Jahren des Windenschlepps kam es aufgrund fehlender Erfahrungen und einer noch nicht ausgereiften Technik und Methodik der Windenschulung zu einer Anhäufung von schweren Unfällen. Der Windenschlepp, technisch und fliegerisch einwandfrei ausgeführt, mit Flugzeugen, die den Festigkeitsanforderungen entsprechen, ist dann jedoch genau so sicher wie der F-Schlepp und sicherer als der Gummiseilstart. Der Windenschlepp als relativ ökonomische Startart sicherte dem Segelflug eine weite Verbreitung im Flachland.

Ein interessanter Versuch, die Windenergie für den Start und Schleppflug von Segelflugzeugen zu nutzen, fand im Win-

294   Selbstfahrende Schleppwinde Herkules III. ČSR (1958): 1 Schleppseile, 2 Spul- und Kappvorrichtung, 3 Seiltrommel, 4 Windengetriebe, 5 Armaturenbrett, 6 Schaltgetriebesäule, 7 Dieselmotor Tatra T-108, 8 lenkbare Hinterräder, 9 starre Antriebsräder.

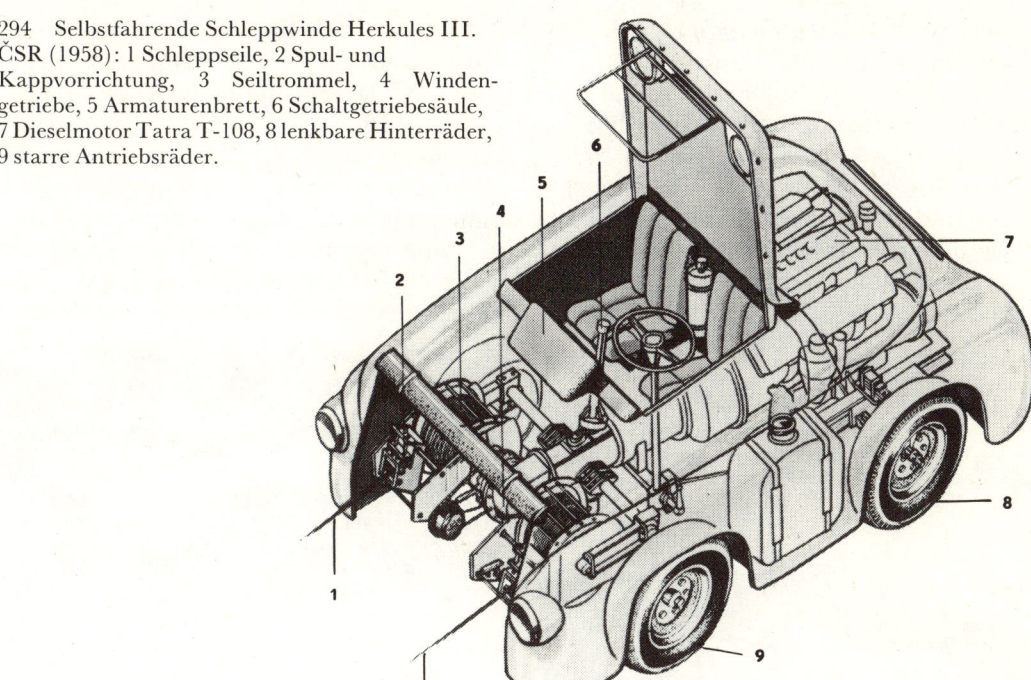

ter 1936/37 statt. Auf dem Eis des Frischen Haffs nutzte man eine Eissegeljacht mit einer Segelfläche von 15 m² und einem Schleppseil von 120 m Länge zum Schlepp eines *Grunau-Babys*. Das Segelflugzeug kam nach einer Rutschstrecke von 30 bis 40 m auf dem verschneiten Eise frei und erreichte 40 m Schlepphöhe: «Bei dem quer über das Haff bis vor Peyse ausgedehnten Schleppflug stellte es sich heraus, daß die Eisjacht auch ruhig wenden und gegen den Wind aufkreuzen konnte. RUHNKE mußte mit seiner Maschine nur im rechten Augenblick etwas seitwärts hinausfliegen. Der Staudruckmesser im Segelflugzeug zeigte eine Geschwindigkeit von 80 km/h an, was für jedes Segelflugzeug genügt …», [68, S. 20] hieß es in einem zeitgenössischen Bericht. In dieser Anwendung der Windenergie ist vor allem die Anregung enthalten, sie indirekt für den Start von Segelflugzeugen zu nutzen, was auch mit anderen «Windmotoren» wie Windmühlen und Windrädern bewirkt werden könnte. Mit Amphibiensegelflugzeugen mit geringer Flugge-

schwindigkeit wäre das angewendete Start- und Schleppflugverfahren auch hinter Segeljachten auf offenen Wasserflächen ausführbar.

Einsitzerschulung

Die Ausbildung von Flugzeugführern im Motorflug war nur in den Anfangsjahren als Einsitzerschulung vorgenommen worden, dann setzte sich die Doppelsitzer- bzw. Doppelsteuerschulung durch. Dennoch bewirkten es die konkreten Bedingungen des Gleitfluges der Anfangsjahre, daß sich hier die Einsitzerschulung (der Flugschüler befindet sich vom ersten Start an alleine im Flugzeug) bewährte und jahrzehntelang behauptete. FRITZ STAMER hatte sie auf der Wasserkuppe im Laufe mehrerer Jahre unter Verwendung entsprechender Flugzeugtypen auf ein hohes Niveau gebracht.

Für die Einsitzerschulung sprachen in dieser Zeit folgende Umstände:
– Doppelsitzer besaßen eine größere

Leermasse und waren damit wesentlich schwerer bergauf zu transportieren.
– Die Gleitflugzeiten waren kurz und es kam im Lernprozeß darauf an, daß der Flugschüler selbst steuerte und flog.
– Gleitflugzeuge konnten robust, flugstabil und wenig ruderwirksam gebaut werden, so daß sich das Risiko der Einsitzerschulung entsprechend verringerte.

In der Einsitzerschulung fand der Gummiseilstart wie der Windenstart Anwendung. Durch eine entsprechende Auswahl der Startstelle am Hügel, Gestaltung der Gummiseilspannung beim Start, oder der Schleppgeschwindigkeit und Schlepphöhe an der Winde, konnte der Ausbildungsstand des Flugschülers berücksichtigt werden. Die Aufgaben des Fluglehres bestanden in einer theore-

295   Geschult wurde bei Hitze (1932).

296   Geschult wurde bei Kälte (1932).

298   Arbeit und Fleiß bauen die Flügel!
Bis zum Jahre 1932 wurde die große Mehrzahl der Gleit- und Segelflugzeuge von Gruppen und Vereinen als Eigenkonstruktionen oder nach Plänen bewährter Muster selbst erbaut.
(Bild S. 281)

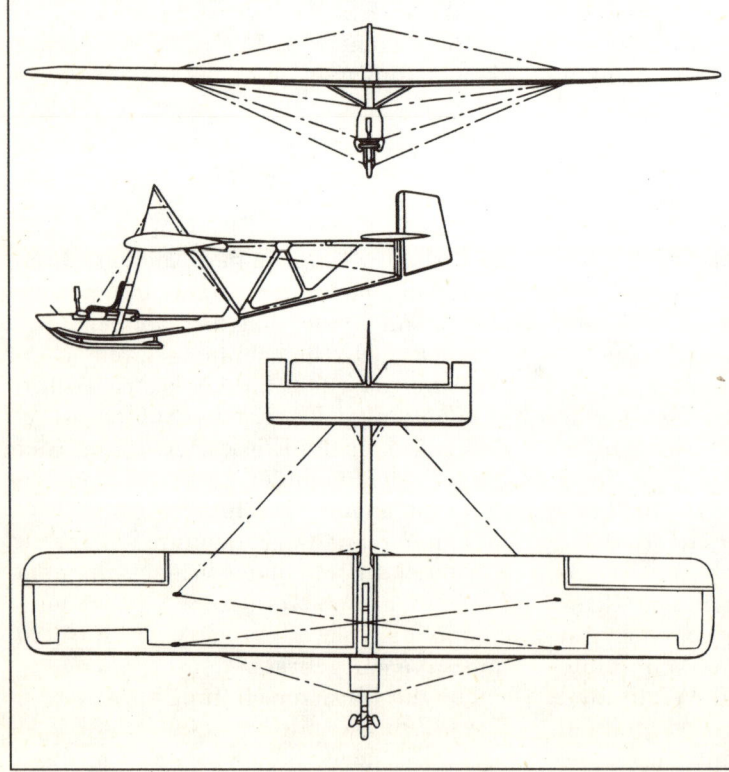

297   Schulgleiter *SG-38* (1938).

tischen Einweisung und Aufgabenstellung am Boden, einer anschließenden Flugkritik und der Erteilung neuer Flugaufträge. Um das Jahr 1938 sah die Ausbildungsmethodik für den Schulgleiter *SG-38* etwa wie folgt aus:

Pendeln: Im Stand wurde der Flugschüler mit der Wirkung der Ruder, vor allem mit der des Querruders, vertraut gemacht.

Rutscher: Der Flugschüler erlernte die Einhaltung der Querlage mittels Querruder beim Rutschen am Boden.

Sprünge: Geradeausflüge in 1 bis 3 m Höhe. Lehrziel: Bedienung von Höhen-Quer- und Seitenruder.

Geradeausflüge: Flughöhen zwischen 5 und 30 m. Genaue Einhaltung der Flugrichtung mit Hilfe des Seitenruders; Landung. (A-Prüfungsflug mit mindestens

30 Sekunden Dauer.) Die Flüge nach der «A» wurden in der Regel auf Schulgleitern mit einer oben offenen, bootsförmigen Verkleidung des Führersitzes absolviert. Beim Fehlen geeigneter Hänge ging man dann zur Windenschulung mit Sprüngen und Geradeausflügen über.

Kurvenflüge: Flughöhen bis 50 m. Erlernen des Fliegens von Richtungsänderungen bis 90° und Fliegen von S-Vorauskurven (z. B. 45° links, 90° rechts, 45° links und Landung). Am Hang bedeuteten S-Vorausflüge von mindestens 60 Sekunden Dauer die B-Prüfung.

Hochstarts: Erlernen der Steuertechnik des Hochstarts (Flughöhen bis 400 m) und anschließender Platzrunde (B-Prüfung an der Winde). Der erste Hochstart bedeutete für jeden Flugschüler einen wesentlichen fliegerischen und persönlichkeitsformenden Fortschritt. Er erfolgte in der Regel ohne vorhergehenden Einweisungsflug im Doppelsitzer. Der erste Hochstart war stets auch ein unvergeßliches Erlebnis im Leben des jungen Fliegers, und die wohl stereotype Frage der Fluglehrer an die oft nur fünfzehnjährigen Flugschüler vor dem ersten Hochstart lautete: «Hast Du Mut?» – Im Falle einer Bejahung ging es wenige Minuten später im steilen Steigflug wie mit einem Drachen auf die erreichbare Schlepphöhe, und dann folgte die genauso eindrucksvolle erste Platzrunde des Flugschülers.

Übergang auf Übungssegelflugzeuge: Nach der B-Prüfung stieg der Flugschüler auf ein Übungssegelflugzeug (z. B. *Grunau-Baby II b*) um, das schon wesentlich leistungsfähiger, ruderempfindlicher und gut segelfähig war. Die Ausbildung begann mit Klappensprüngen (Bremsklappen schon beim Start etwas ausgefahren), Geradeausflügen mit Klappenlandung und lief dann nach dem bereits beschriebenen Verfahren weiter. Mit Hochstarts und Kreisflügen, oder mit einem fünfminütigen Segelflug am Hang, erflog man die C-Prüfung. Dann folgte der Übergang auf Leistungssegelflugzeuge.

299   Einsitzerschulung:
Start zum A-Prüfungsflug
auf *SG-38*.

Anschließend konnte der Flugschüler den Luftfahrerschein Klasse I mit einer Gesamtflugzeit von mindestens zwei Stunden Dauer erwerben. Dieser Schritt war in der Regel mit einer F-Schlepp-Ausbildung verbunden. Danach reihte sich der ehemalige Flugschüler in die Gruppe der angehenden Leistungssegelflieger ein. Bei vollem Einsatz des Flugschülers konnte dieser Weg oft in weniger als zwei Jahren vollzogen werden.

Nachdem hervorragende Übungs- und Leistungsdoppelsitzer existierten, die segelfliegerische Ausbildung nach 1945 nur noch an der Winde oder im F-Schlepp absolviert und im hohem Grade motorisiert wurde, setzte sich in den sechziger Jahren die Doppelsteuerschulung auch im Segelflug voll durch. Obwohl aus der heutigen Sicht die Einsitzerschulmethode «mittelalterlich» erscheint, besaß sie dennoch eine Reihe von Vorteilen, deren Darlegung auch aus historischen Gründen nicht uninteressant sein dürfte.

1. Der Flugschüler brachte sich das Fliegen unter Anleitung des Fluglehrers selbst bei. Die persönlichkeitsformende Wirkung dieses Verfahrens war bedeutend.

2. Dank der Einhaltung der pädagogischen Grundsätze der Selbstbetätigung und des Voranschreitens vom Einfachen zum Komplizierten war die Effektivität des Erwerbs fliegerischer Fähigkeiten, auf Starts und Flugzeiten bezogen, hoch.

3. Die Einsitzermethode zwang den Flugschüler zur Erarbeitung und Beherrschung der theoretischen und praktischen Grundlagen der Flugaufgaben. Sie erzog somit zu Selbständigkeit und Verantwortungsbewußtsein.

4. Die Schulgleiter entsprachen den noch wenig entwickelten fliegerischen Fähigkeiten und Gefühlen der Flugschüler. Der Übergang zu Übungs- und Leistungsflugzeugen ermöglichte stets eine Übereinstimmung zwischen den Anforderungen der Ausbildung und dem Leistungsvermögen des Flugschülers. Die schrittweise Gewöhnung an das Element Luft und die zunächst geringen Flughöhen härteten die Flugschüler gegenüber der Luftkrankheit (Übelkeit und Erbrechen) ab.

5. Die Einsitzerschulung am Hang oder an der Winde ohne Rückholfahrzeug war eine körperlich harte Schule und wirkte sich positiv auf die Charakterformung und die Kondition der Flugschüler aus. Diese hohen Anforderungen bewirkten in stärkerem Maße eine physische und psychische Selbstauslese.

300 *Grunau-Baby II b*. Das ideale Übungssegelflugzeug aus der Zeit der Einsitzerschulung.

301 Die Wasserkuppe im Jahre 1932.
Von oben nach unten:
– Berggasthof mit Startstelle (950 m);
– die alte MARTENS-Segelflugschule;
– die Segelflugschule der RRG mit Unterkünften
  und Hallen;
– Hotel Deutscher Flieger.
Der Kegel in der Mitte ist der Pferdskopf, rechts
dahinter liegt der Wachtküppel.

Ungünstig war für die Fluglehrer der
Umstand, daß sie selbst – von Betriebs-
sicherheitsflügen (BSF) abgesehen – während des Ausbildungsbetriebes kaum zum
Fliegen kamen. Nachteilig an der Einsitzerschulung war vor allem die Tatsache,
daß der am Boden stehende Fluglehrer
dem Flugschüler in der Luft in kritischen
Situationen nicht helfen konnte, was STA-
MER zu dem sinnigen Ausspruch veran-

302   Schönheit und Romantik des Segelfluges: Sprung in die Abendwolken (Wasserkuppe 1932). Im Vordergrund links die Eube, rechts der Pferdskopf.

laßte: «Der Fluglehrer aber streicht sich die Haare, und siehe da, sie werden grau und fallen aus!» [61, S. 148]

Die Hingabe der Segelflieger an ihren Sport in den Anfangsjahren des Segelfluges hatte STAMER mit folgenden Worten gewürdigt: «Mehr und mehr begann der Segelflug sich durchzusetzen, nachdem ein kleines Fähnlein Unentwegter gepredigt, getrommelt und mit unbeschreiblicher Hingabe gearbeitet und geblutet hatte. Ernste Stunden hatte es gegeben. An manchem Krankenbett haben wir gestanden, und an mancher Bahre … Fast Knaben noch, so waren viele gekommen, und trugen wir sie vom Platz, so war immer die erste Frage: ‹Was macht die Maschine? Kann man sie wieder aufbauen? Können die Kameraden jetzt noch fliegen?› Aus Knaben waren Männer geworden!» [61, S. 162]

Im Schulbetrieb erkannte man bald, daß die Persönlichkeit des Fliegers (Fähigkeiten, Temperament und Charakter) sich im Flugstil offenbart. Bei flugmechanisch notwendiger Gleichheit des Bewegungsablaufes der Steuervorgänge ist der Flugstil etwas Individuelles: Der eine Segelflieger fliegt weich, geschmeidig und gefühlvoll, der andere hart und robust; der eine umsichtig, der andere verwegen oder sogar risikobehaftet usw. Erfahrene Beobachter können häufig schon am Flugstil erkennen, welcher ihrer Kameraden welches Flugzeug führt.

6.6.   Die Überwindung der 4000-m-Höhen- und der 300-km-Entfernungsgrenzen

Die Segelflüge des Jahres 1931 hatten angedeutet, daß die Überbietung der 300-km-Grenze mit dem Segelflugzeug bei noch besseren Wetterlagen und gewachsenen Streckenflugerfahrungen der Piloten möglich ist. Allerdings brachten die Rhön-Wettbewerbe 1932 und 1933 noch nicht den erhofften Erfolg. 1932 flog WOLF HIRTH auf seinem *Musterle* die Streckenbestleistung mit 154,9 km (gleichzeitig Jahresweltbestleistung) und 1933 kam HIRTH mit seiner neuen Konstruktion *Moazagotl* auf 176 km und landete bei Zwickau. Beide Strecken wurden im reinen Thermikflug und ohne Ausnutzung von Gewittern erflogen.

Zwischen der XIII. und XIV. Rhön fand die Übernahme der politischen

Macht durch den deutschen Faschismus statt. Dies äußerte sich während des 14. Wettbewerbs zunächst darin – noch trugen die Segelflugzeuge die alten Namen und Embleme der bereits «gleichgeschalteten», bis dahin selbständigen Vereine und Gruppen, lief man in «Räuberzivil» herum und kannte keinerlei militärisches Gebaren –, daß ROBERT KRONFELD nicht teilnahm. WOLF HIRTH hatte ihm zwar sein bewährtes *Musterle* als Wettkampfmachine angeboten und zur Teilnahme aufgefordert, doch KRONFELD zog es vor, vielleicht in Voraussicht dessen, was noch kommen sollte, nicht zu starten. Er hätte zwar als erfolgreicher Sportlertyp in die Vorstellungen der neuen

Machthaber gut hineingepaßt, aber nicht in deren Rassenwahn; er war für sie «Nichtarier». Andererseits ist die vollkommene Integration des Österreichers KRONFELD in den deutschen Segelflug zwischen 1927 und 1933 Ausdruck einer weitgehenden Freiheit der deutschen Segelflugbewegung und ihrer Institutionen vom Antisemitismus. KRONFELD war einer der berühmtesten und bekanntesten Segelflieger dieser Zeit. Er ließ sich nach 1934 in England nieder und kam 1948 bei einem Flugunfall ums Leben.

Im Jahre 1934 gab es zunächst eine Überraschung im thermischen Höhenflug. HEINI DITTMAR erreichte als Teilnehmer der deutschen Südamerika-Segel-

303 Windstärke Null. Die Segelflieger warten auf den Hangwind (Rhön-Wettbewerb 1933).

304 *Condor* von H. DITTMAR (1934).

305   Das kleine und leichte *Windspiel* (1932).

flugexpedition auf dem von ihm konstruierten und gebauten *Condor* in der Nähe von São Paulo in Brasilien 4 350 m über Start. DITTMAR flog bei einer Basishöhe von nur 800 m in eine Wolke ein und stieg in ihr im Blindflug bis auf 1 500 m, verließ dann diese Wolke und flog seitlich in eine wesentlich größere ein, die erheblich turbulenter war und ihn auf 2 500 m Höhe trug. Dann suchte er sich den größten, erkennbaren Wolkenturm aus und flog wiederum von der Seite ein. Im Nu stand die Nadel des Variometers am Anschlag, die Kontrolle über die Normalfluglage ging DITTMAR verloren, doch der *Condor* stieg weiter und weiter; DITTMAR versuchte nur noch die Geschwindigkeit so gering wie möglich zu halten. Innerhalb von drei bis vier Minuten erreichte er die Höhe von 4 675 m über Grund und 4 350 m über Start. Das war ein neuer, sensationeller Weltrekord, mit dem erstmalig mehr als 3 000 m und 4 000 m Höhengewinn erzielt sowie zum ersten Male die 4 000-m-Höhengrenze mit dem Segelflugzeug überschritten werden konnte. Da Flughöhe in Flugstrecke umgesetzt werden kann, besitzt ein zusätzlicher Höhengewinn in Wolken auch für den Streckensegelflug eine große Bedeutung.

Im Frühjahr 1934 tauchte ein neuer Name im Segelflug auf, LUDWIG HOFMANN (Mannheim), der auf der Neukonstruktion *Rhönsperber* von der Hornisgrinde im

nördlichen Schwarzwald 215 km weit nach Frankreich und 225 km bis nach Nürnberg segelte. HANS FISCHER (Darmstadt) flog am 16. Juni 1934 bei reiner Trockenthermik auf dem kleinen, leichten und wendigen *Windspiel* mit 240 km von Darmstadt nach Frankreich einen neuen Weltrekord (Landung in Thonne-les-Prés bei Montmedy) und wendete dabei erstmalig die Taktik an, bewußt in der Höhenschicht des günstigsten Windes zu bleiben: «Ich entschloß mich daher, zum ersten Male in meiner bisherigen Segelflugpraxis, nicht in größter Höhe zu fliegen (bis 1 300 m) und nutzte die angetroffenen Kamine thermischen Aufwindes nur bis zu der durch die Windverhältnisse gegebenen Höhe von 500 m aus. Dadurch war es mir außerdem möglich, die vorhandene turbulente Ablösung in Bodennähe zu verwerten.» [77, S. 5]

Die gleiche Taktik kann auch dann angewendet werden, wenn das günstigste Steigen nur in einer bestimmten Höhenschicht existiert.

Das Gelingen eines 300-km-Fluges erfordert neben einer günstigen thermischen Wetterlage auch ein hohes Maß segelfliegerischer Erfahrung und flugtaktischer Kenntnisse, da mit der längeren Flugdauer auch die Wahrscheinlichkeit wächst, in Gebiete mit schwächerer oder fehlender Thermik einzufliegen und zusätzlich flugtaktische Fehler zu begehen, die ein vorzeitiges Ende des Fluges herbeiführen können. HIRTH hatte diese kom-

306 Die Führerkabine des
Rhönsperbers mit ihrer
Plexiglasverkleidung (1934).

mende Leistung auch mit seinem Buch
«Die Hohe Schule des Segelfluges» vorbereitet, in dem solche bekannten Flieger
wie KRONFELD, GROENHOFF, FUCHS,
MAYER, BEDAU, SLATER, HIRTH, HUTH und
andere über ihre Erfahrungen im thermischen Segelflug berichteten. Die «Hohe
Schule» war der Segelflug in der Thermik! Mit diesem Buch, das 1933 erschien,
wurden die bis dahin gesammelten Thermikflugerfahrungen allen Segelfliegern
zugänglich gemacht.

Die ersten kleineren Wettbewerbsdiszi-
plinen der XV. Rhön dienten sozusagen
dem Einfliegen, der Vorbereitung der
Wettkämpfer auf eine günstige Wetterlage, die am fünften Wettbewerbstag ein-
trat. Am 26. Juli 1934 übertrafen LUDWIG
HOFMANN und WOLF HIRTH erstmals die
300-km-Grenze mit dem Segelflugzeug.
WOLF HIRTH hatte sich gegen 10.30 Uhr
mit seinem *Moazagotl* am Westhang der
Wasserkuppe mittels Gummiseil starten
lassen und verließ nach einem einstündigen Flug – teilweise am Hang segelnd – in
großer Höhe die Wasserkuppe in östlicher
Richtung. Gegen 18.00 Uhr traf aus Görlitz die Landemeldung ein. HIRTH war
352 km weit geflogen und hatte mit dieser
Leistung einen neuen Streckenflugweltrekord aufgestellt.

Am gleichen Tage war auch LUDWIG
HOFMANN auf *Rhönsperber* 310 km weit geflogen, doch blieb dieser Flug anbetracht
der höheren Leistung von HIRTH in der
Segelflugliteratur fast unberücksichtigt.

Wie zur Bestätigung dessen, daß die
Flüge von HIRTH und HOFMANN keine
«Eintagsflüge» waren, wurden die 300 km
am nächsten Tage, dem 27. Juli 1934, erneut zweimal überboten, und zwar von
ERICH WIEGMEYER auf *Präsident* mit
315 km bis Roudnice (ČSR) und HEINI
DITTMAR auf *Fafnir II Sao Paulo* mit 376 km
bis Liban (ČSR). HIRTH konnte an diesem
Tage nicht mehr starten, da sein *Moazagotl* beschädigt war.

Die Umstände des Fluges von DITTMAR
nach Liban sind bemerkenswert und auch
ein Stück Segelfluggeschichte. ALEXANDER
LIPPISCH hatte in Darmstadt den neukon-
struierten *Fafnir II* zum Rhön-Wettbewerb fertigstellen wollen, es jedoch nicht
geschafft und war als Mitglied der Wettkampfleitung zur Wasserkuppe abgereist.
Daraufhin baute DITTMAR, der erst am
10. Juli aus Brasilien zurückgekehrt war,
mit wenigen treuen Helfern in Tag- und
Nachtarbeit den *Fafnir II* zu Ende, ließ
sich am 26. Juli im F-Schlepp zur Rhön
schleppen, mußte noch einige Beanstan-
dungen der Technischen Kommission be-
heben, bevor er am 27. Juli um 12.00 Uhr
am Westhang an den Start gehen konnte.
Ein steifer Westwind wehte, viele schöne
und kräftige Kumuli zogen nach Osten,
und DITTMAR gab seine ursprüngliche Absicht, mit REITSCH und RIEDEL gemeinsam
auf Strecke zu gehen, bald auf. Der *Fafnir
II* stieg ausgezeichnet, erzielte eine hohe
Reisegeschwindigkeit, und nach nur
20 Minuten war Meiningen erreicht.

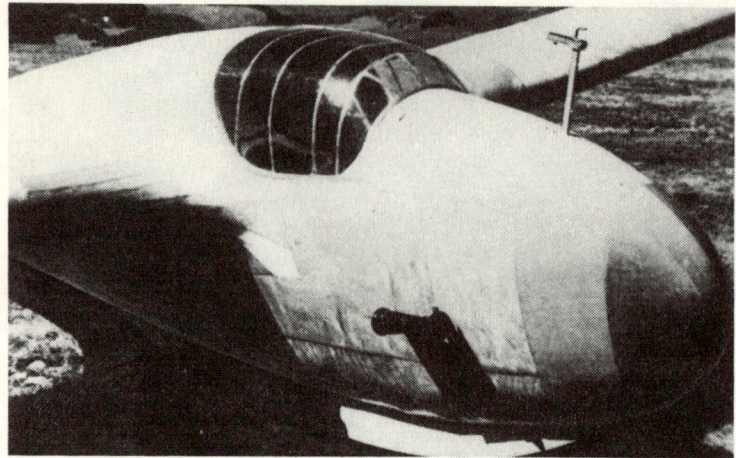

307 Das «Gesicht» des *Fafnir II* (1934). Der ausgearbeitete Rumpf-Flügel-Übergang brachte nicht die erhofften aerodynamischen Vorteile.

308 *Fafnir II* beim Start (1934).

«Leichtsinn» brachte Dittmar auf 700 m herunter; über dem Thüringer Wald, bei Sonneberg, mußte er sich bereits einen Landeplatz suchen und flog mit letzter Hoffnung einen großen Wald an. «Wie dachte ich da an die vielen kleinen Aufwinde, die ich vorher unbeachtet durchflogen hatte», beschrieb er seine unerfreuliche Situation. «Mit einem ‹viertel Meter› wäre ich jetzt zufrieden gewesen. Mehr und mehr sinkt mein treuer Vogel nach unten, da, – plötzlich starker Abwind, ich freue mich schon, denn vorheriger Abwind bedeutet kommenden Aufwind … nach 20 Minuten habe ich meine alte Höhe von 1800 m wieder. Und nun

ging's wieder mit großer Geschwindigkeit, als wenn mir jemand im Nacken säße, über das mir bekannte Skigelände Hof der tschechischen Grenze entgegen. Ich griff in meine Tasche, und – oh Schreck, ich hatte wieder mal meinen Paß vergessen! Also entschloß ich mich, die Grenze nur dann zu überfliegen, wenn es dadurch möglich wäre, den Rekord von Wolf Hirth zu brechen.

Die Wolkenbasis war inzwischen auf 2200 m gestiegen. Bald hoch, bald tief fliegend, ging's mit ziemlicher Fahrt mit Seitenwind am Erzgebirge entlang … An Hand meiner Landkarte, die ich mir vor dem Start aus meinem Schulatlas heraus-

309 HEINI DITTMAR, PETER RIEDEL und LUDWIG HOFMANN, drei Weltrekordpiloten der Jahre 1933 bis 1935 (von links nach rechts).

gerissen hatte, stellte ich fest, daß ich um 16 Uhr bereits die 300-Kilometergrenze erreicht hatte. Schade, daß eine dichte Schicht von Strato-Kumuliwolken über dem Erzgebirge keinerlei Aufwinde entstehen ließ. So entschloß ich mich nun doch, in dem Bewußtsein, etwas Verbotenes zu tun, die Grenze zu überfliegen. Die Aufwindwolken waren drüben im böhmischen Flachland noch wesentlich günstiger als über dem Erzgebirge. Schon aus großer Entfernung sah ich Prag liegen, und oftmals glaubte ich, landen zu müssen, fand aber immer noch einmal Aufwind. Schließlich bedeckte sich auch hier der Himmel mit Strato-Kumuliwolken,

so daß ich nur noch einen Gleitflug nach Osten ausführen konnte, der sich bis auf die letzten 500 m vor die Ortschaft Liban erstreckte. Ein Sprung über eine Telefonleitung, ein starker Slip, und meine treue *Sao Paulo* sitzt 375 km von der Wasserkuppe entfernt. Ich wurde in der Tschechoslowakei sehr freundlich aufgenommen .. » [62, S. 197 f] Wieder war es der volle persönliche Einsatz des Piloten, der den Rekordflug ermöglicht hatte.

Dieser Flug, der mit einer relativ späten Startzeit begonnen wurde, bewies, daß auch die Überwindung der 400-km- und 500-km-Grenze unter ähnlichen Bedingungen möglich sein müßte. Eine Hauptursache dieser vier 300-km-Flüge lag in der günstigen Wetterlage, die seit dieser Zeit als Windthermik bezeichnet wird. Darunter versteht man eine Kombination von stärkeren horizontalen Winden mit guter Thermik, die dem Segelflugzeug, das mit dem Wind fliegt, eine hohe Geschwindigkeit über Grund verleiht und folglich das Fliegen längerer Strecken erlaubt.

Der fünfte 300-km-Flug im Weltmaßstab wurde am 20. August 1934 unter ähnlichen Bedingungen von RUDOLF ZIEGLER (München) auf dem einsitzig geflogenen Doppelsitzer *Mü-10 Milan* erflogen. ZIEGLER war im Gummiseilstart auf dem Hesselberg gestartet und 327 km weit bis

310 *Mü-10 Milan* startet am Hesselberg (1934).

in die ČSR geflogen. Bis zu diesem Zeitpunkt besaß der Pilot, bis auf einen Thermikflug, nur Hangsegelflugerfahrungen!

Der von 1933 auf 1934 erreichte segelfliegerische Fortschritt spiegelt sich auch in der Anzahl der Streckenflüge über 100 km wider. Waren es im Jahre 1933 in Deutschland nur 17, so führten 1934 bereits 77 Flüge weiter als 100 km, davon fünf weiter als 300 km! Rekordleistungen von einst wurden etwas alltägliches!

Der erste Streckenflug zur Winterzeit war von HEINI DITTMAR am 8. Februar 1935 auf *Fafnir II Sao Paulo* vollführt worden. DITTMAR startete um 12.20 Uhr in Darmstadt-Griesheim im F-Schlepp und landete gegen 14.00 Uhr bei Neustadt an der Hardt, 65 km vom Startort entfernt. Damit war bewiesen worden, daß es auch eine Winterthermik gibt, die sich selbst über Schneeflächen herausbildet, wenn die Luftmasse einen entsprechenden labilen Gradienten besitzt.

6.7. Die «Rekord-Rhön» 1935 und die Überbietung der 400-km- und 500-km-Grenzen im Segelflug

Die XVI. Rhön wurde erstmalig durch regionale Segelflugwettkämpfe vorbereitet, so daß die Mehrzahl der anreisenden Segelflieger bereits Wettkampferfahrungen in ihren Heimatgebieten gesammelt hatte. Die Taktik des thermischen Segel-

311 *Moazagotl*, die Vorläuferkonstruktion der *Minimoa*.

fluges, einschließlich des Fluges bei Windthermik, war Allgemeingut geworden; bei gutem Segelflugwetter war daher mit neuen Bestleistungen zu rechnen.

Gleich der erste Wettbewerbstag, der 21. Juli 1935, brachte hervorragende Windthermik. Strahlender Sonnenschein, blauer Himmel, ein scharfer Wind und prächtige Kumuluswolken lagen über der Wasserkuppe. LUDWIG HOFMANN auf *Rhönsperber* startete als erster, und am Abend kam seine Landemeldung aus Olesnice bei Boskovice in der ČSR. Das waren 474 km Luftlinie! HOFMANN hatte als erster die 400-km-Grenze überboten und einen neuen Streckenweltrekord aufgestellt, der den von DITTMAR aus dem Vorjahr um fast 100 km übertraf! Nur wenige Jahre zuvor hatte man die 272 km von GROENHOFF für kaum überbietbar gehalten. MIAKICH (Berlin) war am gleichen Tage auf *Rhönsperber* 340 km weit bis Rican (ČSR) gesegelt; alle anderen Flüge dieses Tages lagen unterhalb 300 km. Nachdem am zweiten und dritten Wettbewerbstag viele kürzere Strecken geflogen wurden, legte HOFMANN am 24. Juli 1935 in 08:30:00 h bei ganz schwachem Wind und teilweiser Trockenthermik 330 km bis nach Arlon in Belgien zurück. Daher bewerteten Fachleute diesen Flug noch höher als den Rekordflug bei Windthermik.

Am 27. Juli gab es erneut Windthermik, und WOLF HIRTH konnte auf seiner Neukonstruktion *Minimoa* (*Mini-Moazagotl*, abgekürzt *Minimoa*) den zweiten 400-km-Flug der Luftfahrtgeschichte vollenden. Er flog 420 km weit bis nach Zlabings (ČSR).

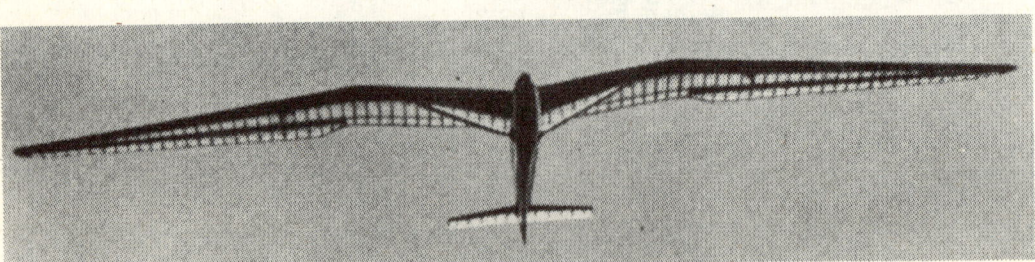

312   Eine *Minimoa* kurz nach
dem Start am Hang (Aus-
führung 1938).

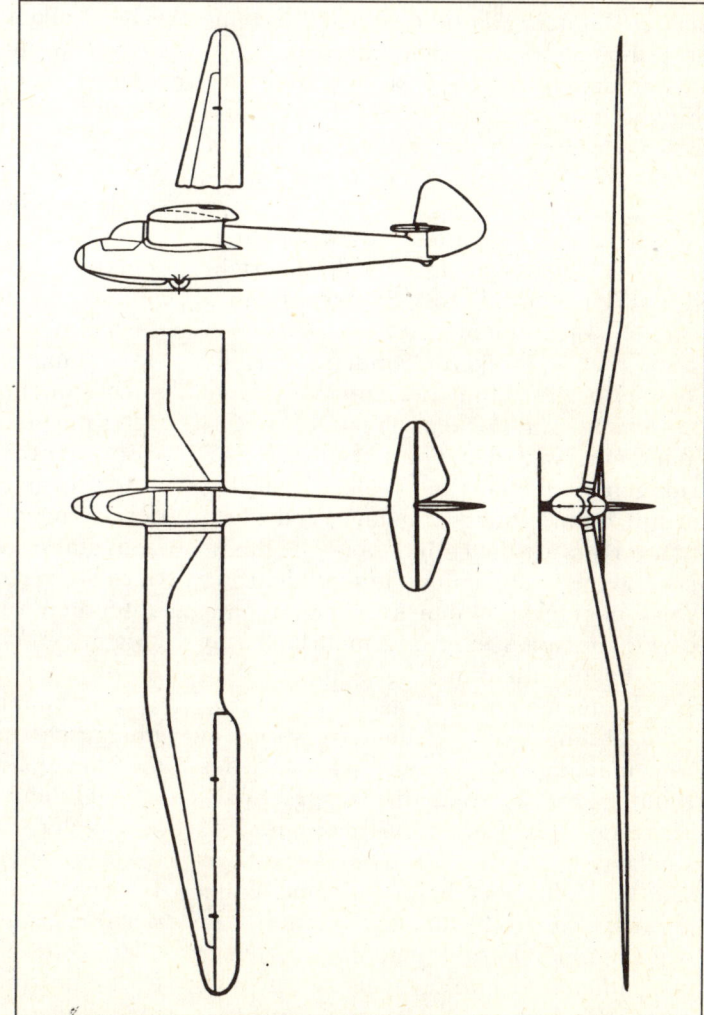

313   *Minimoa Gö 3* von Wolf
Hirth (1935).

Am 29. Juli 1935 frischte der Wind erneut auf, doch ließ die Thermik zunächst noch zu wünschen übrig. Dann verstärkten sich die Aufwinde, und der erst neun Tage alte Weltrekord von HOFMANN konnte gleich von vier Piloten mit Flügen über 500 km überboten werden. OTTO BRÄUTIGAM (Dresden) auf der *Dresden-B 10* aus dem Jahre 1931, ERNST STEINHOFF (Frankenhausen) auf *Rhönadler*, RUDOLF OELTZSCHNER (Merseburg) auf *Condor* und RUDOLF HEINEMANN (Halberstadt) auf *Rhönsperber* flogen im Alleinflug von der Wasserkuppe bis nach Brno (ČSR) 504 km weit. Bemerkenswert war die Haltung der nach dem ersten Segler eintreffenden Piloten. Als sie das Segelflugzeug ihres Kameraden auf dem Flugplatz Brno stehen sahen, landeten sie, obwohl ihre Flughöhe noch ausgereicht hätte, einige Kilometer weiterzufliegen und damit den neuen Weltrekord in ihren alleinigen Besitz zu bringen.

Daß diese Flüge alles andere als «Spazierflüge» waren, zeigt der Flugbericht des Weltrekordpiloten STEINHOFF. Am frühen Vormittag des 29. Juli 1935 zogen noch dichte Wolkenschwaden über die Wasserkuppe, dann trat eine Wetterverbesserung mit starkem West-Nordwest-Wind ein. Nach dem Gummiseilstart und ruhigem Steigen bis zur Wolkenbasis flog er mit 1,5 m/s Steigen in eine Wolke und nahm Kurs auf die Hohe Rhön. Die Basishöhe genügte noch nicht, um im Sichtflug von einem thermischen Aufwind zum anderen zu «springen», und mehrfach war der Frankenhausener gezwungen, im Hangaufwind etwas Höhe zu «tanken». In Richtung Coburg stieg STEINHOFF in eine mächtige Wolke ein. Während des Blindfluges schwankte die Fluggeschwindigkeit zwischen 40 und 120 km/h und im Rückenflug kam STEINHOFF schließlich in 1200 m Höhe über Start aus der Wolke heraus. Ohne Karte fliegend, bemerkte er den Flugplatz Bamberg unter sich, den er von früheren Motorflügen her kannte. Die Kursänderung in Richtung Thüringer

Wald – der Pilot wollte zunächst nicht ins Ausland fliegen – zwang ihn fast zur Landung, da hier die Wolkenbildung nachließ. Schon unter der örtlichen Hanghöhe befindlich, fand er in nur 50 m Höhe über der Landefläche den rettenden thermischen Aufwind. Ein Erzittern der Flügelspitzen. Bruchteile eines Meters Steigen. Nach endlosen Minuten engen Kreisens endlich 100 m Flughöhe über Grund. Über einem sonnenbeschienenen Roggenfeld gelangte er in besseres Steigen, und nach knapp einer Stunde war der *Rhönadler* wieder an der Basis. STEINHOFF wählte einen südlicheren Kurs, da dort die Wetterentwicklung günstiger war: «Die Wolken haben sich in lange Reihen gespalten, die ganz für sich in Windrichtung ziehen», schrieb der Rekordpilot, der nunmehr aus 2 300 m Basishöhe über Grund auch hervorragende Erdsicht hatte. «Lange schwarze Streifen sind es, dazwischen in Licht getauchte, goldgelbe Saatfelder, frischgrüne Wiesen und dunkle Wälder. Lautlos gleitet mein Vogel, so daß ich durch nichts abgelenkt, mich Eindrücken hingeben kann, wie ich sie, solange ich fliege, kaum jemals in mich aufnehmen konnte. Die Landschaft unter mir schiebt sich trotz meiner großen Höhe merklich unter mir hinweg …

Ich fliege die nächste Wolkenreihe an, deren vor mir liegende ballige Vorderfront starken Aufwind vermuten läßt. Stetiges Steigen der Luft bringt mich bald bis unter die Wolken, deren Südrand ich, entlang der Wolkenschatten am Boden, nachfliege … » [69, S. 17]

Eine halbe Stunde lang mit 130 km/h Fluggeschwindigkeit und Rückenwind flog der *Rhönadler* in Kursrichtung fast ohne Höhenverlust. Der Flugplatz Pribislav in der ČSR wurde überflogen, doch dann ging es im Gleitflug wieder abwärts. In geringer Höhe fand der Pilot über Feldern erneut Anschluß an Aufwinde. Etwa 20 km südlich vom Kurs erblickte STEINHOFF eine größere Stadt und entschied, sie anzufliegen. Gegen 16.30 Uhr erreichte er

314 Die Segler auf dem Gipfel der Wasserkuppe vor der Starteröffnung in Richtung West-Nordwest (1935).

315 Windgeschwindigkeit 18 bis 20 m/s. Fast alle Flugzeuge des Wettbewerbs segeln am steilen Nordwesthang der Wasserkuppe (1935).

316 Geschwadersegeln im thermischen Aufwind
(1935).

den Stadtrand von Brno und erkannte
den Flugplatz. Vor der Flugzeughalle
stand bereits ein Segelflugzeug, und STEIN-
HOFF entschloß sich trotz seiner guten
Flughöhe zur Landung. Bald war er von
Menschen umringt, die ihm gratulierten,
unter ihnen auch der freudestrahlende
OTTO BRÄUTIGAM, der vor ihm als erster
gelandet war, obwohl er eine halbe
Stunde nach STEINHOFF von der Wasserkuppe abgeflogen war. BRÄUTIGAM war von
Anfang an weiter südlich geflogen. Später
erschien dann in größerer Höhe OELTZ-
SCHNER, landete ebenfalls und war glücklich, seine Kameraden zu treffen; ebenso
noch HEINEMANN auf *Rhönsperber*. Der Zufall hatte alle zum gleichen Ziel geführt.

Aufgrund der früheren Landezeit war
OTTO BRÄUTIGAM (Dresden) der erste
Segelflieger in der Geschichte, der die
500-km-Grenze überflogen hatte.

STEINHOFF schloß seinen Bericht mit
Dankesworten: «Wir waren drei Tage
lang Gäste des deutschen Konsulats und
müssen sagen, daß gerade das Entgegenkommen der tschechischen Behörden uns
den Aufenthalt in Brünn besonders angenehm gestaltete .. » [69, S. 17]

STEINHOFF nahm 36 Jahre nach seinem
Rekordflug noch einmal als Wettkämpfer
an einer Segelfluglandesmeisterschaft
teil.

Während des Rückfluges von Brno zur
Wasserkuppe kam es leider zu einem tragischen Unglücksfall. In der Nähe von
Selb zerbrach der *Condor* im Schleppflug
infolge starker Turbulenz, und RUDOLF
OELTZSCHNER konnte sich nicht mehr retten. Er gehörte zu den «alten» Segelfliegern, die auch das bekannte Segelfluggelände Laucha an der Unstrut erschlossen
hatten. Wiederum war es ein Ausdruck
der Verbundenheit, daß die drei anderen
Weltrekordpiloten auf ihre Namensnen-
nung verzichteten und den sensationellen

317 *D-B 10* (1931). Otto Bräutigam vollendete auf diesem Typ im Jahre 1935 den ersten 500-km-Strekkenflug in der Geschichte.

318 Ein *Rhönadler* startet bei rekordträchtiger Windthermik in Anwesenheit zahlreicher Zuschauer (1935).

319 Ein Segler hat Wolkenanschluß gefunden.

neuen Rekord nur unter dem Namen ihres verunglückten Freundes eintragen ließen. OELTZSCHNER war auch Gesamtsieger dieser Rhön vor SPÄTE und STEINHOFF geworden.

Daß der Leistungssegelflug inzwischen von einer «artistischen Einzelleistung» zu einem wirklichen Sport mit einer breiten Basis geworden war, zeigt die Gesamtbilanz der Flüge der XVI. Rhön. 61 Segelflieger flogen auf 61 Leistungssegelflugzeugen bei 513 Starts:

140 Flüge über   60 km,
113 Flüge über 100 km,
 30 Flüge über 150 km,
 41 Flüge über 200 km,
  6 Flüge über 250 km,
 16 Flüge über 300 km,
  9 Flüge über 400 km und
  4 Flüge über 500 km.

106 Flüge lagen folglich über dem Weltrekord des Jahres 1930 und 13 Flüge über dem des Vorjahres. Die größte Höhe hatte SCHILLING (Darmstadt) mit 2 700 m erflogen. Gestartet wurde nach wie vor mit dem Gummiseil am Hang, und es war unter diesen Bedingungen für die Piloten oft schwierig, Thermikanschluß zu finden.

Die erstmalige bewußte Nutzung der Windthermik in den Jahren 1934 und 1935 führte zur Herausbildung der Ansätze eines neuen Flugstils. In einer zeitgenössischen Veröffentlichung hieß es dazu: «Die gute aerodynamische Durchbildung der Flugzeuge führte dazu, daß die Segelflieger nur noch sehr wenig Zeit aufwenden mußten, um verlorene Höhe durch längeres Kreisen wiederzugewinnen. Ja vielfach genügte schon das einfache Durchfliegen von thermischen Aufwindschläuchen, um die auf dem Zwischenwege von Schlauch zu Schlauch verlorene Höhe auszugleichen. Fast wie Motorflugzeuge konnten also die Segelflugzeuge mit dem Winde über Land ziehen!» [65, Blatt 24]

Daß man beim Durchfliegen eines Aufwindes im Geradeausflug langsam, mit der Geschwindigkeit des geringsten Sinkens flog, ergab sich aus einfachsten Überlegungen und wurde, wie es aus Flugberichten hervorgeht, auch so praktiziert. Aus diesen ersten Ansätzen entstand wenige Jahre später der Flug nach der Sollfahrttheorie. Die Herausbildung des genannten Stils wurde insofern erleichtert, da diese Windthermik mit hoher Labilität der Luftmassen und der Bildung großflächiger Thermik sowie dem Entstehen von Wolkenstraßen verbunden war.

6.8. Zielstreckenflüge werden aktuell

Beiträge ungarischer Segelflieger zur sportlichen Anerkennung des Segelfluges

Der Langstreckensegelflug existierte bis Mitte der dreißiger Jahre vorwiegend als Freier Streckenflug. Dem Segelflieger waren dabei Flugrichtung und Landeort freigestellt. Um maximale Entfernungen zu erreichen, flog man mit dem Wind. Mit wachsenden Thermikflugerfahrungen und flugtaktischen Erkenntnissen entstand nun der Gedanke, die sportlichen Anforderungen zu erhöhen. Dies wurde mit der Einführung von Zielstreckenflügen ermöglicht. In Abhängigkeit von der Wetterlage, der Leistungsfähigkeit des Flugzeugs und der eigenen fliegerischen Fähigkeiten benannte der Segelflieger oder die Wettkampfleitung bereits vor dem Start ein Ziel. Später wurden Zielflüge mit einer Geschwindigkeitswertung gekoppelt.

Als Rekordkategorie führte die FAI Zielstreckenflüge seit dem Jahre 1935, und noch vor dem Rhön-Wettbewerb des gleichen Jahres gelang PETER RIEDEL ein Zielstreckenflug über 270 km von Berlin-Tempelhof nach Hamburg-Fuhlsbüttel. Der erste Zielstreckenweltrekord über 300 km konnte am 21. September 1935 von ERWIN KRAFT auf *Rhönsperber* mit einem Flug vom Hornberg nach Köln über 330 km errungen werden. Beachtenswert an diesem Flug war auch die für gute Thermikbildung relativ späte Jahreszeit. Der Start erfolgte um 11.45 Uhr im F-Schlepp. Die Strecke verlief über Gmünd, Heilbronn, Mannheim, Worms, Bingen, Koblenz, Bonn. Bei Boppard im Rheintal kam es zu einer kritischen Situation. KRAFT hatte nur noch 200 m Flughöhe; Landung im Rhein, Bruch in den Weinbergen oder nochmals Thermik finden, lauteten die Möglichkeiten! An der nächsten Rheinbiegung gab es glücklicherweise neuen Aufwind, der den *Rhönsperber* auf 2000 m Flughöhe trug. Um 17.35 Uhr landete KRAFT auf dem Flughafen Köln.

Am 12.August 1936 gelang es LAJOS ROTTER (Budapest) anläßlich der Olympischen Spiele zu Berlin, den Zielstreckenweltrekord auf 333 km mit einem Flug von Berlin nach Kiel zu verbessern. Diese Leistung hatte eine Vorgeschichte. Der Segelflug befand sich in Ungarn seit Jahren in einem beachtenswerten Aufschwung, und da die ungarische Entwicklung auch typisch für die anderen Länder war, sei sie hier kurz skizziert.

Begonnen hatten die Bemühungen um den Gleitflug in Ungarn im Jahre 1921 – offensichtlich auch angeregt durch Nachrichten von der Rhön – als MODORY, LAMPICH und ROTTER in Budapest zwei Gleitflugzeuge konstruierten. Die eigentliche Gleitflugbewegung begann 1929 mit der Bildung einer Segelfliegergruppe unter PETROCZY. BERNARD, ihr Fliegerischer Leiter, weilte 1929 auf der Rhön und legte als erster Ungar die C-Prüfung ab. Ihm gelang auch im Herbst 1929 der erste Segelflug in Ungarn mit 9:10 min, und kurze Zeit später konnte er diese Leistung auf 34:00 min steigern. HEFTY flog im Februar 1930 die erste «C» in Ungarn. Die erste Segelflugschule wurde im gleichen Jahre in Budaörs, nur 10 km von der Hauptstadt entfernt, gegründet. Beim

ersten Landessegelflugwettbewerb 1930 konnten HEFTY und BERNARD jeweils einen Flug von über einer Stunde Dauer vollführen, die Höhenflugleistung betrug 220 m. Im Jahre 1931 konnten bereits fünf C-Prüfungen im Lande abgelegt und der Dauerrekord zunächst auf 02:19:00 h, dann auf 06:03:00 h und der Höhenrekord auf 710 m verbessert werden. Im Frühjahr 1933 gelang dann MOLNÁR ein Segelflug von 10:07:00 h. Auch das erste Leistungssegelflugzeug, die *G-33* mit 18,5 m Spannweite, konstruiert von Dipl.-Ing. JANKA, erschien im gleichen Jahre, und in Gödöllö wurde der erste F-Schlepp vorgeführt.

LAJOS ROTTER konstruierte und baute 1933 den leistungsfähigen und modernen *Karakan*, vollführte auf ihm die ersten Thermikflüge in Ungarn und stellte mit 85 km Strecke und 1840 m Startüberhöhung neue Landesrekorde auf. Wie schwierig die materiellen Bedingungen des Segelfluges waren, erkennt man daran, daß es 1933 nur ein, 1934 nur zwei Segelflugzeuge gab, die mit einem Variometer ausgerüstet waren. ROTTER erschloß auch das Segelfluggelände am Harmashatárberg, nur 7 km von Budapest entfernt. Dieses Massiv steigt auf fast 400 m über dem Donautal an und bietet Segelflugmöglichkeiten bei allen Windrichtungen. Bemerkenswert war an diesem Gelände die stark werbende Wirkung, da die Segler von der Stadt aus beobachtet werden konnten. ROTTER legte im Februar 1934 als erster Ungar die letzte Bedingung zur Silber-C ab, MOLNÁR erflog sie im gleichen Jahr als zweiter, und im Oktober 1934 konnte ROTTER am Harmashatárberg den Landesdauerrekord auf 24:14:00 h steigern.

Dank des vorwiegend kontinentalen Klimas und der intensiven Sonneneinstrahlung sind in Ungarn sehr gute meteorologische Bedingungen für den thermischen Segelflug vorhanden mit relativ hohen Basishöhen und mächtigen Kumuluswolken mit hohen Gipfeln. Am

30. Juni 1935 gelang ROTTER auf *Karakan* ein bedeutender Streckenflug. Nachdem er bei Windstille mit dem Gummiseil auf dem Harmashatárberg gestartet worden war, konnte er erst in 40 m Höhe (!) über der Talsohle den ersehnten Thermikanschluß finden. Während der ersten Flugstunde gelang es ROTTER nicht, die Starthöhe von etwa 350 m wiederzugewinnen und er hatte einmal über Budapest sogar nur noch eine Höhe von 240 m! Dann ging es jedoch zügig voran, und nach einem sechsstündigen Flug landete er in Szaresa in Jugoslawien, 275 km vom Startort entfernt, wo er von der Bevölkerung und den Behörden sehr herzlich aufgenommen wurde. Eine Episode sei hier noch erwähnt, die für diese Pionierzeit des Leistungssegelfluges typisch war. Der jugoslawische Militärflieger COSTA ANTONOFF schleppte ROTTER im F-Schlepp bei böiger Thermik 30 km weit vom Landeplatz zum nächsten Flugplatz. In Ermangelung eines Schleppseiles hatte ANTONOFF drei Feuerwehrseile aus Hanf zu einem 35 m langen Seil verknüpft und es wegen der fehlenden Schleppkupplung einfach am Sporn des Motorflugzeugs angebunden. Zusätzlich war es der erste Flugzeugschlepp, den der Motorpilot überhaupt ausführte; alles verlief zur Zufriedenheit.

Nach einem Vortrag, den ROTTER 1935 auf einer ISTUS-Veranstaltung in Berlin über den Segelflug in Ungarn hielt, wurde beschlossen, die nächste ISTUS-Tagung 1936 in Budapest durchzuführen. Aufgrund eines ungarischen Vorschlags verband man die ISTUS-Tagung von 1936 mit einem internationalen Segelflugvergleichsfliegen.

Beim ersten ISTUS-Vergleichsfliegen 1936 in Budapest konnten folgende Leistungen erzielt werden:

Dauer: SZABO (Ungarn) auf *Grunau-Baby* 07:00:00 h,

Strecke: ROTTER (Ungarn) auf *Karakan* 138,8 km und STIEFSOHN (Österreich) auf *Rhönsperber* 133,5 km,

Höhe: DITTMAR (Deutschland) auf *Rhönsperber* 1 800 m.

Polnische und österreichische Segelflieger zeigten eindrucksvolle Kunstflüge auf Segelflugzeugen. Bis 1939 wurden drei weitere Vergleichswettkämpfe in Salzburg, Bern und Lwow abgehalten.

Die Flugvorführungen in Budapest endeten leider mit einem schweren Absturz. WOLF HIRTH, der sich bereits zur Heimkehr entschlossen hatte, stieg dann doch noch einmal in ein *Grunau-Baby* der Gastgeber und startete im Autoschlepp. Da er keinen Thermikanschluß fand, wollte er in geringer Höhe vor den zahlreichen Zuschauern einen Looping ausführen, doch war die Fluggeschwindigkeit für diese Figur offensichtlich zu gering gewählt worden, denn sie reichte nur zu einem «Männchen». Da die Höhe fehlte, führte der nachfolgende Sturzflug unabwendbar bis in den Erdboden. Nachdem HIRTH bereits mit einem *Harth-Messerschmitt-Gleiter* schwer abgestürzt war, bei einem Motorradrennen ein Bein verloren hatte, war dies der folgenschwerste Unfall seiner Laufbahn, von dem er sich körperlich und fliegerisch nie wieder ganz erholen konnte.

Zum Programm der Olympischen Spiele von 1936 gehörten auch zwei Vorführungswettbewerbe des gastgebenden Landes, und das deutsche Nationale Olympische Komitee hatte dafür u. a. den Segelflug mit internationaler Beteiligung vorgesehen, auch mit dem Bestreben, das Internationale Olympische Komitee (IOC) zu bewegen, den Segelflug als Olympische Disziplin zukünftiger Spiele anzuerkennen. Speziell für dieses Treffen konstruierte und baute Dipl.-Ing. LAJOS ROTTER in nur fünf Monaten den freitragenden Leistungsmitteldecker *Nemere* mit 20,0 m Spannweite und eingestrakter Kabine. Vor der Überführung nach Berlin konnte ROTTER gerade noch einige Schleppflüge zur Überprüfung der Instrumente, jedoch keinen einzigen Thermikflug, unternehmen. Am 12. August 1936 gelang ROTTER dann der unter

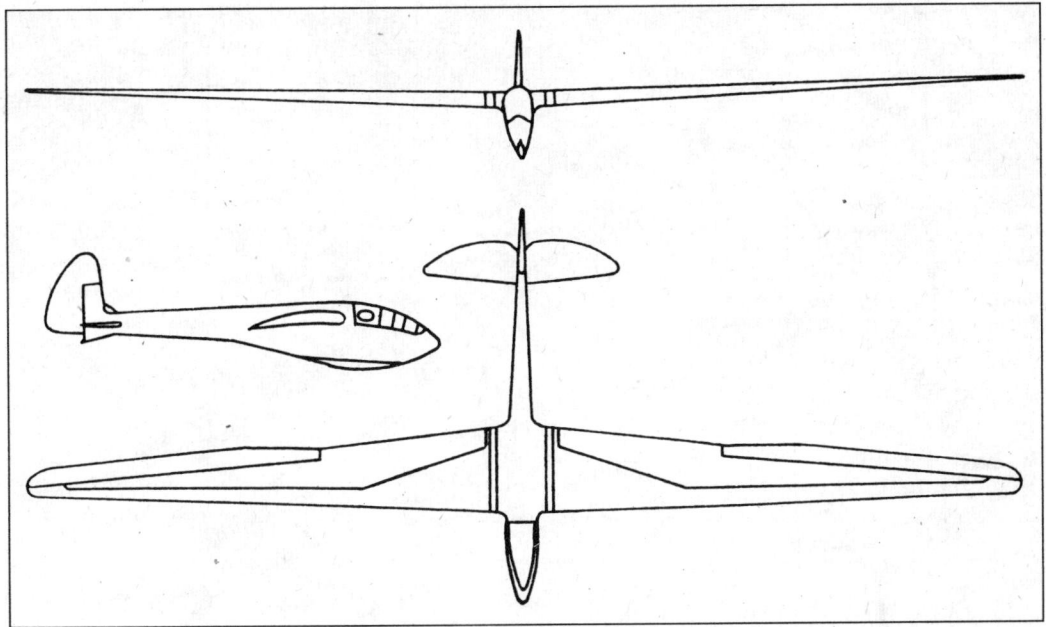

320 Das Leistungssegelflugzeug *Nemere* von LAJOS ROTTER (1936).

den gegebenen Bedingungen sensationelle Zielstreckenflug von Berlin nach Kiel, dem Austragungsort der Olympischen Wettbewerbe im Segeln.

Die Wettermeldung des Sportflughafens Berlin-Rangsdorf für den 12. August war für Streckenflüge nicht sehr günstig, und das war wohl auch einer der Gründe, warum keiner der anderen anwesenden Segelflieger auf den Gedanken kam, Kiel anzufliegen.

ROTTER startete für einen derartigen Flug relativ spät. Zunächst gab es einen Fehlstart, dann schleppte ihn der Schleppilot HEINZ SCHUBERT um 12.26 Uhr in Richtung Osten, um 12.38 Uhr kuppelte ROTTER in etwa 470 m Höhe über Schenkendorf aus. Mit 2 bis 3 m/s ging es zunächst auf 1 160 m Höhe. Es herrschte ein günstiger leichter Ostwind mit etwa 25 km/h Geschwindigkeit. Hier Auszüge aus dem Flugbericht von ROTTER: «Um demonstrativ zu beweisen, daß Segelflug wirklich zu den Olympiakämpfen gehört, unternahm ich einen Zielsegelflug von der

Olympiade Berlin zur Olympiade Kiel! ... Die Zeit war für einen so langen Zielflug schon sehr vorgeschritten ... Die *Nemere* hatte aber eine derart hohe Geschwindigkeit und kann sich durch die im Flug verstellbaren Verwindungsklappen an die Forderungen des Schnellfluges derart anpassen – bei 140 km/h zeigt das Variometer nur 2 m/s Sinkgeschwindigkeit –, daß ich dennoch glaubte, den Flug durchführen zu können, obwohl ich die hiesigen meteorologischen Verhältnisse nicht kannte und mein Luftweg ... nach Angabe der deutschen Segelflieger segelfliegerisch noch unerforscht war .. ich nahm mir vor, ohne Rücksicht auf die Höhe die Reisegeschwindigkeit möglichst zu steigern und nur dann zu kreisen, wenn ich schon unter 900 m gekommen war, oder zu große wolkenlose Gebiete zu überfliegen hatte ...

Um 13.52 Uhr überflog ich Herzberg, hatte also trotz des Seitenwindes in 50 Minuten 89 km zurückgelegt, dabei die Wälder um Berlin und die gefürchteten Sümpfe des Rhin-Luch überquert. Nun aber ging es wegen der Ruppiner Seen schnell abwärts .. Nördlich von

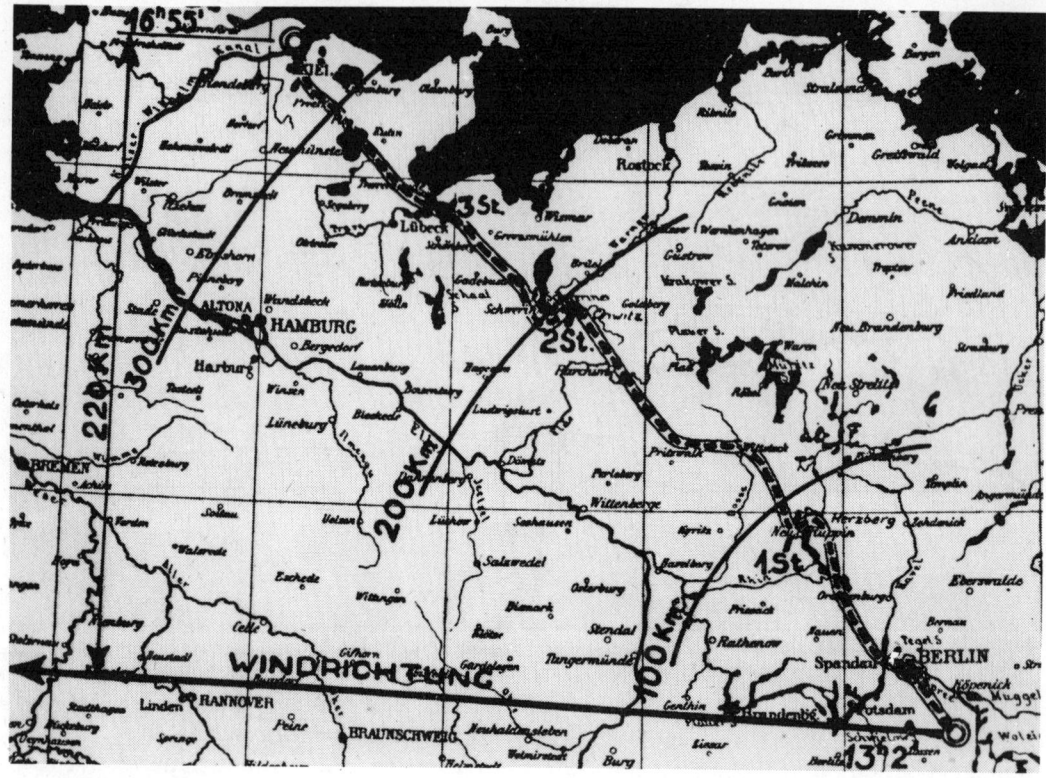

321 Flugweg des Zielstreckenfluges Berlin—Kiel
von LAJOS ROTTER (1936).

Neuruppin fand ich ... um 14.00 Uhr
unter einer Kumuluswolke wieder Aufwind, und mit 5,5 m/s kurbelte ich von
1 100 m auf 1 786 m ... und hatte damit
den Gipfelpunkt auf diesem Flug erreicht,
obwohl ich den Kamin nicht völlig aus-
flog, sondern lieber auf Geschwindigkeit
drückte ... Im Westen über Wittstock
entdeckte ich wieder eine Wolke ... um
14.30 Uhr stieß ich in einer Höhe von
1 100 m in sie und flog blind bis auf
1·500 m, drückte dann ... auf 140 km/h,
da nördlich von Pritzwalk sehr günstige
Wolken und Wolkenstraßen durch die
hier dunstige Luft zu sehen waren ...

Ich wollte den Schweriner See ursprünglich nördlich gegen Viecheln umfliegen. Da ich aber die meteorologischen
Verhältnisse in der Meeresnähe nicht
kannte und die Luft gegen Norden sehr

dunstig war, hielt ich es für ratsamer, bei
Gneven in einer Höhe von 1 520 m um
15.05 Uhr südwestlich Kurs zu nehmen
und den Schweriner See südlich zu umfliegen. In Richtung Kiel sah ich jetzt sehr
wenig Wolken ... Auf gut Glück flog ich
um 15.19 Uhr von der Südseite des
Schweriner Sees mit 140 km/h unter fast
wolkenlosem Himmel weiter ... im Dunst
über der Lübecker Bucht in Richtung
Travemünde sah ich einige kleine Kumulus auftauchen. Ohne Höhenverlust erreichte ich um 16.00 Uhr die Dassower
Bucht und damit die Wolken. Das war
auch höchste Zeit, denn meine dritte
Stunde brachte mir durch das lange Auf-
windsuchen nur 53 km/h. Ich stieg bis
1 580 m und flog jetzt schon ganz auf Kurs
bleibend weiter. Die Luft wurde immer
dunstiger, und nachdem auch die Kumu-
lusbildung aufhörte, steigerte ich die Geschwindigkeit, da ich ja jetzt schon gut
Kiel erreichen konnte, wenngleich ich

noch das Seengebiet zwischen Eutin, Plön und Preetz zu überfliegen hatte ... Den Plöner See überflog ich um 16.27 Uhr in 1 150 m Höhe, gewann noch etwas Höhe, fiel aber bis Preetz bis auf 800 m – da tauchte aus dem Dunst Kiel auf ... Ich flog in eine Höhe von 650 m über den Kieler Hafen ... über den Olympiakämpfern drehte ich zur Begrüßung ein paar Loopings ... Danach flog ich den Flughafen an, verminderte meine Höhe mit Turns und Steilspiralen und landete glatt um 16.55 Uhr.» [72, S. 200 ff]

ROTTER hatte in 04 : 17 : 00 h einen Zielstreckenflug von 333 km vollendet und neue flugtaktische Erkenntnisse angewendet, für die es noch kein Vorbild gegeben hatte. Dieser bedeutende Flug trug wesentlich dazu bei, daß der Segelflug für die Olympischen Spiele 1940 als olympische Sportart anerkannt wurde und bewies, daß auch kleine Länder mit begrenzten materiellen Ressourcen, bei zweckmäßiger Verwendung der Mittel und geeigneten Persönlichkeiten Hervorragendes zur Entwicklung des internationalen Segelfluges beitragen konnten. Für seine Leistung erhielt ROTTER auf der Internationalen ISTUS-Tagung 1937 in Salzburg die höchste ISTUS-Auszeichnung, den Goldenen ISTUS-Ring verliehen, ohne dann jedoch zu den Piloten seines Landes zu gehören, die Ungarn in Salzburg fliegerisch vertraten.

Leider konnte der ungarische Segelflug seinen Aufschwung in dieser überzeugenden Form in den nächsten Jahren nicht mehr fortsetzten. Die finanziellen Mittel wurden noch knapper, und es entstanden bei den Behörden hemmende Auffassungen, die ROTTER 1940 wie folgt beschrieb: «Es tauchten leider falsche Theorien auf: der Segelflug habe als Vorschulung der Jugend keine Bedeutung, nur der Gleitflug bis zur ‹B›. Der eigentliche Segelflug sei ein Sport für sich und unnütz ... Ein im Sommer 1938 abgehaltener Fluglehrerkurs erstreckte sich nur auf B-Gleitflüge im Windenschlepp.» [73, S. 76]

322   ROTTER nach der Landung in Kiel (1936).

Trotzdem arbeiteten Gruppen und Enthusiasten, auch als «Einzelkämpfer», intensiv weiter; unter ihnen schöpferische Konstrukteure wie ERNÖ RUBICK, der in dieser Zeit Konstruktionen für alle Segelflugaufgaben schuf, die leistungsmäßig den besten Flugzeugen nicht nachstanden. Mit den nachfolgenden Gedanken charakterisierte ROTTER nicht nur seine Landsleute, sondern eigentlich die Einstellung der meisten Segelflieger des internationalen Segelfluges: «Die Begeisterung der Ungarn ist groß; einzelne Gruppen und Männer arbeiten trotz fehlender zentraler Führung und Unterstützung weiter!» [73, S. 76]

Die Entwicklung des Zielstreckenfluges verlief vor allem im letzten Vorkriegsjahr stürmisch. Am 15. Mai 1939 hatte P. SAVCOV (Sowjetunion) mit 415 km einen

neuen Weltrekord in dieser Disziplin aufstellen können, der schon am 25. Mai
1939 von KURT SCHMIDT überboten wurde.
SCHMIDT flog auf einem *Reiher* von Trebbin
(Schönhagen) 495 km weit bis nach Holz-
kirchen in Bayern. Dann flog am 31. Juli
1939 erneut P. SAVCOV auf *RF-7* mit
602,3 km einen Weltrekord von Tula nach
Michailovka.

Auch in der Kategorie Doppelsitzer
konnten 1939 zwei Zielstreckenweltrekorde aufgestellt werden. Zunächst flogen OTTO BRÄUTIGAM und H. MEYER auf
Kranich im April von Großrückerswalde
bis nach Wien 363,7 km weit, dann waren
es KARTAŠOV und GOROCHKOV, die auf
KIM-3 Stachanovec von Moskau nach
Gorki 395,7 km flogen. Am 19. Juni 1940
konnten KARTAŠOV und PETROČENKO diesen Weltrekord mit *KIM-2* auf 495 km
steigern.

6.9. Der Weg zur Überwindung der 600-km-Entfernung

Aufschwung
des Leistungssegelfluges
in der Sowjetunion

Wie in den vorhergehenden Abschnitten
dargestellt, gehörte die Sowjetunion zu
den Ländern, in denen der Gleit- und Segelflug schon zu Beginn der zwanziger
Jahre dieses Jahrhunderts intensiv betrieben wurde und viele begeisterte Anhänger
gefunden hatte. Das «Adler-Nest» auf dem
Berge Usun-Syrt (KLEMENTEV-Hang) bei
Koktebel (heute Planernoe) war 1931 zu
einer Höheren Segelflugschule ausgebaut
worden, in der vor allem die für den Segelflug notwendigen Ausbilder qualifiziert
wurden. Ein Werk für Segelflugzeuge entstand, in dem man die für Schulung und
Leistungsflug benötigten Maschinen im
Serienbau herstellte. Das Schöpfertum
der sowjetischen Segelflieger zeigte sich
nicht nur in ihren fliegerischen Leistun-

gen, sondern auch in den vielen gelungenen Segelflugzeugkonstruktionen. Gegen
Ende der dreißiger Jahre existierten in der
Sowjetunion 32 Segelflugschulen. Bei dieser Breitenarbeit und den hervorragenden
thermischen Bedingungen des Landes
konnten neue Weltrekorde nicht ausblei-
ben.

Mit dem thermischen Aufwind hatte
man 1929 Bekanntschaft gemacht. Während des 6. Krim-Wettbewerbs flog A. B.
JUMAŠEV auf *Gamajun* am KLEMENTEV-Hü-
gel und beabsichtigte, in die Ebene abzufliegen, wo sich das Lager befand. In größerer Entfernung vom Hang, wo keinerlei
Hangaufwind mehr sein konnte, fand JU-
MAŠEV einen Aufwind, der es ihm ermöglichte, eine Flughöhe von etwa 570 m zu
erreichen und anschließend noch ungefähr 13 km weit zu gleiten.

Allerdings dauerte es noch Jahre, bis
diese Erfahrungen in den thermischen
Streckenflug mündeten: «Während des
8. Krim-Wettbewerbs im Jahre 1932
machte der junge Segelflieger P. GOLO-
VIN ... den ersten Versuch, vom Segelhang weg zum freien Flug überzugehen.
Als er abflog, beobachtete er einen Adler,
der offensichtlich über einem Tal Höhe
gewann. Nachdem er hingeflogen war,
bemerkte GOLOVIN, daß auch sein Segelflugzeug in die Höhe getragen wurde.
Nach einigen Kreisen hatte der Segler
1056 m Höhe gewonnen. Er nutzte diese
Luftströme aus, flog bis nach Feodosia,
kehrte zurück, flog in der Umgebung weiter und landete bei völliger Dunkelheit,
nachdem er 14:42:00 h in der Luft geblieben war ... Diese ersten Erfolge waren die
Grundlage einer schnellen Beherrschung
der neuen aufsteigenden Luftströme, die
thermischer Aufwind genannt wurden.
Der junge Segelflieger S. ANOCHIN benutzte thermische Aufwinde, um als erster den Berg Kara-Dag zu umrunden
und zum Start zurückzukehren. Mit der
Meisterung der thermischen Aufwinde
beschäftigten sich die Segelflieger S. GAV-
RIŠ, N. SIMONOV, D. KOŠIC, V. BORODIN,

J. SUCHOMLIN, V. LISSICYN, B. KIMMEL-MAN, J. KARTAŠOV und viele andere.» [96, S. 18]

Während des 9. Krim-Wettbewerbs 1933 gelang N.SIMONOV ein Streckenflug über 48 km, und S. GAVRIŠ vermochte während eines Dauerfluges auf einem Doppelsitzer unter Ausnutzung eines Gewitters auf 2 530 m zu steigen.

Den ersten Frontgewitterstreckenflug gab es während des 10. Wettbewerbs 1934 auf der Krim. Nachdem V.BORODIN längere Zeit am KLEMENTEV-Hang (Usun-Syrt) gesegelt hatte, bekam er Anschluß an eine Gewitterfront und konnte mit ihr 97 km weit über Land bis in die Nähe von Kerč fliegen. Der Erforschung dieser Form des Segelfluges widmete man besondere Aufmerksamkeit; KARTAŠOV unternahm eine ganze Reihe von Versuchsflügen. Am 21. Juni 1935 flog er von Tušino aus einer heranziehenden Gewitterfront entgegen, stieg vor ihr auf 2 500 m Höhe und zog bis zum Abend mit diesem Frontgewitter mit. Als es dunkelte landete er beim Dorfe Bulatovo im Kalininer Gebiet. Die Flugstrecke betrug in der Luftlinie gemessen 171 km.

Als gut geeignet für den Flugzeugschlepp erwies sich POLIKARPOVS unverwüstlicher Motordoppeldecker *Po–2*, die «*Podva*». Sie wurde auch für Rückschlepps nach Außenlandungen von Segelflugzeugen verwendet. Es kamen jedoch auch starkmotorige Flugzeuge für den Flugzeugschlepp zum Einsatz.

Der 11. Krim-Wettbewerb im Jahre 1935 war der letzte große Wettbewerb, der auf diesem traditionsreichen Gelände stattfand und war gleichzeitig der bis dahin erfolgreichste. Neun neue Rekorde, vor allem im Dauersegelflug am Hang, flogen die Teilnehmer, darunter Leistungen, die über den offiziell registrierten Weltrekorden lagen.

Nach dem Wettbewerb gelang VIKTOR ILČENKO auf dem neuen Doppelsitzer *KIM–2* des Konstrukteurs EMELJANOV mit 160 km Strecke bis nach Evpatorija

der weiteste Streckenflug, der bis dahin auf der Krim erreicht worden war. Dennoch mußte dieses Gelände, die Wiege des sowjetischen Segelfluges, als Wettkampfort aus objektiven Gründen verlassen werden. Anbetracht der schnellen Entwicklung des thermischen Segelfluges im Ausland und der hervorragenden Thermik im russischen Flachland war es notwendig geworden, die Wettbewerbe in die Ebene zu verlegen. Im Unterschied zur Rhön, die für thermische Streckenflüge nach allen Seiten genügend Raum besaß, fehlte der Krim das Hinterland nach Süden, und die Außenlandebedingungen waren auf der Halbinsel ebenfalls ungünstig.

Die meteorologischen Verhältnisse im westlichen und mittleren Teil der RSFSR sind für den Segelflug noch geeigneter als die in Mitteleuropa. Das kontinentale Klima mit günstigen Windrichtungen, stabilen Hochdruckgebieten, starker nächtlicher Abkühlung, intensiver Sonneneinstrahlung sowie günstiger Bodenbeschaffenheit bewirkt kräftige thermische Aufwinde und wundervolle Kumuluswolken mit großen Basishöhen.

Nachdem der sowjetische Leistungssegelflug in die Ebenen verlegt worden war, ging es mit den Streckenleistungen schnell voran. Am 1. September 1936 flog B. KIMMELMAN 486 km weit. Zwei Wochen später überbot J. KARTAŠOV als erster sowjetischer Segelflieger und fünfter Pilot im Weltmaßstab mit 501,2 km (Start in Rostov, Landung in der Nähe der Stadt Astrachan) die 500-km-Grenze. Inzwischen war die Sowjetunion auch Mitglied der FAI geworden, so daß zukünftige sowjetische Bestleistungen auch offiziell als Weltrekord registriert werden konnten.

Das Segelflugjahr 1937 wurde dann das Jahr des talentierten Piloten VIKTOR RASTORGUEV. Die Früchte einer jahrelangen, beharrlichen Aufbauarbeit im Segelflug zeigten sich nunmehr. RASTORGUEV startete auf dem ausgezeichneten Leistungssegelflugzeug *GN–7* am 5. Mai 1937 in Tušino bei Moskau, ließ sich auf 300 m Höhe schleppen und kuppelte in einem Aufwind aus, der ihn schnell steigen ließ. Bei nördlichem Wind nahm er Kurs Richtung Süden. Nach einer Flugstunde war die Stadt Serpuchov erreicht, dann Tula: unter den Wolken bleibend, stieg RASTORGUEV auf 1 600 m Höhe und flog mit großer Geschwindigkeit. Am späten Nachmittag landete er beim Dorf Devic im Voronešer Gebiet. Jedoch blieb RASTORGUEV fast 24 Stunden lang für seine Kameraden verschollen, bis die Verbindung mit dem Startort hergestellt werden konnte. VIKTOR RASTORGUEV hatte in der Luftlinie gemessen 539,6 km zurückgelegt und damit einen neuen sowjetischen Rekord und gleichzeitig einen neuen Weltrekord aufgestellt.

Am 15. Mai 1937 flog RASTORGUEV erneut in südlicher Richtung und kam auf 602,2 km. Der sowjetische Pilot hatte als erster Segelflieger die 600-km-Grenze im Streckenflug überboten und einen neuen Weltrekord aufgestellt. Doch gab er sich damit noch nicht zufrieden. Am 27. Mai 1937 startete er wiederum und bewältigte 652,0 km. Auch dieser Flug wurde als offizieller Weltrekord registriert. RASTORGUEV war somit der einzige Segelflieger, dem es gelungen war, innerhalb nur eines Monats bei drei Langstreckenflügen drei Weltrekorde aufzustellen. Hier eine kurze Beschreibung des letzten Fluges durch RASTORGUEV: «Die meteorologischen Bedingungen zur Zeit der drei Flüge waren nahezu einmalig. Ich war um 9.30 Uhr gestartet. In einer Höhe von 300 m, nachdem wir einen guten Aufwind gefunden hatten, kuppelte ich aus. Schnell stieg ich auf 1 300 m, wo die Aufwindgeschwindigkeit bis zu 6 m/s betrug. Nachdem ich an der Zugrichtung der Wolken die Windrichtung eingeschätzt hatte, ging ich auf Kurs. Nach einer Stunde Flugzeit überflog ich wiederum Serpuchov, und nach einer weiteren Stunde befand sich mein Segler schon über Tula. Hier hatte sich

323   VIKTOR RASTORGUEV (1937).

die Wolkenbasis auf 1 700 m angehoben. 100 km hinter Tula teilten sich die Wolkenstraßen. Die eine führte weiter geradeaus, die andere nach links, wohin ich meine Maschine steuerte. 70 km vor Voroneš hörte die Wolkenbildung auf. Gegen Ende des Fluges gelang es mir, noch einmal auf eine Flughöhe von 2 000 m zu kommen und flog dann bei klarem Himmel im Gleitflug in Kursrichtung weiter. Am Donufer glitt ich in einer Höhe von 1 200 m entlang. Nachdem ich die gesamte Höhe abgeflogen hatte, schritt ich um 18.20 Uhr zur Landung. In der Luftlinie gemessen war ich von Moskau 652 km entfernt. Der ganze Streckenflug hatte ungefähr 8 Stunden gedauert.» [97, S. 65f] Er landete in der Nähe des Ortes Jarigenskaja.

Am gleichen Tage flogen V. ILČENKO und V. EMERIK auf dem Doppelsitzer *KIM–2* von Moskau nach Sabonrovo 407,6 km weit und stellten einen neuen Weltrekord im Freien Streckenflug in der Doppelsitzerkategorie auf, die seit dem Frühjahr 1937 von der FAI offiziell geführt wurde. Ein Jahr später, im Mai 1938, konnte ILČENKO mit Begleiter auf dem gleichen Flugzeugtyp 552 km weit fliegen und war damit der erste Segelflieger, der die 500-km-Grenze im Doppelsitzer überwinden konnte.

324/325 Leistungssegel-
flugzeug *GN-7* (1937).

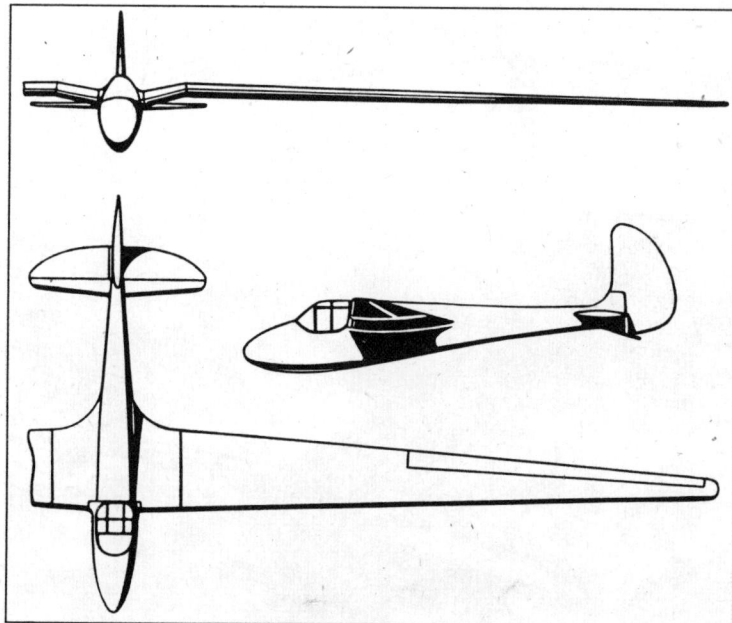

Wiederum ein Jahr später konnte auch die 600-km-Entfernungsgrenze im Doppelsitzer durch J. KARTAŠOV und P. SAVCOV überboten werden. Hier der Flugbericht von KARTAŠOV: «Lange wartete ich auf günstiges Wetter für diesen Flug. Endlich, am 17. Juni 1939, schienen mir die Bedingungen geeignet zu sein. Mit den ersten Wolken machte ich meinen Doppelsitzer *Stachanovec (KIM–3)* fertig und startete. Mit mir flog mein Schüler P. SAVCOV. In einer Höhe von 1000 m löste ich mich vom Motorflugzeug, und nach kurzer Zeit befand ich mich auf 2100 m und ... flog Kurs Kiev. Gute Haufenwolken und beständige Aufwinde machten es mir leicht, von Wolke zu Wolke zu fliegen. Bereits nach einer halben Stunde ließ ich Podolsk hinter mir, und nach erneut 30 Minuten überflog ich

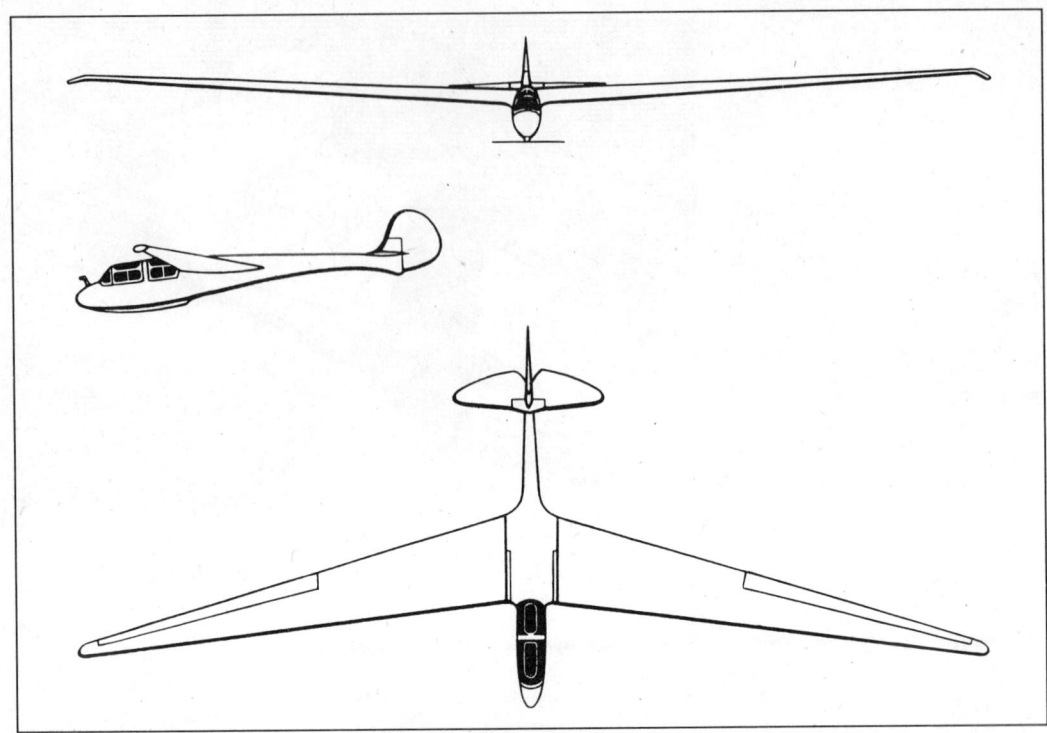

326/327 Leistungsdoppel-
sitzer *KIM-2* (1935).

mit 100 km/h in 2500 m Höhe Serpuchov.
Der Flugweg führte weiter nach Kaluga.
Nach 300 km Luftreise befanden wir uns
über den unübersehbaren Wäldern von
Brjansk. Die Abstände zwischen den
Wolken vergrößerten sich schnell. Der
Segler verlor katastrophal an Höhe. Es
blieben nur noch 500 m. Zum Glück er-

schien der Rand von Wolken. Mit Mühe
stiegen wir von der Erde weg auf 800 m,
das war schon ein Erfolg. Nach weiterem
Manövrieren gelang es mir, mich auf die
Höhe von 2500 m zu erheben. Wir wurden fröhlich und flogen mit einer Geschwindigkeit von 130 km/h. Der Tag
war am ausklingen, und doch war es not-

wendig, alle Möglichkeiten auszunutzen, die den Flug verlängern konnten. Der Flug wurde bei klarem Himmel längs des Flusses Desna fortgesetzt. Von der Seite flog ich frisch gepflügte Felder an und konnte dort mit Mühe meine Höhe wiedergewinnen. Das war der letzte Aufwind. Danach gab es nur noch Sinken. Um 18.30 Uhr landeten wir. Nach der Auswertung stellten wir fest, daß wir in einer reinen Flugzeit von 07:30:00 h ungefähr 620 Flugkilometer zurückgelegt hatten.» [97, S. 65 f]

KARTAŠOV war bei Ouchnia gelandet, und die genau vermessene Entfernung betrug 619,748 km. Auch dieser Flug bedeutete einen neuen, glänzenden und offiziell registrierten Weltrekord.

6.10. Der internationale Segelflugwettbewerb 1937 auf der Wasserkuppe

Die Gleit- und Segelflugbewegung trug von Anfang an internationalen Charakter, der auch aus dem Wesen und den Besonderheiten dieser Sportart entsprang. Viele der Wettbewerbe in einzelnen Ländern fanden mit ausländischer Beteiligung statt, so auch die Rhön-Wettbewerbe, die bis zum Jahre 1933 als international offene Wettbewerbe ausgetragen wurden. Mit der Bildung der ISTUS 1930, den Vergleichsfliegen anläßlich der ISTUS-Tagungen, der Anerkennung des Segelfluges als olympische Disziplin für die Spiele von 1940, und vor allem mit der schnellen Entwicklung des Segelfluges in vielen Ländern wuchs das sportliche Bedürfnis nach internationalen Wettkämpfen im Segelflug beständig.

So wird verständlich, daß durch den Aero-Klub von Deutschland für 1937 ein internationaler Segelflugwettbewerb auf der Wasserkuppe ausgeschrieben worden war, der vor dem alljährlichen Rhön-Wettbewerb stattfand. Jedes teilneh-

mende Land konnte fünf Wettkämpfer melden. Insgesamt nahmen 36 Segelflieger aus sieben Nationen – ČSR, Großbritannien, Jugoslawien, Österreich, Polen, Schweiz und Deutschland – teil. Segelfluginteressenten aus weiteren 15 Ländern waren als Gäste des Aero-Klubs auf der Wasserkuppe erschienen. Da bereits diese erste, große internationale Segelflugveranstaltung die für derartige Wettkämpfe typische Atmosphäre besaß, soll ihr Ablauf genauer beschrieben werden.

Der Wettbewerb wurde an einem Sonntag, dem 4. Juli 1937, durch den Präsidenten des Aero-Klubs, VON GRONAU, bei günstigem Flugwetter eröffnet und die erste Disziplin gestartet. Drei Wettkämpfer flogen 351 km weit bis Hamburg-Fuhlsbüttel. DITTMAR auf *Fafnir II*, REITSCH auf der Neukonstruktion *Reiher* (neuer Weltrekord in der Frauenklasse), beide in 07:30:00 h und PIOTR MYNARSKY (Polen) auf *PWS – 101* in 08:30:00 h. HOFMANN flog auf *Moazagotl* 278 km, ZBIGNIEW ŽABSKY (Polen) auf *CW–5* 213 km, SANDMEIER (Schweiz) 204 km, BARANOWSKY (Polen) 200 km, EMMI VON RORETZ (Österreich) 194 km (neuer Landesrekord), SCHMIDT 118 km, SPÄTE 97 km und WILLS (Großbritannien) 97 km. Der Wettbewerb hatte mit einer Überraschung begonnen, denn Flüge über 300 km besaßen 1937 noch einen gewissen Seltenheitswert.

Nach drei Tagen «Knofe», dem berüchtigten Fliegerwetter (das Gegenteil von Flugwetter) auf der Wasserkuppe, bei dem man kaum die Hand vor Augen sehen konnte – der Begriff soll von einem Leipziger Segelflieger und humorvollen Erzähler namens KNOFE abgeleitet worden sein – wurde der Wettbewerb mit einem Dauerflugtagespreis und einer Streckenwertung fortgesetzt. FRENA (Österreich) errang den ersten mit 06:54:00 h, in der Streckenwertung siegte überraschend SANDMEIER (Schweiz) auf *Spyr III* mit 202 km vor SPÄTE auf *Minimoa* mit 201 km und DITTMAR mit 189 km.

Am dritten Wertungstag, dem 9. Juli 1937, bewältigte SPÄTE 283 km, DITTMAR kam 238 km weit bis Oschatz und SCHMIDT auf *Mü – 13* landete nach 228 km in Strelln bei Torgau. Der beste Ausländer war erneut SANDMEIER mit 143 km. WATT (Großbritannien) kam auf 125 km, WILLS (Großbritannien) auf 120 km, BRZEZINA (Polen) auf 102 km und BARANOWSKY (Polen) auf 97 km. DITTMAR erreichte bei seinem Fluge eine Höhe von 3202 m.

Eine wichtige Vorentscheidung fiel am 10. Juli. DITTMAR war erst gegen 14.00 Uhr im Schleppflug von Oschatz kommend auf der Kuppe eingetroffen und hing schon eine halbe Stunde später wieder am Hang. Als einziger gewann er den Anschluß an eine Gewitterfront, zog mit ihr in zunächst geringer Höhe mit und brachte es noch auf 2774 m Höhe und 177 km bis Meuselwitz. Da die anderen Piloten an diesem Tage keine Streckenflugpunkte errungen hatten, besaß DITTMAR mit 1014 Gesamtpunkten einen beträchtlichen Vorsprung vor SPÄTE mit 715 Punkten.

Am Sonntag, dem 11. Juli 1937, ergoß sich Wolkenbruch auf Wolkenbruch über die Wasserkuppe, die ihrem Namen wieder einmal alle Ehre machte. Der 12. Juli brachte jedoch wieder gutes Flugwetter. FRENA (Österreich) segelte auf seinem *Rhönsperber* 10:02:00 h über dem Westhang und den Hängen der Hohen Rhön, FOX und MURRAY (Großbritannien) kamen in ihrem Doppelsitzer *Falcon III* auf 09:48:00 h (neuer offizieller Weltrekord). HOFMANN siegte in der Streckenwertung mit 218 km vor SANDMEIER (Schweiz) mit 197 km und SCHMIDT mit 117 km.

REITSCH (115 km), BARANOWSKY (104 km) und DITTMAR (102 km) belegten die nächsten Plätze. SCHMIDT war an diesem Tage schon nach 30 km «abgesoffen», doch dank seiner schnellen Rückholmannschaft gelang es ihm, noch einmal zu starten!

HOFMANN, der sich auf dem *Moazagotl* offensichtlich eingeflogen hatte, siegte am 13. Juli mit 300 km, SCHMIDT kam auf 271 km, ŻABSKY (Polen) und SPÄTE erreichten 265 km, BARANOWSKY (Polen) 247 km, BRZEZINA (Polen) 217 km, WATT (Großbritannien) 178 km (neuer Landesrekord), LERCH (Österreich) 153 km, WILLS (Großbritannien) 132 km, Mrs. PRICE (Großbritannien) 97 km und PRACHAR (ČSR) 91 km (neuer Landesrekord). SANDMEIER (Schweiz) hatte sich nicht am Freien Streckenflug beteiligt, sondern die Umrundung der dreieckförmigen Zielstrecke Wasserkuppe – Kreuzberg – Dammersfeld – Wasserkuppe versucht, mußte 12 km vor der Kuppe landen und erhielt Null Wertungspunkte! Durch diesen taktischen Fehler schied er aus der Spitzengruppe aus, blieb jedoch in der Gesamtwertung der beste Ausländer.

Am 14. Juli startete man erst gegen 13.20 Uhr; dennoch kam HOFMANN auf 173 km, REITSCH auf 97 km, SCHMIDT und BAUR (Schweiz) auf 77 km, SPÄTE auf 72 km und SANDMEIER (Schweiz) auf 65 km. Die auffallenden Leistungsschwankungen waren auf die schwierigen thermischen Verhältnisse und das unterschiedliche Niveau der flugtaktischen Erfahrungen zurückzuführen.

Der 16. Juli 1937 wurde der Tag der polnischen Segelflieger. BARANOWSKY flog 300 km und landete kurz vor Berlin – in dieser Flugrichtung war es der bis dahin weiteste Flug von der Wasserkuppe überhaupt. ŻABSKY erreichte 212 km, und sein Landsmann MYNARSKY flog 205 km bis nach Marianske Lazne in der ČSR. ŻABSKY erreichte an diesem Tage mit 3259 m auch die größte Höhe des Wettbewerbs. Zwischen den beiden polnischen Segelfliegern konnte sich SCHMIDT mit 244 km plazieren. SANDMEIER (Schweiz) kam auf 164 km, REITSCH auf 144 km. Mit diesen Leistungen war die Entscheidung um die Plätze drei bis sechs erneut offen.

Nach dem Start der Segler am 17. Juli 1937 warteten die vielen Helfer und Besucher auf die ersten Landemeldungen und die Markierung der Landeorte auf der großen Landkarte. Es sah nicht gut aus. Piloten wie ŻABSKY waren schon bei 50 km gelandet. Mit jeder nachfolgenden Landemeldung steigerte sich die Kilometerzahl: HOFMANN 124 km, DITTMAR 126 km, SCHMIDT 129 km. Dann hallte es durch die Lautsprecher: «REITSCH 206 km!» Spontaner Beifall. Alles wartete nun auf die Landemeldung von HANS SANDMEIER (Schweiz), die eine halbe Stunde später eintraf. Mit 209 km bis Colditz (neuer Landesrekord) war er Tagessieger geworden. Erneut gab es anhaltenden Beifall.

Am letzten Wettbewerbstag, Sonntag, dem 18. Juli, war auch mit Rücksicht auf die zahlreichen Zuschauer, der Dreieckflug Wasserkuppe–Dammersfeld–Kreuzberg–Wasserkuppe ausgeschrieben worden. SCHMIDT, REITSCH, BARANOWSKY (Polen) und ŻABSKY (Polen) erfüllten diese Aufgabe in der genannten Reihenfolge. Der Wettbewerb hatte die nachstehenden Plazierungen und Leistungen gebracht:

– Gesamtsieger wurde DITTMAR auf *Fafnir II Sao Paulo* mit 1 662,5 Punkten und 1 625 km;
  Zweiter: HOFMANN auf *Moazagotl* mit 1 427 Punkten und 1 179 km;
  Dritter: SPÄTE auf *Minimoa* mit 1 325 Punkten und 1 271 km;
  Vierter: SANDMEIER (Schweiz) mit 1 127 Punkten und 1 179 km;
  Fünfter: SCHMIDT mit 1 116 Punkten und 1 308 km;
  Sechster: REITSCH mit 1 104 Punkten und 1 160 km.
– Den Preis für den weitesten Flug erhielten MYNARSKY (Polen), DITTMAR und REITSCH für ihren 351-km-Flug nach Hamburg.
– Den Preis für die größte Flughöhe erhielt ŻABSKY (Polen) mit 3 295 m absoluter Höhe vor DITTMAR mit 3 202 m.
– Den Preis für die längste Gesamtflugzeit erhielt FRENA (Österreich) mit 19:01:00 h.

Dieser erste internationale Segelflugwettbewerb fand somit einen glanzvollen Abschluß. Er verlief ganz nach den Wunschvorstellungen von Segelfliegern: ein ideales Fluggelände, gute Thermik, viele interessante Disziplinen, eine bis zum Schluß offene Situation mit spannenden sportlichen Auseinandersetzungen und ein kameradschaftliches Verhalten der Teilnehmer untereinander. Es gab im Prinzip keine Verlierer. Alle hatten wertvolle Erfahrungen für ihre weitere fliegerische Laufbahn gesammelt, hatten neue persönliche Bestleistungen und Rekorde aufstellen sowie Leistungsabzeichen erringen können. Der Sieg der deutschen Piloten in der Gesamtwertung wurde durch ihre Geländekenntnis, ihre größere Strekkenflug- und Wettkampferfahrung sowie das teilweise bessere Flugzeugmaterial erleichtert. Die größere Erfahrung erhöhte die Sicherheit flugtaktischer Entscheidungen besonders in schwierigen Situationen. Dennoch waren diese Leistungen für die anderen Konkurrenten nicht deprimierend; im Gegenteil, man fühlte sich angespornt, den Siegern nachzueifern.

Im Hintergrund dieses Wettbewerbs stand jedoch die furchtbare politische Problematik des deutschen Faschismus. Auf der einen Seite bemühte sich die Mehrheit der deutschen Segelflieger darum, gute Gastgeber und Fliegerkameraden zu sein, auf der anderen Seite bereitete der Faschismus Überfall, Krieg und Vernichtung gegen Länder von Piloten vor, die am Wettkampf teilnahmen. Wie die Olympischen Spiele von 1936, so diente auch dieser sportliche Wettbewerb den Machthabern zur außenpolitischen Aufwertung ihres Regimes und Tarnung ihrer verbrecherischen Absichten.

Nach Jahrzehnten des Abstandes zu diesen Ereignissen ist es möglich, auf das zeitgeössische sportliche Echo dieses Wettkampfes einzugehen, ohne damit eine Fehlorientierung im Sinne einer Abschwächung der ungeheuerlichen Verbrechen des Faschismus zu geben. Der Leiter der italienischen Beobachtergruppe, CAMILLO PERINI, sagte auf der Abschlußveranstaltung: «Sprachen zu können ist hier überflüssig, die Deutschen lesen uns alle Wünsche von den Augen ab!» [72, S. 225] Der Mannschaftsleiter Prof. Dr. BRUNT erklärte bei der gleichen Gelegenheit: «Die englische Mannschaft kam nicht mit großen Hoffnungen auf viele Preise auf die Wasserkuppe, sondern mit dem Auftrag, zu lernen und zu beobachten und weiterzukommen durch das Vorbild Deutschlands und anderer Länder.

Wir haben einen tiefen Eindruck bekommen von der Art und Weise, wie in Deutschland die Segelfliegerei betrieben wird und vor allem von der wunderbaren Organisation dieses Wettbewerbs. Den besten Eindruck während des Wettbewerbs machte auf die englischen Teilnehmer die Gastfreundschaft, Freundschaft und gute Kameradschaft, die uns von allen Seiten entgegengebracht wurde und wie wir sie bei allen unseren Besuchen in Deutschland finden durften!» [73, S. 102]

Eine positive Einschätzung der Internationalen Rhön nahm auch die OSTIV, die Nachfolgeorganisation der ISTUS, nach dem zweiten Weltkrieg vor. Im Jahre 1950 erklärte die OSTIV diesen Wettkampf nachträglich zur I. Segelflugweltmeisterschaft. DITTMAR wurde somit der erste Weltmeister in der Geschichte dieses Sports. Diese Würdigung galt den Bemühungen der beteiligten Segelflieger um das Gelingen dieses ersten großen internationalen Segelflugwettbewerbs und seiner Bedeutung für die Entwicklung des Segelfluges. Man trennte somit das bleibende Positive von dem negativen Vergänglichen, auch unter dem nicht ausgesprochenen Gesichtspunkt, daß faschistische Regimes kommen und gehen, ganze Völker mißbraucht werden können, das Schöpfertum, die Vernunft und Humanität einfacher Menschen aber bleiben werden.

6.11. Wandersegelflüge: Zielstreckenwettbewerbe in Etappen

Die schnelle Verbreitung des Gedankens des Zielstreckenfluges ließ die Idee des Wandersegelfluges aufkommen. Darunter verstand man einen Wettbewerb, in dem ausschließlich Zielstreckenflüge in Etappen auf einer vorgeschriebenen längeren Streckenführung absolviert wurden. Derartige Wettkämpfe dauerten 8 bis 14 Tage. Bei günstigem Wetter konnten zwei und mehr Etappen am Tag geflogen werden; ein «fliegender Start» war erlaubt, d. h., im Falle eines möglichen Weiterfluges brauchte der Pilot nicht zwischenzulanden. Aus der Summe der Tageswertungen ergab sich die Endwertung. Derartige Wettbewerbe konfrontierten die Piloten täglich mit neuen Fluggeländen und thermischen Bedingungen.

Für die erfolgreiche Bewältigung solcher Zielstreckenwettbewerbe waren flugtaktische Erfahrungen von noch größerer Bedeutung, andererseits führten sie auch zur schnellen Herausbildung solcher Erkenntisse. Weiterhin dienten sie der fliegerischen Erschließung neuer Gebiete.

Authentische Flugberichte von Teilnehmern besitzen daher in der Regel nicht nur darstellenden und historischen Wert, sondern sind gleichzeitig auch bleibende Quellen flugtaktischer und meteorologischer Erfahrungen, für die der Pilot, der sie liest und anzuwenden versteht, kein Lehrgeld mehr bezahlen muß.

Im Sommer 1936 veranstalteten die DFS, die DVL und die Akafliegs den ersten Wandersegelflug von Darmstadt über Würzburg, Nürnberg, München, Augsburg, Böblingen, Mannheim zurück nach Darmstadt (710 km). Diesen Wettbewerb gewann DITTMAR vor BAUR und OSANN. 1937 wurde parallel zum Rhön-Wettbewerb der zweite Zielstreckenwettbewerb Wasserkuppe–Berlin–Wasserkuppe (700 km) gestartet, den HEINZ

328 Der *Habicht* von Jacobs (1936). Das erste voll
kunstflugtaugliche Segelflugzeug.

Huth vor Hans Wiesehöfer für sich entschied. 1938 fand der dritte Zielstreckenwettbewerb von Westerland auf Sylt über
Flensburg, Kiel, Altona, Hagenow, Wittenberge, Brandenburg, Rangsdorf, Cottbus, Sorau (heute Zary), Liegnitz (heute
Legnica), nach Breslau (heute Wrocław)
über 820 km mit 23 Teilnehmern statt. Es
siegte Reitsch vor Schmidt und Beck.

Max Beck hat in seinem Flugbericht
über den letzteren Wettbewerb, er flog
eine *Mü–13*, eine Reihe von interessanten
flugtaktischen Erkenntnissen wiedergegeben, die davon zeugen, wie ernsthaft man
sich um die Beherrschung dieser wichtigen Seite des Segelfluges bemühte. Über
die höheren Anforderungen derartiger
Flüge an die Segelflugzeugführer schrieb
er: «Bei der Anwendung der richtigen
Taktik wird man bei manchen Wetterlagen gezwungen sein, zu ‹warten›, das
heißt an einer günstigen Stelle Höhe zu
halten, bis auf dem Kurs Weiterflugmög-
lichkeiten bestehen. Ja, es kommt mitunter vor, daß man vorteilhafter eine kurze
Strecke zurückfliegt, um nicht ‹abzusaufen›, und dann bei Besserwerden der
Thermik weitergeht. Der kürzeste Weg ist
nicht immer der Beste. ... Ein Umfliegen
von für den Segelflug ungünstigen Gelän-
den wird oft ratsam sein; trotzdem darf
man aber nicht zu weit vom Kurs abge-
hen. Damit stellt der Zielflug dem Segelflieger sehr schwere, aber auch interessante Aufgaben. Das Ziel spornt an zur
Ausdauer, macht den Flugzeugführer
härter und steigert die Leistungen. Das
Erreichen des Zieles ist der schönste
Lohn ...»

Über die Erfahrungen auf der ersten
Etappe Sylt–Flensburg schrieb Beck:
«Zwar bin ich etwas nach rechts vom
Kurs abgekommen, aber bei dem starken
Seitenwind ist mir das nur von Nutzen.
Bei der niedrigen Wolkenbasis heißt es
rasch handeln. Wolken anfliegen brachte
keinen Erfolg, man mußte diese im Entstehen erwischen und deshalb sonnenbeschienene Flächen anfliegen. Diese Taktik bringt mir Erfolg. Nach einer Stunde
Flugzeit überfliege ich als erster Flensburg. Nach zwei vorschriftsmäßigen
Linkskurven, Feststellung des ausgeleg-
ten Landezeichens und der Uhrzeit ziehe
ich gleich weiter in Richtung Kiel. Nun
macht mir der Seitenwind noch mehr zu
schaffen. Da bisher alles so gut ging, gehe
ich mit der gleichen Methode weiter. Das
schnelle Fliegen wird mir aber kurz vor
der Eckernförder Bucht, während einer
Flaute, zum Verhängnis. Meine geringe
Höhe reicht mir nicht über diese Zeit, und
ich muß nach mühsamer ‹Bodenakroba-
tik› im Gutshof ‹Staun› landen. Genau im
Hof setze ich mich hin und kann dann
über mir neue große Kumuluswolken be-
staunen. Also zurück nach Flensburg, wo
sich fast sämtliche Teilnehmer einfin-
den ...»

Auch der Weiterflug von Flensburg brachte neue taktische Erfahrungen. Am 2. Juli ging es bei schwacher Kumulusbewölkung mit einer Basis von nur 400 bis 500 m Höhe nach Kiel weiter. Im Blindflug in geringer Höhe kam BECK so weit auf die Ostsee hinaus, daß er im Gleitflug gerade noch den Strand zur Landung erreichen konnte: «Meine Transportmänner schaffen eine fabelhafte Leistung, um 14.00 Uhr kann ich schon wieder in Flensburg starten. Durch hohe Schichtbewölkung ist die Sonneneinstrahlung stark behindert, und ich finde keinen Anschluß. Von den übrigen zwölf Teilnehmern wird der Tag als aussichtslos aufgegeben, doch ich versuche es noch einmal. Um 15.30 Uhr starte ich und habe Glück, die Sonne kommt für kurze Zeit durch, und ich ‹schleiche› mich in 200 bis 300 m Höhe bis nach Eckernförde. Es geht so langsam, daß mich meine Mannschaft von der Landstraße aus laufend verfolgen kann. Sie stellten sich schon wieder an einer geeigneten Landewiese auf, um mich in Empfang zu nehmen, doch ich möchte nicht ein drittes Mal an der gleichen Stelle ‹absaufen›. Mit meiner letzten Höhe versuche ich, auf jeden Fall die andere Seite der Bucht zu erreichen und fliege übers Wasser. Was ich nicht erhofft habe, tritt ein: genau über dem Wasser bekomme ich Steigen. Erst nur sehr wenig, doch nach einigen Kreisen geht das Variometer auf fast 1/2 m/s (Aufstieg der über Land erwärmten Luftmasse an dem «Kaltluftberg», der sich über dem kühleren Wasser befindet, d. Verf.). Langsam aber sicher schaffe ich noch 700 m, was bis zum Flugplatz Kiel-Holtenau reicht, wo ich etwa um 18.00 Uhr lande. Man hat mich schon längst als ‹abgesoffen› betrachtet, und ich freue mich, wieder zur Spitze aufgerückt zu sein.

Ähnliches Wetter wie an den Vortagen haben wir am 3. Juli in Kiel. Erst spät am Nachmittag gelingt mir ein Start. Mit 1 m/s steige ich nach dem Ausklinken weiter und komme gleich gut weg. In Neumünster scheint es wieder zu Ende zu sein. Schon sehe ich einige Kameraden wieder landen. Mit Sonneneinstrahlung ist es aus, es kann also nur noch Ausstrahlung in Frage kommen. Ein kleines Waldgebiet rettet mich vor der Landung, und mit Null auf dem Variometer suche ich in niedriger Höhe mühsam den Kern des Aufwindes. Nach einigen Dutzend Kreisen geht es endlich aufwärts, erst langsam, doch allmählich mit fast 1 m/s. Da es das letzte ist, was ich heute finden kann, muß ich jeden Meter Höhe mitnehmen. Bis auf 1800 m reicht es mir, und dann gehe ich im gestreckten Gleitflug mit sehr wenig Fallen in Richtung Hamburg, wo ich am Zielkreis lande. Dort angekommen treffe ich KURT SCHMIDT, der es auch geschafft hat …»

Von Hamburg-Altona ging es weiter nach Hagenow: «Gute Thermik von 2 bis 3 m/s Steigen gibt mir die Möglichkeit, gegen den starken Wind anzukommen. Nach drei harten Stunden erreiche ich mit genügend Höhe Hagenow und gehe gleich weiter in Richtung Wittenberge. Nun habe ich genau Gegenwind von gut 40 km/h. Obwohl die Thermik immer besser wird und die Basis auf 2000 m steigt, komme ich doch nur langsam vorwärts. Jetzt heißt es, die richtige Taktik anwenden. Bei schwachen Aufwinden halte ich mich nicht mehr lange auf; was unter 2 m/s ist, lasse ich liegen. Im Geradeausflug drücke ich auf 90 km/h. Einige Male werde ich aber doch in geringerer Höhe gezwungen, auch schwache Aufwinde auszukreisen, um nicht ‹abzusaufen›. Dabei werde ich erheblich nach rückwärts versetzt. Mit viel Mühe erreiche ich nach 6 1/2 Stunden Flugzeit den Zielkreis um Wittenberge. Es war eine der schwersten Teilstrecken des ganzen Wettbewerbs.

Bei einem Flug mit diesem Wind im Rücken hätte das einer Strecke von etwa 400 km entsprochen. Außerdem wäre bei Rückenwind ein Weiterfliegen von 1 bis 2 Stunden möglich gewesen …»

329   *Mü-13* von SCHMIDT
und SCHEIBE (1936).

Brandenburg und Rangsdorf wurden auf ähnliche Weise erreicht: «Schon früh um 10.00 Uhr starte ich am nächsten Tag (in Rangsdorf, d. Verf.), komme gleich auf 800 m Höhe und gehe sofort in Richtung Cottbus auf Strecke. Enttäuscht mache ich erst einen Gleitflug bis auf 50 m Höhe. Schon suche ich mir ein geeignetes Landefeld aus, da sehe ich in letzter Sekunde an einem Waldrand einen Bussard ruhig seine Kreise ziehen. Rasch kurve ich und fliege darauf los. Ich habe Glück, sofort geht es aufwärts. Mit 3 m/s Steigen komme ich rasch auf Höhe und an die Wolkenbasis. Bei nunmehr guter Thermik schaffe ich jetzt fast mühelos erst Cottbus ... anschließend Sorau (heute Zary, d. Verf.). Dort geht gerade ein leichter Regenschauer nieder ... Nach einer ‹Zwangspause› von etwa einer Stunde bildet sich ohne Einstrahlung etwas Frontartiges über dem Platz. Sofort lasse ich mich hochschleppen, und nach dem Ausklinken steige ich mit 3 bis 4 m/s. Rasch komme ich an die Wolkenbasis und lasse mich in die Wolke hineinziehen. Bis auf 1800 m steige ich in ihr hoch und komme dann seitlich heraus. Mit sehr

330   Die Führerkabine der
Mü-13 Atalante (1936).

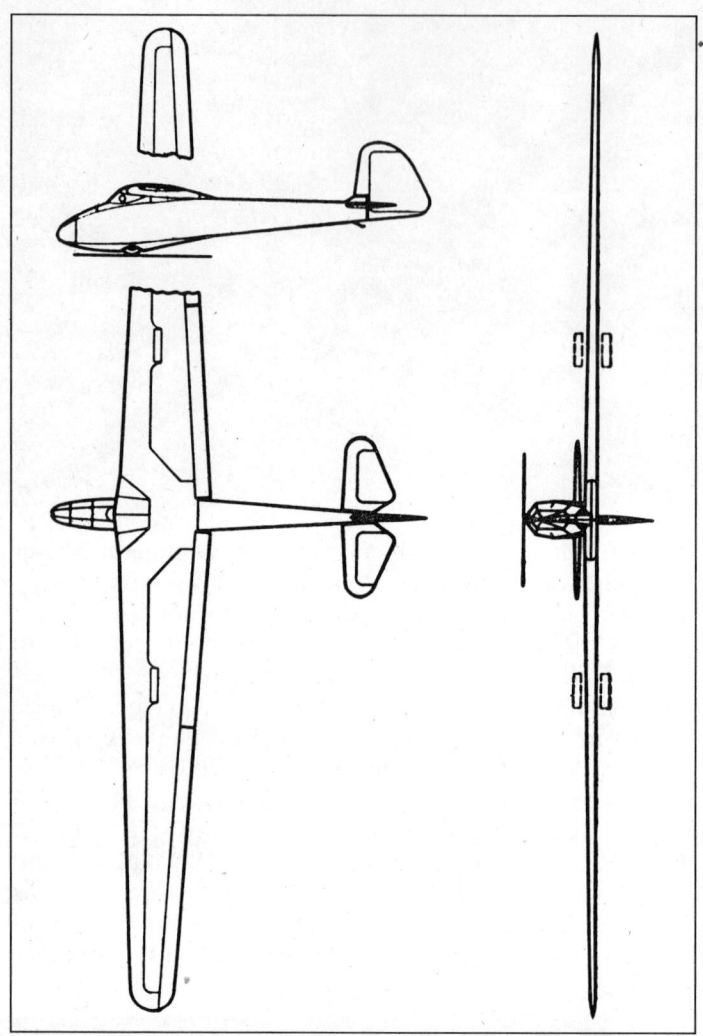

331   *Mü-13* (1936).

wenig Fallen, teilweise Null auf dem Variometer, gleite ich auf meinem Kurs weiter. Ruhig zieht mein Vogel über das große Waldgebiet, kaum an Höhe verlierend. Es dauert nicht lange, da entdecke ich links und rechts von mir, teils höher, teils tiefer, meine drei anderen Kameraden. Vier *Mü-13* ziehen lautlos ihren Kurs dahin. Kein Sonnenstrahl zeigt sich, das Auge hängt am Variometer und Fahrtmesser. Es gilt keinen Meter zu verschenken. Obwohl es noch nicht spät ist, haben wir eine Art Abendthermik. Das große Waldgebiet strahlt gleichmäßig die aufgenommene Wärme aus. Es reicht

nicht zum Kreisen, aber man kann mit seiner Höhe sehr weit gleiten. Durch dieses Ausstrahlen komme ich ohne Kreisen bis nach Haynau (heute Chojnów, d. Verf.). Dort hole ich mir über der Stadt noch einige hundert Meter Höhe und komme damit bis zum Flugplatz Liegnitz (heute Legnica, d. Verf.). In kurzen Abständen trudelt dort der ‹Bund der Freunde›, wie man uns vier *Mü-13*-Flieger (HOFMANN, SCHMIDT, WIESEHÖFER und mich) nannte, ein ...

In Liegnitz verhindert ein leichter Sprühregen das Weiterfliegen ... Auch am nächsten Tag bleiben bei leichtem

Regen sämtliche Starts ohne Erfolg. Trotzdem gibt es für uns eine Überraschung. Während wir unsere vergeblichen Starts einstellen, erscheint plötzlich in etwa 500 m Höhe über dem Platz EUGEN WAGNER mit seiner *Minimoa*. Da in der ganzen Umgebung kein Sonnenstrahl durchkommt und es dazu noch leicht regnet, bleibt es uns vorerst ein Rätsel ... Als sich WAGNER in Sorau hochschleppen ließ, fand er nach dem Ausklinken zunächst nur kleine ‹Sachen›. Als er eben wieder zur Landung umkehren wollte, bemerkte er in der Nähe einen Waldbrand, der gerade im Entstehen war. Starke Rauchwolken steigen nach oben. Kurz entschlossen fliegt er darauf los und schraubt sich über diesem Brandherd ganz nett hoch. Zwar muß er manchmal wegen der starken Gasentwicklung aus dem Aufwind heraus, um etwas frische Luft zu schnappen, aber er geht dann immer wieder hinein, bis er eine stattliche Höhe erreicht hat. Und mit dieser Höhe kommt er bis Liegnitz. Einige Witzbolde meinten, WAGNER habe wohl den Brand besonders für sich anlegen lassen, da er ... hier sozusagen zu Hause sei. Immerhin eine neue Segelflugmöglichkeit: ‹Waldbrandthermik›.

Nun waren wir fünf Mann dicht vor dem Ziel Breslau (heute Wrocław, d. Verf.) und warteten auf den Endspurt. Am 12. Juli gelingt mir der letzte Flug. Mit mäßiger, aber ausreichender Thermik komme ich verhältnismäßig leicht über die Strecke. Kurz vor Breslau erlebe ich noch einmal ein paar kritische Minuten. In geringer Höhe kreisend, erreiche ich dann doch den Stadtrand, die Gefahr ist vorüber, und jetzt bekomme ich noch mehr Steigen, als ich benötige. Da ich noch bis 13.00 Uhr Zeit habe, sehe ich mir erst einmal die Stadt etwas von oben an und fliege dann meiner Mannschaft ... entgegen. Etwa 10 km vor Breslau sehe ich den Wagen dahinrollen. Bald haben auch meine Leute mich entdeckt, und wir ziehen gemeinsam dem Platz zu, wo ich um 12.00 Uhr lande ... In einer Gesamtflugzeit von etwa 30 Flugstunden habe ich rund 1 000 km zurückgelegt, was einer Durchschnittsgeschwindigkeit von etwa 35 km/h entspricht ... erklärlich durch das besonders zu Beginn ... herrschende schlechte Wetter, das Fliegen mit Seitenwind und ... starkem Gegenwind. Um wertvolle Erfahrungen reicher, rolle ich am nächsten Tag wieder nach Süden.» [77, S. 98 ff]

Eine Bemerkung muß noch zu dem Thermikanschluß in nur 50 m Höhe gemacht werden. Segelflieger, die nach der Einsitzermethode ausgebildet worden waren, beherrschten das Fliegen in Bodennähe absolut und kannten die optischen Eindrücke, die Flugmanöver in geringen Höhen erzeugen. Deshalb blieb in dieser niedrigen Flughöhe das Risiko für sie relativ gering, wenn sich nur ein Landefeld in unmittelbarer Nähe befand. Für Segelflieger, die in der Doppelsitzerschulung in größeren Flughöhen ausgebildet worden sind, kann dieser Flugstil jedoch lebensgefährlich werden.

Der letzte Wandersegelflug fand vom 18. Juni bis 2. Juli 1939 statt und wurde auf der Strecke von Freiburg im Breisgau nach Stettin (heute Szczecin) über 840 km ausgetragen. 22 Segelflieger nahmen an ihm teil, und trotz des ungünstigen Wetters erreichten 14 Teilnehmer das Ziel. Eine weiterentwickelte Punktbewertung ergab folgende Plazierung:

1. SCHMIDT (München)
   auf *Mü–13*   560 Punkte
2. BRÄUTIGAM (Dresden)
   auf *Weihe*   531 Punkte
3. FLINSCH (Darmstadt)
   auf *D 30*   466 Punkte
4. HUTH (Hamburg)
   auf *Reiher*   450 Punkte

Der spätere Sieger der XX. Rhön, ERWIN KRAFT lag mit 354 Punkten erst an 10. Stelle.

6.12. Die «Gewitter-Rhön» 1938 und die Stiftung der Gold-C und der Lilienthal-Medaille

Die «Gewitter-Rhön» 1938

Die XIX. Rhön, die bei hervorragendem Segelflugwetter stattfand, ist als «Gewitter-Rhön» in die Segelfluggeschichte eingegangen. Meteorologisch war sie durch gute Thermik bei relativ schwachen Winden und Wärmegewitter gekennzeichnet. Gewittertürme von schauriger Schönheit standen über der Wasserkuppe, neben den die bisher genutzten Frontgewitter wie Miniaturausgaben erschienen wären; die Gewitterwolken reichten teilweise bis in 13000 m Höhe! Allein bei 72 Flügen konnte eine Startüberhöhung von mehr als 3000 m erzielt werden. 8000 m Höhe über NN wurden erreicht, und WALTER DRECHSEL (Berlin) stellte am 5. August 1938 mit 6687 m Startüberhöhung einen neuen Weltrekord auf. ROMEIS und SCHILLINGER hatten auf *Kranich* mit 4510 m Startüberhöhung in der Doppelsitzerkategorie am 3. August 1938 ebenfalls eine Weltbestleistung erreicht. Bedauerlicherweise waren drei Besatzungen gezwungen gewesen, ihre Flugzeuge im Notabsprung zu verlassen, und der bekannte Höhenflugspezialist und Pilot der HORTEN-Nurflügler, WERNER BLECH (Breslau, heute Wrocław), mußte bei einem dieser Flüge sein Leben lassen.

Die 60 Teilnehmer erzielten auch ausgezeichnete Streckenflugergebnisse. Es konnten fünf Flüge über 400 km, mehr als 20 Flüge über 300 km sowie eine größere Anzahl von Zielstreckenflügen über 200 km absolviert werden, und die Flugziele lagen diesmal in allen Himmelsrichtungen. Berlin wurde erstmals und gleich von einem Geschwader von 18 Seglern erreicht.

Besonders eindrucksvoll war es für die zahlreichen Zuschauer, wenn ein Gewitter in der Nähe der Wasserkuppe entstand und ein Wettkämpfer nach dem anderen die Gewitterwolke «anhechtete», um sich mit seiner Maschine «aufsaugen» zu lassen. Leidenschaft, Kaltblütigkeit, Mut und Einsatzbereitschaft, Beherrschung des Blindfluges und der Steuertechnik in allen Fluglagen sowie eine ausgereifte, sichere Segelflugzeugtechnik gehörten zu den Voraussetzungen für derartige Leistungen.

Die Gefahren, die ein Gewitterflug mit sich bringen kann, zeigen Auszüge aus einem Flugbericht von ROMEIS, dem Gesamtsieger in der Doppelsitzerklasse: «Ruhig und wie ausgestorben lag die Wasserkuppe, als ich am Morgen des 6. August von meinem Überlandflug des vorhergehenden Tages zurückkam ... Vierzehn schöne, wunderschöne Tage für die Besucher und ebenso schwere und anstrengende für die Beteiligten lagen hinter uns. Tiefblauer Himmel und am Horizont die ersten Sonnenstrahlen kündeten einen erbitterten Endkampf an. Nur ein paar Stunden Ruhe durfte ich mir gönnen ... Mit ganz besonderer Liebe und Sorgfalt hatte meine Mannschaft den *Kranich* gewaschen und gebohnert. Es war eine Freude, ihn anzusehen und auf einem so schönen, gepflegten Stück fliegen zu dürfen ... Nach all den drückend heißen Tagen konnte eine Explosion ja nicht mehr lange auf sich warten lassen – und sie kam! Schneller und kräftiger, als wir Segelflieger es erhofft hatten.

Um 13.07 Uhr ging es im Flugzeugschlepp auf 100 m, dann hieß es Aufwind finden. Ich hatte Glück; zwar waren es nur 20 cm/s, die ich stieg ... Vorsichtig kreiste ich weiter, und bald zeigte mein Variometer 1 m/s Steigen an. Über mir entstand eine Wolke. Gleichmäßig und sicher stieg der *Kranich* höher. Die Wolkenbasis lag bei 1400 m ... kurz entschlossen ließ ich meinen *Kranich* in die Wolken hineinsteigen ... Ich war fast täglich kurze Zeit blind geflogen ... Alles ging wunderbar ... 3000 – 4000 – 5000 m Höhe waren mit unglaublicher Schnellig-

332 *Kranich II* über den Wolken.

keit erreicht. Noch einige Kreise, und wir waren in 6000 m Höhe. Das schien mir genug ... Nun hieß es Nordkurs fliegen.

Da plötzlich ging ein Rütteln und Schütteln durch meinen *Kranich*. Ich brauchte meine ganze Kraft, um das Flugzeug in der Hand zu behalten, und es war eisig kalt geworden. Alle Instrumente waren im Nu vereist und versagten. Es fehlte mir jeder Anhaltspunkt für die Lage des Flugzeuges. Dabei prasselte der Hagel wie Maschinengewehrfeuer auf die Tragflächen. Ich versuchte den Eisansatz im Profil zu kontrollieren (durch ein Schiebefenster, d. Verf.) und bekam ein Hagelkorn mit solcher Wucht auf das linke Auge, daß einige Äderchen platzten und sich das linke Auge vollkommen schloß. Nur noch auf einem Auge sehend, war ich heilfroh, als ich mich wieder im Aufwindfeld befand ... Ich kurbelte und versuchte die Wolke zu übersteigen ... Ich stieg auf 8000 bis 8400 m, und immer noch war das Variometer im Anschlag nach oben. Nun traten leichte Atembeschwerden auf, und ich mußte meinen Plan, die Wolke zu übersteigen, endgültig aufgeben und versuchen, sofort aus der Wolke herauszukommen. Aber vergeblich! Schon nach kurzem Geradeausflug war ich wieder in der Böenzone. Der arme *Kranich* war ein Spielball in einem großen Wasserstrudel. An ein Parieren oder Ausgleichen war nicht zu denken, so stark waren die Böen. Da...

saßen mein Kamerad und ich vollkommen machtlos in unserem *Kranich* und harrten der Dinge, die da noch kommen sollten.

Plötzlich vernahm mein Ohr ein leises, dann immer stärkeres Knacken, und ich traute meinen Augen nicht, die linke Tragfläche war verschwunden. ‹Aussteigen!› konnte ich meinem Kameraden SCHILLINGER gerade noch zurufen, dann hieß es sich losschnallen und über Bord springen. Beim Öffnen des Fallschirmes verspürte ich einen ungeheuer kräftigen Entfaltungsstoß, und die Oberschenkelgurte wie auch der Brustgurt waren vollkommen durchgerissen ... Der Doppel-D-Ring des Oberschenkelgurtes, der nun lose an einem Karabinerhaken hing, gab ein leises Klirren von sich, worauf ich gefühlsmäßig beide Arme vor der Brust schloß. Nur dieser Bewegung verdanke ich es, daß ich nicht sofort aus den Gurten herausfiel, sondern an beiden, bis auf etwa 1 cm durchgerissenen Schultergurten, hängenblieb ... Zum Glück wurde ich nicht von neuem hochgerissen ... sondern ich sank langsam in einem Abwindschlauch tiefer ...

Etwa 25 bis 30 Minuten waren seit dem Aussteigen vergangen, bis ich auf einer steinigen Kuppe, nach mehrmaligem Überschlagen wieder Boden unter den Füßen hatte. Einige Zeit lag ich still, dann kehrten allmählich die Kräfte wieder, und es gelang mir unter unsäglichen Mühen, mich langsam aufzurichten ... Über den Verbleib meines Kameraden SCHILLINGER war ich bis jetzt immer noch im unklaren. Aber bald konnte ich mich persönlich auch von seiner Rettung überzeugen. Schon ziemlich stark höhenkrank, war es ihm nicht gelungen, in 8400 m Höhe ebenfalls auszusteigen, sondern er stürzte mit dem Flugzeug ab. Schätzungsweise 5000 m Höhe waren durchfallen, bis es auch ihm gelungen war, die Anschnallgurte zu lösen. Der entstandene Sog besorgte den Rest und riß ihn aus dem Flugzeug heraus ...

Nicht alle Flüge sind so spannend und enden so glückhaft. Eine Höhe von 8400 m mit einem Segelflugzeug in einer solch dramatischen Weise zu erreichen, ist nur wenigen vergönnt. [77, S. 139 ff]

WOLFGANG SPÄTE, der mit 3855 Punkten Sieger dieses Wettbewerbs vor KURT SCHMIDT mit 3613,5 Punkten in der Einsitzerklasse geworden war, schrieb über seinen Wolkenflug am letzten Wettbewerbstag ebenfalls einen sehr anschaulichen, humorvollen und selbstkritischen Bericht:

«... Wir lagen mit knappem Abstand voneinander an der Spitze der Wertungsliste, KURT SCHMIDT und ich. Dieser Sonnabend entschied über den Sieg. Jeder mußte nun die letzten Reserven einsetzen ... Eben kam SCHMIDT noch einmal zu mir, begrüßte mich und meinte: ‹Interessant, was, wie wir uns beide das Leben schwer machen?› ‹Gewiß›, gab ich zurück, ‹leider gar zu interessant. Aber du hast angefangen.› ... ‹Wer heute zuletzt aufhört, hat voraussichtlich gewonnen.› ‹Also dann, bis heute abend!› ‹Bis heute abend; Hals und Bein!›

Klick machte die Kupplung, der Ring des Schleppseiles fiel heraus ... Vornübergebeugt starrte ich auf das Variometer, während der *Reiher* gehorsam in den Linkskreis ging. 5 Sekunden, 10, 15 vergingen, immer noch hatte ich ‹2 m/s Steigen›. Aufatmend stellte ich fest, daß ich ‹Anschluß› hatte, lehnte mich bequemer zurück und maß die Wolke über mir mit ein paar abschätzenden Blicken. Guter

333   KURT SCHMIDT, OSKAR URSINUS und WOLFGANG SPÄTE (1938, von links nach rechts).

Durchschnittskumulus war das Urteil. Hoppla, alter Junge, beinahe wären wir aus dem Aufwind herausgeraten! Doch schon hatte ich den ‹Bart› wieder. 2, 3, 4 m: Schön, wie ihr mir das Steigen anzeigt, ihr beiden Variometer! Vielleicht bekommt heute auch das kleinere von euch mit dem Meßbereich bis 20 m/s Arbeit ... Sollte ich meinen Ohren trauen? Es donnerte laut und vernehmlich. Jetzt sah ich auch schon Blitze zischen, und der harmlose Kumulus von vorhin hatte riesige Ausmaße und einen finsteren Bauch erhalten. ‹Höhe wird heute nicht mehr gewertet›, überlegte ich mir. ‹Wenn ich aber mit aller Vorsicht in diesem Gewitter 4000–5000 m hochsteige, dann kann ich über 100 km im Gleitflug zurücklegen, und auf Streckenleistung kommt es ja an. Also, ‹rein ins Vergnügen!›

‹Siehst du›, sagte ich zu mir selbst, ‹die Rechnung stimmt. 4000 m haben wir schon. 15 m steigt die ‹Kiste› pro Sekunde, wenn ich dem kleinen Vario trauen darf; jetzt haben wir sogar schon 5000 m. Noch ein Kreis – was, schon Abwind? Schadet nichts, 5500 m ist Höhe genug. Vorsichtig, das sind ja ganz unerhörte Böen! Rasch, da ist eine Lücke im ‹Dreck›, raus aus der Waschküche!›

334   Der *Reiher* von Jacobs (1937).

Da waren wir also draußen, wenn auch fast von allen Seiten von Wolken eingeschlossen. Von oben beschien die Sonne ganz friedlich die Wolkenballen um mich her, genau unter mir lagen die Gebäude der Wasserkuppe. (So klein hatte ich sie noch nie gesehen.) Aber ausgerechnet im Nordwesten, wohin ich fliegen wollte, schoß das Gewitter mit mächtigen Türmen in die Luft. Umfliegen war bei seiner Ausdehnung zwecklos, meine ganze Höhe hätte ich dabei eingebüßt. Blieb nur die Möglichkeit, im Blindflug quer hindurch zu stoßen, eine Folgerung, die ich sonst ohne weiteres in die Tat umgesetzt hätte. Diesmal zauderte ich einen Augenblick. Der Wolkenkoloß da vor mir war mir nicht recht geheuer.

Doch dann gab ich mir einen Ruck, nahm … Nordwestkurs und stach wieder hinein in die graue Wolkensuppe. Kaum 200 m war ich schätzungsweise eingedrungen, da empfing mich eine Bockigkeit, daß ich am liebsten wieder kehrtgemacht hätte. Ein letzter heftiger Böenschlag – dann war ich plötzlich in ein breites Gebiet mit ruhigem Aufwind von enormer Stärke gelangt. Beide Variometer schlugen an – ich stieg mit mehr als 20 m/s. Das machte mir Spaß, und ich

flog erst noch schnell einmal einen Kreis. Als ich nach wenigen Augenblicken auf meinen Höhenmesser blickte, rückte dessen Zeiger gerade mit ungeahnter Eilfertigkeit über die 6 000-m-Marke. Schleunigst nahm ich jetzt den Geradeausflug in Nordwestrichtung auf. Ich hatte genug vom Gewitteraufwind. Während ich aber sonst nie lange Zeit brauchte, um aus einer Wolke herauszukommen, kam ich hier – oh Schreck – beim besten Willen nicht einmal aus dem Aufwind heraus. Ich flog und flog nach Nordwest, Sekunden, höchstens Minuten, aber sie wurden zur Ewigkeit. Denn mit jeder Sekunde stieg mein *Reiher* mehr als 20 m höher … während ich nur noch mit Mühe meinen Kurs einhalten konnte. Immer nach Nordwesten fliegen, das war das einzige, was mir zu tun übrigblieb, um zu verhindern, daß ich in Höhen hinaufgerissen wurde, in denen ich nicht mehr atmen konnte. Immer mal kam eine gewaltige Bö über mich hergefallen, gleich darauf ging es aber wieder weiter fahrstuhlartig nach oben … Es war wie auf einer Springprozession: drei Schritte vorwärts, zwei Schritte zurück …

Langsam war mir nun der Aufenthalt in dieser – wie es schien – endlos großen Wolke ungemütlich geworden, besonders auch deshalb, weil mir speiübel zumute war. Ich bin im Laufe der Jahre beinahe

10 000 km im Segelflugzeug über Land geflogen und noch nie dabei luftkrank geworden. Hier aber tanzten mir Sternchen vor den Augen, der Magen schien in die Kehle zu rutschen, und ein Gefühl lag in allen Gliedern, als wäre ich sinnlos betrunken. Hätte ich auf den Höhenmesser geblickt, so hätte ich gesehen, daß ich über 7 000 m hoch war. Ich litt an Sauerstoffmangel ... ‹Was ist denn los?› rief ich laut in meiner Kabine vor mich hin, ‹hört denn die verdammte Wolke überhaupt nicht mehr auf?› Aber sie hörte nicht auf, es wurde vielmehr mitunter schwarz und dunkel wie die Nacht ... Sonst hatte ich das Alleinsein im Segelflugzeug, die grandiose Einsamkeit des Wolkenfluges geradezu geschätzt und geliebt. Ihretwegen war mir der Segelflug wertvoller und schöner als jeder andere Sport erschienen. Hier aber hatte ich ja ‹Einzelhaft› in der Wolke, und das ging mir auf die Nerven. Schließlich tat ich dann, was WOLF HIRTH mir einmal für solche Fälle als Beruhigungsmittel geraten hatte. Ich redete mit mir selbst. Erst sanft, wie zu einem Kinde: ‹Ruhig, alter Knabe, Kopf hoch – halt den Zeiger schön in der Mitte – so – die Kugel auch – drücken – gut so – und jetzt auf Nordwestkurs gehen – siehst du es wird schon.› Und als es so mit sanfter Überredungskunst noch nicht ganz zufriedenstellend ging, da gab ich mir Befehle wie ein rauher Feldwebel: ‹Reiß dich zusammen, SPÄTE, so kann das nicht weitergehen! Augen auf, und einen vernünftigen Kurs gesteuert! Eine Schweinerei ist das, wie du hier fliegst.› Und siehe da, nun ging es schon viel besser.

Mittlerweile war ich endlich in ein Abwindgebiet gekommen und fiel in wenigen Minuten auf 4 000 m herab. Zwar befand ich mich immer noch in der Wolke, die Maschine war faustdick vereist – aber ich kriegte doch wenigstens Luft. Zweimal trug es mich bis auf 6 000 m wieder empor. Aber ich gab mir laut meine Befehle und hielt nun unbeirrbar meinen Kurs. ‹Einmal scheint die Sonne wieder›, erzählte ich mir immer wieder, und wirklich – nach über einer Stunde Blindflugzeit sah ich unseren himmlischen Licht- und Wärmespender wieder. Noch nie hatte mich sein Anblick so erfreut wie diesmal ...

Hinter mir stieg steil und drohend die Gewitterwand empor, unter mir brodelten noch Wolken ... In großer Höhe – 10 000 m schätze ich – breitete sich das Gewitter zu einem mächtigen Cirrusschirm aus, der wie ein riesiger Pilz einen weiten Umkreis überdeckte. Voller Interesse betrachtete ich mir diese seltsame meteorologische Erscheinung, da entdeckte ich, fast über mir, ein schwarzes Pünktchen in dem Cirrusschirm. Das Pünktchen wurde rasch ein Punkt, ein Kreis – heiliger Strohsack! – da kam ja einer aus ungeahnter Höhe mit dem Fallschirm herunter. Mit gespreizten Armen und Beinen hing ein Mensch unter der weiß leuchtenden Kuppel des seidenen Schirmes. Armer Kerl, wirst nicht schlecht frieren, dachte ich bei mir, aber helfen kann ich dir leider nicht, wenn wir auch im Augenblick kaum 100 m voneinander entfernt sind!

Durch die zusätzliche Eislast sank ich vorläufig mit meinem *Reiher* wie ein ‹Klavier› (Gleitzahl 1: « Klavier aus dem fünften Stockwerk», d. Verf.) und mußte sehen, daß ich wenigstens aus dem Abwind des Gewitterrandes herauskam. Also machte ich mich in alter Richtung davon, der Schirm aber tauchte rechts hinter mir gespenstisch in tiefer liegende Wolken unter.

Die Zeit der Gewitterdurchquerung war mir als eine Unendlichkeit erschienen. Halb Deutschland mußte ich überflogen haben. Wie vor den Kopf geschlagen stellte ich nach einiger Zeit aus 2 000 m Höhe fest, daß ich erst bei Alsfeld ... also knapp 50 km zwischen mich und die Wasserkuppe gebracht hatte. Nun mußte ich noch weiterzufliegen versuchen und hatte wahrhaftig nicht die mindeste Lust mehr. Fürs erste zog ich mal meine

Thermosflasche hervor. Nach einem kleinen Frühstück mochte die Welt wieder rosiger aussehen und die Freude am Fliegen wieder zurückgekehrt sein ...

Gerade wischte ich mir den Mund ab und wollte in einem ‹Bart› zu einer Wolke hinaufkreisen, da erschien über mir eine *Mü–13*, ein Segelflugzeug des gleichen Typs, den KURT SCHMIDT flog, und verschwand in der Wolke ... wenn er es war, dann durfte ich nicht locker lassen, mußte auch noch einmal in die Wolken. Schon bei dem Gedanken daran schüttelte ich mich vor Widerwillen, und als ich an der Wolkenbasis anlangte, flog ich erst noch einmal davon. Aber die *Mü – 13* war hinein gegangen, auch ich mußte noch einmal in einen Kumulus, sonst kam ich nicht bis zu jener Wolkenstraße, die sich in etwa 40 km Entfernung dahinzog ... und dann – ja, und dann war ich doch auf einmal wieder in einer Wolke drin.

Bis auf 3000 m stieg ich noch, dann mußte ich abbrechen. Beim besten Willen konnte ich nicht mehr anständig blindfliegen. In langgestrecktem Gleitflug strebte ich der Wolkenkette im Norden zu. Je länger ich flog, desto weiter schien sie sich aber zu entfernen. Schließlich war ich in ein waldiges Tal geraten. Eingekesselt zwischen steilen Berghängen schlängelte sich eine Straße dahin. Im rechten Augenblick erschien eine Wiese, eine steile Kehrtkurve, da lag mein *Reiher* auch schon ruhig im Grase. Ein Glück, daß eine Mühle in der Nähe war. Schlafen, nur schlafen wollte ich, nachdem ich meine Landung der Wasserkuppe gemeldet und mein Segelflugzeug demontiert hatte ...» [77, S. 49ff]

Die Stiftung der Gold-C und der LILIENTHAL-Medaille

Die Leistungen im Strecken- und Höhensegelflug waren in den letzten Jahren so sprunghaft angestiegen, daß das Bedürfnis nach einem neuen Segelflugleistungs-

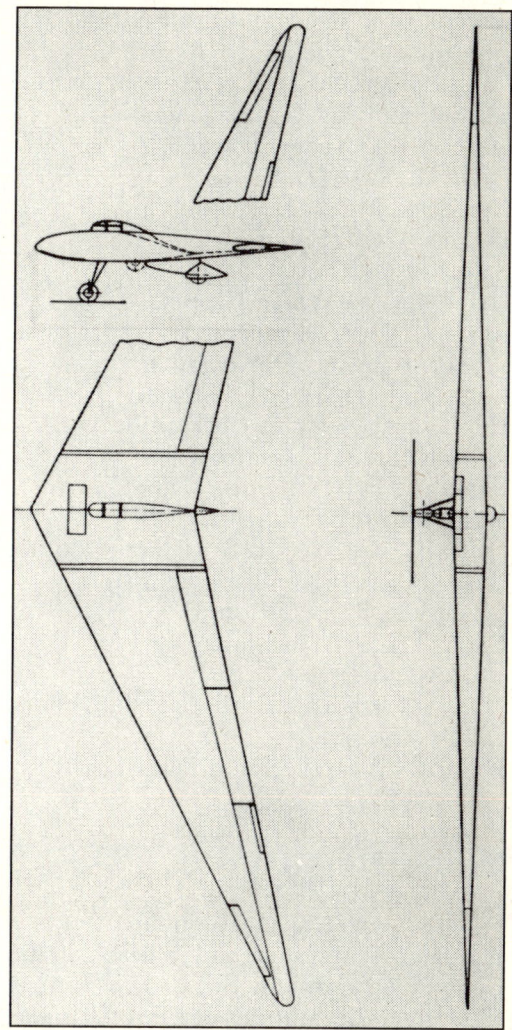

335 *Horten III* (1937).

abzeichen immer stärker wurde und die ISTUS dieser Notwendigkeit entsprach. Auf Antrag der ISTUS beschloß die FAI 1938 die Stiftung der Gold-C. Die Bedingungen für sie waren:

1. Besitz der Silber-C oder Nachweis eines Fluges von über fünf Stunden Dauer,
2. ein Streckenflug von 300 km Länge und
3. einen Höhengewinn von 3000 m.

Bis Mai 1945 lagen Verleihung und Zählung der Gold-C- wie der Silber-C-

Abzeichen in der Hand der FAI, danach ging die Vergabe an die Aero-Klubs der Länder über. Bis zum genannten Datum wurden 42 Gold-C-Abzeichen verliehen. Die ersten 15 Träger waren:

HEINI DITTMAR (Darmstadt),
HERMANN ZITTER (Darmstadt),
PHILIPP WILLS (London),
ERIC NESSLER (Paris),
HEINZ PETERS (Wasserkuppe),
RUDOLF OPITZ (Darmstadt),
WOLFGANG SPÄTE (Darmstadt),
KARL SCHIEFERSTEIN (Darmstadt),
HEINRICH (HEINZ) HUTH (Hamburg),
ARNO KÜHNOLD (Laucha),
PETER VAN HUSEN (Grunau, heute Jeżów),
KURT SCHMIDT (München),
OTTO BRÄUTIGAM (Groß-Rückerswalde),
FRANZ POMPER (Königsberg i. Pr., heute Kaliningrad) und
EUGEN WAGNER (Breslau, heute Wrocław).

Die nächsten ausländischen Träger der Gold-C waren:
HERMANN WINTER (Südafrikanische Republik),
ROBERT STANLEY (USA),
CHESTER DECKER (USA),
JOHN ROBINSON (USA), und
HASSAN SAYED KAMIL (Ägypten).

Auf Vorschlag der ISTUS beschloß die Generalversammlung der FAI im Januar 1938 auch die Stiftung der internationalen LILIENTHAL-Medaille, der höchsten Auszeichnung, die diese Organisation auf dem Gebiet des Segelfluges zu vergeben hat. Sie wird für eine überragende Segelflugleistung im Verleihungsjahr oder für das Gesamtwerk einer Persönlichkeit verliehen, die sich um den internationalen Segelflug verdient gemacht hat. Mit der Stiftung dieser Medaille ehrte die FAI die unvergänglichen Verdienste OTTO LILIENTHALS. Ihr erster Träger war TADEUSZ GÓRA (Polen), der sie im Jahre 1938 für einen Freien Streckenflug auf *PWS–101* von Bezmiechowa nach Solezniki Male bei Vilnius über 577,8 km zugesprochen bekam.

336   TADEUSZ GÓRA, der erste Träger der LILIENTHAL-Medaille der FAI (1938).

Tabelle 3:   Träger der LILIENTHAL-Medaille der FAI

1938	TADEUSZ GÓRA (Polen) für einen 577,8-km-Streckenflug.
1948	PER-AXEL PERSSON (Schweden) für einen Höhenflug mit 8050 m Höhengewinn.
1949	JOHN ROBINSON (USA) für eine absolute Höhe von 10210 m über NN.
1950	WILLIAM IVANS (USA) für einen Höhengewinn von 9174 m und 12832 m Höhe über NN.
1951	MARCELLE CHOISNET-GOHARD (Frankreich) für ihren Dauerflug von 35:03:00 h.
1952	CHARLES ATGER (Frankreich) für einen Dauerflug von 56:15:00 h.
1953	VIKTOR ILČENKO (UdSSR) für einen Streckenflug über 829,822 km.
1954	PHILIPP WILLS (Großbritannien) für seine segelfliegerischen und segelflugtechnischen Gesamtleistungen.
1955	Dr. JOACHIM KÜTTNER (BRD) für hervorragende Segelflüge und wissenschaftliche Leistungen für den Segelflug.
1956	Dr. PAUL B. McCREADY (USA) für außerordentliche Leistungen im Segelflugwesen innerhalb von 20 Jahren.
1957	LUIS VINCENTE JUEZ (Spanien) für mehrere bedeutende Segelflugleistungen.

1958   WOLF HIRTH (BRD) für seine Gesamtverdienste um den internationalen Segelflug.

1959   RICHARD E. SCHREDER (USA) für drei Geschwindigkeitsweltrekorde, die er im August 1959 auf dem von ihm konstruierten und gebauten Segelflugzeug *HP-7* während eines fünftägigen Trainings aufstellte.

1960   PELAGIA MAJEWSKA (Polen) für mehrere Weltrekorde.

1961   ADOLPHE GEHRIGER (Schweiz) für jahrelange Verdienste um den internationalen Segelflug.

1962   PAUL F. BIKLE (USA) für seine Höhenweltrekorde.

1963   HEINZ HUTH (BRD) für seine überragenden Leistungen als zweifacher Segelflugweltmeister.

1964   ALVIN PARKER (USA) für den ersten 1 000-km-Flug in der Geschichte des Segelfluges.

1965   EDWARD MAKULA (Polen) für seine großen und wiederholten sportlichen Leistungen im Segelflug.

1966   ANNE BURNS (Großbritannien) für ihre fliegerische und organisatorische Gesamtleistung im Segelflug.

1967   LENNART STÅHLFORS (Schweden) für langjährige Verdienste um den Segelflug.

1968   ALEJO H. WILLIAMSON (Chile) für die erste Überquerung der Anden im Segelflugzeug.

1969   ERIC NESSLER (Frankreich) für seine segelfliegerische Gesamtleistung und sein jahrzehntelanges Wirken für den nationalen und internationalen Segelflug.

1970   HANS-WERNER GROSSE (BRD) für den ersten 1 000-km-Flug in Europa und seine Dreieckflüge über 500 km und den Vizeweltmeistertitel von 1970.

1971   KARL H. STRIEDIECK (USA) für seinen Weltrekord vom 7. November 1971 in der Disziplin Zielstrecke mit Rückkehr über 916,300 km.

1972   JAN WROBLEWSKI (Polen) für seine Erfolge bei internationalen Wettbewerben. Weltmeister 1965 und 1972, Vizeweltmeister 1970 sowie einen Weltrekord (1963) und mehrere nationale Rekorde.

1973   ANNE WELCH (Großbritannien) für ihre segelfliegerische Gesamtleistung und publizistische Tätigkeit für den Segelflug.

1974   AUGUST HUG (Schweiz) für Verdienste um den Segelflug.

1975   ADELA DANKOWSKA (Polen) für die erzielten Weltrekorde.

1976   L. A. DE LANGE (Niederlande) für seine langjährigen Verdienste um den Segelflug als Präsident der OSTIV.

1977   GEORGE MOFFAT (USA) für zwei Weltmeistertitel im Segelflug.

1978   HELMUT REICHMANN (BRD) für die Erringung von drei Weltmeistertiteln im Segelflug und wissenschaftliche Leistungen für den Leistungssegelflug.

1979   HANS WOLF (Österreich) für Verdienste um den Segelflug.

1980   GEORGE LEE (Großbritannien) für drei Weltmeistertitel im Segelflug.

1981   Dr. HANS NIETLISPACH (Schweiz) für seine segelfliegerischen Gesamtleistungen und jahrzehntelangen Verdienste um den Segelflug.

6.13. Die Entwicklung des Zielstreckenfluges mit Rückkehr bis zum Jahre 1939

Nachdem diese schwierige fliegerische Disziplin seit Mai 1938 in den Weltrekordlisten der FAI geführt wurde – sie schaltet einen Windvorteil aus und offenbart das flugtaktische Können des Piloten sowie die Leistungsfähigkeit des Segelflugzeugs schonungslos –, gab es innerhalb von wenigen Monaten einen regelrechten Ansturm auf diesen Rekord. Am 6. Mai 1938 flog MAX BECK auf *Rhönsperber* vom Hornberg zum Hesselberg und zurück (140 km). Am 13. Mai verbesserte ERWIN KRAFT auf dem gleichen Typ diese Leistung auf 168 km (Hornberg–Ansbach–Hornberg), und bereits am 15. Mai 1938 flog HANNA REITSCH auf dem leistungsfähigen *Reiher* die Strecke Darmstadt–Wasserkuppe–Darmstadt über 280 km.

Die Überbietung der 300-km-Grenze in dieser Rekordart blieb BERNHARD FLINSCH (Darmstadt) auf der neuen *D 30 Cirrus*

337   *D 30 Cirrus* (1938).

vorbehalten. FLINSCH hatte die thermisch nicht sehr günstige Strecke Bremen–Lübeck–Bremen gewählt. Hier Auszüge aus seinem interessanten Flugbericht, der von den schwierigen Bedingungen und den taktischen Überlegungen des Piloten zeugt. «Seit 14 Tagen liegen wir nun in Bremen und warten auf günstiges Wetter. Da scheinen heute, am 7. Juli 1938, die Voraussetzungen für den Angriff auf den Weltrekord gegeben ... Um 9.30 Uhr unternehme ich einen kurzen Probegalopp mit dem *Kadett* ... An ein Segeln ist noch nicht zu denken. Nach meiner Landung spannen wir den *Kadett* vor die *D 30*, da wir den frühesten Startzeitpunkt nicht verpassen dürfen ... es wäre sehr ärgerlich, wenn am Abend 5 Minuten fehlender Thermik den Versuch scheitern ließen.

Gegen 10.00 Uhr zeigen sich die ersten schwachen Ansätze zur Wolkenbildung, und sofort schiebt OVERBERG den Gashebel vor. In 750 m Höhe löst sich die *D 30* vom Schleppseil. Das erste ‹Bärtchen› ist sehr dünn, es reicht gerade aus, um die Höhe zu halten. Nach drei Minuten ist es zerplatzt. Soll ich jetzt auf Strecke gehen oder am Platze nach besseren Aufwinden suchen? Die schwerste Entscheidung für den Streckensegelflieger, denn seine Zeit ist kostbar. Ich haue ab. Schließlich wird der Fehler des zu frühen Losfliegens an einem Normaltag durch die zunehmende Einstrahlung mit jeder Minute kleiner. Hin und wieder finde ich ein kleines Thermikfeld. Die Maschine steigt 80 oder 100 m, dann ist es mit dem Aufwind vorbei. Langsam, aber mit peinlicher Sicherheit, nähere ich mich der Erde. In 200 m wird die Thermik besser. In dieser niedrigen Höhe mogele ich mich weiter in Richtung Lübeck. Der gute Vogel produziert seine hervorragenden Gleitleistungen, und ich bemühe mich, ganz sauber zu fliegen.

Nach fünf Viertelstunden übersteigt die Maschine zum ersten Male die Ausklinkhöhe. Die jetzt entstehenden Kumuli ziehen gut, ich kann mich ganz auf den Reisedurchschnitt konzentrieren. Unter den Wolken steige ich mit 2 bis 2 1/2 m/s, um an der Basis mit 100 km/h auf Kurs zu gehen. In ruhiger Luft sinkt die *D 30* bei dieser Fahrt ja nur mit 1 m/s. So geht es schnell und einfach bei Buxtehude über die Elbe und an Hamburg vorbei ...

Der Wind hat nach Süd gedreht, entgegen der Aussagen der Wetterpropheten. Das sind heitere Aussichten für den Rückflug! Bei Bad Oldesloe lasse ich den Vogel in einer Wolke auf 2 000 m steigen. Im geraden Flug geht es zum Flughafen Lübeck-Blankensee. Kurz vor dem Platz entzünde ich eine gelbe Rauchpatrone, um so schneller erkannt zu werden. Nach dem Runden der Wendemarke in 1 200 m brennt unten das Rauchzeichen: gesichtet und erkannt.

Die Uhr zeigt 13.13 Uhr. Jetzt den Weg zurück bei reinem Südwind! Noch ist die Thermik gut, und zwischen den Wolken zischt die *D 30* mit 130 km/h Fahrt dahin ... ich versuche jetzt schon ein gutes Stück nach Süden vorzuhalten, um mich auf dem letzten Teil des Fluges bei abnehmender Thermik mit Seitenwind auf Bremen schieben zu lassen ... Mein Kurs führt nach Südwesten ... Die Feststellung, daß in meiner Höhe (1000 bis

1 700 m) nahezu Gegenwind herrscht, spornt mich an, ganz wirtschaftlich zu fliegen.

Über dem Flugplatz Altona kreisen verzweifelt ein *Kranich* und ein *Rhönadler*, Teilnehmer des Zielstreckenwettbewerbs. Beide müssen wieder landen. Es ist auch wirklich wenig los. Immer tiefer sinke ich. Über der Elbe zeigt der Höhenmesser 600 m an. Nach Bremen sind es aber noch gute 80 km. Mein Stimmungsbarometer steht unentwegt auf 1/2 m/s Fallen. Keine Bö ist zu spüren. Ich fliege unter einem großen, schon flockigen Kumulus hindurch. Noch immer ist es ganz ruhig. Jetzt zeigt das Vario 1 1/2 m/s Fallen. Das gibt mir eine doppelte Gewißheit: ist das Abwindgebiet groß, so sitze ich bald am Boden. Andererseits bete ich mir vor: Wo viel Abwind ist, muß auch viel Aufwind in der Nähe sein.

Auf 180 m abgesoffen, sehe ich links von mir fünf Störche kreisen und steigen. Erlöst gehe ich in die Linkskurve. Zu sechst kurbeln wir in einem 2-m-Bart. Die Vögel fliegen etwa 100 m höher, und ich traue meinen Augen kaum, als sie sich allmählich immer weiter kreisend in die Wolke hineinziehen lassen und meinen Blicken entschwinden. Eine Täuschung ist nicht möglich, da ich mich genau unter ihnen befinde.

An der Basis in 1 900 m nimmt die *D 30* wieder Kurs auf ... Keinesfalls darf ich jetzt unter 1 000 m kommen, bei dem aufkommenden Dunst sind in Bodennähe keine guten Aufwindfelder zu erwarten ... Wenn meine Rechnung stimmt, erreiche ich den Platz in 120 m Höhe ... Es ist jetzt 17.30 Uhr. Die letzte Kurve unter der Wolke ist beendet, der gerade Anflug zum Flughafen beginnt. Mit äußerster Konzentration überwache ich die Instrumente. Meine Tabelle schreibt mir bei 25 km/h Gegenwind und ruhiger Luft eine Bahngeschwindigkeit von 85 km/h vor. Über dem Sumpfgelände vor Bremen herrscht ein schwacher, gleichförmiger Abwind. Der Knüppel rückt eine Kleinigkeit nach vorne, um durch schnelleres Fliegen dieses ungünstige Gebiet besser zu überwinden. An der Häusergrenze läßt endlich der Abwind nach. Dann macht sich die Abendsuppe der Bremer Bürger bemerkbar. Ohne zu sinken geht es über das Häusermeer hinweg. In 200 m Höhe erreiche ich den Flugplatz. Mit gezogenen Brems- und Landeklappen steche ich hinunter, steige aus und streiche noch einmal leicht mit der Hand über die Fläche der *D 30*. – Der Rekordversuch ist geglückt: 305,624 km im Zielflug mit Rückkehr zum Start.» [77, S. 110 ff]

Auch in dieser Rekorddisziplin nutzten die sowjetischen Segelflieger ihre günstigen Möglichkeiten. Am 23. Juli 1939 verbesserte Boris Kimmelmann auf *RF–7* den Weltrekord mit einem Flug von 342,3 km Länge. Start- und Zielort war Tula.

Der erste Weltrekord dieser Disziplin in der Doppelsitzerkategorie wurde von Heinz Huth und H. Brandt auf *Kranich* am 10. August 1938 mit 258,8 km geflogen. Sie hatten die Strecke Hamburg–Hannover–Hamburg zurückgelegt. Da der *Kranich* wesentlich leistungsschwächer als die *D 30* war, ist die Annahme berechtigt, daß mit der letzteren Maschine an einem thermisch günstigeren Tage eine noch bessere Leistung als am 7. Juli 1938 möglich gewesen wäre. Am 23. Juli 1939, an dem Kimmelmann seinen Weltrekord erzielt hatte, flogen auch Kartašov und Chekulkine im Doppelsitzer *KIM–3* auf der gleichen Strecke mit 342,3 km einen neuen Weltrekord in dieser Disziplin, und im Jahre 1940 verbesserten Kartašov und Petročenko diesen Rekord auf 416,07 km auf der Strecke Tula–Oklovo–Tula.

6.14. Die Überbietung der 700-km-Grenze

Eine Segelfliegerin fliegt 749 km weit

338   OLGA KLEPIKOVA (1939).

Der in der Segelfluggeschichte bisher langlebigste Weltrekord wurde von der sowjetischen Segelfliegerin OLGA KLEPIKOVA am 6. Juli 1939 aufgestellt, mit dem sie als erster Segelflieger auch die 700-km-Grenze überbot. OLGA KLEPIKOVA begann als achtzehnjährige Fabrikarbeiterin in ihrer Freizeit eine Segelflugausbildung. Wenige Jahre später war sie selbst Segelfluglehrerin und besaß die Genehmigungen für Schlechtwetter-, Nacht- und Verbandsflug. Ihren ersten Landes- und Weltrekord flog sie 1938 mit RASTORGUEVA mit 152,6 km Freier Strecke in der Doppelsitzerklasse.

Auch als berühmt gewordene Segelfliegerin scheute sich OLGA KLEPIKOVA nicht, einzugestehen, daß sie sich, wie viele der Streckenfluganfänger, anfangs regelrecht gefürchtet habe, die Flugplatzzone zu verlassen und mit einer Außenlandung in unbekanntem Gelände konfrontiert zu werden. Auf einfache Weise befreiten die Fliegerkameraden Olga von dieser Angst vor Außenlandungen. Im Flugzeugschlepp schleppte man sie einige Male mit ihrem Segelflugzeug etwa 30 km weit vom Platz weg, ließ sie dort auskuppeln und überließ sie ihrem Schicksal, d. h. der Außenlandung. Auf diese Weise lernte sie «außenlanden» und hatte bald ihre Scheu, auf Strecke zu gehen, völlig verloren.

Am 1. Juni 1939 konnte die sowjetische Segelfliegerin dann ihren zweiten Weltrekord fliegen. Mit dem Leistungssegelflugzeug *RF-7* vollführte sie einen Freien Streckenflug über 380 km und überbot damit den 4. Juli 1937 von H. REITSCH mit 351 km (Wasserkuppe–Hamburg) aufgestellten Weltrekord. Doch die sehr guten meteorologischen Möglichkeiten des zentralrussischen Gebietes der Sowjetunion waren damit – wie es die Rekorde der Vorjahre bewiesen – noch längst nicht ausgeschöpft. OLGA KLEPIKOVA träumte davon, noch weiter fliegen zu können; ihr schwebte vor, den Streckenflugrekord der Frauen leistungsmäßig dem der Männer anzugleichen und brachte diesen Wunsch gegenüber Journalisten zum Ausdruck. Schon wenige Tage später konnte sie ihr Vorhaben verwirklichen. OLGA KLEPIKOVA flog am 6. Juli 1939 von Moskau nach Otradnoe bei Stalingrad (heute Volgograd) 749,203 km weit und erzielte damit einen absoluten Rekord im Streckenflug auf Segelflugzeugen, der zwölf Jahre lang bis 1951 bestand. Erst RICHARD JOHNSON konnte ihn mit seinem Flug von 861,2 km überbieten. In der Frauenklasse bestand dieser Rekord sogar 38 Jahre; ADELA DANKOWSKA (Polen) überbot ihn am 19. April 1977 mit einem Flug über 837 km, allerdings wie JOHNSON auf einem Laminarflugzeug.

Die sowjetische Weltrekordpilotin beschrieb rückerinnernd ihren Flug wie folgt: «Es war ein Sonntag. Wir Segelflieger kamen schon früh auf den Flugplatz, zogen unsere Segelflugzeuge aus der Halle, saßen herum und warteten auf die ersten Wolken. Ich erinnere mich, wie der Schleppilot sagte: ‹Ich glaube, heute werdet ihr weit fliegen!› Ich ulkte daraufhin und antwortete: ‹Ja, ja, ich werde gleich hinter dem Flugplatz an der Moskwa landen. Aber ein Telegramm werde ich vor Abend nicht aufgeben …›, damit ihr denkt, Olga ist sicherlich sehr weit geflogen.› So machte jeder von uns seinen Spaß. Aber keiner ahnte, wie weit er tatsächlich kommen würde. Um 10.00 Uhr schleppte mich eine *R–5* vorschriftsmäßig auf 1 000 m über die Mitte des Flugplatzes Tušino bei Moskau. Es bildeten sich bereits schwache Haufenwolken, unter denen ich weitere 500 m Höhe gewann und auf Strecke ging. Die ersten 200 km flog ich bei sehr schlechten meteorologischen Bedingungen, Wolken waren selten und das Steigen sehr schwach. Einmal zeigte mein Höhenmesser noch 150 m, und ich hatte mein Landefeld bereits ausgewählt. Aber landen wollte ich natürlich noch nicht. Der Zeiger des Variometers stand auf Null. 25 bis 30 Minuten kreiste ich in der gleichen Höhe, ständig befürchtend, dieses schwache Aufwindfeld zu verlieren. Endlich wurde mein beharrlicher Kampf belohnt, der Zeiger des Varios vibrierte in Richtung Steigen. Ich atmete erleichtert auf und kreiste an der gleichen Stelle weiter. Mit großer Geduld erreichte ich 1 000 m und überflog die Oka. Das Wetter wurde besser, und endlich standen überall richtige Kumuli. Und nun ging es von Wolke zu Wolke. Meine Karte war schon lange zu Ende, und ich hatte nicht erwartet, so weit fliegen zu können. Obwohl man ja bei der Auswahl der Wolken den Kurs ständig ändern muß, bemühte ich mich, den errechneten mittleren Kurs einzuhalten.

Die letzten Kilometer legte ich bei wolkenlosem Himmel zurück. Schließlich, nach 8 Stunden und 25 Minuten Flugzeit, landete ich in der Nähe von Stalingrad! Wer hat wohl als erster von meiner Landung Notiz genommen? Nun, wie es auch heute noch ist: Es waren Kinder. Ein Segelflugzeug gleitet leise dahin, und die Erwachsenen bemerken es nicht immer. Aber Kindern entgeht so etwas nicht! Man bereitete mir in dem nahe gelegenen Ort einen herzlichen Empfang, und es wurde ein richtiges Meeting veranstaltet. Die Einwohner versorgten mich reichlich und schlachteten zu Ehren meines Rekordfluges sogar ein Schwein.» [110, S. 456 ff]

Olga Klepikova war vom Flugplatz Tušino zunächst nach Südost abgeflogen. Die geschilderte Krise hatte sie bei Kolomna durchzustehen, doch als sie ihr ursprünglich vorgesehenes Ziel Tambov erreicht hatte, kam sie endlich in ein Gebiet mit guter Thermik. Später bemühte sie sich unter Ausnutzung schwächerer Aufwinde in der Höhe zu bleiben, um so weit wie möglich zu fliegen. Um 18.25 Uhr landete sie auf den großen Feldern der Sovchose Otradnoe im Stalingrader Gebiet. Wie es den thermischen Bedingungen, der erreichten Strecke und der Flugzeit entnommen werden kann, war der Flug mit einer Rückenwindkomponente unternommen worden.

Dieser Flug war in zweifacher Beziehung sensationell. Erstens, weil er zum ersten Mal in der Geschichte des Segelfluges über 700 km führte und ein absoluter Rekord war, d. h. es gab in keiner Kategorie und Klasse bis dahin einen Flug, der weiter geführt hatte und zweitens, weil er von einer Frau unternommen worden war.

Der Flug Moskau–Otradnoe war ein weiterer Beweis für das hohe Leistungsniveau, das die sowjetischen Segelflieger erreicht hatten.

Der Weltrekordflug war auch durch Oleg Antonovs leistungsstarken Flugzeugtyp *RF–7* ermöglicht worden, der 1937 konstruiert und dann in einer kleinen Serie gebaut wurde. Aus Verbundenheit mit dem antifaschistischen Widerstandskampf hatte Antonov mehrere

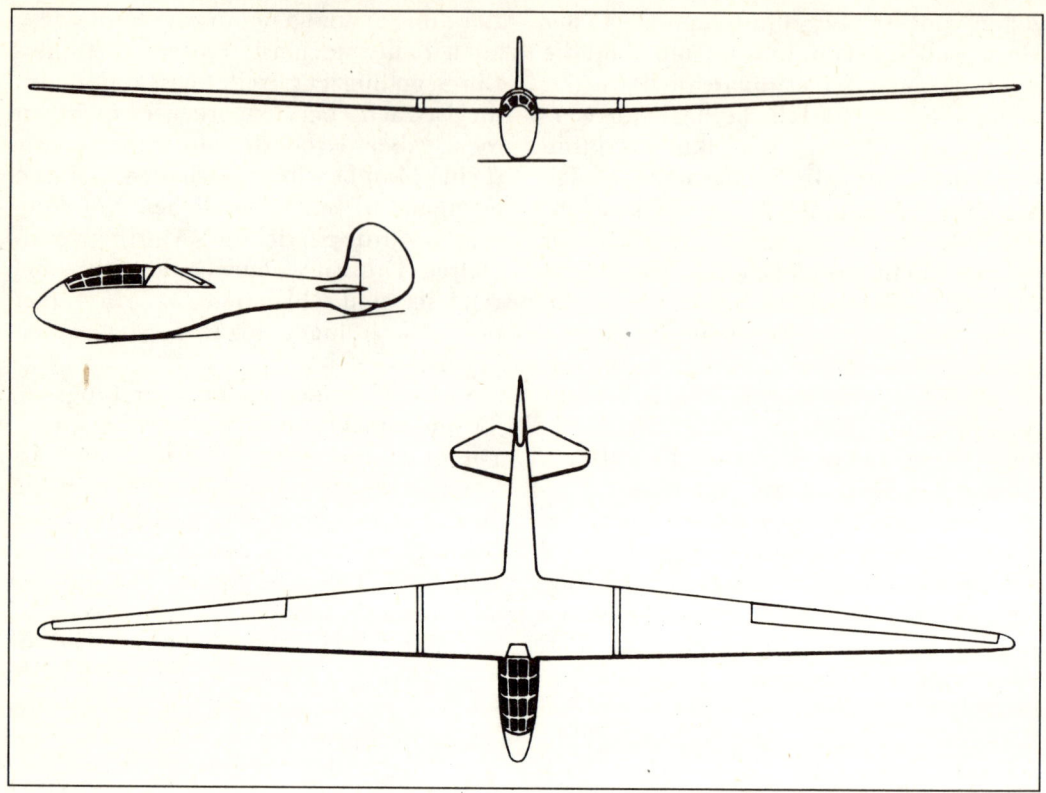

339   *RF-7* (1939).

seiner Segelflugzeugkonstruktionen mit den Buchstaben RF, Synonym für den deutschen antifaschistischen Gruß «Rot Front», bezeichnet. Ein Wassertank von 120 l Fassungsvermögen verbesserte bei starker Thermik die Geschwindigkeitspolare der *RF–7*. Dieser Typ war der Vorläufer der noch bekannteren *A 9*. Die außerordentliche Leistung der sowjetischen Pilotin war ein neuer Ansporn für die Segelflugenthusiasten in aller Welt, da wieder einmal scheinbar erreichte Entwicklungsgrenzen des Segelfluges überboten worden waren.

Im Zielstreckenflug folgten ihr ihre Fliegerkameradinnen VELIKOSSELCEVA und ZAVIOLOVA bereits am 31. Juli 1939 auf *KIM–2*, die mit 223,633 km einen neuen Weltrekord flogen, und am 19. Juni 1940 folgte die Segelfliegerin E. PROCHOROVA auf *RF–7* mit einem neuen Zielstrek-

kenweltrekord über 343 km in der Einsitzerklasse.

OLGA KLEPIKOVA trug sich nach ihrem Weltrekordflug mit weiteren Streckenflugabsichten. Am 19. Juni 1940 konnte sie auf dem Doppelsitzer *KIM–2*, begleitet von BORDINA, mit 443,714 km auf der Strecke Tula−Konotop, ihren eigenen Weltrekord aus dem Jahre 1938 (Freie Strecke) wesentlich verbessern. Dieser Flug auf einem leistungsschwächeren Doppelsitzer bestärkte OLGA KLEPIKOVA in ihrer Hoffnung, daß bei einer sehr guten Wetterlage in ihrer Heimat auch die 1 000-km-Grenze überwunden werden könnte. Der faschistische Überfall auf die Sowjetunion am 22. Juni 1941 vereitelte jedoch ihre Bemühungen und die ihrer Freunde für Jahre.

6.15. Die letzten Segelflug-
aktivitäten vor Ausbruch
des zweiten Weltkrieges

Anfang des Jahres 1939 fand ein Ereignis statt, das für die weitere Entwicklung des Segelfluges hätte bedeutsam werden können: das Ausscheidungsfliegen für das Olympia-Einheitssegelflugzeug. Der Segelflug war für die Olympischen Spiele 1940, die in Finnland stattfinden sollten, als olympische Disziplin bestätigt worden. Vier Zielstreckenflüge sollten zur Vergabe der Medaillen gestartet werden, zwei ohne und zwei mit Geschwindigkeitswertung.

Das Vergleichsfliegen der FAI fand vom 19. bis 25. Februar 1939 in Sezze bei Rom statt. Folgende allgemeine Forderungen wurden an die Flugzeuge gestellt: Spannweite maximal 15 m, Rüstmasse nicht mehr als 160 kg, Zuladung mindestens 95 kg, zugelassene Baustoffe Holz und Stahlrohr.

Polen hatte den Mitteldecker *Orlik* von KOCZIAN, Italien die leistungsstarke *AL–3* von CAMILLO SILVA und den *Pelicano* der Brüder ERMENEGILDO, Deutschland die *Mü–17* von KARCH in der bekannten Münchner Gemischtbauweise und die *Meise* von JACOBS vorgestellt. Leistungsmäßig unterschieden sich die Flugzeuge nicht wesentlich voneinander, und es waren ohne Ausnahme sehr gute Konstruktionen, wobei die *AL–3* theoretisch das beste Gleitverhältnis mit 29 hatte. Wohl aber gab es in den Flugeigenschaften, den Bauweisen und der technischen Perfektion Unterschiede. Sechs Segelflieger: SZUKIEWICZ (Polen), ROTTER (Ungarn), SCHREIBER (Schweiz), MANTANELLI (Italien), NESSLER (Frankreich) und BRÄUTIGAM (Deutschland) erprobten fünf Tage lang die Flugzeuge. Die Entscheidung fiel aufgrund der guten Flugeigenschaften, des einfachen Aufbaus und der damit sehr guten Nachbaubedingungen mehrheitlich zugunsten der *Meise*, die

seitdem *Olympia-Meise* hieß. Sie war in Segelfliegerkreisen beliebt und wurde auch nach 1945 in mehreren Ländern gebaut und weiterentwickelt.

Leider verhinderte die faschistische Machtpolitik die Teilnahme deutscher Segelflieger am letzten ISTUS-Vergleichsfliegen, das mit der jährlichen ISTUS-Tagung 1939 bei Katowice in Polen stattfinden sollte. Auch nachdem der polnische Aero-Klub auf Bitte von Prof. GEORGII die Veranstaltung von Katowice nach Lwow verlegt hatte, wurde den deutschen Segelfliegern von der politischen Führung weiterhin die Teilnahme verboten: Der Faschismus hatte die Weichen endgültig auf Konfrontation und Krieg gestellt und wollte auch mit dieser Maßnahme die politische Situation weiter anheizen. Auf diesem internationalen Wettbewerb in Lwow (14. bis 20. Mai 1939) wurde erstmals in der Geschichte des Segelfluges ein Zielstreckenflug mit Geschwindikeitswertung geflogen. Es siegte PLENKIEWICZ vor GÓRA (beide Polen) und dem Ungarn SZOKOLAY.

Im Mai 1939 nutzte man zum ersten Male systematisch die in Mitteleuropa für Langstreckensegelflüge sehr gut geeigneten Nordostwetterlagen. ERICH VERGENS konnte auf diese Weise den Landesrekord verbessern. Er startete am 24. Mai 1939 um 10.30 Uhr in Stölln-Rhinow auf einer *Minimoa* im Windenschlepp, mußte um 11.02 Uhr noch einmal starten und erreichte aus nur 150 m Schlepphöhe den Thermikanschluß. Als Ziel war Freiburg im Breisgau angegeben worden. Gegen 12.00 Uhr überflog die *Minimoa* die Elbe zwischen Barby und Schönebeck, an Eisleben und Bad Frankenhausen vorbeifliegend erreichte VERGENS Erfurt, stand 13.30 Uhr über dem Großen Beerberg und hatte bis dahin nur in Aufwinden von mehr als 3 m/s gekreist, schwächeres Steigen nur im Geradeausflug mitgenommen und sich fast ständig zwischen 1 500 und 2 000 m Flughöhe aufgehalten. Gewitter in Richtung Freiburg zwangen zu einer

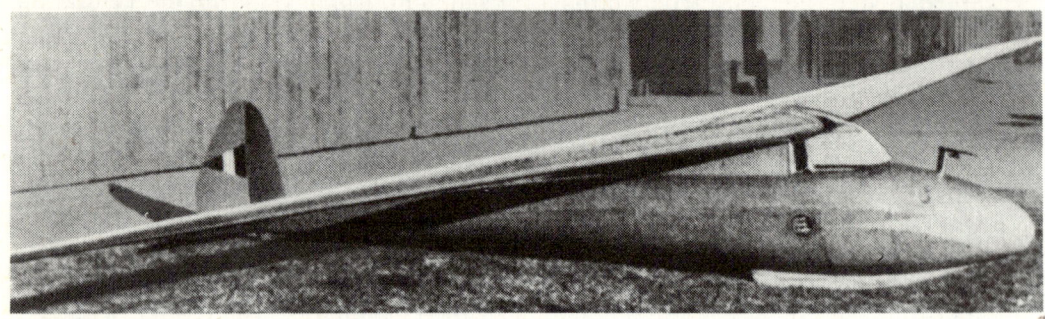

340 *Orlik* (1938).

341 *AL-3* (1938).

342 *Mü-17* am Boden und in der Luft.
(Bilder S. 330)

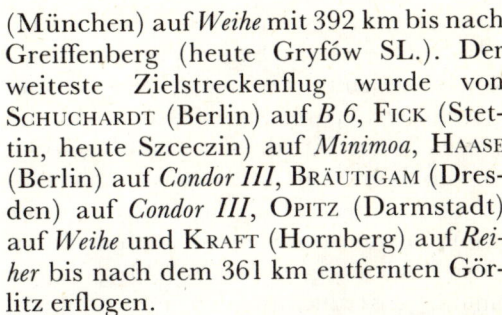

343 *Meise* (1938).

(München) auf *Weihe* mit 392 km bis nach Greiffenberg (heute Gryfów SL.). Der weiteste Zielstreckenflug wurde von SCHUCHARDT (Berlin) auf *B 6*, FICK (Stettin, heute Szczecin) auf *Minimoa*, HAASE (Berlin) auf *Condor III*, BRÄUTIGAM (Dresden) auf *Condor III*, OPITZ (Darmstadt) auf *Weihe* und KRAFT (Hornberg) auf *Reiher* bis nach dem 361 km entfernten Görlitz erflogen.

Im Jahre 1934 wäre dies noch Weltrekord in der Disziplin Freie Strecke gewesen! Neun Höhenflüge führten über 4000 m, davon drei über 5000 m.

Kursänderung nach Süden. Über Bamberg und Ansbach erreichte VERGENS gegen 17.00 Uhr die Donau und glitt dann bei bedecktem Himmel und Windstille bis nach Tiefenried in der Nähe von Augsburg, 523 km vom Startort entfernt.

Im Sommer 1939 fand die XX. und auch letzte Rhön statt. Dank einer günstigen Wetterlage und segelfliegerischer Fortschritte wurde auch sie fliegerisch ein Höhepunkt dieses traditionellen Wettbewerbs. 72 Flugzeugführer in drei Klassen: Einsitzer, Doppelsitzer und Nachwuchs gingen an den Start und erreichten in 14 Tagen 2150 Segelflugstunden und 74532 Streckenflugkilometer.

597 Streckenflüge wurden absolviert, davon führten 100 über 200 km, 24 über 250 km, 14 über 300 km und 17 über 350 km, 99 Flüge wurden als Zielstreckenflüge beendet. Den längsten Streckenflug erzielte HUBERT VON TREUBERG

Gesamtsieger in der Einsitzerklasse wurde ERWIN KRAFT (Hornberg) auf *Reiher III* mit 2550,2 Punkten vor dem Vorjahreszweiten KURT SCHMIDT (München) auf *Condor III* mit 2533,7 Punkten und KARL TREUTER (Jena) auf *Weihe* mit 2331,2 Punkten. TREUTER konnte mit 2898 km auch die größte Gesamtflugstrecke des Wettbewerbs verbuchen. Noch der elftplazierte Pilot war über 2000 Punkte gekommen!

In der Doppelsitzerklasse (18 Besatzungen) siegten KÜHNHOLD/SCHRÖDER (Dresden) auf *Kranich*. Bei den Nachwuchsfliegern (12 Teilnehmer, alle auf *Mü–13 d*) siegte PÄSOLD (Nürnberg) vor URBAN (Düsseldorf) und SCHÖCK (Hamburg).

Der bis dahin erreichte hohe Leistungsstand spiegelte sich auch in den von der FAI bis Ende 1939 verliehenen Internationalen Segelflugleistungsabzeichen wider.

Von 1633 vergebenen Silber-C waren 1232 von deutschen Segelfliegern erflogen worden, doch zeugen die 401 verbleibenden Silber-C-Abzeichen von dem bedeutenden Fortschritt, den der Segelflug in der ganzen Welt genommen hatte. Die tatsächliche Entwicklung des Segelfluges in der Welt war noch weiter gediehen, als es diese Zahlen zeigen. Der Segelflug war zu einem ernstzunehmenden internationalen Sport und Leistungssport geworden. Diese Leistungsentwicklung beruhte wie in kaum einer anderen Sportart auf einer Einheit von Wissenschaft, Technik und Sport.

Es gab keinen Stillstand in der Entwicklung, und ständig kamen auf irgendeinem Gebiet dieses Sports Neuerungen zur Erprobung und Anwendung. Darmstädter Studenten der Flugtechnik und Elektrotechnik hatten zum Beispiel den Sprechfunk für den Segelflug nutzbar gemacht. Mit der Vergrößerung der Flugweiten der Segelflugzeuge in den Wettbewerben wurden für die Rückholmannschaften Wunsch und Notwendigkeit immer größer, ständig über den Standort ihres Segelflugzeugs informiert zu sein; auch an den Austausch von taktischen Hinweisen und Wetterinformationen dachte man. Problematisch für die Anwendung im Segelflug war damals vor allem die große Masse der damaligen Funktechnik. Hier ein Auszug aus dem Bericht eines Mitgliedes der Arbeitsgruppe über die erste wettbewerbsmäßige Anwendung des Sprechfunks im Segelflug bei einem Zielflug von der Wasserkuppe nach Regensburg im Jahre 1939: «Unser Augenmerk gilt einer besonders ranken und schnittigen Maschine, die da oben, zuoberst unter einer schwarzen Wolke, ihre steilen Kreise zieht. *Mü–17 V 2* lautet die rätselhafte Bezeichnung dieses Typs im Programm.

Noch einmal taucht sie als dunkler Schatten auf, der in geradem Flug in Richtung Heidelstein ‹lossticht›. Dann ist sie für immer entschwunden.

Das ist für uns das Zeichen zum Aufbruch ... Wir schwingen uns in den offenen PKW, in dem ein großer schwarzer Kasten mit vielen Knöpfen und Tasten viel Platz wegnimmt ... In südlicher Richtung ist FLINSCH auf Strecke gegangen ... Wir brausen durch das Fliegerlager, über das Rote Moor hinweg und hinunter ... nach Bad Neustadt ... 11.45 Uhr. Ein Wink an den Fahrer, und schon weicht dieser von der Straße ab ... Halt! Der Mann am Kasten stülpt die Kopfhörer über, bastelt an seinen Knöpfen und Tasten. Wir schauen auf die Uhr – mit dem Augenblick, in dem der Zeiger 11.50 Uhr überschreitet, vernehmen wir ein leises Summen ... ‹Aschach, Höhe 3000 m!›. Donnerwetter, diese Höhe läßt sich hören ... Über Münnerstadt geht die Fahrt nach Bad Kissingen. Bald ist die vereinbarte Stunde vorbei ... da tönt's auch schon mit dem Schlag 12.50 Uhr: ‹Bamberg, 1500 m!› ‹Na hör'n Sie mal, das kann doch nicht stimmen!› Aber es ist so. Der Kurzwellenmann kann es beschwören ... Diese Entfernung kann er in der kurzen Zeit doch nur mit einem gewaltigen ‹Zahn drauf› geschafft haben; hoffentlich verliert er bei diesem Schnelligkeitsflug nicht zuviel von seiner Höhe, sonst können wir in der Fränkischen Schweiz bald einen Segelflieger ‹zu Fuß› antreffen ... kurz vor Bamberg heißt es um 13.50 Uhr: ‹Erlangen 1000 m› ... Um 14.20 Uhr erklingt bei Bamberg die frohe Botschaft: ‹Flugplatz Nürnberg, 1500 m, ich steige noch.› ...

Seine nächste Nachricht aus den Wolken bestätigt, daß er sich wirklich in einem phantastischen ‹Bart› befindet: ‹Neumarkt, 2500 m, ich fliege Regensburg an› ... Der Zeitpunkt 15.20 Uhr überrascht uns gerade auf dem Marktplatz in Erlangen ... Wir fahren ans Postamt und versuchen, den Flugplatz Nürnberg zu erreichen. Dorthin ist nämlich inzwischen der Schleppilot mit der ‹Motorkiste› geflogen ... 15.50 Uhr naht ... Pünktlich auf die Minute gibt unser Pilot

Standort und behebt unsere letzten Zweifel: ‹Ich werde in Regensburg landen ...›

Gemütlich treten wir die Rückfahrt an, trinken in Baunach schnell noch einen guten Kaffee, und als wir um 20.30 Uhr auf der Kuppe wieder glücklich einpassieren, steht FLINSCH bereits quietschvergnügt vor dem GROENHOFF-Haus und begrüßt uns mit Würde. Eine halbe Stunde zuvor ist sein ‹Schleppzug› auf dem Motorflugplatz der Wasserkuppe glatt gelandet.» [77, S. 87 ff]

Die 20 Rhön-Wettbewerbe besaßen für die Entwicklung des Segelfluges eine sehr große Bedeutung. Bereits ihre kontinuierliche Durchführung – seit 1920 hatte in jedem Jahr trotz Nachkriegskrise, Inflation, Wiederaufleben des Motorfluges, Stagnation im Segelflug, Wettbewerben mit miserablem Flugwetter, Weltwirtschaftskrise usw. ein Wettbewerb stattgefunden – stellte eine entscheidende Triebkraft dar. Die «Rhön» und ihre Wasserkuppe waren zu einem Synonymbegriff des Segelfluges geworden. Die Kontinuität der Wettkämpfe unter optimalen Geländebedingungen ließ auch mit einer größeren Wahrscheinlichkeit jene glücklichen Zufälle meteorologischen und fliegerischen Ursprungs eintreffen, die für die Herausbildung des Segelfluges so wichtig waren. Gewiß hätte sich der Segelflug auch ohne jeden deutschen Beitrag über kurz oder lang herausgebildet; seine Entwicklung wäre jedoch langsamer verlaufen, hätte wohl kaum diese Breite eingenommen und zu diesem oder jenem bahnbrechenden Flug, zu dieser oder jener originellen Lösung wäre es vielleicht gar nicht gekommen. Dann beendete der Ausbruch des zweiten Weltkrieges am 1. September 1939 die schöpferischen Aktivitäten des Segelfluges in fast allen Ländern und ließ gleichzeitig Absichten und Ziele deutlicher erkennen, aus denen heraus der Faschismus den Segelflug gefördert hatte.

Der deutsche Segelflug war vor 1933 kein politischer Aktivposten des Faschismus gewesen und hatte den Machtantritt dieses Systems weder gefördert noch beschleunigt. Die Segelflugbewegung bestand aus Mitgliedern vieler sozialer Schichten, war von der politischen Einstellung ihrer Mitglieder her entsprechend differenziert und befand sich politisch nicht auf der äußersten Rechten. Der Segelflug wurde vor 1933 in Deutschland im wesentlichen als Sport betrieben und von den passionierten Segelfliegern als Selbstzweck betrachtet. Organisatorisch bestand er aus Hunderten von selbständigen Segelflugvereinen und -gruppen, die durch zwei Dachverbände nur locker zusammengefaßt waren. Trotzdem erreichte man ein hohes organisatorisches Niveau, das eine wichtige Grundlage der technischen Fortschritte im Segelflug war. Die neuen Machthaber betrachteten den Segelflug dagegen als Mittel zum Zweck. Zunächst «schalteten» sie nach dem 30. Januar 1933 die Vereine und Gruppen binnen kurzer Zeit «gleich», das heißt, sie wurden zwangsweise aufgelöst, dem neugebildeten faschistischen Deutschen Luftsport-Verband (DLV) einverleibt und durch eine einheitliche, zentralisierte Führung und Uniformierung mit entsprechenden Dienstgraden den politischen Zielen des Systems unterworfen. 1937 gründete man das Nationalsozialistische Fliegerkorps (NSFK), in dem die politischen Ansprüche des Faschismus an den Luftsport noch deutlicher zum Ausdruck kamen.

Im Zuge der Wiederaufrüstung und Vorbereitung von Aggressionen war dem Segelflug eine besondere Rolle bei der Aufgabenstellung zugedacht worden, aus dem deutschen Volk «ein Volk von Fliegern» zu machen. Er sollte der Luftwaffe einen gut ausgebildeten, im faschistischen Sinne ausgerichteten und fliegerisch begeisterten Nachwuchs liefern, denn eine schlagkräftige Luftwaffe war zu diesem Zeitpunkt schon eine unabdingbare Voraussetzung für jede militärische Aktion. Um dieses Ziel zu erreichen, wurde der Segelflug materiell umfassend unterstützt und gefördert. Neigte man in den ersten Jahren dazu, die Vorausbildung für den militärischen Motorflug in den Vordergrund zu stellen, so erkannte man bald, daß zur Ausnutzung der militärischen Potenzen des Segelfluges der Leistungssegelflug in gleichem Maße notwendig war und er auch einen hohen politischen Stellenwert besaß. Etwa vom Jahre 1936 an wurden beide Entwicklungsrichtungen in gleicher Weise gefördert.

Parallel zu einem schnell anwachsenden Flugbetrieb bemühte man sich um eine Beeinflussung im Sinne der faschistischen Ideologie. Der tatsächliche Erfolg dürfte relativ gering gewesen sein. Man verstand es, Stimmungen zu schaffen und Gefühle anzusprechen. Doch vorhandene Charaktereigenschaften lassen sich in wenigen Jahren von einem Herrschaftssystem wohl kaum grundlegend ändern. Man beeinflußte die Fliegerjugend vor allem dadurch, daß man ihr bessere Möglichkeiten als je zuvor zum nunmehr kostenlosen Fliegen bot, und wie in allen Schichten der Bevölkerung, so gab es auch bei den Segelfliegern Menschen, die den faschistischen Parolen Glauben schenkten. Da Flieger vor allem fliegen wollen, entstand bei vielen politisch unerfahrenen Segelfliegern eine Form gewisser naiver Verbundenheit zum Faschismus in dem Sinne: Wenn dieses System uns auf eine so großzügige Weise fliegen läßt, muß man sich wenigstens loyal ihm gegenüber verhalten. Bürokratisierung und Militarisierung des Segelfluges waren raffinierterweise auch nie so auf die Spitze getrieben worden, daß deshalb den Fliegern die Lust am Fliegen vergangen wäre. Wie wenig man jedoch ideologisch an Boden gewonnen hatte, zeigten solche Randerscheinungen wie die Typenbezeichnungen von neuen Segelflugzeugmustern zwischen 1933 und 1939. Auch nach 1933 hießen sie *Bussard, Sperber, Kranich, Weihe,*

Milan, Cirrus usw. und trugen nicht die Namen von Machthabern oder Symbole dieser Zeit. Selbst Namensgebungen einzelner Flugzeuge einer Serie eines Flugzeugmusters auf prominente Nazis waren Ausnahmen.

Insgesamt gelang es dem Faschismus, die Luftfahrtbegeisterung in der Jugend noch beträchtlich zu steigern, und das war wohl das Wichtigste, was man erreichen konnte. Obwohl die faschistische Luftwaffe nach anfänglichen Erfolgen von Niederlage zu Niederlage schritt – speziell nach dem Angriff auf die Sowjetunion im Jahre 1941 – und enorme Verluste an Menschenleben und Material erlitt, meldeten sich bis Kriegsende stets mehr gut ausgebildete und begeisterte Segelflieger freiwillig zum fliegenden Personal, als die Flugzeugführer- und Beobachterschulen auszubilden vermochten. Die Luftfahrtbegeisterung, der Wunsch zu fliegen, war dafür sicherlich ein Hauptmotiv.

Das große Erwachen, die Erkenntnis, daß der Segelflug für den Faschismus nur ein Mittel für die Verwirklichung seiner verbrecherischen Ziele gewesen war, daß der Faschismus den Segelflug brauchte und brutal mißbrauchte, nicht aber die Segelflieger dieses System gebraucht hätten, kam für viele der ehemaligen Segelflieger erst nach dem Kriege. Aus der militärischen Bedeutung, die der Segelflug über diesen Zusammenhang tatsächlich besaß, unabhängig davon, ob er als Sport oder militärische Ausbildung verstanden wurde, resultierte auch das zeitweilige und unter diesen Gesichtspunkten gerechtfertigte Verbot des Segelfluges im Gebiet des ehemaligen Deutschen Reiches durch die Siegermächte nach 1945.

6.16. Die Entwicklung der Segelflugzeugkonzeption von 1920 bis 1939

Das erste, in aerodynamischer Beziehung ernstzunehmende Gleitflugzeug nach dem ersten Weltkrieg war der *Schwarze Teufel* (1920) von KLEMPERER. Er war freitragend (besaß keinerlei Streben und Verspannungen), verfügte über einen geschlossenen Rumpf bei nur 62 kg Leermasse, die relativ geringe Sinkgeschwindigkeit von etwa 1 m/s und eine Gleitzahl von etwa 1:10. Ein schwerwiegender Mangel für den Segelflug lag jedoch in der von Professor JUNKERS (Dessau) übernommenen Tiefdeckerkonzeption, die ein spezielles Fahrwerk erforderte, das widerstandserhöhend wirkte. Eine geringfügig veränderte und verbesserte Weiterentwicklung war die *Blaue Maus* aus dem Jahre 1921.

Der Ausgangspunkt der modernen Segelflugzeugkonzeption, für die es in der Flugtechnik bis dahin kein Vorbild gab, war der *Vampyr* (1921), der von den Studenten MARTENS, HENTZEN und BLUME (TH Hannover) nach einem Entwurf von Dr. GEORG MADELUNG als Diplomarbeit konstruiert worden war. Der *Vampyr* besaß die im Motorflug nicht übliche Schulterdeckeranordnung der Tragfläche, die jedoch für den Segelflug sehr günstig ist. Sie erlaubt einen technisch wie aerodynamisch vorteilhaften Rumpf-Flügel-Übergang, bietet dem Flügel die notwendige Bodenfreiheit, dem Piloten gute Sicht nach unten und macht ein spezielles Fahrgestell überflüssig, da der Rumpf die Landekräfte unmittelbar aufzunehmen vermag.

Der mit einer Normalsteuerung ausgerüstete *Vampyr* besaß positive Flugeigenschaften und eine gute Steuerbarkeit bei ausreichender Festigkeit. Die Sinkgeschwindigkeit betrug weniger als 1 m/s (theoretisch 0,77 m/s) und die Gleitzahl, wahrscheinlich etwas zu optimistisch eingeschätzt, soll bei 1:16 gelegen haben

(Profil Göttingen Gö 482). Die Bauweise des *Vampyr* entsprach der, die im Segelflugzeugbau dann bis zum Aufkommen der GFK-Bauweise typisch blieb: sperrholzbeplanktes Rumpfgerüst, mit Spanten und Stringern; einholmiger, unterteilter Tragflügel mit Rippen und Torsionsnase (Sperrholzbeplankung von der Unterseite des Hauptholms über Nasenholm bis zur Oberseite des Hauptholms). Die Schulterdeckerkonzeption und der einholmige Tragflügel, die im Motorflugzeugbau noch nicht realisiert worden waren, erlaubten den Bau von Flugzeugen mit großer Spannweite und Flügelstreckung, was der Verringerung des induzierten Widerstands diente und höhere Gleitverhältnisse ermöglichte. Auf dieser entwicklungsfähigen Basis konnten nach 1922 bei anderen Typen weitere Fortschritte in den Einzelheiten erzielt werden: größere Spannweiten und höhere Flügelstreckung, aerodynamisch günstigere Profile, bessere Auf- und Abrüstmöglichkeiten, höhere Flächenbelastung usw. Der *Strolch* und der *Moritz* von MARTENS (1923) stellten verfeinerte Weiterentwicklungen des *Vampyrs* dar.

Ein neuer Markstein der Segelflugzeugentwicklung war der *Konsul* der Darmstädter Studenten A. BOTSCH und R. SPIES mit der bis dahin größten Spannweite von 18,7 m und dem bewährten Profil Göttingen 535, verjüngten Flügelenden, einem ovalen Rumpf und «gedämpftem» Höhen- und Seitenruder. Nach Aussagen der Piloten war der *Konsul* trotz seiner Größe gut zu fliegen. Die *Roemryke Berge* (Ruhmreiche Berge) von SCHATZKY war aerodynamisch noch weiter verfeinert worden und zeigte erstmals einen sich verjüngenden Rumpfhals, auf dem die Tragfläche befestigt war. Dieser ermöglichte bei dem damals noch offenen Führersitz den strömungstechnisch günstigsten Rumpf-Flügel-Übergang. Die Tragflächen waren erstmalig mit einer Wölbungsklappe ausgerüstet, die über die ganze Spannweite ging und an den Außenflügeln als Querruder ausgebildet war. Der Pilot konnte mit Hilfe eines Rastenhebels die Wölbungsklappe und damit die Profilwölbung während des Fluges verstellen, die Tragflächenenden waren elliptisch, Höhen- und Seitenruder, das letztere vor dem Höhenleitwerk gelegen, waren ungedämpft; die gefederte Mittelkufe war im Fluge einziehbar. Auf der gleichen Entwicklungslinie befanden sich die *Darmstadt I* und *II*, die *Württemberg*, die *Westpreußen* von HOFMANN, die *Lore* von LAUBENTHAL und das *Musterle* von HIRTH. Sie stellten einen vorläufigen Höhepunkt der Entwicklung der *Vampyr*-Konzeption dar. Die *Westpreußen* war das erste Leistungssegelflugzeug, das in Kleinserie, allerdings mit unterschiedlichen Spannweiten, gebaut wurde.

Bei dem Leistungssegelflugzeug *Wien* (1929), einem vergrößerten *Professor* von LIPPISCH, waren wieder Streben verwendet worden. LIPPISCH hatte festgestellt, daß bei der Anwendung von Streben auch bei großer Spannweite ein relativ dünnes Profil mit geringer Bauhöhe verwendet werden konnte und der Leistungsgewinn größer war als der Leistungsverlust durch die Streben. Mit dem Fortschritt der Bauweisen konnte später auch unter diesen Bedingungen auf die widerstanderzeugenden Streben verzichtet werden. Die *Wien* besaß eine erflogene Sinkgeschwindigkeit von 0,71 m/s.

Diese Flugzeuge aus der Zeit der ersten Hangsegelflugperiode waren mit der Zielsetzung der geringstmöglichen Sinkgeschwindigkeit bei guten Gleitzahlen, aber geringen Fluggeschwindigkeiten konstruiert worden. Sie besaßen in der Regel relativ stark gewölbte Profile und geringe Flächenbelastungen sowie nur einen kleinen fliegerisch nutzbaren Geschwindigkeitsbereich. Das geringste Sinken konnte bereits bei der Konstruktion über die Festlegung der Fluggeschwindigkeit stark beeinflußt werden. Verminderte man bei gegebenem Gleitverhältnis durch Verringerung der Flächenbelastung die Flugge-

schwindigkeit um die Hälfte, so hätte man theoretisch auch die Sinkgeschwindigkeit halbiert. Allerdings ist dieser Zusammenhang nur für Segelflugzeuge, die speziell für den Hangsegelflug bzw. den thermischen Segelflug mit dem Ziel des «Obenbleibens» konstruiert werden, voll anwendbar. So hatten Meininger Segelflieger der Luftfahrervereinigung e. V. schon 1929/30 eine Konstruktion ihres Mitglieds Ingenieur BENZ mit 22,0 m Spannweite und nur 10,8 kg/m² Flächenbelastung gebaut. Die Tragfläche war teilweise in geodätischer Bauweise ausgeführt worden. Mit der Profilkombination Göttingen 386/390/420 wurde eine Gleitzahl von 1:33 und eine geringste Sinkgeschwindigkeit von nur 0,38 m/s erreicht! Allerdings betrug die Normalfluggeschwindigkeit lediglich 12 bis 14 m/s (43,2 km bis 50,4 km/h). Für die neue Etappe des Streckenfluges mit Segelflugzeugen wurden jedoch Flugzeuge mit höheren Fluggeschwindigkeiten benötigt.

Das wohl schönste und leistungsstärkste Segelflugzeug dieser Jahre war der *Fafnir* (1930) von ALEXANDER LIPPISCH. Die Kabinenhaube war vollkommen in die Rumpfkontur eingestrakt worden. In Ermangelung eines formbaren durchsichtigen Haubenmaterials war die abnehmbare Haube mit Sperrholz beplankt und nur im Bereich des Kopfes des Piloten mit zwei Öffnungen versehen worden, die nach der Seite eine gute, nach vorn jedoch nur eine begrenzte Sicht ermöglichten.

Die freitragende Tragfläche großer Spannweite und hoher Streckung in Schulterdeckeranordnung war, ähnlich wie bei einem Möwenflügel, abgeknickt. Als Profil war das traditionelle, auftriebsstarke aber langsame Profil Göttingen 652 verwendet worden. Der *Fafnir* zeigte bereits eine gewisse Anpassung an die Forderungen des thermischen Segelfluges. Er besaß gegenüber den vielen anderen Seglern keinerlei Neigung zu dem gefürchteten, ungewollten Trudeln, lag sehr gut in den für den Thermikflug erforderlichen

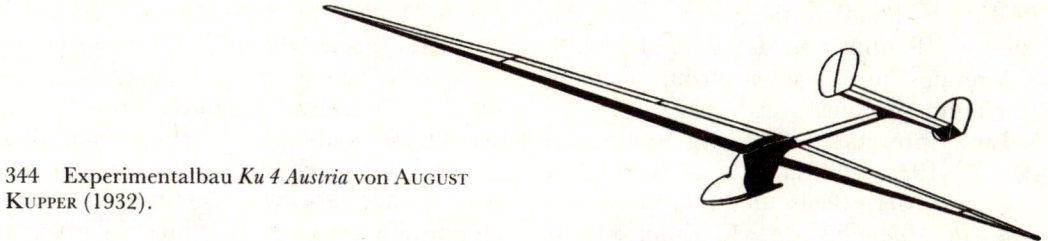

344   Experimentalbau *Ku 4 Austria* von August
Kupper (1932).

Steilkreisen, die nunmehr fast mühelos und ohne Gefahr des Abtrudelns geflogen werden konnten. Nach Peter Riedel war der *Fafnir* so leicht zu fliegen, daß er gut ausgebildeten Flugschülern hätte anvertraut werden können.

In der gesamten Segelflugliteratur bisher allgemein unterschätzt, aber noch leistungsstärker als der *Fafnir*, war die in der einfachen *Vampyr*-Konzeption gebaute und doch sehr formschöne *D-B 10* der Dresdner TH-Studenten aus dem Jahre 1931. Sie besaß eine cellonverkleidete Kabinenhaube mit guten Sichtverhältnissen, ein Gleitverhältnis von 30 bei 65 km/h, eine Flügelstreckung von 22 und eine geringste Sinkgeschwindigkeit von nur 0,55 m/s. Otto Bräutigam konnte 1935 nicht trotz, sondern gerade wegen dieses Flugzeugs den 504-km-Streckenflug Wasserkuppe—Brno als erster vollenden.

Mit dem von Lippisch und Stamer geschaffenen Schulflugzeug *Zögling*, dem von Edmund Schneider und Wolf Hirth unter Mitwirkung von Hugo Kromer vom Technikum Frankenhausen konstruierten Übungssegelflugzeug *Grunau-Baby*, dem *Rhönadler* von Jacobs und dem *Condor* von Dittmar, die in Serie gebaut wurden, stand dem Segelflug ein Flugzeugpark zur Verfügung, mit dem in der Einsitzerschulung ein fast risikoloser Übergang vom Schul- und Übungsflugzeug zum Leistungssegelflugzeug möglich war und der stark dazu beitrug, den Segelflug verbreiten zu helfen.

Mit dem Übergang zu thermischen Streckensegelflügen entstand ein immer stärkeres Bedürfnis nach höheren Fluggeschwindigkeiten und einem größeren nutzbaren Geschwindigkeitsbereich bei annehmbaren Gleitzahlen, da von der Fluggeschwindigkeit bei gegebener Thermikdauer die Flugweite abhing. Dabei durfte für den rationellen Höhengewinn in der Thermik auch die geringste Sinkgeschwindigkeit nicht vernachlässigt werden. Dies führte zur Verwendung von Profilen mit geringerer Wölbung und Dicke, höheren Flächenbelastungen sowie größerer Konsequenz in der Vermeidung schädlicher Widerstände am Flugzeug, was sich positiv auf die Verringerung des Sinkens und die Verbesserung der Gleitzahl auswirkte.

Die sich allgemein durchsetzende Erkenntnis, daß eine höhere Flächenbelastung bessere Flugleistungen im oberen Geschwindigkeitsbereich bringt, regte Wolf Hirth dazu an, sein *Moazagotl* (1933) erstmalig mit einem Wassertank für die Mitführung von 55 l Wasserballast zur Erhöhung der Flächenbelastung auszurüsten. Die Weiterentwicklung *Minimoa* (1935) besaß wie der *Rhönsperber* von Jacobs (1934) von vornherein eine Flächenbelastung von über 18 kg/m². Die Tragfläche besaß den *Fafnir*-Knick, war jedoch zusätzlich mit einer Pfeilform versehen, so daß sie einer Möwe im Fluge glich. Während die meisten der genannten Segelflugzeuge Prototypen waren, wurde die *Minimoa* von Anfang an in Serie gebaut und in vielen Ländern der Welt geflogen.

In dieser Zeit setzte sich neben dem Schulterdecker auch der Mitteldecker durch (z. B. *Rhönsperber*, *Fafnir II* und *Minimoa*). Bei dieser Anordnung können die

Probleme der Befestigung der Tragflächen am Rumpf und des Rumpf-Flügel-Übergangs statisch sowie strömungstechnisch günstig gelöst werden.

Eine interessante Lösung stellte die *Mü-13* (1935) von KURT SCHMIDT dar. Sie war auf der Basis des Doppelsitzers *Mü-10 Milan* (*Vampyr*-Konzeption) in enger Zusammenarbeit mit EGON SCHEIBE entwickelt worden und sollte sowohl am Hang als auch in der Thermik und auf Strecke Hervorragendes leisten. Dabei war der technische Aufbau denkbar einfach und wurde zunächst auch von vielen als Rückschritt betrachtet. Ein eckiger Stahlrohrrumpf mit Formleisten aus Holz und einer Stoffbespannung, ein trapezförmiger, unsymmetrisch geteilter Tragflügel mit Torsionsnase und Stoffbespannung, der auf der Rumpfoberseite auflag; über die ganze Flügelhinterkante abspreizbare Klappen zur Verbesserung der Langsamflugeigenschaften, Bremsklappen des Typs SCHEMPP-HIRTH zur Erleichterung von Ziellandungen und zwei Flächentanks für je 17,4 l Wasserballast kennzeichneten diesen Typ. Die Abkippgeschwindigkeit lag bei nur 35 km/h, die Sinkgeschwindigkeit betrug 0,58 m/s, das Gleitverhältnis 28, und trotz der geringen Flächenbelastung von nur 13,56 kg/m^2 flog die *Mü-13* dank ihres schlanken Profils bei 85 km/h mit einer Sinkgeschwindigkeit von lediglich 1 m/s. Die Kreisfluggeschwindigkeit lag bei nur 45 km/h, der Kurvenradius war entsprechend klein und die Thermikflugeigenschaften waren hervorragend. Ein einziehbares Fahrgestell verringerte den schädlichen Widerstand, und da ein Teil der Rumpfseitenwand mit Cellon beplankt war, besaß der Pilot auch eine hervorragende Sicht seitlich nach unten.

Die *Mü-13* stieg wie ihr Vorbild *Milan* am Hang und in der Thermik allen anderen Segelflugzeugen weg bzw. segelte noch bei Aufwindstärken, bei denen alle anderen Segler «erden» mußten. Eine geringe Labilität der Luftmassen, tiefhängende Wolken, wenige Minuten Sonneneinstrahlung auf Betonflächen, ein gutes «Kartoffelkrautfeuer» reichten aus, um die *Mü-13* in der Luft zu halten. «Hangsegelflüge» über Motorflugzeughallen bei nur schwachem Wind waren keine Ausnahme; dabei war das Flugzeug nicht wesentlich schwerer zu fliegen, als ein Übungssegler vom Typ *Grunau-Baby II b*. Schnell setzte sich der Beiname «Luftballon» für dieses Segelflugzeug durch. Die ersten beiden Prototypen wurden unter den Namen *Merlin* und *Atalante* bekannt; nach den ersten Erfolgen baute man die *Mü-13* auch aufgrund ihrer einfachen und billigen Herstellung in Serie. Der Serienbau der Segelflugzeuge wurde in relativ kleinen Werkstätten vorgenommen; die Industrie war an der Entwicklung des Segelflugzeugs und der Segelflugtechnik nicht oder nur indirekt beteiligt. Eine besondere Rolle bei der Erzielung segelflugtechnischer Spitzenleistungen spielte – das gilt auch für die Entwicklung nach dem zweiten Weltkrieg – das Schöpfertum von Studenten der Hoch- und Fachschulen.

In den Folgejahren setzte sich der Trend zu höheren Flächenbelastungen und höheren Fluggeschwindigkeiten unter Verzicht auf minimale Sinkgeschwindigkeiten im Interesse des Rekordstreckenfluges immer stärker durch. Derartige Flugzeuge mit einer gestreckten Sinkgeschwindigkeitspolare erlauben nicht nur hohe Fluggeschwindigkeiten und damit längste Strecken, sondern erleichtern auch den Streckenflug unter widrigen Windverhältnissen, erschweren jedoch das Fliegen bei schwachen und schwächsten Aufwinden.

Die Entwicklung hervorragender Segelflugzeuge erfolgte in zunehmendem Maße in Gemeinschaftsarbeit und unter Auswertung internationaler Erfahrungen. ALEXANDER LIPPISCH hatte während eines Vortrags in London die Bedeutung der internationalen Gemeinschaftsarbeit im Segelflug wie folgt charakterisiert:

«Ich glaube, daß es offensichtlich geworden ist, daß man unter Freunden immer offen und hilfsbereit sein muß, denn nur auf der Basis von gemeinsamen Bemühungen und Arbeiten kann Wertvolles herausgebracht werden.» [56, S. 578]

Auf ähnlichen konzeptionellen Linien verlief die Segelflugzeugentwicklung in anderen, den Segelflug betreibenden Ländern. Sie wurde überall von Sachzwängen diktiert, die von der segelfliegerischen Aufgabenstellung ausgingen, und es gab für diese in der Regel nur eine optimale Lösung, die die einzelnen, teils widersprüchlichen aerodynamischen, fliegerischen, konstruktiven und technischen Aspekte sinnvoll vereinigte. War diese gefunden, so setzte sie sich gesetzmäßig durch, und ihr Siegeszug konnte auch nicht durch Originalitätshascherei aufgehalten werden. Dennoch unterschieden sich die nach der gleichen Konzeption gebauten Segelflugzeuge oft wesentlich voneinander, und aufgrund der vielfältig wirkenden Faktoren und Anforderungen blieben die in jeder Beziehung gelungenen Segelflugzeuge weiterhin eine Ausnahme.

Einer der erfolgreichsten deutschen Segelflugzeugkonstrukteure nach ALEXANDER LIPPISCH war Ing. HANS JACOBS, Mitarbeiter der RRG und später der Deutschen Forschungsanstalt für Segelflug (DFS). Aus der Reihe seiner Flugzeugkonstruktionen sind vor allem zwei Ausgangspunkte zu nennen: Der Schulterdecker *Rhönadler* (1932) in der alten *Vampyr*-Konzeption, der über den *Rhönbussard* (1934) zur *Weihe* (1938) und *Meise* (1938) weitergeführt und der *Rhönsperber* (1934), in Anlehnung an die *Fafnir*-Konzeption, der über die Typen *Kranich* (Doppelsitzer, 1936), *Habicht* (1936), *Sperber Junior* (1937) zum *Reiher* (1937) entwickelt wurde.

Der *Habicht* war das erste voll kunstflugtaugliche Segelflugzeug, mit dem auch alle Figuren des Höheren Kunstfluges gefahrlos geflogen werden konnten. Der *Kranich* war neben der etwas älteren

Mü-10 Milan ein erfolgreicher Übungs- und Leistungsdoppelsitzer dieser Zeit. Nach dem *Fafnir* von LIPPISCH war der *Reiher* bis 1945 wohl das formschönste und eines der leistungsfähigsten Segelflugzeuge. Die *Meise* wurde als *Olympia-Meise* bekannt, und die *Weihe* war bis zum Jahre 1950 das am weitesten verbreitete Hochleistungssegelflugzeug.

Alle Konstruktionen von JACOBS zeigten eine klare Linienführung, zweckmäßige technische Lösungen und Sinn für Ökonomie. Bei der *Weihe* und der *Meise* hatte zusätzlich der Gesichtspunkt der Einfachheit – auch im Hinblick auf einen leichten Nachbau durch in- und ausländische Fluggruppen – höchsten Ausdruck gefunden.

Nachdem beim *Rhönsperber* erstmalig Störklappen auf der Tragflügeloberseite erfolgreich angewendet worden waren, verfügten vom Jahre 1936 an die JACOBS-Konstruktionen, wie alle Neubauten, über die von JACOBS entwickelte DFS-Luftbremse oder Sturzflugbremse. Das sind Bremsklappen, die in die Tragfläche eingefahren werden und im ausgefahrenen Zustand auf der Ober- und Unterseite der Tragflügelhälften herausragen, den Auftrieb in diesem Flügelbereich stören und in Abhängigkeit von der Stärke des Ausfahrens einen entsprechend hohen Luftwiderstand liefern. Sie können durch den Piloten über ein im Flugzeug liegendes Gestänge beliebig betätigt werden. Die Sturzflugbremsen sind so dimensioniert, daß sie im voll ausgefahrenen Zustand in jeder Fluglage das Überschreiten der zulässigen Fluggeschwindigkeit und damit eine Zerstörung des Flugzeugs in der Luft verhindern; der Segelflug in Wolken wurde mit ihnen wesentlich sicherer. Im Landeanflug sind sie eine sehr einfache, wirksame und willkommene Hilfe, da mit ihnen der Gleitwinkel gesteuert und erheblich verschlechtert wird. Somit können auch Hochleistungssegelflugzeuge im steilen Anflug auf kleinsten Flächen landen. Dieses Prinzip wurde von den Brüdern HÜTTER in seiner mechanischen Ausführung abgewandelt; diese Ausführung wurde unter dem Namen SCHEMPP-HIRTH-Klappe bekannt.

Der leistungsfähigste Doppelsitzer dieser Zeit, der außerdem noch zukunftsträchtige Neuheiten aufzuweisen hatte, war die *KIM-2* von EMELJANOV aus dem Jahre 1935. Erstmals waren die Flügel negativ, d. h. nach vorne gepfeilt worden, um auch den hinteren Piloten noch vor der Tragfläche im Schwerpunkt unterzubringen und ihm gute Sichtverhältnisse nach den Seiten und unten zu gewähren. Weiterhin hatte der Konstrukteur erstmalig die Tragflächen an den Randbögen leicht heruntergezogen. Dadurch blieben die Querruder auch bei Bodenberührungen der Tragfläche voll wirksam, und man erreichte über die Verringerung der Auftriebsbildung eine positive Beeinflussung des induzierten Widerstands, der unvermeidlichen Wirbelzöpfe an den Randbögen. Mit einem Gleitverhältnis von 25 und einer Flächenbelastung von 20,6 kg/m^2 war die *KIM-2* und ihre Weiterentwicklung *Stachanovec* (1937) mit einem Gleitverhältnis von 26 für Streckenflüge besonders geeignet.

In fast allen Ländern, in denen der Segelflug betrieben wurde, bildeten sich talentierte und schöpferische Konstrukteure heran, deren Flugzeuge den deutschen nicht nachstanden, mitunter sogar überlegen waren. Auf diese Weise entstand ein günstiger friedlicher Wettbewerb, der die Entwicklung des internationalen Segelfluges beschleunigte und befruchtete. Einige Namen und Flugzeuge seien hier stellvertretend genannt: In der Sowjetunion waren es V. EMELJANOV *(KIM-2)*, G. F. GROŠEV *(GN-7)*, O. ANTONOV *(RF-7)*, in Polen W. CZERWIŃSKI *(CW-5, PWS-101)* und S. GRZESZYK *(SG-3bis)*, in Ungarn L. ROTTER *(Nemere)* und E. RUBIK *(Vöcsök)*, in der Schweiz J. SPALINGER *(S-12)*, in Italien V. BONOMI *(BS-10)* und C. SILVA *(AL-3)*, in Frankreich BEYNES und THIVERVAL *(AVIA-41P)*,

in Großbritannien SLINGSBY *(Kirby Gull)*, in den USA BOWLUS *(Albatros)* und R. STANLEY *(Nomad,* mit V-Leitwerk).

Selbst in kleinen Ländern wirkten durchaus erfolgreiche Segelflugzeugkonstrukteure. In fast jedem Land wurden konstruktive und technische Besonderheiten verwirklicht. In der Sowjetunion bevorzugte man aufgrund der starken Thermik sehr hohe Flächenbelastungen, in den USA führte man die Ganzmetallbauweise in den Segelflugzeugbau ein, um die Vorzüge dieses Werkstoffs für den Segelflug zu nutzen.

Speziell der Segelflug förderte die Durchsetzung der Erkenntnis, daß ein Flugzeug nur so leistungsfähig sein kann wie seine Tragfläche. Deren Leistungsfähigkeit wird bestimmt durch das Profil, die Querschnittsform des Tragflügels. Das Profil ist folglich die «Seele» des ganzen Flugzeugs. Entscheidend für seine Leistungsfähigkeit ist das Verhältnis zwischen Auftrieb und Widerstand bei gegebenem Anstellwinkel. Es ist daher verständlich, daß die Aufmerksamkeit der Forschung für den Segelflug stets auch auf die «Züchtung» leistungsfähiger Profile und die Verringerung des schädlichen Widerstands des ganzen Flugzeugs gerichtet war. Damit leistete der Segelflug einen wichtigen Beitrag für den Fortschritt der gesamten Flugtechnik.

Die wissenschaftlich und technisch existierenden Möglichkeiten der Entwicklung leistungsfähiger Segelflugzeuge hatten bis zum Jahre 1939 in den Typen *D 30, Horten IV, Reiher* und *Weihe* einen sichtbaren Niederschlag gefunden.

Die *Darmstadt D 30 Cirrus,* speziell für Höchstleistungen entworfen, stand mit ihren Flugleistungen viele Jahre lang unerreicht da. Das bereits traditionelle Schöpfertum der Studenten der TH Darmstadt hatte in diesem Typ einen Höhepunkt gefunden und bewies, was echtes Interesse, Initiative und Aktivität sowie die Bereitstellung von 30000 RM für den technischen Fortschritt zu bewirken ver-

345/346   *D 30* (1938).

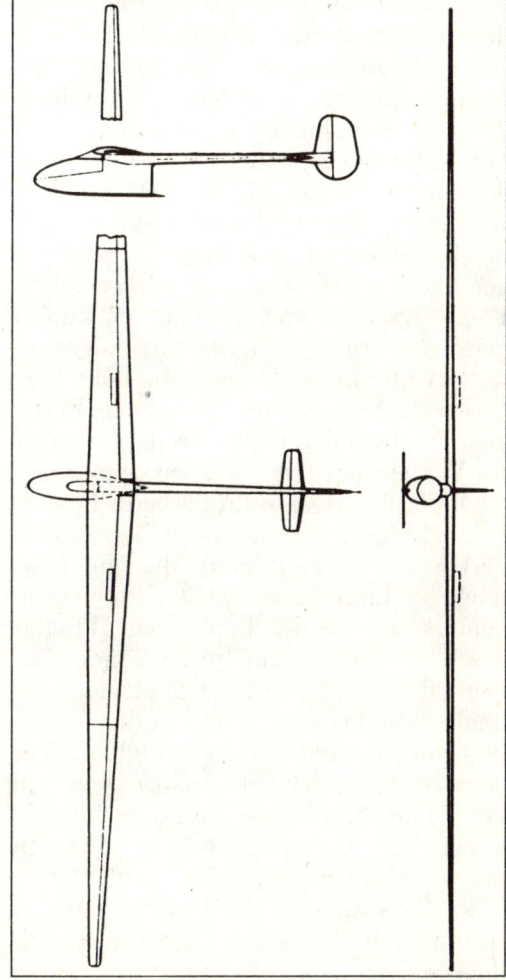

mögen. Der Entwurf für die *Cirrus*, der aus
dem Jahre 1933 stammte (R. Schome-
rus, M. Alt und M. Puffert), besaß
Ähnlichkeit mit dem der *Austria* von Kupper. Sie entstand in nur zwei Jahren, von
1936 bis 1938, unter Leitung des Studenten und Segelfliegers Bernhard Flinsch.
Mit noch größerer Konsequenz als bei
anderen Leistungssegelflugzeugen wurde
eine hohe aerodynamische Qualität an-
gestrebt.

Die Flügelstreckung von 30,6 war erstmalig in der Geschichte des Flugzeugbaus
realisiert worden. Sie sollte den induzierten Widerstand so gering wie möglich
halten. Den Oberflächen- und Gesamtwiderstand versuchte man durch kleine
Querschnitte, insbesondere durch ein
Rumpfboot mit Leitwerkträger aus Elek-
tronblech, auf einem Minimum zu halten.
Als Folge der hohen Flügelstreckung entstand eine geringe Flügeldicke, die einen
Duralkastenholm zur Aufnahme der bedeutenden Biege- und Verdrehungskräfte
erforderte. Die notwendige hohe Konturentreue und Oberflächengüte wurde
durch eine vollständige Beplankung des
Tragflügels mit Sperrholz gesichert. Die
gesamte Endkante des Tragflügels war als
Klappe, in ihrem Mittelteil als Wöl-
bungs- oder Landeklappe (+ 34° bis
− 40°) und an den Enden als Querruder

ausgebildet. Die Ausrüstung des Flügels wurde durch eine Sturzflugbremse (nur auf der Oberseite) vervollständigt. Die Profile NACA 214 an der Flügelwurzel und NACA 412 (Gö 600) an den Flügelenden sollten dem Flugzeug neben einer guten Gleitzahl eine größere ausnutzbare Geschwindigkeitsspanne geben. Diese Profile stellten schon einen Übergang zu den Laminarprofilen dar, die später so bedeutsam wurden.

Zum Zwecke experimenteller Fluguntersuchungen war die V-Form der Tragflügelenden am geraden Mittelstück von $+8{,}5°$ bis $-4{,}4°$ verstellbar. Das aus Gründen einer Widerstandsverringerung sehr klein dimensionierte Höhenleitwerk war doppelt veränderlich. Bei Betätigung des Höhenruders wurde die Höhenflosse in der Größenordnung des halben Ausschlages des Höhenruders mit verstellt. Zwei interessante Erkenntnisse ergaben sich bei den Untersuchungen am fertiggestellten Flugzeug. Im Windkanal wurde festgestellt, daß der Widerstand des Rumpfes der *D 30* keineswegs geringer als der des konventionell gebauten Flugzeugs *D 28* war, obwohl der Rumpf der *D 30* fast 40 % Oberfläche weniger besaß! Weiterhin wirkte sich die hohe Flügelstreckung nicht im erwarteten Maße positiv aus. Zur vollen Ausschöpfung dieses Vorteils hätte es eines aerodynamisch noch hochwertigeren Profils bedurft.

Die Flugeigenschaften der *Cirrus* waren hervorragend. 16 Piloten, die ein Testflugprogramm mit der *D 30* absolvierten, bemerkten, daß der Typ in allen Fluglagen leicht und angenehm zu fliegen war. Die erflogenen Flugleistungen lagen noch höher, als die nach den Windkanalvermessungen theoretisch ermittelten. Mit einem erflogenen Gleitverhältnis von 37,6 bei 77 km/h, einer geringsten Sinkgeschwindigkeit von 0,52 m/s bei 62 km/h und einer Minimalgeschwindigkeit von 53 km/h befand sich dieses Flugzeug jahrelang an der Spitze aller Leistungssegelflugzeuge.

Die *Horten IV* war ein Nurflügelflugzeug der Brüder REIMAR und WALTER HORTEN, die viele Jahre lang ihre Aufmerksamkeit und Energie der optimalen Verwirklichung der Nurflügelkonzeption gewidmet hatten. Nach den gebauten und geflogenen Typen *H I* bis *H III* entwarfen die Brüder 1936 die *Horten IV* als ausgesprochenes Hochleistungssegelflugzeug und konnten Anfang 1939 den Prototyp fertigstellen. Zur Verringerung des schädlichen Widerstands nahm der Pilot im Mittelteil der Tragfläche, das aus verschweißten Stahlrohren und einer Elektronbeplankung bestand, eine Liegeposition in Bauchlage ein, so daß nur noch ein Rumpfrelikt auf der Unterseite des Tragflügels zur Aufnahme des Fahrwerkhauptrades benötigt wurde. Eine einziehbare Kufe mit abwerfbarem Rad vervollständigten das Fahrwerk. Die Außenflügel waren in konventioneller Holzbauweise hergestellt worden. Mehr als die Hälfte der Endkanten der Außenflügel

347   *Horten IV* (1939).

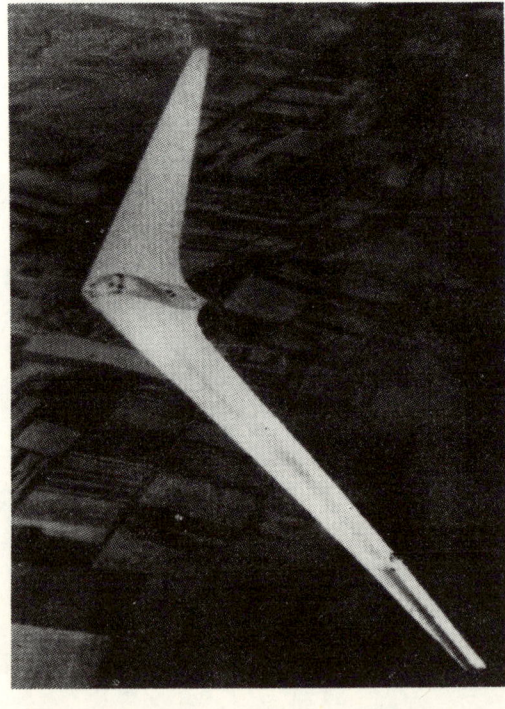

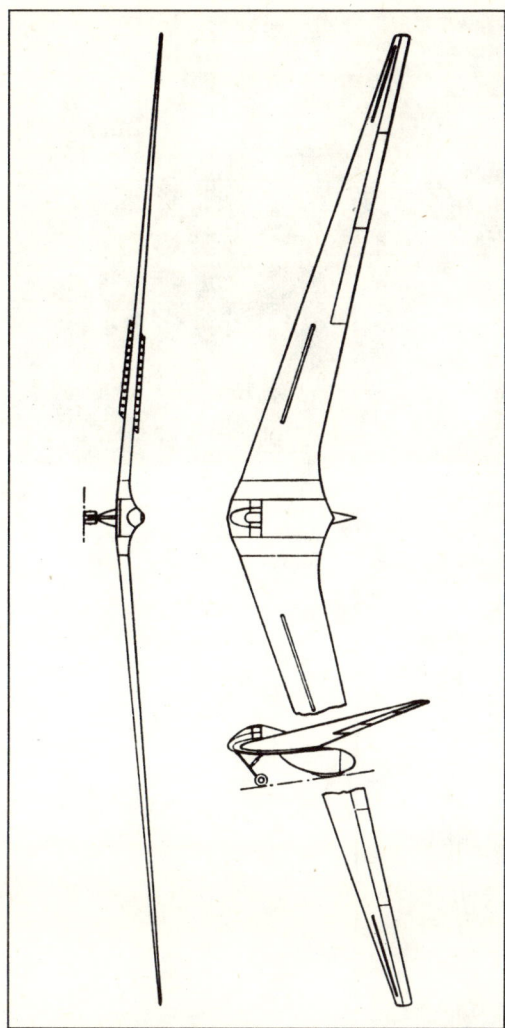

348 *Horten IV* (1939).

Mit einer Spannweite von 20,2 m und einer Flügelstreckung von 21,4 entsprach die *Horten IV* in ihrer aerodynamischen Güte durchaus der *D 30 Cirrus*. Die erhoffte Überlegenheit des Nurflüglers gegenüber der Normalkonzeption trat jedoch nicht ein. Speziell die hervorragend konzipierte und verwirklichte *Horten IV* bewies, daß Nurflügelflugzeuge gleichartigen Normalflugzeugen nicht überlegen sind, und der letzteren Konzeption grundsätzlich der Vorzug zu geben ist. Während ein Normalflugzeug mit kleinen Höhen- und Seitensteuerflächen nach dem Prinzip «kleine Kraft am langen Hebelarm» um die Quer- und Hochachse gesteuert wird, wobei der Luftwiderstand der Steuerbewegungen gering bleibt, muß ein Nurflügler durch große Steuerflächen am kurzen Hebelarm mit relativ großen Ausschlägen und damit hohem Luftwiderstand gesteuert werden. Weiterhin wirken sich auch die Maßnahmen zur Stabilisierung, wie die Schränkung der Tragfläche, aerodynamisch nachteilig aus.

Dabei war die *Horten IV* schwieriger zu fliegen als die *D 30*. Nach Meinung der Brüder HORTEN benötigte ein Pilot etwa 50 Flugstunden, um mit diesem Typ voll vertraut zu sein. Nachteilig machte sich auch die geringe Richtungsstabilität und schwache Dämpfung von Bewegungen um die Querachse besonders im Startvorgang beim F-Schlepp bemerkbar. Die Flächenverformung bei hohen Geschwindigkeiten erzeugte ein negatives Moment. Hervorragend waren jedoch die Langsam- und Kreisflugeigenschaften, so daß auch die *Horten IV* für Leistungssegelflüge sehr gut geeignet war. Mit diesem Typ wurden in nur einem Jahr viele thermische Streckenflüge, Wolkenhöhenflüge und Leewellenhöhenflüge unternommen.

Nachdem in direkten Vergleichsflügen mit dem *Reiher* sich die *Horten IV* als eindeutig überlegen erwiesen hatte, wurde sie im Fluge Seite an Seite mit der *D 30* verglichen. Letztere erwies sich in Gleitzahl und Sinkgeschwindigkeit in allen

bildeten eine dreifach unterteilte Klappe, die zur Höhen-, Quer- und Seitensteuerung diente.

Die Seitensteuerung konnte durch die Bremswirkung der außen liegenden Spreizklappen bewirkt werden. Große DFS-Sturzflugbremsen verliehen dem Flugzeug sehr gute Landeeigenschaften und ein hohes Maß an Sicherheit. Die Quer- und Höhensteuerung erfolgte über eine Handradschiebesteuerung, die Seitenruderklappen wurden mittels Fußpedalen betätigt.

Phasen als etwas besser, insbesondere bei höheren Geschwindigkeiten, jedoch vermochte die *Horten IV* der *D 30* in schwacher und eng begrenzter Thermik wegzusteigen.

Mit den Weiterentwicklungen der *Horten IV* zur *Horten IVb* und *Horten VI*, beide mit Laminarprofil, konnte im Jahre 1943 erstmalig in der Geschichte des Segelfluges das Gleitverhältnis 40 überboten werden (40 und 43).

Die *Horten IV* und die *D 30* waren die leistungsfähigsten und technisch progressivsten Segelflugzeuge, die bis zum Jahre 1939 gebaut worden waren.

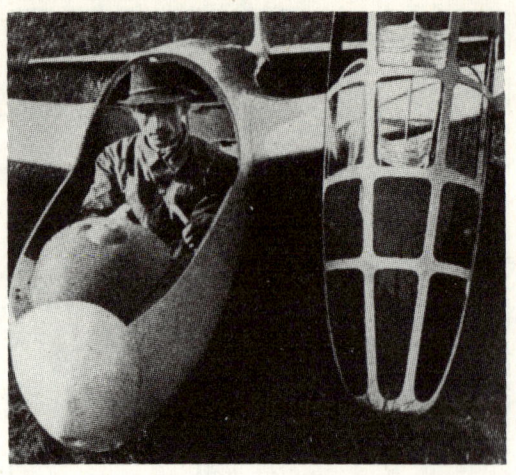

349   Die abnehmbare Kabinenhaube des *Reiher* (Ausführung 1938).

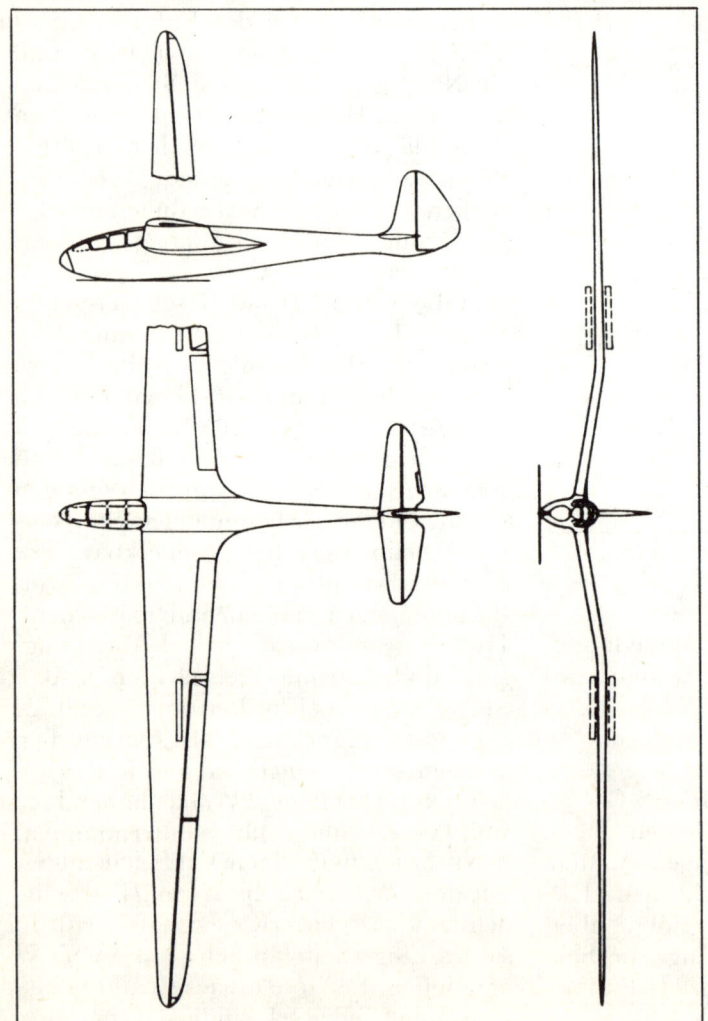

350   *Reiher* (1937).

351   *Weihe* (1938).

Die Variometerausrüstung der Segelflugzeuge bestand bis zum Jahre 1939 ausnahmslos aus Bruttovariometern; das
sind Variometer, die das tatsächliche
Steigen oder Fallen des Segelflugzeugs in
jedem Flugzustand anzeigen. Üblich waren Feinvariometer mit einem Anzeigebe-
reich von ± 5 m/s und Grobvariometer
mit ± 20 m/s-Skalierung. Bruttovariometer erforderten vom Piloten eine besondere Aufmerksamkeit, da sie auch jede
«Knüppelthermik» (Steigen und Sinken
des Flugzeugs als Folge von Höhenruder-
ausschlägen) anzeigten. Erst die Entwicklung des Totalenergievariometers nach
1945 beseitigte diesen Mangel.

Die Standardinstrumentierung bestand bei Leistungsflugzeugen weiterhin
aus Höhenmesser, Fahrtmesser, Kompaß, Wendezeiger und Borduhr; häufig
kamen Längsneigungsmesser und Künstlicher Horizont hinzu.
Der *DFS-Reiher* von HANS JACOBS, in seiner Auslegung eine konsequente Weiterentwicklung des *Fafnir I* und des *Fafnir II
Sao Paulo* von LIPPISCH, war das drittleis-
tungsfähigste Segelflugzeug aus jener
Zeit. Auffallend war am *Reiher* die gelungene Form mit eingestrakter Kabinenhaube. Hervorhebenswert ist die Tatsache, daß der *Reiher* laufend verbessert und

dann auch in Kleinserie produziert werden konnte.

Die *DFS-Weihe* von JACOBS, eine Weiterentwicklung auf der Linie *Rhönadler* und
Rhönbussard, war leistungsschwächer als
die vorgenannten Typen, jedoch mit
einem Gleitverhältnis von 31 bei 70 km/h
und einem Sinken von 0,58 m/s bei
50 km/h für Leistungssegelflüge noch
sehr gut geeignet. Ihr Vorzug bestand im
einfachsten Aufbau, großer Bequemlich-
keit für den Piloten, sehr guten Sichtverhältnissen und guten Flugeigenschaften,
leichter und schneller Montage und Demontage ohne Werkzeug und einem Tank
für Wasserballast. Die *Weihe* war infolge
ihrer Einfachheit kostengünstig her-
zustellen, auch für den Selbstbau geeignet
und wurde vor und während des Krieges
im Serienbau hergestellt und im Ausland
in Lizenz produziert, so daß nach Kriegsende in mehreren Ländern eine größere
Anzahl zur Verfügung stand.

Auf hervorragende Segelflugzeuge
könnte durchaus die Formulierung angewendet werden: Fügsam wie ein Lamm,
wendig wie eine Ballerina, steigfähig wie
ein heimwehkranker Engel! Bei den
Laminarflugzeugen könnte man noch ergänzen: Schnell wie ein Pfeil!

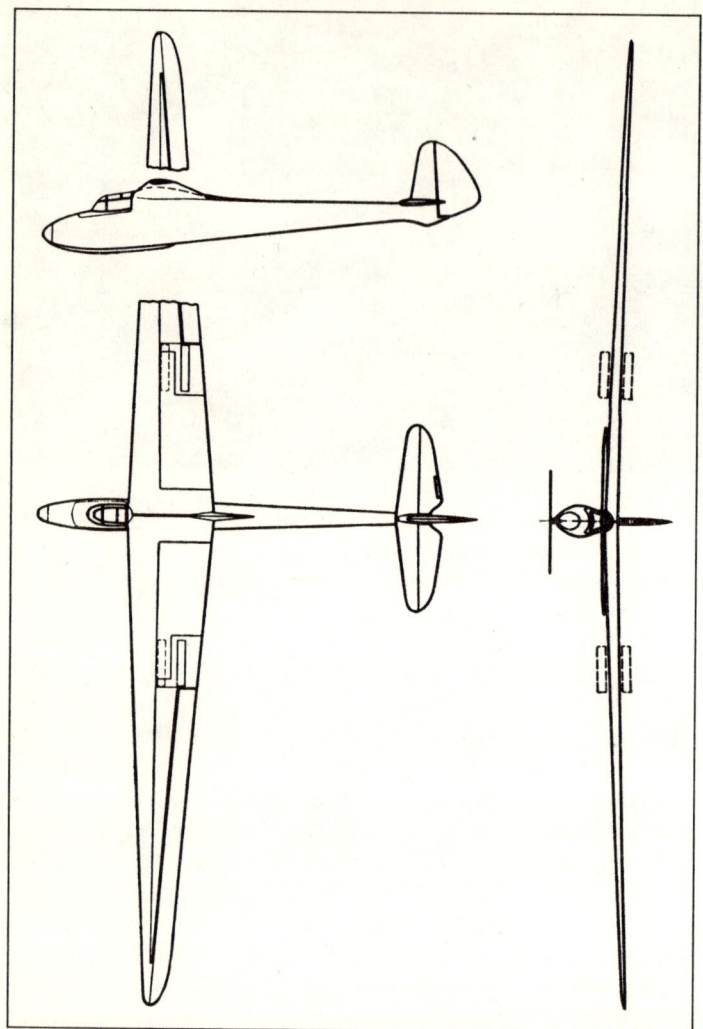

352 *Weihe* (1938).

Tabelle 4: Bedeutende Segelflugzeugtypen der Jahre 1920 bis 1945

Bau-jahr	Typ	Land und Konstrukteur	Spann-weite	Länge	Flü-gel-flä-che	Flü-gel-strek-kung	Leer-masse kg Flug-masse	Trag-flä-chen-bela-stung	Bestes Gleit-ver-hält-nis (bei km/h)	Ge-ring-stes Sinken m/s (bei km/h)	Profil	Bauweise und Besonder-heiten
			m	m	m²		kg	kg/m²				
1921	*Schwarzer Teufel*	Deutschland KLEMPERER	9,50	6,00	15,0	5,6	62,0 137,0	9,1	10	etwa 1	Gö 442	Holzbauweise
1921	*Vampyr*	Deutschland BLUME, HENTZEN, MARTENS	12,60	5,50	16,0	10,8	etwa 130,0 210,0	13,1	16	0,77	Gö 482	Holzbau-weise, unge-dämpftes Höhenruder

Bau-jahr	Typ	Land und Konstrukteur	Spann-weite m	Länge m	Flü-gel-flä-che m²	Flü-gel-strek-kung	Leer-masse kg Flug-masse kg	Trag-flä-chen-bela-stung kg/m²	Bestes Gleit-ver-hält-nis (bei km/h)	Ge-ring-stes Sinken m/s (bei km/h)	Profil	Bauweise und Besonder-heiten
1922	*Geheimrat*	Deutschland Akaflieg Darmstadt	12,50	5,50	15,0	10,6	etwa 80,0 160,0	10,7				Holzbau-weise, Flügel-steuerung
1922	*Peyret-Tandem*	Frankreich PEYRET	6,60	5,34	14,2	6,1	67,5 138,0	9,7				Holzbau-weise, Trag-flächen in Tandem-anordnung
1923	*Konsul*	Deutschland Akaflieg Darmstadt	18,70	6,65	22,0	18,0	200,0	9,1			Gö 535	Holzbauweise
1924	*Pelikan H6*	Deutschland GÜNTER, MERTENS, MEYER-KASSEL	15,00	5,26	15,0	15,0	75,0 142,5	9,5	28	0,44	Gö 396	Holzbauweise
1924	*AWF 15 Parabel*	UdSSR B. ČERANOVSKIJ	10,00	3,75	20,0	4,0	50,0 120,0	6,0	19 (34)	0,48	Gö 386 und Gö 436	Holzbau-weise, Nur-flügel
1925	*Abrial A 2 Vautour*	Frankreich ABRIAL, PEYRET	12,65	6,25	20,0	8,0	106,0 180,0	9,0				Holzbau-weise, verstrebt
1928	*Darm-stadt II (D 19)*	Deutschland Akaflieg Darmstadt	18,00	6,37	16,9	19,4	162,0 252,0	14,8			ŽUKOVSKIJ	Holzbauweise
1929	*Wien*	Deutschland LIPPISCH (RRG)	19,10	6,50	18,6	20,0	248,0	13,8		0,71	Gö 549 verändert	Holzbau-weise, verstrebt
1930	*Fafnir I*	Deutschland LIPPISCH (RRG)	19,00	7,76	18,6	19,4	200,0 315,0	16,9		0,76	Gö 652 und Gö 535	Holzbauweise
1930	*Austria Ku 4*	Deutschland KUPPER	30,00	9,00	35,0	25,7	402,4 482,4	13,8			Gö 652	Holzbau-weise, Ver-suchsbau, Rumpfboot mit Leitwerk-träger
1931	*D-B 10*	Deutschland Akaflieg Dresden	20,00		18,2	22,0	220,0 300,0	16,4	30	0,55	Gö 549 verändert	Holzbauweise unter Verwendung von Dur-aluminium
1932	*OKA – 13*	UdSSR ANTONOV	20,10	7,10	20,1	20,1	197,0 277,3	13,8	27			Holzbauweise
1932	*Rhönadler*	Deutschland JACOBS (RRG)	17,40	7,20	18,0	16,8	170,0 250,0	13,8	20	0,75	aus Gö 652 entwickelt	Holzbau-weise, Serien-bau

Bau-jahr	Typ	Land und Konstrukteur	Spann-weite	Länge	Flü-gel-flä-che	Flü-gel-strek-kung	Leer-masse kg / Flug-masse kg	Trag-flä-chen-bela-stung	Bestes Gleit-ver-hält-nis (bei km/h)	Ge-ring-stes Sinken m/s (bei km/h)	Profil	Bauweise und Besonder-heiten
			m	m	m²		kg	kg/m²				
1933	RF–4	UdSSR ANTONOV	18,00	6,75	18,8	18,2	173,0 241,9	13,4				Holzbau-weise, Rumpf-boot mit Leit-werkträger
1933	Grunau II	Deutschland HIRTH, SCHNEIDER	13,57	6,09	14,2	13,0	150,0 240,0	16,9	17 (55)	0,85 (50)	Gö 535	Holzbauweise
1933	D 28 b Windspiel	Deutschland Akaflieg Darmstadt	12,00	5,98	11,4	12,6	72,0 144,0	12,6	23 (56)	0,58 (48)	Gö 535	Holzbauweise
1934	Rhön-sperber	Deutschland JACOBS (DFS)	15,30	6,05	13,3	17,6	162,0 250,0	18,8	20 (68)	0,72 (58)	Gö 535	Holzbauweise
1935	Condor II	Deutschland DITTMAR, KRÄMER	17,24	7,60	16,2	18,4	240,0 330,0	19,8	26 (60)	0,65 (45)	Gö 532	Holzbauweise
1935	Minimoa	Deutschland HIRTH	17,00	6,90	19,0	15,2	224,0 353,5	18,4	26 (85)	0,65 (60)	Gö 681 ver-dünnt und Gö 693	Holzbauweise
1935	Kranich II	Deutschland JACOBS (DFS)	18,00	7,70	26,7	14,3	255,0 435,0	19,2	24 (70)	0,69 (45)	Gö 535	Holzbau-weise, Dop-pelsitzer
1935	KIM-2	UdSSR EMELJANOV	19,50	7,46	22,3	17,0	315,0 460,0	20,8	25	0,64	CAGI R–III	Holzbau-weise, Dop-pelsitzer
1936	GN–7	UdSSR GROŠEV	16,80	6,35	12,8	22,0	200,0 305,0	23,8	28	0,80	Gö 549	Holzbauweise
1936	Nemere	Ungarn ROTTER	20,00	8,00	23,0	17,4	240,0 340,0	19,0	26	0,60		Holzbauweise
1936	Habicht	Deutschland JACOBS (DFS)	13,60	6,35	15,8	11,7	200,0 290,0	18,4	21	0,80	DFS	Holzbau-weise, kunst-flugtauglich
1936	Mü 13	Deutschland SCHMIDT, SCHEIBE	16,00	5,90	17,0	15,0	145,0 285,0	13,8	28 (70)	0,58 (55)	Eigenent-wicklung	Gemischt-bauweise, Wassertank
1937	Horten III	Deutschland Gebrüder HORTEN	20,00	5,00	37,5	10,6	250,0 360,0	9,6	30 (70)	0,54 (45)	Eigenent-wicklung	Gemischt-bauweise
1937	Reiher	Deutschland JACOBS (DFS)	19,00	7,27	19,7	18,6	238,0 323,0	16,6	33	0,50	Gö 549 und Gö 676	Holzbauweise
1937	PWS–101	Polen CZERWIŃSKI	19,00	9,27	19,4	18,6	184,0 265,0	13,6	26			Holzbauweise
1938	D 30 Cirrus	Deutschland Akaflieg Darmstadt	20,00	6,62	12,0	33,4	175,0 265,0	22,1	37 (77)	0,52 (62)	NACA 2414 und 4412	Holzbau-weise, Dural-Hauptholm

Bau-jahr	Typ	Land und Konstrukteur	Spann-weite	Länge	Flü-gel-flä-che	Flü-gel-strek-kung	Leer-masse kg Flug-masse kg	Trag-flä-chen-bela-stung kg/m²	Bestes Gleit-ver-hält-nis (bei km/h)	Ge-ring-stes Sinken m/s (bei km/h)	Profil	Bauweise und Besonder-heiten
			m	m	m²		kg					
1938	*Weihe*	Deutschland JACOBS (DFS)	18,00	8,00	18,2	17,8	140,0 335,0	18,4	31 (70)	0,58 (50)	Gö 549 und M 12	Holzbau-weise, Wassertank
1938	*RF–7*	UdSSR ANTONOV	16,24	6,40	11,9	22,2	245,0 325,0	27,0 bis 37,0	30	0,62	CAGI R–III	Holzbau-weise, Wassertank
1938	*SG 38*	Deutschland Entwicklungs-gemeinschaft	10,41	6,28	16,0	6,8	105,0 210,0	12,2	10 (52)	1,30	Eigenent-wicklung	Holzbau-weise, verspannt, Schulgleiter
1938	*Olympia-Meise*	Deutschland JACOBS (DFS)	15,00	7,27	15,0	15,0	160,0 255,0	17,0	26 (69)	0,71 (59)	Gö 549 und Gö 676	Holzbau-weise, Olympia-segelflugzeug
1939	*Horten IV*	Deutschland Gebrüder HORTEN	20,20		19,1	21,4	240,0 335,0	17,6	37 (87)	0,54 (55)	Eigenent-wicklung	Gemischtbau-weise, Nur-flügel
1943	*Horten VI*	Deutschland Gebrüder HORTEN	24,00		17,9	32,3	335,0 430,0	24,0	43 (90)	0,48 (65)	Eigenent-wicklung	Gemischtbau-weise, Laminar-profil

6.17. Der Segelflug in einzelnen Ländern bis 1939

Polen · Großbritannien · Frankreich · USA · Italien · Finnland · Litauen · Schweden · Jugoslawien · Türkei · Ägypten · Schweiz

In den dreißiger Jahren hatte sich der Segelflug zu einer international anerkannten und verbreiteten Sportart entwickelt. Auch wenn es nicht überall zu bahnbrechenden Fortschritten und Leistungen gekommen war, so dienten dennoch alle Bemühungen dem fliegerischen und technisch-wissenschaftlichen Fortschritt, weil durch die Existenz nationaler Aktivitäten die vorwärtstreibende Kraft des Wettbewerbs auch im internationalen Rahmen wirksam wurde. Um das Ausmaß des weltweiten Interesses am Segelflug zu verdeutlichen, soll seine Entwicklung in einigen Ländern skizziert werden. Die Leistungen in Ungarn und der Sowjetunion sind bereits in einem anderen Zusammenhang aufgezeigt worden.

Polen

Der Segelflug besaß in diesem Lande in CZESŁAW TANSKI einen Flugpionier aus den Anfangsjahren des Gleitfluges und erreichte nach 1930 eine umfassende Breite. Die Ergebnisse der ersten Rhön-Wettbewerbe fanden in der polnischen Presse ein lebhaftes Echo und verstärkten das Interesse vieler Persönlichkeiten am Gleit- und Segelflug. Auf Initiative Warschauer Studenten fand der I. Polnische Segelflugwettbewerb vom 28. August bis 13. September 1923 auf dem Czarna Góra (Schwarzer Berg) bei Bialka in der Nähe von Nowy Targ statt.

Der Berg war in seiner unteren Hälfte teilweise bewaldet, und es herrschte Mangel an geeigneten Landeflächen. TADEUSZ

KARPINSKI siegte auf *Akar* (freitragender Hochdecker mit Gitterrumpf) mit einem Flug von 3:14 min. Die weiteste Flugstrecke betrug 3 km. Die Suche nach geeigneten Segelfluggeländen gehörte in der Folge zu den wichtigsten Aufgaben. Im Jahre 1924 flog man an der Babia Góra (1 725 m), dem höchsten Gipfel der Beskiden.

Der II. Landeswettbewerb fand 1925 in Oksywie bei Gdynia statt. 22 Flugzeuge waren gemeldet, von denen 15 tatsächlich erschienen. WREMBEL auf *MIS* erzielte den längsten Flug, SZULCZEWSKI konnte den Startplatz um 25 m überhöhen, die größte Flugweite betrug 560 m und die Gesamtflugzeit des Wettbewerbs 43:00 min. Diese Leistungen, trotz des nicht sehr günstigen Geländes erzielt, waren im Grunde genommen ermutigend. Die Öffentlichkeit neigte jedoch dazu, diese Ergebnisse als Argument für die «Sinnlosigkeit» des Segelfluges zu benutzen und zu behaupten, daß es in Polen keine geeigneten Segelfluggelände und Segelflugzeuge gäbe. Die flugtechnisch interessierten Kreise der polnischen Jugend wandten sich zunächst dem Motorflug zu.

1928 wurde ein erneuter Anlauf zur Verbreitung des Segelfluges genommen. Die Initiative ging von der Akademischen Fliegergruppe der TH in Lwow, speziell von Ingenieur SZCZEPAN GRZESZYK und dem Lwower Aeroklub aus. Eine Expedition fand in den Vorkarpaten bei Zloczow auf dem Berg Lysa Góra (Gologóra) ein Hangfluggelände. Am 26. Mai 1928 gelang dort GRZESZYK auf dem Segelflugzeug *CW-1* (freitragender Schulterdecker mit geschlossenem Rumpf, Kopf des Piloten über der Tragfläche) des Konstrukteurs WACŁAW CZERWIŃSKI mit 4:13 min ein Hangsegelflug. Er erzielte dabei 50 m Startüberhöhung.

Diese Bemühungen wurden auch durch Publikationen unterstützt. Im Jahre 1924 erschien der Titel «Segelflug und Segelflugapparate» von PIOTR TU-

LACZ und 1926 «Wie kann man ohne Motor fliegen?» von CZERWIŃSKI.

Im Jahre 1929 unternahm die Gruppe von GRZESZYK vom 23. Oktober bis 4. November eine Expedition nach Bezmiechowa. Hier stellte GRZESZYK auf *CW-2* einen neuen Landesrekord im Dauerflug mit 02:11:00 h auf. Der Bann war nunmehr gebrochen. Da in Bezmiechowa gute Bedingungen für den Hangflug und den thermischen Segelflug herrschten, wurde es vor dem zweiten Weltkrieg das Zentrum des polnischen Segelfluges, die polnische «Segelflugakademie», auf der seit 1930 viele polnische und ausländische Segelflieger ausgebildet wurden. Von nun an beschleunigte sich die Entwicklung des Segelfluges in Polen. Gab es 1928 ganze drei Segelflugzeuge, neun Piloten, wenige Starts und etwa 24 Minuten Gesamtflugzeit im Lande, so waren es 1929 58 Flüge, 1930 bereits 681, 1931 1460 und 1932 14300 Flüge. In diesem Jahr nahmen zwei polnische Piloten erfolgreich am Rhön-Wettbewerb teil. 1933 waren es dann schon 23000 Starts auf Segelflugzeugen, und 1934 stieg die Zahl auf 41 200!

Dieser Aufschwung war verbunden mit der Konstruktion und dem Bau einer Vielzahl von interessanten und leistungsfähigen Typen solcher talentierten Konstrukteure wie CZERWIŃSKI und JAWORSKI, A. KOCIAN, GRZESZYK und anderen. Es sei nur auf solche Flugzeuge wie den *Komar* (1933), die *CW-5* (1935), den Doppelsitzer *Mewa* (1936), die *SG-3 bis/36* (1936), die *PWS-101* (1937), den *Orlik II* (1938), die *PWS-102* (1939) oder das bewährte Schulflugzeug *Wrona* verwiesen. Insgesamt wurden etwa 40 Prototypen hergestellt!

Der schnelle Aufschwung des polnischen Segelfluges war so offensichtlich, daß er vom Leiter der Segelflugkommission der FAI, Professor GEORGII, 1932 wie folgt gewürdigt wurde: «Polen ist nach Deutschland das erste Land, in dem ein Sonderinstitut für Segelflugforschungen an den Technischen Hochschulen in Warschau und Lwow errichtet wurde, wobei Gruppen der Jugend dieser Hochschulen seit Jahren selbst den Segelflug betreiben. Gute Resultate in wissenschaftlichen und technischen Studien über den motorlosen Flug traten in der Tätigkeit des polnischen Segelflugwesens im Jahre 1932 in Erscheinung ...» [93, S. 21]

Auch in Polen bildeten Wissenschaft und Forschung wichtige Keimzellen für die Entwicklung des Segelfluges. An der TH Lwow war es das Institut für die Technik des Segelfluges und Motorsegelfluges unter Leitung von Professor St. LUKASIEWICZ, das mit seinen Arbeiten einen bedeutenden Einfluß auf die Entwicklung des polnischen Segelfluges ausübte.

Der III. Landeswettbewerb fand Ende September bis Anfang Oktober 1934 in Ustianowa auf dem Berg Zukow (765 m über NN) statt. Der Zukow weist nach Süden einen Höhenabfall von 400 m, nach Norden von 270 m auf und eignete sich ausgezeichnet zum Hangsegeln, wobei auch Leewellenerscheinungen auftraten, die beachtliche Höhenflüge erlaubten. Zeitweilig schwebten 26 Segelflugzeuge gleichzeitig über dem Hang. Mit 490 Flügen erzielten die Wettkämpfer 763 Flugstunden, darunter 28 Fünfstundenflüge; 20 Streckenflüge führten über 50 km, vier über 100 km, 64mal erreichten Piloten eine Startüberhöhung von mehr als 1000 m, davon wurde siebenmal bis auf eine Höhe zwischen 2000 und 3000 m gestiegen. Nach dem Wettbewerb gab es in Polen 19 Inhaber der Silber-C.

Der IV. Landeswettbewerb fand vom 28. Juni bis 12. Juli 1936 wiederum in Ustianowa statt. Von den drei Wertungsmöglichkeiten Dauer, Höhe und Strecke erhielt der Streckensegelflug die höchste Punktbewertung, um den Segelfliegern einen verstärkten Anreiz für diese Disziplin zu geben. 5747 Streckenflugkilometer wurden absolviert.

Der V. Landeswettbewerb im Jahre 1937 wurde im August im Flachland bei

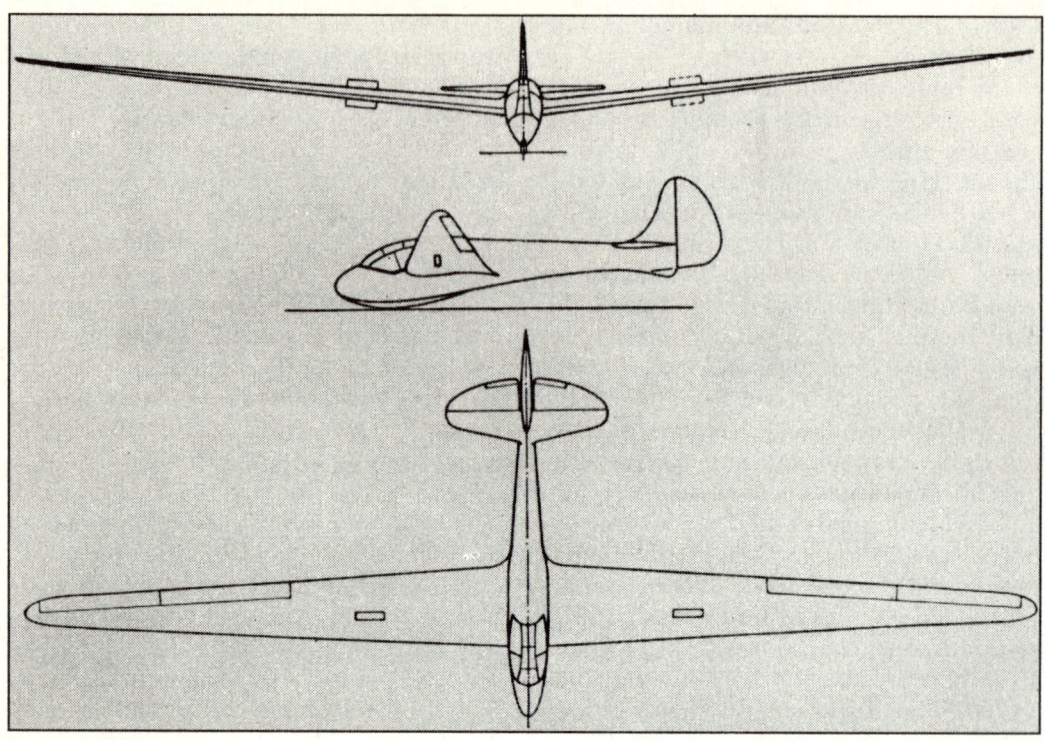

353   *PWS-101* (1938).

Inowrocław ausgetragen, in einem Monat, in dem noch relativ gute Thermik herrschen kann und dank der abgeernteten Getreidefelder überall gute Landemöglichkeiten bestehen. 30 Wettkämpfer erzielten 17 440 Streckenflugkilometer; 51 Flüge führten mehr als 100 km weit und 30 über 200 km. Am 9. August, dem Tag mit der besten Thermik, wurden 3 500 Streckenkilometer geflogen, was eine theoretische Durchschnittsleistung von mindestens 116 km pro Wettkämpfer ergibt. Dieser Wettbewerb war mit seinen Leistungen den Rhön-Wettbewerben ebenbürtig. Als ernstes organisatorisches Problem erwies sich in Polen der Rücktransport der Flugzeuge nach den langen Streckenflügen. Hier wurde der schon in der Sowjetunion realisierte Gedanke des Rückschlepps von Segelflugzeugen nach Außenlandungen erneut geboren. Sieger in der Streckenwertung wurde TADEUSZ GÓRA auf *PWS-101*.

Der VI. und letzte Landeswettbewerb vor Ausbruch des zweiten Weltkrieges fand vom 10. bis 23. Juli 1938 auf dem Flugplatz Maslow in der Nähe von Kielce statt. 36 Teilnehmer hatten gemeldet; hervorstechend war die Neukonstruktion *Orlik II* von KOCIAN. Wolkenflug war offiziell erlaubt, doch herrschten während des Wettbewerbs sehr komplizierte meteorologische Bedingungen. Dennoch konnten 15 658 Streckenkilometer bei 168 Flügen, darunter 15 Zielflüge, erflogen werden, was für die Fähigkeiten und den Kampfgeist der Piloten spricht. Es siegte K. PLENKIEWICZ auf *PWS-101*.

Im gleichen Jahre gelang TADEUSZ GÓRA ein bedeutender Langstreckenflug. Am 18. Mai 1938 flog er auf *PWS-101* von der Segelflugschule Bezmiechowa bis nach Soleczniki Male bei Vilnius 577,8 km weit. Für diese Leistung erhielt er als erster Segelflieger der Welt die LILIENTHAL-Medaille der FAI. Mit der Ehrung GÓRAS wurden auch die Verdienste des polnischen Segelfluges gewürdigt.

Die Entwicklung des polnischen Segelfluges war auf der Jahresversammlung der ISTUS im Jahre 1937 von Professor PRÖLL (Hannover) mit folgenden Worten in der Eröffnungsansprache gewürdigt worden: «Zu den wichtigsten Errungenschaften des Segelflugs gehört das enorme Vorwärtsschreiten der experimentellen und praktischen Aerodynamik sowie vieler Fragen der Flugmechanik, vor allem aber die immense Ausbreitung unserer Kenntnisse auf dem Gebiet der Aerologie, wobei der praktische Anteil der Aerologie besonders durch polnische Wissenschaftler gründlich bearbeitet wurde ... und diese gleichfalls die Fragen der Belastung von Segelflugzeugen und Flugzeugen im Flug sehr systematisch untersuchen. Sie führten ebenfalls sehr ausführliche Belastungsversuche in sämtlichen nur möglichen Fluglagen des Segelflugzeuges durch. Die hier durch den Motor nicht gestörten Instrumente schenken einen klareren Einblick in die rein aerodynamische Belastung. Diese Forschungen dehnten die polnischen Gelehrten auch auf die Beurteilung der Persönlichkeit des Piloten aus ... denn er gehört organisch zu einem Segelflugzeug.» [93, S. 102f]

Die wichtigsten polnischen Landesrekorde hatten 1939 einen Stand erreicht der zeigt, daß Polen nach der Sowjetunion und Deutschland zu den führenden Segelflugländern gehörte:

Der Dauerflug von WANDA MODLIBOWSKA auf *Komar* war gleichzeitig Weltrekord und lag auch mehrere Stunden über dem polnischen Dauerrekord der Männerklasse.

Diesen Leistungen entsprach auch die Anzahl der Silber-C-Abzeichen in Polen. Im Jahre 1937 waren von 631 verliehenen Abzeichen 104 in polnischem Besitz. Ende Dezember 1939 waren es von 1 667 Abzeichen 225. Vier Piloten hatten die Streckenflugbedingung für die Gold-C (ein Streckenflug von mindestens 300 km Länge) und zwei Piloten die Höhenbedingung (3 000 m Startüberhöhung) erfüllt. Für eine weitere schnelle Entwicklung waren alle technischen und personellen Voraussetzungen vorhanden, und bei der Begeisterung der polnischen Jugend für den Segelflug wäre er mit Sicherheit eingetreten, doch der Überfall Hitlerdeutschlands auf Polen am 1. September 1939 unterbrach jede Entwicklung bis 1945 vollständig.

Großbritannien

In der Luftfahrtgeschichte Großbritanniens wirkten mit Persönlichkeiten wie CAYLEY, WENHAM, RAYLEIGH, PILCHER, WEISS und anderen bedeutende Vorkämpfer des Gleit- und Segelfluges. Angespornt durch die ersten Stundenflüge

Männer:

Freie Strecke	T. GÓRA	18. Mai 1938	577,8 km
Zielstrecke	E. IWANOW	1939	304,0 km
Zielflug mit Rückkehr	E. IWANOW	14. Mai 1938	106,0 km
Startüberhöhung	K. ANTKOWIAK	6. Juli 1937	3 435 m

Frauen:

Dauer	W. MODLIBOWSKA	14. Juli 1937	24:14:00 h
Freie Strecke	W. MODLIBOWSKA	19. Mai 1937	354,0 km

Doppelsitzer (Männer):

Freie Strecke	PIETROW/JAKUBIEC	1939	309,4 km
Dauer	PIETROW/DZIERGAS	1938	11:02:00 h

auf der Rhön erwachte das latente Segel-
fluginteresse zu neuem Leben, und für
Oktober 1922 schrieb die Leitung des
Aeroklubs kurzfristig den Segelflugwettbewerb in Itford-Hill aus. Die nüchternen
Engländer hielten nach den Erfolgen dieses Wettbewerbs den Segelflug jedoch für
«gelaufen»; das Segelfliegen im Hangaufwind schien beherrscht, und die Attrakti-
vität dieser Flugart blieb so gering, daß
Itford-Hill zunächst keine Fortsetzung
fand. Der Wettbewerb hatte lediglich die
Bewegung zum Bau schwachmotoriger
Flugzeuge, sogenannter Leichtflugzeuge,
beschleunigt.

Ein stärkeres Interesse am Segelflug erwachte erst wieder, als Nachrichten über
die Streckensegelflüge des Jahres 1929 auf
die Insel gelangten. Die bekannte Luftfahrtzeitschrift «The Aeroplane» erhielt
derart viele Zuschriften zum Segelflugproblem, daß ihr Chefredakteur GREY zu
einem «gliding lunch» am 14. Dezember
1929 aufforderte. Das war der Startschuß
für die Wiederaufnahme der Segelflugaktivitäten. Auf Einladung der Royal Aeronautical Society hielten im Februar 1930
Professor WALTER GEORGII, ALEXANDER
LIPPISCH und FRITZ STAMER Vorträge über
den Segelflug und berichteten über die
meteorologischen, technischen, konstruktiven und ausbildungsmäßigen Erkenntnisse und Erfahrungen, die man bisher in
Deutschland gesammelt hatte.

Im Juni 1930 flogen auf Einladung der
British Gliding Association und der
«Daily Mail» ROBERT KRONFELD und KARL
MAGERSUPPE mit ihren Segelflugzeugen
über England. Große Menschenmengen
strömten zu den Segelflugvorführungen,
und am 15. Juni 1930 konnte KRONFELD
mit 80 km Strecke den ersten Streckensegelflug in England ausführen. KRONFELD
gewann auch den 5000-Pfund-Preis der
Daily Mail für eine Überquerung des Ärmelkanals mit einem Segelflugzeug in beiden Richtungen. In sportlicher Beziehung war dieser Flug von geringer Bedeutung, da sich KRONFELD mit seiner *Wien*

354   GEOFFREY H. STEPHENSON in der *Kirby-
Gull* (1939).

am 19. Juni 1930 über der englischen Küste auf 3000 m Höhe schleppen ließ und
im Gleitflug nach Frankreich flog. Der
Rückflug erfolgte auf die gleiche Weise.
Am 30. Juni 1930 vollführte KRONFELD
den zweiten thermischen Segelflug über
England mit einem Flug von London
nach Chatham und demonstrierte eindrucksvoll die Möglichkeiten des Segelfluges, indem er am nächsten Tag von
Chatham nach London zurückflog.

Diese gelungenen Vorführungen beschleunigten des Tempo der Wiederbelebung des britischen Segelfluges. 1930
wurde der London Gliding Club gegründet und nahm zunächst mit zwei Schulgleitern den Ausbildungsbetrieb auf.
Schwierigkeiten bereitete es, von den pri-
vaten Grundbesitzern Nutzungsrechte
für die Ausübung des Gleitfluges zu erlangen, bis man schließlich am Fuße der 60
bis 80 m hohen und 5 km langen Dunstable Downs, etwa 50 km von London entfernt, ein ständiges und günstiges Segelfluggelände fand, das sich zu einem Zentrum des britischen Segelfluges entwik-
kelte. Im Mai 1931 segelte man hier
bereits 03:28:00 h, drei Jahre später betrug die Bestleistung acht Stunden, dann
zwölf Stunden und sie konnte im Juli 1938
von MURRAY und SPROULE auf dem Doppelsitzer *Falcon III* auf die Weltrekordlei-
stung von 22:13:00 h gesteigert werden.
Den ersten Überlandflug eines Briten

355   Die *Kirby-Gull* startet in Dunstable (1939).

führte BUXTON am 15. August 1931 von den Dunstable Downs mit 21 km aus.

Im Jahre 1932 weilte WOLF HIRTH im London Gliding Club und hielt vor den Mitgliedern mehrere Vorträge über «fortgeschrittenes Segeln», worunter man den thermischen Segelflug verstand. HIRTH gab dort etwa die Erkenntnisse seines späteren Buches «Die Hohe Schule des Segelfluges» wieder und begeisterte die britischen Segelflieger für den thermischen Segelflug.

G. E. COLLINS und P. A. WILLS waren die Bahnbrecher des thermischen Segelfluges in Großbritannien. COLLINS hatte 1933 an einem Leistungslehrgang auf dem Hornberg unter Leitung von HIRTH teilgenommen, dabei Erfahrungen im Wolkensegelflug gesammelt und Höhenflüge bis auf 3 000 m ausgeführt. Thermik- und Wolkenflug waren etwa ab 1935 fliegerisches Allgemeingut in Großbritannien.

Vom Jahre 1932 an fand alljährlich ein britisches Segelfliegertreffen statt. Beim Wettbewerb im September 1934 flog COLLINS auf *Rhönadler* einen Streckenflugrekord mit 158 km, BUXTON auf *Send II* erreichte 2 538 m, Höhe und LAVES auf *Dorsling* segelte 12:21:00 h. Die ersten drei Silber-C-Abzeichen des Landes erflogen COLLINS, WILLS und ROBERTSON; 1937 hatte man schon 25 Träger dieses Abzeichens und konnte mit fünf Flugzeugen er-

folgreich an der Internationalen Rhön 1937 teilnehmen.

Am 18. April 1938 flog FOX auf *Rhönadler* 230 km weit, am 30. April 1938 WILLS auf *Minimoa* von Heston bei London bis nach St. Austell (Cornwall) 330 km weit. Am 5. Juni 1938 erreichte WILLS auf *Minimoa* die neue Landesrekordhöhe von 3 130 m Startüberhöhung. Am 22. April 1939 gelang auch die erste Überquerung des Ärmelkanals im Segelflug durch einen Briten. G. S. STEPHENSON startete um 15.00 Uhr auf *Kirby-Gull* in Dunstable Down und landete nach einer Flugdauer von 02:45:00 h und 184 Flugkilometern etwa 20 km vor der französischen Stadt Boulogne. Am 2. Juli 1939 konnte WILLS auf *Minimoa* den britischen Höhenrekord auf 4 325 m steigern.

Gegen Ende der Thermiksaison 1939 waren in Großbritannien eine Gold-C durch WILLS und 57 Silber-C erflogen worden. Dabei gestalten sich die geographischen und klimatischen Bedingungen auf der Insel ungünstiger als auf dem Kontinent. In der Hauptwindrichtung West besitzt das Land nur eine geringe räumliche Ausdehnung, die Einflüsse des Meeres führen zu einer höheren Luftfeuchtigkeit, zu häufigeren Abschirmungen und einer Verringerung der Intensität der Sonneneinstrahlung. Die Wolkenbasis liegt in der Regel niedriger als auf dem Kontinent. Die Auffassung, daß der Segelflug der «Flug des armen Mannes» sei (poor man's flying), war überwunden worden.

356   *Avia 41-P* (1932).

Nach Kriegsausbruch wurde der gesamte britische Luftraum für den Gleit- und Segelflug gesperrt, obwohl militärische Kreise anfangs erwogen hatten, den Segelflug obligatorisch in die Ausbildung der Piloten der Royal Air Force aufzunehmen.

Frankreich

Frankreich hatte zahlreiche Pioniere des frühen Gleit- und Segelfluges hervorgebracht, und auch in den ersten Jahren des Hangsegelfluges vollbrachte man zahlreiche Höchstleistungen. Doch nach diesen ersten Erfolgen ließ die Begeisterung schnell nach, Stagnation und Rückgang folgten; nur wenige wie THORET, AUGER, ABRIAL, NESSLER, MASSENET, IDRAC und andere verfochten die Sache des Segelfluges unentwegt weiter. 1927 nahmen AUGER und ABRIAL am Rhön-Wettbewerb teil. Seit dem Jahre 1928 widmete sich PIERRE MASSENET in verstärktem Maße der Werbung für den Segelflug, und anbetracht der sich neu herausbildenden Segelflugmöglichkeiten hatte er Erfolg. Von 1931 bis 1934 wurden in Frankreich mehr als

150 Segelflugklubs gebildet, Segelflugschulen entstanden z. B. in Estantes bei Toulouse, Plaisir-Grignon bei Versailles und anderen Orten. 1931 entdeckte man die französische «Rhön», Banne d'Ordanche im Hochland der Auvergne, nicht weit von Combegrasse. Dieses Gelände liegt 1 500 m über NN und besitzt Segelhänge für alle Windrichtungen. Nachdem es als Nationales Segelflugzentrum bestätigt worden war, wurde es für die Unterbringung von 150 Segelfliegern großzügig ausgebaut. Eine Seilbahn führte auf das Plateau und erleichterte den Flugbetrieb. Von hier aus konnte fast jährlich der französische Streckenrekord verbessert werden, der 1932 bei 32 km und Anfang 1939 bei 245 km lag. Bereits 1930 war ein Segelflugzeugwerk in Toulouse eingerichtet worden.

Die Volksfrontregierung förderte den französischen Segelflug ab 1934 unter der Losung der «Volksluftfahrt» (Aviation Populaire) noch stärker. Jeder Staatsbürger sollte sich fliegerisch betätigen können, wenn er physisch und psychisch geeignet war und Interesse dafür zeigte: im Alter von 9 bis 14 Jahren im Flugmodellbau, mit 14 bis 17 Jahren im Segelflug, ab 17 Jahren auf Leicht- und Motorflugzeugen.

357 Eric Nessler (1938).

Trotz umfangreicher organisatorischer und technischer Bemühungen wurde die Entwicklung des französischen Segelfluges durch den Umstand gehemmt, daß die französischen Flugzeugkonstruktionen bis 1939 meistens nicht mit den besten Typen des Auslandes Schritt hielten und vor allem die Anzahl der Gleit- und Segelflugzeuge im Lande zu gering war. Sie lag 1939 bei etwa 200, denen nach französischer Schätzung etwa 5000 in Deutschland gegenübergestanden haben sollen.

Frankreich war das erste Land, in dem auch die Anfängerschulung weitgehend an der Winde absolviert wurde. Bis Ende 1939 konnten die Segelflieger des Landes die Bedingungen für eine Gold-C (Eric Nessler) und 42 Silber-C erfüllen. Der nationale Dauerrekord war von Maudu-ech im Mai 1939 in Tunis auf 16:30:00 h verbessert worden, die Höhen- und Strekkenrekorde hielt Nessler auf *Minimoa* mit 3604 m Startüberhöhung und 344 km.

In Frankreich gab es auch die ersten Wettbewerbe im motorlosen Kunstflug. Bereits 1933 fand ein Kunstflugtag statt, und am 28. Mai 1939 wurde in St. Ger-main bei Paris der erste Internationale Kunstflugwettbewerb für Segelflugzeuge ausgetragen.

Mit der Mobilmachung im September 1939 untersagten die Behörden den gesamten französischen Gleit- und Segelflug. Als man Ostern 1940 die Genehmigung erhalten hatte, auf dem Segelflugplatz Beynes bei Paris in einem Umkreis bis 30 km mit Einschränkungen fliegen zu dürfen, beendete der Überfall des deutschen Faschismus diese Möglichkeiten. Im nichtbesetzten Frankreich konnte während des zweiten Weltkrieges in begrenztem Umfang geflogen werden. Eric Nessler stellte 1942 auf *Grunau-Baby* mit 38:30:00 h eine neue Höchstleistung im Dauerflug auf. Nessler besuchte im Jahre 1946 die Lilienthal-Gedenkstätte in Berlin-Lichterfelde und legte dort ein Blumengebinde nieder.

USA

Die USA haben eine alte Tradition im Gleit- und Segelflug. Flugpioniere wie Chanute, Herring, Avery, Means, die Brüder Wright und andere hatten Bedeutendes für die Entwicklung des Gleit- und Segelfluges geleistet. Dennoch wurde es nach den Segelflügen von Orville Wright im Aufwind der Hänge von Kitty Hawk im Jahre 1911 still um den amerikanischen Segelflug. Die Nützlichkeit des Motorfluges ließ trotz der sportlichen Einstellung der Nordamerikaner das Interesse am Gleit- und Segelflug weitgehend in den Hintergrund treten, und erst im Jahre 1928 gab es einen Neubeginn.

Als Folge dieser Wiederbelebung des Gleit- und Segelfluggedankens wurden Roehre, Laubenthal und Hesselbach mit der *Darmstadt I* – die dann in den USA verblieb – durch den American Motorless Aviation Club nach den Staaten eingeladen. Eine aktive Rolle in der amerikanischen Segelflugbewegung spielte der 1924 in die USA übergesiedelte Wolfgang

358 Ganzmetallübungs-
segler *S. G. U.-1* der Brüder
SCHWEIZER (1938).

KLEMPERER. Am 26. Juli 1928 flog HESSEL-
BACH auf *Darmstadt* an der Atlantikküste
bei Cape Code 57 Minuten und bald darauf über vier Stunden. Die Segelflüge der
deutschen Piloten über teilweise neu
erschlossenen Fluggeländen beschleunigten die Renaissance des nordamerikanischen Gleit- und Segelfluges, der durch
Übereifer auch eine teilweise problema-
tische Entwicklung nahm. Spektakulär
war z. B. der Etappenflugzeugschlepp
von FRANK HAWKS quer über den Kontinent (4000 km) im Jahre 1930 auf dem
Übungssegler *Franklin-Eaglet*.

Im September 1930 fand der 1. US-Se-
gelflugwettbewerb in Elmira statt, etwa
300 km westlich von New York gelegen,
zu dem WOLF HIRTH mit seinem *Musterle*
eingeladen worden war. HIRTH vollführte
während des Wettbewerbs den ersten
Streckenflug bei reiner Trockenthermik.
Die Elmira-Wettbewerbe wurden bis
1939 alljährlich, mit wachsender Teilnehmerzahl und beachtlichen, ansteigenden
Leistungen veranstaltet.

Es war nur natürlich, daß im klassischen Lande des Automobils – es nahm
seit Jahren die Rolle eines «Mädchens für
alles» ein – das Kraftfahrzeug auch im
motorlosen Flug eine umfassende Verwendung fand. Das seit 1905 aus Frankreich bekannte Verfahren des Schlepps
von Gleitflugzeugen durch Kraftfahr-
zeuge wurde von Professor FRANKLIN von
der Michigan-Universität zu einer einwandfreien Schulmethode ausgebaut, die

über WOLF HIRTH dann Eingang in den
europäischen Segelflug fand.

Der Autoschlepp erleichterte die Gleit-
flugausbildung; man konnte von Anfang
an in der Ebene und auf Flugplätzen
schulen.

Der Dauerflug im Hangaufwind entwickelte sich in den USA besonders
schnell. BARSLOW erreichte am 30. April
1930 15:13:00 h und WILLIAM COCKE
stellte im folgenden Jahre mit dem *Nighthawk* über Honolulu auf Hawaii mit
21:35:00 h einen neuen offiziellen Dauerweltrekord auf.

1933 konstruierten BOWLUS und SCHEMPP
die erste amerikanische Hochleistungs-
maschine *Albatros*, die dem *Condor* ähnelte. RICHARD DUPONT flog im Jahre
1934 auf *Albatros II* mit 247 km Strecke
eine neue Welthöchstleistung.

Den Aufschwung des US-amerikanischen Segelfluges zeigen auch die Teil-
nehmerzahlen der Wettbewerbe. Am
8. Wettbewerb in Elmira 1937 nahmen
50 Segelflugzeuge teil, beim 9. Wettbewerb konnten drei Flüge über die 300-km-
Strecke erzielt werden. PETER RIEDEL
stellte auf einem einsitzig geflogenen *Kranich* mit 362 km (Elmira-Washington)
eine neue Weltbestleistung im Zielstrek-
kenflug auf. Er flog diese Strecke in
07:15:00 h und erreichte 2529 m Startüberhöhung. Im gleichen Jahre fand an
den Sanddünen des Michigan-Sees ein
Wettbewerb für Übungssegelflugzeuge
statt.

Im Frühjahr 1939 veranstaltete man erstmals einen Segelflugwettbewerb in Texas, in Wichita-Falls, an dem mit einer Ausnahme allerdings nur Übungssegelflugzeuge teilnahmen. Obwohl der Wettbewerb nur eine Woche dauerte, flog BROWN auf *Baby-Albatros* von BOWLUS einen neuen Landesstreckenrekord mit 456 km bis nach Kansas. Weitere Flüge führten 448, 320, 312, 291 und 240 km weit. Schon bei diesem ersten Wettbewerb erwies es sich, daß in Texas ganz ausgezeichnete Bedingungen für den thermischen Segelflug herrschen: gut abgegrenzte Kaltfronten, Kumuluswolken mit hoher Basis, Aufwinde mit hohen Steiggeschwindigkeiten ließen erkennen, daß es das Zukunftsland des nordamerikanischen Segelfluges werden könnte.

Während des 10. Elmira-Wettbewerbs 1939 wurde der weiteste Streckenflug durch DECKER auf *Minimoa* mit 373 km erzielt. STANLEY konnte auf seiner Eigenkonstruktion *Nomad* mit 5724 m einen neuen US-Höhenrekord aufstellen. Die *Nomad* war eine interessante Flugzeugkonstruktion. Sie besaß einen Ganzmetallrumpf, Flügel in Holzbauweise mit elliptischen Tragflügelenden und, erstmalig im Segelflugzeugbau, ein sogenanntes V-Leitwerk (Schmetterlingsleitwerk), bei dem das Seitenruder durch eine 45°-V-Stellung des Höhenleitwerks eingespart wurde. Die erhoffte Widerstandseinsparung gegenüber dem normalen Leitwerk bleibt jedoch aus, da zur Seitensteuerung die Höhenruderhälften verstärkt und differenziert ausgeschlagen werden müssen, wodurch, wie bei einem Nurflügel, der Widerstand bei Steuerbewegungen zunimmt. Dadurch wird auch die Autonomie der Steuerung um die Hoch- und Querachse beseitigt, da jede Seitenruderwirkung auch eine Höhenruderwirkung erzeugt, die kompensiert werden muß.

Gegen Ende des Jahres 1939 hatten in den USA drei Piloten die Bedingungen für die Gold-C abgelegt, (CHESTER DEKKER, JOHN ROBINSON und ROBERT STANLEY) und 25 Segelflieger die Silber-C erflogen. Die USA erwiesen sich mit ihren Gebirgen, ausgedehnten Ebenen, der Größe des Landes und seiner günstigen geographischen Lage wie kaum ein anderes Land für den Segelflug geeignet.

Italien

In Italien wurde die Entwicklung des Segelfluges jahrelang durch den Umstand behindert, daß die zuständigen staatlichen Stellen dem Gleit- und Segelflug nur eine Bedeutung im Sinne der Vorausbildung von Militärpiloten beimaßen. KRONFELDS Segelflugvorführungen in mehreren italienischen Orten im Jahre 1933 – unter anderem umkreiste er den Vesuv – trugen dazu bei, eine Wende einzuleiten. Der Landesdauerrekord, der 1934 bei 02:41:00 h stand, wurde bis Ende 1935 auf 06:02:00 h verbessert, allerdings von B-Fliegern auf gewöhnlichen Schulflugzeugen. 1936 konnte NANINI anläßlich der olympischen Segelflugvorführungen in Berlin den Landeshöhenrekord von 600 m auf 1530 m Startüberhöhung verbessern; auch wurden die ersten gelungenen Leistungssegelflugzeugtypen *Orione* und *Albanella* vorgeführt.

Die Hinwendung zum Leistungssegelflug wurde im August 1936 mit der Einweihung der neuen Segelflugschule auf dem historischen Gelände von Asiago, 37 km südöstlich von Trient gelegen, offensichtlich. In Asiago kam 1937 auch die erste Woche des Segelfluges, es war der erste nationale Segelflugwettbewerb, zur Austragung. Die Bestleistungen betrugen 05:58:00 h im Dauerflug, 1200 m Startüberhöhung und 50 km im Streckenflug. Im Frühjahr 1938 erprobten Mailänder Piloten, von der Segelflugschule Sezze Vaghi aus, die Leewelle des Appenin.

Der dritte nationale Wettbewerb fand im August 1939 in Asiago bei gutem Flugwetter statt. DESLEX auf *Cat–28* konnte

359 *Sparviero* von TEICHFUSS (1938).

den italienischen Höhenrekord auf 3650 m Startüberhöhung verbessern, und MANTANELLI und CATTANEO flogen auf dem Doppelsitzer *Cat–BP* 102 km weit. Die Fortschritte im Bau von Leistungssegelflugzeugen zeigten sich in den Konstruktionen von Dr. CATTANEO, Ing. SILVA, BONOMI und anderen. Neben der bereits erwähnten *AL–3* von SILVA ist die *BS–10 Ardea* der Societa Bonomi mit einem Gleitverhältnis von 26 und einem geringsten Sinken von 0,53 m/s, der *Pelicano* und der *Sparviero (Sperber)* von TEICHFUSS hervorzuheben.

Finnland

Anfang des Jahres 1932 wurde in Finnland, in Vasa, die erste Segelfluggruppe gegründet, und auf Einladung des finnischen Aeroklubs weilten 1934 die deutschen Segelflieger REITSCH, PHILIP, UTECH, Graf YSENBURG und MIHM mit ihren Flugzeugen in Finnland, um den Segelflug im Lande zu fördern, die meteorologischen Bedingungen zu erkunden und bei der Ausbildung von Segelfliegern mitzuwirken.

Die thermischen Aufwindverhältnisse erwiesen sich in Finnland – wie in allen Ländern mit einer hohen geographischen Breite – als sehr gut. Die längere tägliche Sonneneinstrahlung während der Sommermonate und die große Häufigkeit des Auftretens von Kaltluftmassen mit labilem Gradienten kompensieren den etwas geringeren Einfallwinkel der Sonneneinstrahlung vollkommen. 3 bis 6 m/s Steigen sind fast schon guter Durchschnitt, und Aufwindgeschwindigkeiten bis zu 12 m/s (ohne Wolkenaufwind) sind genutzt worden. Als schwierig erwiesen sich lediglich die Außenlandeverhältnisse bei Streckenflügen, wodurch der Gedanke neue Nahrung fand, Amphibiensegelflugzeuge zu verwenden, die auch auf dem Wasser landen können.

Im Jahre 1935 begann ein anhaltender Aufschwung des finnischen Segelfluges. Das Segelflugzentrum Jämijärvi, etwa 100 km nordwestlich von Tammerfors und 300 km von der Hauptstadt Helsinki entfernt, wurde aufgebaut. Es war in gleicher Weise für Hang- wie für Thermikflüge geeignet. Der Haupthang, in Nordwestrichtung gelegen, besitzt eine Höhe von 200 m über Grund. 1938 existierten bereits 27 Segelfluggruppen mit mehr als 3000 Segelfliegern. Besonders aktiv waren die Studenten der TH Helsinki (PIK). 150 Baustunden mußten im Durchschnitt von jedem Flugschüler vor dem ersten Start geleistet werden. Ende 1939 verfügte Finnland über sechs Träger der Silber-C. Der nationale Höhenrekord (ohne Wolkenflug, der verboten war) lag bei 2800 m.

360 *Ruta* von B. Oskinis (1938).

Litauen

Großen Anklang fand der Segelflug auch in anderen Ostseestaaten, insbesondere in Litauen. Schon 1933 wurde an den Dünen des Kurischen Haffs bei Nidden (Nida), etwa 4 km nördlich der «Pillkoppenen C- und B-Fabrik» (Picebefa) die erste litauische Segelflugschule und «Wiege» des Segelfluges im Lande eröffnet. Zur Segelflugschule in Rositten (heute Rybači) bestanden Verbindungen. Der litauische Rekord, der 1933 bei 03:09:00 h lag, konnte bereits 1934 auf 12:34:00 h, 1936 auf 22:36:00 h und 1938 auf 26:03:00 h verbessert werden.

1936 gründete man in Kaunas eine Leistungssegelflugschule, in der vornehmlich im Flugzeuschlepp sowie im Instrumenten- und Kunstflug ausgebildet wurde. Deutsche und polnische Segelflugzeugtypen wurden in Lizenz gebaut und elf eigene Konstruktionen, größtenteils in ausgezeichneter Qualität, darunter die voll kunstflugtaugliche *Ruta*, geschaffen. 1938 fand der erste litauische Segelflugwettbewerb statt (173-km-Streckenflug, neuer Landesrekord; 2060 m Höhe und 04:07:00 h Dauer). Der litauische Höhenrekord lag 1939 bei 2200 m.

Im Jahre 1939 riefen die litauischen Segelflieger einen Segelflugwettbewerb für die Anliegerstaaten der Ostsee ins Leben, an dem finnische, estnische, lettische und litauische Segelflieger teilnahmen und der erstmals in Kaunas stattfand. Dieser Wettbewerb sollte alljährlich, bei einem ständigen Wechsel des Gastgeberlandes, wiederholt werden. Die Ereignisse des zweiten Weltkrieges bereiteten auch den Aktivitäten der litauischen Segelflieger ein Ende.

Schweden

Schwedische Sportsleute gehörten nach 1920 zu den ersten Mitstreitern auf der Rhön, und es war der Schwede Bergwiek, der als erster Nichtmotorflieger in der damals neuen Einsitzerschulung die Segelflug-C erwarb. Alexander Lippisch hatte dieser Mitwirkung schwedischer Segelflieger ein Denkmal gesetzt, indem er einer seiner Konstruktionen den schwedischen Fluch «Hol's der Teufel» als Typenbezeichnung gab. Danach wurde es leider wieder still um eigene Segelflugaktivitäten, obwohl man in der Nähe des Wintersportzentrums Sälen in Mittelschweden ein günstiges Fluggelände gefunden hatte.

Peter Riedel bemühte sich 1936, den Segelfluggedanken in Schweden durch Segelflugvorführungen wieder zum Leben zu erwecken. Nach einem Streckenflug über 165 km Länge, dem ersten, der im Lande durchgeführt worden war, erklärte er, daß in Schweden aufgrund der günstigen thermischen Bedingungen wahrscheinlich Streckenflüge bis zu 1000 km unternommen werden könnten. Die Möglichkeiten des thermischen Segelfluges versetzten die Schweden erneut in eine Begeisterung für den motorlosen Flug, so daß die Leistungsstärke der schwedischen Segelflieger nach dem zweiten Weltkrieg – Schweden konnte im Kriege die Neutralität bewahren – eine natürliche Folge war.

Jugoslawien

Großes Interesse löste der Segelflug auch in Jugoslawien aus. Im Jahre 1932 wurde die erste Segelflugschule des Landes in Pinosava bei Belgrad gegründet. Jugoslawische Segelflieger nahmen am internationalen Segelfluglager 1935 auf dem Jungfraujoch teil, starteten 1937 bei der Internationalen Rhön und beteiligten sich an weiteren ausländischen Segelflugwettbewerben. Ernsthafte Versuche zur Weiterentwicklung des Gebirgssegelfluges wurden speziell von den Segelfliegern der Stadt Maribor unternommen. Neben dem Lizenzbau ausländischer Segelflugzeuge traten zunehmend Typen eigener Konstrukteure wie BORIS ČIJAN mit guten Leistungen in Erscheinung. Zu einem wichtigen Zentrum des jugoslawischen Segelfluges entwickelte sich die 1938 gegründete Schule in Vršač, 80 km nordöstlich von Belgrad, an den Ausläufern der Karpaten gelegen. In Vršač wurde 1939 auch der jugoslawische Dauerrekord mit 11:05:00 h im Hangaufwind erflogen. Ähnlich wie Ungarn besitzt auch Jugoslawien ausgezeichnete thermische Segelflugbedingungen. Der Überfall des deutschen Faschismus auf dieses Land im Jahre 1941 beendete bis 1945 alle Segelflugaktivitäten.

Türkei

Eine beachtliche Entwicklung nahm der Segelflug in der Türkei seit dem Jahre 1932. Er erhielt von Anfang an umfas-

sende staatliche Unterstützung und wurde mit Hilfe sowjetischer Fluglehrer und sowjetischem Fluggerät aufgebaut. 1938 konnte der Landesdauerrekord von 05:20:00 h auf 18:35:00 h verbessert werden. FERIT ORBAY erreichte auf *Rhönsperber* 3200 m Startüberhöhung und 35 km Strecke. Am 12. Juni 1938 konnte der Doppelsitzerdauerrekord auf *Kranich* über dem Segelhang von Inönü, dem Zentrum des türkischen Segelfluges, auf 14:20:00 h verbessert und der Doppelsitzerstreckenrekord auf 170 km gesteigert werden. Die Türkei besitzt gute thermische Bedingungen und gute Hangwindwetterlagen.

Ägypten

Auch in Ägypten, wo L. P. MOUILLARD viele Jahre lang wirkte, gab es seit Anfang der dreißiger Jahre Segelflugaktivitäten. 1937 entdeckte man 80 km östlich von Kairo ein ideales Hangsegelfluggelände, den Gebel-Iweibid, 300 m hoch über Grund, 10 km lang und in der hier günstigen Ost-West-Richtung gelegen. Schon bei 6 bis 8 m/s horizontaler Windgeschwindigkeit erreicht man Flughöhen von 500 m über Start und findet sehr gute Anschlußbedingungen an thermische Aufwinde. Die unzugänglichen Wüstengebiete erschwerten jedoch Streckenflüge. Praktisch konnte man Streckenflüge nur entlang der Straße am Suezkanal, meistens bei Seitenwind oder Gegenwind, unternehmen. HASSAN SAYED KAMIL konnte 1939 auf dem Hornberg die Bedingungen für die Gold-C erfüllen.

Schweiz

In der Schweiz existierte ein beständiges Interesse am Segelflug, das mit JEAN HUBER (Genf) Ende des 18. Jahrhunderts begann und durch Professor CARL STEIGER (Zürich), einem Segelflugenthusiasten

361 Ein *Rhönsperber* der schweizerischen Segelflieger auf dem Jungfraujoch.

und Zeitgenossen OTTO LILIENTHALS fortgeführt wurde. Nach dem ersten Weltkrieg fand der Gleit- und Segelfluggedanke eine ähnliche Verbreitung wie in Deutschland, und schweizerische Segelflieger charakterisierten die Situation der Anfangsjahre wie folgt: «Ohne selbst fliegen zu können, ging es dann mit diesen Apparaten hinaus an den Hang, wo das Ergebnis monatelanger Arbeit und idealistischen Opfergeistes auch prompt in die Brüche ging. Häufig flogen diese Konstruktionen aber überhaupt nicht, da sie meistens ‹kühne› Eigenkonstruktionen waren. Fast durchweg wurden die Anfänge des Segelfluges von den übrigen aktiven Fliegern mitleidig belächelt, da das notwendige Verständnis fehlte und die Bedeutung des jungen Sportes nicht erkannt wurde.» [73, S. 78]

Da für den Gleitflug der Anfangsjahre Berge notwendig waren, verfügte die Schweiz über geradezu ideale Bedingungen. 1924 fand der erste Schweizer Gleitflugwettbewerb statt; 1925 nahm der Aeroklub der Schweiz die ersten Segelfluggruppen offiziell als Mitglied auf, und 1926 konnte die erste Bestleistung geflogen werden. JAKOB SPALINGER flog in 1:42 min 1780 m weit. 1928 stand der Dauerrekord bei 10:00 min. Die Situation veränderte sich wesentlich, als SPALINGER anstelle der bisherigen Hänge- und Sitzgleiter das erste schweizerische Segelflugzeug, die S–12 konstruierte und baute. FRITZ MÜLLER vollführte mit ihr am Bachtel im Sommer 1930 den ersten Stundenflug und erreichte eine Startüberhöhung von 470 m. Nun war der Bann gebrochen, und es wurde auch in der Schweiz gesegelt.

Die ersten Thermikflüge in der Schweiz vollendete WILLI FARNER im Jahre 1931. Im gleichen Jahre erlebten die Segelflieger beim Nationalen Flugmeeting in Dübendorf den ersten F-Schlepp in der Schweiz, und GROENHOFF führte Segelflüge auf dem Jungfraujoch vor. Aus dieser Zeit gibt es interessante statistische Angaben, die auch für den Segelflug anderer Länder zutreffend gewesen sein dürften und die ein heute noch existierendes Problem des Segelfluges aufzeigen: den hohen Zeitaufwand für diesen Sport. Auf eine Sekunde Flugzeit kamen zwei Stunden Bauzeit!

Am 13. Februar 1933 überquerte FARNER auf *Elmer-Citro* zum ersten Male das Alpenmassiv im Flugzeugschlepp, indem er sich von ROBERT FRETZ mit einer *Puss-Moth* von Zürich nach Mailand schleppen ließ. Der schweizerische Dauerrekord, durch MARCEL GODINOT aufgestellt, stand 1934 bei 10:13:00 h und der Höhenrekord bei 1100 m Startüberhöhung. Längere Streckenflüge konnten nicht unternommen werden, da die Behörden bis zu diesem Zeitpunkt noch nicht den Straßentransport abgerüsteter Segelflugzeuge auf Anhängern hinter Kraftfahrzeugen genehmigt hatten.

Im Jahre 1935 machten sich die schweizerischen Segelflieger um den internationalen Segelflug durch die Ausrichtung des Segelflugwettbewerbs auf dem Jungfraujoch verdient. Der Dauerrekord konnte im gleichen Jahr auf 10:25:00 h, der Höhenrekord auf 1850 m Startüberhöhung und der Streckenrekord durch SCHREIBER auf *Condor* von 54 auf 132 km (Belpmoos–Genf) gesteigert werden. 1936 veranstalteten schweizerische Segelflieger ein nationales alpines Fluglager auf dem Rochers de Naye in den Walliser Alpen bei Montreux, das in den folgenden Jahren mit guten Ergebnissen mehrfach wiederholt wurde. SCHREIBER, der «Segelflugoberexperte» des Aeroklubs, konnte in diesem Jahre den Dauerrekord von 16:20:00 h auf 25:50:00 h erhöhen.

Die schweizerischen Segelflieger haben das Verdienst, neben ihren jährlichen Staatsmeisterschaften im Jahre 1936 erstmalig einen dezentralen Segelflugwettbewerb organisiert zu haben. Diese Wettbewerbsform, später von anderen Ländern übernommen, stellt eine ausgezeichnete Methode dar, den Wettbewerb als Leistungsstimulans zwischen Segelfliegern zu erhalten und eine objektive Qualifizierung für die nächsten nationalen Segelflugmeisterschaften zu ermöglichen. Sieger des ersten dezentralen Wettbewerbs wurde HANS SANDMEIER. Die schweizerischen Segelfluggruppen führten auch als erste psychische Eignungsprüfungen für Segelflugbewerber ein, deren Bedeutung nicht überschätzt werden kann. Längere Streckenflüge wurden in der Schweiz bis 1939 durch die mitunter schwierigen Wetterbedingungen im Alpenraum und den Umstand verhindert, daß die Taktik und Technik des Hochgebirgssegelfluges noch nicht vollkommen erarbeitet worden war.

Dennoch hatte der Segelflug in der Schweiz eine breite personelle wie technische Basis, so daß die Segelflieger des Alpenlandes nach 1945 die Initiative ergreifen konnten und den ersten internationalen Segelflugwettkampf der Nachkriegszeit 1947 in Samedan ausrichteten.

Eine ähnliche Entwicklung wie in den genannten Ländern nahm der Segelflug in Japan, der Tschechoslowakei, Kanada, Australien, Südafrika, den Niederlanden, Belgien, Lettland, Argentinien, Norwegen und Dänemark. Der ISTUS hatten sich bis zum Jahre 1939 Segelflugorganisationen aus 21 Ländern angeschlossen. Deutsche Segelflieger hatten durch ihre Teilnahme an Wettbewerben in Österreich, Italien, der Sowjetunion, Frankreich, den USA, Ungarn und der Schweiz sowie durch ihre Segelflüge in Nord- und Südamerika, Großbritannien, den Niederlanden, Japan, Finnland, Bulgarien, Schweden, Dänemark, Italien, Libyen, Portugal und Norwegen dazu beigetragen, den Segelfluggedanken in der Welt verbreiten zu helfen.

6.18. 829 km Strecke mit dem Doppelsitzer

Die erste Überbietung der 800-km-Grenze gelang im Jahre 1951 RICHARD JOHNSON (USA) auf *RJ–5*, einem Segelflugzeug mit Laminarprofil. (Über diesen Flug wird in dem Teil des Buches berichtet, der den Laminarflugzeugen gewidmet ist.) Mit einem Segelflugzeug mit klassischem Profil konnte diese Grenze erstmalig durch VIKTOR ILČENKO (UdSSR) 1953 bezwungen werden.

Nur wenige Jahre nach Beendigung des zweiten Weltkrieges und der Beseitigung der schlimmsten Folgen der faschistischen Aggression nahmen die sowjetischen Leistungssegelflieger ihre Tätigkeit im Langstreckensegelflug wieder auf. Der erste Segelflugrekord, der nach dem zweiten Weltkrieg von sowjetischen Fliegern errungen werden konnte, wurde von MARINA PYLAEVA am 23. Juni 1951 aufgestellt. In der Disziplin Zielstrecke mit Rückkehr zum Startplatz flog sie auf einer *A–9* 226,2 km von Kaluga nach Kurakino und wieder zurück. Sozusagen im «Kielwasser» von PYLAEVA erzielte ALEKSANDR MEDNIKOV am 24. Juni 1951 auf einer 100-km-Dreieckstrecke den zweiten sowjetischen Nachkriegsweltrekord. Mit einer *A-9* erreichte er eine Geschwindigkeit von 77,1 km/h. Am 20. Juli des gleichen Jahres flog ANNA SAMOSSADOVA auf einer *A-9* einen neuen Zielstreckenweltrekord mit 364,0 km.

Am 6. Juni 1952 stellte VJAČESLAV EFIMENKO auf *A–9* einen neuen Weltrekord im Zielstreckenflug auf. Dieser Flug begann wie viele andere hervorragende Leistungen zunächst unter sehr schwierigen Bedingungen. EFIMENKO war in Kaluga gestartet und hatte als Ziel die Stadt Melovoe in der Ukraine angegeben. Nur mühsam konnte am Platz Höhe gewonnen werden; hinter der Oka war bereits die Mehrzahl der gestarteten Segelflieger gelandet, und auch EFIMENKO hatte nur noch 100 m Höhe; Zeit an die Landung zu denken. Plötzlich sah der Pilot über einer Waldlichtung einen kreisenden Bussard. Bald stiegen Bussard und *A–9* in einem schwachen Aufwind. Als EFIMENKO die Basis erreicht hatte, konnte er erleichtert aufatmen und auf Kurs gehen. Die meteorologischen Bedingungen wurden immer besser, und die Aufwinde erreichten bald 5 m/s, doch neue Schwierigkeiten bahnten sich an. Hinter Elce stand plötzlich eine Wand dichter Wolken. Unter ihnen weiterzufliegen, konnte der fehlenden Sonneneinstrahlung wegen die Landung bedeuten; zum Umfliegen war die Abschirmung zu groß. EFIMENKO stieg in die Wolkenschicht, flog nach Instrumenten, kreiste ein, wenn er Steigen fand, und ging dann wieder blindfliegend auf Kurs. Eine Stunde lang setzte er dieses «Versteckspiel» fort und legte mehr als 100 km

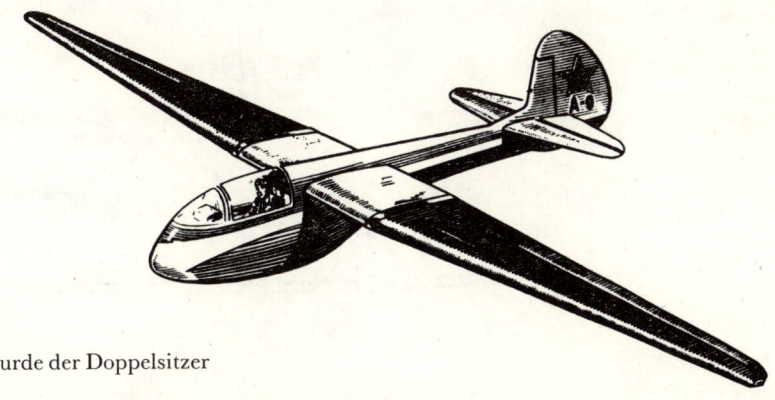

362   *A-9* (1948). Aus ihr wurde der Doppelsitzer *A-10* entwickelt.

Strecke in den Wolken zurück. Als er hindurch war, kam er in ein Gebiet mit hervorragender Thermik. Eine starke Sonneneinstrahlung und mächtige Kumuluswolken erleichterten den Flug. Um 18.00 Uhr erreichte die A–9 in großer Höhe Melovoe. Uhrzeit, Höhe und Wetterlage hätten es erlaubt, noch weiter zu fliegen, doch damit wäre der Zielstreckenrekord hinfällig gewesen. EFIMENKO landete nach 636,8 km.

ANNA SAMOSSADOVA erhöhte dann am 30. Juli 1952 auf einer A–10 mit Begleiterin die Weltrekordgeschwindigkeit (doppelsitzig) über einem 100-km-Dreieck auf 64,3 km/h (Start und Ziel in Kaluga), und am 5. August 1952 konnte sie auf der gleichen Strecke mit einer A–9 einsitzig die Rekordgeschwindigkeit auf 53,7 km/h verbessern.

VIKTOR ILČENKO überbot am 26. Mai 1953 die 800-km-Grenze bei einem Flug von Tušino bei Moskau bis nach Ilovlja im Gebiet Stalingrad (heute Volgograd)

auf dem Doppelsitzer A–10 des Konstrukteurs O. K. ANTONOV. ILČENKO gab über seinen Weltrekordflug einen eindrucksvollen Bericht, in dem sowohl die thermischen Bedingungen als auch die Schwierigkeiten des Fluges anschaulich zum Ausdruck kommen: «Ich hatte lange auf die Bedingungen für meinen Flug gewartet und schließlich Erfolg. Schnell und ausreichend früh bildeten sich Haufenwolken … Bei einem Wind von 14 m/s und einer Temperatur von + 7 °C starteten wir um 10.35 Uhr. Als Passagier flog mit mir G. PEČNIKOV, der Leiter der Wetterwarte in Tušino. Gemeinsam mit uns, am zweiten Seil des Motorflugzeugs, flog der Segelflieger I. ROMANOV auf dem Segelflugzeugtyp A–9. Nachdem wir die vorgesehene Höhe von 950 m erreicht hatten und uns über dem Kontrollpunkt Kuncevo befanden, kuppelten wir aus. Bei guten Aufwinden von 3 bis 4 m/s stiegen wir schnell auf eine Höhe von 1 700 m, und 20 Minuten nach dem Start gingen wir auf Kurs. Doch bereits nach den ersten Minuten des Fluges erwartete uns

363 *A-9 von O. K. ANTONOV (1948).*

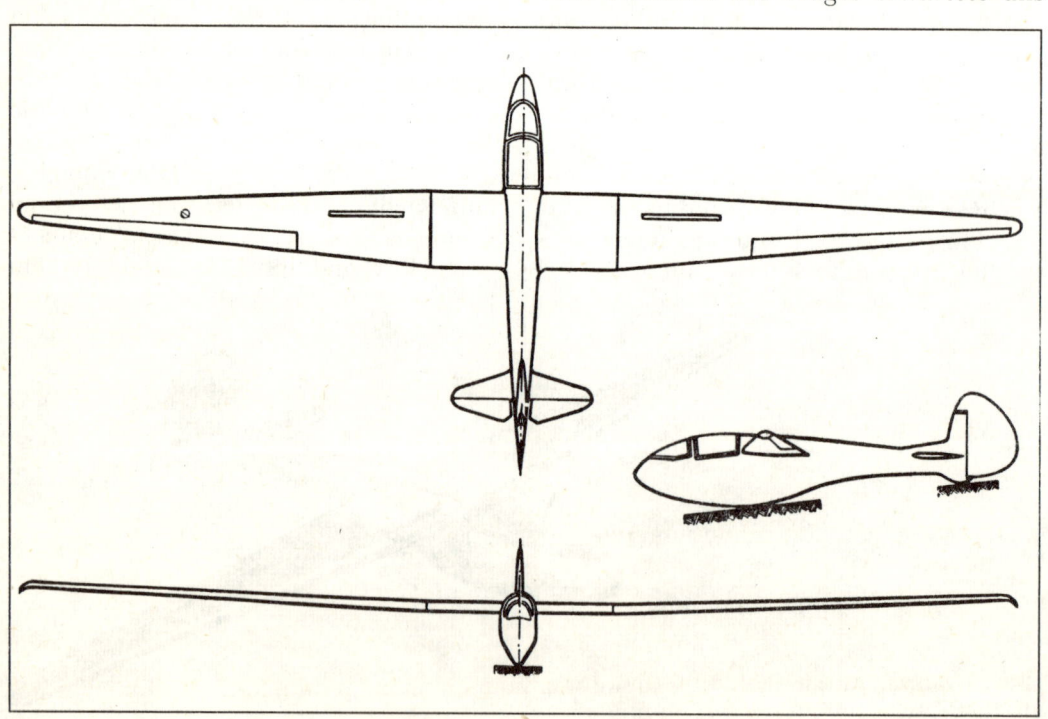

364 Viktor Ilčenko (1955).

Unangenehmes. Als wir Höhe über Po- dolsk gewannen, bemerkte ich, daß das Flugzeug schnell vereiste! Wir gerieten in eine Schneefallzone. Es bedurfte tüchtiger Anstrengungen, um schnell aus diesem gefährlichen Gebiet zu kommen. Noch größere Widerstände erlebten wir auf unserem Fluge, nachdem wir 100 km zu- rückgelegt hatten und in den Raum Ka- šira kamen. Hier gingen als Ergebnis der Bildung von Haufenwolken Nieder- schläge in Form von Regen und starkem Schneefall nieder. Der ganze Raum vor uns stellte sich als Gebiet mit einer dich- ten, geschlossenen Wolkendecke dar. Das Segelflugzeug verlor schnell an Höhe, und in kurzer Zeit waren wir von 1700 auf 700 m gesunken. Es entstand die Gefahr einer vorzeitigen Landung. Es wurde not- wendig, um einem weiteren Sinken vorzu- beugen, den Kern eines Aufwindes auszu- machen und sich in der Höhe zu halten. Schnell mußte dies geschehen. Die Maschine befand sich zwischen zwei Wol- ken, welche uns langsam (Aufwinde von 1 bis 4 m/s) aber beständig nach oben zogen. So gewannen wir 2000 m Höhe. Das Niederschlagsgebiet wurde über- wunden und die Oka erreicht. Die ersten

Schwierigkeiten lagen hinter uns. Unge- achtet der Probleme im Anfangsstadium des Fluges legten wir die ersten 100 km Strecke mit einer Reisegeschwindigkeit von 120 km/h zurück. Das war ein guter Anfang!

Von Kašira nach Mičurinsk vollzog sich der Flug unter unvergleichlich besse- ren Bedingungen. Wolken trafen wir häu- fig an, und ihre Basis stieg. Den Sprung von einer Wolke zur anderen führte ich mit einer Fluggeschwindigkeit zwischen 120 und 140 km/h aus. Und die Wolken ... vergrößerten sich schnell, und die Auf- winde erreichten 3 bis 5 m/s. Ich kam auf eine Höhe von 2000 bis 2300 m und führte den Übergang von einer Wolke zur anderen nur noch im Geradeausflug durch. Der 100 km lange Streckenab- schnitt zwischen Rjažk und Mičurinsk wurde mit einer Reisegeschwindigkeit von 170 km/h zurückgelegt. Wir flogen unter mächtigen Wolkenstraßen in der Zone starker Aufwinde. In der Höhe von 2300 m war es sehr kalt, die Temperatur der Außenluft betrug 9 bis 11 °C unter Null.

Die Stadt Mičurinsk überflogen wir in mehr als 1000 m Höhe. Hier trafen wir unseren Begleiter Romanov zum dritten Male. Er befand sich tiefer als wir und be- mühte sich intensiv, in die Höhe zu kom- men, in der unsere Maschine flog. 400 km unserer Flugstrecke hatten wir mit der gu- ten Durchschnittsgeschwindigkeit von 117 km/h zurückgelegt. Bald hinter Mi- čurinsk kamen neue Schwierigkeiten auf uns zu. Alles wies darauf hin, daß wir uns in der Zone einer zweiten Kaltfront befan- den. Vor uns schloß sich die Bewölkung immer dichter zusammen. Es fielen Regen und Schnee. Die Haufenwolken bildeten sich schnell in eine kompakte Wolken- schicht um. Mit den fallenden Nieder- schlägen verschwanden auch die Auf- winde, an ihrer Stelle erschienen Ab- winde. Die Flughöhe verringerte sich ent- schieden. Ich beschloß, das Schlechtwet- tergebiet nordöstlich zu umfliegen, wo

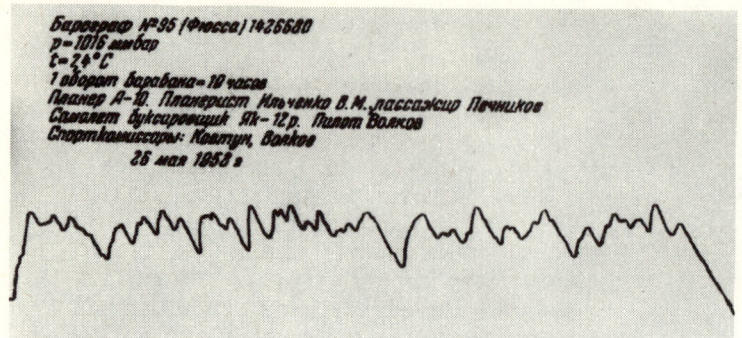

365   Barogramm des Welt-
rekordfluges von V. Ilčenko
am 26. Mai 1953 auf *A-10*.

sich einzelne Kumuluswolken zu entwik-
keln begannen. Im Gebiet von Tambov
kamen wir auf 600 m herunter. Durch die
Abweichung vom Kurs und die Suche
nach Aufwinden hatten wir über eine
Stunde verloren, aber schließlich konnten
wir uns doch wieder auf 1 900 m erheben.
Die Abweichung vom Kurs kostete uns
weiterhin fast 100 km Flugstrecke. Die
Zone der dichten Wolkendecke verlas-
send, kamen wir bald in das Gebiet von
Borissoglebsk. Hier gab es kräftige Haufenwolken mit mächtigen Aufwinden, unter denen wir 2 100 m Höhe erreichten.
Hinter Tambov verloren wir das Segelflugzeug von Romanov aus den Augen
und setzten den Flug alleine fort. Die
Flugbedingungen in Richtung Stalingrad
erwiesen sich erneut als gut, zeitweilig erreichte unser Doppelsitzer eine Höhe von
2 500 m.
Wir vergrößerten zügig die Fluggeschwindigkeit. Bald überflogen wir die
Stanica Michailovsk, wo im Jahre 1939
Olga Klepikova nach ihrem Rekordflug
gelandet war. Nachdem ich in einem Aufwind einige Kreise bis auf eine Höhe von
2 200 m geflogen hatte, steuerte ich den
Segler weiter nach Südosten. Wir flogen
schon mehr als acht Stunden. Bald ließen
wir die Stanica Frolovo hinter uns. Hier
begannen die Wolken zu zerfallen, die
Aufwinde wurden schwächer. Unter der
letzten Wolke gewannen wir noch einmal
Höhe, und von neuem ging es vorwärts.
Nun verschwanden die Wolken vollständig. Mehr als 50 km flogen wir in klarem,

wolkenlosen Himmel (die Geschwindigkeit des Windes hatte in der maximalen
Flughöhe 50 bis 70 km/h betragen). Der
Abstand zur Erdoberfläche verringerte
sich schnell, verschwunden waren die
Aufwinde. Die Sonne neigte sich im Westen der Erde zu, bald mußte die Dämmerung hereinbrechen. Unter uns befand
sich die Stanica Ilovlja. Aus einer Flughöhe von 800 m suchte ich mir einen Landeplatz aus, und um 19.40 Uhr Moskauer
Zeit (Ortszeit 20.40 Uhr) landeten wir.
So hatten wir, in Moskau gestartet,
knapp 830 km zurückgelegt und waren
unweit von Stalingrad gelandet. Der
ganze Flug dauerte 09:05:00 h. Während
dieser Zeit hatte ich 29mal Höhe gewinnen und genau so oft im Geradeausflug
auf Kurs gehen müssen. Während des
Fluges mußten ungefähr 1 000 Vollkreise
geflogen werden.
Am nächsten Tag wurden wir im F-
Schlepp nach Stalingrad geflogen. Hier
wurden wir bereits von Romanov erwartet. Es erwies sich, daß er hinter Tambov
bedeutend weiter nach links ausgewichen
und 751 km von Moskau entfernt gelandet war. Sein Ergebnis bedeutete den
drittweitesten Segelflug in der Welt ...
Wir gratulierten Romanov herzlich zu seinem Erfolg.» [97, S. 66 ff]
Soweit der instruktive und interessante
Flugbericht von Viktor Ilčenko. Eine
genaue Auswertung des Fluges und des
Barogramms durch Ilčenko vermittelt
weitere aufschlußreiche Einzelheiten. Die
tatsächliche Flugstrecke betrug infolge

des Umweges bei Tambov etwa 870 km. Die Summe aller Höhengewinne in den thermischen Aufwinden wird mit 17 310 m angegeben; das stärkste Steigen betrug 5 m/s, das erflogene mittlere Steigen 1,34 m/s. Von der Gesamtflugzeit von 09:05:00 h benötigte der Pilot 03:35:00 h kreisend für den Höhengewinn. In dieser Zeit versetzte ihn der Höhenwind mit durchschnittlich 12 m/s (43,2 km/h) etwa 155 km in Zielrichtung. Der Flug fand vornehmlich in einer Höhe zwischen 2 000 und 1 200 m statt. Die erreichte Reisegeschwindigkeit betrug etwa 91 km/h, unter Abzug des Rückenwindes etwa 48 km/h. ROMANOV erflog unter den gleichen Wetterbedingungen ein mittleres Steigen von 2 m/s. ILČENKO startete aus Gründen, die nicht bei der Besatzung lagen, um 10.30 Uhr relativ spät. Nach seiner Aussage hätte man an diesem Tage schon ab 8.00 Uhr segeln können, und die fehlenden zwei bis zweieinhalb Flugstunden haben möglicherweise das Erreichen der 1 000-km-Grenze verhindert. Der verwendete Flugzeugtyp *A-10* war eine Weiterentwicklung und Vergrößerung des Einsitzers *A-9*.

Für seine langjährigen Verdienste um den Segelflug und seinen Weltrekordflug von 829,8 km wurde ILČENKO von der FAI mit der LILIENTHAL-Medaille ausgezeichnet.

6.19. Bemühungen zur Überwindung der 1 000-km-Entfernung in der VR Polen und der DDR

Nachdem im Jahre 1955 von Lisie Kąty (Polen) eine Reihe von längeren Flügen und im Lande insgesamt sechs Flüge über 500 km Flugstrecke ausgeführt werden konnten, verstärkte sich die Hoffnung, daß in Europa bei sehr guten Westwetterlagen die noch unbezwungene 1 000-km-Grenze erstmalig überboten werden könnte.

Ein konzentrierter Versuch wurde am 5. Mai 1957 von zehn Warschauer Segelfliegern bei starkem Westwind (im Mittel 14 m/s am Boden) und guter Thermik mit einer *A-9*, vier *Jaskólka*, vier *Mucha* und einem *Zuraw (Kranich II)* unternommen. Die thermischen Bedingungen hätten den Start schon um 8.00 Uhr erlaubt, doch kam der erste Schleppzug mit 9.30 Uhr Startzeit relativ spät in die Luft. Alle Piloten nahmen mit dem Wind Kurs Ostnordost auf, überflogen die polnisch-sowjetische Grenze und flogen dann etwa auf der Trasse Bobruisk–Minsk–Orša weiter. Die Basishöhe stieg von anfangs 900 m auf 2 200 bis 2 500 m, bei Minsk erreichte sie sogar 3 000 m, und die Aufwindstärke schwankte zwischen 2 und 6 m/s. Den weitesten Flug erzielte SLAWOMIR MAKARUK auf *A-9*, der 678,5 km schaffte und südöstlich von Mogilev landete.

Sechs weitere Piloten kamen über 600, zwei über 500 km und LUCYNA BAJEWSKA flog 451,2 km weit. Eine Analyse dieser Flüge ergab, daß bei einem um eineinhalb Stunden vorgezogenen Start und einem schnelleren Flugstil, der auch Risiken in Kauf genommen hätte, 900 km Flugweite unter den gegebenen Bedingungen erreichbar gewesen wären und mit leistungsfähigeren Segelflugzeugen die 1 000-km-Grenze innerhalb der Reichweite lag.

Im Zuge der sich anbahnenden engen Zusammenarbeit zwischen Segelfliegern der VR Polen und der DDR wurden 1961 neue Langstreckenflugversuche mit einer verbesserten Segelflugzeugtechnik, den Typen *Libelle-Laminar* und *Foka* unternommen. Polnische Segelflieger nutzten Schönhagen als vorgelagerten Startort, doch hatten sie mit dem Wetter Pech; DDR-Segelflieger zogen Magdeburg als günstigen Startort für Flüge in Richtung Ost in Erwägung. Am 20. Juni 1961 flogen fünf GST-Segelflieger bei gutem, aber nicht optimalem Flugwetter von Schönhagen aus in die VR Polen und konnten

366   Wolkenstraßen über dem Ozean.

sämtlich die 500-km-Grenze überbieten. ADOLF DAUMANN stellte an diesem Tage auf *Libelle-Laminar* einen neuen Landesrekord im Zielflug mit 665 km bis Lublin auf. Da die Startzeiten bei 9.30 Uhr gelegen hatten, ein früherer Start thermisch jedoch möglich gewesen wäre und die Windgeschwindigkeit relativ gering war, ließen auch diese Flüge den berechtigten Schluß zu, daß die ersehnte und noch umkämpfte 1 000-km-Grenze in Europa bei sehr guten Westwetterlagen erreicht werden könnte.

Andere ältere Vorstellungen zur Überwindung der 1 000-km-Grenze, wie das Ausnutzen der Wolkenstraßen über den Ozeanen, oder die Idee von Professor WLADISŁAW PARCZEWSKI (Warschau), tagsüber in der Thermik zu fliegen und nachts an der Küste in den Aufwinden weiterzufliegen, die sich als Folge der Seebrise herausbilden, um dann am folgenden Tag in der Thermik weiterzufliegen, sind bis zum heutigen Tage noch nicht erprobt worden.

6.20. Internationale Segelflugwettkämpfe von 1947 bis 1958

Samedan 1947 · Samedan 1948 · Żar 1949 · Oerebro 1950 (III. Segelflugweltmeisterschaft – SFWM) · Die Gold-C mit Diamanten · Madrid 1952 (IV. SFWM) · Leszno 1954 · Camphill 1954 (V. SFWM) · Saint Yan 1956 (VI. SFWM) · Leszno 1958 (VII. SFWM)

Samedan 1947

Der erste internationale Segelflugwettbewerb nach Beendigung des zweiten Weltkrieges fand im Jahre 1947 dank der Bemühungen der schweizerischen Segelflieger statt. Zur Internationalen Woche des Segelfluges trafen sich auf dem Hochgebirgsflugplatz Samedan (1 800 m hoch gelegen) 20 Piloten aus Ägypten, der ČSR,

Großbritannien, Frankreich, Polen und der Schweiz. Erstmalig kam ein Start- und Zielband, das zur Ab- und Anmeldung überflogen werden mußte, zur Anwendung.

Samedan 1948

Anstelle der vorgesehenen und durch den Krieg verhinderten Premiere des Segelfluges als olympische Disziplin schlug die FAI einen internationalen Segelflugwettkampf anläßlich der Olympischen Spiele 1948 in London vor, doch der britische Aeroklub konnte keinen ausrichtenden Segelflugklub finden. Deshalb ergriffen erneut schweizerische Segelflieger, hier ist vor allem ADOLPHE GEHRIGER zu nennen,

die Initiative und luden zum Internationalen Segelflugtreffen 1948 nach Samedan ein. 26 Piloten aus Ägypten, Großbritannien, Finnland, Frankreich, Schweden, Schweiz und Spanien erschienen am Start; Polen hatte einen Beobachter entsandt. Die Wettbewerber starteten im Windenschlepp.

Neben der bereits bekannten Disziplin Zielstreckenflug (mit und ohne Rückkehr) war als Neuerung erstmals ein 100-km-Dreieck mit Geschwindigkeitswertung ausgeschrieben worden. Dreieckflüge stellen mit ihrer auf jedem Schenkel wechselnden Windkomponente noch höhere Anforderungen an die Piloten als Zielstreckenflüge mit Rückkehr und sind seit dieser Zeit eine Bereicherung des Leistungssegelfluges. Sieger in

367 Wettbewerbsatmosphäre in Samedan (1948).

dieser Disziplin und damit erster Inhaber des Weltrekords wurde SIEGBERT MAURER (Schweiz) mit 69,6 km/h auf *Moswey III*. Der spätere Gesamtsieger PERSSON (Schweden) kam auf nur 28,0 km/h. PERSSON erkämpfte den Sieg durch einen schwierigen Zielstreckenflug über die Hochalpen nach Genf (293 km), bei dem er mit seiner *Weihe* im Wolkenflug fünfmal auf eine Höhe zwischen 5000 und 6000 m stieg. Dieser Flug war nicht nur eine hervorragende fliegerische, sondern in noch stärkerem Maße eine navigatorische Meisterleistung. Die nächsten Plätze in der Gesamtwertung belegten SCHACHENMANN und KUHN (beide Schweiz), vor MAGNUSSON (Schweden) und ARA (Spanien). Zum Abschluß wurde ein Kunstflugwettbewerb auf dem schweizerischen Segelflugzeugtyp *WLM-1* ausgetragen.

Samedan zeigte mit zwei Todesfällen auch die Gefahren des Hochgebirgssegelfluges. NICHOLSON (Großbritannien) rammte einen Felsen, während sein Landsmann GREIG mit einem Seil kollidierte, das zum Abtransport gefällten Holzes gezogen worden war.

In Samedan legte die neugebildete OSTIV (Organisation Scientifique et Technique Internationale du Vol à Voile), die Nachfolgeorganisation der ISTUS, fest, Segelflugweltmeisterschaften in zweijährigem Abstand zu veranstalten. Die schweizerischen Segelflieger besitzen daher das große Verdienst, mit diesen beiden wichtigen Wettbewerben die Nachkriegsentwicklung des internationalen Segelfluges beschleunigt zu haben.

Żar 1949

Im Jahre 1949 wurde von polnischen Segelfliegern der erste Wettbewerb für Segelflieger der volksdemokratischen Länder auf dem günstigen Hangsegelfluggelände Żar bei Bielsko Biala organisiert. Der Startplatz liegt 760 m über NN, die größte Höhe über Grund beträgt 450 m, und es kann praktisch bei allen Windrichtungen am Hang gesegelt werden. Eine elektrische Seilwinde erleichterte den Rücktransport nach Tallandungen.

19 Segelflieger aus Bulgarien, der ČSR, Ungarn und Polen gingen an den Start, der mittels Gummiseil erfolgte. 100-km-Dreieckflüge und Zielstreckenflüge über 100 km und 200 km standen auf dem Programm. Im 100-km-Dreieckflug konnte IRENA KEMPÓWNA auf *Sep* einen neuen Weltrekord in der Frauenklasse mit 50,0 km/h aufstellen. Gesamtsiegerin wurde KEMPÓWNA vor ZIENTEK (beide Polen), SWINKA (ČSR), GÓRA (Polen) und HAZA (ČSR). Die ČSR wurde Mannschaftssieger. Für alle Teilnehmer kam nach der Außenlandung der Rückschlepp mittels Motorflugzeugen zur Anwendung.

Oerebro 1950 (III. Segelflugweltmeisterschaft – SFWM)

Die Weltmeisterschaft 1950 war nach Schweden vergeben worden. Sie fand vom 5. bis 15. Juli in Oerebro, 200 km westlich von Stockholm gelegen, statt. Trotz des Flachlandes waren die Außenlandebedingungen aufgrund der großen Waldgebiete schwierig, auch zeigte sich das nordische Thermikwetter nicht von seiner besten Seite.

An der Meisterschaft nahmen 29 Piloten aus elf Ländern (Dänemark, Finnland, Frankreich, Großbritannien, Jugoslawien, Niederlande, Norwegen, Schweden, Schweiz, Südafrika und USA) teil. Allein 14 der Teilnehmer flogen den nach wie vor bewährten Typ *Weihe*, der auch in Schweden in Lizenz produziert wurde. Sechs Disziplinen kamen zur Austragung: zwei Freie Streckenflüge, zwei Zielflüge und zwei Zielflüge mit Geschwindigkeitswertung.

Der Schwede NILSSON zeigte überlegene Leistungen in den Freien Streckenflügen

368 PAUL MCCREADY und einer der Pioniere des Segelfluges, WOLFGANG KLEMPERER (1950).

und erzielte mit 430 km auch den weitesten Flug, während MCCREADY – sicherlich auch gestützt auf die Anwendung seines Scheibenkalkulators – in beiden Geschwindigkeitswertungen siegte (143 km mit 85,6 km/h und 94 km mit 83,8 km/h). Gesamtsieger wurde NILSSON (Schweden) vor MCCREADY (USA), BORISEK, ARBAJTER (beide Jugoslawien) und MAGNUSSON (Schweden).

Die langjährigen Aktivitäten Jugoslawiens auf dem Gebiet des Segelfluges hatten zum ersten Male auch international einen sichtbaren Erfolg gefunden. Die Plazierungen von NILSSON und MCCREADY wurden auch dadurch erleichtert, daß sie zu ihren Rückholmannschaften eine stabile Funkverbindung besaßen und diese erstmalig auch zur Durchgabe von taktischen Informationen verwendeten.

Die Gold-C mit Diamanten

Das im Segelflug erreichte hohe Leistungsniveau zwang bereits 1950 zur Schaffung eines neuen internationalen Abzeichens. Die 1938 gestiftete Gold-C wurde um drei Diamanten erweitert. Ein Diamant konnte mit einem Streckenflug von mehr als 500 km, ein zweiter für einen Zielstrecken- oder Dreieckflug von min-

destens 300 km und ein dritter durch einen Höhengewinn von mindestens 5000 m erworben werden.

Die Gold-C mit drei Diamanten wird von der FAI mit der Nummer und dem Datum des Erwerbs des letzten Diamanten verliehen. Die entsprechende Liste wird gemeinsam mit dem Rekordbulletin veröffentlicht. Wie leistungsstark der internationale Segelflug bereits 1950 war, zeigt die Liste der ersten zehn Träger der Gold-C mit drei Diamanten.

1. JOHN ROBINSON (USA) 1. 7. 1950
2. TADEUSZ GÓRA (Polen) 23. 7. 1950
3. GÉRARD PIERRE (Frankreich) 30. 6. 1951
4. CHARLES J. SHELLEY (USA) 3. 8. 1951
5. JACQUES LEBEAU (Frankreich) 21. 5. 1952
6. ERIC NESSLER (Frankreich) 22. 5. 1952
7. PAUL BIKLE (USA) 17. 8. 1952
8. RAYMOND PARKER (USA) 17. 8. 1952
9. W. S. IVANS jr. (USA) 19. 8. 1952
10. PAUL R. OPITZ (USA) 27. 8. 1952

Das 50. Abzeichen wurde am 7. September 1955, das 100. Abzeichen am 19. Januar 1958 verliehen.

Die enorme Breiten- und Spitzenentwicklung im internationalen Segelflug seit 1960 wird auch durch die Anzahl dieser verliehenen Abzeichen dokumentiert. Bis Ende 1985 waren fast 4000 durch die FAI verliehen worden. Länder, in denen der Segelflug eine weite Verbreitung fand, haben es bereits auf mehr als 1000 dieser wertvollen Abzeichen gebracht, z. B. die BRD mit 1122, wobei 17 von Frauen errungen wurden. Die Anzahl der Silber- und Gold-C-Abzeichen, deren Vergabe nach 1945 in die Kompetenz der nationalen Aeroklubs fiel, ist in noch stärkerem Maße angewachsen.

Im Jahre 1950 beschlossen die zuständigen Gremien, die OSTIV und die FAI, der Internationalen Rhön 1937 und dem Wettbewerb von Samedan 1948 nachträglich den Status von Weltmeisterschaften zu verleihen. DITTMAR wurde auf diese Weise der erste und PERSSON der zweite Weltmeister des Segelfluges. Die Weltmeisterschaft von Oerebro erhielt daher in der Zählung die Nr. III. Erwähnenswert ist weiterhin die Tatsache, daß die OSTIV bereits 1948 den ehemaligen Präsidenten der ISTUS, Prof. Dr. WALTER GEORGII, zum Ehrenpräsidenten der neuen Organisation wählte. Diese Entscheidungen bedeuteten in keiner Weise eine Verbeugung vor den ehemaligen Machthabern in Deutschland. Man sah auf der einen Seite den Mißbrauch des deutschen Segelfluges durch den Faschismus, war andererseits jedoch bereit, die bleibenden Verdienste des deutschen Segelfluges und das Verhalten von GEORGII als Präsident der ISTUS durch diese Würdigung anzuerkennen.

Madrid 1952 (IV. SFWM)

Der spanische Aeroklub hatte sich bereit erklärt, die Weltmeisterschaft 1952 auf dem nördlich von Madrid gelegenen Fluggelände von Huesca vom 3. bis 11. Juli 1952 auszutragen. Dem Reglement nach hätte das Land des letzten Weltmeisters, also erneut Schweden, die Meisterschaft ausrichten müssen. 58 Piloten aus 19 Ländern hatten gemeldet, und gegenüber den Teilnehmern von Oerebro erschienen die Länder Argentinien, Australien, Belgien, Bundesrepublik Deutschland, Israel, Italien, Kanada, Österreich und Spanien neu am Start.

Eine Neuerung dieser Weltmeisterschaft war die Einteilung in eine Ein- und Doppelsitzerklasse.

Erstmalig erschien mit der US-amerikanischen *RJ–5* ein Segelflugzeug mit Laminarprofil und überlegener Gleitzahl, das sich jedoch infolge einer Bruchlandung bei der ersten Disziplin nicht voll durchsetzen konnte, aber in den Geschwindigkeitswertungen seine Überlegenheit bewies.

Sowohl die meteorologischen wie die geographischen Bedingungen und die Kommunikationsprobleme stellten die Teilnehmer vor hohe Anforderungen. Sieben *Fieseler Storch* schleppten die 58 Wettkämpfer in weniger als einer Stunde auf die vorgeschriebene Auskuppelhöhe. Überraschend waren vor allem die Leistungen von «Segelflugneulingen» wie GÉRARD PIERRE (Frankreich) auf *CM–8*, GILDERMAN (Belgien) auf *Sohaj* (2. Platz im ersten Freien Streckenflug) und FEDDERSEN (Dänemark) auf *Weihe* (1. Platz beim zweiten Freien Streckenflug).

Weltmeister in der Einsitzerklasse wurde PHILIPP WILLS (Großbritannien) vor PIERRE (Frankreich) und FORBES (Großbritannien), gefolgt von CUADRADO (Argentinien) und GEHRIGER (Schweiz). In der Doppelsitzerklasse siegten JUEZ (Spanien) vor FROWEIN (BRD) und REITSCH (BRD).

Der Sieg von WILLS war keineswegs zufällig. Er war mit 52 Jahren zwar der älteste, aber auch der flugerfahrenste Teilnehmer. Als einer der britischen Thermikflugpioniere verfügte er über ausgezeichnete theoretische und meteorologische Kenntnisse sowie umfassende fliegerische Erfahrungen und taktisches Können. Es war die vierte Weltmeisterschaft, an der er teilnahm. Darüber hinaus waren die britischen Flugzeuge mit zuverlässigen Funkgeräten ausgerüstet, was in Spanien besonders bedeutungsvoll war. Und schließlich flog WILLS als erster und einziger mit einem sogenannten Totalenergievariometer (TEVAR).

Dieses Variometer – sein Kernstück ist eine zusätzliche Düse für die Abnahme des kompensierten Staudruckes – zeigt nur das tatsächlich vorhandene Steigen des Flugzeugs im Aufwind an, nicht aber Steigen durch «Ziehen» des Piloten («Knüppelthermik»), wodurch das genaue Erkennen und Ausnutzen von Aufwinden wesentlich erleichtert wird.

Leszno 1954

Im Jahre 1954 hatten polnische Segelflieger erneut einen internationalen Wettkampf organisiert, der auf dem neuaufgebauten Segelflugzentrum in Leszno vom 13. bis 27. Juni 1954 ausgetragen wurde. Es nahmen 36 Piloten aus Bulgarien, ČSR, DDR, Frankreich, Großbritannien, Polen, Rumänien, der Sowjetunion und Ungarn teil. Erstmalig wurde auf einem internationalen Wettbewerb zu einer 300-km-Dreieckstrecke gestartet, doch nur die Polen WOJNAR und MAKULA erreichten auf *Jaskólka* das Ziel. Da ein dritter Pilot nicht ans Ziel kam, konnte diese Disziplin entsprechend des Reglements nicht gewertet werden. Weiterhin wurden ein 100-km-Dreieck, zwei Zielstreckenflüge mit Rückkehr über 154 und 182 km, ein Zielstreckenflug und ein Freier Streckenflug ausgetragen. Die Wettkämpfer erflogen insgesamt etwa 25 000 Streckenkilometer und 14 Landesrekorde.

Es siegte in der Einzelwertung EDWARD MAKULA (Polen) vor GYÖRGY MEZÖ (Ungarn), JERZY POPIEL, MARIAN GORZELAK und TADEUSZ GÓRA (alle Polen). In der Mannschaftswertung siegte Polen vor der Sowjetunion und der ČSR. Die polnischen Segelflieger ernteten somit die Früchte ihrer langjährigen Arbeit und hatten nunmehr auch im internationalen Rahmen eine führende Position eingenommen.

Camphill 1954 (V. SFWM)

Die V. Segelflugweltmeisterschaft fand vom 20. Juli bis 4. August 1954 in Camphill, Grafschaft Derbyshire, in Großbritannien statt. Wiederum nahmen Vertreter aus 19 Ländern teil; 33 Piloten starteten in der Einsitzerklasse, neun in der Doppelsitzerklasse. Erstmalig waren unter den 15 Segelflugzeugtypen vier Konstruktionen mit Laminarprofil vertreten, allerdings noch in der konventionellen Holzbauweise ausgeführt: die *Bréguet 901*, die *WLM–II*, die *Olympia IV* und die *HKS–1*. Die *Bréguet*, mit einem Gleitverhältnis von 36, gehörte nicht nur zu den formschönsten Flugzeugen, sondern besaß auch sehr gute Flugeigenschaften in schwacher Thermik, was sich in Großbri-

369   Eine *Jaskólka* startet im Windenschlepp.

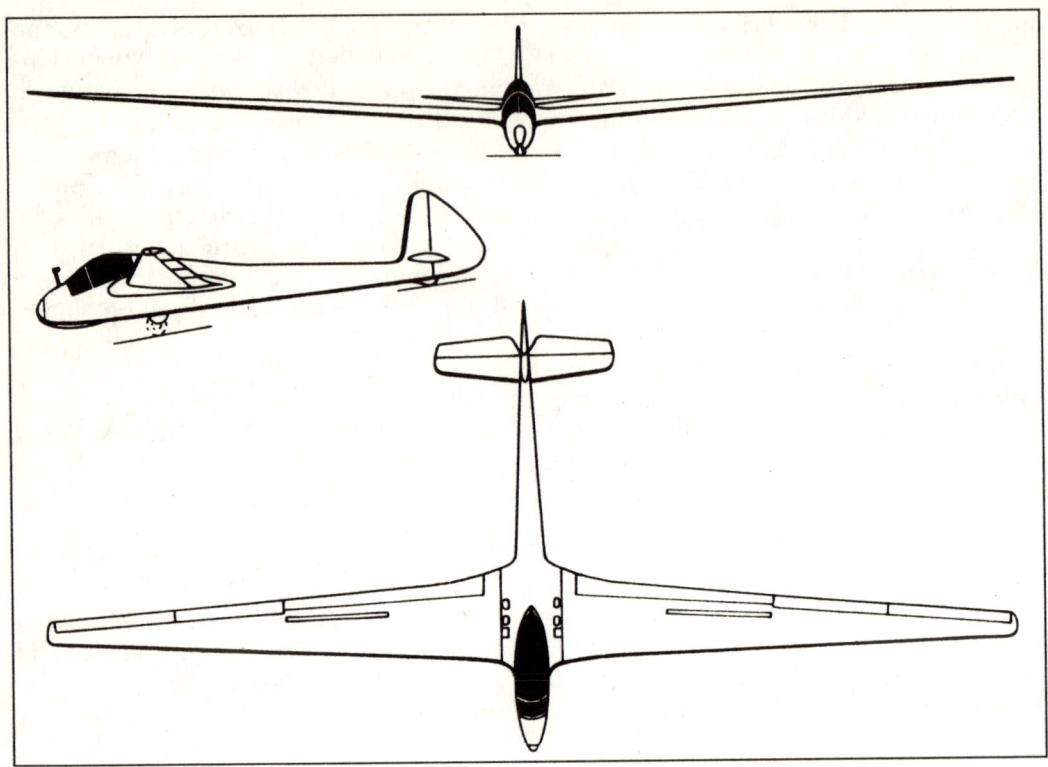

370 *SZD-8 Jaskólka* (1951).

tannien als besonders bedeutungsvoll
erwies. Aufgrund der sehr schwierigen,
typisch britischen Wetterbedingungen
konnten die Piloten der anderen Laminarflugzeuge ihre Flugzeuge nicht voll
ausfliegen. Erschwerend wirkte die Tatsache, daß nur im Windenschlepp gestartet werden konnte: Die Grundbesitzer
hatten den F-Schlepp wegen der damit
verbundenen Lärmbelästigung unter-
sagt, und je nach Flugzeugtyp schwank-
ten die Auskuppelhöhen zwischen 200
und 400 m!

Es konnten nur vier Disziplinen geflo-
gen werden; die maximale Flugweite be-
trug unter Ausnutzung von Leerwellener-
scheinungen 170 km. Weltmeister bei den
Einsitzern wurde PIERRE (Frankreich) vor
WILLS (Großbritannien), WIETHÜCHTER
(BRD), MᴄCREADY (USA) und RELANDER
(Finnland). Bei den Doppelsitzern sieg-
ten RAIN/KOMAČ (Jugoslawien) vor MAN-
TELLI/BRAGHINI (Italien) und SMITH/KID-
DER (USA).

An dieser Weltmeisterschaft nahm
auch eine sowjetische Beobachterdelega-
tion mit TURČIN und ILČENKO teil, um eine
spätere Teilnahme eigener Piloten vorzubereiten.

Saint Yan 1956 (VI. SFWM)

Turnus- und statutengemäß fand die
VI. Weltmeisterschaft in St. Yan (Frankreich) vom 23. Juni bis 13. Juli 1956 statt.
58 Piloten aus 25 Ländern waren vertreten; zum letzten Male wurde ein Weltmeistertitel in der Doppelsitzerklasse (13
Mannschaften) vergeben. Zum ersten
Male nahmen Piloten aus der Volksrepublik Polen (GÓRA, GORZELAK, NOWOTARSKI
und SANDAUER) und der ČSR (KUMPOST
und HOLLAN) teil. Der in den letzten Jahren erzielte Fortschritt im Weltsegelflug
zeigte sich nicht nur in der großen Teil-

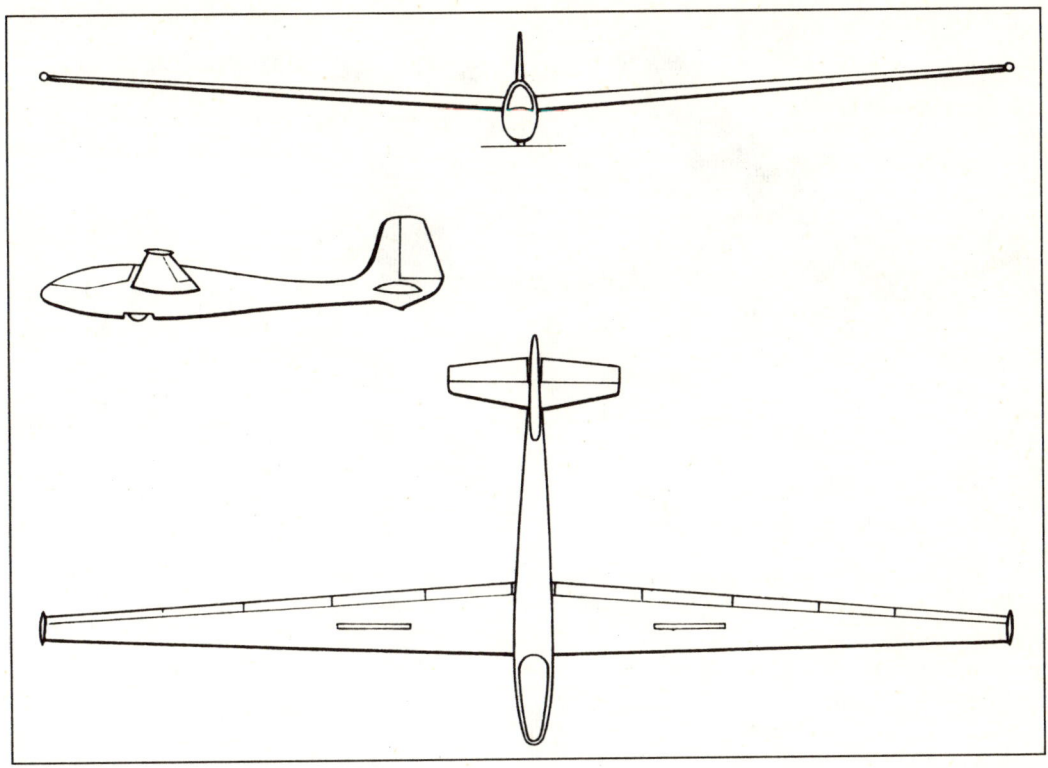

371 *Bréguet 901 S* (1956).

nehmerzahl, sondern auch in den zahlreichen Neukonstruktionen.

Nach fünf Disziplinen – einem Freien Streckenflug (1. Cuadrado, Argentinien mit 431 km), einem Zielflug mit Geschwindigkeitswertung über 98,8 km (1. Saradič, Jugoslawien, mit 73,8 km/h), einem Streckenflug mit bis Toulon (389 km) vorgeschriebener Streckenführung (1. McCready, USA, mit 404 km), einem 100-km-Dreieckflug (1. McCready mit 44,0 km/h), einem Freien Streckenflug (1. Toutenhold, Niederlande, mit 245 km) – standen die neuen Weltmeister fest. In der Einsitzerklasse siegte Paul McCready (USA) vor Juez (Spanien), Gorzelak (Polen) und Saradič (Jugoslawien) sowie Ivans (USA). Bei den Doppelsitzern siegten Goodhart/Foster (Großbritannien) vor Rain/Stepanovič (Jugoslawien) und Sadoux/Bazet (Argentinien). Für den Weltmeister McCready waren es die vierten Welttitelkämpfe, an denen er teilnahm.

Leszno 1958 (VII. SFWM)

Die VII. Weltmeisterschaft fand 1958 in Leszno (Polen) vom 15. bis 29. Juni statt. Es nahmen Flieger aus 22 Ländern teil, darunter erstmalig auch Piloten aus der Sowjetunion und Ungarn. Die Teilnehmer starteten auf Beschluß der FAI in einer Offenen und einer Standardklasse. Die Flugzeuge der Offenen Klasse unterlagen in technischer Beziehung keinerlei Beschränkung, während die der Standardklasse nicht mehr als 15,00 m Spannweite und weder Wölbungsklappen noch einziehbare Fahrwerke besitzen durften. Dadurch konnte in der Standardklasse die Gleichheit der sportlichen Bedingungen für die Wettkämpfer erhöht werden.

37 Teilnehmer gingen in der Offenen Klasse und 24 in der Standardklasse an den Start. Die Auskuppelhöhe im F-

372/373   *HKS-3* (1955).

374/375   *SZD-22 Mucha-Standard* (1958).
(Bilder S. 379)

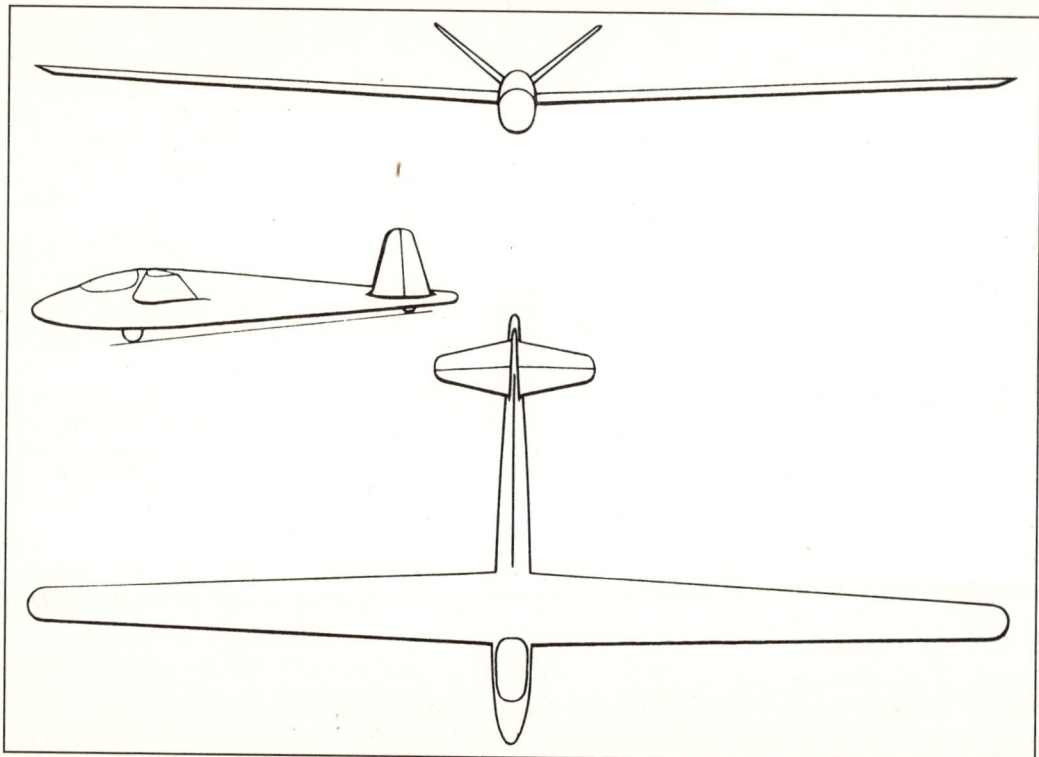

Schlepp betrug 700 m. Die erste Konkurrenz (16. Juni) war eine Zielstrecke mit Rückkehr von Leszno nach Jelenia-Góra über 230 km bei schwierigen meteorologischen Bedingungen. HAASE (BRD) mit 55,5 km/h und WITEK (Polen) mit 49,1 km/h waren die Sieger.

Am 17. Juni 1958 wurde unter guten meteorologischen Bedingungen – die Basis lag in 2000 m Höhe und das mittlere Steigen betrug 3 bis 4 m/s – die zweite Konkurrenz, ein 100-km-Dreieck Leszno–Rawicz–Gostyn–Leszno, ausgetragen. Es siegten wiederum HAASE mit 83,4 km/h und WITEK mit 70,1 km/h.

Die dritte Konkurrenz, ein Zielflug von Leszno nach Warschau über 305 km am 18. Juni, stellte die Piloten erneut vor schwierige Bedingungen. Zehn der erfahrenen Flieger gingen bereits in der Nähe des Startortes nieder, und keiner erreichte das Ziel. Es siegten DEANE-DRUMMOND

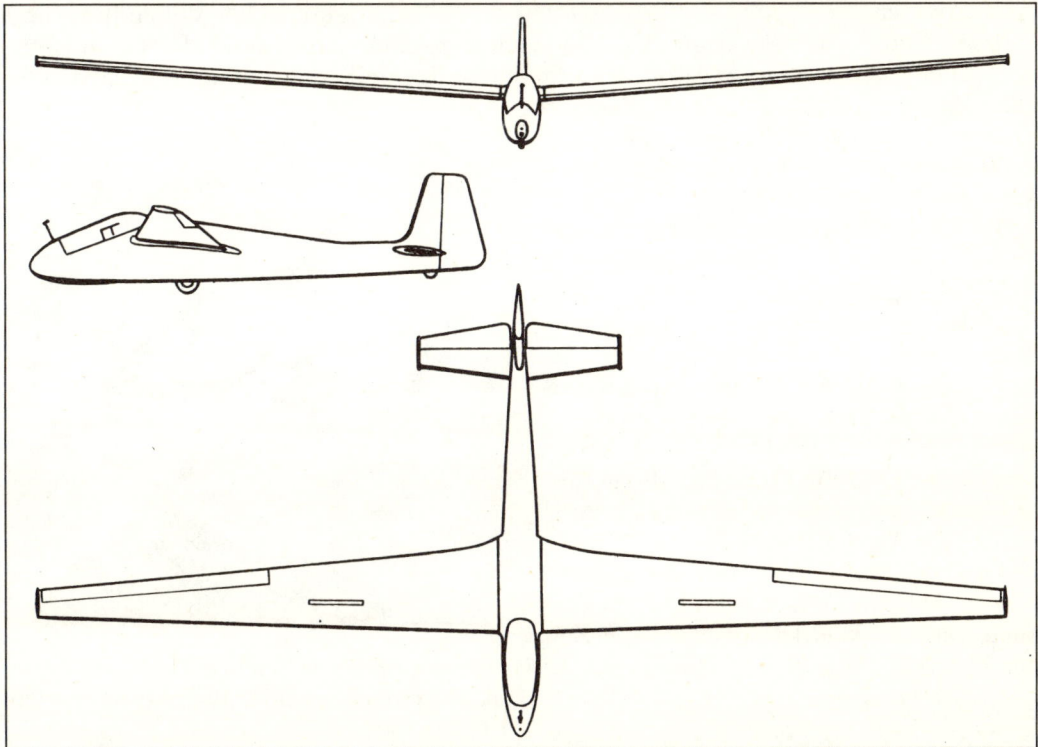

(Großbritannien) mit 282 km und TANDE-FELT (Finnland) mit 251 km.

Ein Zielflug über 92 km nach Ostrów, am 22. Juni, bildete die vierte Konkurrenz. Die Wolkenbasis lag anfangs nur bei 600 m, stieg später auf 800 bis 1 000 m. Das mittlere Steigen lag bei 2 m/s und stieg in den Wolken auf 5 bis 7 m/s an. Es siegten HAASE (BRD) mit 86,8 km/h und HORMA (Finnland) mit 87,5 km/h Durchschnittsgeschwindigkeit.

Zum Höhepunkt der Meisterschaft wurde ein Freier Streckenflug in östlicher Richtung am 24. Juni. Um 11.00 Uhr wurde gestartet. Nach nur 28 Minuten befanden sich alle Teilnehmer in der Luft. Es siegten KUMPOST (ČSR) mit 536 km und HORMA (Finnland) mit 519 km. Mit zehn Flügen über 500 km wurde die Diamantenbedingung erfüllt, und 44 führten über 300 km! Das Tagesergebnis lag bei 25 000 km!

Am 26. Juni stand die sechste und letzte Konkurrenz, ein Zielflug nach Inowrocław bei teilweiser 7/8-Bedeckung, auf der Tagesordnung. Keiner der Wettkämpfer erreichte das Ziel. Es siegten GOODHART (Großbritannien) mit 209 km und HUTH (BRD) mit 191 km.

Weltmeister in der Offenen Klasse wurde ERNST-GÜNTHER HAASE auf *HKS–3* mit 5651 Punkten von 6000 möglichen (94 %) vor N. GOODHART (Großbritannien) auf *Skylark III* mit 5172 Punkten und R. MESTAN (ČSR) auf *Demant* mit 5124 Punkten.

In der Standardklasse siegte ADAM WITEK (Polen) auf *Mucha-Standard* mit 5232 Punkten (87,2 %) vor P. PERSSON (Schweden) auf *Zugvogel IV* mit 5080 Punkten und H. HUTH (BRD) auf *Ka–6 BR* mit 5021 Punkten.

Bei dieser Weltmeisterschaft dominierten erstmals eindeutig Streckenflüge mit Geschwindigkeitswertung.

In der Offenen Klasse war das Siegerflugzeug, die *HKS–3*, mit einem Laminarprofil ausgerüstet und in aerodynamischer Beziehung im positiven Sinne «hochgezüchtet». In der Standardklasse vergab die OSTIV Preise für die gelungensten Konstruktionen; den ersten Preis erhielt die *Ka–6 BR* von RUDOLF KAISER vor der *Mucha-Standard* und der *Pik–3c*. Mit der Weltmeisterschaft in Leszno ging auch auf dem Wettkampfsektor die Zeit der Flugzeuge mit klassischem Profil ihrem Ende entgegen.

Ein besonderes Interesse erzeugte in Leszno der Start der weltrekordgewohnten sowjetischen Segelflieger. In der Offenen Klasse kamen VERETENNIKOV auf Platz 26 und EFIMENKO auf den 30. In der Standardklasse belegte GONČARENKO den 15. Platz. Wieder einmal erwies es sich, daß das Fliegen von Rekorden und der Wettbewerbsflug zweierlei und relativ unabhängig voneinander sind.

ILČENKO und GONČARENKO analysierten die Ursachen des Abschneidens der sowjetischen Flieger realistisch, und ihre Feststellungen sind für alle bedeutsam, die auf internationalen Segelflugwettkämpfen um den Erfolg ringen wollen:

Erstens muß man über einen Flugzeugtyp verfügen, der denen der Konkurrenten mindestens gleichwertig ist.

Zweitens müssen sich Wettkampfpiloten durch die Teilnahme an möglichst vielen nationalen und internationalen Wettbewerben zielstrebig auf Titelkämpfe vorbereiten. Meisterschaften waren und sind die Hohe Schule fliegerischer und flugtaktischer Vollendung, und neben einer Aneignung der Grundsätze der allgemeinen Segelflugtaktik ist die Be-

herrschung der speziellen Wettkampftaktik von entscheidender Bedeutung für den Erfolg.

Drittens ist ein hartes individuelles und kollektives Training bei allen nur möglichen Wetterlagen, insbesondere bei schwachen und wechselnden thermischen Bedingungen notwendig. Unter letzteren werden im Klubbetrieb kaum Strecken geflogen; während sie bei Meisterschaften mit großer Wahrscheinlichkeit genutzt werden. Zu dieser Vorbereitung gehört auch ein ganzjähriges Training zur Verbesserung der körperlichen Kondition und psychischen Verfassung.

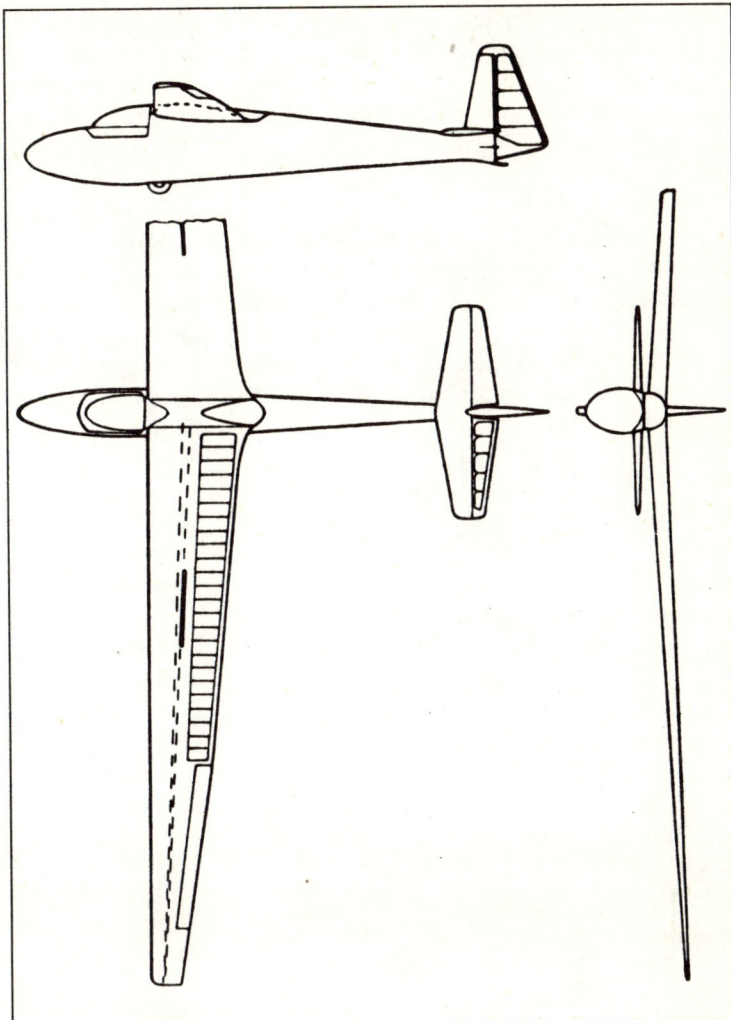

376/377   *Ka-6 BR* (1956).

6.21. Das Problem der günstigsten Fluggeschwindigkeit

Die Frage nach der günstigsten Fluggeschwindigkeit oder der Sollfahrtoptimierung im Geradeausflug zwischen den Steiggebieten war in der Periode des Hangsegelfluges einfach zu beantworten, da jeder Segelflugzeugtyp eine Fluggeschwindigkeit des geringsten Sinkens und eine des besten Gleitens besitzt. Der Hangsegelflieger flog vornehmlich mit der Geschwindigkeit des geringsten Sin-kens oder einer höheren Geschwindigkeit, die bei der gegebenen Windstärke am Hang erforderlich war. Während des Sprungs zum nächsten Hangaufwind flog er im allgemeinen mit der Geschwindigkeit des besten Gleitens.

Der Zusammenhang zwischen den verschiedenen Fluggeschwindigkeiten und den dazugehörigen Sinkgeschwindigkeiten bei einem Flugzeugtyp kann der Sinkgeschwindigkeitspolare oder Sinkpolare entnommen werden. Bildet man den Quotienten aus der Horizontalgeschwindigkeit (sie kann aus der Fluggeschwindigkeit abgeleitet werden) und der Sinkgeschwindigkeit, so erhält man das jeweilige Gleitverhältnis für die gegebene Fluggeschwindigkeit, und die Sinkpolare kann dann durch die Gleitpolare ergänzt werden.

Bei ruhender Luft war die Frage nach der optimalen Fluggeschwindigkeit ebenfalls unproblematisch zu lösen. Will ein Segelflieger bei gegebener Höhe die maximale Flugzeit erreichen, so muß er mit der Geschwindigkeit des geringsten Sinkens fliegen; will der Segelflieger die größtmögliche Strecke erzielen, so muß er mit der Geschwindigkeit des besten Gleitens fliegen; beabsichtigt er dagegen ein gegebenes Ziel innerhalb seiner höhenbedingten Reichweite möglichst schnell zu erreichen, so muß er die Fluggeschwindigkeit einnehmen, bei der das dazugehörige Gleitverhältnis das Erreichen des

Zieles noch erlaubt. Gegen- und Rückenwindkomponenten besitzen bei den beiden letzteren Zielstellungen selbstverständlich einen zusätzlichen Einfluß auf die zu wählende optimale Fluggeschwindigkeit.

Wesentlich komplizierter wurde die Beantwortung der Fragestellung mit dem Übergang zum thermischen Streckenflug und dem Aufkommen von Segelflugzeugen, die über einen größeren nutzbaren Geschwindigkeitsbereich verfügten. Die Antwort, die auf eine Zeitoptimierung hinausläuft, wird durch das dynamische Verhalten des Luftmeeres bei Thermikwetterlagen zusätzlich erschwert:

1. Die anzufliegenden, kreisend zu nutzenden Aufwinde besitzen eine unterschiedliche Stärke, die außerdem im voraus nicht mit völliger Sicherheit einzuschätzen ist.
2. Das Ausmaß des meteorologischen Sinkens und Steigens der Luftmasse zwischen den Aufwinden wechselt ständig.

378 Zeit- und Höhengewinn durch optimale Fluggeschwindigkeit. Beim Weiterflug im nächsten Steigen hat B nach nur 15:09 min Flugzeit gegenüber A bereits 5:36 min eingespart!

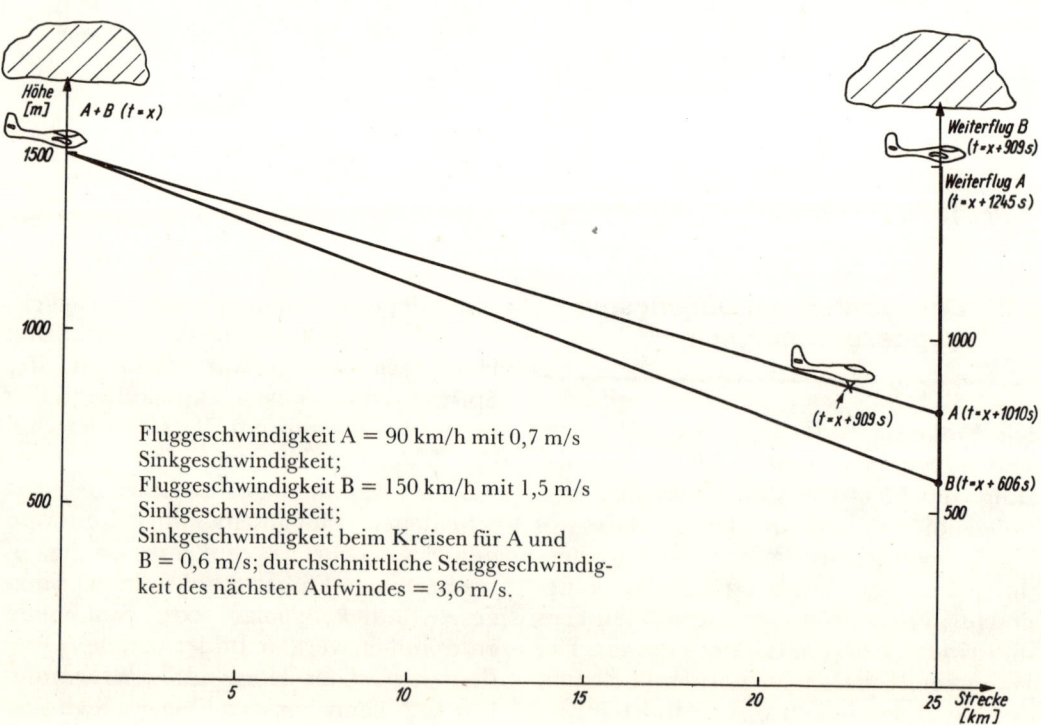

Fluggeschwindigkeit A = 90 km/h mit 0,7 m/s Sinkgeschwindigkeit;
Fluggeschwindigkeit B = 150 km/h mit 1,5 m/s Sinkgeschwindigkeit;
Sinkgeschwindigkeit beim Kreisen für A und B = 0,6 m/s; durchschnittliche Steiggeschwindigkeit des nächsten Aufwindes = 3,6 m/s.

Von diesen beiden Faktoren hängt jedoch die optimale Fluggeschwindigkeit während des Sprungs zwischen zwei Aufwinden ab. Ein vereinfachter Ansatz soll das Problem verdeutlichen. In Bild 378 wird die Fragestellung unter Vernachlässigung des meteorologischen Sinkens und Steigens der Luftmassen zwischen den Aufwinden betrachtet. Das mit der Optimalgeschwindigkeit fliegende Flugzeug B verliert zwar mehr Höhe während des Sprungs, trifft dafür aber früher im neuen Steiggebiet ein und erzielt schon im ersten Aufwind einen Zeit- und Höhengewinn, der sich beim Anfliegen des nächsten Aufwindes wiederholt und addiert. Der Zeitgewinn und der mit ihm erreichbare Höhengewinn ist größer als der zusätzliche Höhenverlust als Folge der höheren Fluggeschwindigkeit. Es gilt die Faustregel: Je größer das erwartete Steigen, desto höher die optimale Sollfahrt!

Allerdings hat ein Überschreiten der Optimalgeschwindigkeit ähnlich negative Auswirkungen wie ein Unterschreiten.

Das zweite Problem, unterschiedliches Sinken und Steigen der Luftmasse zwischen den Aufwinden, wird nach folgendem Prinzip gelöst: Je stärker der Abwind, desto schneller muß geflogen werden, um die Zeitdauer des Verweilens im Abwind zu verkürzen. In Aufwinden, die während des Sprungs angetroffen werden, ist es zweckmäßig, langsamer zu fliegen, um die Zeitdauer des Geradeausfluges im Aufwind zu vergrößern. Die positiven bzw. im Unterlassungsfall negativen Auswirkungen sind auch hier beträchtlich.

Die Optimalwerte der jeweiligen Fluggeschwindigkeit können für jeden Flugzeugtyp, für jeden erwarteten Aufwind, für jedes Sinken oder Steigen der Luftmasse während des Sprungs mit Hilfe einfacher Formeln berechnet werden. Da während eines längeren Sprungs Sinken und Steigen der Luftmasse ständig wechseln, verändert der Pilot auch ständig die Fluggeschwindigkeit. Daher ist der Geradeausflug eines Segelfliegers beim thermischen Streckenflug stets wellenförmig.

In den sechziger Jahren kam für diese Methode des Fluges nach Sollfahrt die zutreffende Bezeichnung Delphinstil auf, der zusätzlich noch dadurch gekennzeichnet wird, daß der Flugweg bewußt in Gebiete mit Aufwindstömungen gelegt wird, so daß längere Streckenabschnitte ohne Kreisen, mit nur geringem Höhenverlust oder sogar -gewinn zurückgelegt werden.

Von einem extremen Delphinstil wird gesprochen, wenn beim Geradeausflug durch Steiggebiete, die die Anzeige Null und Steigen am Variometer hervorrufen, grundsätzlich mit der Geschwindigkeit des geringsten Sinkens und nicht mehr mit der konkreten Sollfahrtvorgabe weiter geflogen wird und größere Umwege in Kauf genommen werden, um im Geradeausflug in Steiggebieten zu verbleiben. Dieser Stil ist zwar sehr höheschonend, kann aber auch zeitverlängernd sein, insbesondere bei starkem erwarteten Kreisflugsteigen und Segelflugzeugen mit einem großen nutzbaren Geschwindigkeitsbereich.

Bereits das Einhalten der sich ständig verändernden Sollfahrt über viele Flugstunden hinweg verlangt vom Piloten ein hohes Maß an Aufmerksamkeit, Konzentration und Konsequenz, doch die positiven Auswirkungen auf die Reisegeschwindigkeit sind bedeutend.

Überlegungen zur Sollfahrtoptimierung nahmen in der Praxis des Leistungssegelfluges zunächst nur wenige Segelflieger vor. Die Mehrheit ließ sich durch den falschen Gedanken leiten, die beim Kreisen so mühselig erworbene Höhe nicht durch schnelles Fliegen wieder unnötig «wegzuheizen».

Ansätze zum Delphinstil wurden in den Rhön-Wettbewerben 1934 und 1935 sichtbar. Dann war es der Ungar LAJOS ROTTER, der als einer der ersten solche Überlegungen bewußt anwendete. Er schrieb über seinen damals sensationellen Zielstreckenflug von Berlin nach Kiel am 12. August 1936: «... nahm nördlichen Kurs, meistens mit 120 bis 140 km/h Reisegeschwindigkeit (Sprunggeschwindigkeit, d. Verf.) ... kreiste selten, sondern zog lediglich beim Durchfliegen von Thermikgebieten die Verwindungsklappen herunter und verminderte so die Geschwindigkeit auf 60 km/h ...» [113, S. 10] Neben den guten Leistungen seiner Eigenkonstruktion *Nemere* trug insbesondere dieser Stil, das Ausnutzen des Geschwindigkeitsbandes zwischen 60 und 140 km/h, zum Gelingen des Fluges bei. Wie man sieht, konnten ohne Theorie derartige Spitzenleistungen nicht mehr erflogen werden.

Der erste Segelflieger, der nachweisbar den Zusammenhang zwischen der Stärke des erwarteten Steigens und der Sprunggeschwindigkeit berechnete und die sich daraus ergebenden Schlußfolgerungen bewußt anwendete, war WOLFGANG SPÄTE, der seine segelfliegerische Laufbahn in Chemnitz (heute Karl-Marx-Stadt) begonnen hatte und 1937 nach Darmstadt gegangen war. Bei der XIX. Rhön führte er an seinem Instrumentenbrett eine von ihm berechnete Tabelle mit den optimalen Sprunggeschwindigkeiten mit sich. SPÄTE flog einen *Reiher I*, der aufgrund von Holmverstärkungen 88,3 kg mehr Masse besaß, infolgedessen über eine gestreckte Geschwindigkeitspolare verfügte und entsprechend beschleunigt werden konnte. Bei starker Thermik flog er zwischen den Aufwinden mit 150 km/h. Zu seinen Berechnungen über die optimale Gleitfluggeschwindigkeit war SPÄTE als Student der TH Darmstadt von Professor SCHEUBEL ermutigt worden.

SPÄTE berichtete über das Echo, das er 1938 mit diesem Flugstil bei seinen Sportkameraden fand: «Zwei andere Wettbewerbsteilnehmer (BRÄUTIGAM und KRAFT) beobachteten mich zufällig bei diesem Treiben und fragten hinterher kopfschüttelnd, ob ich denn verrückt gewesen

sei, meine schöne Höhe mit so einem ‹Affenzahn› einfach wieder wegzudrücken. 150 Stundenkilometer waren damals unter vernünftigen Segelfliegern nicht einmal für einen Looping nötig, geschweige denn für einen Thermiksegelflug ... Ich gab natürlich während des Wettbewerbs mein Geheimnis nicht preis. Im Gegenteil: Erst wenn ich (mittels Gummiseilstart) in der Luft war, holte ich aus meiner Rocktasche eine kleine Tabelle vor und klemmte sie mir irgendwo am Instrumentenbrett fest. Nach der Landung verschwand der Zettel dann wieder. Als ich den Erfolg durch den ersten Platz in der Wertungsliste des Wettbewerbs gesichert sah, gab ich mein Rezept bekannt. Aber niemand wollte mir glauben. SEFF KUNZ – ich erinnere mich noch genau – lächelte mitleidig und meinte schließlich, als ich keine Ruhe ließ: ‹Sie können ja einen Erfahrungsbericht einreichen.›» [104, S. 253]

Diese Erkenntnisse wurden unter dem Titel «Beste Reisegeschwindigkeit bei Segelflugzeugen» in den «Berichten der Teilnehmer der 19. Rhön 1938» veröffentlicht.

Etwa zur gleichen Zeit, unabhängig von SPÄTE, veröffentlichten die polnischen Segelflieger R. SZUKIEWICZ, L. SZWARC, W. KASPRZYK, J. ILLASZEWICZ und W. HUMEN Artikel zum Problem der optimalen Fluggeschwindigkeit bei Streckenflügen. Sie wiesen auch auf die Veränderung der Sollfahrtgeschwindigkeit in Abhängigkeit von der vertikalen Luftbewegung während des Sprungs hin.

Nach dem Krieg nahm sich die Zeitschrift «Schweizer Aero-Revue» der Sache an und veröffentlichte 1948 Beiträge von SIEGBERT MAURER, 1949 von A. LABHARDT und in den Heften 6 und 9 des Jahrgangs 1949 einen Artikel von KARL NICKEL unter dem Titel «Die günstigste Geschwindigkeit des Streckenfluges». NICKEL gab eine umfassende und von den Grundlagen her noch heute gültige mathematische Darstellung des Problems.

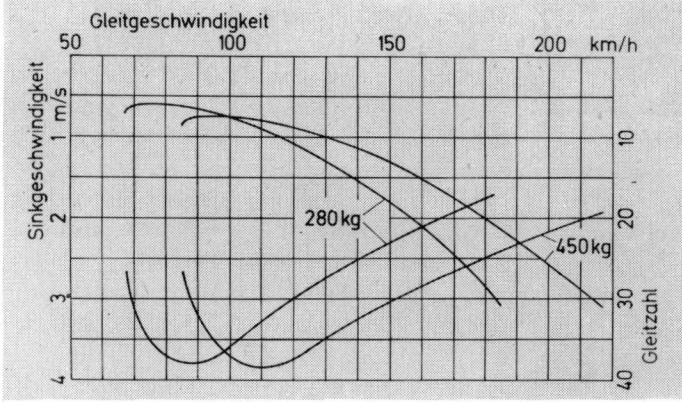 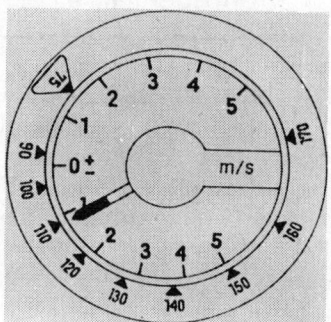

379   Sink- und Gleitpolare eines Segelflugzeugtyps bei unterschiedlicher Flugmasse und Tragflächenbelastung und Beispiel eines Scheibenkalkulators, als verdrehbarer Außenring am Variometer angebracht.

Im November 1949 erschien in der «Aero-Revue» ein Artikel von PAUL McCREADY unter dem Titel «Die beste Streckenfluggeschwindigkeit für Segelflugzeuge», in der das Problem theoretisch auf die gleiche Weise behandelt wurde. NICKEL und McCREADY hatten unabhängig voneinander die mathematischen Lösungen gefunden.

Während SPÄTE eine Tabelle benutzte, NICKEL einen Thermikrechenschieber entwickelt hatte, erfand McCREADY schon im Jahre 1947 den verblüffend einfachen und enorm praktikablen Sollfahrtring, der drehbar an allen Variometern mit linear geteilter Skala angebracht werden kann.

Erst mit Hilfe dieser einfachen Technik war die Theorie der Sollfahrt in der Praxis voll anwendbar. Man stellt diesen drehbaren Außenring (oder Innenkreis) mit seiner Marke auf die Variometerzahl der im nächsten Aufwind erwarteten mittleren Steiggeschwindigkeit (Vorgabe) und kann dann sofort an der jeweiligen Stellung der Variometernadel auf dem Sollfahrtring die zu fliegende optimale Geschwindigkeit ablesen, die unter Berücksichtigung des tatsächlichen meteorologischen Fallens gebildet wird. Es muß

jedoch darauf hingewiesen werden, daß zur vollkommenen Anwendung des Ringes ein Totalenergievariometer, ein TE-VAR, gehört. Eine Unterschätzung des nächsten Steigens um 50 % und eine entsprechende Fehleinstellung der Vorgabe führen bereits zu einer Verringerung der Reisegeschwindigkeit auf diesem Streckenabschnitt um etwa 10 %! Bei einem meteorologischen Steigen von 5 m/s und einer Nulleinstellung des Sollfahrtringes und Einhalten der angezeigten Sprunggeschwindigkeiten ergibt sich eine Flugzeitverlängerung von etwa 50 %!

In der Fachzeitschrift «Thermik» veröffentlichte K. NICKEL im April 1950 einen Artikel unter dem Titel «Die McCREADYsche Ringskala». Seit dieser Zeit trägt der Sollfahrt- oder Speedring berechtigterweise auch die Bezeichnung McCREADY-Ring.

Theoretisch interessierte Segelflieger entwickelten die Sollfahrttheorie für Gegen-, Seiten- und Rückenwindkomponenten einschließlich entsprechender Höhenkorrekturen weiter. Auch die technischen Ausführungen eines Sollfahrtgebers wurden vervollkommnet. Die bedeutenden Höchstleistungen im Streckenflug nach dem zweiten Weltkrieg, insbesondere die Geschwindigkeitsflüge mit hohen Reisegeschwindigkeiten, wären ohne die Erkenntnisse über das Sollfahrtproblem und ihre praktische Anwendung nicht möglich gewesen.

6.22. Die Segelflugweltrekorde bis Ende der fünfziger Jahre

Die stürmische Entwicklung des Segelfluges binnen weniger Jahrzehnte wird anhand einer Auflistung der Weltrekorde besonders offensichtlich. Es waren und sind vier eng miteinander verbundene Faktorengruppen, deren Niveau die nationalen und internationalen Segelflugrekorde ständig ansteigen ließen.

1: Flugtechnischer Faktor
Bau von leistungsfähigeren Segelflugzeugen mit
a) geringeren Sinkgeschwindigkeiten;
b) höheren Gleitverhältnissen;
c) größeren Fluggeschwindigkeiten;
d) breiterem nutzbaren Geschwindigkeitsbereich;
e) besserer Steuerfähigkeit, höherer Flugstabilität und Festigkeit, besseren Kreisflugeigenschaften;
f) geeigneter Instrumentierung.

2: Meteorologischer Faktor
a) Ausnutzung besserer Wetterlagen;
b) Erschließung von Fluggeländen mit günstigeren Aufwindverhältnissen.

3: Menschlicher Faktor
a) Anwachsen der fliegerischen und flugtaktischen Erkenntnisse, Fähigkeiten, Fertigkeiten und Erfahrungen der Segelflugzeugführer;
b) Vertiefung der Erkenntnisse über die meteorologischen Vorgänge, die zur Bildung von Aufwinden führen;
c) Verbesserung der physischen Kondition und psychischen Verfassung der Segelflieger und ihres Verhaltens;
d) Motivation zu Höchstleistungen.

4: Organisatorischer Faktor
a) allgemeine organisatorische Grundlagen des Segelfluges;
b) Organisation des Segelflugbetriebes.

Die Faktorengruppen 1 und 2 bilden den objektiven Faktor, 3 den subjektiven Faktor und speziell in der 4. Faktorengruppe, aber auch in allen anderen, spiegeln sich die Einflüsse der Gesellschaft auf den Segelflug wider.

Wie nur in wenigen anderen Sportarten beruhen im Segelflug Höchstleistungen auf einer Einheit von Technik, Mensch und Natur. Trotz der hohen Bedeutung der objektiven Faktoren spielt der subjektive Faktor stets eine hervorragende Rolle, zumal der eine der objektiven Faktoren vom Menschen geschaffen wird. Es sind in starkem Maße die Motivation, der Wille des Segelfliegers zur Bestleistung und seine Persönlichkeitseigenschaften, die zum Erfolg führen. Insbesondere sind es die Bereitschaft und die Fähigkeit des Segelfliegers, alles für das Erreichen des Zieles zu tun, die neue Rekorde ermöglichen. Wochen, Monate, mitunter Jahre muß auf das Eintreffen eines rekordträchtigen «Hammerwetters» gewartet werden. In dieser Zeit geht der Flieger seiner beruflichen Tätigkeit nach, muß Kondition, fliegerischen Trainingszustand und alle Unterlagen für den Flug auf der Höhe halten; verfolgt täglich, mitunter mehrfach am Tage, die Wetterentwicklung; muß die gesamte Organisation für diesen Flug einsatzbereit halten und lebt auf Abruf. Ständig bereit zu sein – unter Umständen auch zeitweilig in Gebiete mit besseren meteorologischen Bedingungen oder einer günstigen geographischen Lage überzusiedeln – bedeutet hier alles; und der Rekordaspirant darf keinen Tag, keine Stunde zu früh oder zu spät starten. In Gedanken wird er sich immer in einem Segelflugzeug befinden. Der bekannte Alpenflieger JOCHEN VON KALCKREUTH schrieb dazu: «Wer segelt, der betrachtet die Natur auf seine Weise. Wer wie wir vom steten Hangwind und von unsichtbaren thermischen Strömen, wer von Bergprofilen und kleinen Landewiesen abhängt, der blickt um sich, wo immer er Landschaft sieht, als säße er in einem

Flugzeug» [110, S. 61], und ergänzend könnte man sagen: Ein passionierter Segelflieger fliegt immer, gleichgültig, ob er auf dem Fluggelände weilt oder er in einer Werkhalle oder am Schreibtisch arbeitet. Er lebt mit dem Wetter und den Wolken, beobachtet ständig die Wetterentwicklung und fühlt sich wie ein im Käfig eingesperrter Adler, wenn draußen gute Aufwindbedingungen sichtbar werden und er nicht fliegen darf.

Sehr gute Wettbewerbsflieger sind in der Regel auch in der Lage, Rekorde zu fliegen, doch ist es nicht sicher, daß Rekordpiloten in Wettbewerben die vorderen Plätze einnehmen. Dafür stellt der Wettbewerbsflug zu vielseitige, wechselnde und über viele Tage hinweg anhaltende Anforderungen.

An aufgestellten Rekorden sind im Grunde genommen alle genannten Faktoren beteiligt. Bis etwa zum Jahre 1965 war es jedoch so, daß Weltrekorde noch geflogen werden konnten, auch wenn der eine oder andere Faktor nicht optimaler Natur war. Er konnte von anderen kompensiert werden. Danach erreichten die Weltrekorde in der Männerklasse einen Stand, der das Vorhandensein optimaler Werte in allen Faktorengruppen erforderte.

Dauerweltbestleistungen

In dieser segelfliegerischen Disziplin waren es vor allem die Faktoren 2a, 2b, 3c und 3d, die zu einer ständigen Verbesserung der Rekorde bis zum Jahre 1952 führten.

Tabelle 5: **Dauerweltbestleistungen im Segelflug bis 1952 Kategorie Einsitzer (Männer)**

Datum	Flugzeugführer	Land	Flugzeugtyp	Gelände	Dauer in h
24. 10. 1911	O. Wright	USA	Eigenkonstruktion	Kitty Hawk	00:09:45
31. 8. 1921	W. Klemperer	Deutschland	*Blaue Maus*	Wasserkuppe	00:13:03
5. 9. 1921	A. Martens	Deutschland	*Vampyr*	Wasserkuppe	00:15:06
13. 9. 1921	F. Harth	Deutschland	*Harth-Messerschmitt S VIII*	Heidelstein	00:21:27
18. 8. 1922	A. Martens	Deutschland	*Vampyr*	Wasserkuppe	01:06:00
19. 8. 1922	F. H. Hentzen	Deutschland	*Vampyr*	Wasserkuppe	02:00:10
24. 8. 1922	F. H. Hentzen	Deutschland	*Vampyr*	Wasserkuppe	03:10:00
22. 9. 1922	A. Maneyrol	Frankreich	*Peyret-Tandem*	Itford-Hill	03:21:00
3. 1. 1923	J. Thoret	Frankreich	*Hanriot HD–14* (mit abgestelltem Triebwerk)	Biskra	07:03:00
23. 1. 1923	A. Maneyrol	Frankreich	*Peyret-Tandem*	Vauville	08:05:00
31. 1. 1923	G. Barbot	Frankreich	*Dewoitine*	Biskra	08:36:00
18. 5. 1924	F. Schulz	Deutschland	*F.S.–3*	Rossitten	08:42:00
26. 7. 1925	A. Massaux	Belgien	*Poncelet-Vivette*	Vauville	10:41:00
2. 10. 1925	F. Schulz	Deutschland	*Moritz*	Krim	12:06:00
3. 5. 1927	F. Schulz	Deutschland	*Westpreußen*	Rossitten	14:07:00
20. 10. 1929	O. Dinort	Deutschland	Eigenkonstruktion	Rossitten	14:43:00
17./18. 12. 1931	W. Cocke	USA	*Nighthawk*	Honolulu	21:55:00
3./4. 8. 1933	K. Schmidt	Deutschland	*Grunau-Baby*	Korschenruh	36:36:00
27./29. 5. 1937	E. Jachtmann	Deutschland	*Grunau-Baby*	Sylt	40:55:00[1]
18./19. 6. 1942	E. Nessler	Frankreich	*Grunau-Baby*	Romain-les-Alpilles	38:30:00[2]
19./20. 11. 1942	E. Vergens	Deutschland	*Weihe*	Spitzerberg	45:28:00[2]
22./24. 9. 1943	E. Jachtmann	Deutschland	*Weihe*	Brüsterort	55:51:00[2]
16./18. 3. 1949	G. Marchand	Frankreich	*Nord 2000 (Meise)*	Romain-les-Alpilles	40:52:00
2./4. 4. 1952	Ch. Atger	Frankreich	*Nord 2000 (Meise)*	Remy-de-Provence	56:16:00

[1] Nicht als Weltrekord anerkannt worden.   [2] Nicht als Weltrekord anerkannt, da während des Krieges geflogen.

Anmerkung zu den Tabellen 5, 6 und 7: Weltrekorde waren und sind von der FAI offiziell anerkannte Weltbestleistungen.

Höhenweltbestleistungen
Hier waren es vor allem die Faktoren 2 a, 2 b, 1 e, 1 f, 3 a und 3 b, die den Fortschritt bewirkten.

Tabelle 6: Höhenweltbestleistungen im Segelflug (Höhengewinn) bis 1959 Kategorie Einsitzer (Männer)

Datum	Flugzeugführer	Land	Flugzeugtyp	Gelände	Höhe in m
18. 8. 1922	A. Martens	Deutschland	*Vampyr*	Wasserkuppe	108
19. 8. 1922	F. H. Hentzen	Deutschland	*Vampyr*	Wasserkuppe	200
24. 8. 1922	F. H. Hentzen	Deutschland	*Vampyr*	Wasserkuppe	350
7. 2. 1923	E. Descamps	Frankreich	*Dewoitine*	Biskra	546
26. 7. 1925	A. Auger	Frankreich	*Abrial-Peyret*	Vauville	720
8. 8. 1928	E. Dittmar	Deutschland	*Albert*	Wasserkuppe	775
25. 4. 1929	J. Nehring	Deutschland	*Darmstadt II*	Bergstraße	1 209
20. 7. 1929	R. Kronfeld	Österreich	*Wien*	Wasserkuppe	2 025
30. 7. 1929	R. Kronfeld	Österreich	*Wien*	Wasserkuppe	2 560
17. 2 .1934	H. Dittmar	Deutschland	*Condor*	Campos dos Alfonsos	4 350
21. 5. 1937	P. Steinig	Deutschland	*Rhönsperber*	Grunau	5 760[1]
4. 8. 1938	W. Fick	Deutschland	*Minimoa*	Wasserkuppe	5 550
5. 8. 1938	W. Drechsel	Deutschland	*Minimoa*	Wasserkuppe	6 687
21. 11. 1938	E. Ziller	Deutschland	*Kranich*	Grunau	6 838
12. 7. 1947	P. A. Persson	Schweden	*Weihe*	Oerebro	8 050
30. 12. 1950	W. S. Ivans jr.	USA	*S.G.S. 1–23*	Bishop	9 174
20. 6. 1959	K. Bauer	BRD	*Weihe*		9 655

1) Nicht als Weltrekord anerkannt worden.

Weltbestleistungen im Streckenflug (Freie Strecke)
Bei Langstreckenflügen waren und sind die Faktoren 3 a, 3 b, 3 c, 1 b, 1 c, 1 d, 2 a, 2 b, 3 d, 4 a und 4 b von Bedeutung.

Bereits die Anzahl der beteiligten und notwendigerweise stark wirkenden Faktoren läßt erkennen, daß der Streckensegelflug an die Segelflieger wesentlich höhere Anforderungen stellt als der Dauer- und Höhenflug.

Tabelle 7: Weltbestleistungen im Freien Streckenflug bis 1951 Kategorie Einsitzer (Männer)

Datum	Flugzeugführer	Land	Flugzeugtyp	Gelände	Strecke in km
22. 7. 1912	H. Gutermuth	Deutschland	*FSV X*	Wasserkuppe	0,832
4. 9. 1920	W. Klemperer	Deutschland	*Schwarzer Teufel*	Wasserkuppe	1,830
23. 8. 1921	A. Martens	Deutschland	*Vampyr*	Wasserkuppe	3,580
25. 8. 1921	K. Koller	Deutschland	*München*	Wasserkuppe	4,000
31. 8. 1921	W. Klemperer	Deutschland	*Blaue Maus*	Wasserkuppe	5,000
5. 9. 1921	A. Martens	Deutschland	*Vampyr*	Wasserkuppe	7,500
18. 8. 1922	A. Martens	Deutschland	*Vampyr*	Wasserkuppe	8,900
19. 8. 1922	F. H. Hentzen	Deutschland	*Vampyr*	Wasserkuppe	9,000
25. 8. 1923	A. Martens	Deutschland	*Strolch*	Wasserkuppe	12,000
25. 9. 1923	A. Botsch	Deutschland	*Konsul*	Wasserkuppe	18,900
14. 10. 1924	A. Martens	Deutschland	*Moritz*	Monte Mazze–Dueville	21,100
9. 10. 1925	J. Nehring	Deutschland	*Konsul*	Krim	24,400
12. 8. 1926	M. Kegel	Deutschland	*Kegel*	Wasserkuppe–Gompertshausen	55,200

Datum	Flugzeugführer	Land	Flugzeugtyp	Gelände	Strecke in km
14. 5. 1927	F. SCHULZ	Deutschland	*Westpreußen*	Rossitten–Memel	60,200
8. 8. 1928	J. NEHRING	Deutschland	*Darmstadt II*	Wasserkuppe–Treffurt	71,200
25. 4. 1929	J. NEHRING	Deutschland	*Darmstadt II*	Malchen–Upstadt	72,200
15. 5. 1929	R. KRONFELD	Österreich	*Wien*	Bergeshövede–Horn	102,200
20. 7. 1929	R. KRONFELD	Österreich	*Wien*	Wasserkuppe–Hermsdorf	143,000
30. 7. 1929	R. KRONFELD	Österreich	*Wien*	Wasserkuppe–Sienlas	150,000
24. 8. 1930	R. KRONFELD	Österreich	*Wien*	Wasserkuppe–Marktredwitz	164,000
4. 5. 1931	G. GROENHOFF	Deutschland	*Fafnir*	München–Kadan	272,000[1]
25. 7. 1931	G. GROENHOFF	Deutschland	*Fafnir*	Wasserkuppe–Magdeburg	220,000
7. 6. 1933	P. RIEDEL	Deutschland	*Fafnir*	Darmstadt–Vomécourt	229,000[2]
April 1934	R. DU PONT	USA	*Albatros*	USA	247,000
26. 7. 1934	W. HIRTH	Deutschland	*Moazagotl*	Wasserkuppe–Görlitz	352,000
27. 7. 1934	H. DITTMAR	Deutschland	*Fafnir II*	Wasserkuppe–Liban	375,000
21. 7. 1935	L. HOFMANN	Deutschland	*Rhönsperber*	Wasserkuppe–Olesnice	474,000
29. 7. 1935	R. OELTZSCHNER	Deutschland	*Condor*	Wasserkuppe–Brno	504,200
27. 5. 1937	V. RASTORGUEV	UdSSR	*GN–7*	Moskau–Jarigenskaja	652,000
6. 7. 1939	O. KLEPIKOVA[3]	UdSSR	*RF–7*	Moskau–Otradnoe	749,203
5. 8. 1951	R. JOHNSON	USA	*RJ–5*	Odessa (Texas)–Salina (Kansas)	861,272

[1] Nicht als Weltrekord anerkannt, da die Startart F-Schlepp nicht gestattet war.
[2] Nicht als Weltrekord anerkannt, da die Überbietung weniger als 3 % betrug.
[3] Absoluter Weltrekord, daher wurde er auch in der Männerklasse geführt.

Zielstreckenweltrekorde
Von den beim Streckenflug wirkenden Faktoren kommt dem Faktor 3 a eine besondere Bedeutung zu.

Tabelle 8: Weltrekorde im Zielstreckenflug bis 1956 Kategorie Einsitzer (Männer)

Datum	Flugzeugführer	Land	Flugzeugtyp	Gelände	Strecke in km
21. 9. 1935	E. KRAFT	Deutschland	*Rhönsperber*	Hornberg–Köln	330,000
12. 8. 1936	L. ROTTER	Ungarn	*Nemere*	Berlin–Kiel	333,000
15. 5. 1939	P. SAVCOV	UdSSR	*RF–7*	Tula	415,000
24. 5. 1939	K. SCHMIDT	Deutschland	*Reiher*	Trebbin–Holzkirchen	495,000
31. 7. 1939	P. SAVCOV	UdSSR	*RF–7*	Tula–Michailovka	602,358
6. 6. 1952	V. EFIMENKO	UdSSR	*A–9*	Kaluga–Grabčevo–Melovoe	636,877
13. 5. 1956	R. FONTEILLES	Frankreich	*Bréguet 901*	Troyes–Barberey-Dax	677,610

Zielstreckenflüge mit Rückkehr
Von den bereits beim Streckenflug genannten Faktoren besitzen 3 a, 3 b, 1 b, 1 d und 1 e besondere Bedeutung, so daß diese segelfliegerische Disziplin als die schwierigste der bisher genannten betrachtet werden muß. Windvorteile scheiden für den Segelflieger aus; normalerweise muß einer der beiden Streckenabschnitte mit einer Gegenwindkomponente geflogen werden.

**Tabelle 9:   Weltrekorde im Zielstreckenflug mit Rückkehr bis 1959
Kategorie Einsitzer (Männer)**

Datum	Flugzeugführer	Land	Flugzeugtyp	Gelände	Strecke in km
6. 5. 1938	M. BECK	Deutschland	*Rhönsperber*	Hornberg–Hesselberg	140,000
13. 5. 1938	E. KRAFT	Deutschland	*Rhönsperber*	Hornberg–Ansbach	168,000
15. 5. 1938	H. REITSCH[1])	Deutschland	*Reiher*	Darmstadt–Wasserkuppe	280,000
7. 7. 1938	B. FLINSCH	Deutschland	*D 30*	Bremen–Lübeck	305,624
23. 7. 1939	B. KIMMELMAN	UdSSR	*RF–7*	Tula–Ržaisk	342,370
16. 7. 1947	P. MCCREADY	USA	*Screaman-Wiener*	Wichita Falls–Anson	368,800
7. 7. 1950	S. LAROY	Schweden	*Weihe*	Ljungbyhed–Jönköpping	390,000
22. 8. 1952	W. COVERDALE	USA	*Schweizer 1–23*	Prairie–Brownwood	418,900
18. 6. 1955	J. WOJNAR	Polen	*Jaskólka*	Lisie-Katy–Leszno	488,400
4. 9. 1955	L. E. MAXEY	USA	*Keros*	El Mérage–Independence	500,020
30. 5. 1957	V. ZEJDA	ČSR	*Demant*		518,066
6. 7. 1959	L. MISIEK	Polen	*Jaskólka*	Kobylnica–Olsztyn	533,600

[1]) Da diese Leistung der Frauenklasse besser als die der Männer war, wurde sie auch in der Männerklasse geführt.

Dreieckflüge
Nach dem zweiten Weltkrieg entstand der Gedanke des Fliegens von dreieckförmigen Strecken. Die Anforderungen an die fliegerischen und flugtaktischen Fähigkeiten des Piloten entsprechen in dieser Disziplin denen bei Zielrückflügen; auch die anderen leistungsbestimmenden Faktoren sind die gleichen; die Nutzung eines Windvorteils scheidet ebenfalls aus.

Bei Wettbewerben wird für die Teilnehmer durch Dreieckflüge die Gleichartigkeit der meteorologischen Bedingungen erhöht, insbesondere dann, wenn die Umrundungsrichtung festgelegt wird. Im Falle eines Gelingens des Fluges gibt es keine Rücktransportkilometer auf der Straße oder in der Luft; bei vorzeitiger Landung verkürzen sich trotz längerer Flugstrecken die Transportkilometer. Für anwesende Zuschauer bieten Zielrück- und Dreieckflüge den Vorteil, nicht nur den Start, sondern auch die meist mit Spannung erwartete Rückkehr der Segelflieger zu erleben; der Segelflug wird zuschauerwirksamer. Von der FAI wurde festgelegt, daß der kürzeste Schenkel eines Dreiecks mindestens 28 % der Gesamtstrecke betragen muß. Bei Dreiecken mit einer Länge von mehr als 750 km muß die Schenkellänge zwischen 25 und 45 % der Gesamtstrecke liegen.

Wettbewerbe mit erfolgreichen 300-km-Dreieck-Disziplinen besaßen bis 1960 noch Seltenheitswert. So konnten während der polnischen Segelflugmeisterschaft 1953 in Leszno 27 Segelflieger auf Flugzeugen des Typs *Mucha ter* ein 300-km-Dreieck umrunden. Am 21. Juni 1959 gelang es bei der I. DDR-Meisterschaft im Segelflug 26 Segelfliegern auf Segelflugzeugen mit klassischem Profil, das 302-km-Dreieck Schönhagen — Neuhausen bei Cottbus — Canitz bei Riesa — Schönhagen zu bezwingen. Die Geschwindigkeit des Siegers betrug 58,6 km/h.

Tabelle 10: Geschwindigkeitsweltrekorde auf den Dreieckstrecken bis 1959 Kategorie Einsitzer (Männer).

Datum	Flugzeugführer	Land	Flugzeugtyp	Gelände	Geschwindigkeit in km/h
100-km-Dreieck					
22. 7. 1948	S. Maurer	Schweiz	*Moswey III*	Muottas Muraigl	69,600
24. 6. 1951	A. Mednikov	UdSSR	*A–9*	Kaluga	77,144
1952	R. Johnson	USA	*RJ–5*		84,900
15. 5. 1954	J. Wojnar	Polen	*Jaskólka*	Leszno	94,700
8. 9. 1958	J. Mrak	Jugoslawien	*Meteor*		97,066
11. 8. 1959	R. Schreder	USA	*HP–8*		107,040
200-km-Dreieck					
1955	Lepanse	Frankreich	*Breguet 901*		50,300
14. 8. 1955	E. Makula	Polen	*Jaskólka*	Lisie Kąty	67,304
1956	Rousselet	Frankreich	*Breguet 901*		77,400
18. 8. 1957	P. F. Bikle	USA			88,500
6. 8. 1959	R. Schreder	USA	*HP–8*		107,830
300-km-Dreieck					
17. 8. 1955	Gabriel	Frankreich	*Air 102*	St. Auban	39,700
9. 1. 1956	N. Goodhart	Großbritannien	*Lo–150*	Uringwinty/ Australien	76,636
10. 8. 1958	B. Komač	Jugoslawien	*Meteor*		79,358
7. 8. 1959	R. Schreder	USA	*HP–8*		96,840

Die Weltrekorde wurden bis zum Jahre 1960 in ihrer Mehrzahl noch auf Segelflugzeugen mit klassischem Profil erflogen.

Tabelle 11: Stand der Segelflugweltrekorde am 1. Oktober 1955

Kategorie	Kategorie D 1 (Einsitzige Segelflugzeuge)		Kategorie D 2 (Doppelsitzige Segelflugzeuge)	
Disziplin	Männer	Frauen	Männer	Frauen
Dauerflug	Atger, Ch. (Frankreich) *Nord 2000 (Meise)* 56:15:00 h 2./4. 4. 1952	Choisnet, M. (Frankreich) *Air 100* 35:03:00 h 17./19. 11. 1948	Dauvint, B. u. H. Couston (Frankreich) *Kranich III* 57:10:00 h 6./8. 4. 1954	Mathé, J. u. Garbarino (Frankreich) *Castel-Mauboussin* 38:41:00 h 11./12. 1. 1954
Freie Strecke	Johnson, R. (USA) *RJ–5* 861,272 km 5. 8. 1951	Klepikova, O. (UdSSR) *RF–7* 749,203 km 6. 7. 1939	Ilčenko, V. u. G. Pečnikov (UdSSR) *A–10* 829,822 km 26. 5. 1953	Klepikova, O. u. V. Bordina (UdSSR) *KIM–2* 443,714 km 19. 6. 1940

Kategorie	Kategorie D 1 (Einsitzige Segelflugzeuge)		Kategorie D 2 (Doppelsitzige Segelflugzeuge)	
Disziplin	Männer	Frauen	Männer	Frauen
Zielstrecke	EFIMENKO, V. (UdSSR) *A–9* 636,877 km 6. 6. 1952	CHOISNET-GOHARD, M. (Frankreich) *Air 100* 507,000 km 17. 4. 1954	POPIEL, J. u. A. SIEMASZKIEWICZ (Polen) *Zuraw II (Kranich II)* 541,300 km 20. 7. 1953	ALBANIE, F. u. J. TRUBERT (Frankreich) *Castel 25* 379,713 km 16. 4. 1955
Zielstrecke mit Rückkehr	MAXEY, L. E. (USA) *Jaskólka* 500,020 km 4. 9. 1955	CZMIELOWNA, M. (Polen) *Jaskólka* 328,200 km 18. 6. 1955	DOMISSE, E. u. J. BARKER (Südafrika) *Kranich II* 436,000 km 9. 2. 1952	ALBANIE, F. u. Begleiterin (Frankreich) *Castel 25* 250,400 km 3. 5. 1954
Relative Höhe (Höhengewinn)	IVANS, W. S. (USA) *S.G.S. 1–23* 9 174 m 30. 12. 1950	WOODWARD, B. (USA) *Pratt-Read PR–195* 8 533 m 14. 4. 1955	EDGAR, L. E. u. H. E. KLIEFORTH (USA) *Pratt-Read PR G–1* 10 493 m 19. 3. 1952	CHOISNET-GOHARD, M. u. J. QUEYREL (Frankreich) *Castel-Mauboussin* *6 072 m* 18. 1. 1951
Absolute Höhe	IVANS, W. S. (USA) *S.G.S. 1–23* 12 832 m *30. 12. 1950*	WOODWARD, B. (USA) *Pratt-Read PR–195* 12 190 m *14. 4. 1955*	EDGAR, L. E. u. H. E. KLIEFORTH (USA) *Pratt-Read PR G–1* *13 489 m* 19. 3. 1952	CHOISNET-GOHARD, M. u. J. QUEYREL (Frankreich) *Castel-Mauboussin* *7 042 m* 18. 1. 1951
100-km-Dreieck	WOJNAR, J. (Polen) *Jaskólka* 94,716 km/h 15. 5. 1954	SZEMPLIŃSKA, W. (Polen) *Jaskólka* 75,564 km/h 15. 5. 1954	HAASE, E.-G. u. R. PICCHIO (BRD) *Condor IV* 80,338 km/h 13. 8. 1952	SAMOSSADOVA, A. u. A. V. NEVENČANOVA (UdSSR) *A–10* 64,285 km/h 30. 7. 1952
200-km-Dreieck	MAKULA, E. (Polen) *Jaskólka* 67,300 km/h 16. 8. 1955	noch nicht geflogen	ZYDORCZAK, H. u. E. OLEŚ (Polen) *Bocian* 66,048 km/h 14. 8. 1955	noch nicht geflogen
300-km-Dreieck	GABRIEL (Frankreich) *Air 102* 39,700 km/h 17. 8. 1955	noch nicht geflogen	ZYDORCZAK, H. u. JAMROZ (Polen) *Bocian* 50,326 km/h 16. 8. 1955	noch nicht geflogen

Statistische Auswertung: Gesamtzahl der geführten Rekorde = 32.
Davon entfallen auf die einzelnen Länder: Frankreich 10; USA 8; Polen 7; UdSSR 5; BRD 1; Südafrika 1.

6.23. Fliegerfreundschaft über Ländergrenzen

Die Geschichte des Segelfluges ist reich an freundschaftlichen Begegnungen und Beziehungen, die sich zwischen den Segelfliegern eines Landes und auch über Ländergrenzen hinweg herausbildeten. Eine wesentliche Grundlage dieser Erscheinung ist das friedliche und humanistische Anliegen des Segelfluges, und viele Flieger verdanken gerade diesen Besonderheiten unvergeßliche Eindrücke ihres Lebens; so auch der Verfasser.

Nach der DDR-Segelflugmeisterschaft des Jahres 1960, an der auch die mehrfachen Weltrekordler PELAGIA MAJEWSKA und HENRYK ZYDORCZAK (Polen) teilnahmen und sich zur Überraschung der Fachleute nicht auf den vordersten Plätzen behaupten konnten, wurden die neuen DDR-Meister ADOLF DAUMANN (Offene Klasse) und GERHARD WISSMANN (Standardklasse) zu den polnischen Staatsmeisterschaften im Segelflug eingeladen, die im August in Leszno stattfanden.

Mit zwei *Z-226 Trénern*, geflogen von WALTER KAUP und KARL-HEINZ HARDT, begleitet vom Mechaniker WISOTZKY, flog die kleine Mannschaft am 8. August 1960 im Flugzeugschlepp mit ihren *Standard-Libellen* von Schönhagen nach Leszno, um die Tage vor Wettbewerbsbeginn noch zum Training in dem uns unbekannten Gelände ausnutzen zu können. Um so überraschter waren wir, als uns nach der Landung eröffnet wurde, daß wir nach Lisie Kąty bei Grudziądz, etwa 280 km nordöstlich von Leszno gelegen, weiter fliegen müßten, da unsere Unterkunft noch eingerichtet werden sollte.

Plötzlich durchdrang mich jedoch der Gedanke, daß dieser Flugplatz nur etwa 80 km Luftlinie von meiner alten Heimatstadt Elbing (heute Elbląg) entfernt liegt und vielleicht ein thermischer Streckenflug dorthin möglich sein könnte?

Nach einem Mittagessen, dem Auftanken der Flugzeuge, dem obligatorischen Strich auf der Landkarte zwischen Leszno und Lisie Kąty und der überschlägigen Berechnung der Flugzeit ging es nach dem Start auf den neuen Kurs Gniezno – Inowrocław – Torun – Lisie Kąty. Leider brachten die nächsten Tage kein Segelflugstreckenwetter.

Am letzten Tage unseres angenehmen Aufenthaltes in Lisie Kąty stellte der Leiter der Segelflugschule, VALENTY HART, fest, daß ich aus Elbląg stamme, und er machte mir Vorhaltungen, warum ich es ihm nicht gesagt hätte: «Valenty», war meine Antwort, «warum sollte ich es Dir sagen, vielleicht hättest Du mich für einen Revanchisten gehalten?» Valenty dagegen meinte, daß doch jeder Mensch ein natürliches und berechtigtes Interesse haben müßte, die Stätten seiner Jugend wiederzusehen ... (ich war tatsächlich im November 1944 zum letzten Male in Elbing gewesen). Wenn er es eher gewußt hätte, wären wir mit einem Motorflugzeug nach Elbląg geflogen, doch müßten Motorstreckenflüge 24 Stunden zuvor in Warschau gemeldet werden. HART ergriff dann sofort die Initiative und telefonierte mit der Flugüberwachung in Warschau. «Hier ist ein deutscher Segelflieger ... er stammt aus Elbląg ... ich möchte mit ihm in seine Geburtsstadt fliegen ...» Meine nach dem Krieg erworbenen Kenntnisse der polnischen Sprache reichten aus, um den Inhalt zu verstehen, und im Stillen dachte ich mir, ob das gut geht, so mit der «Tür in's Haus zu fallen»? ...

«Leider habe ich es erst heute erfahren, und heute, am späten Nachmittag, soll der Rückschlepp nach Leszno erfolgen ...», erklärte Valenty weiter. Der Dispatcher erteilte die Streckenfreigabe sofort, und nur fünf Minuten später jagten wir in einem zweisitzigen Tiefdecker *LWD Junak* über den Platz. Bald flogen wir über mir gut bekanntem Gelände, Valenty überließ mir die Wahl des genauen Kurses, und bei der guten Horizontalsicht wurde der Flug auch optisch zu einem unvergeßlichen Erlebnis. Schloß und Dom von Kwidzyn waren links zu erkennen, Sztum lag fast unter uns, Malbork mit seinem großen Ordensschloß tauchte vor uns auf, wenige Kilometer südwestlich davon war das frühere Segelfluggelände Willenberg – einst von FERDINAND SCHULZ erschlossen, seine rot angestrichene *Westpreußen* hing bis 1944 im Original, aufgerüstet unter dem Dach der Motorflugzeughalle – mit seinem Nordwestsegelhang an der Nogat im leichten Dunst zu erkennen. Ich hatte dort im April 1943 die «C» geflogen und im Mai des gleichen Jahres meine ersten F-Schlepps gemacht. Rechts kam die fruchtbare Elbinger Niederung auf uns zu, mit ihren Entwässerungsgräben, Baumreihen, Feldern und Wiesen ... der Drausensee ... die knapp 200 m hohe, aus der Ebene mit Meeresniveau unvermittelt aufsteigende Elbinger Höhe ... und gleich hinter der Autobahn war auch schon das alte Neustädter Feld, der Flugplatz Elbing, zu erkennen. Dort hatte ich die A- und B-Prüfung abgelegt und viele weitere Starts absolviert ...

Wir landeten und rollten zur früheren Werfthalle. Nach 16 Jahren betrat ich zum ersten Male wieder diesen Boden ... Viele Erinnerungen an Menschen und Erlebnisse wurden wach. Was mag aus meinen Freunden und Kameraden geworden sein? Wo mögen HELMUT PANNWITZ («Panther»), KURT ZIMMERMANN, KURT («Kuller») GRÜTZ, DIETER SCHMALFELDT, GERHARD BAHLOW, die Fluglehrer NEUMANN, HALLMANN und die vielen anderen Fliegerkameraden meiner Jugend verblieben sein?

Die polnischen Segelflieger saßen am Mittagstisch und luden uns ein, zuzulangen. Valenty stellte mich vor und nannte den Grund unseres Hierseins. Es gab keinerlei Verklemmung und Ressentiments, die Atmosphäre war wohltuend, ich fühlte, daß sie mich als einen der ihren betrachteten: Flieger!

Mit VALENTY HART wanderte ich mehrere Stunden lang durch Elbląg .Es waren für mich unvergeßliche Eindrücke an der Seite eines polnischen Freundes. Ich hatte es mir bei Kriegsende und in den Jahren danach nicht einmal träumen lassen, meine Geburtsstadt auf eine so erlebnisreiche und originelle Weise wiederzusehen.

Dann mußten wir zum Rückflug starten. Mit einem Kreis über dem Haus meiner Kindheit und Jugend und einer großen Runde über der Stadt flogen wir nach Lisie Kąty zurück, und dann zogen unsere Schleppzüge weiter nach Leszno, wo uns in den nächsten 14 Tagen interessante Wettbewerbsflüge erwarteten.

Für die freundschaftlichen Beziehungen zwischen deutschen und polnischen Segelfliegern gibt es noch viele Beispiele. Wenn in den sechziger Jahren nachts der föhnige Südwind in Dresden in den Jalousien und Kaminen der Wohnungen rumorte und die Flieger nicht schlafen ließ, und dann noch im Laufe der Nacht ein Anruf von den polnischen Freunden aus Jezów kam: «Gerhard! Die Welle steht! Ihr könnt kommen!», so war auch das ein lebendiger Ausdruck dieser Fliegerfreundschaft über Ländergrenzen hinweg.

7. Leewellenflug

Entdeckung und erste Ausnutzung von Leewellen · Grundlagen
und theoretische Erklärung der Leewellen · Mit dem Segelflugzeug
in die Stratosphäre · 600-km-Streckenflug mit Hilfe von Leewellen

Entdeckung und erste Ausnutzung von Leewellen

Hätte ein enthusiastischer Segelflieger 1922 nach den ersten Stundenflügen im Hangaufwind ernsthaft behauptet, man könne eines Tages mit dem Segelflugzeug die Stratosphäre erreichen – das war damals den Motorflugzeugen nocht nicht gelungen – so wäre ein ungläubiges Kopfschütteln, wenn nicht mehr, die Anwort gewesen. Auch nach der Entdeckung der thermischen Aufwinde und der ersten absichtlichen Gewitterflüge blieb dieses Ziel noch unerreichbar. Die mit dem Begriff Leewellenflug verbundenen atmosphärischen und aerologischen Vorgänge, die dem Höhensegelflug zugrunde liegen, konnten erst als letzte erkannt und genutzt werden. Es gab zwar Beobachtungen über die seltsamen Eigenschaften von Lenticulariswolken, die ein sicheres Zeichen für das Vorhandensein von Wellenaufwinden sind, sowie vereinzelte Feststellungen über Aufwinde im Lee von Gebirgen, doch bedurfte es erst einer weiterentwickelten segelfliegerischen Praxis und der Herausbildung des Flugzeugschlepps, bis sie entdeckt und genutzt werden konnten. Unter günstigen Bedingungen reicht der Aufwind von Leewellen bis auf 14 000 m Höhe und mehr.

Den ersten theoretischen Hinweis auf die mögliche Existenz derartiger Erschei-
nungen gab Professor KASSNER im Jahre 1912 in der «Meteorologischen Zeitschrift». KASSNER hatte in den neunziger Jahren viele fotografische Aufnahmen der Gleitflugzeuge und Flüge OTTO LILIENTHALS angefertigt.

Die erste fliegerische Erfahrung mit der Leewelle wurde von dem bulgarischen Militärflieger R. MILKOFF gemacht. MILKOFF erlebte im Jahre 1916 nach der Rückkehr von Aufklärungsflügen auf seinem *Albatros-Doppeldecker* mehrfach die überraschende Tatsache, daß er nach langen Flügen in turbulenter Atmosphäre über der Ebene von Sofia, die zwischen dem Balkan- und dem Vitoschagebirge (2 300 m) liegt, unvermittelt in ein absolut ruhiges, ausgedehntes Gebiet mit aufsteigenden Luftmassen geriet, die wie ein einziger Block mit konstanter Steiggeschwindigkeit aufwärts zu streben schienen. Selbstverständlich wurde der *Albatros* von dieser Luftmasse mit emporgetragen.

MILKOFF und die Meteorologen seiner Abteilung erkannten, daß sich diese Erscheinung nur bei bestimmten Wetterlagen – bei denen der Wind über das Vitoschagebirge wehte – und auch nur hinter dem Gebirge in mehreren Kilometern Breite und in einer bestimmten Höhe einstellte. Vermessungen mit Pilotballonen im Jahre 1917 bestätigten, daß es sich um eine Wellenbewegung der Luft im Lee dieses Gebirges handelte. WALTER GEOR-

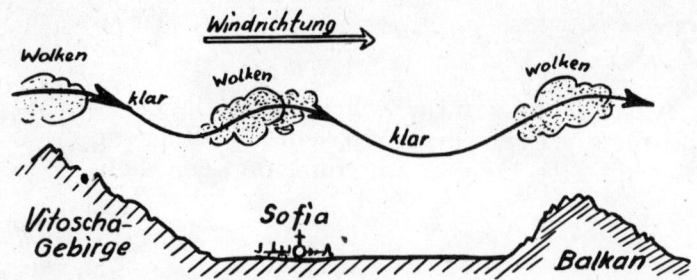

380 Leewellenerscheinungen zwischen dem Vitoscha- und dem Balkangebirge (1917).

GII, der an der Vermessung beteiligt war, schrieb 1922 darüber: «Am 9. April 1917 wurden über der Mulde von Sofia zwischen dem Vitoschagebirge (2300 m) im Süden und dem Balkangebirge im Norden (1500 m) mehrere derartige Wirbel durch Pilotballonmessungen festgestellt. Über Sofia befand sich bis 2500 m eine aufsteigende Luftbewegung, die zwischen 2500 und 2900 m in absteigende Strömung überging. In 12,5 km Entfernung vom Beobachtungsort und 3000 m Höhe setzte wieder aufsteigende Luftbewegung ein, die infolge der hierbei auftretenden Abkühlung mit Wolkenbildung verbunden war.» [33, S. 27] Systematisch wurde dieses Phänomen jedoch noch nicht untersucht und ausgewertet. Es fehlte der Segelflug als Nutzer dieser Naturerscheinung, für den Motorflug war sie eher hinderlich als förderlich.

Der Meteorologe und Flieger KURT WEGENER hatte dann in einem Aufsatz im Jahre 1924 auf die Existenz von Leewellen hingewiesen. Bei Forschungsflügen mit einer *Fokker D VII* war ihm aufgefallen, daß «größere Hindernisse stehende Wellen hervorrufen, die bei starkem Bodenwind bis auf 4000 m bemerkbar werden.» [46, S. 12] Eine einmal durch ein Hindernis erzeugte Luftwelle pflanze sich aufgrund der Trägheit der Luftmasse ähnlich wie eine Wasserwelle fort.

Im Jahre 1931 wurde WOLF HIRTH, der an der Segelflugschule in Grunau (heute Jeżów) in der Nähe des Riesengebirges wirkte, vom Direktor des meteorologischen Observatoriums in Krietern bei Breslau (heute Wrocław), FEIGE, auf die Existenz von Lenticulariswolken im Riesengebirge aufmerksam gemacht und darauf hingewiesen, daß ihre Erforschung eine dankbare Aufgabe für den Segelflug wäre. Es vergingen fast zwei Jahre, ehe am 18. März 1933 der erste Schritt in dieser Richtung gelang. HIRTH beobachtete vom Flugplatz Hirschberg-Hartau (heute Jelenia Góra), wie ein *Grunau-Baby*, das im Hangaufwind des etwa 4 km entfernten Segelfluggeländes Grunau bei südlichen Winden flog, erstaunlich große Höhe gewann und dann gegen den Wind auf die Stadt Hirschberg zuflog, weiter an Höhe gewinnend. HIRTH ließ sich umgehend selbst mit einem *Baby* von einem KLEMM-Motorflugzeug in die Höhe schleppen, um dieses seltsame Steigen, das offensichtlich weder auf Hangaufwind noch auf thermischen Aufwind zurückzuführen war, an Ort und Stelle zu studieren. Nach dem für einen Leewelleneinfluß typischen, schwierigen Start in sehr starker Turbulenz erreichte HIRTH das andere Segelflugzeug, das HANS DEUTSCHMANN flog. Beide Piloten kreuzten in dem großflächigen Steiggebiet, das bis auf 1400 m reichte. Der Aufwind erreichte Stärken bis zu 4 m/s, ebenso der Abwind außerhalb dieses Gebietes, doch konnte der Höhenverlust durch erneutes Einfliegen in das stationäre Aufwindfeld jederzeit schnell ausgeglichen werden. Die Piloten verließen das Aufwindfeld und landeten, nachdem die Sonne hinter dem Isergebirge untergegangen war. DEUTSCHMANN hatte sich über zwei Stunden in der Luft gehalten, HIRTH war auf eine Flugzeit von über einer Stunde ge-

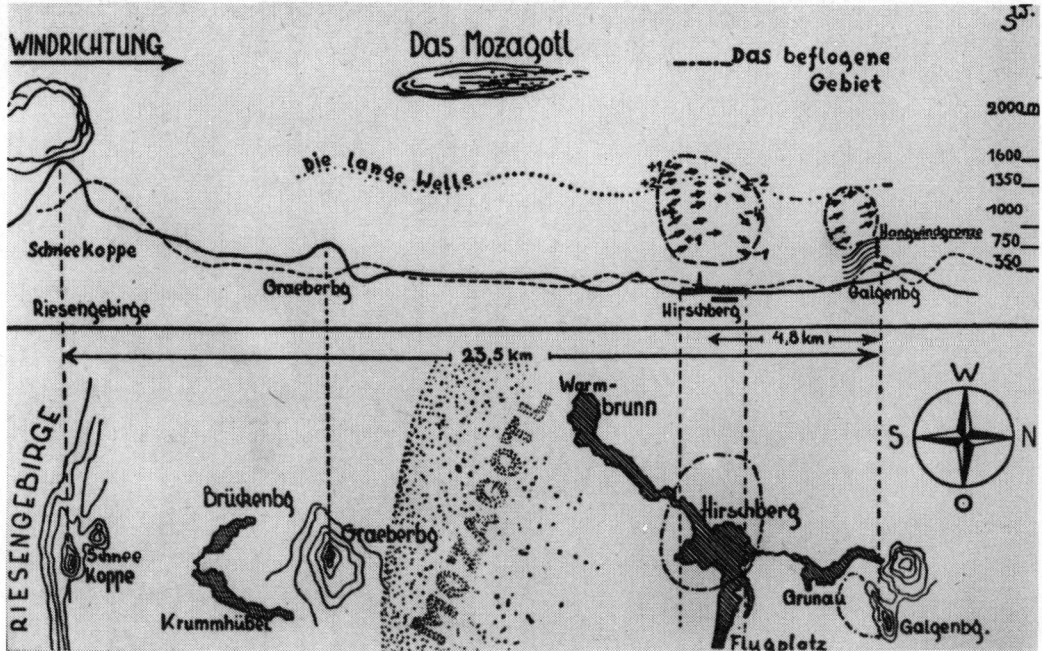

381 Der erste Leewellenflug am 18. März 1933 von HANS DEUTSCHMANN und WOLF HIRTH.

kommen. Wie es die Kartenskizze zeigt, flogen DEUTSCHMANN und HIRTH in der zweiten Welle.

Unter dem unmittelbaren Eindruck dieser neuen Erfahrung schrieb HIRTH einen Bericht, den eine Tageszeitung veröffentlichte. Er gab dieser bisher noch nicht erlebten Aufwindart die völlig zutreffende Bezeichnung «Lange Welle», da er mit Recht annahm, daß es sich «um eine durch die Turbulenz hinter dem hohen Gebirge verursachte langwellige Luftbewegung» handele. Der von HIRTH erkannte Wellencharakter dieses Aufwindes kommt auch in der heute üblichen Bezeichnung Leewelle zum Ausdruck, der auf die Tatsache hinweist, daß dieser Wellenaufwind mit großer Schwingungsweite nur im Lee von Gebirgen auftritt.

Da die Flughöhe in der Leewelle am 18. März 1933 nur etwa der Gebirgshöhe entsprach, lag in der Entdeckung dieser Aufwindart zunächst noch nichts Sensationelles, und da die meteorologischen

Bedingungen, die eine Leewelle erzeugen, nicht so häufig im Jahre auftreten und optimale Wetterlagen noch seltener sind, verwundert es nicht, daß noch Monate und Jahre vergingen, ehe der «Durchbruch» gelang, zumal die Segelflugwelt in dieser Zeit ganz im Banne der thermischen Streckenflüge stand. Die Sensation stellte sich erst 1937 ein, als man erkannte, daß die Leewelle unter günstigen Bedingungen auf über 10 000 m steigen und auch entsprechend genutzt werden kann. Bahnbrechend wirkten für die Erkenntnis und Nutzung der Leewelle für Höhenflüge die Flieger der Segelflugschule Grunau mit dem Schleppflugplatz Hirschberg-Hartau.

Der Bevölkerung des Riesengebirgsraumes waren die Leewellenwetterlagen schon seit Jahrhunderten aufgefallen. Bei Süd- bis Südwestwind bilden sich auf der Leeseite des Gebirges Föhnlagen mit den dafür typischen stationären, linsenförmigen Lenticulariswolken heraus. Trotz starken Windes werden diese nicht mit ihm abgetrieben, da sie im Aufwind der Leewelle entstehen, dadurch an der glei-

382   Typische Föhnwetterlage im Riesengebirge.
Über dem Kamm die aufliegende Föhnmauer,
darüber die Rotorwolke, oben das Moazagotl.

chen Stelle ständig erneuert werden und
sich erst beim Absinken der Wellenbewegung auflösen. Ein Bauer namens
GOTTLIEB MOTZ soll diese Wolkenform oft
beobachtet haben – seine Aufmerksamkeit beim Pflügen galt häufig mehr dieser
Wolke als dem Pferdegespann – so daß
sich, der schlesischen Mundart entsprechend, die Bezeichnung Moazagotl für
diese Wolkenform im Volksmund heraus-
bildete. Später hieß es dann in den Kreisen der Segelflieger: «Das ‹Moazagotl›
steht heute wieder!»

Nach den Flügen von DEUTSCHMANN
und HIRTH hatte man auf vielfältige Weise
versucht, dem Geheimnis des Moazagotls
näher auf die Spur zu kommen und genauere Erklärungen für die Entstehung
dieses Aufwindes erarbeitet. PAUL STEINIG
hatte bereits im Jahre 1935 in einem Fort-
setzungsartikel in der Zeitschrift «Luftwelt» versucht, die Leewelle theoretisch
zu erklären und war dabei unseren heuti-

gen Erkenntnissen über diesen Gegenstand sehr nahe gekommen.

Dann wurde auch ein Motorsegler vom
Typ *Motorbaby*, ein *Grunau-Baby II* mit
13-kw-(18 PS)KÖLLER-Motor für Erpro-
bungsflüge eingesetzt. STEINIG stellte im
Sommer 1936 mit dem *Motorbaby* die Existenz einer Leewelle bei Südostwind fest,
die durch den nur 800 m hohen Landshu-
ter-Kamm ausgelöst wurde. Infolge der
geringeren Höhe und Steilheit dieses
Kamms bildete sich kein Leewirbel (Rotor) heraus, sondern die Welle wurde
lediglich durch den im Lee herrschenden
Unterdruck erzeugt und reichte deshalb
auch nicht so hoch. STEINIG stellte drei
hintereinanderliegende Wellen mit dem
gleichen   Abstand   der   Wellenlänge
(Schwingungsweite) fest, deren Gipfel
durch Wolken gekennzeichnet waren. In
der ersten Welle kam er auf 2 350 m, in der
dritten über Boberröhrsdorf noch auf
2 250 m Höhe. Es herrschte auch an
diesem Tage eine typische Föhnwetterlage mit Staubewölkung auf der Luvseite des Kamms. STEINIG schrieb über
diesen Flug: «Alles in allem war es ein

Flug, der mich neben der Freude über neue Erkenntnisse ganz besonders auch die Schönheit des Fliegens mit Motorseglern erleben ließ durch seine Abwechslung zwischen Segeln und Motorfliegen. Das ist der rechte Luftsport.» [67, S. 421]

Zu einem denkwürdigen Leewellentag gestaltete sich der 10. Mai des Jahres 1937. Eine voll entwickelte Lenticularis hatte sich bereits in der Nacht vom 9. zum 10. Mai 1937 in sehr großer Höhe über dem Hirschberger Tal gebildet, und deshalb unternahmen ERWIN ZILLER auf *Klemm 25* und EUGEN WAGNER auf *Rhönbussard* an diesem Morgen bereits um 5.00 Uhr den ersten Schleppflug. Trotz eines einstündigen Suchens im Gebiet zwischen dem Kamm und der Hirschberger Mulde konnten sie den Einstieg in die Welle nicht finden! Beim zweiten Start gegen 8.00 Uhr und Flughöhen zwischen 1400 m und 300 m fanden sie nach längerem Suchen endlich die an diesem Tage existierende «Treppe» zur Welle. Sie befand sich in geringer Höhe über dem Grünbusch, einem bewaldeten Hügel in geringer Entfernung südlich des Flugplatzes Hirschberg-Hartau.

Der Flugbericht EUGEN WAGNERS hinterließ erstmalig einen anschaulichen Eindruck über die Bedingungen und Möglichkeiten des Fliegens im Wellenaufwind: «Aber da – wie von einer Riesenkraft gepackt, schoß plötzlich die *Klemm* in die Höhe – sofort ausgeklinkt in 300 m über Grund. Da war ich an der gesuchten Stelle der Langen Welle. Um 90 Grad kehrt, die Nase gegen den Wind, und nun begann ein Steigen, daß mir ‹Hören› und ‹Sehen› verging. Das Variometer war völlig am Anschlag, der Höhenmesser kletterte gleichmäßig wie der Sekundenzeiger einer Stoppuhr. Dabei war es plötzlich so ungewöhnlich ruhig, wie es vorher böig war. Das normale Geräusch des Segelflugzeugs war fast völlig verstummt, nur ein saugender Ton war noch zu vernehmen. Im Nu waren 2000 bis 3000 m unter mir, das Vario war noch immer am

Anschlag. Ich mußte dabei etwas gedrückt fliegen, um an der aufwindstärksten Stelle der Welle zu bleiben; tat ich das nicht, kam ich langsam aus der Welle heraus. Der schnelle Höhenunterschied machte sich unangenehm auf das Trommelfell bemerkbar, was durch häufiges Schlucken beseitigt wurde. Es war mir klar, als ich 4000 m Höhengewinn überschritt, daß ich HEINI DITTMARS Weltrekordhöhe von Argentinien überflogen hatte. Nach über 5000 m Höhe, als das Steigen immer noch wenig unter 5 m/s lag, schaute ich mich mal mit mehr Bewußtsein in der Gegend um. Es bot sich ein grandioses Bild; die Sicht war föhnig klar, nichts trübte die Sicht an diesem Morgen. – Das Riesengebirge war zu einem unscheinbaren Grünstreifen zusammengeschrumpft, Hirschberg wie ein kleiner Flecken. Breslau war greifbar nahe, und die Autobahn schlang sich durch das schlesische Land nach Breslau, das man als große Stadtfläche gut erkennen könnte. So weit sah ich noch nie in die Welt! Vor allem aber motorlos in 6000 m Höhe zu sein, das war die Erfüllung der schönsten Vorstellung eines Segelfliegers.

Die Wolke stand noch mehrere Tausend Meter über mir, als mein Höhenmesser seinen Meßbereich von 6000 m erreicht hatte. Das Vario stand immer noch auf 2 bis 3 m/s Steigen. Bis zu dieser Höhe war die Temperatur noch erträglich, aber das Atmen ging schneller. Ich flog größere Kreise und weit über die Vorderkante der Wolke hinaus; ... immer noch Steigen. Ich wünschte mir ein Sauerstoffgerät und auch den Höhenschreiber mit 8000 m Meßbereich, den ich vor dem Flug meinem Kameraden PAUL STEINIG überließ. Ganz tief unten sah ich andere Segelflieger auf der ‹Himmelsleiter› heraufklettern, sie standen als winzige Flügelträger genau untereinander in der Atmosphäre.

Wie lange ich noch in der großen Höhe verblieb, das weiß ich nicht; ich wurde müde, dessen kann ich mich noch erinnern. Dann sah ich wieder mit Bewußtsein aus etwa 4000 m Höhe die Autobahn durch einen großen Forst unter mir, aber schon 50 km entfernt vom Moazagotl, das aber noch gut zu erkennen war, ebenso die zweite und dritte Wellenwolke. Die Landung erfolgte auf dem nächstgelegenen Flugplatz in Sprottau/Schlesien (heute Szprotowa, d. Verf.)» [102, S. 15 f]

Nachdem an diesem Tage der «Einstieg» von ZILLER und WAGNER gefunden worden war, erwies sich der Weg für die anderen Segelflieger als gebahnt. Mehr als sechs Piloten konnten über 5000 m Startüberhöhung erzielen; die Weltrekordhöhe war gleich mehrfach überboten worden! Wahrscheinlich wäre an diesem Tage die 10000-m-Grenze erreichbar gewesen, wenn die technische Ausrüstung der Segelflugzeuge – vor allem fehlten die notwendigen Sauerstoffgeräte sowie Höhenmesser und Barographen mit diesem Meßbereich – es erlaubt hätte.

Es war das erste Mal in der Geschichte des Menschenfluges, daß in einer Leewelle so große Flughöhen erreicht werden konnten; die Nadel des Barographen von WAGNER war bei 6000 m über den Meßbereich der Trommel hinausgesprungen! Der Segelflug hatte die Welt erneut um ein schönes, friedliches und naturverbundenes Abenteuer bereichert.

Einige Tage darauf, am 21. Mai 1937, stieg PAUL STEINIG mit einem *Rhönsperber* über die 6000-m-Grenze hinaus und erreichte einen vom Barographen aufgezeichneten Höhengewinn von 5760 m. Nachdem STEINIG an diesem Tage schon zweimal «abgekocht», das heißt außengelandet war, ermöglichte ihm eine schnelle Rückholmannschaft den dritten Start, der bei einem Südwind von 15 bis 20 m/s auf die neue Rekordhöhe führen sollte. «All die anderen Glücklichen waren bereits als kleine Pünktchen am Himmel über Land gegangen», schrieb STEINIG, «und nur bei mir wollte es durchaus nicht klappen. Ich schnallte mir gerade den Fallschirm um, als mir ein ebenfalls noch nicht weggekommener Kamerad zurief: ‹Mensch, STEINIG, 5300 m hat der Meßtrupp eben vom Galgenberg gemeldet› … Punkt 13.34 Uhr erhob sich mein Vogel im Schlepp der Motorkiste in die Lüfte. Schön war der Anfang nicht, dafür aber um so wilder. Nach außerordentlich böigem Schlepp konnte ich in etwa 700 m auf meinem Vario ein anhaltendes Steigen von 3 bis 3,5 m/s beobachten. Zwar traute ich der Sache nicht ganz, da mir mein Schleppflieger WALTER noch vor dem Start etwas von 7 m/s Steigen erzählt hatte. Ich löste aber schließlich doch aus und flog nun in ruhigem Fluge mit etwa 1 m/s Steigen weiter. Noch blickte ich sehnsüchtig zum Riesengebirgskamm empor und gab höllisch acht, ja meinen Aufwind nicht zu verlieren. Es war spannend wie ein Wettkampf und doch kein Kampf, denn mühelos langsam stieg mein Höhenmesser auf 1000, 1200, 1500 m. Hurra: Das versprach etwas zu werden.

Die Riesengebirgshöhe war bald erreicht. 2000 m zeigte bereits mein Höhenmesser, immer noch mit 1,5 m/s Steigen flog ich im ruhigen Fluge längs des Gebirgskammes zwischen der Talsperre Mauer und Hirschberg hin und her. Ich war bald so hoch, daß er sich von der anderen Umgebung nur noch durch die großen Schneeflecken abzeichnete. Als ich nach einiger Zeit mich aber wieder über meine Höhe unterrichten wollte, da mußte ich leider feststellen, daß der Höhenmesser nicht mehr mitmachte. Trotz Klopfens und Drehens blieb er fest bei … 3500 m stehen …

Ich flog weiter meine Riesenkreise … 2,5 bis 3 m/s zeigte jetzt mein Variometer. Ich sah nach der Moazagotlwolke über mir und machte mir schon schwache Hoffnung, vielleicht auch noch bis dahin zu steigen. Es ging höher und höher, ganz beständig, ruhig und gleichmäßig. Nachdem ich so wieder einige Zeit … geflogen war, verspürte ich langsam Atemnot und leichte Kopfschmerzen. Ich erinnerte mich dabei sofort an einen Motorflug aus früherer Zeit, bei dem ich in 6000 m die gleichen Beschwerden gehabt hatte. 6000 m hast du also schon erreicht, dachte ich. Immer noch zeigte mein Variometer 2 m/s Steigen … Tief und bewußt mußte ich atmen, um nicht etwa einzunicken. Ich stieg, bis ich schließlich weiße, hauchdünne Schleier aus der Wolke herabhängen sah. Hier blieb ich dann noch einige Zeit an der Wolkenbasis und flog dann, da ich meinen Wunsch, das Moazagotl erreicht zu haben, erfüllt hatte und die 6000 m Grenze längst überschritten glaubte, aus dem schönen Aufwind heraus, der gar kein Ende nehmen wollte und mich immer noch mit 2 m/s Steigen himmelwärts trug …

Ich sagte also Lebewohl und flog nördlich nach dem Abwindgebiet hin. Mit allen mir zur Verfügung stehenden Mitteln ging es bald mit gezogenen Landeklappen im Slip abwärts mit 8 bis 10 m/s meinem Ziel, Flugplatz Hartau, entgegen. Ich mußte möglichst schnell herunter, denn ich wollte den Flug – ‹von wegen der Punkte› für den Wettbewerb – noch einmal wiederholen und dann noch anschließend auf Strecke gehen, wie die anderen vor mir auch. Nach reichlich 10 Minuten hatte mich die Erde wieder. Kurz darauf war ich zum vierten Male am Start …» [70, S. 15]

Die Auswertung des Barogramms des Fluges ergab nach STEINIGS Angaben einen Höhengewinn von 5716 m, nach anderen Quellen 5760 m. Da STEINIG in etwa 700 m über Flugplatzniveau (etwa 300 m über NN) ausgekuppelt hatte, lag die erreichte absolute Höhe bei etwa 6700 m über NN.

Am 18. September 1937 konnten ZILLER und QUADFASEL doppelsitzig auf *Kranich* in der Riesengebirgswelle die Weltrekordhöhe (Startüberhöhung) in dieser Klasse auf 3304 m verbessern. Im gleichen Jahr hatte auch JOACHIM KÜTTNER über diesem Gelände eine absolute Höhe (Höhe über NN) von fast 7000 m errei-

chen können. Dr. jur. KÜTTNER widmete sich dann in starkem Maße der praktischen und theoretischen Erforschung der Leewellen. Seine Begeisterung für den Segelflug ließ ihn noch ein zweites, ein Meteorologiestudium aufnehmen, und 1939 verteidigte er in Hamburg eine grundlegende theoretische Abhandlung über die Leewellen als Dissertation und erwarb seinen zweiten Doktortitel als Dr. rer. nat.

Am 21. November 1938 erzielte ERWIN ZILLER einsitzig auf *Kranich* eine Startüberhöhung von 6838 m, die von der FAI als neuer Weltrekord in dieser Klasse registriert wurde. Der Flug von ZILLER war in meteorologischer Beziehung interessant, da er beim ersten Ansatz einen längeren Wolkenflug vollführen mußte: «Am 21. November 1938 bildete sich vormittags über dem Hirschberger Tal im Riesengebirge die bekannte Moazogotlwolke … Nach der Anzeige meines Höhenmessers klinkte ich in etwa 1200 m Höhe aus. Infolge schlechter Aufwindverhältnisse stieg ich zunächst langsam bis auf etwa 2000 m, als der *Kranich* plötzlich in starken Aufwinden kräftig anstieg. In 3600 m Höhe kam ich in Wolken … so daß ich eine ganze Zeit lang blind fliegen mußte. Ich stieg bis auf 6500 m, kam aber bei einem Versuch, aus der Wolke herauszukommen, in Abwinde, die mich bis auf 2300 m herunterbrachten. Als ich in südlicher Richtung auf die Schneekoppe zu weiterflog, gelangte ich an die Vorderseite einer Moazagotlwolke und stieg ziemlich gleichmäßig bis zu einer Höhe von 8600 m. In etwa 6000, 7000 und 8000 m mußten Eiswolken durchflogen werden. Die Temperatur sank bis auf minus 40 °C herab … Durch die starke Kälte und die hereinbrechende Dunkelheit wurde ich zum Abbruch des Fluges gezwungen. Ich landete nach etwa 4½ Stunden Flugzeit … [71, S. 7]

Grundlagen und theoretische Erklärung der Leewellen

Wie entsteht nun dieser phantastisch wirksame Leewellenaufwind, der die sechste Aufwindart war, die der Segelflug erschließen konnte, und die ihn sicher in ungeahnte Höhen führte?

Erste Voraussetzung ist ein quer zum Wind liegender Gebirgszug, ausgedehnt genug, um die Luftmassen auf der Luvseite zum Aufstieg zu zwingen und sie nicht seitlich ausweichen zu lassen. Eine günstige Schwingungsweite (Wellenlänge) der Leewelle hängt von der Eignung des Bodenreliefs und der Steilheit des Leehangs ab. Ist er zu steil, entstehen zu kurze Wellen, ist er zu flach, zu lange; beide sind segelfliegerisch mit Nachteilen verbunden.

Günstig ist es, wenn sich hinter dem Gebirgszug ein zweiter Höhenrücken in einem Abstand des Ein- oder Mehrfachen der Wellenlänge befindet, weil die Welle dann durch Resonanzwirkung verstärkt wird, sie sich praktisch «aufschaukelt».

Zweite, aber nicht unabdingbare Voraussetzung ist eine föhnartige Wetterlage mit mittlerem bis starkem Wind, der direkt auf den Gebirgszug weht. Diese Wetterlage wird dadurch gekennzeichnet, daß auf der Luvseite feuchte, warme Luftmassen herangeführt werden, die sich beim erzwungenen Aufstieg am Gebirge feuchtadiabatisch abkühlen, d. h. sie verlieren beim Aufstieg um 100 m etwa 0,5 °C an Temperatur. Diese Abkühlung führt dazu, daß im Stau des Gebirges das Kondensationsniveau erreicht wird und eine dichte, geschlossene Wolkendecke entsteht. Es bildet sich die sogenannte Föhnmauer. Die Luftmasse läßt folglich ihre Feuchtigkeit im Stau, die nunmehr trockene Luftmasse sinkt hinter dem Gebirgszug wieder ab und erwärmt sich dabei trockenadiabatisch, d. h. um etwa 1 °C pro 100 m. Dadurch bringt eine Föhnlage als Folge der Veränderung der Adiabate auf der Leeseite immer einen Temperaturanstieg, eine weitere Verringerung der Luftfeuchtigkeit (Austrocknung) und einen stabilen Gradienten mit der typischen Klarheit der Luft und guter Fernsicht. Mit Ausnahme der Lenticularis gibt es bei einer ausgeprägten Föhnlage im Lee des Gebirges keine Bewölkung, was für die segelfliegerische Nutzung der Welle von entscheidender Bedeutung ist. Wegen dieses Zusammenhangs mit dem Föhn wird die Leewelle häufig auch als Föhnwelle bezeichnet.

Bei dem in der Föhnlage gegebenen stabilen Temperaturgradienten und damit schwingungsfähiger Luft, entsteht durch das Anheben und Absinken der Luftmasse als Folge der Überströmung des Gebirges eine Grundwelle (Gravitationswelle) mit entsprechender Wellenlänge, die sich abschwächend in Leerichtung fortpflanzt. Diese Grundwelle kann noch verstärkt werden durch die Herausbildung eines Rotors im Lee des Gebirges. Durch die starke, schnelle Luftdruckänderung bei einem genügend hohen und steilen Leehang des Gebirges entsteht in den bodennahen Schichten eine Gegenströmung zur Höhenströmung, die zur Herausbildung eines außerordentlich turbulenten, walzenförmigen, ortsfesten Wirbels um eine horizontale Achse führt, der als Rotor bezeichnet wird. Auf der dem Gebirge zugewandten Seite des Rotors entstehen Aufwindgeschwindigkeiten bis zu 20 m/s, auf seiner Leeseite gibt es dann entsprechende Abwinde; der Rotor rotiert, solange die Leewelle steht. Da der Rotor häufig das Gebirge überragt, erhält die Welle statisch wie dynamisch neue Impulse zum Aufsteigen; der Rotor wirkt wie ein unsichtbares Hindernis, an dem die herangeführte Luftmasse, die ja schon in Schwingung ist, zum weiteren Aufsteigen gezwungen wird. Die Existenz und Lage des Rotors hat großen Einfluß auf die Länge und die Steighöhe der Welle. Auf dem Rotor bildet sich häufig eine zerrissene, ortsfeste, aber sich ständig verändernde Kumuluswolke (Fractocumulus), die ein sicheres Kennzeichen für den Standort des Rotors ist.

Oberhalb des Rotors, und zwar mit leicht luvseitiger Neigung, befindet sich die erste Welle, die am höchsten hinaufsteigt. Im Abstand der Wellenlänge bildet sich nach Absinken und erneutem Aufsteigen der Luftmasse noch eine zweite und dritte Welle heraus, die auch noch brauchbaren Aufwind liefern, aber schon wesentlich tiefer liegen. Der Wellenaufwind oberhalb des Rotors ist absolut ruhig und turbulenzfrei; er zeichnet sich durch laminare Strömungverhältnisse aus.

Allerdings gibt es auch Leewellenwetterlagen ohne die Herausbildung eines Rotors und folglich mit einer geringeren Aufstiegshöhe dieser Wellen. Auf den Wellenwogen bilden sich bei ausreichender Aufstiegshöhe, Restfeuchtigkeit und Erreichen des Kondensationsniveaus die ortsfesten Föhnwolken oder Lenticularis heraus, die stets eine «scharfe» Vorderkante besitzen. Der Wellenaufwind kann jedoch noch über diese Lenticularis hinausgehen. Da die Luftmasse aufgrund der Wellenbewegung wieder absinkt und sich erwärmt, vermag die wärmere Luft die Restfeuchtigkeit nun wieder ohne Kondensation zu tragen, die Föhnwolke löst sich auf ihrer Rückseite wieder auf. Die Lenticularis erneuert sich ununterbrochen an ihrer Vorderseite.

Wenn man im Lee des Gebirges steht und in Richtung Gebirgskamm blickt, so bietet sich bei typischen Föhnlagen folgendes Bild: Unten sieht man das Massiv des Kamms, darüber die Wolkenschicht der Staubewölkung (Föhnmauer), die auf dem Kamm aufliegt, in Höhe des Kamms den Rotor mit seinen typischen Wolkenfetzen, darüber zwischen Staubewölkung und Lenticularis eine wolkenfreie Zone, die Föhnlücke, darüber dann die Lenticularis der ersten Welle.

Die Welle wird aus dem Lee des Gebirges kommend angeflogen. Natürlich kann oberhalb des ersten Rotors in das ruhige Steigen eingeflogen werden, doch des größeren Höhengewinns wegen und aus ökonomischen Gründen erfolgt der Einflug meist durch den Abwind des Rotors in seinen Aufwind. Aufgrund der möglichen enormen Turbulenz im Rotor, die bei keiner anderen Aufwindart so stark sein kann, stellt der Einflug in den Rotor an den Schleppflugzeugführer, den Segelflieger und das beteiligte Material allerhöchste Anforderungen. Wie von einer unsichtbaren Riesenfaust getroffen, schleudert es den Schleppzug zunächst nach unten, das Schleppseil schwingt frei in der Luft wie ein Lasso, Schleppmaschine und Segelflugzeug nehmen ungewollt Schräglagen bis zu 90° und mehr ein, ja sogar Rückenfluglagen sind vorgekommen. Absolute Beherrschung der Steuertechnik in jeder Fluglage durch die beteiligten Piloten, Mut, Härte, Kaltblütigkeit und eine sehr gute Steuerfähigkeit der Flugzeuge sind wichtige Voraussetzungen für den erfolgreichen Flug im Rotor.

Beim Erreichen der aufsteigenden Vorderfront des Rotors geht es mit der gleichen Vehemenz aufwärts, der Segelflieger kuppelt sofort aus, und bei einer starken Welle kann es dann in atemberaubendem Tempo in die Höhe gehen. Im Rotor und in der Welle wird wie am Hang, d. h. ohne zu kreisen geflogen. Bei richtiger Flugtaktik ist dann der ruhige laminare Wellenaufwind schnell erreicht. Mit zunehmender Höhe neigt sich die Leewelle luvwärts.

Bei günstigen Wetterlagen kann der Wellenaufwind die fünf- bis sechsfache Höhe des Hindernisses erreichen. Bei sehr guten Wetterlagen, d. h. bei einem optimalen Zusammentreffen aller beteiligten Faktoren (Windrichtung, Windstärke, Luftfeuchtigkeit, Lufttemperatur, Temperaturzustandskurve, Gradient, Höhe der Tropopause, Lage und Stärke von Inversionen usw.) – die maximale Windstärke ist dabei keineswegs der Hauptfaktor, und allzu starker Wind wirkt unter Umständen hemmend auf die Wellenentwicklung – kann die Leewelle auf die zehnfache Höhe des Hindernisses und mehr steigen. An einem Hindernis mit 1 000 m relativem Höhenunterschied und gutem Bodenrelief erreichen die Leewellen bereits die Stratosphäre, bei 2 000 m relativer Hindernishöhe ist dies mit Sicherheit der Fall. An nur 300 m hohen Hindernissen sind schon Flughöhen von fast 8 000 m erreicht worden!

Richtungsscherungen des Windes in der Höhe an Inversionen erzeugen auch über der Ebene Leewellen (Inversionswellen). Der Aufstieg der Leewellen kann unter günstigen Bedingungen bis in die Tropopause reichen, wo sie abgebremst werden und die Aufwärtsbewegung zum Stillstand kommt.

Die Bedeutung der Leewelle für den Segelflug konnte im Riesengebirge neben fliegerischen, organisatorischen und technischen Voraussetzungen auch deshalb erstmalig erschlossen werden, da es hier ein geeignetes Bodenrelief in der in unseren Breiten günstigen Windrichtung Südwest bis Süd gibt, die häufig föhnträchtige Wetterlagen mit sich bringt. Bereits diese kurze Darstellung der Entstehung von Leewellen läßt erkennen, daß ihre Herausbildung ein recht komplexer und komplizierter Vorgang ist, weshalb ihre Qualität und Aufstiegshöhe bis zum heutigen Tag nicht exakt vorausgesagt werden kann, was bei allen anderen Aufwindarten jedoch möglich ist. Im gleichen Fluggelände nehmen deshalb auch die Leewellen die unterschiedlichsten und vielfältigsten Formen an, mitunter innerhalb von Stunden und Minuten wechselnd. Andererseits gibt es auch Wetterlagen, in denen die Welle viele Stunden lang, manchmal tagelang unverändert «steht», und in kurzer Zeit Dutzende von Höhendiamanten (5 000 m Startüberhöhung) erflogen werden können.

Mit dem Segelflugzeug in die Stratosphäre

Nach den sensationellen Höhenflügen in der Riesengebirgswelle in den Jahren 1937 und 1938 begann die Deutsche Forschungsanstalt für Segelflug (DFS) mit der systematischen Erforschung der Leewellen der Alpen, die aufgrund der größeren relativen und absoluten Höhe dieses Gebirges und der starken Südföhnwetterlagen noch bessere Leewellen versprachen.

Am 18. Januar 1939 erzielte ERICH KLÖCKNER im Rahmen dieser Forschungsflüge den ersten Anschluß an die Alpenwelle, nachdem er sich vom Flugplatz Prien am Chiemsee in Oberbayern gegen 16.00 Uhr von einer *He–46* bis auf 6 000 m Höhe im Raum Innsbruck hatte schleppen lassen. Als er mit seinem *Kranich* wieder bis auf 2 000 m gesunken war, erkannte er gegen 17.00 Uhr bei einbrechender Dunkelheit, über Bayrischzell fliegend, eine sich schnell entwickelnde Lenticularis, die etwa 10 bis 12 km nördlich des Wendelsteins entstand. Es handelte sich um eine Leewelle des Nordrandes der Alpen. Hier ein Auszug aus seinem Flugbericht: «Ungeachtet der hereingebrochenen Nacht … steuere ich die Wolke an, selbst auf die Gefahr einer Außenlandung hin. Die Chancen für einen restlosen Bruch sind alle gegeben. Aber ich will die letzte Möglichkeit ausnutzen und bin nicht wenig überrascht, als ich plötzlich eine stärkere Böigkeit verspüre und kurz darauf ein gleichmäßiges Steigen von 1 bis 2 m/s. Nun aber heißt es aufpassen, um den langersehnten Aufwind nicht wieder zu verlieren. Der übrige Himmel ist sternenklar geworden. Ich kann mich nur nach der Wolke orientieren. Meine ganze Aufmerksamkeit gilt ihrer Weiterentwicklung. An Mächtigkeit zunehmend, liegt sie als schwarze, dunkle Masse immer noch in scheinbar großer Höhe über mir … Schwach nur erkenne ich auf meinem Instrumentenbrett die einzelnen Geräte. Der Höhenmesser zeigt schon über 4000 m an. Es ist für mich ein fast unfaßbares Erlebnis: Lautlos, bei völlig böenfreiem Aufwind, in einer klaren, kalten Januarnacht über den mächtigen, allen Stürmen trotzenden Bergen der Alpen immer höher und höher zu segeln. Ich lebe in einer anderen Welt, frei von den Sorgen des täglichen Lebens ... Die Wolke übersteige ich bei 5000 m ... Ich habe 6000 m Höhe und fliege wieder in Richtung Innsbruck, nur erkenntlich an dem riesigen Lichtermeer ... Ich nehme jetzt Kurs auf Prien ... Noch 4000 m über Prien ... Meine Kameraden, die mich wegen des langen Ausbleibens schon an einer Felsenwand hängen sehen, sind nicht wenig erstaunt, als ich krachend und polternd über den gefrorenen Schnee rutsche und 10 m vor der Halle in leibhaftiger Größe aussteige.» [102, S. 34 f]

KLÖCKNER benutzte bei seinen Forschungsflügen einen *W-Kranich (Wolken-Kranich)*. Diese Variante des Doppelsitzers *Kranich* verfügte über einen schlankeren Rumpf, verstärkten Hauptholm, stärkeren Flügelknick, Rudergestänge für den Höhen- und Querruderantrieb und war deshalb für Höhenflüge in der Leewelle besonders geeignet. Selbstverständlich war das Flugzeug mit einem Sauerstoffgerät, die Flaschen befanden sich im hinteren Sitz, einem Meteorographen und der notwendigen Flugzeuginstrumentierung

ausgerüstet. Der Pilot flog in einer Pelzkombination.

Bei einem weiteren Leewellenflug am 24. Februar 1939 – das Moazagotl besaß an diesem Tage eine Längsausdehnung (quer zur Windrichtung) von etwa 300 km und eine Breite (in Windrichtung) von 80 bis 100 km – geriet KLÖCKNER in größerer Höhe infolge des Vereisens der Sauerstoffanlage in eine gefährliche Lage (zeitweilige Bewußtlosigkeit und ungesteuerter Abwärtsflug des Flugzeuges). Er konnte die Situation dann mit einem schnellen Abstieg glücklicherweise wieder meistern; noch am nächsten Tage litt er an starken Kopfschmerzen und Gedächtnisschwäche. Dieser Flug fand nicht am Nordrand der Alpen, sondern in der Leewelle des Zentralkamms im Bereich der Hohen Tauern statt, die KLÖCKNER für die typische Alpenwelle hielt.

Am Himmelfahrtstag, dem 18. Mai 1939, flog KLÖCKNER erneut in der Tauernwelle und erreichte erstmalig im Segelflug die 9000-m-Grenze. Über den Zentralalpen standen an diesem Tage zwei ausgebildete Lenticularis, die eine über den Hohen Tauern, die andere über dem Inntal. Gegen 9.30 Uhr startete er, und der Schlepp zum Großglockner dauerte infolge des starken Gegenwindes fast eine Stunde. Dort erreichte er die Leewelle und kuppelte aus: «... einige Minuten später kann ich 3 bis 4 m/s Steigen wahr-

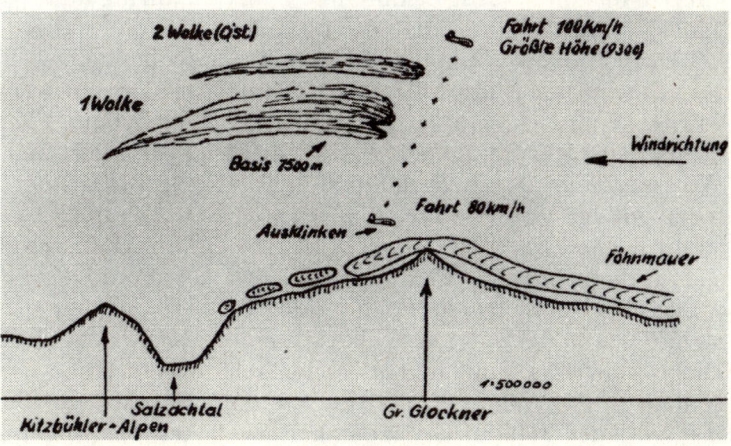

383 Leewellensituation am 18. Mai 1939.

384   ERICH KLÖCKNER weist seinen Schleppiloten
vor dem Start zum Leewellenflug ein.

nehmen. Jetzt beginnt ein herrlicher
Segelflug. Nördlich liegt über mir die stehende Wogenwolke, südlich unter mir ein
geschlossenes Wolkenmeer, überall sonst
blauer Himmel und strahlender Sonnenschein. Die Maschine habe ich mit Kurs
gegen den Wind gestellt, der schätzungsweise aus SSW kommt. Ich steige ohne zu
kurven in völlig ruhiger Luft mit 3 bis
4 m/s (einmal sogar mit 5 m/s) immer
höher und höher. Wenn nicht durch öfte-
res Knarren im Rumpf die Stille gestört
würde, könnte ich glauben, nicht mehr zu
fliegen. In 7 500 m habe ich die Basis der
Wolke erreicht. Ich befinde mich unmittelbar an der Vorderkante. Während ich
an ihr hochsteige, bildet sich im Luv, also
südwestlich über mir, eine dünne Schleier-
wolke. Die Sonne leuchtet hell hindurch.
Genau wie an der unteren Wolke, die eine
Dicke von etwa 1 000 m hat, steige ich
südlich des Cirren-Schleiers mit etwa 2
bis 3 m/s der 9 000-m-Grenze näher. Die

Kälte macht sich an Händen und Füßen
schmerzhaft bemerkbar. (Wie sich später
beim Auswerten des Meteorogramms ergibt, herrschte in 9 200 m eine Temperatur von 50,2 Grad Celsius unter Null!)
Mit äußerster Aufmerksamkeit verfolge
ich meine Sauerstoffanlage. Mein Höhenmesser zeigt 9 200 m. Der Sauerstoff geht
allmählich zur Neige. Ich entschließe
mich, den Flug abzubrechen, obwohl
noch guter Aufwind vorhanden ist, ich
also vielleicht an die 10 000-m-Grenze
gelangen könnte. Mit gezogenen Bremsklappen geht es nach unten, nach zweieinhalb Stunden setze ich meinen *Kranich* auf
den Flugplatz Prien.» [102, S. 38 f]

KLÖCKNER hatte sich bei diesem Flug
erneut auf 5 400 m Höhe schleppen lassen, um einen sicheren Anschluß an die
Welle zu finden, so daß bei diesen Flügen
nur die absoluten Höhen, nicht aber der
Höhengewinn, von Bedeutung waren. Er
hatte jedoch erkannt, daß ein Einstieg in
die Alpenwelle auch in geringer Höhe
möglich sein müßte.

Am 11. Oktober 1940 konnte ERICH
KLÖCKNER dann endlich das angestrebte
Ziel, die 10 000-m-Grenze, erreichen und
überbieten. Er startete gegen 8.30 Uhr
mit seinem *Kranich*, Kennzeichen
D-11-4002 «Peter», im Schlepp der *He – 46*
D-JHAA auf dem Flugplatz Ainring und
kuppelte nordwestlich des Großglock-
ner-Gipfels in 5 700 m über Platzhöhe
Ainring aus.

Föhnmauer, Föhnlücke und Wogenwolke (Leewellenwolke oder Lenticularis) waren wie bereits bei den vorherge-
gangenen Flügen in voll entwickelter
Form vorhanden; den besten Aufwind
fand er an der Vorderkante der Wogenwolke dort, wo sie scharfe Konturen besaß. Die Leewellenwolke entwickelte sich
während des Fluges immer kräftiger. Hier
ein Auszug aus dem Flugbericht, in dem
KLÖCKNER die Endphase dieses Fluges in
einer Höhe eindrucksvoll beschreibt, in
der das Segelfliegen aufhört, ein ungeteil-
tes Vergnügen zu sein:

«Die Kälte machte sich schmerzhaft bemerkbar. Der Steuerknüppel war nur mit beiden Händen zu bewegen. Das Seitenruder knirschte bei jedem geringsten Steuerausschlag, und im Rumpf hörte ich krachende Geräusche als Folge der Kälte. Die Wolke hatte sich jetzt sehr schön ausgeprägt, und ich zweifelte nicht daran, daß es mir diesmal gelingen würde, die 10 000-Meter-Grenze mit dem Segelflugzeug zu überschreiten. Da mein Höhenmesser nur einen Meßbereich bis 10 000 Meter besaß, nahm ich mir vor, bei 500 Meter Mehranzeige ohne Rücksicht auf den dann noch eventuell vorhandenen Aufwind abzubrechen, da ich später keine Kontrolle über die wirkliche Höhe mehr

hatte, zumal man sich dann der Grenze nähert, wo selbst bei reiner Sauerstoffatmung, infolge des geringen Druckes, plötzlich die inneren Organe versagen. Der Aufwind wurde stellenweise stärker, manchmal bis zu 4 m/s. Ich näherte mich jetzt der 10 000-Meter-Grenze. Es trat eine eigenartige Böigkeit ein. Die Maschine machte, obwohl ich im Aufwind war, mehrmals leichte Kippbewegungen um die Längs- sowie Querachse; es war das Gefühl eines überzogenen Flugzustandes, obwohl der Staudruck 90 bis 100 km/h anzeigte. Diese ‹schwimmende Schicht› war etwa 100 Meter dick. Ich befand mich immer noch vor der Vorderkante der Wolke,

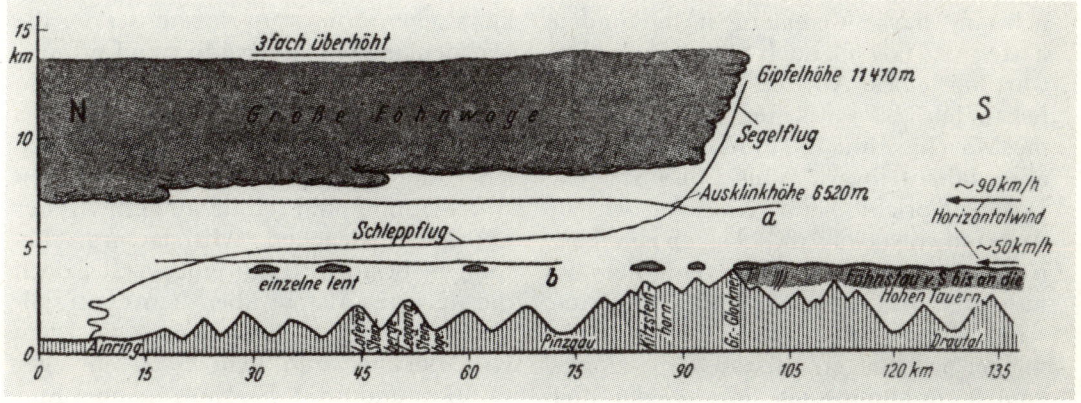

385 Querschnitt durch die Föhnwetterlage am 11. Oktober 1940 über den Zentralalpen.

386 Barogramm des Rekordfluges von KLÖCKNER am 11. Oktober 1940.

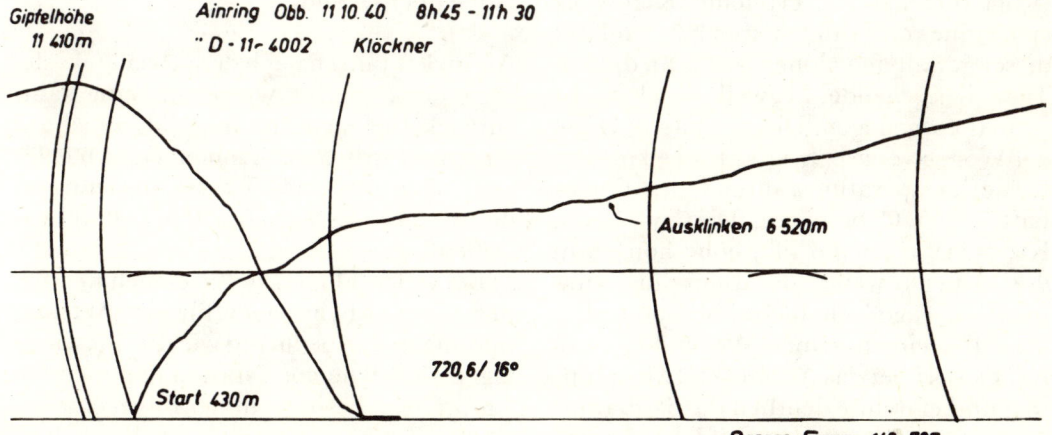

der Höhenmesser zeigte jetzt über 10 000 Meter. Die Zeit der Meßanzeige von 10 000 bis 10 500 Meter erschien mir gefühlsmäßig lange, d. h. ich vermutete, daß ich höher sei als 10 500 Meter. Körperlich fühlte ich mich so weit wohl, nur im Kopf machte sich ein leichter Druckschmerz bemerkbar. Die Kälte allerdings wurde fast unerträglich, vor allem an Händen und Füßen. Jetzt entschloß ich mich zum Abbrechen des Fluges, obwohl mehr als 2 m/s Aufwind vorhanden waren. Ich wollte die Sturzflugbremsen ausfahren, aber es war mir trotz großer Kraftanstrengung nicht möglich (Ursache: große Kälte). Nach Norden konnte ich nicht fliegen, da dort die mächtige Wolke stand und darinnen wahrscheinlich eine starke Vereisung stattgefunden hätte. Also flog ich nach Süden in der Erwartung eines Abwindfeldes. Plötzlich bekam ich 3 bis 4 m/s Steigen und drückte die Maschine auf 150 km/h Fahrt, hatte aber dabei teilweise 0 bis 1 m/s Steigen. Das entspricht beim *Kranich* … einem Aufwind von etwa 5 m/s. Da ich zunächst trotz der hohen Fahrt nur wenig fiel und nirgends ein Abwindfeld fand, so muß ich schon offen gestehen, daß mir erstmalig in meiner Segelfliegerlaufbahn der Gedanke kam: ‹wie komme ich jetzt wieder hier herunter?›…» [102, S. 41 f] Nach dreistündigem Flug landete KLÖCKNER wieder in Ainring.

Bei diesem Flug erreichte KLÖCKNER eine Höhe von 11 460 m über NN, und mit dieser gewaltigen Höhe war die an diesem Tage herrschende Leewelle noch nicht einmal ausgeflogen. Die geschätzte Höhe der Wogenwolke betrug 13 bis 14 km! Die tiefste Temperatur während des Fluges hatte − 55 °C betragen. Die von ERICH KLÖCKNER erreichte Flughöhe konnte in der Alpenleewelle allerdings bis zum heutigen Tage nicht mehr überboten werden. Bei einem seiner Wellenflüge sah KLÖCKNER über das Adriatische Meer hinweg und erkannte deutlich die dalmatinische Küste. Bei seinen vielen Forschungs-

flügen mit Motor- und Segelflugzeugen in der Alpenleewelle war KLÖCKNER theoretisch wie praktisch, fliegerisch und technisch, sehr tief in die Probleme des Leewellenfluges in großen Flughöhen eingedrungen.

Südföhnwetterlagen, in denen KLÖCKNER die neue Rekordhöhe erreichte und die die kräftigste Leewelle in den Alpen liefern, beruhen auf folgender Wetterkonstellation: Südlich und westlich der Alpen muß sich ein kräftiges Tiefdruckgebiet entwickeln. Westlich der Linie Biscaya−Großbritannien muß ein Hochdruckgebiet (Azorenhoch) existieren und ebenfalls ein Hochdruckgebiet über Ungarn und der ČSSR stehen. Diese Luftdruckverteilung über Europa liefert die klassischen Föhnwetterlagen, bei der die warmen und feuchten südlichen Luftmassen mit hoher Geschwindigkeit, wie in einer Düse, über die Alpen hinweg bis nach Südnorwegen hinaufziehen. Fast jeder der quer zum Winde stehenden Alpenkämme und häufig auch die weiter nördlich gelegenen Mittelgebirgserhebungen besitzen dann eine Welle, doch die stärkste entsteht über dem Zentralalpenkamm der Hohen Tauern mit dem Großglockner und dem Großvenediger (3 797 m und 3 674 m). Ein günstiger Einstieg, eine «Treppe» zur Tauernwelle, befindet sich häufig im Stubachtal, etwa an der Enzinger Scharte, in geringer Höhe über Grund.

Als in den Jahren nach dem zweiten Weltkrieg der Segelflug wieder in Gang kam, entwickelten sich die Flugplätze Zell am See (nordöstlich der Hohen Tauern gelegen), Innsbruck und Varese am Südrand der Alpen zu Zentren des Alpen- und Leewellenfluges.

Bei vielen Flügen stellte es sich heraus, daß die Nordwindlagen für eine Wellenbildung nicht so günstig wie die Südwindlagen sind. Die von Norden kommenden Luftmassen besitzen in der Regel eine geringere Luftfeuchtigkeit und sind kälter,

387 Die Leewellen über dem Inntal bei Innsbruck. Nach dem Windenstart in den Hangaufwind der Nordkette und von dort in die Leewelle.

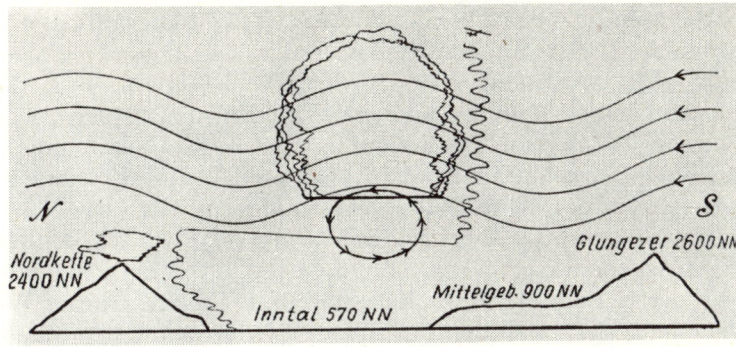

388 Mit dem Übungssegler *Spatz* in der Tauernwelle: 8 150 m zeigt der Höhenmesser!

sie trocknen beim Überqueren der Alpen extrem aus, so daß sich auf der Südseite der Alpen nicht immer die typischen Leewellenanzeiger, die Lenticulariswolken, bilden. Die durchschnittliche Höhe dieser Wellen liegt bei 6000 m; 7000 und 8000 m können erreicht und selten auch 10000 m erstiegen werden. Die Hauptursache für die geringeren Aufstiegshöhen als bei Südföhn sind vor allem in dem Umstand zu suchen, daß bei nördlichen Winden häufig Windscherungen (Änderung der Windrichtung) in der Höhe exi-

stieren, die die Aufstiegshöhe der Welle negativ beeinflussen. Bei Nordwindlagen ist z. B. die Ortlerwelle bekannt geworden, die hinter dem Ortlermassiv (3902 m) entsteht. Wenn vom Monte Rosa (4634 m) bei Nordwestwind eine lange Schneekristallwolkenfahne in Richtung Mailand wehte, sprang man in Varese in die Segelflugzeuge, um die nunmehr stehende Alpenwelle zu nutzen und zu erkunden.

Eine Entdeckung konnte bei Nordföhn gemacht werden: die Kombination von Thermik und Leewelle. Da sich an sonnenbeschienenen Felshängen ständig thermische Aufwinde mit entsprechenden Wolken bilden, stehen diese als Luftsegment wie ein Hang der Strömung entgegen und wirken wellenbildend und -verstärkend. GUIDO ANTONIO FERRARI (Modena) entdeckte diesen Zusammenhang und trug ihn anläßlich des OSTIV-Kongresses 1956 in St. Yan vor. Am 22. September 1958 flog FERRARI mit 9031 m Startüberhöhung und 10030 m absoluter Höhe zwei neue italienische Höhenrekorde in der Alpenwelle bei Nordföhn.

Unter dem Eindruck der Leewellenflüge im Riesengebirge und den Alpen wurden nach 1945 viele neue Wellenfluggelände erschlossen. Die bekanntesten sind St. Auban und Fayance (Seealpen) in Frankreich, Zell am See (Zentralalpen) und Innsbruck in Österreich, Huesca (Pyrenäen) in Spanien und Bishop (Sierra Nevada) in Kalifornien (USA).

Die polnischen Segelflieger nutzten seit dem Jahre 1950 intensiv die Riesengebirgswelle. Während eines Leewellenlehrgangs stiegen IRENA KEMPÓWNA und LUCZYNA WLASŁO am 22. November 1950 auf *Zuraw (Kranich)* auf etwa 7 200 m und erzielten mit 4 964 m Startüberhöhung einen neuen Frauenweltrekord in der Doppelsitzerklasse. Am 1. Dezember 1950 erreichten ANDRZEJ BRZUSKA und W. PARCZEWSKI auf dem gleichen Typ 9 293 m über NN und 8 162 m Startüberhöhung. Insgesamt wurden während des Lehrgangs mehr als 14 Höhenbedingungen für die Gold-C (3 000 m Startüberhöhung) und sieben Brillantenhöhen (5 000 m Startüberhöhung) erflogen.

Als sehr gute Leewellenquelle erwies sich auch die Hohe Tatra mit Nowy Targ auf der polnischen Seite und Poprad auf der slowakischen Seite. Auch die tschechische Seite des Riesengebirges liefert bei Vrchlaby eine gute Welle. 1963 konnten polnische Segelflieger den lokalen Rekord in der Riesengebirgswelle auf 10 080 m Höhe über NN steigern.

Ebenfalls sehr gute Höhenflugergebnisse konnten z. B. auch am östlichen Erzgebirgskamm von Rana aus bei Nordwind erzielt werden. Bei südöstlichen Winden sieht man mitunter hohe Lenticularis im Raum Dresden stehen, ja selbst über dem Elbsandsteingebirge wurden sie beobachtet. Auf der Nordseite des Thüringer Waldes werden schon seit Jahrzehnten Lenticularis in Höhen bis zu 8 000 m festgestellt. In der Leewelle des niedrigen norddeutschen Höhenzuges Deister (379 m über NN) konnten im Oktober 1968 schon Höhen von 7 779 m erflogen werden.

Sehr gute Leewellen entstehen auch in den Karpaten. Der rumänische Segelflieger ERWIN ROSCH stieg 1977 bei Brasov auf etwa 13 000 m; es konnten jedoch nur 11 500 m als neuer Landesrekord gewertet werden, da der Barograph in dieser Höhe seine Tätigkeit einstellte. Sowjetische Segelflieger erreichten in der Leewelle des Kaukasus große Höhen.

Die stärksten Wellen bilden sich natürlich im Hochgebirge, und hier hält das Gelände in der Sierra Nevada in Kalifornien bisher die absolute Spitze, wo PAUL MCCREADY und andere nach dem Kriege mit der Erforschung dieser Leewelle begonnen hatten.

Der Segelflieger und Meteorologe Dr. KÜTTNER hatte sich auch der Erforschung dieser Welle angenommen. Nach dem Krieg leitete er drei Jahre lang das Observatorium auf der Zugspitze, dann berief man ihn zum Leiter des Sierra-Wave-Forschungsprojektes. Seine amerikanischen Mitstreiter nannten sich die wave-workers, die Wellenarbeiter, und es wurde dort bei den Flügen in der Welle auch Schwerstarbeit geleistet. Die in der Sierraleewelle erflogenen Weltrekorde bestätigten die besondere Eignung dieses Geländes.

Am 30. Dezember 1950 stieg WILLIAM S. IVANS (USA) mit einer *S. G. S. 1–23* auf 12 832 m über NN und erreichte bei diesem Fluge einen Höhengewinn von 9 174 m! Die Lenticulariswolke befand sich noch über der erreichten Flughöhe und besaß eine Längsausdehnung (quer zur Windrichtung) von mehr als 100 km.

Am 19. Dezember 1951 ereilte den begeisterten schwedischen Segelflieger KARL ERIK OEVGARD der Höhentod in der Stratosphäre. OEVGARD traf bei seinem letzten Flug das Mißgeschick eines defekten Sauerstoffgerätes, welches in großer Höhe versagte, OEVGARD wurde bewußtlos und mit seinem Segelflugzeug zur Lenticularis hinaufgezogen. Erst nach drei Tagen konnte er mit seinem zertrümmerten Flugzeug gefunden werden. Aufgrund von Untersuchungen nahm man an, daß die Maschine mit dem ohnmächtigen Piloten noch bis auf 16 800 m gestiegen war!

Am 19. März 1952 wurde ein neuer Höhenweltrekord für Doppelsitzer aufgestellt. L. E. EDGAR und H. E. KLIEFORTH (beide USA) stiegen auf einer *Pratt-Read PR G I* auf 13 489 m über NN. Der Höhen-

389 Eine voll ausgeprägte Lenticularis in großer Höhe über dem Thüringer Wald.

390 Leewellenwolken über der Sierra Nevada (Kalifornien).

gewinn betrug 10 439 m! Wie alle anderen Piloten zuvor flogen auch Edgar und Klieforth ohne Druckanzüge oder Druckkabine!

Am 25. Februar 1961 erreichte Paul F. Bikle (USA) mit einer *Schweizer S. G. S. 1–23 E* eine absolute Höhe von 14 102 m über NN und einen Höhengewinn von 12 894 m, d. h., Bikle hatte sich in 1 208 m Höhe vom Schleppflugzeug gelöst.

Die günstige Tatraleewelle wurde am 5. November 1966 von den polnischen Segelfliegern S. Jósefczak und J. Tarczon auf *Bocian* zu einem neuen Weltrekord genutzt. Sie erzielten einen Höhengewinn von 11 680 m. Während dieses Fluges erreichten sie die bis zum heutigen Tage in Europa noch nicht offiziell überbotene absolute Flughöhe von 12 200 m. Józef-czak hatte den ganzen Vormittag des 5. November Segelflugzeuge in die Luft

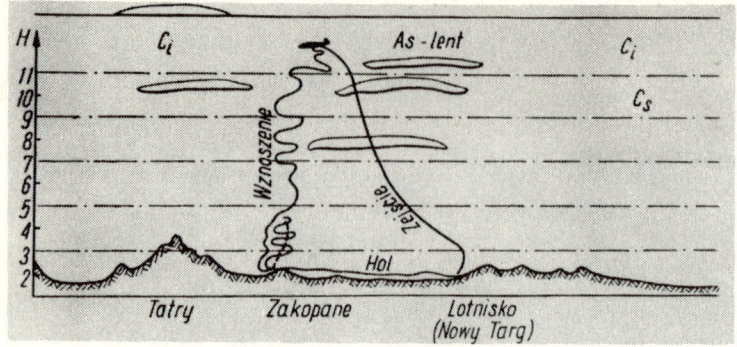

391   Leewellensituation in
der Hohen Tatra am
5. November 1966 mit dem
Flugweg von JÓZEFCZAK und
TARCZON auf *Bocian*.

geschleppt, was es ihm ermöglichte, die konkreten Bedingungen und Gebiete der bereits stehenden Leewelle genau kennenzulernen.

In den Nachmittagsstunden zerfiel die den Himmel zu 7/8 bedeckende Stratocumulusschicht, und es zeigten sich Lenticularis, die ein Vorhandensein von Aufwinden in sehr großen Höhen verrieten. Östlich von Zakopane war nur eine Rotorwolke zu erkennen, deren obere Begrenzung auf 2 300 m (Flugplatzniveau) reichte. Um 15.24 Uhr startete der *Bocian* bei starkem Bodenwind aus 200° im Schleppflug, der in geringen Höhen bis Zakopane führte. Nach 18 Minuten kuppelte der Pilot in 1 700 m Höhe und bei einem Steigen von 8 m/s aus. Der Aufwind trug ihn in vier Minuten auf 3 400 m. Dann versuchte JÓZEFCZAK auf der Luvseite dieses Rotors, mit einer Längsausdehnung von 5 km, so weit wie möglich herunterzugehen. Dieser Sinkflug führte bis in eine Höhe von 450 m über Flugplatzniveau. Hier fand er erneut Steigen zwischen 3 und 5 m/s, das ihn 4 500 m Höhe erreichen ließ. Dort begannen die Aufwinde jedoch schwächer zu werden, so daß er 3 km weit in den Norden von Zakopane flog. In diesem Gebiet fand er einen sicheren Aufwind von 4 m/s, der ihn bei einer Fluggeschwindigkeit von 110 km/h in einem Steiggebiet von fast 8 km Länge (quer zur Windrichtung) bis auf fast 11 500 m Höhe trug. Erneut wurde der Aufwind geringer, und JÓSEFCZAK steuerte noch weiter nördlich und er-

reichte etwa über Poronin und Bialy Dunajec in einem Steigen von 3 m/s eine Höhe von 12 200 m! Eine Föhnmauer fehlte völlig. Außer den Lenticularis existierte keinerlei Bewölkung. Der Wind wehte weiterhin aus 200° mit 85 km/h. Der Sinkflug wurde gegen 18.00 Uhr begonnen, und um 18.40 Uhr landeten JÓZEFCZAK und TARCZON auf dem Flugplatz von Nowy Targ.

BOB HARRIS (USA) war einer der Segelflieger, die sich seit vielen Jahren ernsthaft darum bemühten, in der Sierra Nevada den absoluten Höhenweltrekord von BIKLE zu überbieten und war auf diese Weise bereits auf über 100 Leewellenflüge gekommen. Für den 17. Februar 1986 wurde ihm die günstigste Wetterlage seit Jahren mit einem ausgeprägten Jetstream aus 260° und dem Beginn der Tropopause in erst 15 km Höhe vorausgesagt. HARRIS startete an diesem Tage gegen 12.30 Uhr auf *Astir CS* im F-Schlepp in California City in der Nähe der Edwards-Air-Force-Base (Mojavewüste) und ließ sich zum Gebirge schleppen. Nach längerem Suchen im F-Schlepp fand er im Owens-Valley südlich Independence sehr günstige Bedingungen und den Einstieg in die Leewelle, die ihn bis zur Höhenmesseranzeige von 14 100 m führte. Unter Berücksichtigung der notwendigen Höhenkorrektur der Geräteanzeige ergab das eine traumhafte Höhe von 14 938 m, womit der absolute Höhenweltrekord von PAUL BIKLE um die notwendigen 3 % überboten worden war.

600-km-Streckenflug mit Hilfe von Leewellen

Am 19. März 1952 hatte auch Dr. KÜTTNER die Leewelle der Sierra Nevada mit dem Ziel genutzt, erstmalig einen längeren Streckenflug in der Welle zu vollführen. Auf einer *Schweizer TG–3*, die ein Gleitverhältnis von annähernd 24 besitzt, legte er in vier Stunden eine Entfernung von 600 km zurück. Die Flughöhe schwankte zwischen 11 000 und 4 500 m, die tiefste Temperatur lag noch unter $-70\,°C$.

Der ausführliche Bericht Dr. KÜTTNERS, der ausgezeichnet die Bedingungen von Leewellenflügen im Hochgebirge widerspiegelt, sei hier auszugsweise wiedergegeben. In ihm zeichnen sich besonders die Möglichkeiten des Streckensegelfluges unter Ausnutzung der Leewelle ab, die dann gegeben sind, wenn die Leewellen mehrerer Gebirgskämme nacheinander angeflogen werden können.

Bereits am 18. März 1952 hatte Dr. KÜTTNER in der Welle gesegelt, deren Aufwinde an diesem Tag besonders stark waren. Das Steigen betrug bis zu 22 m/s und reichte über 11 000 m hinaus. Am 19. März herrschten wiederum hervorgende Leewellenbedingungen mit noch besseren Sichtverhältnissen. Nachdem Dr. KÜTTNER während des Vormittags Veränderungen an seiner Maschine vorgenommen hatte, konnte er gegen 13.30 Uhr Ortszeit im Schlepp einer *Vultee BT-13* vom Flugplatz Bishop starten. Er gab Boulder City (310 km) als Ziel an. Die *Schweizer TG–3* war mit zwei unabhängigen Sauerstoffanlagen für je vier bis fünf Stunden Betriebsdauer und mit Reglern für Drucksauerstoffatmung ausgerüstet, die einen kurzzeitigen Aufenthalt in Höhen zwischen 12 000 und 13 500 m ohne Druckkabine erlauben. Selbstverständlich besaß auch der Fallschirm mit automatischer zeit- und höhengesteuerter

392 600-km-Streckenflug mit Hilfe von Leewellen durch KÜTTNER am 19. März 1952.

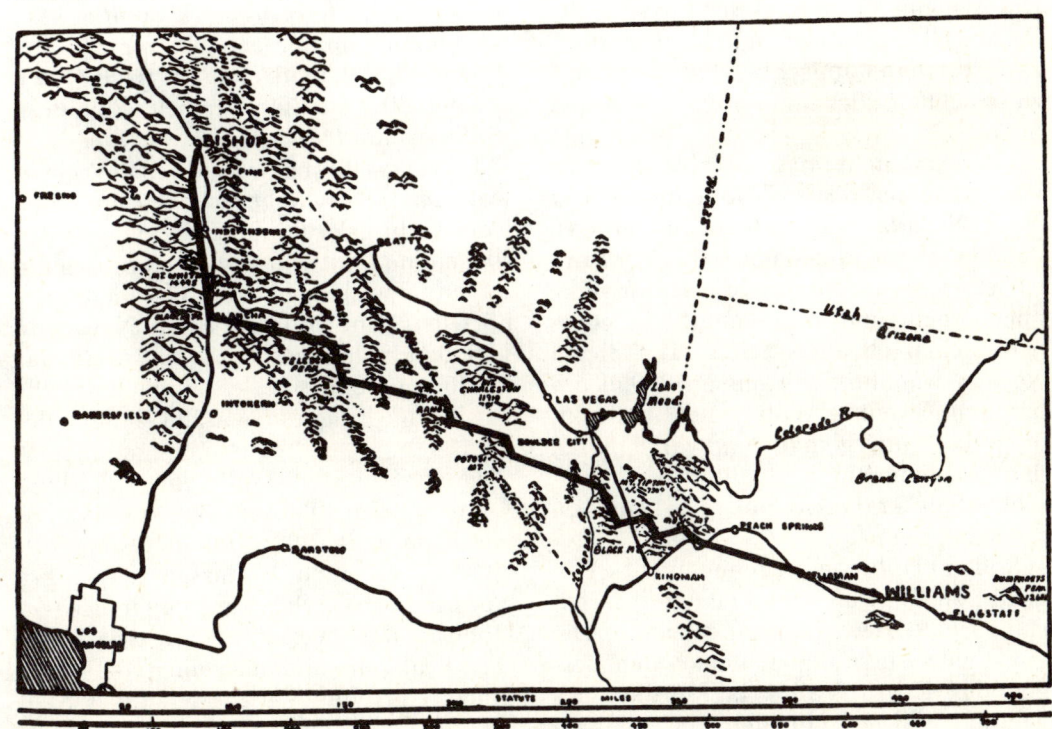

Öffnung, auf 5 000 m Höhe eingestellt, ein eigenes Sauerstoffgerät. Ein Funkgerät vervollständigte die Ausrüstung. Hier nun Auszüge aus dem Bericht von Dr. KÜTTNER:

«Diejenigen, die regelmäßig Forschungsflüge in Wellen durchführen, sind im allgemeinen gewöhnt, durch sehr starke Böigkeit zu schleppen. Aber dieser Schlepp war doch ungewöhnlich unangenehm, so daß die Versuchung groß war, vorzeitig auszuklinken, wenn entweder die Schleppmaschine ihre Flächen senkrecht stellte oder ganz aus dem Blickfeld verschwand oder wenn das Nylonseil wie ein Lasso auf das Segelflugzeug zuschnellte. Die Rolle Isolierband, die vor dem Start nicht zu finden war, erschien schwebend in der Kabine ... Nach knapp halbstündigem Schlepp erreichten wir schließlich den Wellenaufwind südwestlich Big Pine, und in 3 200 m klinkte ich aus. Das Segelflugzeug stieg im ruhigen Wellenaufwind des 4 350 m hohen Mount Palisade, eines der Eisriesen der Sierra Nevada, mit 11 m/s auf der Luvseite der Rotorwolke auf, und ich hatte endlich Zeit, mit dem Kühlschlauch den Schweiß zu trocknen, der in Strömen von der Stirne lief ...

Im Angesicht des herabstürzenden Wolkenwasserfalls (Föhnmauer) der Sierra Nevada ging es schnell aufwärts. In 7 500 m Höhe, die nach 8 bis 9 Minuten erreicht waren, war die Rotorwolke überstiegen, und eine weite Sicht eröffnete sich nach allen Seiten. Die Sierra Nevada war durch ein etwa 6 000 m hohes, schneeweißes Wolkenmeer bedeckt, über das hinweg man westwärts bis zu den Küstengebirgen Kaliforniens, zwischen San Francisco und Los Angeles, sehen konnte ...

8 500 m Höhe waren genug, um die Gegend von Big Pine zu verlassen und sich südwärts in Bewegung zu setzen ... Die günstigste Absprungbasis nach den Bergen des Death Valley lag südlich des Mount Whitney, in der Gegend von Olancha, etwa 100 km vom Ausklinkpunkt ... Von nun ab flog ich mit 120 km/h Staudruckanzeige und erreichte, mit 4 bis 5 m/s steigend, die Wolkenbasis über dem Vermessungsgebiet des Sierra-Wave-Projektes südlich Independence. Am Mount Whitney, dem mit 4 500 m Höhe höchsten Berg der USA, kam ich programmgemäß in 10 000 m Höhe an ... Der Absprungpunkt bei Olancha wurde in 10 500 m, 33 Minuten nach Verlassen der Gegend von Big Pine erreicht ... doch liegt diese Strecke nicht in Richtung des allgemeinen Flugkurses und trägt deshalb nur wenig zur Gesamtstrecke bei. Die Oberseite der höchsten Wogenwolke lag noch etwas höher. In 11 000 m, noch immer mit 3 m/s steigend, konnte ich über sie hinweg in Richtung Osten sehen. Es war jetzt 14.40 Uhr, ziemlich spät, um einen Überlandflug im Winter zu starten. Die Außentemperatur hatte −70 °C erreicht, und einige knallende Geräusche im Flugzeug zeigten an, daß starke Schrumpfspannungen herrschten ... die Entfernung nach Boulder City betrug noch immer fast 280 km.

Um 14.41 Uhr drehte ich nach Osten auf den 80 km entfernten Telescope Peak (3 400 m) am Death Valley zu ...

In Flugrichtung waren keine Wellenwolken zu sehen, dagegen zeigte im Süden jeder Gebirgskamm über der Mojavewüste schöne Lenticulariswolken in tieferen Lagen ... Nachdem die Oberseite der höchsten Föhnwolke der Sierra Nevada in 11 000 m Höhe überflogen war, zeigte das Variometer 8 m/s Fallen, und ich flog die zugehörige Fluggeschwindigkeit nach der Skala ...

In der zweiten Welle flog ich dann einen großen, flachen 360°-Kreis und setzte dann den Flug nach Osten fort. 20 Minuten nach Verlassen der Sierra Nevada flog das Segelflugzeug in 8 500 m Höhe in den Wellenaufwind des Telescope Peaks ein, und nach einer 180°-Wendung zeigte das Variometer 3 m/s Steigen ...

Der Osthang der Panamint Mountains, deren höchster Berg der Telescope Peak ist, ist geradezu ideal für Wellen. Dieses über 3000 m hohe Massiv fällt bis unter den Meeresspiegel in das Death Valley (Tal des Todes) ab, das übrigens eine der interessantesten Stellen Amerikas ist. Im Sommer werden dort die höchsten Temperaturen (bis zu 60 °C) des Kontinents gemessen ... PAUL MCCREADY hatte hier bereits früher Wellenflüge auf über 8000 m durchgeführt.

Ich hielt mich nur 14 Minuten in der Panamintwelle auf und brach in 10400 m Höhe den Aufstieg ab, um die schwierigste Strecke, die 135 km breite Lücke zum nächsten Gebirge, dem Charleston Peak (3600 m) zu überwinden. Es war schon 15.15 Uhr. Man konnte bereits den großen Stausee des Colorado-Rivers am Hoover-Damm, den Lake Mead, etwa 250 km östlich, erkennen und gleichzeitig den Pazifischen Ozean, etwa 300 km südwestlich ...

Die Gegend zwischen Death Valley und Charleston Peak ist eine trostlose Einöde. Die Namen der Landschaft sind nicht gerade einladend: Funeral Peak (Begräbnisspitze), Skull Mountain (Schädelberg), Devils Workshop (Teufels-Werkstatt). Ich beeilte mich, das ‹Todestal› zu verlassen ... Nach 16 Minuten Gleitflug kam ich in 9000 m Höhe über den Nopah Range, 50 km westlich des Charleston-Peak-Massivs. Dieses kleine, aber langgestreckte Felsenkliff ist weniger als 2000 m hoch und erhebt sich nur 1000 m über den Talboden, doch beförderte es mein Flugzeug mit 2,5 m/s Geschwindigkeit in ein paar Minuten auf 9500 m Höhe und ließ dabei eine kleine Kurskorrektur zu.

Um 15.34 Uhr flog ich nach Osten weiter und kreuzte die Grenze zwischen Kalifornien und Nevada. Es war erstaunlich, wie schnell das mächtige Schneemassiv des Charleston Peak näherkam. Der 3600 m hohe Gipfel lag etwas nördlich vom Kurs. Bei der vorhandenen Höhen-

reserve war es nicht nötig, diesen Umweg zu machen, zumal Boulder City nun im Gleitflug zu erreichen war. So hielt ich auf den südlich vorgelagerten, langgestreckten Gebirgszug des Potosi Mountain (2600 m) zu, wo ich nach 10 Minuten Flugzeit in etwa 8000 m Höhe eintraf. Das Aufwindfeld des Potosi wurde hauptsächlich zu einer Kurskorrektur nach Süden benutzt ...

Wie eine schöne, aber giftige Orchidee in der Wüste glitt Las Vegas im Norden vorbei – luxuriöse Spielhölle, Scheidungszentrum der Hollywooder Filmwelt und Aufenthaltspunkt Neugieriger bei den Atomversuchen von Nevada ...

Es war kein Zweifel, daß ich 16.00 Uhr in 7000 m Höhe über Boulder City sein würde. Welcher Segelflieger landet am angegebenen Zielpunkt, wenn er dort 7000 m hoch ankommt? Hier waren allerdings mehrere Probleme zu bewältigen: Dunkelheit, Sauerstoff und vor allem Gelände. Die wildeste Einöde der USA lag im Osten, die Felsenwüste des Grand Canon. Es gab nur eine Möglichkeit, den Flug sinnvoll fortzusetzen, das war, weiter gegen Südosten vorzustoßen, wo Autostraßen und Flugplätze in der gebirgigen Wüste Arizonas liegen ... aber es war doch etwas zweifelhaft, ob man so stark gegen den Wind vorhalten konnte ... Reichlicher Sauerstoffvorrat und schöne Moazagotlbildungen über den Gebirgen im Südosten erleichterten den Entschluß zum Weiterflug ...

Durch Radio teilte ich der Flugleitung in Las Vegas die Änderung meines Flugplanes von Boulder City nach Kingman, Arizona (110 km weiter südöstlich) mit ... Um 16.10 Uhr, nach 20 Minuten Geradeausflug, kurvte mein Vogel in 6500 m Höhe in den Aufwind der Welle (der Black Mountains, 1500 m hoch, d. Verf.) mit 5 m/s Steigen ein. Auf der Welle südwärts reitend, genoß ich das prächtige Bild des Sonnenuntergangs über dem klaren, blauen Stausee des Davis-Dammes ...

Um 16.33 Uhr verließ ich schließlich die Black Mountains in 7500 m ... Nur 27 km trennten diesen Gebirgszug von dem nächsten, dem 2200 m hohen Mount Tipton ... Aber auf dieser Strecke herrschte der übelste Abwind des ganzen Fluges (9 m/s), und er beförderte meinen Vogel auf den bisher tiefsten Punkt, 5800 m, hinunter ...

Um 16.41 Uhr ... empfing mich Mount Tipton mit zunächst 5 m/s Aufwind, und nach 7 Minuten war ich wieder auf 7000 m ... Der Flugplatz Kingman war jetzt in 25 km Entfernung im Südosten sichtbar, aber ich hörte den Rhöngeist flüstern: ‹Wer wird denn bei 7000 m Höhe auf dem nächsten Flugplatz landen?› Ich änderte meinen Flugplan per Radio erneut von Kingman auf Peach Springs, das etwas über 500 km von Bishop entfernt ist. Um 16.48 Uhr verließ ich Mount Tipton mit Nordostkurs in Richtung auf eine gut entwickelte Wellenwolke über dem 2000 m hohen Music Mountain. Offenbar waren die letzten drei Gebirgszüge in Resonanz ... Die Intensität der Wellen war erstaunlich, ragen doch diese Kämme kaum 1000 m über den allerdings ganz flachen Wüstenboden ...

Um 17.00 Uhr (aber 18.00 Uhr Arizonazeit) saß ich in 7000 m Höhe auf der ‹Music-Welle› und sagte mir, daß jetzt Schluß sein müsse mit dem Beschauen des farbenreichen Sonnenuntergangs und der jetzt bunten Wüste, und überhaupt mit diesem ganzen unwirklichen Erlebnis. Im Tal begann es bereits zu dunkeln, und es war Zeit, endgültig den Landepunkt zu wählen. Peach Springs kam nicht mehr in Frage ... Ich gab als neues Ziel Seligman, etwa 535 km vom Ausklinkpunkt und 75 km von meinem jetzigen Standort entfernt, an ...

Neun Minuten später war ich schon bei Peach Springs in 6500 m Höhe über die 500-km-Grenze hinaus ... Bald erschien Seligman hinter den Aubrey Cliffs. Fast 5 Minuten lang zeigte das Variometer jetzt Null. In 4500 m über Seligman flüsterte mir der Rhöngeist noch einmal ein, diese Höhe nicht zu verschenken, sondern weiterzufliegen. Fast schämte ich mich, noch einmal eine Zieländerung über Radio durchzusagen. Um 17.25 Uhr entschied ich mich endgültig, nach dem noch weitere 65 km entfernten Williams, Arizona, zu gehen, wo ein gut eingerichteter Flugplatz auf der Karte verzeichnet war ...

Im letzten Licht kam jetzt der gewaltige, rosaleuchtende Vulkankegel des fast 4000 m hohen San Francisco Peaks bei Flagstaff in Sicht, der sich schnell näherte ... Der San Francisco Peak, über dem eine mächtige Wellenwolke zu einem abermaligen 10000-m-Flug einlud, war jetzt so nahe, daß ich keinen Zweifel hatte, dicht vor Williams zu sein ... Als das Flugzeug um die Hänge des 3000 m hohen Bill Williams Mountain schlich, tauchten die Lichter der Stadt Williams auf ... Die nächsten 4 Minuten verbrachte ich damit, vergeblich den ‹wohleingerichteten Flugplatz›, 4 km nördlich der Stadt zu suchen. Wo er liegen sollte, war alles im Schnee begraben. Die Hoffnung von dort wegschleppen zu können, mußte aufgegeben werden. Schnell kehrte ich zur Stadt zurück und landete an ihrem Rand in 200 m Höhe auf einem Schneefeld, das sich später als ein alter Flugplatz herausstellte ...

Erst jetzt fiel mir auf, wie dunkel es schon war ... So blieb ich in der Kabine sitzen, die nachtleuchtenden Instrumente vor Augen, und überdachte mein Abenteuer. Es schien mir ganz unwirklich, daß ich noch vor wenigen Stunden in Kalifornien gewesen war und daß die hohen Schichten der Atmosphäre den Vogel böen- und lautlos hierhergetragen hatten ... Bei dem riesigen amerikanischen Kontinent geht das Gefühl für Entfernungen leicht verloren. Amsterdam–Zürich oder Berlin–Innsbruck in knapp 4 Stunden Flugzeit gibt einen besseren Begriff von dieser neuen, faszinierenden Art des

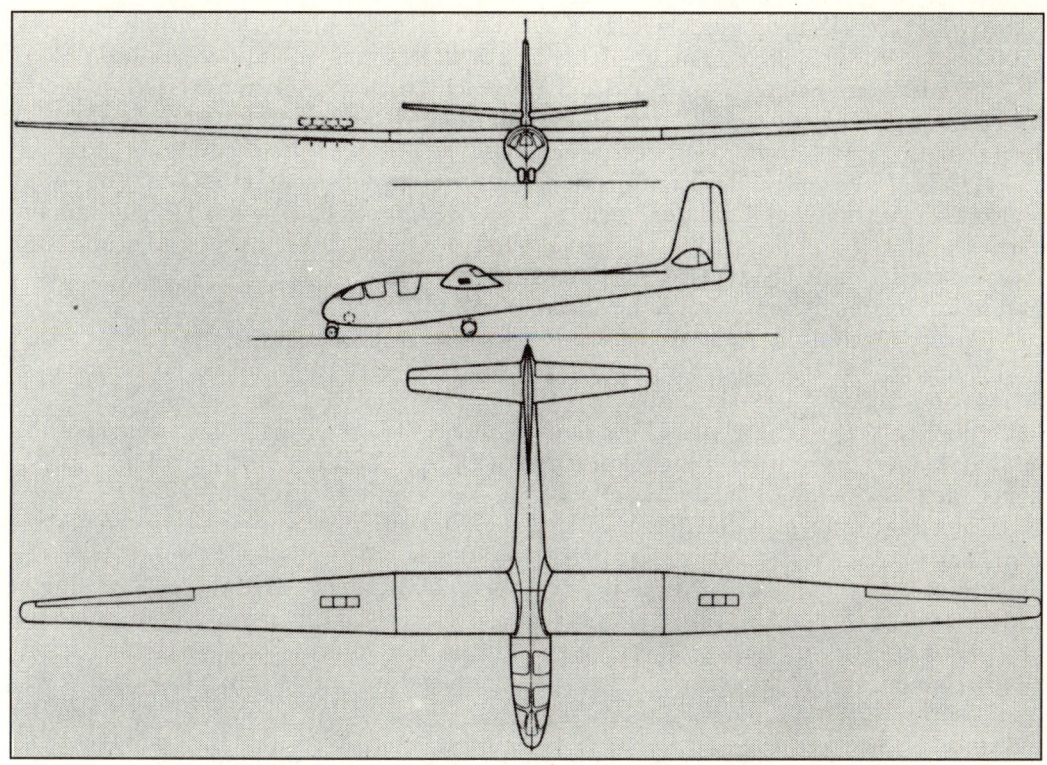

393   Projekt eines Stratosphärensegelflugzeugs
für Flüge in der Leewelle (USA, 1956).

Segelfliegens ... Langsam wurde mir
klar, daß mein verspäteter Start in Bishop es unmöglich gemacht hatte, Anschluß an die Leewelle des San Francisco
Peaks zu gewinnen, die gewiß über 10 km
hoch reichte und eine Gesamtstrecke von
fast 1 000 km zugelassen hätten ...» [79,
S. 97 ff]

Soweit Auszüge aus dem Bericht von
Dr. Küttner. Am 14. April 1955 konnte
er in der Sierrawelle auf 13 015 m steigen
und erreichte dabei eine Startüberhöhung
von 9 031 m. Für seine fliegerischen und
theoretischen Leistungen bei der Erforschung der Leewellen wurde ihm 1956 die
Lilienthal-Medaille der FAI verliehen.

Meteorologisch aufschlußreich an dem
Streckenflug von Dr. Küttner ist auch
die Tatsache, daß sich an den der Sierra
Nevada nachgelagerten Gebirgen infolge
der starken Austrocknung der Luft am ersten Gebirge (Föhnwirkung) keine Staubewölkung (Föhnmauer) mehr bildete
und daß wahrscheinlich aus gleichen
Gründen häufig auch nur die erste Welle
der nachfolgenden Gebirge von einer
Lenticularis gekrönt wurde.

Alle Berichte und Tatsachen des Leewellenfluges in großen Höhen lassen erkennen, daß zum Ausfliegen der höchsten
Leewellen Stratosphärensegelflugzeuge
mit großer Spannweite, Druckkabinen,
beheizten Hauben usw. erforderlich sind.

Die unschätzbare Bedeutung der Lee-
wellenfliegerei bestand in der exakten Erforschung und Aufklärung meteorologischer Vorgänge, doch mit dem Vorliegen
zuverlässiger Erkenntnisse und Erfahrungen tritt dieser Faktor zukünftig in den
Hintergrund.

Die sportliche Bedeutung von Rekord-
flügen in der Leewelle ist dagegen nur ge-
ringfügiger einzuschätzen. Vom Stand-
punkt der sportlichen Leistung ist es relativ unbedeutend, ob der Höhenwelt-

rekord für Segelflugzeuge bei 12000, 14000 oder 16000 m liegt. Die erreichte Flughöhe ist heute weniger ein Ausdruck der Leistungsfähigkeit des Piloten, sondern hängt in erster Linie von der Stärke und Höhe der Leewellen, der Eignung der Flugzeuge und des verwendeten technischen Gerätes ab.

Streckenflüge mit Hilfe von Leewellen sind in ihrem sportlichen Wert höher einzuschätzen. Doch anbetracht der mit Segelflugzeugen in der Thermik erzielten Streckenleistungen ist es unter ausschließlicher Verwendung von Leewellen in den bisher bekannten Fluggeländen heute nicht mehr möglich, die bestehenden Spitzenleistungen in den gegenwärtigen Disziplinen des Streckensegelfluges wesentlich zu überbieten. Die bestehende Chance, mit Hilfe von Leewellen erstmals die 1000-km-Grenze mit Segelflugzeugen zu überbieten, war nicht genutzt worden, und welche Leistung die Kombination thermischer Streckenflug und Leewellenstreckenflug ermöglicht, muß die Zukunft zeigen.

Sehr hoch ist jedoch der Erlebnis- und Erfahrungswert von Leewellenflügen für den Segelflieger einzuschätzen. Er erhält durch die Leewelle die Möglichkeit, relativ sicher und ungefährdet, bei guter Sicht und ohne die Gefahr einer Vereisung in große Höhen vorzudringen, und dabei die starken Erlebnisse zu empfinden, die EUGEN WAGNER und andere in ihren Flugberichten beschrieben. Weiterhin bietet der Leewellenflug die zuverlässigste Möglichkeit, die Höhenbedingung für die Gold-C (3000-m-Startüberhöhung) und die Bedingungen für den Höhendiamanten der FAI (5000-m-Startüberhöhung) abzulegen.

Es gibt wohl kaum einen passionierten Leistungssegelflieger, der nicht den Wunsch hätte, einmal in einer hochreichenden Leewelle zu fliegen. Schon aus diesem Grunde dürfte der Leewellenflug auch in Zukunft gepflegt werden.

Wie es die Herausbildung des Leewellenfluges und der anderen Formen des Segelfluges beweist, war es von den ersten Beobachtungen, Gedanken, zufälligen Ergebnissen, Flügen und Erkenntnissen – die in der internationalen Gemeinschaft der Segelflugenthusiasten entstanden waren – noch ein langer Weg bis zu deren Beherrschung. Wie auf anderen Gebieten der Geschichte der Luftfahrt kann von der Beherrschung eines Verfahrens jedoch erst dann gesprochen werden, wenn die Einheit von Theorie und Praxis, die Wiederholbarkeit und Nachvollziehbarkeit hergestellt worden sind und sich diese Errungenschaften unter Kenntnis dieser Tatsachen und Erfahrungen über die ganze Welt verbreitet haben.

8. Der Segelflug erobert das Hochgebirge

Erste Gleit- und Segelflugversuche in den Alpen ·
Alpenüberquerungen mit Segelflugzeugen und Herausbildung spezieller
flugtaktischer Erkenntnisse · Segelflugparadies Alpen

Erste Gleit- und Segelflugversuche in den Alpen

Trotz der günstigen Bedingungen, die in den Gebirgen für die Ausübung des Gleit- und Segelfluges herrschen – es seien hier nur die großen nutzbaren Höhenunterschiede genannt – drang der Segelflug relativ spät in das Hochgebirge vor. Nachdem der Hangsegelflug, der Flug vor Gewitterfronten und in Gewitterwolken und der thermische Segelflug verwirklicht worden waren, begann man die Segelflugmöglichkeiten im Hochgebirge ernsthaft zu erkunden. Segelfliegerische Erfahrungen wurden zunächst in den europäischen Alpen gesammelt, die sich infolge ihrer großen Längen- und Breitenausdehnung für den Segelflug besonders gut eignen. Von den vielen Hochgebirgen der Erde sind bisher auch nur die Alpen segelfliegerisch in vollem Umfang erkundet und erschlossen worden.

Bereits im Winter 1926 startete UDET nach mehreren Gleitflügen auf dem Schneeferner mit einem Gleitflugzeug von der Zugspitze (2963 m) im Wettersteingebirge und landete nach einem längeren Gleitflug bei Ehrwald (1000 m) in Tirol, ohne daß neue Segelflugmöglichkeiten beobachtet werden konnten. Schweizerische Segelflieger flogen vom Rigi im Gleitflug zum Tal. Im Zusammenhang mit den Bemühungen um den ersten 100-km-

394 Gleitflüge am Schneeferner (1926).

Streckensegelflug erkannten die Mitarbeiter des Forschungsinstituts der RRG die segelfliegerischen Möglichkeiten im Hochgebirge. STAMER und KRONFELD zogen Anfang des Jahres 1929 zur Rax-Alpe (2007 m) bei Wien. KRONFELD startete auf dem Gipfelplateau und fand trotz strenger Winterkälte Aufwind. Segelfluggruppen aus Graz und Salzburg unternahmen ebenfalls Versuche an den Hängen der Alpen.

Insbesondere waren es Segelflieger der Schweiz, die sich mit den ungeklärten Fragen des Hochgebirgssegelfluges beschäftigten. Unter anderem galt es folgende Probleme zu klären: «Wie wirken sich die gewaltigen Gegensätze in Temperatur und Luftdruck, wie die mächtigen Gesteinsbarrieren, die steil Tausende von Metern über das Tiefland emporragen, auf die innere Bewegung der Luftmassen aus? Wie stark wird die Turbulenz sein? Welchen Einfluß werden die schroffen Gegensätze von Stein und Schnee auf die Bildung der Thermik haben? ...» [63, S. 1]

Im Jahre 1931 konnten dann die ersten erfolgreichen Segelflugversuche in den Alpen unternommen werden. GÜNTHER GROENHOFF befand sich nach seinem Streckenflug über 272 km von München nach Kadan (ČSR) mit seinem *Fafnir* auf dem Zenit seines sportlichen Ruhmes, und anläßlich von Schleppflugvorführungen auf einem Flugtag in Basel vereinbarte man Segelflugversuche auf dem Jungfraujoch (3400 m) im Gebiet des ewigen Schnees. Über Lauterbrunn und Scheidegg ging es mit der schmalspurigen Jochbahn zum Jungfraujoch hinauf. Besondere Schwierigkeiten brachte der Transport der sperrigen Flügelhälften und des Rumpfes auf der Endetappe mit sich; hier waren es geschickte schweizerische Bergführer, die die Flugzeugteile angeseilt über den verschneiten Steilhang zum Joch hinaufschafften.

Der aufgerüstete *Fafnir* wurde zum Schutz vor Stürmen in eine Schneegrube eingeschaufelt und am nächsten Morgen startfähig gemacht. Eine Startmannschaft aus begeisterten Helfern sollte unter Leitung von PETER RIEDEL den *Fafnir* mittels Gummiseiles am 10. Juni 1931 in die Luft katapultieren, doch eine nicht beachtete Kleinigkeit führte fast zu einer Katastrophe. Während der Startvorbereitungen war die Kufe des *Fafnirs* im Schnee festgefroren; beim Straffen des Gummiseiles löste sich diese Verbindung

vorzeitig, und die auf den plötzlichen Ruck nicht vorbereitete Haltemannschaft am Sporn des Flugzeugs ließ die Halteseile zu früh durch die Hände gleiten. Wie ein Schlitten rodelte der *Fafnir* über den vereisten Hang auf den Steilhang zu, ohne die zum Abheben notwendige Geschwindigkeit zu erreichen!

Hier GROENHOFFS eigener Bericht: «Die Startmannschaft wirft sich flach auf den Boden, und ich fege mit der Fläche dicht über ihre Köpfe hinweg. Es gibt kein Zurück mehr. Die Rumpfspitze stößt in eine verharschte Schneewächte, daß das Sperrholz zerbricht. Im selben Augenblick kippt die Maschine über die Hangkante und fällt in die Tiefe. Trotz hoher Geschwindigkeit spricht das Höhensteuer nicht an. Es läßt sich nur schwer bewegen, es muß zerbrochen oder beschädigt sein. Nach etwa 100 Meter Sturzflug fängt sich die Maschine von selber. Ich probiere noch einmal alle Steuer, aber schon wieder stellt sie sich auf den Kopf, fällt 80 Meter herunter und fängt sich wieder. Mit dem Seitensteuer bringe ich den *Fafnir* erst mal von den nahen Felsen fort.

Ich kann mir nicht erklären, was passiert ist ... ergebe mich in mein Schicksal, fliege in Richtung Interlaken und nehme mir vor, spätestens in 500 Meter Höhe mit dem Fallschirm herauszuspringen. Wie auf einer Treppe verliere ich meine Höhe, komme aber trotzdem noch bis über Interlaken (567 m NN, d. Verf.). In allen möglichen Fluglagen versuche ich, den *Fafnir* wenigstens einigermaßen steuerfähig zu bekommen. Aber vollkommen ohne Erfolg. Der Höhenmesser kommt der 500 näher ... Ich löse den Verschlußdeckel und nehme die Leica schußbereit in die Hand, um den letzten Flug des *Fafnir* festzuhalten. 500 sind erreicht. Aber wie ich den Deckel anheben will, kann ich es nicht. Den bewährten *Fafnir* einfach verlassen und aufgeben, fällt mir zu schwer. Ich denke an den Kaadener Flug und an den kommenden Rhön-Wettbewerb, bei dem ich ihn drin-

395   Der verunglückte Start des *Fafnir* auf dem Jungfraujoch (1931).

396   Der *Fafnir* mit dem halben Höhenleitwerk nach der Landung (1931).

gend brauche. In 300 Meter kann ich auch noch rausspringen. Wieder probiere ich alles aus. Einmal, als der *Fafnir* auf dem Kopf steht, gebe ich volles Tiefensteuer; richtig bleibt er auf dem Kopf stehen und fängt durch die Geschwindigkeit an zu pfeifen. Langsam gebe ich Höhensteuer, solange, bis ich merke, daß er sich wieder selbständig machen will. Mit weit über 100 Kilometer Geschwindigkeit komme ich dem Boden im steilen Gleitflug schnell näher. Jetzt muß es sich entscheiden. Entweder bleibt er im Steuer oder es gibt Bruch. Der Boden kommt heran, ich überspringe ein paar Bäume, und als ich die Maschine über dem Boden horizontal nehmen will, neigt sie wieder von selber ihren Kopf, schlägt auf dem Boden auf und dreht sich durch das Bremsen an der Spitze um 90 Grad und rutscht so seitlich noch vielleicht 20 Me-

ter durch das ein Meter hohe Gras. Glatt gelandet! 58 Minuten brauchte ich vom Jungfraujoch bis zur Landung, genügend Zeit, um graue Haare zu kriegen!» [58, S. 61 f]

Zwei Tage später war das Eratzhöhensteuer von der Wasserkuppe eingetroffen, und die Flüge konnten fortgesetzt werden. Bei einem Start flog GROENHOFF ohne Seitensteuerwirkung ins Tal. Halteseil und Hauptlager des Seitenruders waren am gleichen Holzklotz befestigt; durch den großen Seilzug riß dieser ab, das Seitenruder flatterte, nur noch an einem Beschlag hängend, im Fahrtwind und war nicht mehr steuerbar. Erneut bewies GROENHOFF Kaltblütigkeit, doch die Lage war nicht so kritisch wie mit dem abgebrochenen Höhenruder.

Nach kurzen Segelflügen am Jochsteilhang – die Hilfsmannschaften hatten sich inzwischen zu Fachleuten entwickelt – gelang GROENHOFF am letzten Tag ein Segelflug in das Alpenvorland nach Bern (53 km). Wenige Tage später startete der schweizerische Segelflieger WILLI FARNER vom Jungfraujoch, segelte über eine Stunde lang am Kleinen Scheidegg und am Lauberhorn, glitt dann zum Alpenrand und konnte nach wiederholtem Höhengewinn 80 km weit bis Stans am Vierwaldstädter See fliegen. Mit diesen Flügen war der Segelflug in den Alpen aus der Taufe gehoben.

Im August 1932 organisierten deutsche Segelflieger ein Forschungslager in Prien am Chiemsee, um zunächst die Aufwindverhältnisse im Voralpenraum zu erforschen. Es gelangen die ersten Segelflüge an der Kampenwand (1669 m).

PETER RIEDEL, einer der beteiligten Piloten, schrieb über seine Segelflüge: «Wir wollten uns aus niedriger Höhe systematisch ins Hochgebirge vortasten. Leider verhinderten zwei Umstände größere Erfolge: die spätsommerliche Jahreszeit und meine noch begrenzten segelfliegerischen Erfahrungen mit insgesamt erst 25 Starts trotz der gerade erworbenen Silber-C. Der erste von ALEXANDER SCHLEICHER gebaute *Rhönadler* wurde mir anvertraut ... ich segelte fast 10 Stunden über den Bergen des bayrischen Alpenrandes. Am letzten Tag fand ich gegen 17.00 Uhr einen ganz steten, böenfreien Aufwind dicht über den Berghängen des Hochries und des Riesenberges. Dieser Aufwind trug den *Rhönadler* zu meiner großen Überraschung auf 1800 m Höhe. Ohne Sinken konnte ich anschließend über den Grat der Kampenwand hin- und herse-

geln. Der Aufwind war auf beiden Seiten des Berges zu finden. Es konnte also kein Hangwind im herkömmlichen Sinne sein, sondern war der bodennahe Luftstrom thermischen Ursprungs, wie ihn heute alle Alpenflieger kennen. Für uns war er eine Entdeckung ...» [112, S. 12]

Zwei Jahre später vollführte HEINI DITTMAR am 23. September, nachdem er in München gestartet und im F-Schlepp zur Zugspitze transportiert worden war, einen Stundenflug (01:15:00 h) an der Nordwestseite des Zugspitzenmassivs (2963 m), der ihn nur etwas über den Gipfel hinausführte.

Ein erster Segelflugwettbewerb mit alpiner Zielsetzung fand vom 20. Juli bis zum 5. August 1935 in Österreich auf dem Gaisbergplatt (1286 m) bei Salzburg statt. 17 Piloten mit 45 Flugzeugen, davon 16 Leistungsmaschinen, nahmen teil. Günstiges Flugwetter herrschte jedoch nur zwischen dem 21. und 28. Juli. PETER LERCH (Wien) konnte mit 14:04:00 h einen neuen Dauerrekord mit dem *Rhönbussard* aufstellen, und BRUNO GUMPERT (Innsbruck) flog auf einem *Grunau-Baby* mit ovalem Rumpf einen neuen Landesstreckenrekord mit 142 km längs der Alpentäler bis Amstetten. Die erhoffte Alpenüberquerung blieb aus.

Einen Durchbruch im Alpensegelflug stellten die Flüge während des Internationalen Segelfluglagers 1935 auf dem Jungfraujoch dar. Dieser Wettbewerb konnte dank des unermüdlichen Einsatzes der schweizerischen Segelflieger, unter Leitung von KREBSER-THUN, stattfinden. Das Jungfraujoch hatte man erneut aufgrund der Annahme als Startplatz gewählt, daß ein sehr hoch gelegener Segelflugstartplatz günstigere Möglichkeiten zum Anschluß an die alpinen Aufwinde bietet – erst Jahre später trennte man sich von dieser liebgewordenen, aber irrtümlichen Vorstellung. Der September war gewählt worden, weil er statistisch der Monat mit den häufigsten Schönwetterlagen im Gebirge ist. Das Jungfraujoch (3400 m) fällt

397 DITTMAR kurvt mit dem *Condor* zum Jungfraumassiv ab (1935).

in Richtung Nordwest viele Hunderte von Metern über dem Guggigletscher steil bis ins Lauterbrunner Tal ab, während es in Richtung Südwest nach einem Abfall von nur 100 m in den 18 km langen Aletschgletscher übergeht. Umrahmt wird das Gelände von mehreren Viertausendern, unter ihnen die Jungfrau (4158 m) und der Mönch (4099 m).

Segelflieger aus der Schweiz, Österreich, Jugoslawien und Deutschland trafen sich auf dem Jungfraujoch zum sportlichen Wettkampf. Nach mehreren Schlechtwettertagen konnten endlich am 7. September 1935 die ersten Starts vollzogen werden. HERMANN SCHREIBER, der Sportleiter des Wettbewerbs, ließ sich außerhalb der Wertung mit seinem *Condor* im F-Schlepp zum Jungfraujoch schleppen und kuppelte dort kurz nach 12.00 Uhr in 3600 m Höhe aus. Wie in

einem Fahrstuhl stieg er am Jungfraujoch nach oben, segelte etwa zwei Stunden am Massiv, gelangte dort auf 4750 m Höhe, segelte in Richtung Gletscherhorn, überflog das Breithorn (3782 m) in 4400 m und drang dann in das Lötschental vor. Das Bietschhorn (3934 m) westlich umfliegend, kam er im Baltschidertal bis Visp. Den Simplonpaß (2005 m) überflog er mit Hilfe guter thermischer Aufwinde in 3200 m Höhe, ein langer, abschließender Gleitflug trug ihn von Locarno nach Belinzona, wo er um 17.20 Uhr glatt landete. Dieser Segelflug über 90 km Luftlinie (145 km tatsächliche Weglinie) war abenteuerlich und sensationell, weil die Streckenführung nicht aus dem Gebirge herausführte, sondern das Segelflugzeug in den Bergen verblieb.

Am 8. September konnte erstmals wettbewerbsmäßig gestartet werden, zwei Piloten flogen 53 km weit. Am Tage darauf wurden elf Starts absolviert. DITTMAR segelte mit seinem *Condor II* nach einer

Steilkurve in Bodennähe ganz dicht an den Felswänden der Jungfrau, erreichte die Höhe des Mönches (4099 m) und stieg von dort in weiten Kreisen über Jungfrau, Mönch und Eiger (3970 m) hinweg auf 4450 m absolute Höhe, die größte, die während des Wettbewerbs erreicht werden konnte. Am 13. September verbesserte DITTMAR die Streckenbestleistung des Wettbewerbs auf 61 km mit einem Flug bis nach Giswil am Sarner See. Am 16. September konnte GUMPERT (Wien) mit fast fünf Stunden die größte Dauer des Wettbewerbs erfliegen. Die weitesten Flüge gab es am letzten Wettbewerbstag. RIEDEL flog 88 km bis Bernau bei Einsiedel und LUDWIG HOFMANN bis Wald (108 km). Diese Flüge führten jedoch wieder in die Alpenrandgebiete.

Gesamtsieger der Jungfraujochwoche wurde HEINI DITTMAR. Eine Alpenüberquerung konnte nicht erreicht werden, und sie blieb das hohe Ziel des Gebirgssegelfluges für die nächsten Jahre. Eine wirkliche Überquerung mußte dem Sinne des Wortes nach in geringer Höhe im Alpenvorland beginnen, die hohen Gebirgskämme überqueren und mit einer Landung jenseits der Alpen enden.

Alpenüberquerungen mit Segelflugzeugen und Herausbildung spezieller flugtaktischer Erkenntnisse

Im Sommer 1936 unternahmen wiederum von Prien aus Münchener Studenten zahlreiche Flüge in das Alpenvorland, die noch nicht die beabsichtigte Alpenüberquerung nach Italien brachten. Ein Segelfluglager der DFS fand vom 10. bis 25. August in Prien statt und vereinigte Piloten der Deutschen Forschungsanstalt für Segelflug (DFS) und der akademischen Fliegergruppen München, Darmstadt und Berlin. Einer der Teilnehmer, H. DITTMAR, war noch vor dieser Veranstaltung der Meinung gewesen, daß die

bisherigen Alpenflugversuche eigentlich wenig geeignete Segelflugverhältnisse gezeigt hatten – verzichtete jedoch im Interesse ihrer weiteren Erforschung auf die Teilnahme am gleichzeitig stattfindenden Rhön-Wettbewerb.

Als dann am 19. August 1936 endlich günstige thermische Bedingungen herrschten, schwache westliche Winde mit leichter Gewitterneigung, trat er gegen 12.00 Uhr in 1000 m Auskuppelhöhe im Bereich der Kampenwand den Flug in Richtung Alpenwall an. Zunächst mit nur schwachem Steigen, später mit 2 bis 3 m/s, ging es über den Wilden Kaiser (2344 m) in die Kitzbühler Alpen. Hier waren die Aufwinde sehr zerrissen, und fast hätte es dort eine vorzeitige Landung gegeben. In Flugrichtung befand sich über dem Großglockner (3798 m) ein Gewitter, DITTMAR wich mit seinem *Condor II* nach Westen entlang des Salzachtales aus, ohne über dem Tal Aufwind zu finden. An einem Hang «warf er den Rettungsanker» und segelte viele Minuten lang in Warteposition, um den Neuaufbau der Thermik abzuwarten, dann stieg er in die sich bildende mächtige Haufenwolke ein. Diese gewonnene Höhe reichte gerade aus, um an das Tauernmassiv heranzukommen.

Von den vorjährigen Jungfraujochflügen wußte DITTMAR, daß man bis auf wenige Meter an sonnenbeschienene Felswände heranfliegen muß, um den dort fast kontinuierlich entstehenden thermischen Aufwind zu nutzen. Mit erneutem Höhengewinn flog er über die Pihapperspitze zum Tauernkegel. Für die Strecke von der Warteposition bis zum Kegel (etwa 10 km) hatte er fast zwei Flugstunden gebraucht, was von der Härte des Kampfes mit der Natur zeugt. Über den Graukegel flog er in Richtung Großvenediger (3650 m) weiter, doch war dort der Abwind so stark, daß er sich plötzlich in einem Gebirgskessel 30 m unterhalb des Grates befand. Es gab keinen Ausweg; das starke Fallen hielt an, nur noch Gletscher- und Gesteinsmassen und in der Tiefe ein kleiner See, und es ging erbarmungslos weiter abwärts. (Für einen Segelflieger ist das der schlimmste Alptraum, keine sichere Landemöglichkeit mehr zu haben!) Eine Bruchlandung mit beschwerlichem, wenn überhaupt noch möglichen alpinistischen Abstieg schien garantiert.

DITTMAR schätzte ein, daß dieses Fliegen im Gesteinskessel die unangenehmste Situation seiner ganzen bisherigen Fliegerei gewesen sei. An einer Stelle, wo er es nicht vermutet hatte, fand er den rettenden Aufwind, gewann wieder Höhe und überflog das Großvenedigermassiv mit nur 2 m Höhe! Der Gleitflug führte ihn dann bis nach Niederndorf (Villabassa) im Pustertal in Südtirol (Alto Adige), 120 km vom Startort entfernt. Auf der ganzen Strecke hatte der Pilot nur zwei sichere Landemöglichkeiten entdeckt. Es war für DITTMAR der schwierigste, aber auch weitaus interessanteste Segelflug seiner bisherigen Laufbahn.

Wie günstig sich diese anhaltenden Bemühungen auf das Leistungsvermögen der Flugzeugführer auswirkten, zeigte das Internationale Vergleichsfliegen anläßlich der ISTUS-Tagung in Salzburg 1937. Der Segelflug hatte sich in den letzten Jahren in den einzelnen Ländern stark entwickelt. Die Beteiligung am Vergleichsfliegen drückt es deutlich aus: 40 Piloten mit 33 Flugzeugen aus sechs Nationen traten in der letzten Maiwoche 1937 zum Wettkampf an. Gestartet werden konnte entweder vom Flugplatz Maxglan bei Salzburg im F-Schlepp, oder im Gummiseilstart von der Gaisbergspitze oder der Zistelalm. Doch alle Teilnehmer bevorzugten den Flugzeugschleppstart. Der Wettbewerb wurde unter zunehmend besser werdenden thermischen Bedingungen ausgetragen. Am ersten Tag erfüllte FRENA (Innsbruck) die Tagesaufgabe mit der Umrundung des Hohenstaufen, des Untersbergs (bei Berchtesgaden) und des Gaisbergs (bei Salzburg). REITSCH (Darmstadt) segelte im Alpenrandgebiet

108 km bis Steyr, KARCH (München) erreichte 43 km und MUNZ (Salzburg) 38 km.

Am nächsten Wettbewerbstag, dem 28. Mai, flog REITSCH erneut bis Steyr, DITTMAR landete ebenfalls dort, HAASE (Berlin) kam 72 km weit bis Vorchdorf, WIEDNER (Innsbruck) 65 km bis Gmunden und ERIC NESSLER (Paris) 44 km bis Weyregg. Diese Flüge fanden im Vorland der Alpen statt und brachten für den Gebirgssegelflug kaum neue Erkenntnisse.

Der dritte Wertungstag brachte eine weitere Steigerung der Flugleistungen. OSANN (Darmstadt) segelte auf dem kleinen, leichten und wendigen *Windspiel* 140 km weit nach St. Leonhard, HAASE und der rührige NESSLER landeten in Steyr, KRACHT (Aachen) beendete seinen Flug nach 55 km in Zell am See und WIEDNER (Innsbruck) nach 51 km bei St. Johann, beide waren in Richtung Zentralmassiv geflogen. KRACHT hatte mit 2290 m die größte Startüberhöhung des Tages erreicht.

Der nächste Wertungstag, der 30. Mai, brachte dann die lang erhoffte und dennoch sensationelle Alpenüberquerung gleich durch mehrere Segelflieger. KARCH und KLEIN (München) überstiegen mit ihrem Doppelsitzer *Mü–10 Milan* mehrere Alpenkämme und landeten nach 195 km auf der Südseite der Alpen bei Farra d'Alpago, östlich von Belluno. KRACHT segelte ebenfalls südwärts 175 km weit bis nach Osoppo bei Udine. Bei Pieve di Cadore in den südlichen Alpen gingen nach 160 km aufgrund einer Wetterverschlechterung gleich drei Segler nieder: RUTHHARDT (Stuttgart), REITSCH (Darmstadt) und ZIEGLER (München). ZIEGLER war allerdings außerhalb des Wettbewerbs gestartet, hatte den Flug in Prien am Chiemsee angetreten und war ebenfalls auf 160 km gekommen. DITTMAR mußte den Flug bereits nach 110 km in aussichtsreicher Position in 3000 m Flughöhe wegen eines Fieberanfalls bei Lienz abbrechen. NESSLER landete infolge eines taktischen

Mißgeschicks bereits nach 40 km bei Egerndorf. HAASE, der im nördlichen Alpenvorland geblieben war, flog 130 km weit bis zum Starnberger See.

Am folgenden Tage wurde noch eine weitere wertvolle sportliche Leistung vollbracht. OSANN, noch rechtzeitig vom letzten Flug zurückgekehrt, flog auf *Windspiel* 180 km weit bis Udine und überquerte damit ebenfalls die Alpen. Er überflog in 3 800 m über NN das Glocknermassiv, erreichte das Tagliamentotal und flog bei schwacher Abendthermik und ruhiger Luft in die Oberitalienische Tiefebene ein. 18.05 Uhr landete er auf einem Felde bei Buja und wurde von den Einwohnern überaus herzlich aufgenommen. Seinen Flugbericht schloß er mit den Worten: «Dankbar denke ich an die nächsten Tage in Udine, als ich auf den Transportwagen warten mußte. Nie hätte ich erwartet, mit einer solchen Herzlichkeit und Gastfreundschaft in einem fremden Land aufgenommen zu werden.» [77, S. 97] Das Erlebnis der Hilfsbereitschaft und Gastfreundschaft unbekannter Mitmenschen, auf die ein außengelandeter Segelflieger insbesondere im Ausland so stark angewiesen ist, gehört zu den schönsten Eindrücken, die der Segelflug zu vermitteln vermag.

Die Leistungen dieses Vergleichsfliegens waren durch die zunehmenden Gebirgsflugerfahrungen der Flugzeugführer sowie durch eine Wetterverbesserung (ansteigende Wolkenbasis bei abnehmender Luftfeuchtigkeit) ermöglicht worden. Der Hochgebirgssegelflug stellte tatsächlich gegenüber dem Segelflug in der Ebene und den Mittelgebirgen eine andere Qualität dar, wie es in dem interessanten Flugbericht RUDOLF ZIEGLERS über seinen Alpenflug nach Pieve di Cadore zum Ausdruck kommt: «Am 30. Mai scheint das Wetter günstig zu sein. Kurz vor 12.00 Uhr starte ich mit der *Mü-13 Merlin* und lasse mich zur Kampenwand schleppen. Kaum 500 m über Prien, schon vor der Kampenwand, bekomme

ich so starken Aufwind, daß ich ausklinke und gleich wegsteige … Das macht Spaß … Aber ich habe mich doch zu früh gefreut, denn plötzlich hört der Aufwind auf …, so muß ich eben versuchen, zu den weniger großen, aber näheren Wolken des Kaisergebirges zu kommen. Damit bin ich aber an den Weg über die grünen Kitzbühler Berge gebunden, die nur selten eine kahle Felswand zeigen und deshalb auch keine so gute und sichere Thermik haben …

Der erste Sprung geht zum Geigelstein, an dem ich gerade so viel Höhe holen kann, daß es zum zweiten Sprung, zum Zahmen Kaiser, reicht. Dieser ist noch harmlos, aber der Wilde Kaiser streckt seine Gipfel bis in die Wolken hinein, und da es den Aufwind nur auf der sonnenbeschienen Südseite gibt, … muß ich außen um den Gebirgsstock herum … Aber immer noch muß ich eine Weile warten, bis die Thermik kommt. Dann geht's aber los, in Steilkurven ganz nahe an der Felswand hoch: 5m/s Steigen und noch mehr zeigt das Variometer. Es ist doch das schönste und erhabendste Gefühl, wenn man in der herrlichen Bergwelt direkt an der Felswand das Höhersteigen beobachten kann. Man fühlt sich dem Vogel gleich, der auch ohne Flügelschlag die Berge erklettert. Wie habe ich immer die Bergdohlen beneidet, wenn sie so mühelos an der Bergwand kreisten und dann um den Gipfel herumsegelten …

Vom Wilden Kaiser aus geht es zu den Kitzbühler Alpen und, wie vermutet, wollen diese verhältnismäßig niederen, mit Gras bewachsenen Berge keine rechte Thermik liefern. Wolken sind keine zu sehen; wo ich Fels sehe, fliege ich hin, aber immer vergebens. Tiefer und tiefer sinke ich … da sehe ich auf einmal gar nicht weit von mir einen Vogel seine Kreise ziehen … Ich kann so viel Höhe holen, daß ich zum Großen Rettenstein komme, über dem sich gerade die einzige Wolke weit und breit aufballt. Jetzt heißt es aber so schnell wie möglich heran und den Auf-

398 Ständig wechselt das Panorama. Wiesen und Felder in den Tälern, Wälder an den Hängen und ewiger Schnee auf den Gipfeln.

wind bis zum letzten ausgenützt, denn wenn eine Wolke so schnell entsteht, zerplatzt sie auch genau so schnell wieder... Diese Wolke ist aber auch der letzte Punkt, von dem aus der größte und schwerste Sprung hinüber zum Zentralalpenkamm, der über 1 000 m höher ist, gewagt werden muß...

Und wenn man den oberen Pinzgau überflogen hat, steht vor einem, riesengroß und unnahbar, das schnee- und eisbedeckte Haupt in Wolken gehüllt, der Großvenediger, und auf dem Weg dahin kann man nur in eines der wilden, schluchtartigen Täler hineinfliegen... aber auch immer mächtiger und unbezwingbarer steigt der majestätische Bergriese vor mir auf. Endlich, als der unheimliche Grund der Schlucht gar nicht mehr so weit unter mir ist, bekomme ich Auf-

wind. Ich fange an zu kreisen, und was sehe ich da? Unter mir kreist ein riesiger Vogel, es muß ein Steinadler sein... Schon nach wenigen Kreisen hat er mich eingeholt. Ganz deutlich sind jetzt sein gebogener Schnabel und seine scharfen Augen zu sehen. Auch er schaut sich ein paarmal nach mir um. Was er wohl denkt über einen solchen Riesenvogel, der in sein Reich eindringt, in dem doch er selbst König ist?... Etwa 100 m steigt er höher als ich, dann fliegt er fort... Mir genügt die Höhe noch nicht, denn ich will ja zum Venediger hinauf. Sehr viel höher komme ich allerdings mit dieser Thermik auch nicht, aber ich habe wenigstens wieder den Bergkamm erreicht, und nun geht es in Stufen weiter. Schon erreiche ich den unteren Teil des Gletschers. Es wird empfindlich kalt... Es schüttelt mich in meinem leichten Sommeranzug, die Füße sind eiskalt und die Hände steif... Trotzdem, weiter höher geht's... und die majestätische Ruhe in dieser Einsamkeit über dem ewigen Eis und Schnee beeindruckt mich so, daß das Frieren ganz nebensächlich wird. Immer näher kommt der Gipfel, der die oberste Spitze in eine riesige Wolke steckt. Noch ein paar Kreise, und ich kann in dem Bereich dieser Wolke fliegen. Sie zieht sehr gut. Bis an die Basis schraube ich mich hoch, und dann muß ich drücken, daß ich nicht in die Wolke hineingesaugt werde, denn mit einem Berggipfel zusammen in einer Wolke zu stecken, ist kein angenehmes Gefühl. Mit über 100 km/h geht es geradeaus nach Süden, direkt am Gipfel des Groß-Venediger vorbei, ganz dicht über die riesigen Schneefelder. Skispuren sehe ich, und dann winken ein paar Skifahrer. Der Eindruck ist unbeschreiblich, wenn man nach drei Stunden langem Kampf 3 600 m Höhe erreicht hat und nun den höchsten Gebirgskamm überfliegt... Ich habe schon mehrmals mit Motorflugzeugen die Alpen überquert, und jeder Flug war ein besonderes Erlebnis... aber niemals kommt das Erlebnis an einen Segel-

399   Nichts Außergewöhnliches: Ein Adler über der Kabine des Segelflugzeugs.

flug über dem Gebirge heran ... Man kann von oben in die Gletscherspalten sehen, und man kann an den steilsten Felswänden entlanggleiten, und das so langsam, daß man genügend Zeit hat, auch Einzelheiten zu betrachten. Und obwohl das Fliegen eigentlich mehr geistige als körperliche Anstrengung kostet, so hat man doch das Gefühl, einen Gipfel bezwungen zu haben ... Weit geht jetzt der Blick nach Süden. Hinter den steilen Abstürzen des Venedigers in das Drau- und Pustertal stehen die schroffen Türme der Dolomiten ...

Hoch überm Iseltal geht es jetzt hinunter, nur zu schnell nimmt die Höhe ab. Als ich bei Lienz die Drau überfliege, habe ich auf dem weiten Weg 1 500 m Höhe verloren. Die Lienzer Dolomiten stehen wie eine Wand vor mir. Meine Höhe reicht gerade noch, um zwischen zwei Bergspitzen über einen Grat zu fliegen ... Ganz vorsichtig fliege ich das Joch an (Lesachtal) und halte Ausschau nach einem Landegelände da drüben, aber gerade als ich feststelle, daß dort eine Landung ohne restlosen Bruch nicht möglich ist, bekomme ich einen solchen Abwind verpaßt, daß mir die Rückkehr ins schöne Pustertal versperrt ist. Damit ist eine Entscheidung gefallen. Es gibt nur zwei Möglichkeiten: Aufwind finden, oder Bruchlandung; also Aufwind finden. Genau wie im Kaisergebirge fliege ich ganz nahe der Felswand entlang, denn nur an diesen

Südhängen besteht die Möglichkeit einer Thermikablösung. Es ist schon kurz vor 16.00 Uhr, und Wolken hängen keine über den Gipfeln. Immer höher wachsen die Berge links über mir, und rechts unter mir rückt immer näher und deutlicher das Gelände, wo ich schließlich den Bruch hinschmeißen muß. Fast ganz ruhig ist die Luft. Diese Minuten können Nerven kosten. Vor kurzem noch klapperten die Zähne vor Kälte, und jetzt ist es viel zu heiß in der kleinen Kabine. Auf einmal wird es böig, dann fällt das Variometer auf 3 bis 4 m/s Fallen, und kurz darauf steigt es wieder. Sofort fange ich an zu kurven, und nach zwei Kreisen schon habe ich gleichmäßig 4 bis 5 m/s Steigen. Wieder einmal habe ich Glück gehabt; an der großen, fast senkrechten sonnenbeschienenen Felswand löst sich gerade eine mächtige Thermikblase ab; schon ist hoch über dem Gipfel ein kleines Wölkchen zu sehen; das zusehends größer wird. Jetzt geht wieder das herrliche Schauspiel los, wie man mühelos an der Felswand hochklettert, nach kurzer Zeit den Gipfel erreicht und immer weiter steigt, immer höher, bis zur Wolke. Längst ist das dumpfe Gefühl von der Landung zwischen Felsbrocken vergessen. Die Wand, an der man hoffend hochgeschaut hat, ist bezwungen, mit Freude schaut man auf den Gipfel herab, der tief unter einem geblieben ist.

Schon geht der Blick weiter. Noch ein Kamm ist zu bezwingen, bevor ich ein Tal erreiche, das in die Poebene hinausführt. Wunderbar liegen die Dolomitenberge vor mir...Schon kann ich die Drei Zinnen und den Monte Cristallo ausmachen ...Aber gleich dahinter und im Süden davor hat sich eine unabsehbar große Wolkendecke ausgebreitet, die sich bis auf die Berge niedersenkt, und aus den Tälern steigt dicker Dunst. Da muß sich in der Zeit, während ich vom Groß-Venediger herunterflog, ein Gewitter gebildet haben, und das hat natürlich die ganze Thermik aufgesaugt...Fast komme ich wieder auf meine Höhe vom Groß-Venediger, bis 3400 m bläst mich diese Thermikablösung hinauf, und damit könnte ich jetzt im reinen Gleitflug, wenn kein Abwind oder Gegenwind dazwischenkommt, mit Leichtigkeit die Poebene erreichen: aber im Gebirge darf man nie auf so einen ruhigen Flug rechnen, besonders nicht, wenn in der Nähe ein Gewitter niedergegangen ist.

Leicht überwinde ich die nächsten Berge und bin bald hoch über dem Piavetal...Ich fliege nach links in ein Seitental und will ins Tagliamentotal hinüber, möglichst weit von dem Gewitter weg, denn in dem Zustand, in dem es jetzt ist, kann es nur noch Abwind bringen... Das Variometer zeigt unablässig 3 m/s Fallen. So schnell verliere ich Höhe, daß schon die Frage auftaucht: reicht es noch über den Grat oder nicht? Ich fliege mit dem besten Gleitwinkel. Die Spannung wächst immer mehr...und immer noch 3 m/s Fallen. Es sind typische Dolomitenberge mit senkrechten Wänden, und ganz steil steigt vor mir die Wand aus dem Tal hoch, die zwei Bergkuppen verbindet, und sie bildet einen scharfen Grat. Noch kann ich hinübersehen, noch winkt drüben das rettende Tal...

Da – kaum 50 m vor dem Grat wird der Abwind noch stärker. Ich drücke an, um den *Merlin* mit Schwung hinüberzuziehen...Jetzt ziehen – es geht steil an der Wand hoch – aber in dem Abwind reicht der Schwung nicht aus...Ich muß ins Seitensteuer treten und im Turn von der Wand wegdrehen. Aus der Traum: verloren. Jetzt bleibt nur noch das unsympathische Piavetal, bis zu dem das Gewitter seine Arme ausstreckt...und immer noch falle ich mit 2 bis 3 m/s.

Ich muß mindestens 40 bis 50 km/h Gegenwind haben. Meine Ahnung war also doch richtig. Zum Glück fällt das Tal genau so steil wie ich selber, denn eine Landung wäre hier ausgeschlossen. Manchmal bekomme ich über einem Felsvorsprung eine Bö verpaßt mit 2 m/s Steigen, aber wenn ich kurven will, werde ich gleich vom Wind so weit zurückversetzt, daß ich nachher an der Stelle noch tiefer ankomme, als ich vorher war. Es bleibt mir nichts anderes übrig, als mit bestem Gleitwinkel geradeaus zu fliegen, im Aufwind zu ziehen und im Abwind zu drücken...

Es ist sehr eng. Die Hänge rechts und links sind sehr steil und mit Tannen bewachsen. 300 m unter mir schäumt und braust die Piave über Felsblöcke zu Tal. Da – auf der anderen Seite drüben taucht ein grüner Platz zwischen den Bäumen auf... Er ist sehr klein für eine Landung, aber es ist der einzige Platz, der für mich in Frage kommt. Noch bin ich fast 100 m höher, steil unter mir sehe ich den Platz. Ich fahre das Fahrwerk und die Landeklappen aus und überlege schon, wie ich die Höhe überhaupt wegbringe auf so kurze Entfernung,...habe das Flugzeug auf 80 km/h Fahrt gedrückt, um Geschwindigkeitsüberschuß für die Bergauflandung zu haben, da wird es plötzlich ganz unheimlich still. Das Rauschen der Maschine hat auf einmal aufgehört, der Fahrtmesser geht auf Null zurück. Der Vogel geht senkrecht auf den Kopf und fällt und fällt. Mein schöner Landeplatz, den ich gerade noch 50 m unter mir sah, verschwindet nach oben. Unter mir stehen am steilen Hang lauter Tannen, die furchtbar schnell größer werden. Ich stürze senkrecht auf sie zu und kann nichts dagegen machen. Es geht alles so rasend schnell, und ich bin so hilflos diesem Luftwirbel ausgeliefert, daß es eigentlich nur noch die eine Möglichkeit gibt: ‹Augen zu und warten, bis es kracht.› Endlich spüre ich wieder Steuerdruck. Mit Querruder drehe ich das Flugzeug so, daß ich wenigstens nicht gerade auf einem Baum aufgespießt werde. Dann kurz vor den Bäumen mit einem Ruck den Knüppel an den Bauch ... schon zwischen den Bäumen bekomme ich sie parallel zum Hang, und dann klatscht sie auf. Das Fahrwerk bricht in sich zusammen, die Fügel schlagen durch bis auf den Boden, und dann ist alles ruhig. Nur das Rauschen der Piave höre ich hinter mir. Ich sitze mitten zwischen Bäumen in einer ganz sonderbaren Lage. Eine Tanne vor mir kann ich fast mit der Hand greifen, vom linken Flügel ist die nächste 1 m, vom rechten 2 m entfernt, und auch hinter mir stehen Tannen ganz nahe. Der Hang ist so steil, daß ich eigentlich nach rückwärts abrutschen müßte. Vorsichtig steige ich aus und betrachte mir die Lage. Sie ist unwahrscheinlich. Ich muß mir immer wieder an den Kopf fassen: Wie kann man nur so ein Glück haben! Da fällt ein Vogel vom Himmel mitten zwischen die Bäume, hat nicht einen Zentimeter Auslauf, das Fahrwerk nimmt den ganzen Stoß auf und bricht zusammen, die Fahrwerksklappen haken sich so im Boden fest, daß die Maschine nicht rückwärts in die Bäume rutschen kann, und sonst ist der Vogel heil.

Aber was war denn eigentlich geschehen ... Der starke Windstrom, der in dem engen Tal wie in einer Düse blies, ist durch das Seitental abgelenkt und geteilt worden. Hinter der vorspringenden Bergnase entstand nun eine starke Sogwirkung, und so wurde Luft von oben nachgesaugt. Ich kam nun, als ich über den Piavefluß flog, aus einem 50 km/h schnellen Gegenwind ganz plötzlich in eine Luftströmung, die senkrecht nach unten ging. Ich hatte also plötzlich anstatt 80 km/h nur noch 30 km/h gegenüber der Luft, und so langsam kann auch ein Segelflugzeug nicht mehr fliegen, das zeigt

nicht einmal mehr der Fahrtmesser an. Und da das nun noch im starken Abwind geschah, brauchte das Flugzeug über 100 m senkrechten Sturz, um gerade so viel Geschwindigkeit aufzuholen, daß es wieder steuerbar war. Und zum Glück hatte ich gerade so viel Höhe zur Verfügung.

Als ich nach Pieve heraufkomme, wollten die Leute gar nicht glauben, daß ich in dem Flugzeug saß, das sie hatten abstürzen sehen.» [77, S. 66 ff]

Bei einem Landeanflug während der Weltmeisterschaft 1952 in Spanien hatte ZIEGLER leider nicht dieses Glück; Turbulenz brachte seinen Doppelsitzer *Mü–13E* im Landeanflug zum Absturz, an dessen Folgen er verstarb.

An gesicherten Alpenflugerfahrungen lagen nach den Flügen des Jahres 1937 folgende vor:

– Die absolute Beherrschung des Flugzeugtyps durch den Flugzeugführer ist eine unbedingte Voraussetzung für sichere und erfolgreiche Gebirgssegelflüge.

– Der thermische Aufwind entsteht vor allem an den sonnenbeschienenen Felswänden, weniger über den Tälern. Die Aufwinde, häufig geringen Durchmessers, steigen unmittelbar an der Felswand auf. Der Segelflieger muß kreisend oder in Achten dicht an den Fels heranfliegen.

– Aus Sicherheitsgründen wird der erste Kreis stets von der Felswand weg ausgeführt, und er darf nur vorsichtig in Richtung Berg verlagert werden. Dennoch ist ein metergenaues Abgleiten der aufwindgünstigsten Bergflanken notwendig.

– Der Standort der Aufwinde ist im Gebirge leichter und sicherer zu bestimmen als im Flachland.

– Gebirgskämme können häufig erst nach mehreren Ansätzen überflogen werden, und der Segelflieger muß noch mehr Geduld und Ausdauer aufbringen als im Flachland.

400   Über den Gipfeln.

- Bei Hochdruckwetterlagen liegt oft noch am späten Vormittag eine Inversionsschicht in den Tälern, die keine Thermik aufkommen läßt und erst durch die zunehmende Sonneneinstrahlung zerstört wird. Oberhalb der Inversion sind an den Felsen dagegen schon am frühen Vormittag gute thermische Bedingungen anzutreffen, so daß in dieser Höhe Streckenflüge zeitiger begonnen werden können.
- Der Flug nach Süden führt allgemein in wärmere Luftmassen und unterliegt damit schlechteren thermischen Bedingungen.
- Leistungsunterschiede von Segelflugzeugen wirken sich im Gebirge noch stärker als im Flachland aus.
- Eine richtige taktische Höheneinteilung während des Streckenfluges – die von der Höhe der Gipfel, der Aufstiegshöhe der Thermik und vom Gleitverhältnis des Segelflugzeugs abhängt – sowie die Zielsetzung, möglichst nicht unter Gipfelhöhe anzukommen, sind für das Gelingen von Streckenflügen wichtig.
- In den Morgenstunden sind bei Streckenflügen westliche Kurse, in den Nachmittagsstunden östliche Kurse, infolge der Bildung der Thermik auf der Sonnenseite der Felsen, günstiger.
- Außenlandungen stellen an den Segelflieger wesentlich höhere Anforderungen als im Flachland.

Dafür erlebt der Gebirgssegelflieger die Natur in einer Schönheit, wie sie sich nicht einmal dem Auge des Bergsteigers bietet. Hoch über Gipfeln und Graten, über Felsen, Feldern ewigen Schnees und Gletschern, tiefblauen Gebirgsseen, umgeben von Hunderten von Spitzen und Zacken einer majestätischen Bergwelt, gleitet er fast lautlos unter der Hochgebirgssonne dahin, unter, in und über Wolken, hoch über dem Dunst und Staub der untersten Inversionsschicht. Seinem Blick bieten sich ständig neue Panoramabilder. «Für das Fliegerauge sind die Berge in ständiger Bewegung, sie scheinen sich zu öffnen und zu schließen, zu grüßen und zu drohen. Sie wechseln für den Fliegenden, mal in Licht, mal in Schatten getaucht, ihren Standort untereinander», [107, S. 20] schrieb ein Alpensegelflieger des Jahres 1937.

Ein anderer beschrieb die unvergleichlichen Eindrücke des Gebirgssegelfluges wie folgt: «Der Alpenflieger erlebt die Bergwelt an steilen Schründen, über Graten und Gletschern so intensiv, wie es selbst Extremalpinisten – schweregebunden – nie vergönnt sein wird. Denn dem felsnahen Klettern im Aufwind folgt der freie, vogelgleiche Flug inmitten einer urweltlichen Landschaft...» [112]

Um weitere Fortschritte im Alpensegelflug erzielen zu können, fand die nächste ISTUS-Tagung wieder in einem Alpenland, diesmal in der Schweiz, in Bern statt. Vom 23. bis 29. Mai 1938 trafen sich die Leistungssegelflieger vieler Länder auf dem Flugplatz Belpmoos bei Bern. Die Wetterlage erschwerte es den Piloten jedoch, in das Innere der Alpen vorzudringen. Auf dieser Route sind Kämme und Gipfel mit einem Höhenanstieg von mehr als 3 000 m zu überwinden. Nur der bewährten Besatzung KARCH/KLEIN (München) gelang es, mit ihrem Doppelsitzer *Mü – 10 Milan* die hohen Massive auf dem Flugweg Belpmoos – Thuner See – Haslital – Grimselpaß – oberes Rhonetal – Grießpaß zu übersteigen und in das enge Tal Val Formazza zu fliegen.

Sie landeten nach 156 km Luftlinie in Pallanza am Lago Maggiore. DITTMAR wagte sich bis zum Oberalppaß vor und erreichte Chur im reinen Gebirgsflug nach 155 km.

Im Winter 1938/39 ging die DFS daran, den Leewellenaufwind der Alpen von südbayrischen Flugplätzen aus systematisch zu erforschen. Dann unterbrach der zweite Weltkrieg die Bemühungen um weitere sportliche und friedliche Fortschritte im Segelflug.

Nur in der neutralen Schweiz gab es noch Möglichkeiten, den Alpensegelflug zu betreiben. Die Landesmeisterschaft im Segelflug 1943 wurde erstmals auf dem Hochgebirgsflugplatz Samedan im Oberengadin veranstaltet. MAURER und SCHACHENMANN waren in den nächsten Jahren führende Alpenflieger. 1946 unternahmen sie Streckenflüge in die hohen Westalpen von Bern, Zermatt, Samedan und Locarno aus. Am 21. April 1948 überquerte SIEGBERT MAURER dann als erster das gesamte Alpenmassiv auf Süd-Nord-Kurs im Segelflug. Er startete in Locarno, bezwang den St. Gotthard und landete nach fünf Stunden Flugzeit auf dem Baseler Flugplatz. Anläßlich der internationalen Segelflugwettkämpfe vom 19. bis 31. Juli 1948 auf dem Flugplatz Samedan konnte MAURER auch den ersten anerkannten Geschwindigkeitsweltrekord auf dem 100-km-Dreieck mit 69,6 km/h aufstellen.

Segelflugparadies Alpen

Nach der Wiederzulassung des Segelfluges in Österreich waren es zwischen 1955 und 1968 HANS RESCH, SIEGFRIED KIER, HARRO WÖDL und JOHANN FRITZ, die sich um die Weiterentwicklung des Segelfluges in den Alpen besonders verdient gemacht haben. Sie bewiesen, daß man nicht nur die Höhen-, sondern auch die Streckenbedingungen für die Gold-C einschließlich ihrer Diamanten in den Alpen erfliegen kann, und das sogar auf Flugzeugen mit klassischem Profil. Am 12. Juni 1964 konnte KIER (Innsbruck) auf dem Segelflugzeugtyp *Ka 6 CR* das erste 500-km-Dreieck in den Alpen fliegen. Auf der Strecke Leutasch – Engelberg – Veltlin – Leutasch mit 517 km Luftlinienentfernung und etwa 610 km tatsächlicher Flugstrecke erreichte er eine Geschwindigkeit von 80 km/h! Gemessen am Flugzeugtyp war dies eine sehr hohe Reisegeschwindigkeit. Auch einer der Altmeister des Alpensegelfluges, LUDWIG KARCH, wurde nach dem Kriege wieder aktiv und vermittelte seine umfassenden Erfahrungen und Erkenntnisse im Gebirgssegelflug gezielt an junge Flieger. Schon im Jahre 1955 organisierte er eine Alpenflugwoche. 1956 flog er mit seiner alten, aber doch bewährten *Mü – 10* bis in die Hohen Tauern, und im nachfolgenden Jahr gelangen ihm gleich zwei Nord-Süd-Alpenüberquerungen. Am 30. Juni 1957 flog er von Prien nach Managio in Süditalien und am 7. Juli 1957 vom gleichen Startort 210 km weit bis in das Gebiet von Udine. Doppelsitzerzielflüge von Samedan nach Zell am See, von Prien zum Großglockner und ein Zielstreckenflug mit Rückkehr Prien – Admont/Ennstal – Prien über 320 km, ebenfalls auf *Mü – 10*, runden den Eindruck von den Bemühungen dieses alten Alpensegelfliegers ab.

Unter seiner fliegerischen Leitung wurden in den Jahren 1958 bis 1960 drei Alpenwandersegelflüge durchgeführt. Hervorhebenswert an diesen Etappenflügen

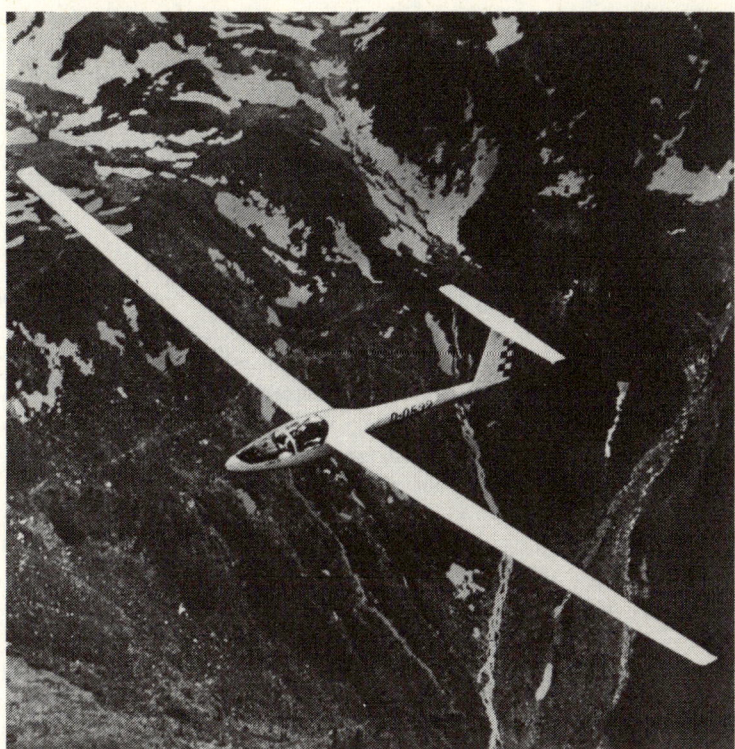

401 Ein GFK-Segler am Hochgolling (2863 m).

402 Anflug zur nächsten Felswand.

war die angewendete Gruppenflugtaktik: Die beteiligten Segler unterschiedlicher Typen und Flugleistungen flogen im gelockerten Verband mit dem Ziel der größten Gemeinschaftsleistung. Man stand über Funk im ständigen Kontakt und gab sich gegenseitig jede nur mögliche taktische, navigatorische und meteorologische Hilfeleistung. In thermisch günstigen Gebieten wartete man aufeinander, «versammelte» sich in der Luft erneut zum geschlossenen Verband, um gemeinsam die nächste Teiletappe in Angriff zu nehmen, wobei die leistungsfähigeren und schnelleren Piloten und Flugzeuge die Rolle von «Pfadfindern» übernahmen. Ein Ziel des «KARCH-Alpengeschwaders» war stets das Flugparadies Samedan im Oberengadin bei St. Moritz. Die Flüge führten durch die bayrischen, österreichischen, schweizerischen und italienischen Alpen.

In den sechziger und siebziger Jahren war JOCHEN VON KALCKREUTH neben ALF SCHUBERT, KIER, ADELE und GIORGIO ORSI, ROBERTO MONTI, ATTILO PRONZATI, RUEDI SEILER und anderen einer der aktivsten Alpensegelflieger. Seinen Beruf und sein Leben hatte er so gestaltet, daß er sich in starkem Maße seiner Leidenschaft, dem Segelflug im Gebirge, widmen konnte. Er begann seine Laufbahn noch auf Mustern mit klassischem Profil, konnte aber bald leistungsfähigere Laminarflugzeuge nutzen, durch die auch der Gebirgssegelflug neue Perspektiven erhielt. So vermochte er viele Langstreckenflüge im gesamten Alpenraum zu unternehmen und erschloß ihn mit mehr als 70 000 Streckenflugkilometern.

Auch im Alpensegelflug leiteten die Laminarflugzeuge eine neue Etappe ein. Ihre höheren Gleitzahlen und größeren Fluggeschwindigkeiten erleichterten das Fliegen im Gebirge. Der Segelflieger kommt in größerer Höhe im Bereich der nächsten aufwindspendenden Felswand an – oft oberhalb der Gipfel und Kämme; kann Gegenwindkomponenten besser überwinden und die Reichweite seiner Flüge wesentlich erweitern, die nun die Grenzen des Alpenraumes erreichten. Die folgenden, kurz skizzierten Flüge VON KALCKREUTHS verdeutlichen den großen Fortschritt des Segelfluges mit Laminarflugzeugen gegenüber den Pionierjahren.

Am 5. Juli 1971 versuchte VON KALCKREUTH, auf *Kestrel* eine 740 km lange Zielstrecke mit Rückkehr von Aigen im Ennstal nach Thusis zu fliegen. Er startete um 9.20 Uhr. Die Position Patscherkofel bei Innsbruck (210 km) überflog VON KALCKREUTH schon um 11.15 Uhr. Entlang der Nordkette des Karwendels führte der Flugweg über die Lechtaler Alpen, das Paznauntal, die Silvretta zum Wendepunkt Thusis, der um 14.50 Uhr umrundet werden konnte. Der Rückweg verlief über den Fluelapaß, die Ötztaler und Tuxer Alpen zum Gerlospaß. Ein zeitiges Thermikende bewirkte um 17.30 Uhr nach 640 km die Landung in Zell am See.

Am 7. Juli 1971 startete VON KALCKREUTH einen Zielrückflugversuch in ebenfalls westlicher Richtung über 887 km und erreichte 600 km.

Bei sich verbessernder Wetterlage unternahm der unermüdliche Alpenflieger am 10. Juli 1971 einen weiteren Versuch. Aufgrund der in den letzten Tagen gesammelten Erfahrungen fiel die Entscheidung für die 780 km lange Strecke Aigen–Vals in Graubünden–Aigen entlang der Hauptkammlinie der Alpen. Gestartet wurde um 8.44 Uhr im F-Schlepp, Auskuppelhöhe 960 m über Platz, Abflug 9.15 Uhr in Richtung Dachstein, Zell am See (Schnitt 98 km/h), Pinzgau, Gerlospaß, Rosenjoch (87 km/h Schnitt auf dieser Teilstrecke), Fundusfeiler (nur 69 km/h), Grieskopf, Pfrodlkopf (4000 m Flughöhe), Silvretta, Samedan (102 km/h). Aus 3600 m Höhe setzte er gegen 13.45 Uhr zur Umrundung von Vals an (85 km/h). Auf dem Rückflug gab es über der Rosenjochkante mit durchschnittlich 4,5 m/s das stärkste Steigen, das bis knapp 4000 m ausgeflogen wurde.

403 Vorbei an mächtigen
Gipfeln.

Der Endanflug begann aus 2400 m Höhe vom Mandlingpaß aus, und Aigen konnte in 500 m Flughöhe um 17.55 Uhr überflogen werden. Die 780,4 km lange Zielrückflugstrecke war in 08:40:00 h mit einer durchschnittlichen Reisegeschwindigkeit von 90,0 km/h durchflogen worden. Dies war ein neuer Landesrekord, der den alten, im Flachland aufgestellten, ganz beträchtlich übertraf.

Am 23. Mai 1972 gelang GÜNTER CICHON auf *Phoebus* in den Alpen ein 809,92 km weiter Zielrückflug von Turnau nach Dalaas und zurück.

Hinter diesen nüchternen, statistisch wirkenden Angaben verbergen sich eine Vielzahl interessanter flugtaktischer Überlegungen und Entscheidungen, die Überwindung meteorologischer Schwierigkeiten und brenzliger Situationen und vor allem ein überwältigendes Flug- und Naturerlebnis, wie es in anderen Flugberichten bereits zum Ausdruck kam.

VON KALCKREUTH war dazu übergegangen, nach einem Flugzeitplan zu fliegen, den er vor seinen Flügen gründlich erarbeitete. Er teilte die Gesamtstrecke in Stundenentfernungen, die er bei der erwarteten Thermik aufgrund von

Berechnungen und Erfahrungen zu erreichen hoffte und kontrollierte stündlich den Erfüllungsstand. Der Hauptvorteil dieser Methode besteht darin, daß der Pilot sich während des gesamten Verlaufs eines längeren Fluges ein genaues Bild über die Chancen seines Gelingens machen und ihn gegebenenfalls rechtzeitig abbrechen kann, um zum Startplatz zurückzukehren. Bei harter zeitlicher Vorgabe und entsprechender Einstellung des Segelfliegers geht von solchen Flugzeitplänen auch ein Ansporn für den Schnellflug aus. Die Vorteile dieser Methode bewies VON KALCKREUTH bei vielen Flügen.

Am 23. Mai 1973 gelang es ihm, das 755 km lange Alpendreieck Turnau–Tagliamentoknick–Linderhof–Turnau in einer Flugzeit von 08:15:00 h zu fliegen, und am 27. Mai 1974 legte er bei einem «Hammerwetter» die 884 km lange Zielrückstrecke Turnau–Sils-Maria im Oberengadin–Turnau mit einer Durchschnittsgeschwindigkeit von 95,3 km/h zurück. Die erwähnten Flüge unternahm er mit dem *Kestrel*. VON KALCKREUTH hatte seinem Segler den Namen «Orion» gegeben.

Bei seinen vielen Flügen erkundete der erfolgreiche Segelflieger den gesamten Alpenraum flugmeteorologisch und legte seine Erkenntnisse und Erfahrungen über die Wetterbesonderheiten der einzelnen Gebiete in Veröffentlichungen dar. Vom Flugplatz Varese aus analysierte er auch die Flugbedingungen in den Südalpen. Die bereits erwähnten Erfahrungen der ersten Alpenüberquerungen fanden eine Bestätigung und Erklärung. Die thermischen Bedingungen in den Südalpen sind in der Regel wechselhafter und komplizierter als in den Nordalpen. Die starke Thermik über den Zentralalpen erzeugt einen Saugeffekt, der im Laufe des Tages in zunehmendem Maße die warme und damit stabilisierend wirkende Dunstluft der Poebene immer weiter nach Norden ansaugt und die thermische Konvektion in den Südalpen stört. Weiter südlich jedoch, in Mittelitalien, existiert eine starke Trockenthermik mit Basishöhen bis 3500 m und Aufwinden bis zu 5 m/s, wie sie in keinem anderem Teil Europas anzutreffen ist.

Trotz fortschreitender Technik war und ist der Segelflug, insbesondere im Hochgebirge, mit Gefahren verbunden. Dies zeigte auch der letzte Flug VON KALCKREUTHS.

Der passionierte Alpensegelflieger war am 4. Mai 1977 bei einer Südföhnlage um 13.12 Uhr zu einem Trainingsflug von Eschenlohe (Oberbayern) in Richtung Brenner gestartet. Gegen 16.00 Uhr kam die letzte Fluginformation per Funk: VON KALCKREUTH stand in 7300 m Flughöhe über dem Brennerpaß; danach kam vom «Orion» kein Zeichen mehr. Als um 22.00 Uhr noch immer keine Funk- oder Landemeldung eingegangen war, galt die Maschine als überfällig, und die Such- und Rettungsaktion wurde eingeleitet. Am 5. Mai beteiligten sich 19 Hubschrauber mit 81 Flugstunden an der Suche; eine durchziehende Schlechtwetterfront erschwerte die Aktionen. Am 6. Mai setzten Motorflugzeuge und Motorsegler

sowie Angehörige der Feuerwehr, der Polizei, der Bergwacht und der Armeen der Alpenländer die Suche fort. Gegen 11.30 Uhr fand man in der Umgebung von Krun die wenig beschädigten Tragflächen, 3 km südlich befand sich der zertrümmerte Rumpf und nochmals 800 m weiter südlich lag VON KALCKREUTH mit noch angelegtem, ungeöffnetem Fallschirm. Seine Fliegeruhr war um 16.18 Uhr stehengeblieben; es war der Zeitpunkt des Aufschlags.

Was war geschehen? Das Instrumentenbrett wurde einige Tage später gefunden, doch der Höhenschreiber, der Auskunft über das Flugverhalten des Flugzeugs hätte geben können, war Monate später noch nicht gefunden worden. Der Einflug in gefährliche Turbulenzen erscheint anbetracht der Flughöhe gegen 16.00 Uhr und des in dieser Höhe ruhigen Leewellenaufwindes als wenig wahrscheinlich; die Kollision mit einem anderen Luftfahrzeug scheidet aus; ein Versagen des Sauerstoffgerätes mit anschließender Bewußtlosigkeit und Sturzflug bis zur Demontage liegt dagegen eher im Bereich des Möglichen.

Die Berge und der Segelflug, die seine große Liebe gewesen waren, hatten ihm viel Freude, aber auch ein schnelles Ende bereitet. VON KALCKREUTH war kein Wettkampfpilot. Er liebte es dagegen, die Schönheit der Natur und des Segelfluges wahrzunehmen und mit sich selbst und den Kräften des Luftmeeres zu ringen. In zwei Büchern, «Segeln über den Alpen» und «Das stille Abenteuer» hat VON KALCKREUTH seine Erlebnisse, Erfahrungen und Erkenntnisse eindrucksvoll der Nachwelt überliefert.

Hochgebirge, speziell die Alpen, haben als Segelflugraum gegenwärtig noch an Bedeutung gewonnen. Aufgrund der zunehmenden Verkehrsdichte im Luftraum, immer schneller fliegender Flugzeuge usw. wurden über dem Flachland und den Mittelgebirgen Luftstraßen, kontrollierte Zonen, Nahverkehrsberei-

404 Einsam in Himmels-
höhen! Immer wieder steht
die Leewelle und ruft zu
neuen Höhenflügen.

che, gesperrte Gebiete, Tiefflugbänder und -zonen und andere Beschränkungen aus Flugsicherungsgründen geschaffen, die den Leistungssegelflug erschweren. Über den Alpen muß der Verkehrsflug aus Sicherheitsgründen in die großen Höhen gehen, die unteren Staffelungshöhen sind nicht nutzbar, und auch andere Nutzer meiden diesen Luftraum. Der Sportflug mit Motorflugzeugen «verträgt» sich derzeit noch mit dem Segelflug, so daß die Alpen bisher eine Freizone für den Segelflug waren und sich nicht nur orologisch und meteorologisch, sondern auch flugsicherungsmäßig zu einem Paradies des Segelfluges herausbildeten.

Nach den Langstreckenflügen VON KALCKREUTHS schien es im Alpensegelflug zu einer Stagnation der Höchstleistungen gekommen zu sein, doch der internationale Segelflug kennt keinen Stillstand, und Länder, die jahrelang im Hintergrund wirkten, liefern plötzlich wieder einen nicht übersehbaren Beitrag für den Fortschritt des Leistungssegelfluges. Mit

der Entwicklung noch leistungsstärkerer Flugzeuge – die Gleitzahlen hatten sich inzwischen auf 1:55 (!) verringert, und die Sinkgeschwindigkeitspolaren waren noch gestreckter geworden – mußten die bestehenden Alpenstreckenrekorde erneut ins Wanken geraten; die 1 000-km-Entfernungsgrenze sollte auch hier fallen. Am 13. April 1983 vollbrachte FREDERICO BLATTER (Lugano) als erster im Hochgebirge diese bewundernswerte Leistung.

BLATTER, 47 Jahre «jung», seit über 30 Jahren passionierter Segelflieger mit 4 500 Segelflugstunden und dreifachem Landesmeistertitel der Schweiz – man könnte hier scherzhaft das alte Fliegersprichwort anwenden: «die alten Segelflieger hören nicht auf zu fliegen; sie sterben aus, oder die Ärzte verbieten ihnen das Fliegen» – bemühte sich um eine originelle Lösung des Problems. Er beabsichtigte, weder die Ost-West-Ost-Streckenführung, noch die Alpenthermik und den nördlichen Alpenraum, noch die Leewelle als Haupttriebkraft für sein Vorhaben zu nutzen, sondern wollte auf den alten, fast schon vergessenen Hang- aufwind zurückgreifen. Der von ihm ge- flogene *Nimbus 3* bot mit seinem immen- sen Gleitverhältnis von 55 und hoher Fluggeschwindigkeit neue Möglichkeiten, von einem Hangaufwind zum anderen zu springen, und bei der von BLATTER bevor- zugten Nordwetterlage (Nordwest- bis Nordostwind) bringen die in Ost-West- Richtung verlaufenden Alpenkämme durchweg segelbaren Hangaufwind. Aus diesen Gründen konnte BLATTER auch planen, seinen Rekordflug in den Südal- pen zu beginnen. Seit 1977 verfolgte er ernsthaft und intensiv dieses Ziel. Seinen Startort verlegte er auf den italienischen Segelflugplatz Valbrembo bei Bergamo, nur 40 km von seinem Wohnsitz in der Schweiz entfernt.

Nachdem BLATTER vom *Nimbus 2C* auf den *Nimbus 3* umgestiegen war, bereitete er sich während des Jahres 1982 systema- tisch auf diesen Dreieckflug vor. Auf rund 50 Streckenflügen tastete er sich an die in Aussicht genommenen Wendepunkte La Thuile südöstlich des Mont-Blanc (4807 m) und Obervellach südlich von Bad Gastein heran, flog sieben Strecken mit mehr als je 750 km und zwei Strecken mit mehr als je 900 km! Der Segelflug hatte, wie es im 9. Kapitel genauer aufge- zeigt wird, neue Dimensionen angenom- men, und leidenschaftliche Segelflieger wurden in noch stärkerem Maße zu «Schwerstarbeitern», als es schon ihre Vorgänger gewesen waren.

Am 12. April 1983 kündeten die Wet- terberichte für den nachfolgenden Tag die als günstig erachtete Nordwetterlage an. Für einen thermischen Segelflug auf der geplanten Stecke war die Jahreszeit noch zu früh, da große Teile der Alpen mit Schnee bedeckt waren und die Zeitdauer der Sonneneinstrahlung begrenzt war.

Am 13. April herrschte Nordwestwind mit einer Geschwindigkeit von etwa 12 m/s. Der erste Start zum 1016-km- Alpendreieck Valbrembo–Obervellach–

La Thuile–Valbrembo (die Schenkel- länge entsprach nicht der FAI-Norm) er- folgte gegen 8.00 Uhr, doch der direkte Abflug in Richtung Nordost mißlang; der Rekordanwärter mußte um 9.26 Uhr er- neut starten und meldete 9.55 Uhr zum zweiten Male ab. Nur langsam kam er un- ter schwierigen Bedingungen in Richtung Nord voran und schaffte dann den Zu- gang zum steilen, aufwindreichen Veltlin. Dort trieb ihn der Hangaufwind mit 5 m/s in die Höhe. Im Delphinstil ging es mit 180 bis 200 km/h Fluggeschwindigkeit über Ponte di Legno zum Tonalepaß (1875 m), von dort nach Bozen und ent- lang des Pustertals in Richtung Wende- punkt. Die Reisegeschwindigkeiten be- trugen auf diesen Teilstrecken bereits 110 bis 145 km/h, die maximale Flughöhe lag bei 3300 m. Im Raum Lienz/Obervellach erlebte der Pilot Schneeschauer und schließlich eine Schneefront, die ihn wegen Vereisungsgefahr des Flugzeugs und des Wasserballastes (180 kg) auf 1600 m Höhe (Schneefallgrenze) herun- terzwang.

Gegen 13.00 Uhr konnte Obervellach umrundet und die Zielfotografie vorge- nommen werden. In Richtung La Thuile schob nun der auf Nordost gedrehte Wind. Der Flugweg führte wieder über Lienz, Innichen (San Candido), das Pu- stertal, Bozen, den Tonalepaß, und über Veltlin, Tessin und Villadossola erreichte BLATTER gegen 16.45 Uhr das mächtige Monte-Rosamassiv (4634 m). In diesem Raum gab es Hangaufwinde von 5 bis 7 m/s, die jedoch oft nur 200 m über die Kämme reichten.

Nachdem BLATTER schon in den Mit- tagsstunden vereinzelt Thermik genutzt hatte, ermöglichte ihm jetzt ein thermi- scher Aufwind, den er an einer kleinen Kumuluswolke und der Rauchfahne eines Fabrikschornsteins erkannte, mit 7 m/s den Aufstieg auf 3600 m und den Anflug auf den zweiten Wendepunkt La Thuile. Wie kompliziert dieser Streckenabschnitt war, zeigt die Reisegeschwindigkeit von

405   Über Gletschern.

«nur» 60 km/h, doch der Pilot hatte Glück gehabt und im rechten Moment den richtigen «Bart» gefunden. Der Rückflug in Richtung Lago Magiore erforderte zeitweilig einen fast akrobatischen Flugstil, um in geringer Höhe über die Berge hinwegzukommen.

Hinter der nüchternen Darlegung der Streckenführung verbergen sich zahlreiche fliegerische Erlebnisse und Abenteuer, wie sie bereits in anderen Berichten geschildert worden sind. «Die Rettung bringt eine Welle zwischen Chiasso und Como, sie schickt den *Nimbus* mit 3 m/s auf Endanflughöhe. Um 19.20 Uhr rollt die ‹India Kilo› in Valbrembo aus: FREDERICO BLATTER hat den ersten 1000-km-Flug in den Alpen vollendet! ... Australien liegt vor der Haustüre ... ‹die Taktik läßt sich erlernen›, sagt FREDERICO BLATTER. Oft fehle nur der Anstoß für die Aufnahme von etwas Neuem. Auch in Valbrembo habe man lange Zeit die alten, eingefahrenen Gleise nicht verlassen, bis im vergangenen Jahre eine wahre Leistungsexplosion ausbrach ... so purzelten im Frühjahr 1982 gleich mehrere italienische Rekorde ... » [118, S. 549]

Der neue Rekordpilot hält es für möglich, eines Tages das 1 250-km-Dreieck Valbrembo – Zeltweg – La Thuile – Valbrembo zu fliegen! Wo liegen die Leistungsgrenzen des Segelfluges? Welche Strecken wird man in den Alpen noch zurücklegen können, wenn man in der Lage ist, mit speziell konstruierten Höhensegelflugzeugen die Leewellen dieses Gebirges mit nur geringem Risiko auszunutzen, die sich zwischen dem Schneeberg (2075 m) bei Wien und dem Mont-Blanc (4807 m) bei Chamonix (etwa 650 km Luftlinie) an jedem größeren Gebirgsstock herausbilden und deren Standort erkundet ist, bzw. genau erkundet werden kann? Pendelstrecken von mehr als 2000 km in weniger als zehn Stunden Flugzeit dürften auf diese Weise eines Tages Wirklichkeit werden!

9. Die Entwicklung des Segelfluges nach der Herausbildung von Segelflugzeugen mit Laminarprofilen

9.1. Aerodynamische Grundlagen laminarer Strömung und erste Laminarflugzeuge

Mit den Typen *D 30 Cirrus* und *Horten IV* hatten die Segelflugzeuge mit klassischem Profil (Turbulenzprofil) im wesentlichen ihre Leistungsgrenze erreicht; auch bei noch höherem materiellen Aufwand wäre nur noch eine geringfügige Steigerung des besten Gleitens und Verringerung des geringsten Sinkens möglich gewesen. Dennoch ließ die *D 30* bereits die Linie des zukünftigen Fortschritts erkennen. Das verwendete Profil stammte aus einer Profilreihe des North American Advisory Comitee for Aeronautics (NACA), die einen Übergang zu den sogenannten Laminarprofilen darstellte. Wie es bereits dargelegt wurde, werden die Leistungen eines Segelflugzeugs vor allem durch sein Tragflügelprofil bedingt, dessen Aerodynamische Qualität K von dem Verhältnis zwischen Auftrieb und Widerstand abhängt, das auch als Gleitverhältnis bezeichnet wird.

Der Kehrwert des Gleitverhältnisses (Widerstand/Auftrieb) wird dagegen als Gleitzahl bezeichnet.

Der aerodynamische Sachverhalt, der im Gleitverhältnis enthalten ist, kann auf unterschiedliche Weise ausgedrückt werden:

1. $\dfrac{c_a}{c_w} = \dfrac{\text{Auftriebsbeiwert des Profils}}{\text{Widerstandsbeiwert des Profils}}$

2. $\dfrac{A}{W} = \dfrac{\text{Auftrieb des Flugzeugs}}{\text{Widerstand des Flugzeugs}}$

3. $\dfrac{d}{h} = \dfrac{\text{zurückgelegte Strecke}}{\text{Höhenverlust}}$

4. $\dfrac{v_h}{w_s} = \dfrac{\text{Horizontalgeschwindigkeit}}{\text{Sinkgeschwindigkeit}}$

Verringert man den Widerstand, so verbessert sich folglich der Quotient, die Aerodynamische Qualität. Der wichtigste Schlüssel zur Steigerung der Leistungen von Segelflugeugen und Flugzeugen überhaupt liegt daher in den Möglichkeiten, den Widerstand bei gleichem Auftrieb zu verringern. Für die Realisierung dieser Zielstellung existieren sehr günstige strömungstechnische Zusammenhänge.

Seit Jahrzehnten war in der Grenzschichtforschung die Tatsache bekannt, daß bei der Umströmung eines Profils Gebiete mit einem unterschiedlichen Grenzschichtverhalten entstehen. Von der Profilnase ausgehend, gibt es bei einer hochwertigen Bauausführung der Tragfläche zunächst den Bereich der laminaren Grenzschicht. Hier bewegen sich die Luftteilchen auf parallelen, geordneten Bahnen. Im Umschlagpunkt schlägt die laminare Grenzschichtströmung in die turbulente, verwirbelte um. Die Stromli-

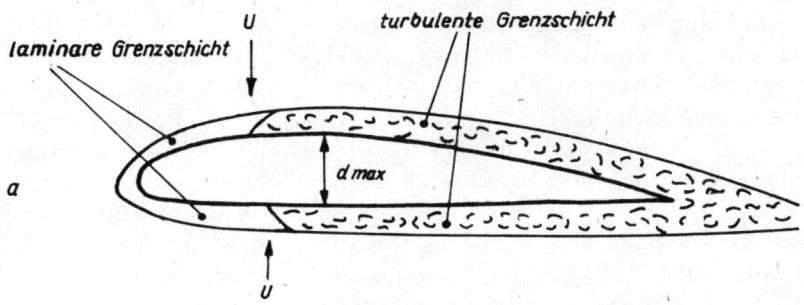

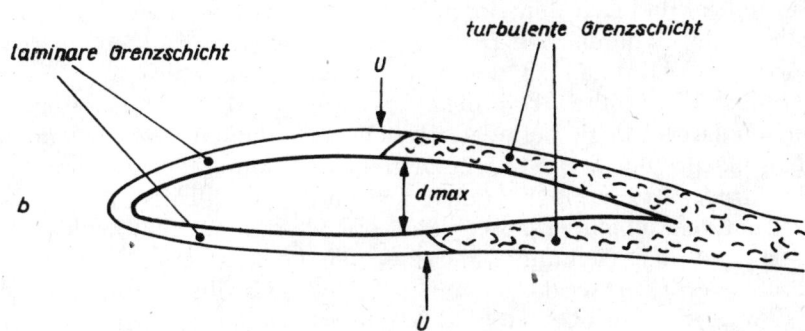

406 Laminare und turbulente Grenzschicht an Profilen (Prinzipdarstellung). a klassisches Turbulenzprofil; b Laminarprofil. d_{max} – größte Profildicke; U – Umschlagpunkt.

nien verlaufen hier nicht mehr glatt nebeneinander, sondern sie sind unregelmäßig miteinander verschlungen. Der Reibungswiderstand der turbulenten Grenzschicht ist etwa viermal so groß wie der der laminaren, wobei der Reibungswiderstand etwa 60 % des Gesamtwiderstands der Tragfläche ausmacht. Im Ablösungspunkt, am Ende der turbulenten Grenzschicht, löst sich die Strömung dann vollkommen vom Profil ab und erzeugt einen noch größeren Widerstand. Die genannten Schichten und Punkte eines Tragflügels lassen sich mittels Wollfäden, Stethoskop, der Verdunstung aufgetragener Flüssigkeiten und anderer Methoden im Windkanal oder Flugversuch relativ einfach ermitteln.

Der Weg zu widerstandsärmeren und damit leistungsfähigeren Profilen konnte auf der Grundlage der Gesetzmäßigkeiten der Grenzschichttheorie nur darin bestehen, den Bereich der laminaren Grenzschicht auf Kosten des Bereiches der turbulenten Grenzschicht zu verlängern und zusätzlich den Ablösepunkt der Strö-

mung weiter nach hinten zu verlagern. Das war einerseits auch bei klassischen Profilen durch Beseitigung der Unebenheiten im vorderen Teil der Tragfläche möglich. An der *Olympia-Meise* z. B. erfolgte der Umschlag der laminaren in die turbulente Strömung dort, wo die Nasenbeplankung am Hauptholm endete und in die Stoffbespannung mit einer leichten Unebenheit überging. Mit geglätteter Nase und Glättung des Übergangs zur Stoffbespannung (Verspachtelung oder Verlängerung der Sperrholzbeplankung) wäre das Gleitverhältnis der *Meise* von 25 auf 29 gesteigert und die Sinkgeschwindigkeit im Schnellflug um etwa 30 % verringert worden.

Andererseits gab es noch die Möglichkeit, die laminare Grenzschicht durch eine konstruktive Veränderung der Profile unter Beibehaltung einer hohen Oberflächengüte zu verlängern. Die laminare Grenzschicht an einem klassischen Profil befindet sich nur im vorderen Teil des Profils, im Bereich seiner Dickenzunahme. In diesem Teil kommt es aufgrund des Wirkens des BERNOULLISCHEN Gesetzes zu einer Vergrößerung des dynamischen Druckes (Erhöhung der Strömungsgeschwindigkeit) und Verringerung des statischen Druckes (Bildung eines Unterdruckes), und dieser Umstand ist die objektive Voraussetzung für das Beibehalten der laminaren Umströmung. Der Weg zur Konstruktion leistungsfähiger Profile bestand daher in einer Rückverlagerung der größten Profildicke, um dadurch den Bereich des Anstieges des dynamischen Druckes zu verlängern. Während bei den klassischen Profilen die größte Profildicke etwa im ersten Drittel liegt, befindet sie sich bei Laminarprofilen im zweiten Drittel der Profiltiefe, wodurch der Bereich der laminaren Grenzschicht entsprechend vergrößert und der Reibungswiderstand des Profils verringert wird.

Trotz dieser einfachen und leicht erkennbaren Zusammenhänge ließ die Realisierung von Laminarprofilen lange auf sich warten. Dafür gab es mehrere Gründe:

Erstens existieren in der Vogelwelt keine Vorbilder für derartige Laminarprofile. Die Vögel fliegen zwar mit widerstandsarmen, aber dennoch klassischen Profilen, und das ist auch der Grund, warum der Mensch mit seinen Segelflugzeugen im Verlaufe der Entwicklung wesentlich bessere Gleitverhältnisse als die Vogelwelt erreichen konnte.

Zweitens lag es an der jahrzehntelangen Unterschätzung des Einflusses des Profils auf die Leistungsfähigkeit eines Flugzeugs. Diese Erkenntnis wurde erst mit der Entwicklung des Segelfluges theoretisches und praktisches Allgemeingut.

Drittens lag es an den Vorstellungen der Flugtechniker, daß für Laminarprofile eine absolute, damals nicht erreichbare Profiltreue und Oberflächengüte erforderlich seien, der Laminareffekt bereits durch kleinste Verunreinigungen der Tragfläche wie durch Insekten usw. zerstört und er nur in einem kleinen Anstell-winkelbereich beibehalten werden könne. Dazu kam noch die Annahme eines kritischen Abreißverhaltens der Strömung bei diesen Profilen.

Die erste erfolgreiche Konstruktion von Laminarprofilen war GEORGE W. LEWIS (NACA) im Jahre 1939 gelungen. E. N. JACOBS, ebenfalls bei der NACA tätig, leistete Entscheidendes für die Entwicklung von Laminarprofilen, und die erste wissenschaftliche Veröffentlichung über deren Konstruktionsgrundsätze erschien 1940 an der Universität von Tokio.

B. H. CARMICHAEL schätzte 1952 ein, daß eine weitgehende Ausnutzung der laminaren Umströmung von Profilen Gleitverhältnisse von mehr als 60 bis hinauf auf 72 erlauben könnte.

Zur ersten praktischen Anwendung von Laminarprofilen mit entsprechenden leistungssteigernden Wirkungen kam es beim nordamerikanischen Langstreckenjäger des zweiten Weltkrieges *North American P–51 Mustang* und bei den deutschen Segelflugexperimentalbauten *Horten IVb* und *Horten VI*. Mit beiden Typen konnte erstmals in der Geschichte des Segelfluges das Gleitverhältnis von 40 überschritten werden.

Trotz der erwähnten Befürchtungen und Vorbehalte gegenüber Laminarprofilen und der geringen Fortschritte auf diesem Gebiet entwickelte sich der Begriff Laminarflugzeug bereits in den ersten Jahren nach 1945 in den Segelfliegerkreisen zu einer Art Zauberformel, und es gab auch genügend Theoretiker und Praktiker, die sich um die Erforschung und Anwendung der neuen Technik im Segelflug bemühten. Vor allem fehlte es längere Zeit noch an wirklich durchkonstruierten und vermessenen Laminarprofilen höchster aerodynamischer Güte, die für den Segelflug geeignet waren.

9.2. *Erste Erfolge mit Laminarflugzeugen*

Die Überwindung
der 800-km-Grenze
mit dem Segelfluzeug

Erste wissenschaftliche Untersuchungen auf dem Gebiet der neuen Laminartechnik nahm nach 1945 u. a. Dr. AUGUST RASPET von der Universität Mississippi vor. Man verwendete auch ein Exemplar der *Olympia-Meise* von JACOBS und rüstete die Randbögen dieses Typs zur Verringerung des induzierten Widerstands mit Wirbelkeulen aus. Die so erzielte Leistungssteigerung war deutlich meßbar.

407 *RJ-5* (1951).

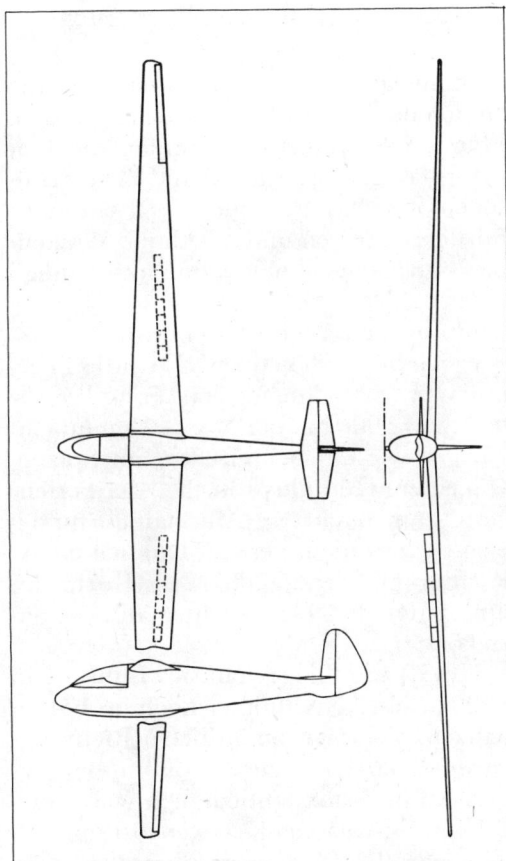

Von RASPET stammt der sinnvolle Ausspruch, nach dem jedes Profil eigentlich ein Laminarprofil sei; man müsse ihm nur die Chance dazu geben.

Wie schwer und kompliziert der Weg zu einer überzeugenden Leistungssteigerung mit Hilfe von Laminarprofilen war, zeigt der Werdegang der *RJ–5* von ROSS und JOHNSON. HARLAND ROSS und RICHARD JOHNSON bauten diesen Typ mit Unterstützung von Dr. RASPET in den Jahren 1947 bis 1950, und diese Maschine eröffnete die lange Reihe von Laminarflugzeugen der Nachkriegszeit. Ausgerüstet mit dem noch nicht stark ausgeprägten Laminarprofil NACA 63-2-615, erreichte dieses Flugzeug (Erstflug Juli 1950) zunächst nur die Gleitzahl von 1:30, die bereits von einer ganzen Reihe von Vorkriegskonstruktionen mit klassischem Profil unterboten worden war. Dann ging man mit großer Geduld, unermüdlicher Ausdauer und Kleinarbeit an die systematische Verbesserung. Die wiedergegebene Flugzeugpolare zeigt die schrittweise erzielte Leistungssteigerung mit Maßnahmen, die sich sowohl auf die Verringerung des Widerstandes des gebauten Tragflügels (Annäherung an den Widerstandsbeiwert des Profils) als auch auf den Gesamtwiderstand des Flugzeugs bezogen. Das Ergebnis der aerodynamischen Verfeinerungen spiegelte sich in dem erflogenen Gleitverhältnis von etwas über 40 wider.

Die *RJ–5* war mit konventionellen Methoden hergestellt worden. Der Rumpf bestand aus einer Sperrholzkonstruktion in Halbschalenbauweise, den Flügel hatte man in der üblichen Holzkonstruktion mit einem Hauptholm aus einer Aluminiumlegierung ausgeführt, das Vorderteil weitgehend mit Sperrholz beplankt und den hinteren Teil mit Stoff bespannt.

Es überrascht nicht, daß einer der Erbauer dieses hervorragenden Flugzeugs, RICHARD («Dick») JOHNSON, mehrfacher nordamerikanischer Segelflugmeister, am 5. August 1951 mit dieser Maschine als

408   *RJ-5* (1951).

409   Leistungsverbesserungen der *RJ-5* durch Erhöhung der aerodynamischen Güte.

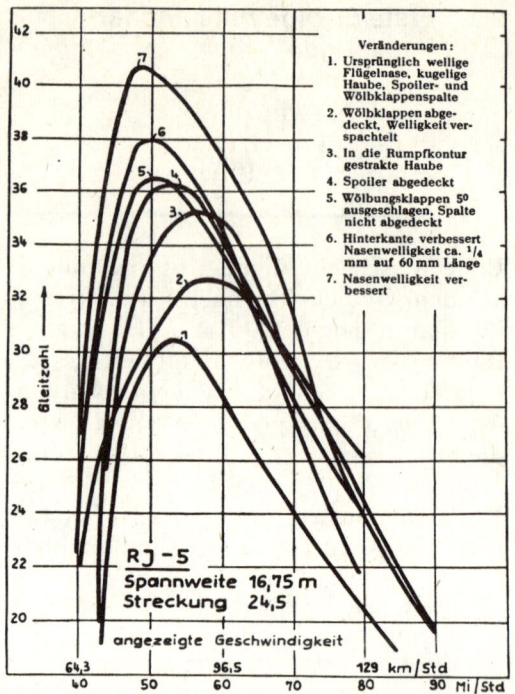

erster in der Geschichte des Segelfluges die 800-km-Grneze überbot. Im Verlaufe des Jahres 1950 waren die US-amerikanischen Segelflieger auf den Flugplatz von Odessa in Texas (Flugplatzhöhe etwa 900 m über NN) aufmerksam geworden, der als Startort für Langstreckenflüge besonders geeignet erschien, und JOHNSON begab sich im Juli 1951 zur Aufstellung eines neuen Streckenrekordes dorthin. Der erste Versuch am 27. Juli 1951 führte 650 km weit bis nach Kansas.

Am 3. August 1951 besserte sich die Wetterlage wieder, doch JOHNSON startete noch nicht, holte in der Nacht CHARLES SHELLEY von einem 500-km-Flug auf einer *Weihe* zurück (es war SHELLEYS dritter «Diamant»), so daß er am 4. August bei noch günstigerem Wetter nicht startbereit war. Die Hilfsbereitschaft JOHNSONS zahlte sich jedoch im doppelten Sinne aus, denn der 5. August sollte der beste Thermiktag der ausklingenden Thermiksaison 1951 werden.

JOHNSON startete an diesem Tag um 10.16 Uhr im Flugzeugschlepp. In 400 m Höhe fiel ihm jedoch ein, den Höhenschreiber nicht eingeschaltet zu haben. Um 10.29 Uhr befand er sich nach seinem zweiten Start in 700 m Höhe über Flug-

platzniveau oder 1600 m Höhe über NN. In den nachfolgenden Auszügen aus dem Flugbericht JOHNSONS kommen die Leistungsfähigkeit der *RJ-5* und die thermischen Bedingungen, die durch ein gutes mittleres Steigen und eine hohe Wolkenbasis gekennzeichnet waren, anschaulich zum Ausdruck:

«Langsam, mit durchschnittlich 1 m/s, stieg ich bis 1900 m über NN … die Thermik wurde zunehmend stärker und reichte … auf 3000 m über NN … Von nun an ging es wie am Schnürchen, im Sprung von einem Kumuluswölkchen der Perlenkette zum nächsten. Alle halbe Stunde, wenn ich es nicht vergaß, trug ich meine Position mit Zeitangabe in die Karte ein, um später den Flug leichter analysieren zu können.

Um 12.45 Uhr erreichte ich Lubbock in 3300 m über NN, immer noch im besten Rutsch. Von hier in nördlicher Richtung, gegen Amarillo, hörten die Kumuli plötzlich auf und standen lediglich weit westlich und etwas weniger weit östlich von mir, parallel zu meiner Flugroute, d. h.

ich stand vor einem Loch ... Da der Zeitfaktor bei solch einem Flug eine außerordentliche Rolle spielt ... entschloß ich mich, auf Kurs zu bleiben und damit konsequent den kürzesten Weg – beim Risiko eines Absaufens – zu wählen.

Im übrigen zeigten sich einige ‹Thermikteufelchen› voraus, und so konnte es nicht so schlecht sein, wie es schien. Und so war es auch, die Thermik war immer noch günstig, durchschnittlich 2,5 m/s in der ganzen nächsten Zeit. Im Wetterbericht von Morgen waren günstige Windgeschwindigkeiten bis auf 2400 m über NN vorausgesagt ... und ich entschloß mich, nicht sehr hoch zu steigen, sondern die Zone der besten Rückenwinde so lange wie möglich auszunutzen. Wie auf meinen anderen Flügen reagierte ich nur auf Aufwinde von mindestens 1,5 m/s.

Das System funktionierte ganz erfreulich, bis knapp südlich Amarillo mein Glück zu Ende war. Ich befand mich noch auf 540 m über Grund, und alles was aus dem Variometer herauszuholen war, war gleich Null. Das kostete Zeit und ... kurierte mich in der Folge von meinem Hang zum ‹Tiefflug› ... Meine Grundgeschwindigkeit erholte sich auf 133 km/h zwischen Amarillo und Borger. Hier fand ich auch einen meiner besten Aufwinde über einer Kohlenstoffabrik. Mit durchschnittlich 3,2 m/s erreichte ich 3800 m über NN.

Nun erhöhte ich meine Geschwindigkeit auf 130 km/h ... Um 16.05 Uhr kreuzte ich die Grenze zwischen Texas und Oklahoma, und bald nachher erreichte ich wiederholt die Wolkenbasis bei 4000 m über NN ...

Für mich war der nächste Abschnitt des Fluges der kritischste ... 584 km waren nun zurückgelegt ... Es gab immer noch Thermik, aber entschieden schwächer, und so flog ich nun vorsichtiger ... aber zwischen mir und einem prachtvollen Kumulus westlich von Kinsey, ungefähr 50 Meilen voraus, war voraussichtlich nicht viel zu holen. Ich drückte wieder auf meine optimale Reisegeschwindigkeit und hatte einige schmerzliche Momente, bis ich unter den Turm gelangte ... erreichte die Wolke mit 2700 m über NN und war überglücklich, 1 m/s Steigen zu finden und das eine Ende einer neuen langen Perlenschnur von großen Kumuli in der Hand zu haben ... Langsam kletterte ich auf 3200 m und hätte eigentlich dort bleiben und bis an die Wolkenbasis steigen sollen. Aber ich hatte die Vision, unter dieser prächtigen Wolkenstraße mit größtem Schuß dahinflitzen zu können, bis zur Dunkelheit und ohne einen einzigen Thermikkreis. Wäre ich eine Stunde früher hier angekommen, wäre es vielleicht herausgekommen, aber es kam nicht; außer dreimal Null am Variometer war nichts zu finden, und es war mir bald klar, daß mein Flug langsam zu Ende ging.

Ich reduzierte auf 80 km/h ... Um 17.58 Uhr begann der endgültige Gleitflug. Sogar auf dieser Höhe hatte ich weniger als 0,6 m/s Sinken, und mein Gleitwinkel von 40:1 tat seine Schuldigkeit. Um 18.15 Uhr war ich auf rund 2800 m über NN. Salina, Kansas, lag direkt auf Kurs voraus, aber das Flugfeld lag noch 126 km entfernt auf einer Meereshöhe von rund 380 m über NN. Es standen mir also 2500 m zur Verfügung, um die 127 km hinter mich zu bringen ... Ich war nicht sehr optimistisch ...

Mit 1500 m über NN befand ich mich um 18.55 Uhr über Geneseo, Kansas, und es blieben noch 46 km voraus ... Um 19.18 Uhr lag Sky Village Airport, Salina, Kansas, 300 m unter mir, und ich entschied mich zur Landung. Bei Rückenwind hatte die *RJ–5* die letzten 127 km mit einer Gleitzahl von 1:57,5 hinter sich gebracht. Die Auswertung des Fluges ergab eine effektive Flugstrecke von 545 Meilen oder 861,272 km in gerader Linie ...» [79, S. 91 ff]

Damit war die 800-km-Grenze erstmalig mit einem Segelflugzeug überboten worden, und wieder hatte sich der Rekordpilot das Flugzeug selbst gebaut. Es sollten jedoch nochmals 13 Jahre vergehen, ehe zum ersten Mal in der Geschichte des Segelfluges, wiederum vom Flugplatz Odessa aus, die 1000-km-Grenze überboten werden konnte.

9.3. Laminarflugzeuge der fünfziger Jahre in traditioneller Bauweise und die Überbietung der 1000-km-Grenze im Streckenflug und der 100-km/h-Grenze im Geschwindigkeitsflug

Der mit der *RJ–5* erzielte Fortschritt verschaffte den in vielen Ländern tätigen «Laminarenthusiasten» einen neuen, kräftigen «Aufwind» und regte andere an, sich ebenfalls der Erforschung und Verwirklichung dieses neuen Weges zu widmen.

Bereits bei der *RJ–5* war ein Hauptproblem des Baus von Laminarflugzeugen erkennbar geworden, das der perfekten Bauausführung und hohen Oberflächengüte. Selbst die bis zu diesem Zeitpunkt als vorbildlich geltenden Segelflugzeuge genügten dem Anforderungsniveau der laminaren Strömung an die Oberflächenqualität nicht mehr. Insbesondere war die Welligkeit und Unstetigkeit der Ober- und Unterseiten der Tragflächen zu groß; mitunter ließ auch die Profiltreue zu wünschen übrig, und im Bereich der Stoffbespannung gab es auch noch Probleme mit der Rauhigkeit, so daß die Tragflügelpolare nicht die günstigen Widerstandswerte der Profilpolare erreichen konnte. Welche praktische Bedeutung dieser Frage zukommt, erkennt man an der prozentualen Verteilung des Gesamtwiderstands auf die Baugruppen eines Segelflugzeugs: Auf den Tragflügel kommt ein Widerstandsanteil von mindestens 60 %, auf den Rumpf fallen etwa 20 %, auf das Leitwerk etwa 10 %, auf die Rumpf-Tragflächen- und Rumpf-Leitwerkübergänge (Interferenzerscheinungen), Fahrwerk usw. bis zu 10 %. Der Widerstandsanteil des Tragflügels setzt sich zusammen aus dem Formwiderstand, dem induzierten Widerstand und dem Reibungswiderstand.

Der letztere nimmt wiederum 60 % des Widerstands des ganzen Tragflügels ein, so daß eine Verringerung des Reibungswiderstands durch Vergrößerung des laminaren Grenzschichtanteils leistungsmäßig sofort meßbar wird.

Überall suchte man nun nach gangbaren Wegen zur Erhöhung der Oberflächengüte im Rahmen der bekannten Technologien im Segelflugzeugbau. Zunächst bot sich eine weitgehende oder vollständige Beplankung des Tragflügels mit Sperrholz und eine Erhöhung der Zahl der Rippen an, wodurch die Welligkeit verringert und vor allem die Möglichkeit des Auftragens und Verschleifens von Spachtelmasse im Strak gegeben wurde. Derartige Methoden sind jedoch sehr arbeitsaufwendig. Ross und Johnson benötigten allein für diese Verbesserung der Oberflächengüte ihrer *RJ–5* etwa 1650 Stunden, das war ein Drittel des gesamten Bauzeitaufwandes! Die so geschaffene Oberfläche ist dabei nur von geringer Haltbarkeit: Spachtelmasse und Lacke neigen bei der hohen Beanspruchung im Leistungssegelflug und den ständig wechselnden Temperatur- und Feuchtigkeitsverhältnissen zu Lackrissen. Manche Flugzeugbauer brachten doppelte Sperrholzbeplankungen auf; in Lommatzsch (DDR) kaschierte man später die Sperrholzbeplankung mit Kunststoff- und Metallfolien, ohne die Mängel an den technologischen Wurzeln beseitigen zu können.

Andere Flugzeugbauer versuchten die Vorzüge des Metallflugzeugbaus auch für die neue Entwicklungslinie der Segelflugzeugtechnik zu nutzen. Ganzmetallsegelflugzeuge wurden mit noch höherer

Qualität, Lebensdauer und Wartungsfreundlichkeit hergestellt, ohne jedoch mit dieser Bauweise das Anforderungsniveau der Laminarprofile an die Oberflächengüte voll erfüllen zu können. Eine moderne Metallklebetechnik, die hier noch eine Verbesserung hätte herbeiführen können, befand sich erst in den Anfängen.

Nachdem die Qualitätsgrenzen der herkömmlichen Bauweisen von Segelflugzeugen erkannt und erreicht worden waren, bemühte man sich darum, die traditionelle Holzbauweise durch die Einbeziehung neuer Methoden und Materialien noch zu verbessern, ohne sie im Prinzip aufzugeben. Man stützte die Sperrholzbeplankung auf der Innenseite mit Fichten-, Kiefern- oder dem leichten Balsaholz und näherte sich einer Schalenbauweise stärker an; man legte in Richtung der Spannweite auf die diagonale Sperrholzbeplankung eine Holzschicht, verschliff diese und beplankte noch einmal diagonal; man füllte die Hohlräume der Tragfläche mit Schaumstoffen und anderen leichten Materialien aus (Sanwich- und Wabenbauweise); man löste den üblichen Hauptholm in eine größere Anzahl von Hilfsholmen auf und kombinierte Holz mit den neu aufkommenden Kunststoffen. So erzielte der Segelflugzeugbau weitere Fortschritte in der Schaffung einer hohen Oberflächengüte, die in der Regel mit einem hohen Kosten- und Gewichtsaufwand verbunden waren. Die strömungstechnischen Vorteile von Laminarprofilen wurden jedoch dank dieser Technologien immer deutlicher erkennbar.

So bauten die Segelflieger in vielen Ländern unter Anwendung der angedeuteten Methoden in den fünfziger und sechziger Jahren immer neue Laminarflugzeuge. Die hier kurz skizzierten Typen geben einen Einblick in die Vielfalt der Bemühungen (in der Offenen Klasse wurden nur Typen mit Gleitverhältnissen ab 36 aufgenommen):

1951 *Györ 2* (Ungarn)
Konstrukteur A. Lampich. Ganzmetallbauweise.
Profil NACA 23012. 17,9 m Spannweite.
Gleitverhältnis 36,2 bei 90 km/h und 0,70 m/s Sinkgeschwindigkeit.
Geringste Sinkgeschwindigkeit 0,58 m/s bei 87 km/h.
(Angaben zu den folgenden Segelflugzeugtypen in der gleichen Reihenfolge.)

1953 *HKS–1* (V_1 und V_2) (BRD)
Entwicklungsgemeinschaft Haase, Kensche, Schmetz. Ausgesprochener Experimentalbau, Holzbauweise mit doppelter Sperrholzbeplankung und Verwendung von Schaumstoffen. V-Leitwerk. Doppelsitzer. Bremsschirm als Landehilfe. Der Flügel besaß keinerlei Spalten und Schlitze, da Wölbungsklappen und Luftbremsen zur Erhöhung der Oberflächengüte fehlten. Lediglich auf der Unterseite, in 70 % der Flügeltiefe, befand sich ein kleiner Schlitz für den Querrudermechanismus (elastische Hinterkante).
NACA 65-215-714. 19,0 m.
37,2, einsitzig bei 80 km/h mit 0,60 m/s, doppelsitzig bei 89 km/h mit 0,66 m/s.
0,56 m/s bei 72 km/h (einsitzig) und 0,61 m/s bei 77 km/h (doppelsitzig).

1954 *WLM 2* (Schweiz)
R. Sägesser. Sandwichbauweise.
NACA 64A013 und 64A018, beide modifiziert. 18,2 m.
37 bei 80 km/h und 0,60 m/s.
0,56 m/s bei 73 km/h.

1954 *Mü 22* (BRD)
Akaflieg München unter Leitung von B. Hadwich. Gemischtbauweise. V-Leitwerk, negative Pfeilung.
NACA 63-3-618. 16,6 m.
36 bei 80 km/h und 0,63 m/s.
0,56 m/s bei 68 km/h.

1955 *D 34* (BRD)
Akademische Fliegergruppe Darmstadt.
Holzbauweise unter Verwendung von

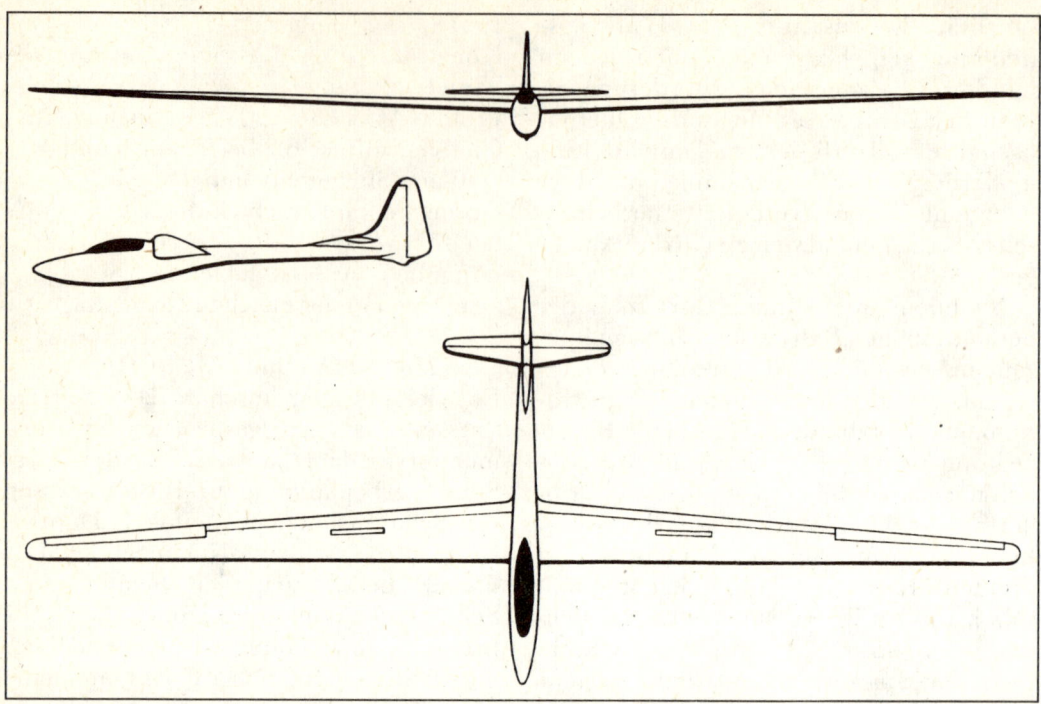

410 *Meteor* (1955).

Schaumstoffen. Breiter Kastenholm mit einem Rippenabstand von 48 cm, mit Schaumstoffblöcken ausgefüllt, auf Strak geschliffen und gänzlich mit Sperrholz beplankt. Brémsklappen am Rumpf.
NACA 64-4-621. 12,65 m (!)
36 bei 76 km/h.
0,56 m/s bei 73 km/h.

1955 *HKS–3* (BRD)
Kleinere, einsitzige Ausführung der *HKS-1*.
NACA 65-215-11, 16. 17,2 m.
37,2 bei 77 km/h und 0,57 m/s.
0,53 m/s bei 66 km/h.
Einer der Erbauer, ERNST-GÜNTHER HAASE, errang mit diesem Flugzeug 1958 den Weltmeistertitel der Offenen Klasse.
ROLF KUNZ errang bei der Weltmeisterschaft 1965 den 3. Platz in dieser Klasse.

1955 *Ikarus Meteor* (Jugoslawien)
S. OBAD, B. CIJAN und V. MAZOVEC. Ganzmetallbauweise, Rumpf in Halbschalenbauweise.
NACA 63-2-616,5. 20,0 m.

42 bei 90 km/h.
0,54 m/s bei 77 km/h.
Mit diesem Typ wurden mehrere Geschwindigkeitsweltrekorde aufgestellt.

1955 *Skylark-3 B* (Großbritannien)
Slingsby Sailplanes Ltd. Holzbauweise.
NACA 63-3-620 und 4415. 18,2 m.
36 bei 76 km/h und 0,59 m/s.
0,55 m/s bei 70 km/h.
NICHOLAS GOODHART erflog auf diesem Typ 1958 den 2. Platz der Weltmeisterschaft in der Offenen Klasse, und RUDOLFO HOSSINGER wurde 1960 in dieser Klasse Weltmeister.

1956 *Bréguet 901 S* (Frankreich)
J. CAYLA, Holzkonstruktion, Rumpf in Schalenbauweise.
Profil der NACA 63er Serie. 17,3 m.
36 bei 85 km/h und 0,65 m/s.
0,60 m/s bei 72 km/h.
McCREADY wurde 1956 auf diesem Typ Weltmeister in der Einsitzerklasse.

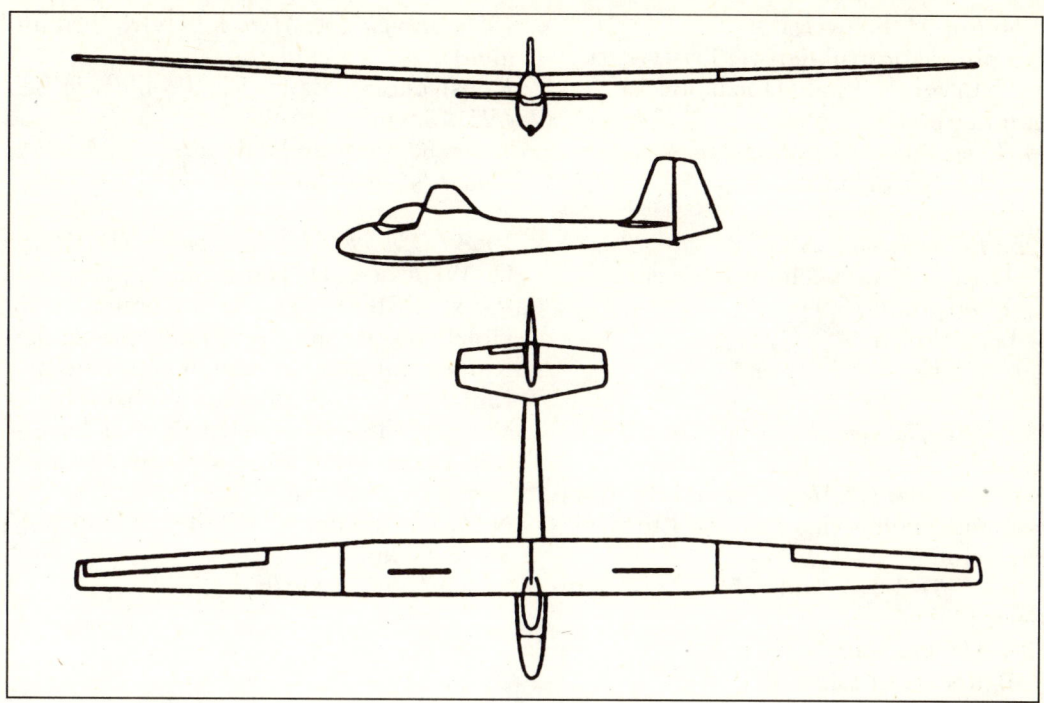

411 *Skylark 3 B* (1955).   412 *Elfe M* (1956).

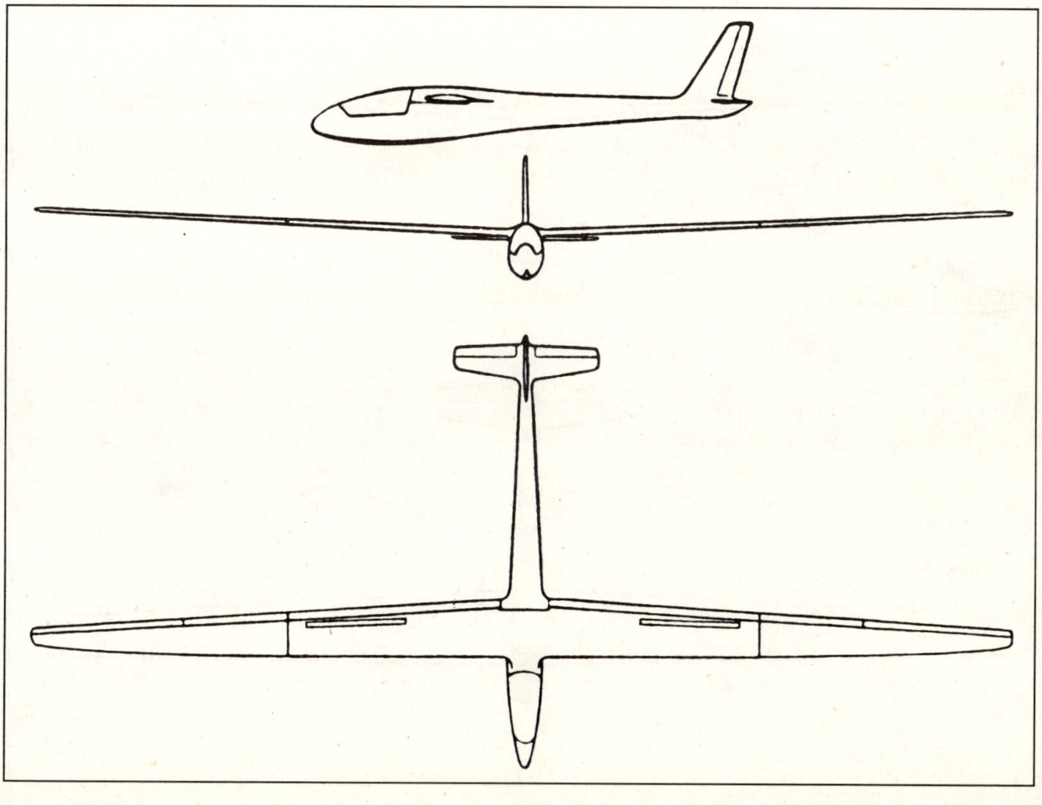

1956 *Elfe M* (Schweiz)
Tragflügelkonstruktion W. Pfenninger,
A. Neukom. Normale Holzbauweise.
Laminarprofil. 17,5 m.
44 (!) bei 98 km/h und 0,62 m/s.
0,54 m/s bei 74 km/h.

1958 *L-21 Spartak* (ČSR)
K. Dlouhy. Sandwichholzbauweise.
Laminarprofil. 16,0 m.
37 bei 88 km/h.
0,62 m/s bei 72 km/h.

1958 *Olympia Eon Mark 4/15* (Großbritannien)
Aus der *Olympia-Meise* entwickelt. Aviation and Engineering Projects Ltd. Holzbauweise.
NACA 64-3-618 und 64-4-421 modifiziert. 15,0 m.
33 bei 86 km/h und 0,73 m/s.
0,70 m/s bei 81 km/h.

1958 *Olympia Eon Mark 4/19* (Großbritannien)
Konstruktion, Bauweise, Profile wie bei *4/15*. 18,9 m
38 bei 83 km/h und 0,61 m/s.
0,56 m/s bei 74 km/h.

1958 *LOM 58/II Libelle-Laminar* (DDR)
H. Wegerich, H. Hartung, W. Zimmermann. VEB Apparatebau Lommatzsch.
Holzbauweise mit Sperrholzbeplankung.
Rippen mit Leimfangnuten versehen, um Einfallen der Beplankung abzuschwächen. Die Tragflächen wurden bei den ersten Exemplaren mit Dural- oder Kunststoffolie überzogen.
NACA-Profil der 65er Reihe. 16,5 m.
36 bei 88 km/h.
0,65 m/s bei 76 km/h.

413   *Lom 58/II Libelle-Laminar* (1958).

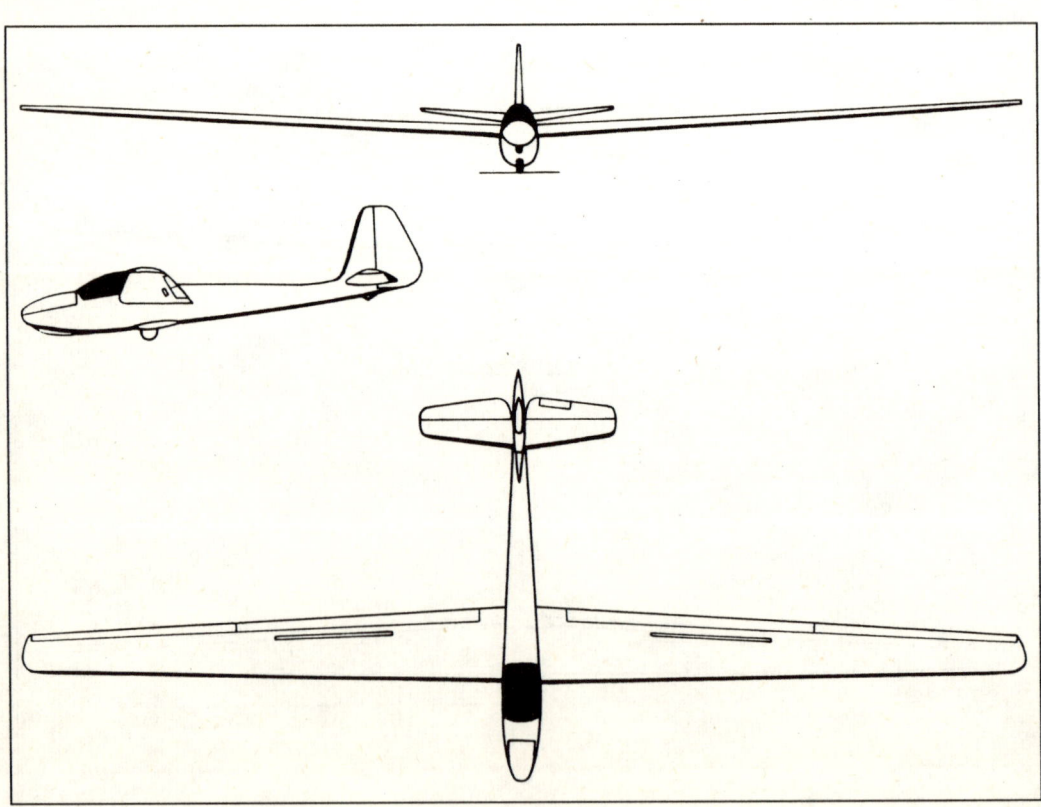

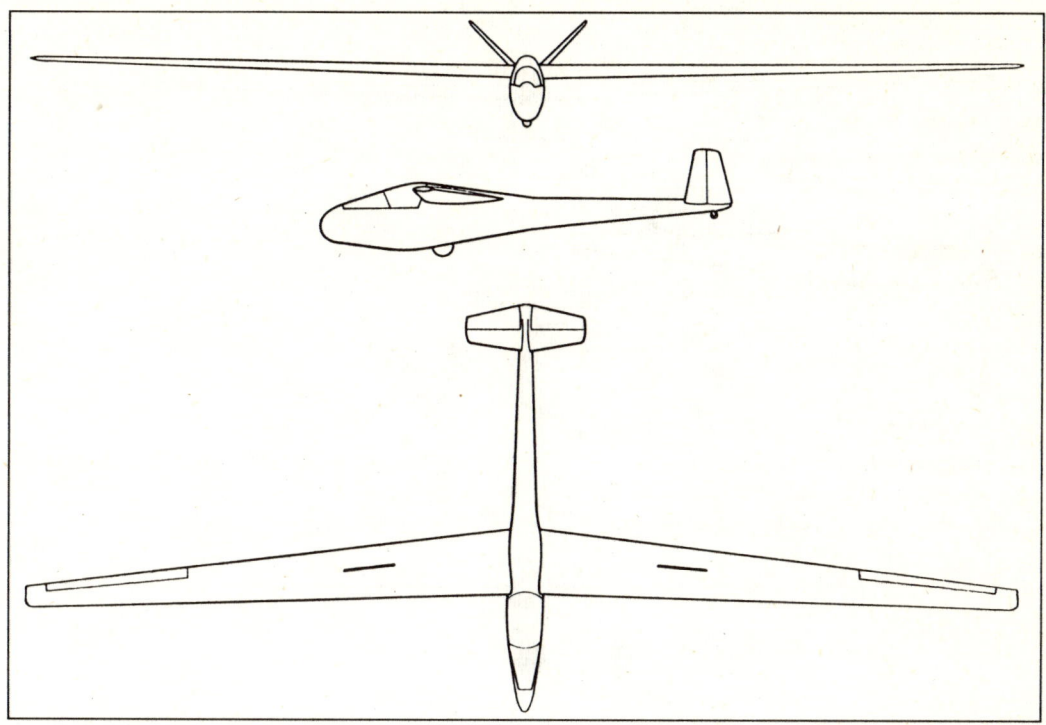

1958 *Sisu 1A* (USA)
L. A. NIEMI. Ganzmetallschalenbauweise.
V-Leitwerk.
NACA 65-3 418. 15,2 m.
41 bei 100 km/h
0,63 m/s bei 88 km/h.
ALVIN PARKER überbot mit diesem Typ
1964 als erster die 1000-km-Grenze und
stellte 1969 mit 917 km einen neuen Zielstreckenweltrekord auf.

1960 *Standard-Austria* (Österreich)
R. KUNZ. Holzschalenbauweise. GFP für
Formteile. V-Leitwerk.
EPPLER 266. 15,0 m.
34 bei 90 km/h.
0,65 m/s bei 70 km/h.

1960 *Antonov A 15* (UdSSR)
O. ANTONOV. Ganzmetall-Gerüstschalen-
bauweise. V-Leitwerk.
NACA 64-3-618 und 64-3-616. 17,0 m.
40.
0,60 m/s bei 90 km/h.
Auf einer 100-km-Dreieckstrecke konnte

414   *Sisu 1A* (1958).

mit diesem Typ eine Geschwindigkeit von
111 km/h erreicht werden. TAMARA ZAGAI-
NOVA flog 1966 mit 732 km Zielstreckenweltrekord in der Frauenklasse.

1960 *SZD-24-4 Foka* (Polen)
W. OKARMUS. Holzschalenbauweise.
Halbliegende Position (Rückenlage) des
Piloten.
NACA 63-3-618. 15,0 m.
34 bei 86 km/h
0,66 m/s bei 75/km/h.
JAN WROBLEWSKI errang 1965 auf einer
Foka 4 den Weltmeisterschaftstitel in der
Offenen Klasse und ADAM WITEK bei der
SFWM 1960 den 2. Platz in der Standard-
klasse.

1961 *Lom 61 Favorit* (DDR)
H. WEGERICH, H. HARTUNG, W. ZIMMER-
MANN. VEB Apparatebau Lommatzsch.
Wabensandwichbauweise in Holzausfüh-
rung.

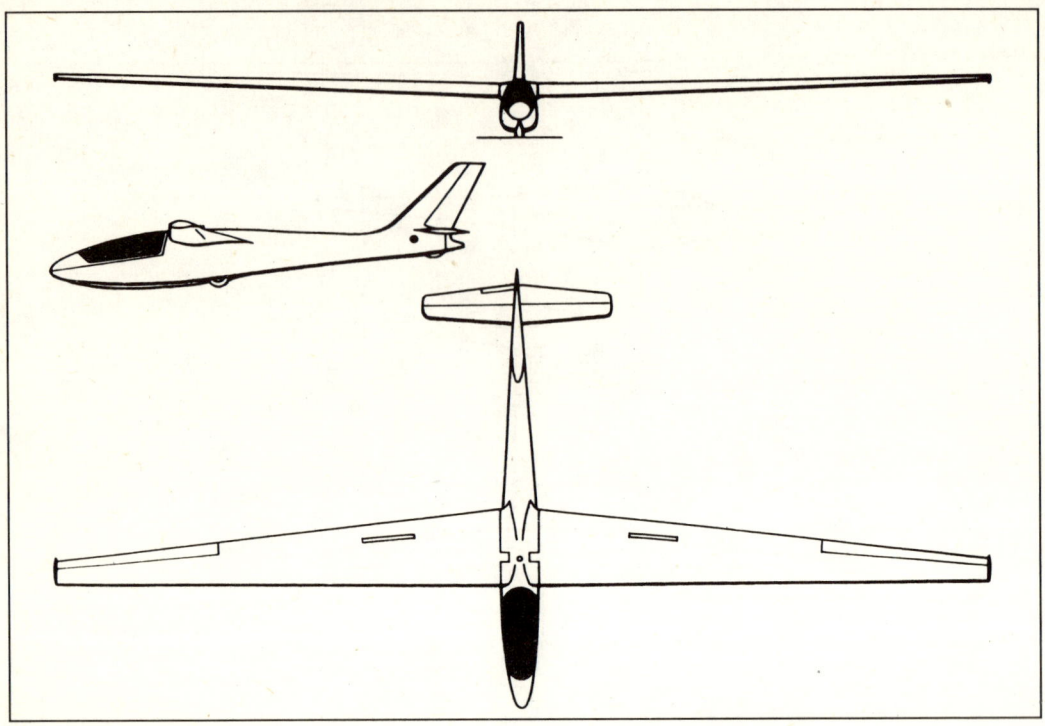

415   *SZD-24-4 Foka 4* (1960).   416   *Lom 61 Favorit* (1961).

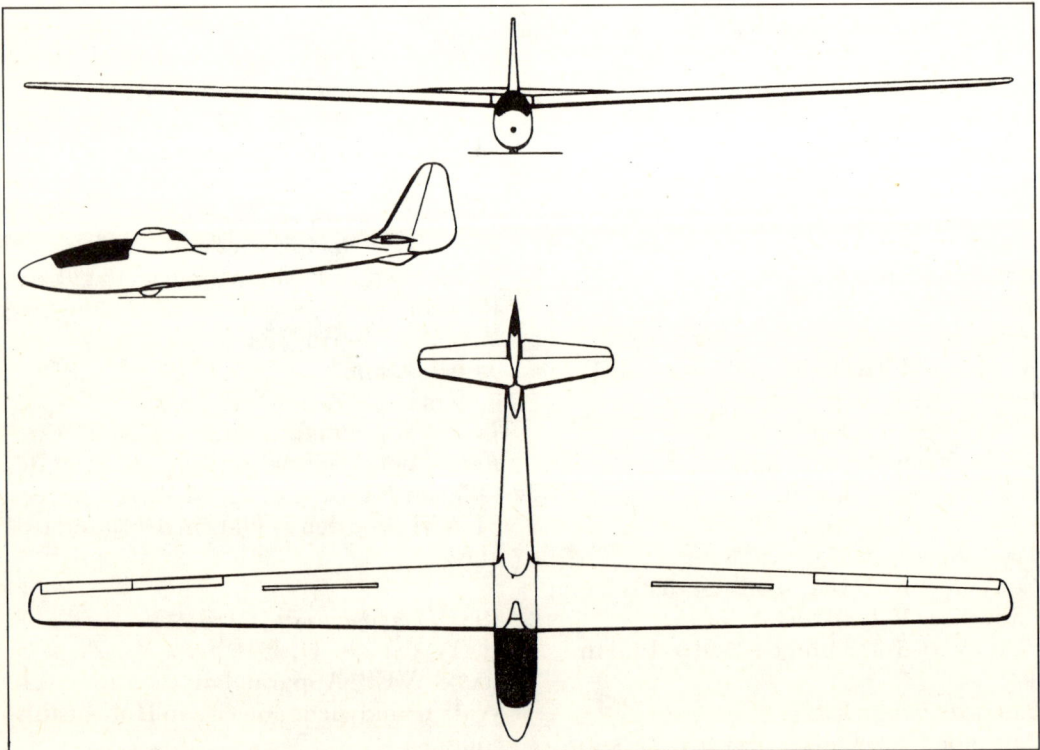

NACA 65-2-615,5. 15,0 m.
38 bei 95 km/h.
0,60 m/s bei 76 km/h.
Im Jahre 1962 gelangen A. DAUMANN zwei
500-km-Dreieckflüge auf diesem Typ.

1962 *Siren C-30 Edelweiß* (Frankreich)
J. CAYLA. Sandwichschalenbauweise in
Holzausführung. V-Leitwerk.
NACA 64, Serie 7, modifiziert. 15,0 m.

35 bei 95 km/h.
0,70 m/s bei 80 km/h.
Eines der letzten Laminarflugzeuge in
Holzbauweise. Für Flugzeuge mit derart
gelungenen Formen und hohem Bauauf-
wand kam die Bezeichnung «Orchidee»
auf. J. LACHENY erflog auf *Edelweiß* 1963
den 2. Platz der Weltmeisterschaft in der
Standardklasse, und F. HENRY 1965 in
dieser Klasse den Weltmeistertitel.

Tabelle 12: Stand der Segelflugweltrekorde am 1. Januar 1960

Kategorie	Kategorie D 1 (Einsitzige Segelflugzeuge)		Kategorie D 2 (Doppelsitzige Segelflugzeuge)	
Disziplin	Männer	Frauen	Männer	Frauen
Dauerflug	ATGER, CH.	CHOISNET, M.	DAUVINT, B. u. H. COUSTON	MATHÉ, J. u. M. GARBARINO
	(Frankreich) *Nord 2000 (Meise)* 56:15:00 h 2./4. 4. 1952	(Frankreich) *Air 100* 35:03:00 h 17./19. 11. 1948	(Frankreich) *Kranich III* 57:10:00 h 6./8. 4. 1954	(Frankreich) *Castel-Mauboussin* 38:41:00 h 11./12. 1. 1954
Freie Strecke	JOHNSON, R.	KLEPIKOVA, O.	ILČENKO, V. u. G. PEČNIKOV	MAJEWSKA, P. u. J. KURKA
	(USA) *RJ–5* 861,272 km 5. 8. 1951	(UdSSR) *RF–7* 749,203 km 6. 7. 1939	(UdSSR) *A–10* 829,822 km 26. 5. 1953	(Polen) *Bocian* 518,590 km 10. 8. 1958
Zielstrecke	FONTEILLES, R.	MAJEWSKA, P.	POPIEL, J. u. A. SIEMASZKIEWICZ	MAJEWSKA, P. u. J. KURKA
	(Frankreich) *Bréguet 901* 677,610 km 13. 5. 1956	(Polen) *Jaskólka* 562,600 km 30. 8. 1959	(Polen) *Zuraw II (Kranich II)* 541,300 km 20. 7. 1953	(Polen) *Bocian* 518,590 km 10. 8. 1958
Zielstrecke mit Rückkehr	MISIEK, L.	MAJEWSKA, P.	ZYDORCZAK, H. u. J. LESNIOROWSKI	MAJEWSKA, P. u. H. OLEKSIEWICZ
	(Polen) *Jaskólka* 533,600 km 6. 7. 1959	(Polen) *Jaskólka* 368,000 km 20. 6. 1959	(Polen) *Bocian* 517,800 km 6. 7. 1959	(Polen) *Bocian* 341,900 km 23. 5. 1956
Relative Höhe (Höhengewinn)	BAUER, K.	WOODWARD, B.	EDGAR, L. E. u. H. E. KLIEFORTH	CHOISNET-GOHARD, M. u. J. QUEYREL
	(BRD) *Weihe* 9665 m 26. 6. 1959	(USA) *Pratt-Read PR–195* 8533 m 14. 4. 1955	(USA) *Pratt-Read PR G–1* 10493 m 19. 3. 1952	(Frankreich) *Castel-Mauboussin* 6072 m 18. 1. 1951
Absolute Höhe	IVANS, W. S.	WOODWARD, B.	EDGAR, L. E. u. H. E. KLIEFORTH	CHOISNET-GOHARD, M. u. J. QUEYREL
	(USA) *S.G.S. 1–23* 12832 m 30. 12. 1950	(USA) *Pratt-Read PR–195* 12190 m 14. 4. 1955	(USA) *Pratt-Read PR G–1* 13489 m 19. 3. 1952	(Frankreich) *Castel-Mauboussin* 7042 m 18. 1. 1951

Kategorie	Kategorie D 1 (Einsitzige Segelflugzeuge)		Kategorie D 2 (Doppelsitzige Segelflugzeuge)	
Disziplin	Männer	Frauen	Männer	Frauen
100-km-Dreieck	SCHREDER, R. (USA) *HP–7* 107,040 km/h 11. 8. 1959	ZACHARA, D. (Polen) *Jaskólka* 80,961 km/h 14. 7. 1959	ROSS, H. u. H. JENSEN (USA) *S.G.S. 2–25* 87,511 km/h 14. 8. 1958	KLANCNIK-BELIN, C. u. S. TRAUNER (Jugoslawien) *Kosava* 85,420 km/h 9. 9. 1958
200-km-Dreieck	SCHREDER, R. (USA) *HP–7* 107,830 km/h 6. 8. 1959	SZEMPLIŃSKA, W. (Polen) *Jaskólka* 59,930 km/h 14. 6. 1957	ROSS, H. u. H. JENSEN (USA) *S.G.S. 2–25* 81,349 km/h 12. 8. 1958	MAJEWSKA, P. u. W. ADAMCZYK (Polen) *Bocian* 66,551 km/h 24. 5. 1956
300-km-Dreieck	SCHREDER, R. (USA) *HP–7* 96,840 km/h 7. 8. 1959	BAJEWSKA, L. (Polen) *Jaskólka* 50,032 km/h 10. 8. 1958	ROSS, H. u. P. WILSON (USA) *S.G.S. 2–25* 82,349 km/h 13. 8. 1959	BAJEWSKA, L. u. J. TOMALLA (Polen) *Bocian* 61,717 km/h 9. 5. 1959

Statistische Auswertung: Gesamtzahl der geführten Rekorde = 36.
Davon entfallen auf die einzelnen Länder: Polen 13; USA 12; Frankreich 7; UdSSR 2; BRD 1; Jugoslawien 1.

417   *C-30 Edelweiß* (1962).

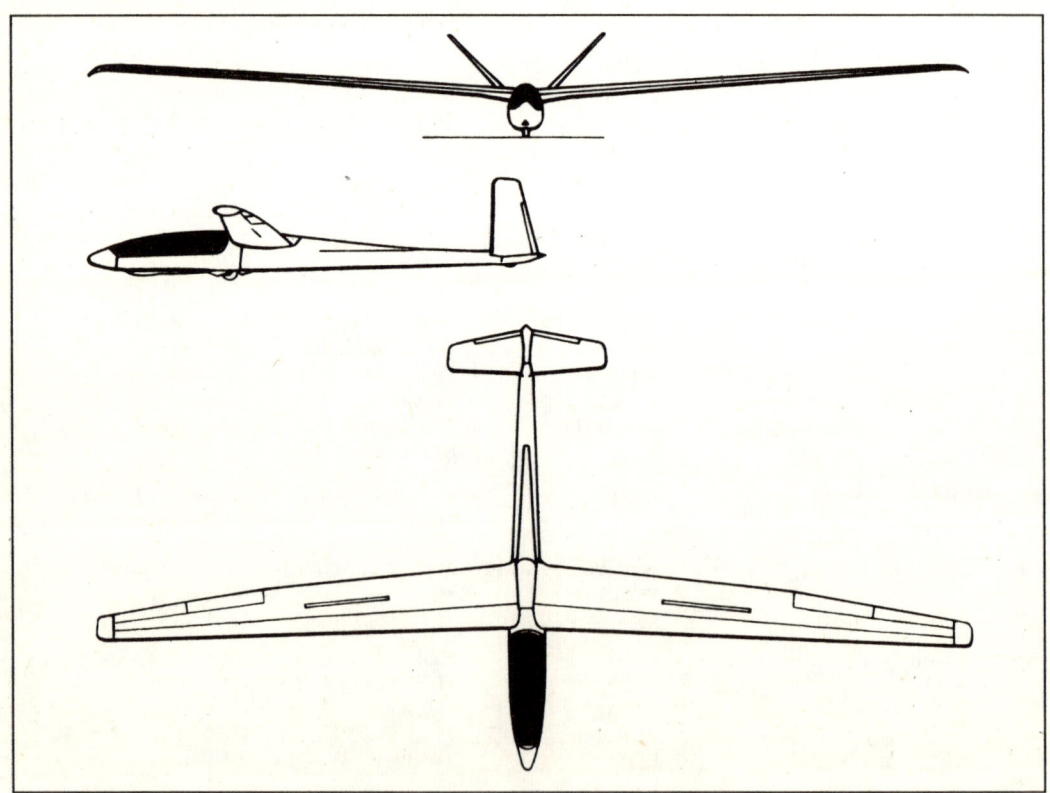

Mit der Qualität dieser Flugzeugtypen waren auch die Grenzen der weiterentwickelten traditionellen Bauweisen erreicht. Die bei diesen Methoden immer noch angewendete Gerüstbauweise mit einem Fachwerk aus Holmen und Rippen, Stringern und Spanten und einer mehr oder weniger stark tragenden Sperrholzbeplankung, erschwerte oder verhinderte die Herstellung der notwendigen optimalen Oberflächengüte. Was dem Segelflug fehlte, war eine neue, technisch progressive Bauweise, die ihrem Wesen nach nur eine Schalenbauweise sein konnte.

B. S. SHENSTONE faßte die Forderungen an eine neue, fortgeschrittene Segelflugtechnik 1958 wie folgt zusammen:

«1. Laminare Tragflügelprofile.

2. Feste Tragflügeloberflächen mit hervorragender Oberflächengüte.

3. Präzise Tragflügelformen, um Toleranzen in engen Grenzen zu halten.

4. Minimale Flächen-Rumpf- und Rumpf-Leitwerk-Interferenzen.

5. Beseitigung aller Luftöffnungen in Tragflächen und Rumpf.

6. Entfernung aller möglichen Quellen des schädlichen Widerstands wie
   – der aerodynamischen Ruderausgleiche,
   – äußerer Massenausgleiche,
   – Schlitze zwischen Tragflügel und Rumpf, Tragflügel und Rudern sowie Luftbremsen,
   – Diskontinuitäten in der Kabinenhaube,
   – des Kufen- und Radwiderstands,
   – äußerer Teile von Instrumenten,
   – widerstandserzeugender Ventilation der Kabine,
   – Antennen,
   – jeglicher Rauhigkeit und Diskontinuität an allen Flächen.» [95, S. 7]

Dazu gehörte auch die vollkommene Verlagerung aller Ruderantriebe in das Innere der Flugzeugelemente. Wie diese Forderungen sinnvoll umgesetzt werden konnten, vermochte zu diesem Zeitpunkt noch niemand mit Sicherheit zu sagen. Dennoch ist es verständlich, daß die erwähnten und ähnliche Segelflugzeugtypen mit ihren bereits höheren Flugleistungen neue Streckenflugweltrekorde in den verschiedenen Disziplinen ermöglichten.

ALVIN PARKER (USA) war der erste, der in der Geschichte des Segelfluges die 1 000-km-Grenze überbot. Als Startort hatte er, wie schon JOHNSON 13 Jahre zuvor, den Flugplatz von Odessa in Texas gewählt. Sein Flug begann keinesfalls unter optimalen thermischen Bedingungen, und das Erreichen der 1 000-km-Grenze stand lange Zeit in Frage. Mit großem Geschick, unterstützt durch die hervorragende Leistungsfähigkeit der *Sisu*, meisterte PARKER alle Schwierigkeiten und Probleme des Wetters. Da sich die angewendete Taktik wie die Erlebniswelt dieses Fluges mit denen anderer, bereits dargestellter Langstreckenflüge deckt, sei hier nur die Endphase dieses Fluges vom 31. Juli 1964 aus dem Flugbericht von PARKER wiedergegeben:

«Ich kletterte auf 2 530 m. Noch einmal schöpfte ich Hoffnung, noch vor Einbruch der Dunkelheit einen Flugplatz zu erreichen. Ich sah schon das Einflugzeichen und nahm an, es wäre der Flughafen Kimball in Wyoming. Nach einem Gleitflug von 24 km trug mich die Sisu über den 1 000-km-Kreis. Geschafft! Der Fahrtmesser zeigte 135 km/h an. Ich ging im Gleitflug nieder und landete 800 m neben dem Einflugzeichen. Es war 20.19 Uhr. Zehneinhalb Stunden war ich in der Luft gewesen. Jetzt arbeitete ich mich mühsam aus dem Cockpit heraus und versuchte, Zeugen meiner Landung zu finden. Aber weit und breit war niemand zu sehen, nur das kreisende Einflugzeichen, die Landebahnbefeuerung und ich. Ich stolperte um die Flughallen auf ein erleuchtetes Gebäude zu, rief... In der Tür erschienen zwei junge Männer. Ich bat sie, doch meine Landung zu bezeugen und mir zu helfen, meine Maschine in eine Halle zu bringen.

418   *Sisu 1 A.*

Als wir dann zu meinem Flugzeug gingen, fragte ich: ‹Das ist doch hier Kimball
in Wyoming, nicht wahr?› ‹Nein›, war die
Antwort, «das ist Kimball in Nebraska.›
Als ich auf die Gegenfrage, woher ich gekommen sei, antwortete: ‹Aus Odessa in
Texas›, stieß das zunächst auf starke
Zweifel. Trotzdem unterschrieben beide
das Landeprotokoll, halfen mir, die Maschine unterzubringen, und brachten
mich in die Stadt in ein Café. Die Inhabe-
rin des Cafés bemerkte mein Fliegerabzei-
chen am Rock und fragte mich, wer ich
bin, woher ich käme und was für einen
Flug ich hinter mir hätte. Sie schien mir
der einzige Mensch in der Stadt zu sein,
der meine Geschichte von einem Segelflug
über 1 040 km glaubte ...» [117, S. 40 f]

Die neuen Flugzeugtypen boten ebenfalls
günstige Möglichkeiten, die Landes- und
Weltrekorde auf den Dreieckstrecken zu
verbessern, in denen es bekanntlich eine
Geschwindigkeitswertung gibt. Jahrelang
war um eine oft nur geringfügige Erhöhung der Geschwindigkeiten gerungen
worden; nur langsam näherte man sich
den 100 km/h, die für den Geschwindig-
keitssegelflug eine ähnliche Traumgrenze
zu sein schien, wie die 1 000-km-Grenze

im Langstreckenflug. Die 80,3 km/h von
E.-G. Haase (BRD) und R. Picchio am
13. August 1952 auf dem Doppelsitzer
Condor IV über einem 100-km-Dreieck
und die 94,7 km/h von Jerzy Wojnar (Polen) auf einer *Jaskólka* am 15. Mai 1954 erzielt, blieben in der Weltrekordliste jahrelang unangetastet. Erst am 8. September
1958 konnte der Weltrekord von Jozef
Mrak (Jugoslawien) auf *Meteor* in der
Einsitzerklasse auf 97,1 km/h verbessert
werden.

Richard Schreder (USA) war der erste
Pilot in der Geschichte des Segelfluges, der die 100-km/h-Geschwindigkeits-
grenze auf einer Dreieckstrecke überbot.
Er stellte am 6. August 1959 mit
107,8 km/h über einem 200-km-Dreieck
einen neuen, glänzenden Weltrekord auf
und wiederholte am 11. August des gleichen Jahres diese Leistung noch einmal
auf einem 100-km-Dreieck – der Renn-
strecke unter den Dreieckstrecken – mit
107,0 km/h. Am 7. August hatte er sich
mit 96,8 km/h auf dem 300-km-Dreieck
bereits der 100-km/h-Grenze genähert.
Schreder flog bei diesen Flügen die
Eigenkonstruktion *HP–7*, ein Ganz-
metall-Laminarflugzeug mit V-Leitwerk
aus dem Jahre 1956 mit nur 14,1 m
Spannweite. In der Konzeption ähnlich wie die später gebaute *Sisu*, ver-

419   *Laminar-Libellen.* Startvorbereitungen in
Schönhagen (1964).

fügte sie jedoch über einen aerodynamisch günstigeren und formschöneren Rumpf.

Bis zum Sommer des Jahres 1961 waren es nur wenige Piloten – man konnte sie an den Fingern einer Hand abzählen –, denen es gelungen war, auf einer Dreieckstrecke schneller als 100 km/h zu fliegen. Da der Verfasser zu diesen Piloten gehörte, sollen die Umstände und Bedingungen solch eines Fluges durch einen Flugbericht näher charakterisiert werden.

Ende Juni 1961 hatte sich die Sportmannschaft der GST nach einem völlig verregneten Mai noch einmal zu einem gemeinsamen Training in Schönhagen bei Trebbin zusammengefunden. Es herrschte seit Tagen heißes Sommerwetter, ohne ein Wölkchen am Himmel und mit nur wenig ergiebiger Trockenthermik, die jedoch aufbaute, denn der märkische Sand begann langsam zu «kochen». Die erste Überraschung gab es am Sonnabend, dem 1. Juli 1961, auf der 100-km-Dreieckstrecke Zossen–Golßen– Storkow–Zossen. Nachdem meine Kameraden sich mit der Trockenthermik nicht hatten anfreunden können, erreichte

ich auf dieser Strecke mit einer *Libelle-Laminar* eine Geschwindigkeit von 84,0 km/h.

Da ich noch mit einer weiteren Verbesserung des Wetters rechnete, flog ROLF PETER am Abend mit mir die Strecke noch einmal mit einem *Zlin-Tréner* ab. Ich war davon überzeugt, auf diesem Kurs auch bei Trockenthermik 100 km/h erreichen zu können, und das war in Mitteleuropa bisher nur ZEJDA aus der ČSSR auf *Spartak* gelungen.

Die Nacht vom Sonnabend zum Sonntag war fast unerträglich heiß, trotz des klaren Sternenhimmels. Die Kiefernwälder kühlten nicht einmal mehr des Nachts ab; die Mark Brandenburg schien sogar in der Dunkelheit weiter zu «kochen», und das konnte am folgenden Tage eine noch stärkere Aufheizung und bessere Thermik bringen. Der Höhepunkt dieser Wetterentwicklung schien sich zu nähern. Noch am Abend rechnete ich den kommenden Flug in zweistündiger Arbeit durch – 100 km/h schienen erreichbar, doch der kleinste von vielen möglichen Fehlern konnte dieses Ziel vereiteln.

Am Sonntag, dem 2. Juli 1961, fanden sich vormittags alle in Schönhagen verbliebenen Leistungssegelflieger am Start ein: ADOLF DAUMANN auf *Libelle-Laminar*, FRITZ FLIEGAUF auf *Blanik*, und die Mitglieder der Sportmannschaft der GST.

Den Thermikbeginn erwarteten wir gegen 11.00 Uhr, die ersten kleinen Kumuli zeigten sich gegen 11.15 Uhr, 11.30 Uhr wurde schnell noch ein kleiner Imbiß eingenommen, und das Startfieber nahm von Minute zu Minute zu. Bei über 35 °C im Schatten zwängte ich mich gegen 12.50 Uhr in die Kabine der *Libelle-Laminar*. Bei geschlossener Plexiglashaube herrschte in ihr eine Temperatur von mindestens 50 bis 60 °C – die gewölbte Haube wirkte wie ein Brennspiegel. Texanische Thermikbedingungen vor der Haustür! Noch einige Minuten der Besinnung, den Flugplan schnell noch einmal überdacht, einige Male tief Luft geholt, dann rollte auch schon die Schleppmaschine heran. Mit einer herzlichen Geste kreuzte der Schleppilot WALTER SCHMEIER im Vorbeirollen beide Hände, gleichbedeutend mit dem Wunsch: Gutes Gelingen! Hals- und Beinbruch! Ein Aufdröhnen des Motors, eine Sand- und Staubwolke, und der Schleppzug startete um 12.55 Uhr.

Ein kurzes Poltern des Ballonrades über die verdorrte Grasnarbe, ein kleiner Sprung, und ich befand mich in der Luft, die Flügel trugen mich. Es war und ist für mich bei jedem Start ein erhebendes Gefühl, wenn sich mit zunehmender Geschwindigkeit die Erdenschwere verliert, das Flugzeug sich plötzlich in der Luft befindet und nun den kleinsten Ruderausschlägen willig gehorcht. Aus der trägen, unhandlichen Masse eines Segelflugzeugs am Erdboden wird mit einem Schlag ein Gerät, das vielleicht nur noch mit einem temperamentvollen Rennpferd verglichen werden kann. In etwa 200 m Flughöhe kuppelte ich in einem Aufwind über dem Schönhagener Platz aus, schraubte mich in der Thermik hoch und legte den etwa 20 km langen Anflug zur Start- und Ziellinie bei Zossen im Delphinstil segelnd zurück. Im Anflug auf Zossen beobachtete ich aufmerksam die Wetterentwicklung im Dreieck. Aufgrund einer Reihe von Überlegungen hatte ich mich für die Umrundungsrichtung Goßen–Storkow entschieden, und bereits von der Richtigkeit solch einer Festlegung konnte das optimale Gelingen des Fluges abhängen.

Vor meinen Augen eröffnete sich die wunderschöne und stets neue Weite der Heimat. Ein großartiges Panorama tat sich südlich von mir auf. Starke Wolkenbildung im Dreieck! Mächtige Kumuluswolken, fast in Nimbusform übergehend, die Basis oberhalb 2000 m, die Gipfel vielleicht bis auf 3000 m reichend, dazu als Folge der Schattenbildung ein wunderbares Farbenspiel. Die vielen Seen, die ihr Blau von unten heraufspiegelten, dunkelgrüne, große Waldmassive, gelbe, reifende Getreidefelder, dazwischen das Grün von Wiesen und Kartoffelfeldern, darüber das strahlende Weiß der mächtigen Wolken, alles überflutet von gleißendem Sonnenlicht. Die Alpen, von der oberbayrischen Hochebene aus betrachtet, konnten kaum ein eindrucksvolleres Bild liefern als das Wolkengebirge im Dreieck in diesem Moment. In jedem Kreis spürte man die gewaltigen Energien, die die Sonne an diesem Tage im Luftmeer freisetzte. Zur Abmeldung brauchte ich noch Flughöhe; ich kreiste nördlich des Startbandes und bemühte mich, das herrliche Naturschauspiel in Kursrichtung optisch fest einzuprägen.

Von meinen Kameraden fehlte jede Spur, doch schien mir der günstigste Abmeldezeitpunkt gekommen zu sein. Den Standort meiner Kreise hatte ich so gewählt, daß ich unmittelbar aus dem Kreisen zum Anflug auf das Startband übergehen konnte. In 1500 m Höhe ließ ich die *Libelle-Laminar* über die rechte Fläche abkippen, nachdem ich zuvor die Schultergurte noch einmal festgezerrt hatte. Mit 200 km/h schoß ich auf das Startband zu, das nicht oberhalb von 1000 m überflogen werden durfte. Zusammengekauert hinter dem Steuerknüppel, um bei den zu erwartenden Böen nicht gegen die Kabinenhaube zu prallen, den Blick auf Geschwindigkeitsmesser, Höhenmesser und die gedachte seitliche Verlängerung des Startbandes gerichtet, stürzte ich und zog bei einer Höhenanzeige von etwas unter 1 000 m wieder hoch. Etwa 200 m Höhengewinn waren die Folge, der Überflug hatte geklappt und mußte bei dem entsprechenden Pfeifgeräusch des Flugzeugs auch akustisch wahrgenommen worden sein.

Von nun an arbeitete die Zeit gegen mich. Minuten und Sekunden konnten jetzt in einem doppelten Sinne entscheiden. Man konnte Minuten oder auch Sekunden zu früh oder zu spät den nächsten Aufwind anfliegen. In beiden Fällen hätte man nicht den optimalen Aufwind gefunden, der für ein Gelingen erforderlich war. Und in der Endabrechnung konnten es wieder Minuten oder gar Sekunden sein, die der Flug zu lange gedauert hatte, um die 100 km/h zu erreichen. Der gesamte Flug bis zur Anmeldung durfte nicht länger als 60 Minuten dauern, und dazu hätte ich konstant mit mindestens 100 km/h fliegen müssen. Da jedoch etwa ein Drittel der Flugzeit zum Höhengewinn durch Kreisen benötigt wird, bei dem man keine Strecke zurücklegt, mußte ich während des Geradeausfluges eine Durchschnittsgeschwindigkeit von mindestens 140 bis 150 km/h erreichen, um unter 60 Minuten zu bleiben, und das bedeutete wiederum, daß ich mindestens zweimal kreisend Höhe gewinnen mußte.

Das erste Steigen fand ich nach dem Abflug etwa dort, wo ich es erwartet hatte. Mit guten 4 m/s, die teilweise bis auf 5 m/s anstiegen, kletterte ich bis auf 2 300 m. Wolkenflug verbot sich wegen der notwendigen Feinnavigation, er hätte zeitverlängernd gewirkt. Am Mellensee und Wünsdorfer See vorbei, im Delphinstil den Aufwind im Geradeausflug mitnehmend, flog ich mit hoher Geschwindigkeit zum ersten Wendepunkt Golßen. Der in der Nähe der Zuckerfabrik liegende Wendepunkt wurde schnell umrundet, Uhrzeit und Wendezeichen notiert, und weiter ging es mit 160 km/h auf dem zweiten Schenkel des Dreiecks. Entlang der Dahme und über Märkisch-Buchholz fliegend, suchte ich aufmerksam den thermisch günstigsten Kurs aus und erreichte schnell den zweiten Wendepunkt Storkow. Hunderte von Segeln der Sportboote blinkten mir vom Selchower und vom Wolziger See entgegen. Auch für die Wassersportler schien ideales Wetter zu herrschen.

Den zweiten Wendepunkt konnte ich zum vorgesehenen Zeitpunkt umrunden, doch von meinen Kameraden weiterhin keine Spur. Trotz des günstig gelegten Kurses mußte ich hinter Storkow, in vielleicht 700 m Flughöhe, noch einmal etwas «Höhe tanken», leider nicht in optimalem Steigen. Diese Höhe benötigte ich als Sicherheitsreserve für möglicherweise auftretende größere Abwindgebiete, sie erlaubte mir ein schnelleres Fliegen im Endanflug und wahrscheinlich einen «fliegenden» Start zu einer zweiten Runde, da ich mit einem nochmaligen Aufbau der Thermik rechnete. Andererseits kosteten diese Kreise Zeit, die in die Flugzeit eingingen und die Fluggeschwindigkeit verringerten. Sekunden entscheiden! Das sind die Unwägbarkeiten, denen ein Segelflieger im Fluge gegenübersteht und häufig kann man nicht einmal im nachhinein die optimale Entscheidung rekonstruieren, da die Flugbedingungen von Minute zu Minute wechseln. Nach diesem Höhengewinn konnte ich den Zielanflug über Dolgenbrodt–Pätz–Motzensee–Zossen beginnen. Mit 200 km/h brauste ich in 20 m Höhe über das Zielband. Ich lag im Zeitlimit, das gesteckte Ziel war erreicht.

Wiederum zeigte die *Libelle-Laminar*, was in ihr steckt, als ich mit der Überfahrt auf knapp 200 m hochzog und in Richtung auf ein Landefeld abflog, jedoch mit der Hoffnung, am Waldrand bei Neuendorf einen Aufwind zu finden. Es klappte. In etwa 150 m Höhe stieg ich in einen

1-m/s-Bart ein, zentrierte und wurde emporgetragen. Vor Freude, Nervenanspannung und Erregung zitterten mir, wohl erstmals in meiner fliegerischen Laufbahn, die Hände. Mit tiefen, langen Atemzügen zwang ich mich zur Konzentration und konnte den Flug erstmal überdenken.

Der alte Landesrekord von 82,0 km/h war überboten worden. Ob es wirklich ein neuer Rekord geworden war, hing von den Geschwindigkeiten ab, die andere Flugzeugführer an diesem Tage, vielleicht auch in anderen Fluggeländen der DDR, erreicht hatten. Wie es sich am Abend herausstellte, war es mit 103,4 km/h tatsächlich ein neuer DDR-Rekord geworden.

Da der Tag erst mit dem Abend beendet ist, entschloß ich mich zu einer zweiten Runde. Leider entsteht Thermik an derartigen Tagen nicht nur später, sie kann auch eher aufhören. Zu der am Nachmittag gewöhnlich stärker ausgeprägten Thermik, die für derartige Flüge noch vorteilhafter ist, kam es daher nicht. Ich landete nach Stunden in der Nähe von Radeland.

Die Kameraden der Sportmannschaft kamen dann am Abend mit einem Kübelwagen und Transportanhänger zur Landestelle. Schnell war das Flugzeug verladen und wir fuhren in den warmen Sommerabend. Der Fahrtwind wirkte angenehm kühlend, die hereinbrechende Nacht im Kreise von gleichgesinnten und gleichfühlenden Menschen, die Weite der Landschaft und Nähe der Natur, der klare und immer dunkler werdende, mit einzelnen Sternen besäte Himmel über uns, Gespräche über die Erlebnisse dieses Tages und Hoffnungen auf den kommenden Tag, eine gemeinsam gesummte und dann gesungene Melodie, legten einen fast unwirklich anmutenden Hauch von Romantik und Abenteuer über uns alle, und ließen ein Glücksgefühl entstehen, wie es vielleicht nur solche Tage zu schaffen vermögen.

9.4. Die Herausbildung der GFK-Bauweise – ein Entwicklungssprung in der Segelflugzeugtechnik

Der erfahrene Theoretiker und Praktiker des Segelflugzeugbaus, ULLRICH HÜTTER, hatte 1954 die evolutionäre Entwicklung des Segelfluges in den zurückliegenden Jahrzehnten wie folgt eingeschätzt: «Es ist eine Eigenart lebendiger Entwicklungen, daß sie unstetig verlaufen. In besonderem Maße gilt das für technische Entwicklungen. Zeiten überzeugender Verbesserungen folgen solche stiller, zäher Kleinarbeit mit unscheinbaren Fortschritten oder apathischen Stillstandes im Beharren auf bewährten Formen in klassischer Starrheit, aber auch endlich die des Wiederauflebens einstiger Aktivität durch die zündende Wirkung neuer Ideen oder Erkenntnisse» [85, S. 17], und er verglich die Situation zu diesem Zeitpunkt mit der in den Jahren 1920 bis 1923: ein neuer Aufschwung der Segelflugzeugtechnik stand bevor. A. H. YATES hatte im gleichen Jahre in einem Artikel auf eine mögliche Verwendung von Plastwerkstoffen im Segelflugzeugbau hingewiesen.

Die unmittelbar bevorstehende enorme Leistungssteigerung bei den Segelflugzeugen durch neuentwickelte Laminarprofile und eine neue, umwälzende Bauweise war jedoch nur von wenigen vorausgesehen worden. So gab es z. B. auch Aussagen von Fachleuten wie STAMER, der im 1939 erreichten Niveau den Endstand gesehen hatte: «Wenn man da, so weit unsere Erkenntnisse dazu ausreichen, eine vorsichtige Prognose stellen soll, dann muß man wohl davon ausgehen, daß das Segelflugzeug selber, im Hinblick auf zunehmende Leistungsfähigkeit, wohl nur unwesentlich weiterentwickelt werden kann.» [73, S. 25]

In der Bauweise von Segelflugzeugen hatte es seit Jahrzehnten keine wesentlichen Veränderungen und Fortschritte mehr gegeben, woran auch die Übernahme der Metallbauweise in den Segelflugzeugbau nichts geändert hatte. Die bekanntesten Segelflugzeuge des Jahres 1960 in Holzbauweise unterschieden sich in dieser Frage im Prinzip nicht vom *Vampyr* oder vom *Fafnir* LIPPISCHS! Eine Wende im Segelflugzeugbau, speziell bei der Herstellung hochwertiger Laminarflugzeuge, trat mit der Entwicklung und Anwendung neuer Kunststoffe in den

Jahren nach dem zweiten Weltkrieg ein. Von der chemischen Industrie waren Duroplaste (Hartplaste) und Thermoplaste (Weichplaste) entwickelt worden. Zu den Duroplasten gehören die Epoxydharze, die durch Zufügung eines Härters aus dem flüssigen in den festen Zustand überführt werden und nach dem Aushärten nicht mehr verformbar sind. Die Thermoplaste (aus Naturstoffen oder synthetisch hergestellt) bleiben dagegen durch Wärmezufuhr jederzeit wieder verformbar.

420/421   *Phönix:* Das erste GFK-Segelflugzeug (1957).

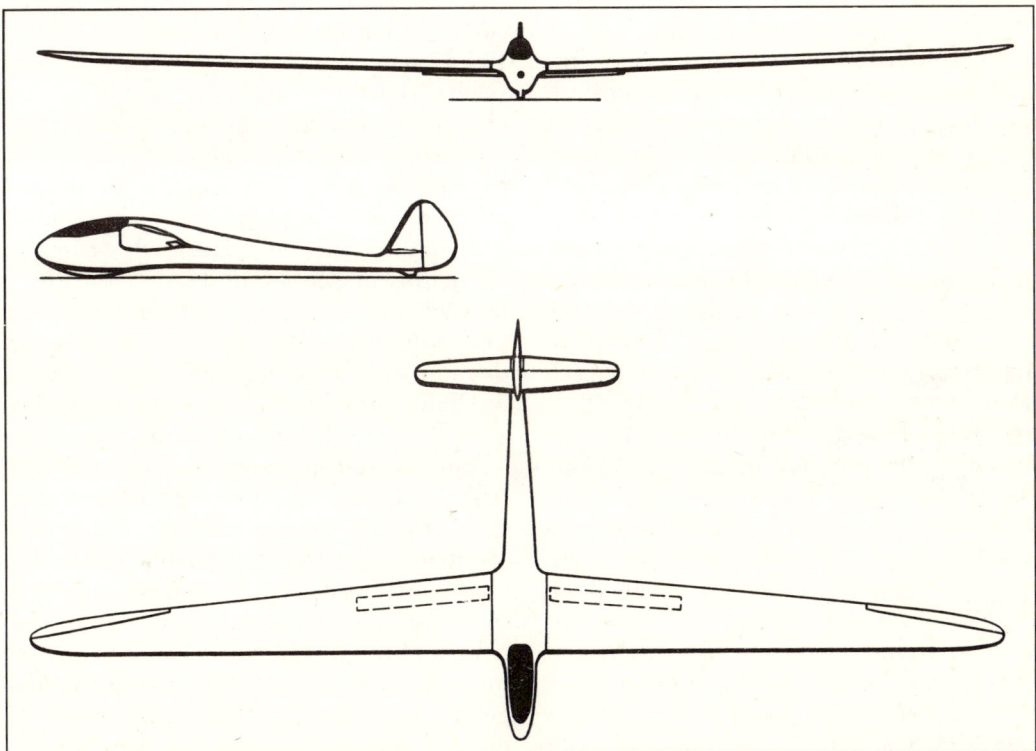

Der Hauptvorteil dieser Kunststoffe besteht in ihrer leichten und beliebigen Verformbarkeit. Im flüssigen Zustand können sie in jede Form gegossen, gedrückt und gepreßt werden, härten dann aus und behalten ihre Form bei. In Verbindung mit Glasfasergeweben oder Glasfadensträngen, die in flüssiges Epoxydharz eingebettet werden, besitzt dieser Werkstoff eine ausgezeichnete Festigkeit und Elastizität. Was er zu leisten vermag, zeigten die Glasfiberstäbe der Stabhochspringer in der Leichtathletik.

Diese Eigenschaften des neuen Materials waren auch für den Bau von Laminarflugzeugen wie geschaffen. In genaue Formen gegossen, erhielt man ohne Schwierigkeit die notwendige Konturen- und Profiltreue; mit nur geringem Aufwand konnten glatte und harte Oberflächen als Schalen hergestellt werden; Formgenauigkeit und Formbeständigkeit hielten über die ganze Lebensdauer an, und die war theoretisch unbegrenzt.

Das erste Segelflugzeug, bei dem glasfaserverstärktes Polyesterharz (noch nicht Epoxydharz) verwendet und die GFK-Bauweise (Glas-Faser-Kunststoff) aus der Taufe gehoben wurde, war der *Phönix* von RICHARD EPPLER und HERMANN NÄGELE (Stuttgart). Beide waren auch eng mit dem Flugmodellbau der Nachkriegsjahre verbunden und suchten seit Jahren nach neuen Wegen und Lösungen für den Segelflugzeugbau. Der Vorläufer des *Phönix* (erster Entwurf 1951) war eine Balsaholz-Konstruktion, mit der man jedoch noch nicht zum Zuge kam und die deshalb dem Feuer übergeben wurde. Aus dieser Asche stieg sozusagen der *Phönix* empor, dessen Erstflug am 27. November 1957 erfolgte. Die GFK-Schalen des Tragflügels wurden zwar noch durch ein einfaches Balsaholzgerüst gestützt, doch gab es nur wenige Rippen in Längsrichtung und einige Stege in Querrichtung. Der Rumpf, noch horizontal in zwei Halbschalen geteilt, war dagegen bereits eine reine Schalenkonstruktion ohne jedes

Gerüstwerk. Die Masseeinsparung bei dieser Bauweise war beträchtlich, und mit nur 18,5 kg/m^2 Flächenbelastung gehörte dieses Flugzeug zu den Leichtgewichten seiner Zeit. Der *Phönix* zeigte bereits die wesentlichen Merkmale der GFK-Bauweise; die Hoffnungen und Ziele, die man mit der neuen Bauweise verknüpfte, erfüllten sich.

Die nächste bedeutende GFK-Maschine war die *D 36* (1962/1964) der Darmstädter Studenten und Segelflieger GERHARD WAIBEL, WOLF LEMKE und HEIKO FRIESS, später auch KLAUS HOLIGHAUS, die sich dann in den nachfolgenden Jahren der Weiterentwicklung der Segelflugzeugtechnik widmeten. Die *D 36*, bereits in Epoxydharz ausgeführt, zeigte die enormen Möglichkeiten der GFK-Bauweise noch deutlicher. Die Akaflieg Darmstadt hatte mit der *D 34* und der *D 36* ihre schöpferischen Traditionen fortgesetzt. In der *D 36* waren die Profile FX 62-K-131 (innen) und FX 60-126 (außen), später auch bei der *ASW–12* und *ASW–17* eingesetzt, verwendet worden. Bei 17,8 m Spannweite erreichte sie ein Gleitverhältnis von 44 bei 87 km/h und ein geringstes Sinken von 0,63 m/s bei 82 km/h. Erstmals besaß die *D 36* aus aerodynamischen Gründen eine «Einschnürung» des Rumpfes hinter der Tragfläche, und man verließ die klassische Rumpfform, die im *Zephir* und der *Foka* ihren deutlichsten Ausdruck gefunden hatte. Die Konstrukteure der *D 36* hatten für das moderne Hochleistungssegelflugzeug auch die optimale Form gefunden, die bis zum heutigen Tage dominiert!

Zur Herstellung eines GFK-Flugzeugs benötigt man vor allem eine Negativform, die mit der Form des späteren Flugzeugs identisch ist. Zunächst werden, wie in der Gießereitechnik, die Teile des Flugzeugs in Originalgröße als positive Kernform hergestellt. Mit Hilfe dieser Kerne fertigt man im Abdruckverfahren die notwendigen Negativformen; bei einem zweiteiligen Flügel zwei Formen für die unteren

422/423   *D 36* (1964).

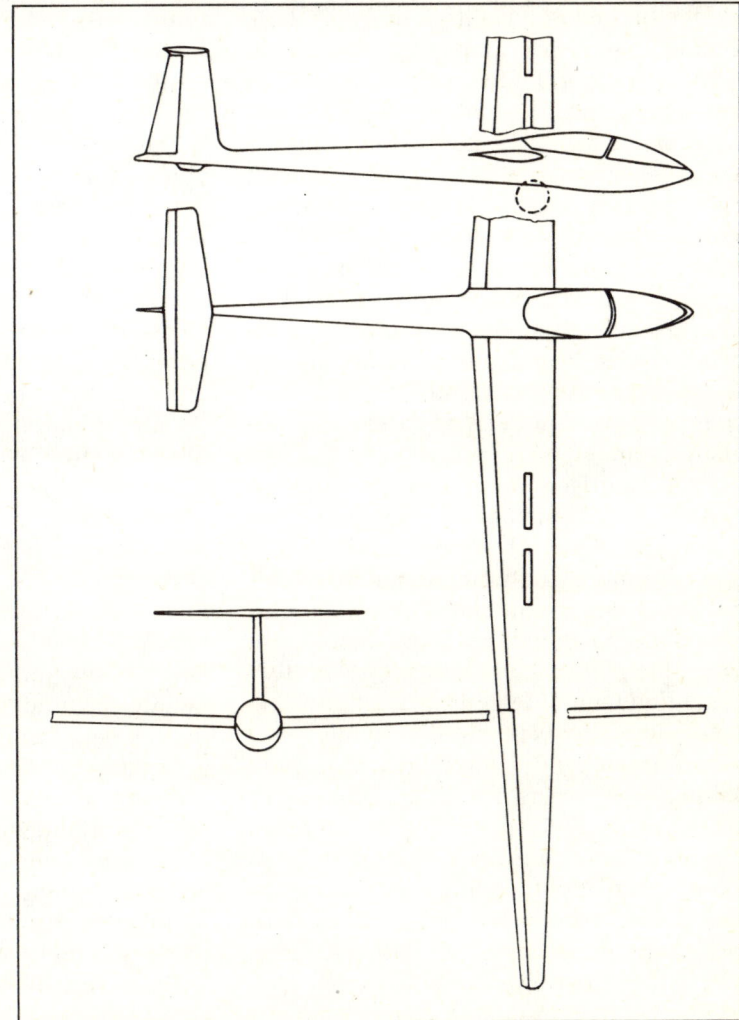

Schalen und zwei für die oberen. Für den Rumpf benötigt man – es hat sich die vertikale Trennung durchgesetzt – ebenfalls zwei Formen. Die Negativformen werden gleichfalls in GFK-Technik geschaffen. Der Bau der Formen ist der aufwendigste Vorgang bei der Produktion eines GFK-Flugzeugtyps. Sind die wiederverwendungsfähigen Negativformen vorhanden, so können zwei bis drei Mitarbeiter innerhalb von nur wenigen Tagen ein GFK-Flugzeug dieses Typs bauen; der Zeitaufwand liegt dann um mindestens 75 % unter dem für den Bau eines ähnlichen Flugzeugs in Holzkonstruktion.

Der Bau einer Tragflächenunterschale geht etwa folgendermaßen vor sich: Nach Aufbringen und Polieren eines Trennmittels (Flüssigwachs) in die Negativform wird zunächst eine Lackschicht in die Form gespritzt und nach dem Abbinden eine zweite. Anschließend wird in der Form eine dünne Schicht des flüssigen Kunstharzgemisches ausgestrichen, Glasfasergewebe in zwei bis drei Lagen darübergelegt und jeweils in Kunstharz eingebettet. Alle Festigkeitsprobleme können durch eine entsprechende Dimensionierung und Anzahl der Glasfaserschichten gelöst werden.

Problematisch an der so erhaltenen Schale ist lediglich ihre Neigung zum Verbeulen. Deshalb werden im nächsten Arbeitsgang Balsaholzstreifen oder Schaumstoffplatten (noch leichter und verarbeitungsgünstiger als Balsaholz) auf den noch flüssigen Kunstharz aufgebracht. Darauf kommt nochmals eine Glasfasergewebeschicht, die ebenfalls mit dem Kunstharz getränkt wird. Für diese Bauweise hat sich der Name Sandwichbauweise eingebürgert, denn wie bei einem belegten und zugeklappten Brötchen befinden sich mehrere unterschiedliche Schichten übereinander. Man baut bei Anwendung der GFK-Bauweise stets von außen nach innen!

Entscheidend ist der feste Verbund der einzelnen Schichten und deren genaue Einpassung in die Form, was mittels eines Vakuumverfahrens erreicht wird. Auf die Negativform wird eine Plastikfolie luftdicht aufgebracht. Saugt man nun aus der Form die Luft ab, so entsteht ein Vakuumandruckeffekt. Dieses Verfahren wurde erstmals bei der D 36 angewendet.

In gleicher Weise verläuft die Fertigstellung der oberen Tragwerkschale, in die die notwendigen Einbauten wie Holm, Wurzelrippe, Beschläge, Bremsklappenkästen, Gestänge, Wassertank usw. vorgenommen werden. Schon nach wenigen Tagen kann die Unterschale mitsamt ihrer Form auf die Oberschale gelegt und an den dafür vorgesehenen Klebekanten verklebt werden. Zur Beschleunigung des endgültigen Aushärtens kommt die Fläche in einen Temperofen.

Der Rumpf ist oft eine GFK-Schale ohne Stützmaterialien. Im Bereich des Rumpfvorderteils besitzt sie etwa 4 mm Wandstärke, der Leitwerkträger kommt mit etwa 3 mm aus. Es versteht sich, daß der Zusammenbau aller wichtigen Teile eines Flugzeugelements «naß in naß» erfolgt, d. h., alle Einbauten müssen in das noch flüssige Laminat erfolgen.

Alle anderen Konstruktionselemente des Flugzeugs werden auf ähnliche Weise hergestellt. Sie werden abschließend naß abgeschliffen, geschwabbelt und poliert. Auch beim Blick gegen das Sonnenlicht erkennt man danach keine Unebenheiten mehr, die strömungstechnisch optimale Oberfläche ist geschaffen! Da der Lack bereits untrennbar mit dem Laminat der Schale verbunden worden ist, werden nur noch Kennzeichen und Warnstreifen aufgebracht.

Problematisch waren in den ersten Jahren vor allem die erforderlichen Festigkeitsnachweise, für die es an theoretischen Grundlagen und Erfahrungswerten fehlte. An der ständigen Vervollkommnung der neuen Bauweise hatten viele Techniker mitgewirkt und ihre schöpferischen Ideen eingebracht. Eine wirkliche «Umwälzung» des Segelflugzeugbaus

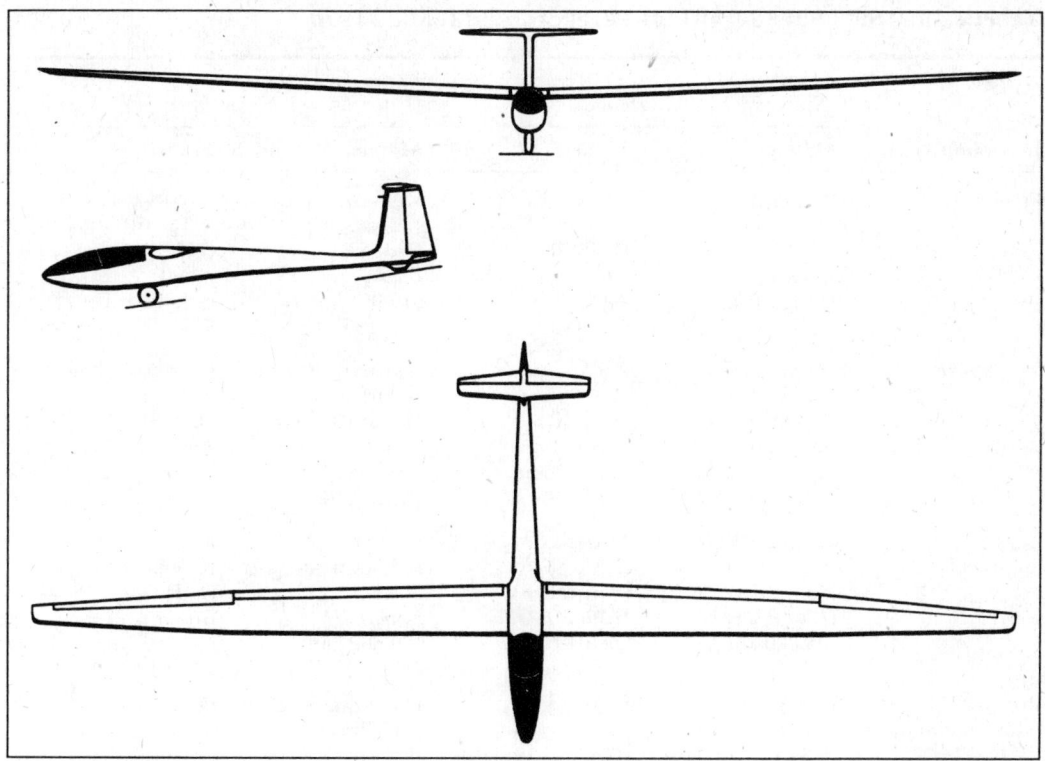

424   *ASW-12* (1967).

war vor sich gegangen, und wieder hatte der Segelflug Pionierarbeit für die gesamte Flugtechnik geleistet.

Mit der neuen Bauweise konnte die theoretische Aerodynamische Qualität der bisherigen Laminarprofile auch praktisch erreicht werden, doch stellten diese noch nicht das Optimum dar, da sie meistens nicht speziell für den Segelflug geschaffen worden waren und die bei diesen Geschwindigkeiten auftretenden Strömungsverhältnisse (REYNOLDSzahlen) nicht berücksichtigten. Die neue Bauweise bot weiterhin die Möglichkeit, nunmehr auch kleine Nasenradien der Profile baulich realisieren zu können. So setzten die Möglichkeiten der GFK-Bauweise neue Impulse für die Schaffung spezieller Laminarprofile für Segelflugzeuge frei. Es waren vor allem die Professoren Dr. RICHARD EPPLER und Dr. F. X. WORTMANN (beide Stuttgart), die einen großen Teil

der notwendigen Forschungsarbeiten unter Verwendung eines turbulenzarmen Windkanals und elektronischer Rechner in diesen Jahren leisteten und dadurch dem Segelflug zu einem neuen Leistungssprung verhalfen. Die WORTMANN-Profile tragen die Typenbezeichnung FX.

Als erstes dieser «Traumschiffe» (dreamships) entstand mit 18,3 m Spannweite die *ASW–12* (1967) von GERHARD WAIBEL, der als Konstrukteur zum «Segelflugzeugbau ALEXANDER SCHLEICHER» nach Poppenhausen in der Rhön gegangen war. Die GFK-Sandwichschale war noch mit Balsaholz gestützt worden. Mit einem WORTMANN-Profil erreichte dieser Typ als erster ein Gleitverhältnis von 47 bei 95 km/h und eine geringste Sinkgeschwindigkeit von 0,49 m/s bei 72 km/h sowie die Mindestgeschwindigkeit von 65 km/h. Dieses Flugzeug ging in den Serienbau, und es war eigentlich selbstverständlich, daß mit ihm Weltrekorde am laufendem Band aufgestellt wurden.

Tabelle 13: Stand der Segelflugweltrekorde am 1. März 1970

Kategorie	Kategorie D 1 (Einsitzige Segelflugzeuge)		Kategorie D 2 (Doppelsitzige Segelflugzeuge)	
Disziplin	Männer	Frauen	Männer	Frauen
Freie Strecke	PARKER A. H. (USA) Sisu 1 A 1 041,520 km 31. 7. 1964	KLEPIKOVA, O. (UdSSR) RF–7 749,203 km 6. 7. 1939	KUSNECOV, J. u. J. BARANOV (UdSSR) Blanik 912,950 km 3. 6. 1967	PAVLOVA, T. u. L. FILOMECHINA (UdSSR) Blanik 864,862 km 3. 6. 1967
Zielstrecke	SCOTT, W. A. (USA) ASW–12 974,040 km 22. 8. 1969	ZAGAINOVA, T. (UdSSR) A–15 731,595 km 29. 7. 1966	ANTONOV, P. u. A. OPLAČKO (UdSSR) Blanik 702,744 km 24. 4. 1964	GORŠKOVA, I. u. Z. KOSLOVA (UdSSR) Blanik 864,862 km 3. 6. 1967
Zielstrecke mit Rückkehr	CLIFFORD, R. R. (Südafrika) H 301 R Libelle 785,800 km 1. 1. 1969	MARTIN, S. (Australien) H 301 R Libelle 656,040 km 6. 2. 1970	KEIM, K. u. R. BACHMANN (BRD) Kranich III 620,660 km 28. 12. 1967	MAJEWSKA, P. u. R. SOKOLOWSKA (Polen) Bocian 467,200 km 14. 7. 1968
Relative Höhe (Höhengewinn)	BIKLE, P. F. (USA) S.G.S. 1–23 E 12 894 m 25. 2. 1961	BURNS, A. (Großbritannien) Skylark–3 B 9 119 m 13. 1. 1961	JÓSEFCZAK, S. u. J. TARCZON (Polen) Bocian 11 680 m 5. 11. 1966	DANKOWSKA, A. u. M. MATELISKA (Polen) Bocian 8 430 m 17. 10. 1967
Absolute Höhe	BIKLE, P. F. (USA) S.G.S. 1–23 E 14 102 m 25. 2. 1961	WOODWARD, B. (USA) Pratt Read PR–195 12 190 m 14. 4. 1955	EDGAR, L. E. u. H. E. KLIEFORTH (USA) Pratt Read PR G–1 13 489 m 19. 3. 1952	BURNS, A. u. J. W. OESCH (Großbritannien) S.G.S. 2–32 9 519 m 5. 1. 1967
100-km-Dreieck	LINKE, H. (BRD) H 301 Libelle 136,658 km/h 30. 7. 1967	LEEMAN, Y. (Südafrika) BJ–2 110,190 km/h 4. 1. 1966	BRIEGLEB, W. R. u. K. BRIEGLEB (USA) S.G.S. 2–32 111,304 km/h 31. 7. 1969	HUMAN, A. A. u. Y. LEEMAN (Südafrika) Kranich III 90,950 km/h 27. 12. 1967
200-km-Dreieck	SCHREDER, R. (USA) HP–7 107,830 km/h 6. 8. 1959	BURNS, A. (Großbritannien) Skylark–3 79,010 km/h 11. 1. 1961	BARBERA, D. u. S. ROBERT (Frankreich) Bréguet 904 S 84,553 km/h 17. 8. 1962	MAJEWSKA, P. u. W. ADAMCZYK (Polen) Bocian 66,551 km/h 24. 5. 1956
300-km-Dreieck	RÖHM, A. (BRD) BS–1 138,300 km/h 6. 4. 1967	LEEMAN, Y. (Südafrika) BJ–2 106,180 km/h 14. 1. 1966	STEVENS, B. u. H. KEARTLAND (Südafrika) S.G.S. 2–32 104,470 km/h 10. 1. 1970	MANOFOVA, O. u. V. LAMOVA (UdSSR) Blanik 74,314 km/h 12. 6. 1964

Kategorie	Kategorie D 1 (Einsitzige Segelflugzeuge)		Kategorie D 2 (Doppelsitzige Segelflugzeuge)	
Disziplin	Männer	Frauen	Männer	Frauen
500-km-Dreieck	JACKSON, M.	BURNS, A.	SORG, H. u. H. SORG	ZAGAINOVA, T. u. V. LOBANOVA
	(Südafrika)	(Großbritannien)	(BRD)	(UdSSR)
	BJ–3	*Standard-Austria*	*Ka–7*	*Blanik*
	135,320 km/h	103,330 km/h	83,740 km/h	69,598 km/h
	28. 12.1967	25. 12. 1963	7. 1. 1964	29. 5. 1968

Statistische Auswertung: Gesamtzahl der geführten Rekorde = 36.
Davon entfallen auf die einzelnen Länder: UdSSR 8; USA 8; Südafrika 6; BRD 4; Großbritannien 4; Polen 4; Australien 1; Frankreich 1.

Tabelle 14: Stand der Segelflugweltrekorde am 1. Januar 1979

Kategorie	Kategorie D 1 (Einsitzige Segelflugzeuge)		Kategorie D 2 (Doppelsitzige Segelflugzeuge)	
Disziplin	Männer	Frauen	Männer	Frauen
Freie Strecke	GROSSE, H.-W.	DANKOWSKA, A.	RENNER, I. u. GEISSLER	PAVLOVA, T. u. L. FILOMECHINA
	(BRD)	(Polen)	(Australien)	(UdSSR)
	ASW–12	*Jantar 1*	*Calif A 21*	*Blanik*
	1 460,800 km	810,000 km	970,000 km	864,862 km
	25. 4. 1972	19. 4. 1977	27. 1. 1975	3. 6. 1967
Zielstrecke	DRAKE, B. L.; SPEIGHT, D. N.; GEORGESON, S. H.	ZAGAINOVA, T.	ANTONOV, P. u. A. OPLAČKO	GORŠKOVA, I. u. Z. KOSLOVA
	(Neuseeland)	(UdSSR)	(UdSSR)	(UdSSR)
	Nimbus 2	*A–15*	*Blanik*	*Blanik*
	1 254,260 km	731,595 km	702,744 km	864,862 km
	15. 2. 1978	29. 7. 1966	24. 4. 1964	3. 6. 1967
Zielstrecke mit Rückkehr	STRIEDIECK K. H.	DANKOWSKA, A.	MINGHELLI u. GRAVAVANCE	DANKOWSKA, A. u. JAGIELLO
	(USA)	(Polen)	(USA)	(Polen)
	ASW–17	*Jantar*	*Prue II A*	*Halny*
	1 634,700 km	672,000 km	751,000 km	574,000 km
	9. 5. 1977	25. 5. 1973	26. 7. 1975	25. 5. 1977
Relative Höhe (Höhengewinn)	BIKLE, P. F.	BURNS, A.	JÓSEFCZAK, S. u. J. TARCZON	DANKOWSKA, A. u. M. MATELISKA
	(USA)	(Großbritannien)	(Polen)	(Polen)
	S.G.S. 1–23 E	*Skylark–3 B*	*Bocian*	*Bocian*
	12894 m	9 119 m	11 680 m	8430 m
	25. 2. 1961	13. 1. 1961	5. 11. 1966	17. 10. 1967
Absolute Höhe	BIKLE, P. F.	WOODWARD, B.	EDGAR, L. E. u. H. KLIEFORTH	NURR, M. u. H. DUNCAN
	(USA)	(USA)	(USA)	(USA)
	S.G.S. 1–23 E	*Pratt Read PR–195*	*Pratt Read PR G–1*	*S.G.S. 2–32*
	14102 m	12 190 m	13 489 m	10 809 m
	25. 2. 1961	14. 4. 1955	19. 3. 1952	5. 3. 1975

Kategorie	Kategorie D 1 (Einsitzige Segelflugzeuge)		Kategorie D 2 (Doppelsitzige Segelflugzeuge)	
Disziplin	Männer	Frauen	Männer	Frauen
100-km-Dreieck	BRIEGLEB, K. B. (USA) *Kestrel* 164,000 km/h 18. 7. 1974	ORSI, A. (Italien) *Kestrel* 127,000 km/h 19. 8. 1975	BRIGGS u. MURRAY (Südafrika) *Janus* 147,000 km/h 21. 11. 1977	DANKOWSKA, A. u. E. GRZELAK (Polen) *Halny* 126,280 km/h 1. 8. 1978
300-km-Dreieck	NEUBERT W. (BRD) *Glasflügel 604* 153,430 km/h 3. 3. 1972	MARTIN, S. (Australien) *Kestrel* 114,000 km/h 11. 2. 1972	BRIGGS u. MURRAY (Südafrika) *Janus* 135,000 km/h 16. 11. 1977	ORSI, A. u. F. BELLENGERIE (Italien) *Calif.A 21* 97,740 km/h 18. 8. 1974
500-km-Dreieck	PEARSON, E. (Simbabwe) *Nimbus 2* 143,000 km/h 27. 11. 1976	LEEMAN, Y. (Südafrika) *H 301 Libelle* 113,000 km/h 16. 10. 1974	BRIGGS u. MURRAY (Südafrika) *Janus* 140,000 km/h 17. 11. 1977	ZAGAINOVA, T. u. V. LOBANOVA (UdSSR) *Blanik* 69,598 km/h 29. 5. 1968
750-km-Dreieck	ROWE, R. J. (Australien) *Nimbus 2* 134,000 km/h 15. 2. 1977	DANKOWSKA, A. (Polen) *Jantar 1* 73,000 km/h 2. 6. 1975	noch nicht geflogen	noch nicht geflogen
1000-km-Dreieck	GROSSE, H. W. (BRD) *ASW–17* 98,000 km/h 18. 1. 1977	noch nicht geflogen	noch nicht geflogen	noch nicht geflogen
Größtes geflogenes Dreieck	GROSSE, H. W. (BRD) *ASW–17* 1 063,000 km 18. 1. 1977	noch nicht geflogen	noch nicht geflogen	noch nicht geflogen

Statistische Auswertung: Gesamtzahl der geführten Rekorde = 36.
Davon entfallen auf die einzelnen Länder: USA 8, Polen 7, UdSSR 5, BRD 4, Südafrika 4, Australien 3, Italien 2, Großbritannien 1, Neuseeland 1, Simbabwe 1.

Tabelle 15: **Stand der Segelflugweltrekorde am 1. März 1983**

Kategorie	Kategorie D 1 (Einsitzige Segelflugzeuge)		Kategorie D 2 (Doppelsitzige Segelflugzeuge)	
Disziplin	Männer	Frauen	Männer	Frauen
Freie Strecke	GROSSE, H.-W. (BRD) *ASW–12* 1 460,800 km 25. 4. 1972	KAREL, K. (Großbritannien) *LS–3* 949,700 km 20. 1. 1980	GEORGESON, S. H. u. H. GEORGESON (Neuseeland) *Janus C* 993,760 km 31. 10. 1982	PAVLOVA, T. u. L. FILOMECHINA (UdSSR) *Blanik* 864,862 km 3. 6. 1967

Kategorie	Kategorie D 1 (Einsitzige Segelflugzeuge)		Kategorie D 2 (Doppelsitzige Segelflugzeuge)	
Disziplin	Männer	Frauen	Männer	Frauen
Zielstrecke	DRAKE, B. L.; SPEIGHT, D. N.; GEORGESON, S. H.; (Neuseeland) Nimbus 2 1 254,260 km 15. 2. 1978	ZAGAINOVA, T. (UdSSR) A–15 731,595 km 29. 7. 1966	GEORGESON, S. H. u. H. GEORGESON (Neuseeland) Janus C 993,760 km 31. 10. 1982	GORŠKOVA, I. u. Z. KOSLOVA (UdSSR) Blanik 864,862 km 3. 6. 1967
Zielstrecke mit Rückkehr	STRIEDIECK, K. H. (USA) ASW–17 1 634,700 km 9. 5. 1977	GROVE, D. (USA) Nimbus 2 1 127,680 km 28. 9. 1981	KNAUFF, T. L. u. R. GANNON (USA) Twin-Astir 1 000,880 km 28. 9. 1981	MAJEWSKA, P. u. V. MALCHER (Polen) Halny 617,430 km 14. 5. 1980
Relative Höhe (Höhengewinn)	BIKLE, P. F. (USA) S.G.S. 1–23 E 12 894 m 25. 2. 1961	BURNS, A. (Großbritannien) Skylark–3B 9 119 m 13. 1. 1961	JÓSEFCZAK, S. u. J. TARCZON (Polen) Bocian 11 680 m 5. 11. 1966	DANKOWSKA, A. u. M. MATELISKA (Polen) Bocian 8 430 m 17. 10. 1967
Absolute Höhe	BIKLE, P. F. (USA) S.G.S. 1–23 E 14 102 m 25. 2. 1961	JACKINTELL, S. (USA) Astir CS 12 637 m 14. 2. 1979	EDGAR, L. E. u. H. E. KLIEFORTH (USA) Pratt-Read PR G–1 13 489 m 19. 3. 1952	NURR, M. u. H. DUNCAN (USA) S.G.S. 2–32 10 809 m 5. 3. 1975
100-km-Dreieck	RENNER, I. (Australien) Nimbus 3 195,180 km/h 14. 12. 1982	MARTIN, S. (Australien) LS–3 139,450 km/h 2. 2. 1979	MÜLLER, E. u. O. SCHÄFFNER (BRD) Mü–27 158,300 km/h 10. 12. 1981	DANKOWSKA, A. u. E. GRZELAK (Polen) Halny 126,280 km/h 1. 8. 1978
300-km-Dreieck	GROSSE, H.-W. (BRD) ASW–17 158,670 km/h 24. 12. 1980	MARTIN, S. (Australien) Ventus 129,520 km/h 8. 2. 1981	MÜLLER, E. u. O. SCHÄFFNER (BRD) Janus 140,480 km/h 30. 11. 1979	ORSI, A. u. F. BELLENGERI (Italien) Calif A-21 97,740 km/h 18. 8. 1974
500-km-Dreieck	ECKLE, G. (BRD) ASW–17 151,280 km/h 10. 12. 1979	MARTIN, S. (Australien) LS–3 133,140 km/h 29. 1. 1979	MÜLLER, E. u. K. SENNE (BRD) Mü–27 146,690 km/h 13. 12. 1981	DANKOWSKA, A. u. S. PIATEK (Polen) Halny 93,700 km/h 4. 5. 1980
750-km-Dreieck	GROSSE, H.-W. (BRD) ASW–17 143,630 km/h 6. 1. 1982	KAREL, K. (Großbritannien) LS–3 95,420 km/h 24. 1. 1979	GROSSE, H.-W. u. H. KOHLMEYER (BRD) SB 10 131,840 km/h 14. 1. 1980	noch nicht geflogen

Kategorie	Kategorie D 1 (Einsitzige Segelflugzeuge)		Kategorie D 2 (Doppelsitzige Segelflugzeuge)	
Disziplin	Männer	Frauen	Männer	Frauen
1000-km-Dreieck	GROSSE, H.-W. (BRD) *ASW–17* 145,320 km/h 3. 1. 1979	noch nicht geflogen	GROSSE, H.-W. u. H. KOHLMEYER (BRD) *SB 10* 129,540 km/h 21. 12. 1979	noch nicht geflogen
1250-km-Dreieck	GROSSE, H.-W. (BRD) *ASW–17* 133,240 km/h 9. 12. 1980	noch nicht geflogen	noch nicht geflogen	noch nicht geflogen
Größtes geflogenes Dreieck	GROSSE, H.-W. (BRD) *ASW–17* 1306,850 km 4. 1. 1981	KAREL, K. (Großbritannien) *LS–3* 814,010 km 9. 1. 1980	GROSSE, H.-W. u. H. KOHLMEYER (BRD) *SB 10* 1112,620 km 28. 12. 1979	noch nicht geflogen

Statistische Auswertung: Gesamtzahl der geführten Rekorde = 41.
Davon entfallen auf die einzelnen Länder: BRD 13; USA 8; Polen 5; Australien 4; Großbritannien 4; Neuseeland 3; UdSSR 3; Italien 1.

Die Weiterentwicklung *ASW–17* (1972) mit 20,0 m Spannweite und dem WORT-MANN-Profil FX 62-K 131 (modifiziert) brachte das Gleitverhältnis von 48 bei 95 km/h und 0,50 m/s Sinkgeschwindigkeit bei 75 km/h. Mit diesem Typ konnte GEORGE LEE (Großbritannien) 1976 und 1978 den Weltmeistertitel in der Offenen Klasse erringen.

Mit seinem *Nimbus 1* (1968/69) ging KLAUS HOLIGHAUS bis an die Grenze des technisch Möglichen der GFK-Bauweise. Er baute nicht nur den ersten GFK-Segler mit 22,0 m Spannweite, sondern überbot mit ihm auch die bisher nur von der *D 30 Cirrus* erreichte Flügelstreckung. Als erstes Segelflugzeug in der Geschichte erreichte der *Nimbus 1* das Gleitverhältnis 50 und überbot es sogar mit 51 bei 90 km/h. Das bedeutete, daß dieses Flugzeugmuster aus 1 m Höhe 51 m weit flog (!) und dabei etwa zwei Sekunden in der Luft blieb. GEORGE MOFFAT (USA) konnte 1970 den Weltmeistertitel mit diesem Flugzeug, das nur in einem Exemplar ge-

baut worden war, erringen. Da man den Rumpf von HOLIGHAUS' kleinerem *Cirrus* übernommen hatte, ließ die Wendigkeit jedoch zu wünschen übrig. Bei der in den Serienbau gegangenen Weiterentwicklung *Nimbus 2* wurde dieser Mangel beseitigt, und GÖRAN AX (Schweden) gewann 1972 mit diesem Typ die Weltmeisterschaft in der Offenen Klasse.

WOLF LEMKE, einer der drei *D 36*-Konstrukteure, hatte sich der Weiterentwicklung der Segelflugzeuge der Standardklasse gewidmet und baute mit der *LS 1* (LEMKE-SCHNEIDER) 1967 das damals leistungsstärkste Flugzeug dieser Klasse, mit dem HELMUT REICHMANN (Saarbrücken, BRD) 1970 seinen ersten von insgesamt drei Weltmeistertiteln errang.

Wollte man die Flugleistungen auf der Grundlage der zur Verfügung stehenden Laminarprofile weiter steigern, so mußte man zu noch größeren Flügelstreckungen und Spannweiten übergehen, für die das Masse-Festigkeits-Verhältnis der GFK-Bauweise nicht mehr ausreichte. Die bis-

425/426 *LS 1* (1968).

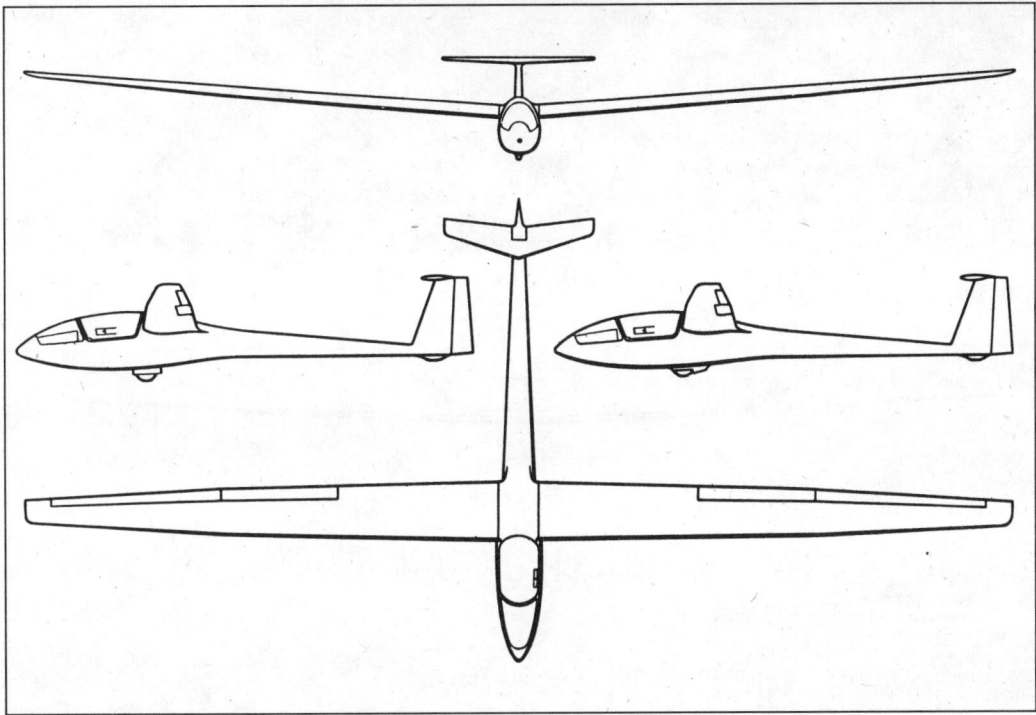

herigen GFK-Flügel waren zu elastisch! Wie bei einem Stabhochsprungstab biegen sich die Flächenenden bereits beim Startvorgang bis zu 1 m nach oben durch und im Schnellflug sind es sogar 3 bis 4 m! Italienische Konstrukteure kehrten deshalb beim Doppelsitzer *Calif A 20* zum Metallflügel zurück und behielten die GFK-Bauweise nur für Rumpfteile bei. Man suchte intensiv nach einem neuen, härteren Material, mit dem die Kunstharze verstärkt werden konnten und fand sie in den Karbon- oder Kohlenstoffasern. Mit Hilfe dieser Fasern, die jedoch auch wesentlich teurer waren, wurde die KFK-Bauweise aus der Taufe gehoben, die eine weitere Verringerung des Baugewichts der Segelflugzeuge und eine bedeutende Erhöhung ihrer Festigkeit ermöglichte. Die Kohlefasern werden durch Verkoh-

427/428   *SB 10* (1972).

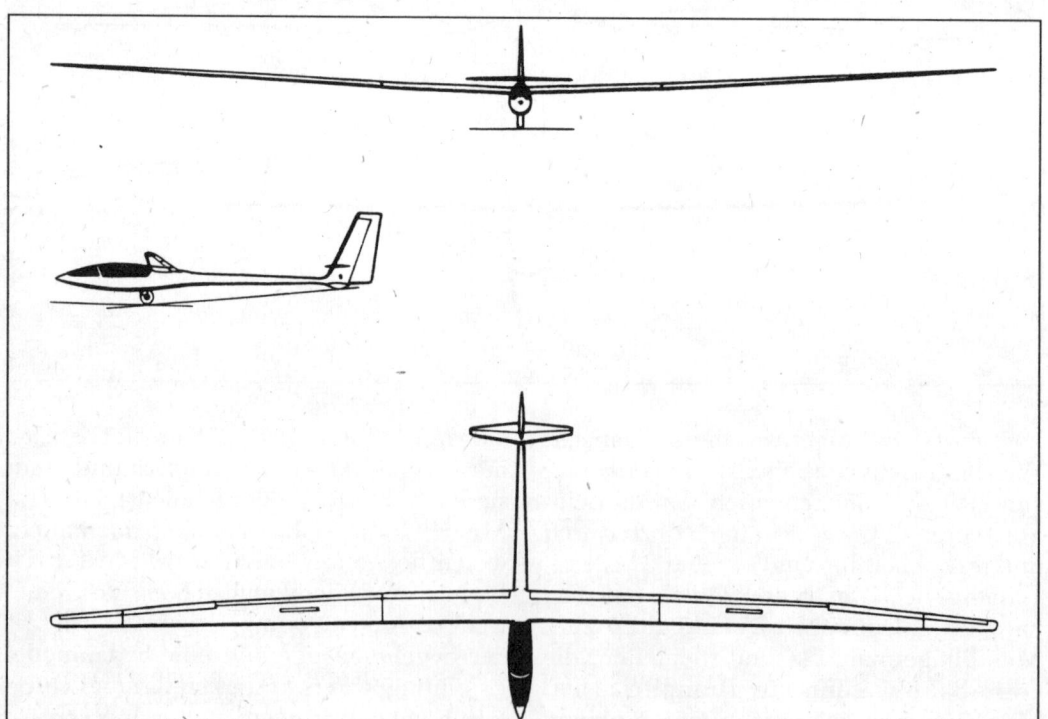

429   Der Rumpfbug
der *SB 10* (1972).

lung von organischen Kunststoffasern bei Temperaturen um 2000 °C gewonnen.

Das erste Segelflugzeug, bei dem die Vorzüge einer KFK-Bauweise (Kohle-Faser-Kunststoff) überzeugend ihre Verwirklichung fanden, war der Doppelsitzer *SB 10* der Studenten der Akaflieg Braunschweig aus dem Jahre 1972. Mit 29,0 m Spannweite und der im Flugzeugbau noch nie erreichten Streckung von 36,6 – die Flügel gleichen nur noch einer schmalen und dünnen Sichel – erreichte dieses Flugzeug das Gleitverhältnis von 53 bei 90 km/h und eine geringste Sinkgeschwindigkeit von 0,41 m/s bei 75 km/h. Mit diesem Segelflugzeug konnte von H.-W. GROSSE und M.-H. KOHLMEYER (beide BRD) am 21. Dezember 1979 in Australien das erste 1000-km-Dreieck doppelsitzig (129,5 km/h) geflogen werden.

Der Doppelsitzer gehört zu den größten und leistungsfähigsten und auch zu den formvollendetsten der Geschichte des Segelfluges. Bei ihm wurden die WORT-MANN-Profile FX 62 K-153 (innen), FX 62 K-131 (mitte) und FX 60-12 (außen) verwendet. Die Spannweitenvergrößerung beruht auf Erfahrungen mit der *SB 8*, bei der eine um 4,0 m vergrößerte Spannweite das Gleitverhältnis von 40 auf 46 (!) verbessert hatte, was auf die Verringe-

rung des induzierten Widerstands und zusätzlich des schädlichen Widerstandsanteils des Rumpfes zurückzuführen war.

HOLIGHAUS konstruierte mit Hilfe des neuen Faserstoffes seinen *Nimbus 3* (1981) mit einem Gleitverhältnis von 55 und WAIBEL ließ 1983 die *ASW–22* mit dem gleichen Gleitverhältnis und hervorragenden Flugeigenschaften folgen.

Seit vielen Jahren hatten die Aerodynamiker eine positive Beeinflussung der Umströmung des Tragflügels mit Hilfe von Absaug- oder Ausblaseffekten diskutiert. Bei der *ASW-22* hatte man nun erstmals im Segelflugzeugbau die Ausblastechnik erfolgreich angewendet.

Auf der Unterseite von Tragflächen mit laminaren Profilen bildet sich bei Umströmung etwa im letzten Viertel der Profiltiefe eine laminare Ablösungsblase, die den Widerstand erhöht. Beseitigt man diese Blase oder verlagert sie weiter nach hinten, indem man der Strömung Energie zuführt, so verringert man auch den Widerstand. Möglich wird dies, wenn man auf der Unterseite der Tragfläche, etwa im Bereich des letzten Viertels der Profiltiefe, durch eine Vielzahl kleinster Bohrungen Luft ausbläst. Der dazu notwendige Überdruck wird durch eine kleine Düse (Abblasturbulator) erzeugt, deren

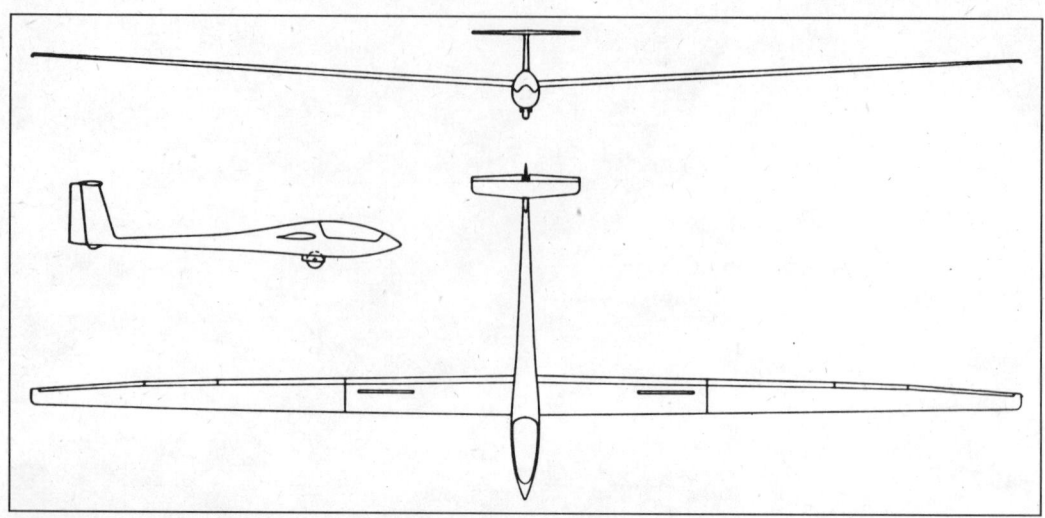

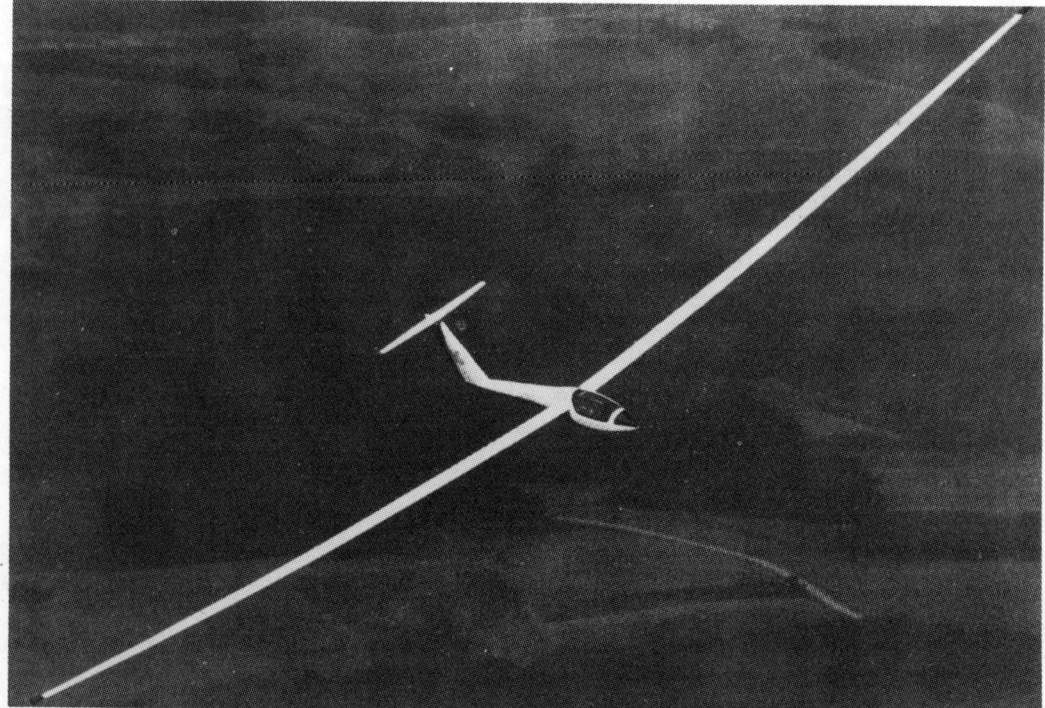

Widerstand so gering ist (bei einem 15-m-Flugzeug hat die Düse einen Durchmesser von 6,5 mm), daß er vernachlässigt werden kann, während die Verbesserung der laminaren Strömung den Widerstand meßbar verringert und das Gleitverhältnis erhöht.

Wieder waren neue Dimensionen erschlossen worden, und erneut wird sich dieser Fortschritt über die ganze segelfliegende Welt verbreiten und auf die Flugtechnik auswirken. Ist das «Rezept» für höhere Leistungen und neue Wege erst einmal gefunden, erforscht und bekannt-

430   *Nimbus 3* (1981).

431   *ASW-22* (1981).
(Bilder S. 474)

432/433   *ASW-22* (1981).

einem geringsten Sinken von 0,44 m/s. Die Erstflüge der beiden Typen erfolgten 1986.

Der technisch-wissenschaftliche Fortschritt hatte sich nicht nur auf die Konstruktion dieser Typen mit 25,0 m Spannweite und 750 kg Flugmasse ausgewirkt, sondern auch auf deren Flugeigenschaften und Steuerbarkeit. Sie besitzen ähnlich gute Flugeigenschaften, vor allem Kreisflugeigenschaften, bei minimalen Ruderkräften, wie ein 15-m-Flugzeug der Standardklasse. Die zugelassene Höchstgeschwindigkeit des Doppelsitzers beträgt 280 km/h.

Die *ASW–22BE* wird auch in einer Motorseglerversion angeboten. Ein 32-kW(43-PS)-Motor verleiht dem Segler Eigenstartfähigkeit und beseitigt bei Segelflügen vor allem das Risiko einer vorzeitigen Landung. Da Luftschraube und Triebwerk voll in den Rumpf eingeklappt werden, beeinträchtigt die Triebwerkanlage die Segelfähigkeit des Flugzeugs in gar keiner Weise.

Mit einem Gleitverhältnis von 60 erreicht man im Gleitflug mit nur 1 000 m nutzbarer Flughöhe bereits Punkte, die fern am Horizont, meistens sogar schon außerhalb der Sichtweite des Segelfliegers liegen. Leider lassen sich diese aerodynamischen Fortschritte nicht unmittelbar

gegeben worden, so wird es auch übertragbar und nachvollziehbar. Dennoch bleiben diejenigen, die eine neue Errungenschaft überzeugend verwirklichten, die eigentlichen Pioniere und Schrittmacher.

Schon wenige Jahre nach dem Erscheinen des *Nimbus 3* und der *ASW–22* wurde auch das Gleitverhältnis von 55 überschritten. MARTIN HEIDE konstruierte 1985 für den SCHLEICHER-Flugzeugbau den Doppelsitzer *ASH–25* mit einem Gleitverhältnis von größer als 57 und GERHARD WAIBEL den Einsitzer *ASW–22BE* mit einem Gleitverhältnis von 60 (!) und auf den Verkehrsflug im schallnahen Bereichen übertragen, da hier mit größeren REYNOLDSzahlen geflogen wird als im Segelflug. Diese höheren REYNOLDSzahlen bewirken jedoch, daß eine laminare Strömung schon nach einer kurzen Laufstrecke in eine turbulente Störung umschlägt, doch suchen die Aerodynamiker nach Wegen, auch für Verkehrsflugzeuge Profile mit einer höheren Aerodynamischen Qualität (Gleitverhältnis) zu schaffen.

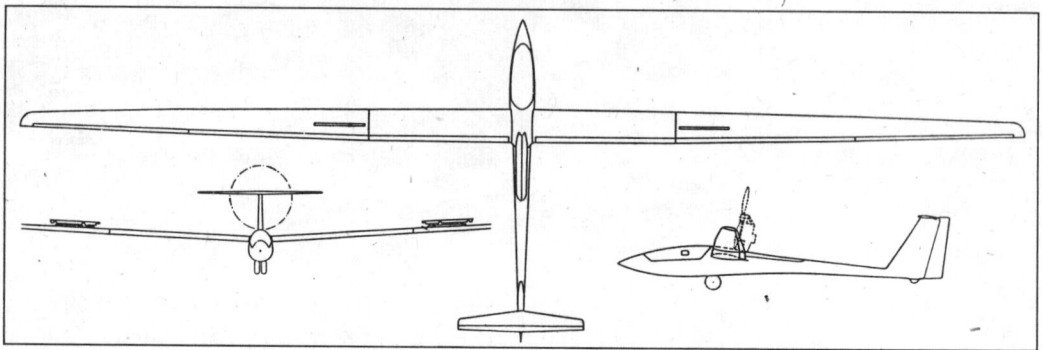

434/435   *ASW-22 BE* (1986).

Tabelle 16:   Bedeutende Segelflugzeugtypen seit 1945

Bau-jahr	Typ	Land und Konstrukteur	Spann-weite	Länge	Flü-gel-flä-che	Flü-gel-strek-kung	Leer-masse kg Flug-masse kg	Trag-flä-chen-bela-stung kg/m²	Bestes Gleit-ver-hält-nis (bei km/h)	Ge-ring-stes Sinken m/s (bei km/h)	Profil	Bauweise und Besonder-heiten
			m	m	m²		kg	kg/m²				
1948	*A 9*	UdSSR ANTONOV	16,20	6,40	13,4	18,5	360,0 (Rüst-masse) 450,0 [410,0]	33,5	30 (95)	0,80	CAGI R III (modi-fiziert)	Holzbauweise
1950	*RJ–5*	USA ROSS, JOHNSON	16,75	6,34	11,6	24,0	222,0 340,0	27,1	40 (80)	0,52 (72)	NACA 632-615	Holzbauweise

Bau-jahr	Typ	Land und Konstrukteur	Spann-weite	Länge	Flü-gel-flä-che	Flü-gel-strek-kung	Leer-masse kg Flug-masse kg	Trag-flä-chen-bela-stung	Bestes Gleit-ver-hält-nis (bei km/h)	Ge-ring-stes Sinken m/s (bei km/h)	Profil	Bauweise und Besonder-heiten
			m	m	m²		kg	kg/m²				
1950	*Kranich III*	(BRD) Jacobs	18,00	9,30	21,1	15,6	330,0 (Rüst-masse) 520,0	24,6	31 (90)	0,75 (77)	Gö 549 und M 12	Gemischt-bauweise, Flügel mit Endkeulen, Doppelsitzer
1952	*Košava*	Jugoslawien Ilic, Kisovec, Karapandzic	19,10	8,33	21,1	17,3	336,0 575,0	27,2	34 (87)	0,66 (75)	Gö 549–M und CAGI 731–M	Holzbau-weise, Sieger-flugzeug SFWM 1954, Doppel-sitzer
1952	*SZD–9 bis Bocian*	Polen Wasilewski, Zatwarnicki, Sandauer	18,10	8,00	20,0	16,2	330,0 (Rüst-masse) 525,0	26,2	26 (84)	0,80 (71)	NACA 43018 A und NACA 43012 A	Holzbau-weise, Doppelsitzer
1952	*Schweizer 1–23 D*	USA P. und E. Schweizer	15,30	6,25	14,9	15,6	190,0 340,0	22,8	30 (77)	0,61 (55)	NACA 43012 A und NACA 23009	Ganzmetall-bauweise
1953	*HKS 1*	BRD Haase, Kensche, Schmetz	19,00	8,25	17,8	20,3	440,0 620,0	35,0	37 (89)	0,61 (77)	NACA 65215714	Holzbau-weise, Ver-wendung von Plastschaum-stoffen, Ver-suchsbau
1954	*Orao IIc*	Jugoslawien Cijan, Obad	19,00	7,70	17,8	20,3	356,0 455,0	25,5	36 (85)	0,60 (75)	Gö 549 R Gö 682 RAF 34	Holzbau-weise, teilweise Sandwich, Leichtmetall-Hauptholm
1954	*Schweizer 2/25*	USA P. und E. Schweizer	18,30	8,53	21,5	15,6	332,0 507,0	24,9	30 (74)	0,67 (56)	NACA 43012 A und NACA 23009	Ganzmetall-bauweise, Doppelsitzer
1955	*HKS 3*	BRD Haase, Kensche, Schmetz	17,20	7,16	14,8	20,0	257,0 380,0	25,7	37 (77)	0,53 (66)	NACA 652151116	Holzbau-weise, Ver-wendung von Plastschaum-stoffen, Siegerflug-zeug SFWM 1958
1955	*Ka–6*	BRD Kaiser	15,00	6,66	12,4	18,1	182,0 300,0	24,2	32 (76)	0,63 (68)	NACA 63-618 und NACA 63-614 und Žukovskij	Holzbau-weise, OSTIV-Preis 1958 Stan-dardklasse, Sieger-flugzeug SFWM 1960 und 1962

Bau-jahr	Typ	Land und Konstrukteur	Spann-weite m	Länge m	Flü-gel-flä-che m²	Flü-gel-strek-kung	Leer-masse kg / Flug-masse kg	Trag-flä-chen-bela-stung kg/m²	Bestes Gleit-ver-hält-nis (bei km/h)	Ge-ring-stes Sinken m/s (bei km/h)	Profil	Bauweise und Besonder-heiten
1955	Skylark 3 B	Großbritannien Slingsby Sailplanes Ltd	18,20	7,62	16,1	20,5	253,0 358,0	22,2	36 (76)	0,55 (70)	NACA 633-620 u. 4415	Holzbau-weise, Sieger-flugzeug SFWM 1960
1955	Ikarus Meteor	Jugoslawien OBAD, CIJAN, MAZOVEC	20,00	8,05	16,0	25,0	376,0 505,0	31,5	42 (90)	0,54 (77)	NACA 632616.5	Ganzmetall-bauweise, Kufe und Rad einziehbar
1955	Blanik	ČSR DLOUHY	16,20	8,40	19,1	13,7	292,0 (Rüst-masse) 500,0	24,8	28	0,82 (83)	NACA 632A615 und NACA 631-615	Ganzmetall-bauweise, Doppel-sitzer
1955	SZD–8 bis Jaskółka	Polen KOSTIA, SANDAUER, WIELGUS, SKARBINSKI	16,00	7,42	13,6	18,8	270,0 (Rüst-masse) 360,0	27,2	28 (82)	0,75 (75)	NACA 43012 A	Holzbauweise
1956	Elfe M	Schweiz PFENNINGER, MARKWALDER	17,50	7,80	13,2	23,2	253,0 377,0	28,5	44 (98)	0,54 (74)	Laminar-profil	Holzbauweise
1956	Bréguet 901 S	Frankreich CAYLA	17,32	7,28	15,0	20,0	265,0 (Rüst-masse) 430,0	28,0	36 (85)	0,60 (72)	NACA 63er Serie	Holzbau-weise, 75 kg Wasser-ballast, Siegerflug-zeug SFWM 1954 und 1956
1956	Bréguet 904	Frankreich JARLAND	20,04	9,00	20,0	20,0	340,0 690,0	34,5	35	0,70 (70)		Holzbau-weise, abge-leitet aus Bréguet 901 S, Doppelsitzer
1956	VSM-40 Demant	ČSR SMERČK SWINKA	18,00	7,60	16,1	20,1	290,0 390,0	23,6	34	0,68	NACA 65-515 63-615 4412	Holzbauweise
1957	CVV 8 Bonaven-tura	Italien PRETI	19,00	7,91	19,1	18,0	295,0 (Rüst-masse) 475,0	23,8	37 (91)	0,55	NACA 653618	Holzbau-weise, Doppelsitzer
1957	fs 24 Phönix	BRD EPPLER, NÄGELE	16,00	6,84	14,4	17,8	175,0 300,0	18,5	40 (78)	0,48 (66)	EC 86(-3)-914	erstes Segel-flugzeug in GFK-Bau-weise
1958	Sisu 1 A	USA NIEMI	15,25	6,34	10,0	23,1	227,0 (Rüst-masse) 323,0	32,0	41 (100)	0,63 (88)	NACA 653418	Ganzmetall-bauweise, erstmalige Überbietung der 1 000-km-Grenze

Bau-jahr	Typ	Land und Konstrukteur	Spann-weite m	Länge m	Flü-gel-flä-che m²	Flü-gel-strek-kung	Leer-masse kg Flug-masse kg	Trag-flä-chen-bela-stung kg/m²	Bestes Gleit-ver-hält-nis (bei km/h)	Ge-ring-stes Sinken m/s (bei km/h)	Profil	Bauweise und Besonder-heiten
1958	SZD–22 Mucha-Standard	Polen NOWAKOWSKI, GRZYWACZA	15,00	7,00	12,8	17,6	236,0 326,0	25,0	28 (75)	0,73 (71)	Gö 549 und M–12	Holzbauweise
1958	Lom 58/I	DDR ZIMMERMANN, WEGERICH, HARTUNG	15,00	6,60	13,8	16,4	210,0 300,0	21,8	28 (78)	0,73 (74)	Gö 549 modifiziert	Holzbauweise
1958	Lom 58/II Libelle Laminar	DDR ZIMMERMANN, WEGERICH, HARTUNG	16,50	6,60	14,8	18,4	270,0 380,0	25,6	36 (88)	0,65 (76)	NACA 65er Reihe	Holzbauweise
1960	Standard-Austria	Österreich KUNZ	15,00	6,20	13,5	16,7	245,0 (Rüst-masse) 350,0	25,9	34 (90)	0,65 (70)	EPPLER 266	Holzbau-weise, V-Leitwerk, OSTIV-Preis 1960
1960	SZD–24–4 Foka 4	Polen OKARMUS	15,00	7,00	12,2	18,5	245,0 (Rüst-masse) 365,0	30,0	34 (86)	0,66 (75)	NACA 633618	Holzbau-weise, halbliegende Position des Piloten (Rük-kenlage)
1960	Antonov A–15	UdSSR ANTONOV	17,00	7,20	12,0	24,0	300,0 (Rüst-masse) 430,0	31,0 bis 36,0	40	0,60 (90)	NACA 643618/ 643616	Ganz-metallbau-weise, V-Leitwerk, Wasser-ballast 50 kg
1961	Lom 61 Favorit	DDR WEGERICH, HARTUNG, ZIMMERMANN	15,00	6,74	12,4	18,2	225,0 335,0	27,0	38 (95)	0,60 (76)	NACA 65–2615,5	Holzbau-weise mit Sandwich-Waben-elementen
1962	Siren C–30 Edelweiß	Frankreich CAYLA	15,00	7,60	12,5	18,0	215,0 (Rüst-masse) 380,0	30,0	35 (95)	0,70 (80)	NACA 64 Serie 7 modi-fiziert	Holzbau-weise, V-Leitwerk, Siegerflug-zeug SFWM 1965
1962	Schweizer 2–32	USA P. u. E. SCHWEIZER	17,40	8,15	16,2	18,0	377,0 (Rüst-masse) 650,0	38,0	34 (95)	0,72 (70)	NACA 633618 und NACA 43012 A	Ganz-metallbau-weise, Doppel-sitzer, hinterer Sitz für 2 Personen, «Familien-segler»
1963	KAI–19	UdSSR KAMYŠEV u. VOROBJOV	20,00	8,00	14,0	28,6	334,0 550,0	40,0	45 (85)	0,52	NACA 64–616	Ganz-metallbau-weise, 136 kg Wasserballast

Bau-jahr	Typ	Land und Konstrukteur	Spann-weite m	Länge m	Flü-gel-flä-che m²	Flü-gel-strek-kung	Leer-masse kg / Flug-masse kg	Trag-flä-chen-bela-stung kg/m²	Bestes Gleit-ver-hält-nis (bei km/h)	Ge-ring-stes Sinken m/s (bei km/h)	Profil	Bauweise und Besonder-heiten
1964	D–36 Circe	BRD WAIBEL, FRIESS, LEMKE, HOLIGHAUS	17,80	7,40	12,8	24,0	282,0 (Rüst-masse) 480,0	32,0	44 (87)	0,53 (82)	FX 62–K–131 und FX 60–126	erstes GFK-Flugzeug un-ter Verwen-dung von Epoxidharz
1964	H 301 Libelle	BRD HÜTTER	15,00	6,20	9,5	23,6	180,0 300,0	31,6	39 (95)	0,55 (75)	WORTMANN	GFK-Bau-weise
1965	ASW-12	BRD WAIBEL	18,30	7,35	13,0	25,8	295,0 430,0	30,0	47 (95)	0,42 (72)	FX 62–K–131 und FX 60–126	GFK-Bau-weise, mit Balsaholz gestützt
1967	LS 1	BRD LEMKE, SCHNEIDER	15,00	6,93	9,7	23,1	200,0 (Rüst-masse) 312,0	32,0	38 (90)	0,58 (70)	WORTMANN	GFK-Bau-weise, Siegerflug-zeug SFWM 1970
1969	Nimbus 1	BRD HOLIGHAUS	22,00	7,30	15,8	30,6	370,0 (Rüst-masse) 500,0	31,6	51 (90)	0,44 (72)		GFK-Bau-weise, Siegerflug-zeug SWFM 1970
1970	Caproni-A 21 S	Italien CAPRONI-Flugzeugwerke	20,38	7,83	16,2	25,6	436,0 (Rüst-masse) 644,0	39,8	43 (100)	0,60 (85)	FX 67–K–170 und FX 60–126	Metallbau-weise, Rumpf-bugverklei-dung und Randbögen in GFK, Doppelsitzer
1972	SB 10	BRD Akaflieg Braunschweig	29,00	10,36	22,9	36,6	557,0 897,0	29,0 bis 39,0	53 (90)	0,41 (75)	FX 62–K–153 FX 62–K–131 FX 60–12	erstes Segel-flugzeug in KFK-Bau-weise, Doppelsitzer
1973	SZD–38 Jantar 1	Polen KURBIEL	19,00	7,20	13,4	27,0	290,0 520,0	30,0 bis 36,0	47 (97)	0,50 (75)	FX 67–K–170 und FX 67–K–150	GFK-Bau-weise mit Stahlrohr-gerüst im Rumpf.
1974	SZD–41 Jantar-Standard	Polen KURBIEL	15,00	7,20	10,7	21,1	227,0 440,0	27,0 bis 41,0	40 (117)	0,56 (70)	NN 8	GFK-Bau-weise mit zentralem Stahlrohr-gerüst im Rumpf
1976	Eiri Avion PIK–20 B	Finnland TH Helsinki	15,00	6,65	10,0	22,5	220,0 450,0	30,0 bis 45,0	42 (108)	0,63 (85)	FX 67–K–170 und FX 67–K–150/ 17	GFK-Bau-weise, mit Karbonfasern verstärkt, Wasser-ballast 140 kg, dreifaches Siegerflug-zeug SFWM 1976

Bau-jahr	Typ	Land und Konstrukteur	Spann-weite m	Länge m	Flügel-fläche m²	Flügel-streckung	Leer-masse kg / Flug-masse kg	Trag-flächen-bela-stung kg/m²	Bestes Gleit-ver-hält-nis (bei km/h)	Ge-ring-stes Sinken m/s (bei km/h)	Profil	Bauweise und Besonder-heiten
1978	SZD-42 Jantar 2B	Polen KURBIEL	20,50	7,11	14,2	29,2	340,0 (Rüst-masse) 580,0	30,0 bis 45,0	48 (90)	0,46 (75)		GFK-Bau-weise mit zentralem Stahlrohrge-rüst im Rumpf, Wasserballast 157 kg
1978	SB 11	BRD Akaflieg Braunschweig	15,00	7,40	10,6 und 13,2	17,0 und 21,3	259,0 (Rüst-masse) 470,0	35,0 bis 28,0	41 (104)		FX 62–K–144/ 21–VG 1,25/2	KFK-Bau-weise, verän-derliche Trag-flügel-geometrie, Siegerflug-zeug SFWM 1978
1980	LAK-12	UdSSR Entwick-lungsbüro Litauische SSR	20,42	7,23	14,7	28,3	340 450	30,6	48 (119)	0,59 (89)	EPPLER	GFK-Bauweise
1981	Nimbus 3	BRD HOLIGHAUS	22,90	7,70	16,2	32,3	360,0 750,0	28,0 bis 46,0	55 (125)	0,44		KFK-Bau-weise, 310 kg Wasserballast
1981	ASW-22	BRD WAIBEL	24,00	8,10	15,5	37,2	420,0 600,0	32,6 (ohne Ballast)	55 (105)	0,45 (85)	ASW-20 modi-fiziert	KFK-Bau-weise, Wasserballast 100 kg
1985	ASH-25	BRD HEIDE	25,00	9,00	16,3	38,3	470,0 (Rüst-masse) 750,0	33,0 bis 46,0	57 (108)	0,45 (80)	HQ 17 und DU 84–132 V3	KFK-Bau-weise, Rumpf in KFK-Aramid-Gemischtbau-weise, 220 kg Wasserballast, Doppelsitzer
1985	ASW-22 BE	BRD WAIBEL	25,00	8,10	16,3	38,3	510,0 (Rüst-masse) 750,0	36,8 bis 46,0	60	0,44	HQ 17 und DU 84–132 V3	KFK-Bau-weise, Rumpf in KFK-Aramid-Gemischtbau-weise, 150 kg Wasserballast

9.5 Neue fliegerische Höchstleistungen mit Kunststoffsegelflugzeugen und Entwicklungstendenzen im modernen Segelflug

1000-km-Flüge werden aktuell · Segelflugwelt- und-europameisterschaften · Landesmeisterschaften im Segelflug · Segelflugzeugsonderkonstruktionen · Instrumentierung der Segelflugzeuge · Doppelsitzerschulung · Die Renaissance des Gleit- und Segelfluges mit einfachen Fluggeräten · Motorsegler · Muskelkraftsegelflugzeuge · 1000 Meilen im Segelflugzeug

1000-km-Flüge werden aktuell

Wie es in den vorhergehenden Kapiteln dargelegt wurde, ist das gegenwärtige moderne Segelflugzeug – neben den weiter zurückliegenden Vorleistungen – vor allem das Ergebnis von zwei Entwicklungslinien, die in den fünfziger und sechziger Jahren verhältnismäßig unabhängig voneinander verlaufen sind: die Entwicklung von hochwertigen segelfluggeeigneten Laminarprofilen und die Herausbildung der GFK- und KFK-Bauweisen. Diese Bauweisen stellen insofern eine Revolution im Flugzeugbau dar, da sie eine Schalenbauweise mit höchster Oberflächengüte und Konturentreue ermöglichen, bei der die äußere Schale nicht nur die strömungstechnisch notwendige Form, sondern gleichzeitig unter Verzicht auf komplizierte innere Fachwerkgerüste auch die Festigkeit des Flugzeugs herstellt. Ein jahrzehntelanger Traum technisch progressiver Flugzeugbauer fand seine glänzende Verwirklichung. Dabei sind die neuen Kunststoffsegelflugzeuge mit ihren hohen Flugleistungen kaum schwerer zu fliegen als die herkömmlichen Flugzeuge, bringen den Vorzug eines wesentlich geringeren Wartungsaufwandes und vermitteln den Segelfliegern ein neues Fluggefühl.

Leistungsstarke Laminarflugzeuge können vielleicht mit dem «Fliegenden Teppich» der orientalischen Märchen verglichen werden. Mit hoher Fluggeschwindigkeit – ähnlich der eines Motorflugzeuges für Sportzwecke – zischen sie mit minimalem Höhenverlust oder gar mit Höhengewinn unter Wolkenstraßen dahin, unter denen mit einem Segelflugzeug mit klassischem Turbulenzprofil Hunderte von Höhenmetern verloren worden wären. Im extremen Delphinstil, der allerdings die erreichbare Reisegeschwindigkeit verringert, ist ein tatsächliches Gleiten von 1:150 bis 1:300 erflogen worden, so daß Segelflieger für eine Strecke von 150 km häufig nur 1000 bis 500 Höhenmeter benötigten. Der Alpensegelflieger VON KALCKREUTH brachte das neue Fluggefühl wie folgt zum Ausdruck:

«Der *Kestrel* folgt den leisesten Ruderschwenks wie ein Gedanke. Drucklos liegt der Knüppelgriff in der offenen Hand. Ich habe die Arme auf den Ausbuchtungen der Bordwand liegen und strecke mich flach in der liegestuhlartigen Sitzwanne. Das Segeln in diesem Glastorpedo gleicht einem Rausch. Das weit gewölbte Plexidach schließt die Kabine wie einen Safe, und die Luftströmung, die mich trägt, ist nur am leisen Zischen in der Lüftungsklappe zu vernehmen ...» Nach dem Übernahmeflug drückte VON KALCKREUTH den Erbauern des Flugzeugs die Hände, « ... und es war ein Dankeschön, das immer etwas schuldig läßt ...» [112, S. 204f]

Die Möglichkeiten und die Taktik des Findens und Ausnutzens starker Aufwinde während eines thermischen Streckenfluges haben mit diesen Flugzeugen ebenfalls neue Dimensionen erreicht, wodurch die Reisegeschwindigkeit und damit auch die Reichweite eines Segelflug-

436   *Jantar 2 A.*

zeugs bei gegebenen meteorologischen Verhältnissen wesentlich erhöht werden. Bei Fluzeugen mit klassischem Profil war diese Voraussetzung optimaler Streckenfliegerei infolge des schlechteren Gleitens und der geringeren Fluggeschwindigkeit wesentlich schwerer zu realisieren. Um so höher muß der zweite 1 000-km-Flug in der Geschichte des Segelfluges bewertet werden, den JAMES E. YATES am 15. April 1968 auf dem Ganzmetalldoppelsitzer *Schweizer 2-32* (mit klassischem Profil) von Chula Vista in Kalifornien bis Culberson County in Texas über 1 098,0 km vollführte, und mit dem er die Leistung von PARKER noch um 40 km übertraf. (Dieser Flug erscheint jedoch nicht in der 1 000-km-Liste der FAI.)

Der erste 1 000-km-Flug in Europa, der gleichzeitig eine ganze Serie solcher Flüge auf GFK-Flugzeugen einleitete, fand nur zwei Jahre nach dem Flug von YATES und sechs Jahre nach dem denkwürdigen Flug von ALVIN PARKER statt. HANS-WERNER GROSSE (Lübeck, BRD), der sich in den Folgejahren zum Langstreckenspezialisten entwickelte und auch als Wettkampfpilot erfolgreich war, überbot am 4. Juni 1970 als dritter Segelflieger die 1 000-km-Hürde (zweiter Flug in der FAI-Liste) und konnte dabei als erster eine solche Distanz mit einem Zielstreckenflug überwinden.

H.-W. GROSSE, der seine segelfliegerische Ausbildung schon 1938/39 in Altenburg (Sachsen) begonnen hatte, war auf einer *ASW–12* von Lübeck-Blankensee in 09:20:00 h bis zum Zielort Angers in Frankreich, 75 km von der Atlantikküste entfernt, 1 032,0 km weit gesegelt. Er hatte mit diesem Flug den bestehenden Zielstreckenweltrekord von WALLACE A. SCOTT (837,4 km) beträchtlich überbieten können und den Nachweis erbracht, daß man auch außerhalb der bekannten Thermikparadiese, wie dem südlichen Teil Nordamerikas, Australien, Süd-, Südwest- und Ostafrika und anderen Gebieten, Weltrekorde aufzustellen vermag.

Der erfolgreiche Segelflieger nutzte bei diesem Fluge die für Langstreckenflüge sehr günstige Nordostwetterlage aus, die in Mitteleuropa im Zeitraum April bis Anfang Juni auftreten kann und mit deren bewußter fliegerischer Nutzung im Frühjahr 1939 begonnen worden war. Derartige Wetterlagen bringen von Norden polare Kaltluft mit einem günstigen labilen Gradienten in den europäischen Raum, so daß schon eine geringe Sonneneinstrahlung brauchbares Steigen – allerdings auch die Gefahr von Abschirmungen – hervorbringt. Weiterhin herrscht ein günstiger Wind in Richtung Südwest, der die Fluggeschwindigkeit über Grund und damit die Reichweite des Segelflugzeugs erhöht. Ein Startort an der Ostseeküste ist für die Nutzung dieser Wetterlagen annähernd optimal. Die Luftdruckverteilung ist gekennzeichnet durch ein Hoch über den Britischen Inseln oder dem Ostatlantik, das eine Hochdruckbrücke bis nach Skandinavien bildet, und einem Tief über den Alpen oder dem Mittelmeer. Begünstigend für GROSSES Flug wirkte der Umstand, daß diese Nordostwetterlage bis weit nach Frankreich hineinreichte.

Der vierte und fünfte Streckenflug über 1 000 km fand wiederum in Texas statt. BENJAMIN GREEN und WALLACE A. SCOTT (beide USA) starteten jeweils auf *ASW–12* am 26. Juli 1970 in Odessa (USA), hatten in etwa neun Flugstunden 1 153,8 km bis nach Columbus in Nebraska zurückgelegt und damit einen neuen Weltrekord in der Disziplin Freie Strecke aufgestellt. Die letzten 160 km dieses Fluges legten sie im Gruppenflug zurück.

Dann folgte mit dem sechsten Streckenflug über 1 000 km das bis zum Zeitpunkt des Erscheinens dieses Buches aufsehenerregendste Ereignis in der Disziplin Freie Strecke (in der FAI-Liste ist es der fünfte Flug). Wieder war es H.-W. GROSSE, der eine *ASW–12B* flog. Jahrelang hatte er sich auf diesen Flug vorbereitet: konditionell, fliegerisch und meteorologisch. Zur Verbesserung seiner Kondition trainierte er seit 1962 nach individuellem Plan, in dem Langläufe und Gymnastik im Vordergrund standen. GROSSE vertrat die zutreffende, aber damals in Fliegerkreisen noch nicht allgemein anerkannte Auffassung, daß nur konditionsstarke Segelflieger mit einem sehr trainierten Herz-Kreislaufsystem nach mehreren Flugstunden noch entscheidungsfreudig und entscheidungssicher genug fliegen können. Zur fliegerischen Vorbereitung gehörten vor allem Streckenflüge bei den unterschiedlichsten Wetterlagen und die noch vor seinem ersten Rekordflug vollzogenen Flüge nach Frankreich. Die meteorologische Vorbereitung wurde durch eine enge Zusammenarbeit mit der Flugwetterwarte Hamburg abgesichert.

Am Abend des 24. April 1972 zeigten die Wetterkarten die erhoffte Wetterlage, und GROSSE entschied sich, am nächsten Tag den Weltrekordversuch zu unternehmen. Gegen 8.15 Uhr startete er in Lübeck-Blankensee zu einem Zielflug nach Nantes (1 120 km). Beim Start herrschten am Boden noch Minustempe-

437   HANS-WERNER GROSSE (1978).

raturen, und die Außentemperaturen lagen während des ganzen Fluges in Marschflughöhe zwischen − 10 °C und − 15 °C, doch war die Labilität der Luftmasse so groß, daß er bereits in der ersten Flugstunde Aufwinde von etwa 0,75 m/s antraf und bei dem herrschenden Rückenwind in Kursrichtung gut vorankam. Über Funk hörte er dann, daß auch drei Hamburger Segelflieger, unter ihnen KLAUS TESCH, von Boberg aus zu einem Zielflugversuch über 1 050 km gestartet waren.

«Da ich nun 1 120 km angemeldet hatte», schrieb GROSSE in seinem Flugbericht, «wäre es für die Hamburger sehr bitter gewesen, wenn sie wohl über 1 000 km geflogen wären, aber damit keinen Weltrekord hätten aufstellen können. Ich spielte dann etwa ab Mittag mit dem Gedanken, schließlich weiter zu fliegen, falls sich herausstellen sollte, daß der Freie Streckenflugweltrekord von 1 153 km wesentlich überboten werden konnte. Das war gegen 16.00 Uhr der Fall ... ich teilte KLAUS TESCH mit, daß ... ich auf meinen Zielflug verzichtete.» [103, S. 581f] Als TESCH per Funk mitteilte, daß er die Endanflughöhe für seinen Zielort Ancenis besaß, setzte GROSSE den Kurs weiter ins französische Hinterland fort und «düste» bis zum «Ende Frankreichs».

Der tiefste Punkt seines Fluges lag bei 300 m Flughöhe im Raum Diepholz, als er die Hamburger Segelflieger überholte. Sehr ernst nahm GROSSE bei allen seinen Flügen die Einhaltung der Flugsicherungsbestimmungen; Räume mit Flugbeschränkungen wurden genau respektiert und Sperrgebiete vorschriftsmäßig umflogen.

Als sich der Lübecker nach fast zwölf Stunden Flugzeit etwa gegen 20.00 Uhr über dem Flughafen von Biarritz am Golf von Biscaya im äußersten Südwesten Frankreichs befand, war der Turm nicht mehr besetzt, die letzte planmäßige Verkehrsmaschine war längst abgeflogen. Vorschriftsmäßig informierte er sich über die Zeichen des Signalfeldes, flog eine Platzrunde und landete. Er hatte zwischen Lübeck und Biarritz die Luftlinienentfernung von 1 460,8 km zurückgelegt. Ein neuer, phantastischer Segelflugweltrekord war dank der neuen Segelflugzeugtechnik, der gegebenen Umstände und der Einsatzbereitschaft eines leidenschaftlichen Segelfliegers aufgestellt worden. Die Gastfreundschaft, die GROSSE in Biarritz entgegengebracht worden war, verdiente nach seiner Meinung nur das Prädikat «sagenhaft»! «Nachdem meine Frau angekommen war», schrieb GROSSE, «jagte eine Einladung die andere. Der Bürgermeister gab mir zu Ehren einen Empfang und verlieh mir die Ehrenbürgerwürde der Stadt Biarritz.» [103, S. 582]

Wie sich in Auswertung dieses Fluges herausstellte, hatte eine Jahrhundertwetterlage geherrscht. GROSSE hielt es für möglich, bei einer ähnlichen Wetterlage von einem weiter nördlich oder östlich gelegenen Flugplatz 1 600 km weit segeln zu können. Dem Weltrekord von GROSSE in der Freien Strecke kam bisher MIKE KOERNER (USA) auf *Kestrel 19* am nächsten, der im Sommer 1984 knapp 1 450 km weit von Kalifornien nach Texas flog.

KLAUS TESCH konnte am gleichen Tage seinen Zielflug Hamburg–Ancenis ebenfalls erfolgreich beenden, war mit 1 051,2 km der neue Weltrekordinhaber und hatte damit den siebenten Streckenflug über 1 000 km vollbracht. TESCH war der erste Pilot, der diese Grenze mit einem Flugzeug der leistungsschwächeren Standardklasse, einer *LS 1c* überwand.

Am 18. August 1972 flog W. SCOTT jr. (USA) auf einer *ASW–12* 1 021,9 km weit und absolvierte den achten Streckenflug über 1 000 km.

Im Jahre 1972 gab es dann noch vier weitere Segelflüge über die 1 000-km-Entfernung. Am 7. September 1972 flog der Neuseeländer S. H. GEORGESON über seiner Heimat auf dem Typ *Kestrel 19* unter Ausnutzung von Leewellen 1 001,9 km weit und stellte auf der Strecke Hammer Springs–Mossburn–Hammer Springs einen neuen Weltrekord im Zielflug mit Rückkehr auf. Es war der neunte Flug über 1 000 km. Der überbotene Weltrekordler KARL STRIEDIECK (USA, 916,3 km) legte die Hände jedoch nicht in den Schoß, sondern startete am 7. Oktober 1972 auf einer *ASW–15* erneut von seinem Eagle Field (Adlerfeld) in der Nähe von Port Matilda in den Appalachen, flog am Gebirgsrand entlang bis North-Tazewell und wieder zurück. Mit 1 025,0 km hieß der neue Weltrekordinhaber wieder STRIEDIECK. Es war der zehnte Flug über 1 000 km. Die speziellen orographisch-meteorologischen Bedingungen, die in den Appalachen herrschen und die daraus resultierende Flugtaktik werden bei der Darlegung der bisher längsten Segelflüge der Segelfluggeschichte noch genauer beschrieben.

Der elfte Flug über 1 000 km (zehnter der FAI-Liste) fand am 9. Oktober 1972 statt. Begeistert hatte STRIEDIECK seinem Freund JAMES SMILEY (USA) vom letzten Flug erzählt, worauf dieser sich in seine *H 301 Libelle* setzte und am 9. Oktober

1972 auf dem gleichen Kurs mit 1 056,6 km einen neuen Weltrekord Zielstrecke mit Rückkehr aufgestellt. Das Appalachen-Rennen war in vollem Gange.

STRIEDIECK, der schon seit Jahren in den Appalachen Rekorde flog und die Bedingungen genauestens kannte, steckte nicht auf, sondern kletterte am 15. Oktober 1972 erneut in seine *ASW–15*, ließ sich wiederum mittels Autoschlepp in die Luft ziehen, stieg in den Hangaufwind ein und hatte am Abend den Zielrückweltrekord mit 1 098,5 km wieder in seinen Besitz gebracht. Am gleichen Tage war W. C. HOLBROOK (USA) eine Freie Strecke von 1 057,3 km geflogen.

Am 5. Mai 1973 fand das Appalachen-Rennen mit einem weiteren Flug über 1 000 km seine Fortsetzung. W. C. HOLBROOK flog auf einer *H 301 Libelle* mit großartigen 1 260,4 km einen neuen Weltrekord in der Disziplin Zielstrecke mit Rückkehr. Der Weltrekord in dieser Disziplin näherte sich dem Weltrekord der Freien Strecke, und bis zu diesem Zeitpunkt galten Zielrückflüge neben den Dreieckflügen als die schwierigste segelfliegerische Disziplin.

Da H.-W. GROSSES Interesse weiterhin der Langstrecke galt, verwundert es nicht, daß er den von TESCH aufgestellten Zielstreckenweltrekord bald verbesserte. Unter Ausnutzung einer Nordostwetterlage flog er am 26. Mai 1974 auf einer *ASW–12B* 1 231,8 km weit bis nach Marmande in Frankreich und hatte damit den 15. Flug über 1 000 km (14. der FAI-Liste) vollendet. Am gleichen Tage war es auch S. BAUMGARTL (BRD) gelungen, 1 020,0 km weit bis nach Frankreich zu fliegen.

Der Zielstreckenweltrekord des Lübekkers wurde 1978 in Neuseeland verbessert. Während GROSSE nur thermische Aufwinde und den Rückenwind nutzte, waren es in Neuseeland Leewellenaufwinde, die den neuen Rekord ermöglichten. Seit mehreren Jahren hatten sich die neuseeländischen Segelflieger S. H. GEOR-GESON, DAVE SPEIGHT und BRUCE DRAKE bemüht, mit Hilfe der günstigen Leewellenaufwinde des von Gebirgen durchzogenen Neuseelands Rekorde zu fliegen. Nach 14 mißglückten Ansätzen in den letzten beiden Jahren wollten sie 1978 endlich «Nägel mit Köpfen» machen. Am 14. Februar erhielten sie für den folgenden Tag eine sehr günstige Wetterprognose. GEORGESON und DRAKE setzten sich von ihren Heimatorten aus sofort in Marsch in Richtung der Südwestecke Neuseelands, wo beim Startort Tower Peak ihr Freund SPEIGHT wohnte und die Flugzeuge untergebracht waren. Alle drei flogen Segler des Typs *Nimbus 2*.

Nach Abschluß aller Vorbereitungen startete SPEIGHT bei naßkaltem, unfreundlichen und windigen Wetter um 7.20 Uhr hinter einer *Cessna*, und um 7.45 Uhr waren die drei Flieger in der Luft. Man nutzte nach dem Auskuppeln zunächst den Hangaufwind der Takatimusberge – SPEIGHT und DRAKE flogen gemeinsam – und von dort aus flogen sie in die Leewelle. GEORGESON stieg in einer der Leewellen hinter Queenstown auf 7000 m Höhe, machte dann jedoch den Fehler, nicht sofort zur Westküste zu fliegen und kam dadurch nach 300 km bei Hororata auf 600 m herunter. Er benötigte über drei Stunden, um sich aus dieser Krise zu befreien. Dann konnten wieder Wellenaufwinde erreicht werden, die meistens kursfliegend mitgenommen wurden. In 4000 m Flughöhe erhielt GEORGESON bei der Hauptstadt Wellington die Freigabe, die nach Australien führende internationale Luftstraße zu queren, stieg auf 8000 m und flog mit 230 km/h über die COOK-Straße, die die Nord- von der Südinsel Neuseelands trennt. Erneut verpaßte GEORGESON den günstigsten Einstieg in die nächste Welle, die SPEIGHT und DRAKE, etwa 100 km vor ihm fliegend, schon erreicht hatten. Die riesige und hohe Lenticulariswolke vor Napier war von beiden bereits als «Gigant» getauft worden. Unter dieser konnte dann auch

GEORGESON auf 9000 m Höhe steigen –
–41 °C zeigte das Thermometer – die
Kabinenhaube vereiste vollständig, und
GEORGESON nahm die angebotene Navigationshilfe der Radarstation von Okahea
erfreut an. Sein Standort, der Kompaßkurs und mehrere notwendige Kurskorrekturen wurden ihm per Funk durchgegeben.

DRAKE befand sich bereits über dem
Ziel, SPEIGHT begann den Zielanflug und
GEORGESON verfügte über die Endanflughöhe. Nach über zwölf Stunden Flugzeit
landete auch GEORGESON neben seinen
Freunden in Te Araroa bei untergehender
Sonne am Strande des Pazifik. Mit
1 254,0 km war ein neuer Zielstreckenweltrekord aufgestellt worden.

Als erste Frau überbot DORIS GROVE
(USA), Fluglehrerin an der Segelflugschule Julian am Fuße der Appalachen
und Mutter mehrerer Kinder, die 1 000-
km-Marke. Auf einer *ASW–19* flog sie am
11. März 1980 an den Appalachen einen
neuen Weltrekord Zielstrecke mit Rückkehr von Bald Eagle Glider Port nach
Bluefield in Westvirginia und wieder zurück (1 001,0 km). Sie benötigte etwa
09:30:00 h Flugzeit und erreichte
105,0 km/h, nutzte vormittags die Hang-
und Wellenaufwinde, stieg dabei auf
knapp 4 000 m und flog am Nachmittag
und gegen Abend auch in thermischen
Aufwinden.

CORNELIA YODER (USA) verbesserte
diesen Weltrekord auf 1 073,0 km, doch
am 28. September 1981 konnte GROVE
den Rekord auf 1 127,6 km steigern.

Eine interessante segelfliegerische Fragestellung bestand nun darin, wann zum ersten Male ein 1 000-km-Dreieck umrundet werden würde? 500-km-Dreiecke
waren bereits Anfang der sechziger Jahre
auf Laminarflugzeugen in herkömmlicher
Bauweise geflogen worden. Beim II.
Segelflugwettbewerb der sozialistischen
Länder im Mai 1962 in Leszno (Polen)
vollendeten erstmals bei einem internationalen Wettkampf zehn Segelflieger ein
500-km-Dreieck, und während der X.
Polnischen Segelflugmeisterschaften in
Leszno 1964 mit internationaler Beteiligung waren es in der dritten Konkurrenz
am 10. Juni sogar 35 Piloten, die das 500-
km-Dreieck beendeten. Die Geschwindigkeit des Siegers M. GORZELAK auf *Foka 4*
betrug auf dem Kurs Leszno–Lubien–
Olesno–Leszno (535 km) 83,7 km/h.
Auch diese Leistungen waren im Weltmaßstab führend.

Wenn auch der polnische Segelflug
nach dem Aufkommen der GFK-Flugzeuge in den Weltrekordlisten bald nicht
mehr die starke Position einnahm und
nicht mit absoluten Spitzenleistungen
aufwartete, so ist sein Beitrag für die Entwicklung des internationalen Leistungssegelfluges nach dem zweiten Weltkrieg
von enormer Bedeutung und in fliegerischer wie in technischer Beziehung sehr
hoch einzuschätzen. Die polnischen Segelflieger waren dank ihres umfassenden
Wettbewerbssystems – nirgendwo wurde
in den ersten 20 Jahren nach 1945 dank
einer großzügigen staatlichen Förderung
soviel segelgeflogen wie in der Volksrepublik Polen – und dank der speziell für
den Geschwindigkeitsflug konstruierten
Segelflugzeugtypen wie *Jaskólka* und
Bocian die ersten Segelflieger, die mit der
Anwendung der Sollfahrttheorie beim
Streckenflug wirklich ernst machten, den
Delphinstil perfekt entwickelten und ihn
in einer Breite und in einem Entwicklungsniveau anwendeten, das in anderen
Ländern erst Jahre später erreicht werden
konnte. Wer in den fünfziger und sechziger Jahren Kenntnisse der allgemeinen
Segelflugtaktik und speziellen Wettkampftaktik umfassend erwerben und lernen wollte, wie man mit einem Segelflugzeug auf Strecke wirklich schnell zu fliegen vermochte, der mußte bei Wettkämpfen in Polen starten oder das Glück haben,
auf ausländischen Segelflugwettbewerben mit solchen hervorragenden Segelfliegern wie EDWARD MAKULA, HENRYK

438   *Foka 4* (1960).

ZYDORCZAK, STANISŁAW WIELGUS, JAN WROBLEWSKI und vielen anderen gemeinsam fliegen zu können. Diese segelfliegerischen Fähigkeiten und Fertigkeiten ermöglichten es, daß polnische Piloten viele Jahre lang bei internationalen Wettkämpfen stets vordere Plätze belegen konnten. Das erreichte Niveau in der «Kunst des schnellen Segelfluges» verbreitete sich von Polen aus zügig über Europa und die Welt und war eine Voraussetzung dafür, eines Tages auch 1 000-km-Dreiecke fliegen zu können.

Die polnischen Segelflugtechniker unterstützten die fliegerischen Leistungen ihrer Segelflieger durch hervorragende Konstruktionen wie *Foka*, *Zephir*, *Cobra*, *Orion*, *Pirat* und schufen auch bald nach dem Aufkommen der GFK-Bauweise solche erstklassigen Leistungssegelflugzeuge wie *Jantar 1* (1973), *Jantar 2A* (1975), *Jantar 2B* und *Jantar-Standard* (1974).

Um die Bestrebungen nach Vollendung eines 1 000-km-Dreieckfluges zu verstärken, hatte die FAI ab 1975 die neue Weltrekorddisziplin des größten geflogenen Dreiecks und die des Geschwindigkeitsfluges auf einem 750-km-Dreieck in ihre internationalen Rekordlisten aufgenommen. Kurze Zeit später führte sie dann auch den Geschwindigkeitsweltrekord auf der 1 000-km-Dreieckstrecke ein.

Wieder war es GROSSE, der diese Aufgabe zielstrebig und langfristig in Angriff nahm. Bereits am 24. Mai 1970 flog er auf einer *ASW–12B* das 710-km-Dreieck Lüneburg–Hoher Meißner–Nordhorn–Lüneburg mit einer Geschwindigkeit von 84,0 km/h. Dann umrundete Anfang Mai 1973 HOLIGHAUS auf seiner eigenen Konstruktion *Nimbus 2* im Süden der BRD bei herhorragendem Wetter ein 820-km-Dreieck. Am 16. Mai 1973 beflog GROSSE in einem thermisch nicht so günstigen Gebiet das 827-km-Dreieck Lübeck–Bebra–Nordhorn–Bebra und flog am Zielpunkt angekommen, nochmals 102 km weiter und kam so auf eine Gesamtstrecke von 929,0 km. Dieser Flug bewies, daß die Vollendung eines 1 000-km-Dreiecks mit den gegebenen Flugzeugen auf der Tagesordnung stand und in Gebieten mit stärkerer oder länger anhaltender Thermik realisierbar war.

Um sein Ziel verwirklichen zu können, als erster ein 1 000-km-Dreieck zu bewältigen, ging GROSSE im Sommer 1975 nach Finnland. Wie es bereits dargestellt worden ist, gibt es in Ländern mit einer hohen geographischen Breite im Sommer eine starke und lang anhaltende Thermik, die für Langstreckenflüge besonders günstig ist. GROSSE war zu diesem Zeitpunkt 52 Jahre alt und bewies, wie schon PHILIPP WILLS, HEINZ HUTH und andere, daß es für Höchstleistungen im Segelflug keine feststehende Altersgrenze gibt. Der große Wurf gelang GROSSE am 6. Juni 1975 auf einer *ASW-17*, als er über Finnland mit 1 012,2 km das erste 1 000-km-Dreieck in der Geschichte des Segelfluges umrundete.

Ein Jahr nach seinem Rekordflug startete GROSSE erneut in Finnland zu einem 1 000-km-Dreieck. Der Flug scheiterte 20 km vor dem Ziel, da ein Weiterflug unter Umständen das Risiko einer Außenlandung in unbekanntem und schwierigem Gelände mit sich gebracht hätte. GROSSE entschied sich nach den bewährten Grundsätzen: «Sicherheit geht vor Leistung» und «in Zweifelsfällen immer nein!» für die höhere Flugsicherheit. Die lakonische Meinung des Rekordpiloten: «Es geht noch weiter, man muß nur weniger Fehler machen!»

GROSSE flog dann auch das zweite 1 000-km-Dreieck in der Geschichte. Um die Zeit des europäischen Winters segelfliegerisch nutzen zu können, unternahm er Anfang 1976 eine Segelflugexpedition nach Waikerie in Australien und ging dort mit einer *ASW–17* auf Rekordjagd, doch der Erfolg stellte sich nicht sofort ein. Dreimal trat er den Flug zu einem 1 000-km-Dreieck an und mußte jedes Mal kurz vor dem Ziel landen: 1 003 km, 998 km und 1 025 km waren die Ausbeute.

Erst der vierte Versuch am 6. Februar 1976 brachte den ersehnten Erfolg. GROSSE startete um 10.40 Uhr in Waikerie. Wie stets bei seinen Langstreckenflügen wählte er den frühest möglichen Abflugzeitpunkt und mußte auch dieses Mal einen längeren Gleitflug auf Kurs, fast bis zur Landung im Geradeausflug ausführen, bevor die *ASW–17* im letzten Augenblick in den rettenden Aufwind einflog. Der erste Schenkel des Dreiecks bis Deni-

439 *Zefir* (1960).

liquin (470 km) war bei leichtem Gegenwind ausgesprochen schwierig zu fliegen. Erst um 15.50 Uhr gelang die Umrundung, doch fast die Hälfte der Strecke war bereits zurückgelegt und die Bedingungen auf dem zweiten und dritten Schenkel konnten nur noch besser werden, so daß kein Grund zum Pessimismus bestand. Den zweiten Abschnitt nach Nhill flog GROSSE mit einer Durchschnittsgeschwindigkeit von 140,0 km/h, so daß er für den dritten eine kleine Zeitreserve besaß. Aufkommende Schauer zwangen zu Umwegen und taktischen Überlegungen, doch nach elfstündigem Flug in Sonnenglut landete er gegen 21.40 Uhr, erschöpft, aber glücklich am Ziel und hatte mit 1 040,0 km das bis dahin größte Dreieck geflogen. Es war der 21. Flug über 1 000 km, der 20. in der FAI-Zählung und GROSSES siebenter. In wenigen Wochen hatte der erfahrene Segelflieger während seines Trainings in Australien mehr als 12 000 Streckenflugkilometer zurückgelegt.

Am 18. Januar 1977 konnte GROSSE auf *ASW–17*, wiederum über Australien, mit 1 063,0 km neuen Weltrekord in der Disziplin Größte Dreieckdistanz fliegen (98,4 km/h). Neben der sportlichen Bedeutung, die die 1 000-km-Streckenflüge, insbesondere die Dreieckflüge, für den Segelflug besaßen, trugen diese auch in starkem Maße dazu bei, das Ansehen des Segelfluges in der Öffentlichkeit weiter zu erhöhen und neue Interessenten für diesen Sport zu gewinnen.

Am 7. Mai 1979 war es KLAUS HOLIGHAUS (BRD), der auf seiner Eigenkonstruktion *Nimbus 2* erstmalig in Mitteleuropa ein 1000-km-Dreieck flog. Er umrundete das 1010 km große Dreieck Kandern (Südlicher Schwarzwald) – Schlüchtern (bei Frankfurt a. M.) – Geilshausen (nordöstlich Straubing) in einer Flugzeit von 09:36:00 h mit 105 km/h; die Lage des Start- und Landeortes Hahnweide entsprach jedoch nicht der FAI-Norm. Dieser Flug stellte unter Beweis, daß auch in mitteleuropäischen Ländern 1000-km-Dreiecke geflogen werden können.

Da die FAI sich entschlossen hatte, für jeden Segelflug über 1000 km Entfernung ein eigenes FAI-Diplom mit Abzeichen zu verleihen, bilden die Inhaber dieser Auszeichnung praktisch einen «Club der Tausender»! Bis Ende 1985 besaß dieser «Club» bereits 64 Mitglieder, von denen viele schon mehrfach eine 1000-km-Strecke absolviert hatten.

Tabelle 17:   Die ersten 30 «Internationalen 1000-km-Diplome der FAI» und ihre Inhaber

Nr. des Diploms	Disziplin	Leistung km	Segelflugzeugführer	Land	Flugzeugtyp	Datum
1	Freie Strecke	1 041,520	A. H. PARKER	USA	*Sisu 1 A*	31. 7. 1964
2	Zielstrecke	1 032,020	H.-W. GROSSE	BRD	*ASW–12*	4. 6. 1970
3	Freie Strecke	1 153,820	W. A. SCOTT	USA	*ASW–12*	26. 7. 1970
3	Freie Strecke	1 153,820	B. W. GREEN	USA	*ASW–12*	26. 7. 1970
5	Freie Strecke	1 460,800	H. W. GROSSE	BRD	*ASW–12*	25. 4. 1972
6	Zielstrecke	1 051,200	K. TESCH	BRD	*LS 1 c*	25. 4. 1972
7	Freie Strecke	1 021,940	W. SCOTT, jr.	USA	*ASW–12*	18. 8. 1972
8	Zielrück	1 001,940	S. H. GEORGESON	Neuseeland	*Kestrel–19*	7. 9. 1972
9	Zielrück	1 025,020	K. H. STRIEDIECK	USA	*ASW–15*	7. 10. 1972
10	Zielrück	1 056,640	J. SMILEY	USA	*Libelle 301 B*	9. 10. 1972
11	Freie Strecke	1 057,330	W. C. HOLBROOK	USA	*Libelle 301*	15. 10. 1972
12	Zielrück	1 098,540	K. H. STRIEDIECK	USA	*ASW–15*	15. 10. 1972
13	Zielrück	1 260,440	W. C. HOLBROOK	USA	*Libelle 301*	5. 5. 1973
14	Zielstrecke	1 231,000	H. W. GROSSE	BRD	*ASW–17*	16. 4. 1974
15	Freie Strecke	1 020,000	S. BAUMGARTL	BRD	*ASW–17*	16. 4. 1974
16	nicht vollendetes Dreieck (1 004 km)	1 001,300	K. GOUDRIAAN	Südafrika	*ASW–17*	Februar 1975
17	Dreieck	1 012,200	H.-W. GROSSE	BRD	*ASW–17*	6. 6. 1975
18	nicht vollendetes Dreieck (1 040 km)	1 003,000	H.-W. GROSSE	BRD	*ASW–17*	Januar 1976
19	nicht vollendetes Dreieck (1 040 km)	1 025,000	H. W. GROSSE	BRD	*ASW–17*	26. 1. 1976
20	Dreieck	1 040,000	H.-W. GROSSE	BRD	*ASW–17*	6. 2. 1976
21	nicht vollendetes Dreieck (1 062 km)	1 015,000	H.-W. GROSSE	BRD	*ASW–17*	13. 2. 1976

Nr. des Diploms	Disziplin	Leistung km	Segelflug- zeugführer	Land	Flugzeug- typ	Datum
21	nicht voll- endetes Dreieck (1062 km)	1015,000	M. JINKS	Austra- lien	*Nimbus 2*	13. 2. 1976
23	Zielrück	1289,960	K. H. STRIEDIECK	USA	*ASW–17*	17. 3. 1976
23	Zielrück	1289,960	L. R. McMASTER	USA	*Standard- Cirrus*	17. 3. 1976
25	Freie Strecke	1195,000	H.-W. GROSSE	BRD	*ASW–17*	28. 4. 1976
26	Freie Strecke	1051,000	V. KREUSSLER	BRD	*Kestrel–17*	28. 4. 1976
27	Zielstrecke	1060,000	S. BAUMGARTL	BRD	*ASW–17*	29. 4. 1976
28	Zielrück	1616,000	K. H. STRIEDIECK	USA	*ASW–17*	19. 5. 1976
29	nicht vollendetes Dreieck (1100 km)	1080,000	H.-W. GROSSE	BRD	*ASW–17*	9. 6. 1976
30	nicht vollendetes Dreieck (1070 km)	1050,000	S. BAUMGARTL	BRD	*ASW–17*	9. 6. 1976

Ähnlich stürmisch verlief auch die Entwicklung der Geschwindigkeitsweltrekorde auf den von der FAI registrierten Dreieckstrecken. Dort nähern sich inzwischen die Geschwindigkeiten der 200-km/h-Grenze, und das bedeutet, daß die Kunststoffsegler derzeit eine Reisegeschwindigkeit erreicht haben, die sich ihrer zur Zeit zulässigen Höchstgeschwindigkeit im Geradeausflug nähert!

Am 2. Mai 1986 konnte die längste Dreieckdistanz von KARL STRIEDIECK und drei weiteren Segelfliegern im Gruppenflug sowie von TOM KNAUFF auf *Nimbus 3* auf 1362,0 km erhöht werden. Damit näherte sich der Dreieckrekord dem Weltrekord in der Freien Strecke und wird ihn sicherlich eines Tages überbieten!

Segelflugwelt- und -europameisterschaften

Der Segelflug hatte in der Zeit der Herausbildung der Laminarflugzeuge und der Kunststoffbauweise nicht nur eine qualitative, sondern auch eine bedeutende quantitative Weiterentwicklung erfahren. Bis 1970 hatte die FAI die Gold-C

mit drei Diamanten bereits an 900 Segelflieger verliehen! Am 29. April 1974 waren es 1410. Bis Ende 1984 stieg die Anzahl dieser Auszeichnungen auf fast 4000! Diese Zahlen beweisen, welche bedeutende Entwicklung der Segelflug in den meisten Ländern genommen hatte, und man müßte jedem Lande schon viele Buchseiten widmen, um das nach 1945 erreichte Niveau auch nur annähernd aufzeigen zu können.

Trotz der Existenz von Erschwernissen und Hindernissen fanden regelmäßig Segelflugweltmeisterschaften (SFWM) statt; sie waren seit der VII. SFWM 1958 in Leszno (Polen) in der Offenen und der Standardklasse ausgetragen worden. In der Offenen Klasse sind bekanntlich der Anwendung des technisch-wissenschaftlichen Fortschritts keinerlei Beschränkungen auferlegt; der Standardklasse wird dagegen eine Begrenzung der Spannweite auf 15,0 m und der Verzicht auf Wölbungsklappen und Bremsfallschirme vorgeschrieben. Bei der XVI. SFWM 1978 in Chateaurox (Frankreich) wurde dann zusätzlich eine Offene Standardklasse (Rennklasse) eingeführt, in der nur noch die Spannweitenbeschränkung galt. Sie wird offiziell als 15-m-Klasse bezeichnet.

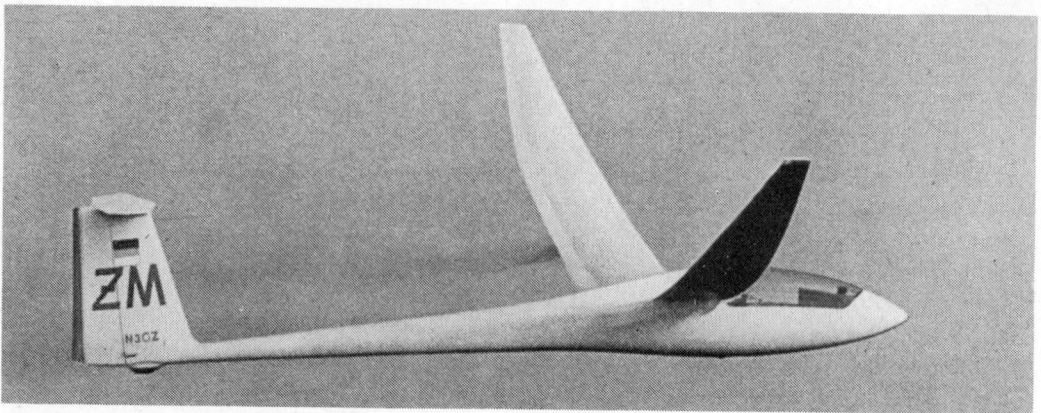

440   «Zulu-Mike good finish» (korrekter Ziel-
bandüberflug) heißt es in Bodennähe per Funk für
den Brasilianer José Pontes auf *Nimbus 3* in Hobbs.

Die Standardklasse war ursprünglich
geschaffen worden, um ungleiche Wett-
kampfbedingungen in technischer Beziehung abzuschwächen, die für die Offene
Klasse typisch sind, denn in ihr entscheidet nicht nur die sportlich-fliegerische
Leistung der Piloten, sondern häufig auch
die technische Überlegenheit des benutzten Flugzeugs über die Plazierung. Aus
gleichen Gründen wurde auf der Ebene
der Länder eine neue Klasse, die Klub-
klasse, geschaffen, in der mit Flugzeugen
geflogen wird, die auch den Klubs für
Übungs- und Trainingsflüge zur Verfügung stehen.

Die sportlich fairste Lösung stellt ein
Wettkampf dar, bei dem alle Piloten auf
dem gleichen Flugzeugtyp starten. Für
die Olympischen Spiele 1940 war dieser
Idealfall vorgesehen, und nach dem
Kriege konnte er mehrfach bei Segelflugwettkämpfen in sozialistischen Ländern
realisiert werden. Nur unter diesen Umständen wird die fliegerische Leistungsfähigkeit der Wettkämpfer zum Hauptfaktor ihres Abschneidens.

Dennoch hat das Prinzip der Offenen
Klasse nach wie vor seine volle Daseins-
berechtigung. Von ihr gingen und gehen
die wesentlichen Anstöße für Fortschritte
des Segelfluges aus, die stets auch ihren

Niederschlag in den Segelflugzeugen anderer Klassen fanden und finden. Seit der
XI. SFWM 1968 in Leszno setzten sich
die Kunststoffsegelflugzeuge in verstärktem Maße durch, und seit der XIV.
SFWM 1974 in Waikerie (Australien)
konnten die Medaillen nur noch mit
Kunststoffseglern erflogen werden.

Die Erfahrungen der Weltmeisterschaften führten auch zu einer Änderung
der zu fliegenden Disziplinen. Bei der IX.
SFWM 1963 in Junin (Argentinien)
wurde es offensichtlich, daß die bisherige
Krönung der Wettbewerbe, ein spektaku-
lärer Freier Streckenflug, nicht mehr ausführbar war. Die Spitzenleistungen lagen
in diesem Wettbewerb bei über 700 km,
und damit wurde der Rücktransport der
Segelflugzeuge zu zeit- und kostenauf-
wendig und diese Disziplin wettkampf-
hemmend.

Anstelle der Freien Strecke schrieb
man dann während der XII. SFWM 1970
in Marfa (USA) erstmals einen Vieleckflug in einem begrenzten Flugraum aus
(cats-cradle). Eine Anzahl von gegebenen
Wendepunkten konnte von den Piloten in
freier Entscheidung angeflogen werden,
jedoch durfte der Rückflug zum vorhergehenden Wendepunkt nicht auf der gleichen Trasse erfolgen. Der Sieger dieser
Disziplin in der Offenen Klasse erreichte
804 km!

Zum Nachweis von Wendepunktum-
rundungen setzte sich allgemein das Foto-

grafieren der Wendepunkte vom Flugzeug aus durch. Der Nachweis von Leistungen und Rekorden vereinfachte sich dadurch wesentlich.

In Auswertung der XIII. SFWM 1972 in Vrsač (Jugoslawien), bei der zwei der Wettkämpfer in Gewitterflügen den Tod fanden, wurde der Wolkenflug bei künftigen internationalen Wettkämpfen der FAI nicht mehr gestattet.

Die neuen Dimensionen, die der Segelflug mit der Weiterentwicklung der Segelflugzeugtechnik erreicht hatte, zeigten sich auch klar während der XVIII. SFWM, die in Hobbs (USA) vom 26. Juni bis 10. Juli 1983 stattfanden. 109 Segelflieger aus 25 Ländern gingen in drei Klassen an den Start und absolvierten 1307 Starts mit nur 189 Außenlandungen. Im Unterschied zu den vorhergehenden SFWM, bei denen das Wetter unter den statistisch berechtigten Erwartungswerten lag, herrschte in Hobbs optimales Segelflugwetter. Es gab zwölf Wertungstage mit Aufwinden bis zu 8 m/s und Basishöhen zwischen 3000 und 4000 m, ja sogar bis 5500 m, so daß es nicht überrascht, daß mehr als 600000 Streckenkilometer zurückgelegt werden konnten! Die Streckenlängen in der Offenen Klasse lagen zwischen 276,5 km und 656,8 km. Ein 500-km-Dreieck wurde von GEORGE LEE (Großbritannien) auf *Nimbus 3* mit 178,1 km/h geflogen.

Es war eine sehr schnelle Meisterschaft. Wenige Kreise im schwächeren Steigen, Momente der Inkonsequenz bei der Einhaltung der Sollfahrt, bedeuteten bereits den Verlust vorderer Plätze. Nach den Vorstellungen der europäischen Segelflieger hätten die Strecken wesentlich länger sein können («1000-km-Strecken wurden verschenkt»), doch die Wettkampfleitung war bei der Festlegung der Disziplinen im Halbwüstenklima New Mexicos von einer vertretbaren durchschnittlichen täglichen Flugzeit von vier Stunden und der Vermeidung der in diesem Gelände risikovollen Außenlandungen und aufwendigen Rücktransporte ausgegangen.

Neu war der «stille Abflug ohne Höhenbeschränkung» der Wettkämpfer, der frühestens eine viertel Stunde nach dem letzten Start vorgenommen werden konnte und der vor allem die Pulkfliegerei erschweren sollte, deren Bedeutung noch dargelegt wird. Die Abflugzeit wird bei dieser Form des fliegenden Starts vom Piloten mit Hilfe der Fotografie einer am Boden befindlichen großen Uhr festgehalten.

Diese Art der Abmeldung und die während der SFWM genutzte Wendepunktdokumentation entsprachen jedoch noch nicht dem FAI-Sportcode, so daß neue Rekordleistungen nicht offiziell anerkannt werden konnten.

Den Weltmeistertitel der Offenen Klasse errang INGO RENNER (Australien) auf *Nimbus 3*. Der Segelfluglehrer hatte sich intensiv auf diese Meisterschaft vorbereitet. Während des heimatlichen Winters flog er im sommerlichen Europa in Oerlinghausen (BRD) und Fuentemilanos (Spanien); er brachte es alleine im letzten Jahr vor den Titelkämpfen auf 350 Flugstunden und vier 1000-km-Flüge. Vor Beginn der SFWM absolvierte er noch ein spezielles Geschwindigkeitstraining auf *Nimbus 3* in Narromine (Australien), so daß es nicht überrascht, wenn RENNER acht von zwölf möglichen Tagessiegen, teilweise im Alleinflug, errang und 11784 Punkte von 12000 möglichen erreichte.

In der Offenen Standardklasse wurden KEES MUSTERS (Niederlande) auf *Ventus a* und in der Standardklasse STIG OYE (Dänemark) auf *LS 4* die neuen Weltmeister. Im Sieg dieser Piloten aus Ländern mit nur schwacher Thermik kommt unter anderem die Tatsache zum Ausdruck, daß den Segelfliegern die Umstellung von gewohnter schwacher Thermik auf Verhältnisse mit starker Thermik wesentlich leichter fällt als umgekehrt.

Tabelle 18: **Ergebnisse der Segelflugweltmeisterschaften 1960 bis 1985**

Nr.	Ort, Zeit, Teilnehmer	Disziplinen	Weltmeister und Medaillengewinner	Flugzeugtyp	Bemerkungen
VIII.	Köln-Butzweilerhof (BRD) 4. bis 19. Juni 1960; 55 Teilnehmer aus 23 Ländern	Strecken- und Geschwindigkeitsflüge; sechs Disziplinen	*Standardklasse* (35 Teilnehmer) 1. H. Huth (BRD) 5601 P.	*Ka–6*	
			2. G. Münch (Brasilien) 5237 P.	*Ka–6*	
			3. A. Witek (Polen) 5201 P.	*Foka*	
			Offene Klasse (20 Teilnehmer) 1. R. Hossinger (Argentinien) 5102 P.	*Skylark–3*	
			2. E. Makula (Polen) 5079 P.	*Zefir*	
			3. J. Popiel (Polen) 5020 P.	*Zefir*	
IX.	Junin (Argentinien) 3. bis 24. Februar 1963; 63 Teilnehmer aus 24 Ländern	Strecken- und Geschwindigkeitsflüge; sieben Disziplinen	*Standardklasse* (38 Teilnehmer) 1. H. Huth (BRD) 6221 P.	*Ka–6*	Die Siegerleistung in der Disziplin Freie Strecke lag in der Offenen Klasse bei 716 km.
			2. J. Lacheny (Frankreich) 5356 P.	*Edelweiß*	Letztmalige Austragung der Disziplin Freie Strecke bei einer SFWM.
			3. J. Horma (Finnland) 5291 P.	*Vasama*	
			Offene Klasse (25 Teilnehmer) 1. E. Makula (Polen) 6107 P.	*Zefir 2 A*	
			2. J. Popiel (Polen) 5638 P.	*Zefir 2 A*	
			3. R. E. Schreder (USA) 5370 P.	*HP 11*	
X.	South Cerney (Großbritannien) 29. Mai bis 13. Juni 1965; 86 Teilnehmer aus 28 Ländern	Strecken- und Geschwindigkeitsflüge; sechs Disziplinen	*Standardklasse* (45 Teilnehmer) 1. F. Henry (Frankreich) 4945 P.	*Edelweiß*	
			2. M. Ritzi (Schweiz) 4798 P.	*Standard-Elfe*	

Nr.	Ort, Zeit, Teilnehmer	Disziplinen	Weltmeister und Medaillengewinner	Flug-zeug-typ	Bemerkungen
			3. F. KĘPKA (Polen) 4627 P.	*Foka 4*	
			Offene Klasse (41 Teilnehmer) 1. J. WROBLEWSKI (Polen) 5269 P.	*Foka 4*	Zum ersten und letzen Mal konnte der Weltmeistertitel in der Offenen Klasse mit einem Flugzeug der Standardklasse erflogen werden.
			2. R. SPÄNIG (BRD) 5164 P.	*D–36*	
			3. R. KUNZ (BRD) 4990 P.	*HKS–3*	
XI.	Leszno (Polen) 9. bis 23. Juni 1968; 105 Teilnehmer aus 32 Ländern	Strecken- und Geschwindig-keitsflüge; Standardklasse acht Disziplinen; Offene Klasse sieben Disziplinen	*Standardklasse* (57 Teilnehmer) 1. A. SMITH (USA) 5595 P.	*Elfe S 3*	Mit der Teilnehmer- und Länderzahl wurde ein neuer Beteiligungsrekord bei den SFWM erreicht.
			2. P.-A. PERSSON (Schweden) 5545 P.	*Glasflügel-Libelle*	
			3. R. LINDNER (BRD) 5444 P.	*Phoebus*	
			Offene Klasse (48 Teilnehmer) 1. H. WÖDL (Österreich) 5730 P.	*Cirrus*	
			2. G. AX (Schweden) 5699 P.	*Phoebus C*	
			3. R. SEILER (Schweiz) 5673 P.	*Diamant*	
XII.	Marfa (USA) 21. Juni bis 5. Juli 1970; 85 Teilnehmer aus 25 Ländern	Strecken- und Geschwindig-keitsflüge; neun Disziplinen	*Standardklasse* (44 Teilnehmer) 1. H. REICHMANN (BRD) 8663 P.	*LS 1*	Eine neue Streckenflugdisziplin wurde geflogen. In einem gegebenen Flugraum konnten die Teilnehmer nach eigener Wahl beliebig oft Wendepunkte anfliegen, doch durfte der Weiterflug nicht zum vorhergehenden Wendepunkt geführt werden. Der Sieger erreichte 804 km!
			2. J. WROBLEWSKI (Polen) 8228 P.	*Cobra 15*	
			3. F. KĘPKA (Polen) 8084 P.	*Cobra 15*	
			Offene Klasse (41 Teilnehmer) 1. G. MOFFAT (USA) 8323 P.	*Nimbus 1*	

Nr.	Ort, Zeit, Teilnehmer	Disziplinen	Weltmeister und Medaillengewinner	Flug- zeug- typ	Bemerkungen
			2. H.-W. GROSSE (BRD) 8036 P.	*ASW–12*	
			3. M. MERCIER (Frankreich) 7811 P.	*ASW–12*	
XIII.	Vrsač (Jugoslawien) 9. bis 22. Juli 1972; 89 Teilnehmer aus 28 Ländern	Strecken- und Geschwindig- keitsflüge; sieben Disziplinen	*Standardklasse* (51 Teilnehmer) 1. J. WROBLEWSKI (Polen) 5529 P.	*Orion*	Dieser Wettkampf ging als Gewitterflug- Weltmeisterschaft in die Geschichte ein. Zwei Piloten fanden den Tod, zwei konnten sich durch Notab- sprung retten. Nach dieser SFWM wurde der Wolkenflug bei internationalen Wettkämpfen der FAI nicht mehr zugelassen.
			2. E. RUDENSKIJ (UdSSR) 5219 P.	*ASW–15*	
			3. F. KĘPKA (Polen) 5107 P.	*Orion*	
			Offene Klasse (38 Teilnehmer) 1. G. AX (Schweden) 5816 P.	*Nimbus 2*	
			2. M. WIITANEN (Finnland) 5779 P.	*ASW–17*	
			3. ST. KLUK (Polen) 5760 P.	*Jantar*	
XIV.	Waikerie (Australien) 12. bis 25. Januar 1974; 67 Teilnehmer aus 22 Ländern	Strecken- und Geschwindig- keitsflüge; elf Disziplinen	*Standardklasse* (39 Teilnehmer) 1. H. REICHMANN (BRD) 9325 P.	*LS 2*	Erstmals elf Tages- wertungen, in denen jeder Teilnehmer der Standardklasse etwa 3500 km, jeder Pilot der Offenen Klasse etwa 4200 km flog. Erstmals ein Dreieck über 700 km.
			2. I. RENNER (Australien) 9296 P.	*Standard- Cirrus*	
			3. F. KĘPKA (Polen) 9266 P.	*Jantar- Standard*	
			Offene Klasse (28 Teilnehmer) 1. G. MOFFAT (USA) 10635 P.	*Nimbus 2*	
			2. B. ZEGELS (Belgien) 10277 P.	*Glas- flügel- 604*	
			3. H.-W. GROSSE (BRD) 10059 P.	*ASW–17*	

Nr.	Ort, Zeit, Teilnehmer	Disziplinen	Weltmeister und Medaillengewinner	Flug-zeug-typ	Bemerkungen
XV.	Räyskälä (Finnland) 13. bis 27. Juni 1976; 85 Teilnehmer aus 26 Ländern	Strecken- und Geschwindig-keitsflüge; Standardklasse sechs Diszi-plinen; Offene Klasse sieben Disziplinen	*Standardklasse* (46 Teilnehmer) 1. I. RENNER (Australien) 4 056 P.	PIK–20 B	In der Offenen Klasse betrug die kürzeste Strecke 181 km und die weiteste 526 km.
			2. G. KARLSSON (Schweden) 4 048 P.	PIK–20 B	
			3. G. BURTON (Großbritannien) 3 924 P.	PIK–20 B	
			Offene Klasse (39 Teilnehmer) 1. G. LEE (Großbritannien) 4 594 P.	ASW–17	
			2. J. ZIOBRO (Polen) 4 535 P.	Jantar 2	
			3. H. MUSZCZYNSKI (Polen) 4 491 P.	Jantar 2	
XVI.	Chateauroux (Frankreich) 15. bis 30. Juli 1978; 79 Teilnehmer aus 23 Ländern	Nur Geschwin-digkeitsflüge auf Dreieck-strecken; elf Dis-ziplinen in allen Klassen	*Standardklasse* (23 Teilnehmer) 1. B. SELEN (Niederlande) 10 681 P.	ASW–19	HELMUT REICHMANN konnte als erster Segel-flieger seinen dritten Weltmeistertitel erringen.
			2. L. BRIGLIADORI (Italien) 10 321 P.	Standard-Cirrus	Kleinstes Dreieck mit 238 km, größtes mit 570 km, vier Dreiecke
			3. M. RECULE (Frankreich) 10 185 P.	Cirrus 78	über 500 km in der Offenen Klasse. Erstmals Start in drei Klassen. Zur Offenen
			15-m-Klasse (32 Teilnehmer) 1. H. REICHMANN (BRD) 10 544 P.	SB 11	und Standardklasse kam eine 15-m-Klasse hinzu. In ihr wird nur die Spannweite auf
			2. K. H. STRIEDIECK (USA) 10 500 P.	ASW–20	15 m beschränkt, woraus auch die Bezeichnung «Offene
			3. G. AX (Schweden) 10 142 P.	ASW–20	Standardklasse» bzw. «Rennklasse» resultiert.
			Offene Klasse (24 Teilnehmer) 1. G. LEE (Großbritannien) 10 163 P.	ASW–17	
			2. B. GANTENBRINK (BRD) 10 018 P.	Nimbus 2	

Nr.	Ort, Zeit, Teilnehmer	Disziplinen	Weltmeister und Medaillengewinner	Flug-zeug-typ	Bemerkungen
			3. F. L. Henry (Frankreich) 9919 P.	*Nimbus 2*	
XVII.	Paderborn-Haxterberg (BRD) 23. Mai bis 6. Juni 1981; 81 Teilnehmer aus 27 Ländern	Standardklasse sieben Disziplinen; 15-m-Klasse acht Disziplinen; Offene Klasse neun Disziplinen; nur Drei-eckflüge	*Standardklasse* (27 Teilnehmer) 1. M. Schroeder (Frankreich) 5769 P.	*LS 4*	George Lee konnte als erster Segelflieger drei Weltmeistertitel in Folge erringen. Die WM war durch schwierige Wetter-bedingungen gekenn-zeichnet, es gab stets ein hartes Ringen um die Mindestentfer-nungen. Die Strecken-längen der einzelnen Wertungen lagen in der Offenen Klasse zwi-schen 213 km und 375 km.
			2. S. Kristiansen (Norwegen) 5753 P.	*LS 4*	
			3. G. Chenevoy (Frankreich) 5732 P.	*LS 4*	
			15-m-Klasse (42 Teilnehmer) 1. G. Ax (Schweden) 5223 P.	*ASW–20*	
			2. A. Petterson (Schweden) 5180 P.	*ASW–20*	
			3. D. Paré (Niederlande) 4836 P.	*Ventus b*	
			Offene Klasse (12 Teilnehmer) 1. G. Lee (Großbritannien) 6685 P.	*Nimbus 3*	
			2. K. Holighaus (BRD) 6590 P.	*Nimbus 3*	
			3. B. Gantenbrink (BRD) 6358 P.	*Nimbus 3*	
XVIII.	Hobbs (USA) 26. Juni bis 10. Juli 1983; 109 Teilnehmer aus 25 Ländern	Geschwindig-keitsflüge; zwölf Diszi-plinen in jeder Klasse; Stan-dard- und 15-m-Klasse jedoch mit etwas kürzeren Tagesaufgaben	*Standardklasse* (42 Teilnehmer) 1. St. Oye (Dänemark) 10780 P.	*LS 4*	Erstmalig konnten bei einer SFWM mehr als 600 000 Strecken-kilometer geflogen werden.
			2. T. Beltz (USA) 10771 P.	*LS 4a*	
			3. J. Buchanan (Australien) 10714 P.	*LS 4*	
			15-m-Klasse (48 Teilnehmer) 1. K. Musters (Niederlande) 11259 P.	*Ventus a*	

Nr.	Ort, Zeit, Teilnehmer	Disziplinen	Weltmeister und Medaillengewinner	Flug-zeug-typ	Bemerkungen
			2. K. H. STRIEDIECK (USA) 11 145 P.	*ASW–20 B*	
			3. L. GOUDRIAAN (Südafrika) 10 709 P.	*ASW–20*	
			Offene Klasse (19 Teilnehmer) 1. I. RENNER (Australien) 11 784 P.	*Nimbus 3*	
			2. B. GANTENBRINK (BRD) 11 295 P.	*Nimbus 3*	
			3. F. L. HENRY (Frankreich) 10 955 P.	*Nimbus 3*	
XIX.	Rieti (Italien) 28. Juli bis 11. August 1985; 101 Teilnehmer aus 26 Ländern	Geschwindig-keitsflüge auf Dreieck- und Vieleck-strecken; Standard- und Offene Klasse elf Disziplinen; 15-m-Klasse zwölf Disziplinen	*Standardklasse* (37 Teilnehmer) 1. L. BRIGLIADORI (Italien) 9 706 P.	*Discus*	Längste Strecken: Standardklasse 440,8 km; 15-m-Klasse 575,3 km;
			2. P. LACKNER (BRD) 9 510 P.	*Discus*	Offene Klasse 750,9 km; INGO RENNER
			3. E. MOZER (USA) 9 397 P.	*Discus*	konnte seinen dritten Weltmeistertitel erringen.
			15-m-Klasse (47 Teilnehmer) 1. D. JACOBS (USA) 10 902 P.	*LS 6*	
			2. S. KUUISTO (Finnland) 10 237 P.	*LS 6*	
			3. L. GOUDRIAN (Südafrika) 10 150 P.	*ASW–20B*	
			Offene Klasse (17 Teilnehmer) 1. I. RENNER (Australien) 9 927 P.	*Nimbus 3*	
			2. F. BLATTER (Schweiz) 9 504 P.	*Nimbus 3*	
			3. K. HOLIGHAUS (BRD) 9 228 P.	*Nimbus 3*	

Auf der Basis des FAI-Sportcodes entwik- kelte sich auch auf den Kontinenten – spe- ziell in Europa – ein reger, erdteilbezoge- ner Wettkampfbetrieb. In der Männer- klasse wurde 1986 die 3. Europameister- schaft veranstaltet.

Der I. Internationale Frauenwettkampf (IFW) der FAI im Segelflug fand 1973 in Leszno (Polen) mit 21 Wettkämpferin- nen aus zwölf Ländern statt. Alle Teil- nehmerinnen flogen den polnischen Ein- sitzertyp *Pirat*. 13 nationale Segelflug- rekorde der Frauenklasse konnten aufge- stellt werden. Es siegte PELAGIA MAJEWSKA (Polen). Der II. IFW der FAI wurde 1975 wiederum in Leszno ausgeflogen, und er- neut stellte der Veranstalter für alle Teil- nehmer einen einheitlichen Flugzeugtyp, die *Cobra 15*, zur Verfügung. Siegerin wurde ADELA DANKOWSKA (Polen). Der III. IFW fand 1977 in Oerlinghausen (BRD) statt. Es siegte wiederum P. MA- JEWSKA.

Aus diesem Wettkampf entwickelte sich auf der Grundlage eines ungarischen Vorschlages die Europameisterschaft der segelfliegenden Frauen. Die 1. Europa- meisterschaft der Frauen im Segelflug fand vom 22. Juli bis 5. August 1979 in Ungarn statt. Es nahmen 24 Segelfliege- rinnen aus elf Ländern teil. Siegerin und damit erste Europameisterin wurde MO- NIKA WARSTAT (DDR) auf *Jantar-Standard*.

Die 2. Europameisterschaft der Frauen wurde 1983 in Cherence (Frankreich) erstmalig in der Standardklasse und der Rennklasse ausgetragen. Da in der Stan- dardklasse nur drei Wertungen geflogen werden konnten (vier wären zur Vergabe des Meistertitels erforderlich gewesen), blieb M. WARSTAT amtierende Europa- meisterin. Siegerin in dieser Klasse wurde jedoch ANNE-MARIE PINON (Frankreich). In der Rennklasse kam es dagegen zu vier Wertungen, so daß die Siegerin MARIE- FRANÇOISE GAVARET (Frankreich) auch den Europameistertitel errang.

Bei der 3. Europameisterschaft der Frauen, die vom 21. Mai bis 5. Juni 1983

441   PELAGIA MAJEWSKA (1960).

442   MONIKA WARSTAT. Die erste Europameisterin der segelfliegenden Frauen (1979).

in St. Hubert in den belgischen Ardennen erneut in einer Standardklasse und einer Rennklasse zur Austragung kam, erflogen MARLIS BERTRAM und GISELA WEINREICH (beide BRD) die Europameistertitel in den beiden Klassen.

Tabelle 19: **Internationale Segelflugwettkämpfe der FAI und Europameisterschaften der Frauen 1973 bis 1985**

Nr.	Ort, Zeit, Teilnehmer	Disziplinen	Sieger	Flugzeug-typ	Bemerkungen
I.	Leszno (Polen) 17. Juni bis 8. Juli 1973; 21 Teilneh-merinnen aus zwölf Ländern	Strecken- und Geschwindig-keitsflüge; neun Disziplinen	1. P. MAJEWSKA (Polen) 2. S. MARTIN (Australien) 3. J. PALUSKOVA (ČSSR)	*Pirat* *Pirat* *Pirat*	Der polnische Aero-klub stellte allen Teil-nehmerinnen Flug-zeuge des Typs *Pirat* zur Verfügung. Es wurden insgesamt 41 380 Streckenkilo-meter geflogen und 13 neue Landesrekorde aufgestellt.
II.	Leszno (Polen) 15. bis 29. Juni 1975; 21 Teilneh-merinnen aus zwölf Ländern	Strecken- und Geschwindig-keitsflüge; fünf Disziplinen	1. A. DANKOWSKA (Polen) 2. P. MAJEWSKA (Polen) 3. M. POPIOLEK (Polen)	*Cobra 15* *Cobra 15* *Cobra 15*	Wiederum hatte der Veranstalter die Wett-kämpferinnen mit dem gleichen Flugzeugtyp ausgerüstet, der schnellen *Cobra 15*.
III.	Oerlinghausen (BRD) 9. bis 20. August 1977; 30 Teilneh-merinnen aus acht Ländern	Geschwindig-keitsflüge; drei Disziplinen	1. P. MAJEWSKA (Polen) 2. A. DANKOWSKA (Polen) 3. M. DEUTSCHMANN (BRD)	*Jantar-Standard* *Jantar-Standard* *Hornet*	Die Teilnehmerinnen flogen Standard-klassenflugzeuge unterschiedlichen Typs.
1. Europa-meister-schaft	Dunaújvaros (Ungarn) 22. Juli bis 5. August 1979; 24 Teilneh-merinnen aus elf Ländern	Geschwindig-keitsflüge; neun Disziplinen	1. M. WARSTAT (DDR) 2. E. LAAN (UdSSR) 3. J. PALUSKOVA (ČSSR)	*Jantar-Standard 2* *Jantar-Standard* *ASW–15B*	Zum Wettka... waren nur Segelflug-zeuge der Standard-klasse zugelassen. Flugzeuge der 15-m-Klasse wurden mit einem Handicap bewertet.
2. Europa-meister-schaft	Cherence (Frankreich) 19. Juli bis 2. August 1981; 24 Teilneh-merinnen aus acht Ländern	Geschwindig-keitsflüge; vier Disziplinen in der 15-m-Klasse; drei Disziplinen in der Stan-dardklasse	*15-m-Klasse* 1. M.-F. GAVARET (Frankreich) 2. D. CRUETTE (Frankreich) 3. T. TOIVONEN (Schweden) *Standardklasse* 1. A.-M. PINON (Frankreich) 2. E. DARÓCZY (Ungarn) 3. E. LAAN (UdSSR)	*ASW–20* *Mosquito* *ASW–20* *Cirrus* *Jantar-Standard* *Jantar-Standard*	Erstmalig wurde die Europameisterschaft in zwei Klassen ausge-tragen. Da in der Standardklasse nur drei Wertungen erfolg-ten, wurde kein Europameistertitel vergeben, sondern nur die Siegerin ermittelt.

Nr.	Ort, Zeit, Teilnehmer	Disziplinen	Sieger	Flugzeug-typ	Bemerkungen
3. Europa-meister-schaft	St. Hubert (Belgien) 21. Mai bis 5. Juni 1983; 24 Teilneh-merinnen aus zehn Ländern	Geschwindig-keitsflüge; sieben Disziplinen in der 15-m-Klasse; sechs Disziplinen in der Standard-klasse	*15-m-Klasse* 1. G. Weinreich (BRD) 2. G. Emde (BRD) 3. G. Litt (Belgien) *Standardklasse* 1. M. Bertram (BRD) 2. M. Bolla (Ungarn) 3. H. Lebok (BRD)	*LS 3a* *ASW–20* *Mini-Nimbus* *LS 4* *Jantar-Standard* *LS 4*	
4. Europa-meister schaft	Subotica (Jugoslawien) 29. Juni bis 14. Juli 1985; 31 Teilneh-rinnen aus neun Ländern	Geschwindig-keitsflüge auf Dreieck- und Vieleckstrecken; zehn Disziplinen in beiden Klassen	*15-m-Klasse* 1. G. Weinreich (BRD) 2. G. Litt (Belgien) 3. M. Kyzivatova (ČSSR) *Standardklasse* 1. Ch. Moroko (Frankreich) 2. M.-F. Gavaret (Frankreich) 3. M. Bolla (Ungarn)	*LS 6* *Ventus* *Ventus* *Pégase* *Pégase* *Jantar-Standard 2*	Erstmalig konnte bei einer Europameister-schaft der Frauen ein 500-km-Dreieck ge-flogen werden.

Landesmeisterschaften im Segelflug

Wettkämpfe sind eine interessante und intensive Form segelfliegerischen Trainings. Sie besaßen und besitzen weiterhin einen großen Einfluß auf die Entwicklung des Segelfluges. Daher werden in den Ländern, in denen der Segelflug viele Anhänger gefunden hat, Staatsmeister-schaften ausgetragen, die gleichzeitig der Vorbereitung und der Benennung der Pi-loten für die kommende SFWM dienen. Außerdem richten viele Länder Segelflug-wettkämpfe auf regionaler Ebene und Klubbasis aus, die der Ausscheidung für die Landesmeisterschaft dienen. In Län-dern mit einem entwickelten Leistungs-segelflug nehmen Hunderte von Segel-fliegern an einer derartigen Qualifikation teil!

In den meisten Staaten hat weiter-hin der ganzjährige Wettbewerb einen festen Platz gefunden. In diesem dezen-tral stattfindenden Wettbewerb, der vor dem zweiten Weltkrieg von schweize-rischen Segelfliegern initiiert worden ist, kann jeder Segelflieger eines Landes die von ihm im Laufe des Jahres voll-führten Streckenflüge zur Bewertung ein-reichen.

Eine begrenzte Anzahl der besten Flüge jedes Piloten – im allgemeinen sind es drei Flüge – werden am Saison-ende gewertet, und die erreichte Gesamt-punktzahl ergibt dann die Plazierung des Piloten und eine Rangliste aller am dezentralen Wettbewerb beteiligten Segelflieger. Die Zulassung zur Landesmeisterschaft kann häufig auch über vordere Plätze im ganzjährigen Wettbewerb erworben werden.

Etwa vom Jahre 1965 an verdeutlichte sich ein Problem, das von Jahr zu Jahr den Wettbewerbssegelflug in ständig zunehmendem Maße belastete: die Pulkfliegerei. In den ersten 20 Jahren des Wettkampfbetriebes flogen die Segelflieger vorwiegend im Alleinflug, gelegentlich auch in kleineren Gruppen, was in der Regel zufälliger Natur war, und die von Wettkampfleitungen angesetzten Kettenflüge stießen bei den Piloten auf wenig Gegenliebe. Die Erkenntnis der großen Vorteile eines bewußten Gruppenfluges kleinerer Gruppen erfahrener Segelflieger – ein schnelleres und sicheres Auffinden der Thermik, eine leichtere Optimierung des Flugweges und Erhöhung der Fluggeschwindigkeit, die Verringerung des Risikos einer Außenlandung – setzten sich bei den Segelfliegern in der zweiten Hälfte der fünfziger Jahre durch. Das führte dann etwa vom Jahre 1965 an in immer stärkerem Maße zum Pulkflug, bei dem sich teilweise fast alle Teilnehmer eines Wettbewerbs oder einer Klasse in einem Haufen wie ein «Lindwurm» durch den Luftraum «wälzen».

Dieser Zustand, bei dem häufig 20 Flugzeuge und mehr im gleichen Aufwind kreisen und jeder der Piloten versucht, ihn optimal auszufliegen, verringert die Flugsicherheit, gefährdet Mensch und Material und vereitelt vor allem die schöpferische Ausnutzung der vielfältigen Möglichkeiten einer gegebenen Wetterlage.

Da schon vor dem fliegenden Start einer den anderen bewacht, alle die Favoriten beobachten und keiner den Anfang mit der Abmeldung macht, weil er dann mit der ungünstigen früheren Abmeldezeit belastet wird, sind schon allzu oft die thermisch günstigsten Abflugzeiten verpaßt worden. Ganz extrem wird dieser Stil bei Trockenthermik angewendet, bei der Einzelflieger wie kleinere Gruppen noch größere Nachteile und Risiken auf sich nehmen als bei Thermikwetterlagen mit Wolkenbildung. In der Thermik hängen die steigfähigeren Flugzeuge bald in den oberen Etagen eines Aufwindes. Dort warten sie, bis die niedriger fliegenden Piloten wegen des Nachlassens des Aufwindes zum Abflug gezwungen werden oder die temperamentvolleren von sich aus das Geduldsspiel abbrechen, um einen neuen Bart anzufliegen. Diesen folgen sie dann, suchen sich die Maschine mit dem besten Steigen aus und befinden sich bald wieder im Gipfel des Aufwindes. Mit der zu diesem Flugstil erforderlichen inneren Einstellung kann dieses Verfahren bis zum Ende des Fluges fortgesetzt werden, um dann den Höhenvorteil im Endanflug auszunutzen. Besonders problematisch wird dieses einseitige Verfahren dann, wenn den Schrittmachern und Pfadfindern die Nerven durchgehen, sie sich zu taktischen Fehlern hinreißen lassen oder ganz einfach Pech haben. Anstelle einer wirklichen geistig-fliegerischen Leistung entscheidet die sture Anwendung einer im Prinzip einfachen, aber erfolgreichen Taktik über eine gute Plazierung, und das, was den Segelflugsport so anziehend macht, das ständig mögliche und wünschenswerte Schöpfertum, bleibt auf der Strecke. Eine Hauptursache dieses etwas drastisch dargestellten Flugstils besteht darin, daß der Sieger eines Wettbewerbs aufgrund einer Gesamtwertung aller geflogenen Disziplinen ermittelt wird und der Einzelflieger damit von vornherein nicht mehr zu beseitigende Nachteile auf sich nimmt.

Dabei wird die Praxis der Pulkfliegerei noch durch eine Reihe von Maßnahmen erleichtert, die ursprünglich geschaffen worden waren, um den sportlichen Charakter eines Segelflugwettbewerbs und die Gleichartigkeit der Bedingungen zu gewährleisten. Dazu gehören die Festlegung eines einzigen, räumlich begrenzten Startbandes, das vom Erdboden wie aus der Luft ausgezeichnet überwacht werden kann; die Festlegung der Abmeldehöhe mit maximal 1 000 m; die zeitlich festgelegte Startbanderöffnung usw. Sicherlich wird es schwierig, jedoch möglich sein – und im Interesse der Weiterentwicklung des Wettbewerbssegelfluges ist dies notwendig – durch Veränderung des Wettkampfreglements den dargelegten Wettbewerbsstil zurückzudrängen.

Möglichkeiten könnten darin bestehen, für jede Disziplin mehrere Startbänder in einigen Kilometern Entfernung voneinander auszulegen; auf verbindliche Tagesaufgaben zu verzichten und die Zielsetzung den Piloten im Rahmen eines vorgegebenen Flugraumes, Wendepunkten und eines Flugminimums selbst zu überlassen. Eine andere Möglichkeit könnte in der einfachen Festlegung bestehen, die Auskuppelzeit als Abflugzeit zu werten, wodurch der Pulkflieger sofort ins Hintertreffen gerät, wenn er auf leistungsstärkere Piloten warten will. Diese werden jedoch kaum benachteiligt, w n alle Flugzeuge in relativ kurzer Zeit e Luft kommen, der Wettkämpfer die lichkeit hat, aus der durch das Los ermittelten Startreihenfolge nach hinten auszuscheren und wenn jedem drei Starts pro Disziplin gestattet sind. Weiterhin könnte bei jedem Wettkämpfer die schlechteste Tageswertung aus der Gesamtwertung herausgenommen werden, um die Wirkung ungünstiger Umstände und Zufälle abzuschwächen.

Auch der Gedanke des Etappenzielfluges oder Wandersegelfluges fand eine Neubelebung. In den USA wird alljährlich das SMIRNOFF-Derby unter internationaler Beteiligung ausgetragen, bei dem in elf Etappen vom Whiteman-Airport in Los Angeles bis zum International Airport in Washington (etwa 4 350 km) gesegelt wird. Dieser Wettbewerb findet in der Regel im Mai statt und erstreckt sich über 14 Tage. In den siebziger Jahren wurde in Europa der Wandersegelflugwettbewerb Transeuropéenne ins Leben gerufen. Der neunte Wettbewerb (1986) führte mit 2 118 km von Colmar in Frankreich zur Wasserkuppe (BRD), von dort nach Grenoble (Frankreich), Huesca (Spanien) zum Zielort Angers in Frankreich.

Einen großen Aufschwung erlebte in den letzten Jahren der wettbewerbsmäßige Kunstflug mit Segelflugzeugen.

Der Segelflug erfüllt folglich die wichtigsten Anforderungen, die an eine Sportart gestellt werden müssen, in vollem Umfang: Erstens existiert ein reger Wettkampfbetrieb, zweitens kommt es zu einer laufenden Verbesserung der nationalen und internationalen Rekorde, drittens besitzt der Segelflug eine eigene Technik und Taktik, und viertens müssen sich die Segelflieger einem systematischen und umfassenden Training unterziehen.

Segelflugzeug-sonderkonstruktionen

In den dargestellten GFK- und KFK-Flugzeugen hatte die Segelflugtechnik nicht nur zu den bisher höchsten Leistungen, sondern auch zur optimalen Segelflugzeugkonzeption gefunden. Die Hoffnungen, die man einst auf das scheinbar aerodynamisch vollkommene Nurflügelflugzeug gesetzt hatte, erwiesen sich anbetracht der notwendigen hohen Flügelsteckungen als nicht mehr realisierbar; und auch das Entensystem und andere Anordnungen konnten der Normalkonzeption nicht mehr den ersten Rang streitig machen.

Dennoch entstand das Bedürfnis nach Sonderkonstruktionen durch das Interesse an einer während des Fluges veränderlichen Tragflächenbelastung aufs neue. Seit Jahrzehnten hatte man in konstruktiver Beziehung den Zusammenhang genutzt, daß eine höhere Trag-flächenbelastung eine gestrecktere Ge-schwindigkeitspolare ergibt und dieses Flugzeug schneller und damit auch weiter fliegen kann. Dieser Vorteil kann aller-dings nur bei stärkerer Thermik genutzt werden; bei schwächerer Thermik erwei-sen sich diese Segelflugzeuge den Flug-zeugen mit einer geringeren Tragflächen-belastung als unterlegen. Ideal ist daher ein Segelflugzeug, bei dem die Tragflä-chenbelastung während des Fluges verän-dert werden kann.

Die bislang angewendeten Lösungs-wege – Wölbungsklappen zur Erhöhung der Profilwölbung sowie die Mitnahme von Wasserballast – lösten das Problem nur auf unvollkommene Weise. Mit einer Wölbungsklappe wird die Profilwölbung verändert und der Auftrieb erhöht, so daß in der Thermik langsamer geflogen wer-den kann; auf die Tragflächenbelastung hat sie jedoch keinen Einfluß. Der Was-serballast besaß den Nachteil, daß er vor dem Start gefüllt werden mußte und, ein-mal abgelassen, während des Fluges nicht mehr erneuert werden konnte.

Wetterlagen, bei denen schwächere mit stärkerer Thermik wechselt, sind jedoch nicht untypisch, so daß der Gedanke einer veränderlichen Tragflügelgeometrie auf-kam: Durch entsprechende Vorrichtun-gen sollte die tragende Fläche des Flügels während des Fluges verkleinert und ver-größert werden können. Die Kunststoff-bauweise bot dafür hervorragende Mög-lichkeiten, und aus der Flugtechnik waren dafür zwei Lösungswege bekannt.

1. FOWLER-Prinzip
   Vergrößerung bzw. Verkleinerung der tragenden Fläche durch Veränderung der Flügeltiefe über das Aus- und Ein-fahren sogenannter FOWLER-Flügel, die außen oder in der Tragfläche ange-bracht sind.
2. Teleskopprinzip
   Veränderung der tragenden Fläche durch Vergrößerung bzw. Verkleine-rung der Spannweite mittels teleskop-

artiger Flügel. Praktisch sind bei dieser Lösung Flügel übereinander ge-schoben und über Gleitrollen beweg-lich gelagert, so daß durch Aus- bzw. Einfahren der äußeren Flügelschale die Spannweite und damit die tra-gende Fläche und die Flächenbela-stung verändert werden kann.

Das FOWLER-Prinzip wurde bei der *Sigma* (Großbritannien) angewendet. Dadurch konnte die Flügelfläche um 35 % vergrößert und damit die Tragflä-chenbelastung zwischen 43 und 58 kg/m^2 variiert werden.

Das Teleskopprinzip kam bei der *fs–29* (Akaflieg Stuttgart) zur Anwendung. Die Spannweite konnte zwischen 13,0 und 19,0 m und damit die Tragflächenbela-stung zwischen 36 und 53 kg/m^2 ver-ändert werden. Nachteilig bei der dar-gestellten Teleskoplösung wirkt der Umstand, daß mit der Verkleinerung der Spannweite eine spür- und meßbare Ver-schlechterung des Gleitverhältnisses im Geradeausflug zum nächsten Aufwind eintritt (von 44 auf 37!), so daß der posi-tive Effekt einer Erhöhung der Flächen-belastung teilweise wieder aufgehoben wird.

Beide Lösungen konnten sich bisher, auch aufgrund technischer Schwierigkei-ten, gegenüber der üblichen Segelflug-zeugkonzeption nicht durchsetzen, doch gelang es 1978, das erste im Wettkampf erfolgreiche Segelflugzeug mit veränderli-cher Tragflügelgeometrie, die *SB 11* der Akaflieg Braunschweig, zum Einsatz zu bringen. Man hatte wie bei der *Sigma* das FOWLER-Prinzip über die ganze Tragflä-che angewendet und konnte auf diese Weise den Tragflächeninhalt zwischen 10,6 und 13,2 m^2 bei einer maximalen Flugmasse von 470 kg und damit die Flä-chenbelastung zwischen 28 und 35 kg/m^2 verändern. Das Gleitverhältnis betrug 41, die Langsam- und Kreisflugeigenschaften mit ausgefahrenen Fowlern waren ausge-zeichnet, allerdings verschlechterte sich hierbei das Gleitverhältnis auf 34. Für den Kreisflug in der Thermik ist diese

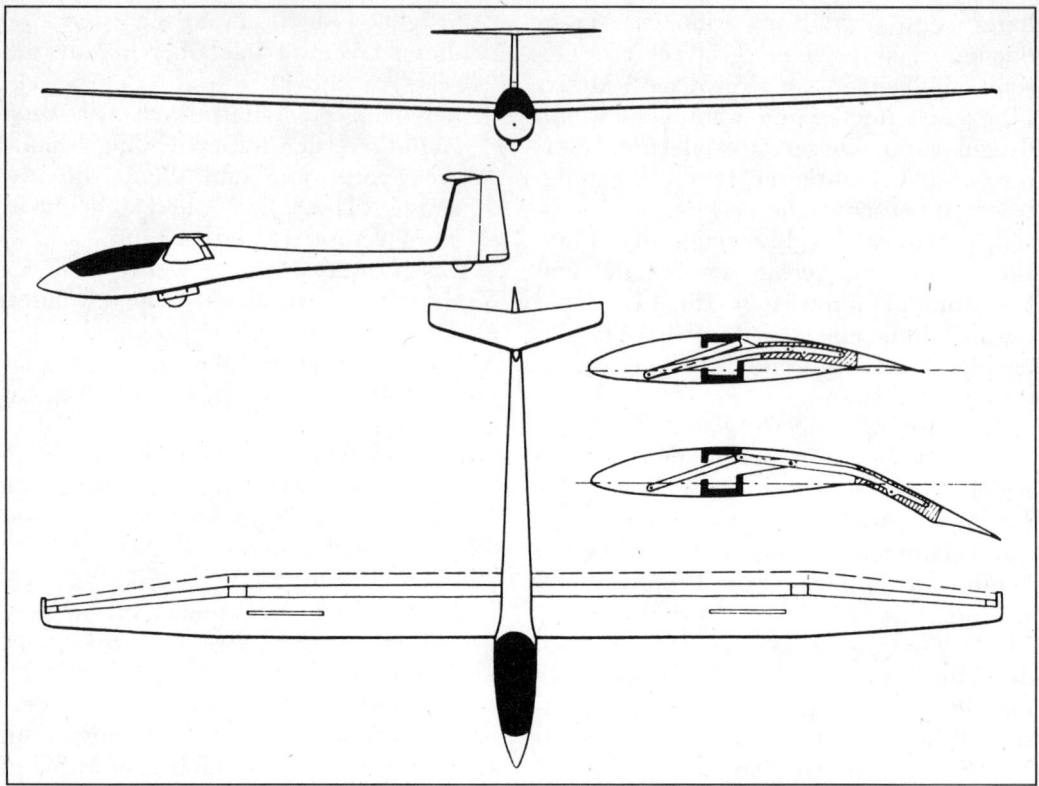

443 *SB 11* (1978).

Verschlechterung jedoch nur von geringer Bedeutung, während diese Problematik beim Teleskopflügel genau umgekehrt liegt. Mit dem Prototyp der *SB 11* konnte HELMUT REICHMANN (BRD) im Jahre 1978 seinen dritten Segelflugweltmeistertitel erringen.

Instrumentierung der Segelflugzeuge

Im letzten Jahrzehnt ist vor allem die durchgängige Ausrüstung der Segelflugzeuge mit Funkgeräten hinzugekommen. Sie bietet in der Ausbildung wie im Leistungsflug viele neue Möglichkeiten; z. B. ermöglicht sie die taktische und meteorologische Zusammenarbeit von Segelfliegern während des Fluges und die Unterstützung der Piloten vom Boden aus.

Eine bedeutende Entwicklung hatte es nach dem zweiten Weltkrieg bei dem für den Segelflieger wichtigsten Instrument, dem Variometer, gegeben. Bis 1945 existierten nur Bruttovariometer, die das tatsächliche Sinken oder Steigen eines Segelflugzeugs, auch das durch Ruderausschläge bewirkte, anzeigen. Es gab sie in der technischen Ausführung der Dosen- und Stauscheibenvariometer, wobei die letzteren reaktionsschneller und damit für den Segelflug geeigneter waren. Es kamen Feinvariometer mit einer Anzeigeskalierung von ± 5 m/s und Grobvariometer mit ± 20 m/s und mehr zum Einsatz. Diese Variometer waren eine wichtige Voraussetzung für den Aufschwung des thermischen Segelfluges in den Jahren vor 1939.

Einen wesentlichen Fortschritt brachte das nach dem Kriege in Großbritannien von F. G. IRVING entwickelte Prinzip des Totalenergievariometers, des sogenannten TEVAR. Mit Hilfe einer kompensierten Düse wird von den vorher genannten Variometertypen nur noch die Veränderung der Gesamtenergie des Segelflugzeugs, bestehend aus Energie der Lage und Energie der Bewegung, angezeigt. So wird das Sinken des Flugzeugs bei gleichbleibender Fahrt richtig angegeben, da sich die Gesamtenergie des Segelflugzeugs pro Sekunde um diesen Betrag verringert.

Verstärktes Sinken als Folge einer positiven Beschleunigung (Drücken) und Steigen im Ergebnis einer negativen Beschleunigung (Ziehen) werden dagegen von einem TEVAR nicht angezeigt. Es reagiert daher nicht auf die berühmte «Knüppelthermik» der Piloten, und eine Steiganzeige bedeutet, daß man sich tatsächlich in einer aufsteigenden Luftmasse befindet, die die Gesamtenergie verändert. Das Fliegen nach Sollfahrt (Delphinstil) ließ sich exakt erst mit Totalenergievariometern verwirklichen. Der verstellbare Sollfahrt- oder McCREADY-Ring wird in der Regel als Außenskala am TEVAR angebracht.

Aus dem Bruttovariometer konnte über entsprechende Kompensationsdüsen das Nettovariometer werden. Während beim TEVAR noch das Eigensinken des Flugzeugs angezeigt wird, erscheint auf dem Nettovariometer nur noch das tatsächliche meteorologische Sinken oder Steigen der Luftmasse, in der sich das Segelflugzeug befindet. Die Bedeutung dieses Variometers ist jedoch geringer, da sich das meteorologische Steigen oder Sinken der Luftmasse nach der Formel Flugzeugsteigen oder Flugzeugsinken ± Eigensinken des Flugzeugs (bei der gegebenen Fluggeschwindigkeit) leicht ermitteln läßt.

Das Sollfahrtfliegen nach dem McCREADY-Ring besaß jedoch noch den Nachteil, daß der Pilot ständig seinen Blick zwischen dem Variometer und dem Fahrtmesser schweifen lassen mußte, um die Geschwindigkeit einzunehmen, die am Sollfahrtring angezeigt wurde. Dieser Mangel wurde durch das Sollfahrtvariometer – entwickelt vom Physiker E. BRÜCKNER – beseitigt. Hier reagiert die Variometernadel nicht mehr auf das Sinken und Steigen, sondern auf die Fluggeschwindigkeit. Angenommen, man erwartet im nächsten Aufwind ein Steigen von 3 m/s und stellt diesen Wert als Vorgabe ein, dann sind folgende Anzeigen des Sollfahrtvariometers möglich: Nimmt der Pilot die für dieses erwartete Steigen – in Abhängigkeit vom jeweiligen meteorologischen Sinken oder Steigen – optimale Fluggeschwindigkeit ein, so zeigt die Variometernadel diese +3 m/s an. Fliegt er zu langsam, so sinkt die Nadel unter diesen Wert, und fliegt er zu schnell, so klettert die Variometernadel über den erwarteten Steigwert. Gerät er in einen Aufwind, so muß er ziehen, um die Nadel auf +3 m/s zu halten, und steigt die Anzeige trotz der Geschwindigkeit des geringsten Sinkens über diesen Wert, so muß oder kann der Segelflieger kreisen, da dieser Aufwind noch stärker als die erwarteten 3 m/s sind. Der Pilot braucht folglich nicht mehr ständig die Aufmerksamkeit zwischen Variometer und Fahrtmesser zu teilen, sondern reguliert seine Fluggeschwindigkeit durch entsprechende Höhenruderausschläge über das Variometer. Für die Gestaltung des optimalen Kreisfluges benötigt man dann selbstverständlich ein normales TEVAR und auch einen Geschwindigkeitsmesser.

Es ist verständlich, daß in einer Zeit, in der Elektrizität und Elektronik in der Technik eine ständig größer werdende Rolle spielen, auch elektrische Variometer gebaut werden, die nach dem Prinzip der elektrischen Widerstandsmessung so gut wie verzögerungsfrei arbeiten und deshalb für den Leistungssegelflug besonders geeignet sind.

Der Beobachtung des Variometers gilt während eines Segelfluges ein beträchtlicher Teil der optischen Aufmerksamkeit des Piloten. Um ihn davon weitgehend zu entlasten, hat man seit vielen Jahren die Variometer mit Tongeneratoren, den sogenannten Audios gekoppelt. In Abhängigkeit von der Stärke des Sinkens oder Steigens wird stufenlos ein Ton unterschiedlicher Tonhöhe erzeugt, so daß der Flugzeugführer bereits akustisch die Aufwindsituation erkennt und nur noch gelegentliche Kontrollblicke auf das Variometer wirft.

Auch die Sollfahrtvariometer sind mit solchen Tongebern ausgerüstet. Derartige Geräte tragen dann die Bezeichnung Sollfahrtgeber und arbeiten nach folgendem Prinzip: Ein Dauerton nimmt jeweils die Tonhöhe, der eingestellten Vorgabe ein, und mit einem «zerhackten» Ton wird die tatsächliche Fluggeschwindigkeit mit einer entsprechenden, veränderlichen Tonhöhe angezeigt. Befindet sich die Tonhöhe beider Signale in Übereinstimmung, so fliegt das Segelflugzeug mit Sollfahrt.

Erklärlicherweise hat auch die Mikroelektronik in Form von Bordcomputern in das Segelflugzeug ihren Einzug gefunden. Sie dienen einerseits der Ausführung flugtaktischer Berechnungen, die sonst mit Zielanflugrechnern und Rechenschiebern vorgenommen werden mußten; andererseits sind sie z. B. die Basis für eine automatische Wölbungsklappenverstellung, bei der die Wölbungsklappen selbständig die für die gegebene Fluggeschwindigkeit günstigste Einstellung vornehmen. Mit einem gewissen Schrecken verfolgen passionierte Leistungssegelflieger eine weitergehende, technisch ohne Schwierigkeiten ausführbare Automatisierung des Segelfluges durch eine automatische Sollfahrtsteuerung, Kurssteuerung usw. Auch Thermiksichtgeräte sind in der Diskussion.

Zur Standardinstrumentierung eines Leistungssegelflugzeugs gehören neben dem Funkgerät, mehreren Variometern, dem Geschwindigkeitsmesser noch der Höhenmesser, der Kompaß, der Wendezeiger und die Borduhr.

Doppelsitzerschulung

Mit der Verbreitung leistungsfähiger Schul- und Übungsdoppelsitzer, wie etwa der *KIM-2* und dem *Kranich* von JACOBS, war hier der Anfang gemacht worden. Bei dem zunächst anhaltenden Angebot preisgünstiger Kraftstoffe nach dem zweiten Weltkrieg war es verständlich, daß sich in den meisten Ländern auch in der Anfängerausbildung der Doppelsitzer voll durchsetzte und die Einsitzerschulung in Vergessenheit geriet. Die Doppelsitzerschulung besitzt tatsächlich eine Vielzahl von Vorzügen, womit jedoch nicht gesagt ist – es wurde an anderer Stelle dargelegt – daß die Einsitzerschulmethode nur Nachteile besaß. Wichtigste Voraussetzung für die Ausbildung auf Doppelsitzern ist jedoch die Verfügbarkeit über Kraftstoffe, Schleppflugzeuge, Startwinden und Rückholfahrzeuge, während die ursprüngliche Einsitzerschulung von dieser Abhängigkeit weitgehend frei war und dennoch zum Leistungssegelflug führte.

Die Renaissance des Gleit- und Segelfluges mit einfachen Fluggeräten

Parallel zu den enormen technisch-wissenschaftlichen Fortschritten im Leistungssegelflug vollzog sich in den sechziger Jahren eine Renaissance des Gleitfluges unter der Losung «langsam und niedrig» (slow and low). Diese Entwicklung hatte einerseits eine Ursache in den eigenständigen Werten des Gleitfluges, denn bereits der Gleitflug in geringen Höhen vermittelt starke fliegerische Eindrücke und Erlebnisse. Andererseits lagen Ursachen in der Tatsache, daß mit den Fortschritten des Segelfluges auch seine Ausübung in vielfältiger Weise aufwendiger und abhängiger wurde. Der Gleitflug kann dagegen mit geringem materiellen Aufwand als Sport betrieben werden, wie es MOUILLARD und LILIENTHAL einst vorschwebte, so daß für eine Wiedergeburt des Gleitfluges im Sinne LILIENTHALS ganz natürliche und gesetzmäßige Triebkräfte existierten. Alles, was man zum Gleitfliegen benötigt, sind ein einfaches Fluggerät, das man im Eigenbau herstellen kann und ein geeigneter Hang. Da man im Gleitflug in geringen Höhen über Grund, im sogenannten unkontrollierten Luftraum fliegt, war auch das Problem der Flugfreigabe und Flugsicherung mit nur geringen Komplikationen zu lösen.

Einen starken Aufschwung erlebten diese Tendenzen durch die Schaffung einer besonders einfachen, leichten und im Fluge ultrastabilen Gleiterkonzeption, des ROGALLO-Drachens. FRANCIS M. ROGALLO hatte in den fünfziger Jahren für die amerikanische Weltraumbehörde NASA Grundlagenforschungen für einen Raumgleiter betrieben, der die zerstörungsfreie Rückkehr von schweren Raketenstufen zur Erde ermöglichen sollte und war dabei von den bekannten Vorzügen des Deltaflügels ausgegangen. ROGALLO erhöhte die gute Flugstabilität deltaförmiger Tragflächen um alle drei Achsen wesentlich, indem er dem dreieckigen Flügel in Richtung der Längsachse eine doppelte Wölbung gab. Die Flugstabilität dieser leitwerklosen Nurflügelkonzeption ist erheblich, so daß diese Drachen eigenstabil wie ein Flugmodell fliegen und dennoch durch Veränderung der Körperlage des Piloten gesteuert werden können. Das Fliegen mit diesem Typ kann daher einsitzig in kürzester Zeit fast risikolos von Interessenten erlernt werden, die bisher des Fliegens unkundig waren.

Ein Hauptvorteil des Drachens ist seine «Gutmütigkeit». Z. B. läßt er sich durch den gefürchteten Langsamflug kaum in gefährliche Flugzustände bringen, sondern holt selbständig an Fahrt auf, bevor der Sturzflug oder das Trudeln eintreten. Hinzu kommen ein in struktureller Beziehung absolut einfacher Aufbau – es werden nur wenige Leichtmetallrohre, Beschläge, Spanndrähte und die Bespannung benötigt –, eine vollständige Zerlegbarkeit und damit hervorragende Transportfähigkeit sowie eine minimale Rüstmasse von ungefähr 20,0 kg.

Insgesamt erinnert diese Technik an die manntragenden Segeldrachen von REINHOLD PLATZ Anfang der zwanziger Jahre. Die neue Gleitflugzeugkonzeption des ROGALLO-Drachens verbreitete sich aufgrund ihrer Vorzüge in hohem Tempo von den USA aus über die ganze fliegerische Welt, und die Schar ihrer Anhänger war bald so stark angewachsen, daß im Jahre 1976 in Kössen in Tirol die erste Weltmeisterschaft in dieser Sportart, die auch zuschauerwirksam ist, stattfinden konnte. Der erste Weltmeister dieses Sports wurde CHRISTIAN STEINBACH (Österreich).

Die Drachen sind in guten Hangaufwinden segelfähig; die Flugdauer hängt dann nur vom Anhalten des Windes, der Ausdauer und dem Geschick des Piloten ab. Auch in stärkeren thermischen Aufwinden können die Drachen im Kreisflug Höhe gewinnen, wobei die engen Kreisflugradien diesen Absichten entgegenkommen; jedoch wurde der thermische Segelflug mit Drachengleitern der Anfangsjahre erschwert durch die relativ hohe Sinkgeschwindigkeit von etwa 1,5 m/s und das schwache Gleitverhältnis von etwa 6. Die ursprüngliche Konzeption des doppelt gewölbten ROGALLO-Drachens wurde bald vollständig verlassen, wodurch höhere Flügelstreckungen, bessere Profilierung und höhere Gleitverhältnisse erreichbar waren.

Die Drachen wurden auch erfolgreich mit Kleinmotoren und Luftschrauben ausgerüstet. Diese Motordrachen waren der Ausgangspunkt einer neuen Richtung des Motorfluges, der UL- oder Ultra-Leicht-Fliegerei.

Insgesamt entwickelte sich der Drachenflug zu einem Sport mit zunehmender Breite, der etwa mit dem Windsurfing verglichen werden kann, nur das die Bewegung im dreidimensionalen Raum stattfindet und dadurch noch eindrucksvoller sein kann.

ANDREJ KARETKIN, der UdSSR-Meister im Drachenflugmehrkampf, schilderte Erlebnisse beim Drachenfliegen wie folgt: «Um besser Anlauf nehmen zu können, bückte ich mich ein wenig und lief dann ein paar schnelle Schritte auf den Abgrund zu. Schon verspürte ich den 25 kg schweren Apparat nicht mehr und stieß mich heftig mit den Beinen ab. Im nächsten Augenblick hatte mich der Luftstrom erfaßt. Das Gurtzeug lag fest an meinem Körper an, ausgezeichnet gehorchte meinen Händen das elastische Steuertrapez.

Wie oft ich auch schon geflogen bin, jedesmal wundere ich mich aufs neue darüber, wie natürlich sich ein Flugdrachen steuern läßt. Um die Geschwindigkeit zu erhöhen, ziehe ich das Steuertrapez auf mich zu und verlagere mein Gewicht nach vorn. Will ich langsamer fliegen, so stoße ich das Trapez gleichsam von mir weg. Um Kurven zu fliegen, brauche ich mich nur in die jeweilige Richtung zu legen.

Gleich nach dem Start bemerkte ich einen hoch über der Ebene schwebenden Adler und lenkte meinen Flugapparat in seine Richtung; die Adler haben nämlich ein feines Gespür für Aufwinde. Die technische Ausrüstung des Drachenfliegers ist in der Regel auf eine Armbanduhr beschränkt, und daher müssen wir Flughöhe und -geschwindigkeit sowie Windstärke und -richtung schätzen. Und auf alle Veränderungen des Luftstromes reagieren wir wie die Vögel mit jedem Nerv, mit jedem Muskel.

Auch diesmal war auf den Instinkt des Adlers Verlaß gewesen ... Allmählich erreichte ich eine Höhe von 150 bis 170 Metern. Unter mir zog langsam ein mit Geröll bedeckter Berghang vorüber. Als ich mich einem langen Vorsprung, der wie eine flache Zunge in die Ebene hineinragte, näherte, geriet mein Flugapparat

tüchtig ins Schaukeln und wurde rasch nach oben gehoben. Ich war in eine breite Aufwindzone geraten ... Neben mir schwammen Haufenwolken dahin. Aus der Nähe wirken sie nicht so schön wie von der Erde aus – eine graue lockere Masse umgab immer wieder den Flügel, und trübe Wolkenfetzen verdeckten mir die Sicht auf die Erde. Zwischen zwei solchen Wolkenfetzen tauchten mit einemmal in meiner unmittelbaren Nähe zwei Adler auf.

Ich hatte davon gehört, daß sie sehr aggressiv seien ... Bemüht, den Adlern auszuweichen, ließ ich mich sinken ... Der Zielkreis kam immer näher ... In Spiralen setzte ich in geringer Höhe dicht über dem Boden zur Landung an. Noch eine Wende, und ich erstarrte direkt überm Zielkreis. Ich ging noch die letzten Meter herunter und setzte sanft mit den Füßen auf dem Boden auf ...!» [118, S. 42 ff]

Der erste Drachenflug in der Sowjetunion fand im Jahre 1972 statt. Inzwischen existieren im Lande 600 Drachenfliegerklubs und Sektionen mit insgesamt über 10 000 Mitgliedern.

Ein Markstein der Entwicklung und des Fortschritts des Drachenflugsports war die Weltmeisterschaft des Jahres 1983. Sie wurde vom 5. bis 19. Juni auf dem Tegelberg im Allgäu (BRD), hoch über den romantischen Schlössern Hohenschwangau und Schwanstein ausgetragen und bewies, daß der Drachenflug keineswegs nur ein Hangabwärtsgleiten ist. 147 Piloten aus 29 Ländern hatten sich auf dem 1720 m hohen Tegelberg eingefunden, dessen «Startrampe» 900 m höher als der Landeplatz an der Talstation der Bergbahn liegt.

Nachdem im Jahre 1975 der erste Drachen vom Tegelberg gestartet war, hatten bis zur Weltmeisterschaft von 1983 etwa 2 500 Piloten 80 000 Flüge vom Gipfel ausgeführt. Während dieser Meisterschaft standen erstmals Streckenflüge auf dem Wettkampfprogramm.

444   Start von der Startrampe am Tegelberg.

In der Vorbereitungswoche gelang HELMUTH BARTH (BRD) am 4. Juni 1983 die erste Überquerung des Alpenhauptkamms mit einem Drachen! In etwa fünf Flugstunden segelte er vom Tegelberg am Nordrande der Alpen über den Hauptkamm bis nach Bozen 140 km weit. Wenige Tage zuvor hatte MARKUS VON FREYBERG (BRD), 21 Jahre alt, den Streckenweltrekord im Drachenflug auf 196,0 km gesteigert, indem er von der Zillertaler Höhenstraße entlang des Zentralkamms der Alpen bis nach Singsdorf geflogen war. In dieser Woche konnten Dreiecke mit 70 und 90 km Umfang von den Drachenfliegern umrundet werden.

Insgesamt wurden während des Wettbewerbs zehn gewertete Disziplinen geflogen, darunter Mini-Cross-Aufgaben (Zielrückflüge über 22,0 km Entfernung), Cross-Country-Flüge (Zielrückflüge über 30,0 km), ein Zielrückflug über 60,0 km nach Wertach und ein Zielrückflug zum Grünten über 80,0 km Entfernung. Die letztere Aufgabe erfüllten 33 Teilnehmer. Sieger dieser Disziplin wurde RICH PFEIFFER (USA), der mit seinem schnellen, aber wenig wendigen und unhandlichen Streak-Drachen unter Wolkenstraßen fast im Delphinstil segelnd nur 01:22:06 h für diese Aufgabe benötigte. Nur einmal kam bei ungünstigem Flugwetter ein Zeitfliegen mit Ziellandung, sozusagen als Erinnerung an die Anfänge des Drachenfliegens, zur Austragung.

Mit Beginn der zweiten Flugwoche fand das Finale statt, bei dem die Teilnehmerzahl auf die besten 48 Piloten des Halbfinals begrenzt wurde. Den Weltmeistertitel errang STEVE MOYES (Australien) mit 14074 Punkten vor STEW SMITH (USA) mit 13315 Punkten und GRAHAM HOBSON (Großbritannien) mit 13136 Punkten. Man startete in Gruppen von je acht Piloten, die als Gruppe innerhalb einer halben Minute die Startplattform verlassen haben mußten. Das Mitführen von Fallschirmen war Pflicht und

Sandballast, portionsweise ablaßbar, konnte bis zu einer Masse von 20 kg mitgeführt werden. Die Flieger vollführten 1 800 Starts und legten 20 000 Streckenkilometer zurück, die früher nicht einmal in Wettkämpfen mit normalen Segelflugzeugen die Regel waren.

Die hohen Flugleistungen waren neben der angewachsenen Flugerfahrung der Wettkämpfer, der Übernahme der umfangreichen meteorologischen Erfahrungen des Segelfluges, dem geeigneten günstigen Gelände und Wetter auch auf die Fortschritte im Drachenbau zurückzuführen, ohne daß die Grundkonzeption der bisherigen Drachen verlassen worden war. Der Verzicht auf die stabilisierende doppelte Wölbung der Tragfläche der ursprünglichen ROGALLO-Drachen hatte sich bei den Leistungsdrachen schon vor Jahren voll durchgesetzt. Wenige Jahre vor dieser Weltmeisterschaft war man darüber hinaus zum Doppelsegel übergegangen. Darunter versteht man die beidseitige Bespannung der Tragfläche – wie sie schon LILIENTHAL vorgeschlagen hatte – bis zu einer Flügeltiefe von 70 %. Die zusätzlich sehr straffe Spannung dieser Doppelsegel und eine größere Anzahl von eingeschobenen «Segellatten» (Profilen) in Verbindung mit einer Schaumstoffstützung erhöhten die Aerodynamische Qualität des Drachenflügels beträchtlich und hatten Gleitverhältnisse von 10 bis 15, neuerdings bis 20 und eine Sinkgeschwindigkeit von 1,0 m/s und darunter zur Folge.

Die festeren Tragflächen erlauben auch eine höhere Flächenbelastung sowie Fluggeschwindigkeit und damit ein besseres Gleiten im oberen Geschwindigkeitsbereich, der derzeit bis etwa 80 km/h geht. Die höheren Leistungen verschlechterten jedoch die Steuerbarkeit durch Körperverlagerung, doch erfand man eine Neuerung, die French Connection (Französische Verbindung), die über eine Parallelogrammverschiebung der Pilotenaufhängung einen längeren Hebelarm bei der Verlagerung des Körpers ermöglicht. Drachen mit aerodynamischer Steuerung durch Ruder erwiesen sich in der Vergangenheit leistungsmäßig noch unterlegen.

Die gegenwärtig anhaltenden Versuche, den Drachenschlepp analog der Entwicklung im Segelflug einzuführen, lassen die Hoffnung keimen, daß der Drachen sich auch die Ebene erobert. Speziell die letzten Weltmeisterschaften zeigten, daß Drachen auch in schwächeren thermischen Aufwinden zu segeln vermögen, wobei dann jedoch die Probleme der Flugsicherheit in Räumen mit größerer Luftfahrzeugdichte noch größer werden würden, als es schon beim Segelflug der Fall ist.

Wenn auch der Drachenflug mit deltaförmigen Gleitern auf einer anderen Flugzeugkonzeption beruht, so sind die Drachenflieger dennoch ganz unmittelbare Nachfahren und Jünger OTTO LILIENTHALS, da sie dessen Methode zu Fliegen und auch seine Vorstellungen über einen breiten, mit geringem materiellen Aufwand zu betreibenden Flugsport vollständig übernommen haben.

Eine andere Richtung der neuen Gleitflugbewegung, die von den Doppeldeckerhängegleitern OCTAVE CHANUTES ausgegangen war, konnte sich bisher nicht richtig durchsetzen, obwohl auch diese Konzeption ihre Vorzüge besitzt und sie mit modernen Mitteln und Erfahrungen noch ausbaufähig wäre. Eine Weiterentwicklung dieser Technik würde jedoch wieder in die Nähe des herkömmlichen Segelflugzeugs führen und damit erneut die höheren Kosten und die anderen bekannten Probleme mit sich bringen.

Andererseits wird diese Entwicklungsrichtung einfacher Gleitflugzeuge auch in der Segelflugtechnik über kurz oder lang die Tendenz einer «Entfeinerung» der Flugzeugzellen der Schul- und Übungsflugzeuge verstärken. Unter Beibehalt guter Flugleistungen, guter Stabilitäts- und Steuereigenschaften ließen sich sol-

445 Zwei Entwicklungs-
tendenzen des modernen
Segelfluges begegnen sich in
3000 m Höhe.

che Segelflugzeuge einfacher und damit wesentlich billiger herstellen als es heute der Fall ist. Dadurch würde der ganze Segelflugbetrieb ökonomischer und die fliegerischen Bedürfnisse der Mehrzahl der Segelflieger, die nicht nach Rekorden trachten, könnten noch besser erfüllt werden.

Motorsegler

Als zu Beginn der Segelflugzeugentwicklung der Gedanke aufkam, Segelflugzeuge zu motorisieren, bestand die Gefahr, daß diese Schöpfungen Zwitter werden: kein richtiges Segelflugzeug, aber auch kein brauchbares Motorflugzeug.

Dennoch ließen sich die Anhänger dieser Vorstellungen nicht entmutigen. Dutzende von Motorseglern wurden im Laufe von Jahrzehnten gebaut und geflogen, und mit der Entwicklung der Kunststoffbauweise gelang auch auf diesem Gebiet der große Sprung nach vorn. Die Mehrzahl der vielen modernen Motorsegler sind auf der einen Seite, trotz geringerer Triebwerkleistungen, vollwertige Motorflugzeuge mit Reichweiten bis zu 2000 km und Reisefluggeschwindigkeiten bis 200 km/h. Andererseits sind sie mit abgestellten Triebwerken wirkliche Segelflugzeuge mit Gleitverhältnissen von 30 und mehr, so daß mit ihnen der Traum von WOLF HIRTH und anderen Vorkämpfern des Motorseglergedankens, das «Luftwandern» verwirklicht werden kann. Man startet mit Motorhilfe, schaltet die Triebwerke ab, sobald Aufwinde erreicht worden sind, segelt so lange wie es geht, schaltet das Triebwerk nach Bedarf wieder ein und erzielt auf diese Weise große Strecken und Flugzeiten mit relativ geringem Aufwand.

446 Motorsegler *Mose Hi 20* von WOLF HIRTH (1939).

Besondere Bedeutung besitzt der Motorsegler für die Ausbildung von Flugschülern und das Training von Leistungssegelfliegern. Letztere können mit Motorseglern fast risikolos ihre meteorologischen und flugtaktischen Erfahrungen erweitern, ihren Flugstil formen und auch in Flughöhen unterhalb 400 m noch experimentieren. Systematisch kann die Thermikentwicklung in einem gegebenen Flugraum bis in geringe Flughöhen hinab erkundet werden, und sollte sich eine Prognose als falsch erweisen, so braucht der Pilot nicht außenzulanden, sondern stellt das Triebwerk wieder an, fliegt zum nächsten Aufwind und trainiert weiter. Leistungsfähige Motorsegler besitzen eine spezielle Eignung für die Erkundung noch nicht erschlossener Leewellengebiete. Auch im Hochgebirge hat sich der Motorsegler voll bewährt.

In den letzten Jahren hat man Hochleistungssegelflugzeuge erfolgreich zu Motorseglern mit vollkommen ein- und ausfahrbaren Triebwerken und Luftschrauben umgestaltet, ohne den geringsten Verlust an Segelflugleistung zu verzeichnen.

Auf technischem Gebiet wird noch nach der günstigsten Antriebsart (Motor mit Zug-, Druck- oder Mantelschraube oder Turbine mit Strahlantrieb) und der zweckmäßigsten Unterbringung des Triebwerks mit der dafür günstigsten Flugzeugkonzeption für die einzelnen Anwendungszwecke des Motorseglers gesucht. Aerodynamisch optimal für den Segelflug sind selbstverständlich alle Varianten, bei denen die Antriebe im Ruhezustand vollkommen im schlanken Rumpf des Segelflugzeugs verschwinden, was allerdings einen größeren technischen Aufwand und höhere Kosten verursacht.

Die FAI schuf für die Motorsegler eine eigene Weltrekordliste, die in ihren Disziplinen identisch mit der für Segelflugzeuge ist. Zusätzliche Forderungen sind jedoch der Eigenstart, ein Triebwerkschreiber, der die Laufzeit des Motors registriert und das Abschalten des Triebwerks vor dem Überfliegen des Startbandes und während des gesamten Fluges auf der Rekordstrecke. Für den Flug selbst gelten die gleichen Bestimmungen wie für Segelflugzeuge.

Muskelkraftsegelflugzeuge

Der Muskelkraftflug steht dem Segelflug vom Wesen der Sache her noch näher als der Motorsegelflug, doch die Diskrepanz zwischen der physiologisch begrenzten Leistungsfähigkeit des Menschen und dem höher liegenden Leistungsbedarf des Kraftfluges ließ die Verwirklichung dieses Zieles lange Zeit so gut wie aussichtslos erscheinen. Dennoch arbeiteten in der

Zeit der Herausbildung und Entwicklung des Segelfluges zahlreiche Experimentatoren auf diesem Gebiet weiter.

Zu den ernst zu nehmenden Arbeiten gehörte vor allem das Projekt der Ingenieure HAESSLER und VILLINGER (Dessau) aus dem Jahre 1935. Unter dem Einfluß der Leistungssegelflugzeugtechnik hatten sie ein aerodynamisch hochwertiges Flugzeug, die *H.V.1* mit 13,5 m Spannweite und nur 50 kg Leermasse, wovon 15 kg auf den «Energiespeicher» in Form einer Startseilwinde entfielen, konstruiert und gebaut. Der Start wurde noch durch ein am Boden befindliches Gummiseil bewirkt, das vom Piloten mit Hilfe der Startseilwinde selbst gespannt und nach dem Start in das Flugzeug eingezogen werden konnte; ein Erdanker verhinderte die vorzeitige Auslösung. Mit Hilfe des Gummiseiles konnten Flugweiten bis zu 20 m erzielt werden. Nach dem Start mußte dann vom Piloten per Pedalantrieb die etwa 1 m große Luftschraube in Bewegung gesetzt werden, die bei Vollast auf etwa 500 bis 600 U/min kam.

Zwischen dem 29. und 31. August 1935 konnte der Pilot DÜNNEBEIL vor bestätigten Sportzeugen sieben Flüge zwischen 120 und 235 m Weite vollführen. Für den weitesten Flug benötigte er 24 Sekunden und flog in 1 m Höhe. Ein anderer Flug führte über 220 m in 21 Sekunden in 4 bis 5 m Flughöhe. Am 25. Juni 1936 gelang es dem Piloten HOFMANN, nachdem Verbesserungen am Flugzeug vorgenommen worden waren, 380 m Flugstrecke über ebenem Gelände mit etwa 36 km/h zurückzulegen, dann konnten 427 m erreicht werden. Am 4. Juli 1937 wurden in Meiningen sogar 712 m Flugstrecke im Muskelkraftflug zurückgelegt. Nach etwa 120 Flügen wurde das Flugzeug im Februar 1938 dem Luftfahrtmuseum in Berlin (Lehrter Bahnhof) übergeben. Leider konnten diese vielversprechenden Versuche nicht mit grundlegenden Untersuchungen und verbesserten Ausführungen fortgesetzt werden. Wenn auch noch kein länger anhaltender Horizontal- oder Steigflug zu erwarten war, so hätte dennoch eine Fortsetzung dieser wissenschaftlich begründeten Versuche zu noch größeren Flugweiten und neuen Erkenntnissen über den Muskelkraftflug führen können.

Unmittelbare Bedeutung für den Segelflug besaß bereits das praktizierte Eigenstartverfahren.

HAESSLER und VILLINGER gaben über ihre Versuche des Jahres 1935 folgende Einschätzung: «Die ersten in Frankfurt a. M. vorgeführten Flüge mit eigener Muskelkraft bedeuten einen wesentlichen

447 *H.V.1.* im
Muskelkraftflug (1935).

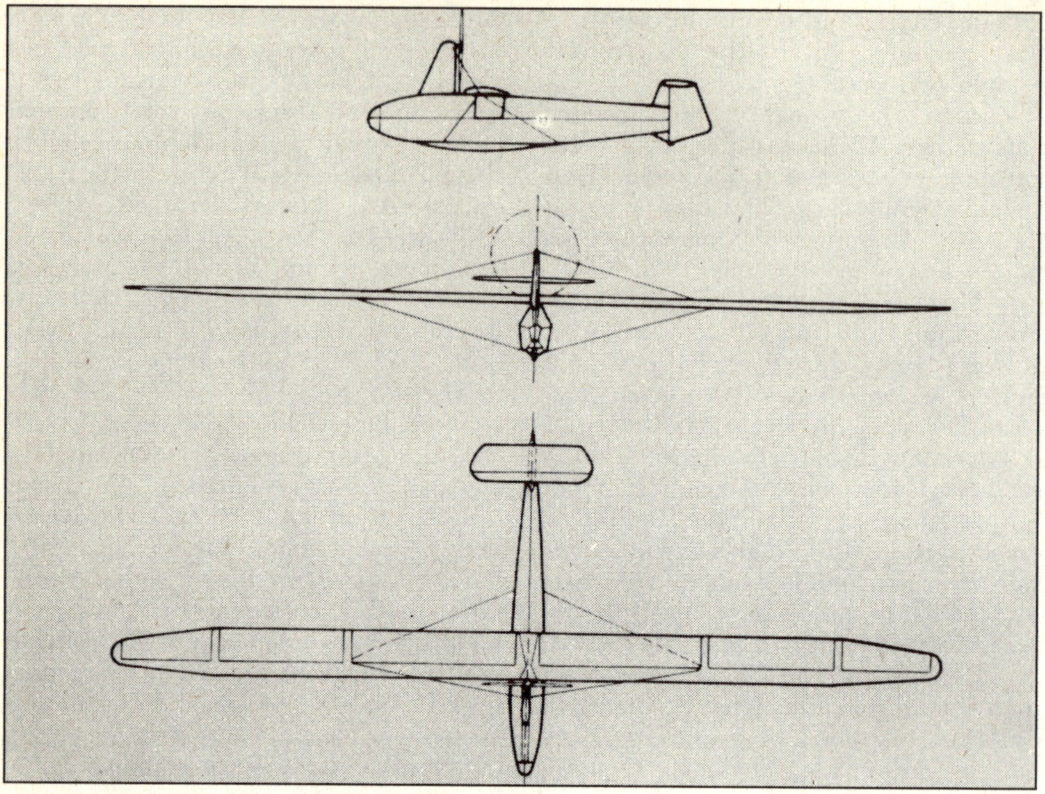

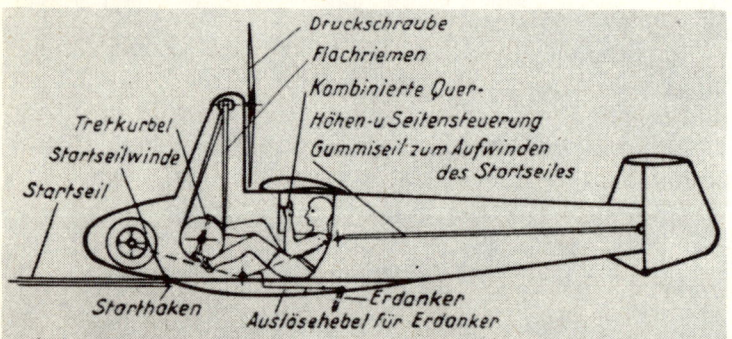

448   *H.V.1.* (1935).

449   Antriebsschema der
H.V.1. (1935).

Fortschritt auf dem Gebiet des Menschenfluges, wenn auch die erzielte Flugdauer von 24 Sekunden und die Flugstrecke von 235 m noch gering erscheinen
mögen. Erstens wurde einmal eindeutig
bewiesen, daß der Mensch mit seiner eigenen Kraft tatsächlich starten und fliegen kann. Zweitens wurde ein Weg gezeigt, der unter den augenblicklichen, uns
zur Verfügung stehenden Möglichkeiten
den größten Erfolg verspricht.

Die hier wie bei jeder neuen Konstruktion auftretenden Schwierigkeiten benötigten zu ihrer Beseitigung fast mehr Ent-
wicklungsarbeit als das eigentlich Neue
an unserer Konstruktion. Wir werden
eine Verbesserung unseres Luftschrau-
benantriebes ziemlich sicher erzielen …
Dem Muskelkraftflugsport bieten sich
heute verschiedene Entwicklungsmög-
lichkeiten. Am naheliegendsten ist die
Anwendung im Segelflug unter Ausnut-

zung der aufwärtsströmenden Warmluft ...» [66, S. 201 f] Die beiden Konstrukteure betrachteten eine sinnvolle Synthese zwischen Muskelkraftflug und Segelflug, die Eigenstartfähigkeit und den Anschluß an thermische Aufwinde als Ziel ihrer Bemühungen. Die Konzeption ihrer *H. V. 1* war zukunftsweisend und ist bis in die Gegenwart hinein Grundlage der erfolgreichen Muskelkraftflugzeuge.

Dann wurde es wieder jahrzehntelang still um ernsthafte und erfolgreiche Muskelkraftflugversuche, bis sich der verdiente Leistungssegelflieger und ehemalige Weltmeister des Segelfluges Dr. PAUL McCREADY mit der ihm eigenen Wissenschaftlichkeit erneut dieser Aufgabe annahm. McCREADY ging von der Tatsache aus, daß überdimensionale Luftschrauben mit geringen Umdrehungszahlen bei minimalen Fluggeschwindigkeiten den günstigsten Wirkungsgrad besitzen und deshalb für den Muskelkraftflug besonders geeignet sind. So bauten McCREADY und V. OLDERSHAW entsprechende Flugzeugzellen, den *Gossamer Condor* und den *Gossamer Albatros*. Der *Gossamer Condor*, in Entenanordnung konstruiert, besaß eine Spannweite von 29,26 m, eine Flügelfläche von 77,57 m^2, einen Luftschraubendurchmesser von 3,65 m und eine Leermasse von dennoch nur 32,0 kg! Die Zelle war in herkömmlicher Gerüstbauweise, allerdings im extremen Leichtbau unter Verwendung dünnwandiger Aluminiumrohre hergestellt worden, die Fluggeschwindigkeit lag bei 8 m/s, und die Luftschraube wurde mit dem bei der *H. V. 1* bewährten Pedalantrieb betrieben.

Am 23. August 1977 war die Sensation perfekt: Der selbst von den Fachleuten für nicht realisierbar gehaltene Muskelkraftflug des Menschen war überzeugend verwirklicht worden. Mit dem *Gossamer Condor* konnte von BRYAN ALLEN auf dem Shafter-Airfield in Kalifornien (USA) der erste KREMER-Preis mit einer Preissumme von 50 000 Pfund gewonnen werden, der nach einem Eigenstart (ohne Energiespei-

cher) einen Muskelkraftflug in Form einer liegenden Acht mit einer Gesamtstrecke von mindestens einer Meile (1 609,35 m) erforderte. ALLEN hatte eine Gesamtstrecke von etwa 2 250 m zurückgelegt.

McCREADY blieb weiter auf diesem Gebiet aktiv und baute eine verbesserte Ausführung, den *Gossamer Albatros*, mit dem es ALLEN am 12. Juni 1979 gelang, in einer Flugzeit von 02:46:00 h den Ärmelkanal zwischen Folkstone (Großbritannien) und Cap Gris Nez (Frankreich) mit einer Strecke von 36 km zu überqueren! Mit dieser Leistung wurde der zweite KREMER-Preis gewonnen. Während der erste Kanalflug mit einem Motorflugzeug durch LOUIS BLÉRIOT im Jahre 1909 einst viel bewundert wurde und eine Sensation darstellte, berichtete die Presse über ALLENS hervorragende Leistung kaum.

Der wertvolle und entscheidende Anfang war gemacht worden, und wie es die Erfahrungen der Segelfluggeschichte lehren, werden andere eines Tages diese Fortschritte auf einem höheren Niveau fortsetzen. Die Bedeutung der McCREADY-schen Versuche für den Segelflug bestand darin, die Möglichkeiten des Eigenstarts ohne jedes Hilfsmittel und des anhaltenden Fluges leichter und langsamer Flugzeuge überzeugend nachgewiesen zu haben. Ihr Mangel für den Segelflug – doch diese Feststellung schmälert das historische Verdienst McCREADYS und seiner Mitarbeiter in keiner Weise – bestand darin, daß die Flüge mit seifenblasenartigen Gebilden unternommen worden waren, die nur bei Windstille geflogen werden konnten und nicht für den Segelflug verwendbar sind.

Der erste Schritt in die nächste Etappe, die Übertragung des Muskelkraftflugprinzips auf Flugzeuge, die im Segelflug eingesetzt werden können, gelang WOLFGANG HÜTTER, FRANZ VILLINGER und WILHELM SCHÜLE (alle BRD), drei alten Segelfliegern, von denen jeder über 70 Jahre zählte. HÜTTER war der geistige Vater des Flugzeugs, das als *HVS* bezeichnet wurde.

450 Lois McCallin im *Light Eagle* beim Weltrekordflug über 16,09 km (1987).

Als Pilot gewann man Oskar Stauden-
maier, einen jungen Segelflieger.

Hütter, Villinger, und Schüle führten ihre *HVS* wie ein modernes Leistungssegelflugzeug in KFK-Bauweise unter
Betonung des Leichtbaus aus. Das Flugzeug besaß daher nur 8,0 kg/m² Flächenbelastung, eine Fluggeschwindigkeit von
nur 34 km/h und dennoch ein Gleitverhältnis von 36. Die Luftschraube betätigte der Pilot wieder über einen Pedalantrieb. Da er in halb liegender Position
untergebracht worden war, brauchte der
Rumpfquerschnitt nur geringfügig vergrößert zu werden. Das Flugzeug besaß
eine Auslegung, die es auch bei Wind und
Turbulenz als Segelflugzeug einsetzbar
machte.

Am 12. März 1983 vollführte Stauden-
maier in Leipheim den ersten erfolgreichen Flug mit der *HVS* bei leichtem
Gegenwind. In etwa 50 Sekunden wurden 600 m Flugstrecke zurückgelegt, was
einer Fluggeschwindigkeit über Grund
von 43,2 km/h entsprach. Der Eigenstart
– nach etwa 40 m Rollstrecke befand sich
das Flugzeug in der Luft – erforderte eine
Tretleistung von 400 W und der Flug in
konstanter Höhe dicht über dem Erdboden 300 W. Die Dauerleistung, die ein

Mensch zu vollbringen vermag, liegt je
nach Trainingszustand zwischen 175 und
250 W.

Eine systematische Fortsetzung solcher
Versuche läßt für den Segelflug die berechtigte Hoffnung zu, mit Hilfe der Muskelkraft in der Ebene starten zu können
und Anschluß an Aufwinde zu finden,
oder im Falle der Gefahr einer Außenlandung mit Muskelkraft zum nächsten
«Bart» weiterzufliegen, so wie es auch die
großen Segelvögel tun. Sollte es in dieser
Richtung weitere Fortschritte geben,
eröffnet der Muskelkraftflug dem Segelflug ganz neue Perspektiven. Bei Gleitverhältnissen von 50 und größer und
relativ geringen Fluggewichten wird der
Leistungsbedarf bereits so gering, daß
ein anhaltender Muskelkraftflug möglich
würde.

Am 22. Januar 1987 gelang es der Pilotin Lois McCallin (USA) über der
Edwards-Air-Force-Base in der Mojawe-
wüste (Kalifornien) auf dem Flugzeugtyp
Light Eagle – er stellt eine Weiterentwicklung der McCready-Typen in Normalanordnung dar – den Streckenflugweltrekord
im Muskelkraftflug in der Frauenklasse
auf 16,09 km zu steigern, und auf dem
gleichen Typ konnte Glenn Tremml in
einer Flugzeit von 02:13:14 h den Weltrekord über einem Rundkurs auf 59,87 km
erhöhen.

1 000 Meilen im Segelflugzeug

Den in der Geschichte des Segelfluges bis zum Jahre 1983 weitesten Streckenflug vollendete KARL STRIEDIECK (USA) 1976 und wiederholte ihn im Jahre 1977. STRIE-DIECK besaß am Nordostende des Appalachengebirges (Alleghanys) bei Lock Haven im US-Bundesstaat Pennsylvania eine Farm und beobachtete dort häufig, wie die Adler im Hangaufwind segelten und mühelos mit hoher Fluggeschwindigkeit in diesem Aufwind auf Strecke gingen, bis sie am Horizont verschwanden. Die Appalachen sind eine regelrechte «Straße der Adler» und für den Streckenhangsegelflug wie geschaffen, da sie in einer der Hauptwindrichtungen liegen, etwas über 800 km lang und zwischen 460 m und 1 370 m über NN hoch sind, sowie das Vorgelände um etwa 300 m überragen. Schon seit Jahrtausenden nutzen die Zugvögel die Appalachen zum Segelflug, um leichter in die wärmeren Regionen zu gelangen.

Die eindrucksvollen Segelflüge der Adler regten STRIEDIECK dazu an, im Jahre 1964 Segelflieger zu werden und

451 Der bewaldete Nordwesthang der Appalachen bei Cumberland.

einen Übungssegler vom Typ *Ka–8* zu erwerben. Um über einen eigenen Startplatz verfügen zu können, rodete er, etwa 180 m von seinem Wohnhaus entfernt, einen Waldstreifen am Appalachenhang, von dem er mittels Autoschlepp am kurzen Seil gestartet werden konnte. Er brauchte sich praktisch nur in der Luft zu befinden, um Anschluß an den Hangaufwind des Gebirges zu erhalten. Systematisch erforschte er mit seiner *Ka–8* die Hangaufwindfelder der näheren und weiteren Umgebung und war nach NEHRING, SCHULZ und KRONFELD der erste Pilot, der seine Streckenflüge wieder mit Hilfe des Hangaufwindes vollführte.

Schon im März 1968 überraschte STRIE-DIECK die Segelflugwelt mit einem neuen Weltrekord in der Disziplin Zielstrecke mit Rückkehr über 771 km. Die große Überraschung bestand darin, daß dieser Rekord mit einem Übungssegelflugzeug im Hangaufwind erflogen worden war; der Hangaufwind wurde von den Leistungssegelfliegern zu diesem Zeitpunkt nur noch als Beigabe, nicht aber als energetische Basis für Streckenflüge betrachtet. Dabei eignen sich Segelhänge, wenn sie nur ausgedehnt genug sind, in ausgezeichneter Weise für Streckenflüge: Das Hangaufwindfeld ist stationär und er-

452   KARL STRIEDIECK (1977).

kennbar, es erstreckt sich über die ganze Länge des Hangs; ohne zu Kreisen kann der Segelflieger in ihm auf Strecke gehen. Fliegt er zum Beispiel in einer Flughöhe, in der die Stärke des Hangaufwindes noch 2 m/s beträgt, so kann er dieses Steigen ständig in eine hohe Fluggeschwindigkeit umwandeln, ohne an Höhe zu verlieren.

Bei den derzeitigen Leistungssegelflugzeugen ergeben 2 m/s Steigen eine Fluggeschwindigkeit von 200 km/h! Da das Flugzeug am Hang bei Seitenwind fliegt, ist diese hohe Fluggeschwindigkeit auch annähernd die Geschwindigkeit des Segelflugzeugs über Grund und gleichzeitig, da nicht gekreist wird, die Reisegeschwindigkeit, die für den Streckenflug entscheidend ist. Selbstverständlich können bei Sonneneinstrahlung zusätzlich thermische Aufwinde genutzt werden und an besonders geeigneten Hängen auch Leewellenaufwinde.

STRIEDIECK war es, der die Appalachen für den Streckensegelflug erschloß, dort eine kombinierte Hangaufwind-Thermik-Leewellen-Streckenflugtaktik als erster Segelflieger anwendete und im Appalachen-Rennen von Rekord zu Rekord flog. Mit dem Aufkommen von hochwertigen GFK-Laminarflugzeugen verbesserten sich die Möglichkeiten dieser Technik noch bedeutend, da nun auch Gebiete ohne oder mit nur schwachem Hangaufwind leichter übersprungen und vor allem mit höherer Geschwindigkeit gesegelt werden konnte.

Am 19. Mai 1976 flog KARL STRIEDIECK auf einem Flugzeug der Offenen Klasse, *ASW–17*, zum ersten Male in der Segelfluggeschichte weiter als 1 000 Meilen (1 609,4 km). Es war auch der erste Segelflug, der über 1 500 km führte. Der Pilot legte bei diesem Zielrückflug 1 616,0 km zurück, erreichte eine Durchschnittsgeschwindigkeit von 123,0 km/h und hatte eine neue Traumgrenze überschritten. Der Flug führte über eine größere Entfernung als der gültige Weltrekord in der Freien Strecke, doch erlauben es die besonderen Bedingungen in den Appalachen nicht, eine vergleichende Bewertung zu Ungunsten der Freien Strecke vorzunehmen. Leider gab es Probleme bei der Fotografie des Wendepunktes, die Aufnahmen waren nicht genau genug positioniert, so daß dieser Flug nicht als Weltrekord anerkannt werden konnte.

Der nicht zu entmutigende STRIEDIECK – er war es gewohnt, Rekorde zu verlieren und wiederzugewinnen – wiederholte daraufhin den nichtanerkannten Flug. Am 9. Mai 1977 stand STRIEDIECK gegen 4.00 Uhr auf und sah nach dem Wetter. Der Wind wehte aus etwa 290 bis 300° (West-Nordwest), die Bäume bogen sich im Wind, so daß er sich zum Rekordversuch entschloß. Nach Abschluß aller Startvorbereitungen (Kameras, Barograph, Wasser, Verpflegung usw.) startete STRIEDIECK auf seiner *ASW–17* um 5.52 Uhr im Schlepp eines Jeeps, der wie gewohnt von seiner Ehefrau gefahren wurde. Nach nur 20 Sekunden kuppelte er aus und nahm im Hangaufwind zunächst Kurs auf die nordöstlichste befliegbare Spitze der Appalachen bei Lock Haven (Pennsylvania), 35 Meilen (56,3 km) vom Startort entfernt, da nur

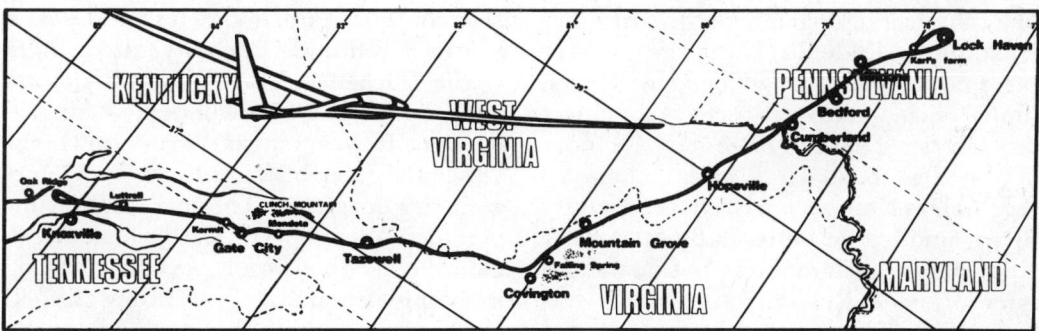

453   Streckenskizze des Weltrekordfluges von
KARL STRIEDIECK auf *ASW-17* über 1 634,7 km
(1977).

von dort aus die 1 000-Meilen-Grenze im Hangflug erreicht werden konnte.

Um 6.07 Uhr erfolgte der fliegende Start über dem Flugplatz von Lock Haven, und mit 120 Meilen/h (193 km/h) ging es über den Kamm des Bald-Eagle-Ridge südwestwärts auf die erste Etappe. Hier war die Turbulenz sehr stark, und die Tragflügelenden bogen sich im Schnellflug bis zu 3 m nach oben! Die erste größere Lücke im Appalachengebirge mußte bei Bedford, etwa 90 Meilen (144 km) nach Lock Haven übersprungen werden. STRIEDIECK hatte diese Strecke nur im Geradeausflug zurückgelegt. Jetzt stieg er in einem thermischen Aufwind auf etwa 460 m; das genügte, um bei der leichten Rückwindkomponente die 8 Meilen (12 km) große Lücke im Gleitflug zu überfliegen. Bei Covington (Virginia) stieg er in einer Leewelle auf etwa 2 440 m und konnte die nachfolgenden 160 km in 45 Minuten überwinden! Schon 9.25 Uhr stand er über Tazewell, etwa 400 Meilen (550 km) vom Startpunkt entfernt. Auf den noch folgenden 260 Streckenkilometern bis zum Wendepunkt wurden die Hänge niedriger und demzufolge auch der Hangaufwind schwächer. Zusätzlich ließ der Wind nach (günstig für die Bildung thermischer Aufwinde!), so daß der Rekordpilot immer öfter die Thermik nutzen konnte. Hier

mußte STRIEDIECK auch Wasserballast ablassen. Unter sich die gestauten Wassermassen des Clinch-River, die in der Sonne zu ihm heraufblinkten, näherte er sich dem Wendepunkt nordöstlich von Oak-Ridge in Tennessee und umrundete ihn schließlich mit gelungener Zielfotografie um 12.30 Uhr. Er hatte damit bereits 808 km zurückgelegt, eine Leistung, die nur 26 Jahre zuvor noch einen aufsehenerregenden Weltrekord in der Freien Strecke bedeutet hätte.

Der Rückflug auf derselben Weglinie gestaltete sich etwas schwieriger, da ein leichter Gegenwind herrschte. Je weiter die *ASW–17* jedoch aus dem sonnenbeschienenen Süden wieder nach dem bewölkten Norden vorstieß, desto besser gestalteten sich erneut die Hangflugbedingungen. Die Lücke bei Bedford mußte allerdings umflogen werden. Um 19.30 Uhr überflog STRIEDIECK sein heimatliches «Adlerfeld», und um 20.10 Uhr landete er nach einer reinen Streckenflugzeit von 14:03:00 h (Gesamtflugzeit 14:18:00 h) auf dem Flughafen von Lock Haven. Die Reisegeschwindigkeit hatte 115,0 km/h und die Streckenlänge erneut über 1 000 Meilen, 1 634,7 km, betragen.

Prognostisch schrieb STRIEDIECK in seinem Flugbericht: «Da Zielrückflüge in diesen Bergen nur noch um einige Meilen ausgedehnt werden können, richtet sich meine Aufmerksamkeit nunmehr auf Freie Strecken. Ideale Segelflugbedingungen im Südosten sind verbunden mit derselben Wetterlage, die hier die guten

Hangflugbedingungen schafft. Mit einer Ankunft am Ende des Hangs gegen Mittag und bereits 500 geflogenen Meilen hinter sich, sollte es nicht zu schwer sein, in der Thermik nochmals 400 oder 500 Meilen bis nach Florida hinein zu segeln. Das Hangsegeln ist ein großartiger Sport, und ich vermute, daß entlang der Appalachen noch mehrere nationale und internationale Rekorde aufgestellt werden. Schließlich werde ich selbst in den nächsten Jahren sehr aufmerksam die Wetterkarten zwischen dem 15. März und 15. Mai verfolgen.» [114, S. 154]

Ein neuer phantastischer Segelflugweltrekord war dank der Einsatzbereitschaft eines begeisterten Segelfliegers, der die Gunst der Umstände nutzte, aufgestellt worden.

Wie es die Geschichte lehrt, gibt es im Segelflug keinen technischen und fliegerischen Stillstand, weil es immer wieder Flieger gibt und geben wird, die sich mit dem Einsatz ihrer ganzen Persönlichkeit diesem wunderschönen Sport widmen. Am 25. April 1983 konnte der Rekord von STRIEDIECK über dem gleichen Gelände von TOM KNAUFF (USA) geringfügig, jedoch mit einer höheren Fluggeschwindigkeit, überboten werden. KNAUFF, Segelfluglehrer an der Flugschule Julian in den Appalachen, hatte bereits das erste 1 000-km-Dreieck in den USA und einen Weltrekord im Zielflug mit Rückkehr im Doppelsitzer fliegen können.

Am genannten Tage ließ sich KNAUFF um 7.30 Uhr 92 km weit zum vorgelagerten Abflugpunkt nach Williamsport schleppen, kuppelte dort aus und ging im Hangaufwind auf die Appalachenstrecke. Er nutzte mehrfach die an diesem Tage guten Leewellen des Gebirges, die zwar keine Lenticularis, doch gute Rotorwolken bildeten. Er stieg zunächst auf 2 330 m, dann auf 4 833 m und legte die 450 km bis Mountain Grove schnell zurück, flog im Hangaufwind bis Tazewell (etwa 600 km) weiter und hatte eine Reisegeschwindig-

keit von 203,0 km/h erzielt. Die Lücken bei Tazewell und Gate-City, zuvor hatte er die Lücken bei Bedford und Altoona ohne Zeitverzug überwunden, verringerten seine Reisegeschwindigkeit. Im Hangaufwind flog er bis zum Ende des Gebirges, stieg dort in die Thermik ein, umrundete den Wendepunkt Little Flak Creek Church, nördlich von Knoxville, und flog mit der gleichen Streckenführung zurück! Die Versuchung, am Wendepunkt geradeaus weiterzufliegen, um einen Rekord in der Freien Strecke aufzustellen, war groß.

Trotz starker Abschirmungen und Schneeschauer kehrte KNAUFF mit seinem *Nimbus 3* nach einer Flugzeit von nur 10:36:00 h nach Williamsport zurück, hatte eine Reisegeschwindigkeit von 155,0 km/h erzielt und 1 647 km, 13 km mehr als STRIEDIECK, zurückgelegt. Bis Ende April 1983 hatten alleine 16 Piloten von der Segelflugschule Julian aus das 1 000-km-Diplom der FAI erfliegen können.

Der Segelflug entwickelte sich in wenigen Jahrzehnten zu einem Sport, der über große Teile unseres Erdballs verbreitet ist. Er wird sich weiter entwickeln, denn die Möglichkeiten dazu sind noch nicht erschöpft: er wird weiterhin dem luftfahrt- und naturverbundenen Menschen ein interessantes Betätigungsfeld bieten, vorausgesetzt, daß der Frieden in der Welt erhalten bleibt. Der Segelflug enthält seit Anbeginn zahlreiche, gegenständlich begründete Tendenzen, die der Erhaltung des Weltfriedens dienlich sind. Die Segelflieger in aller Welt wissen aus Erfahrung und Erkenntnis, daß sie ihren Sport nur im Frieden ausüben können. Der Krieg, insbesondere ein atomarer Weltkrieg, würde die Ausübung und den Fortschritt des Segelfluges nicht nur vorübergehend – wie im zweiten Weltkrieg – verhindern, sondern würde mit der Vernichtung menschlichen Lebens und der materiell-technischen Grundlagen sowie der langanhaltenden Zerstörung der meteorologischen Voraussetzungen den

454 FAI-Lilienthal-Medaille

ständigen Ringens mit Wind und Wetter und den vielen anderen Erscheinungen des Segelfluges stehen, und die Segelflieger werden noch in Jahrzehnten die Schönheit der Natur und des Segelfluges auf die gleiche Weise erleben, wie sie von ihren Vorgängern erlebt worden ist. Es wird keinen segelflugtechnischen und segelfliegerischen Stillstand geben, so lange es noch Segelflieger gibt, die sich mit dem Einsatz ihrer ganzen Persönlichkeit diesem wunderschönen Sport widmen.

Die Entwicklung des Gleitflugzeugs und seine Kombination mit dem Verbrennungsmotor ermöglichten Anfang dieses Jahrhunderts die Verwirklichung des Motorfluges mit seinen vielfältigen Erscheinungsformen. Doch nur acht Jahrzehnte dieser Entwicklung genügten, um die Grenzen der motorischen Luftfahrt infolge des sich erschöpfenden Weltvorrats an Brennstoffen fossilen Ursprungs erkennen zu lassen, wenn kein luftfahrtgeeigneter Ersatz für diese Energieträger geschaffen wird. Der Gleit- und Segelflug wird von diesen anstehenden Energieproblemen im wesentlichen nicht betroffen, denn so lange, wie die Sonne ihre Strahlen auf die Erde sendet, bleibt die energetische Basis des Segelfluges erhalten, so daß der hier in freier Übersetzung wiedergegebene Ausspruch des französischen Flugpioniers Ferdinand Ferber in einem ganz neuen Licht erscheint: «Der Segelflug ist eine Art, eine Kunst zu Fliegen, aber eine mit großer Zukunft!»

Und so ist der Segelflug in der Lage, die friedlichen sportlichen Luftfahrtinteressen der Menschheit auf eine vollkommene Weise zu befriedigen.

Segelflug beseitigen. Insofern haben alle begeisterten und vernünftigen Segelflieger in der ganzen Welt ein ähnliches oder gleichartiges humanistisches Interesse an der Erhaltung des Friedens und der Verhinderung eines neuen Weltkrieges, und zwar relativ unabhängig von den Unterschieden in ihrer sozialen Position, ihrer Weltanschauung und ihrer Staatszugehörigkeit.

Der Segelflug wird seinen Freunden immer wieder neue Aufgaben stellen. Selbst das Abenteuer Segelflug wird in der Zukunft nicht zu kurz kommen, wobei das Abenteuerliche im Sinne des Anliegens dieses Buches in keiner Weise auf das Gefährliche, das Sensationelle und auf Rekorde beschränkt ist. Immer werden junge Segelflieger vor dem Abenteuer des ersten Alleinfluges, des ersten Thermikfluges, des ersten Streckenfluges, des ersten Kunstfluges, der ersten Begegnung mit der Leewelle, dem Abenteuer des

Abkürzungen und Begriffserklärungen

Abendthermik: thermischer Aufwind, der relativ spät im Verlaufe eines Thermiktages auftritt und auf einem Umkehreffekt beruht. Dunklere und feuchtere Bodenflächen mit schlechtem Wärmeleitvermögen, die am Tage schwache Thermikspender sind, vermögen jedoch Wärme aufzunehmen, die sich erst am Abend auf die darüber liegende Luftmasse überträgt und thermische Aufwinde bei tiefem Sonnenstand oder sogar nach Sonnenuntergang entstehen läßt. A. wird auch als Umkehrthermik bezeichnet.

Abwind: abwärts gerichtete Vertikalkomponente einer Luftbewegung.

Achsensystem eines Flugzeugs: gedachtes A.; drei Achsen, die senkrecht aufeinander stehen und sich im → Schwerpunkt des Flugzeugs kreuzen. Entsprechend der dreidimensionalen Bewegungsmöglichkeit des Flugzeugs (sechs Freiheitsgrade) bewegt es sich um die drei Achsen: Längs- oder X-Achse (Querruderbetätigung), Quer- oder Y-Achse (Höhenruderbetätigung), Hoch- oder Z-Achse (Seitenruderbetätigung).

Adiabate: Temperaturveränderung einer auf- oder absteigenden Luftmasse auf 100 m Höhenunterschied infolge Ausdehnung oder Verdichtung dieser Luftmasse aufgrund des sich beim Aufstieg oder Abstieg verändernden Luftdruckes. Bei trockener Luft wird die Trockenadiabate mit 1 °C Abkühlung oder Erwärmung auf 100 m Höhenunterschied, bei feuchter Luft wird die Feuchtadiabate mit nur 0,5 °C auf 100 m Höhenveränderung angesetzt.

adiabatisch: Temperaturveränderung als Folge der Wirkung einer → Adiabate, d. h., eine aufsteigende und sich abkühlende Luftmasse verringert ihre Temperatur nicht durch Vermischung mit kühlerer Luft, sondern nur durch ihre Ausdehnung aufgrund der Abnahme des Luftdruckes während des Aufstiegs. Das Umgekehrte geschieht während des Abstiegs; die absteigende Luftmasse erwärmt sich durch Verdichtung.

Aerodynamische Qualität: → Gleitverhältnis.

Akaflieg: Akademische Fliegergruppe. Freiwillige Vereinigung von Studenten einer Hochschule zum Zwecke der gemeinsamen Ausübung des Flugsports bis 1933.

Anstellwinkel: Winkel zwischen Anblasrichtung durch die Luftströmung und der Profilsehne. Wird durch Höhenruderausschläge vergrößert (ziehen) oder verkleinert (drücken).

Auftrieb: die Komponente der Luftkraft an einem Tragflügel, die gegen die Schwerkraft wirkt.

Aufwind: aufwärts gerichtete Vertikalkomponente einer Luftbewegung. Der → statische Segelflug beruht auf dem Vorhandensein von A.

Bart: → Aufwind, der von einem Segelflugzeug zum Höhengewinn genutzt wird.

Basishöhe: Höhe der Unterseite einer Wolke. Die B. wird bedingt durch das → Kondensationsniveau. Für B. wird auch der Begriff Wolkenbasis verwendet.

Blauthermik: →Trockenthermik.

Bö: zeitlich begrenzte, periodische oder aperiodische Zunahme mit nachfolgender Abnahme der örtlichen horizontalen Windgeschwindigkeit. Unstetigkeit des Windes. Böen spielen in der Theorie des dynamischen Segelfluges eine Rolle.

CIVV: Commission Internationale du Vol à Voile. Internationale Segelflugkommission der FAI.

Delphinstil: Flugbahn eines Segelflugzeugs zwischen den Aufwinden nach → Sollfahrttheorie. Ist durch eine Wellenlinie charakterisiert.

DFS: Deutsche Forschungsanstalt für Segelflug, existierte unter Leitung von Prof. Dr. GEORGII von 1935 bis 1945.

Dreieckflug: Streckensegelflug in Dreieckform. Vom Startort ausgehend sind zwei Wendepunkte zu umfliegen, wonach das Segelflugzeug zum Startort zurückkehren muß. Die Umrundungsrichtung unterliegt der Wahl des Piloten und wird mitunter in Wettbewerben festgelegt. Dreieckstrecken werden mit Geschwindigkeitswertung geflogen. Bei Rekordversuchen auf Dreiecken bis 750 km Länge darf laut Code Sportif, Sektion 3, Klasse D, kein Schenkel eine Länge von weniger als 28 % der Gesamtstrecke besitzen. Bei Dreiecken größeren Umfangs darf kein Schenkel eine Länge von weniger als 25 % und mehr als 45 % der Gesamtstrecke beanspruchen.

Druckmittelpunkt: Auftriebsmittelpunkt. Punkt, in dem sich alle Luftkräfte vereinigen. D. und → Schwerpunkt eines Flugzeugs müssen sich in einer entsprechenden Übereinstimmung befinden. Bei normalen Profilen wandert der Druckmittelpunkt mit Anstellwinkelvergrößerung nach vorn. In Normallage befindet er sich etwa im ersten Drittel eines → Profils.

dynamischer Segelflug: Segelflug unter Ausnutzung von Veränderungen der Windgeschwindigkeit.

Einstellwinkel: Winkel zwischen der Flugzeuglängsachse und der Profilsehne. Wird bei der Konstruktion eines Flugzeugs festgelegt und ist in der Regel unveränderlich. Eine Ausnahme stellt die → Flügelsteuerung dar.

Entenflugzeug: Flugzeug mit den beim → Normalflugzeug typischen Baugruppen. Das Höhenleitwerk befindet sich jedoch, in Flugrichtung betrachtet, vor der Tragfläche.

Fahrtmesser: → Geschwindigkeitsmesser.

FAI: Fédération Aéronautique Internationale. Im Jahre 1905 gegründete Internationale Luftfahrtvereinigung. Sie ist zuständig für die gesamte Sportluftfahrt, die Kontrolle und Registrierung aller internationalen Luftfahrtrekorde sowie die Organisation internationaler Wettbewerbe. Für den Segelflug ist die Internationale Segelflugkommission → CIVV zuständig.

Flügelsteuerung: Steuerung eines Flugzeugs um die Querachse mit Hilfe von Veränderungen des → Einstellwinkels der Tragfläche, die den → Anstellwinkel der Tragfläche unmittelbar verändern. Gegebenenfalls wird auch die Querlage um die Längsachse mit gegenläufigen oder einseitigen Veränderungen des Einstellwinkels der Tragflächenhälften gesteuert. Bei F. verzichtet man auf bewegliche Höhenruder.

Flügelstreckung: Maß für die Schlankheit eines Flügels in Richtung Querachse (dimensionslos). Wird beim rechteckigen Flügel durch den Quotienten aus Spannweite b und Flügeltiefe t (b/t) ausgedrückt und mit dem Formelzeichen λ verse-

hen. Für die Berechnung der Streckung beliebiger Flügelformen wird die Formel $\lambda = b^2/F$ angewendet, wobei F die Flügelfläche ist. Der Kehrwert F/b^2 ist das Seitenverhältnis.

Fluggeschwindigkeit: Geschwindigkeit des Flugzeugs. Im Segelflug wird mit der Geschwindigkeit gegenüber der Luft (F.), der Geschwindigkeit gegenüber dem Erdboden = Geschwindigkeit gegenüber der Luft ± (Windgeschwindigkeit x Windvektor) und der Reisegeschwindigkeit (tatsächlich erzielte Durchschnittsgeschwindigkeit auf einer Strecke) gearbeitet. Die F., die mit der Geschwindigkeit auf dem Gleitweg (Bahngeschwindigkeit) identisch ist, kann in die horizontale und vertikale Geschwindigkeitskomponente zerlegt werden.

Flugstabilität: Gleichgewichtsverhalten eines Flugzeugs in der Luft. → Gleichgewichtszustände. Ein Flugzeug mit einer hohen F. kehrt nach einer Störung selbständig in die Ausgangslage zurück, wie es z. B. bei ungesteuerten Flugmodellen der Fall ist.

Flugzeugfestigkeit: Festigkeit der Teile eines Flugzeugs und des Flugzeugs als Ganzes gegenüber Belastungen, die bei Flugzuständen auftreten.

Freier Streckenflug: Streckenflug ohne Festlegung der Flugrichtung und des Landeortes.

Frontgewitter: Gewitter, das durch die Zusammenführung einer kälteren und einer wärmeren Luftmasse entsteht. Die dabei auftretenden Aufgleitbzw. Anhebungsvorgänge lassen das Gewitter mit entsprechenden Aufwindgeschwindigkeiten und Wolkenformationen entstehen. Da F. durch eine anhaltende horizontale Luftbewegung ausgelöst werden, konnten sie zu den ersten längeren Streckenflügen mit Segelflugzeugen genutzt werden.

Geschwindigkeitsmesser: Gerät, mit dem die Geschwindigkeit des Flugzeugs gegenüber der Luft in km/h gemessen und angezeigt wird. Wird auch als Fahrtmesser bezeichnet.

Gesetz von BERNOULLI: In einem horizontalen Strömungsrohr ist die Summe aus dem → statischen Druck und dem → Staudruck des strömenden Mediums konstant: p + q = const. Dies von dem Schweizer Mathematiker und Physiker DANIEL BERNOULLI entdeckte Gesetz ist wichtig für die Erklärung der Druck- und Geschwindigkeitsverhältnisse, die in einer Strömung, z. B. bei der Umströmung und Auftriebsbildung eines Profils oder einer Tragfläche, herrschen.

GFK-Bauweise: Glasfaser-Kunststoffbauweise. Sie bedeutete eine Wende im Segelflugzeugbau und ermöglichte höchste Oberflächengüte und Konturentreue sowie Lebensdauer bei relativ geringem Aufwand als Voraussetzung für die volle Ausnutzung der Leistungen von Laminarprofilen. Sie löste die Holz-, Gemischt- und Metallbauweise bei Hochleistungssegelflugzeugen ab.

Gleichgewichtszustände: 1. Stabiles Gleichgewicht: Nach einer Störung nimmt der Körper selbständig die alte Lage wieder ein. 2. Indifferentes Gleichgewicht: Nach einer Störung nimmt der Körper die durch die Störung bedingte neue Lage ein und verbleibt in ihr. 3. Labiles Gleichgewicht: Nach dem Auftreten einer Störung vergrößert sich die Abweichung vom Ausgangszustand beständig.
Im Segelflug werden die G. für die Kennzeichnung der → Flugstabilität eines Segelflugzeugs und die Charakterisierung des Temperaturverhaltens einer Luftmasse in vertikaler Richtung benutzt. → Gradient.

Gleitflug: Flug eines motorlosen Flugzeugs oder eines Motorflugzeugs mit abgestelltem Triebwerk in einer Luftmasse ohne Aufwind. Die auch zum G. notwenige Energie wird der Energie der Lage (Flughöhe) des Flugzeugs entnommen. Diese wird bis zur Landung in Energie der Bewegung (Fluggeschwindigkeit) unter ständigen Reibungsverlusten umgewandelt, wodurch die Umströmung der Tragfläche und damit die Auftriebsbildung, die den G. ermöglicht, bewirkt wird.

Gleitverhältnis: Kehrwert der → Gleitzahl. Das G. wird auch als Aerodynamische Güte oder Aerodynamische Qualität K bezeichnet: $K = \dfrac{S}{H}$

oder $K = \dfrac{c_a}{c_w}$ oder $K = \dfrac{A}{W}$.

Gleitwinkel: Winkel, den der Gleitweg des Segelflugzeugs mit der Horizontalen bildet. Er wird mit dem griechischen Buchstaben γ bezeichnet. Der G. wird bestimmt durch das Verhältnis von verlorener Höhe (H) zu zurückgelegter Strecke (S).

Gleitzahl: Tangens des → Gleitwinkels. Wird mit dem griechischen Buchstaben ε bezeichnet.
$\varepsilon = \tan \gamma$ oder

$$\varepsilon = \frac{H}{S} \text{ oder } \varepsilon = \frac{c_w}{c_a} \text{ oder } \varepsilon = \frac{W}{A} \text{ oder } \varepsilon = \frac{v_s}{v_h}.$$

Wenn vom → Gleitverhältnis $\dfrac{c_a}{c_w}$ oder $\dfrac{A}{W}$ ausgegangen wird, kann die G. ε auch als Kehrwert des → Gleitverhältnisses definiert werden.

Gradient: Temperaturveränderung in einer ruhenden Luftmasse (freien Atmosphäre) in vertikaler Richtung auf 100 m Höhenveränderung bezogen. Der G. verändert sich ständig in Abhängigkeit von der Herkunft und dem Alter der Luftmassen. Labiler G.: Die Temperaturveränderung ist größer als die → Adiabate, die an diesem Tage herrscht (Trocken- oder Feuchtadiabate). Indifferenter G.: Die Temperaturabnahme entspricht

der herrschenden Adiabate. Stabiler G.: Die Temperaturveränderung ist kleiner als die Adiabate.
Der Aufstieg einer erwärmten Luftmasse erfolgt stets nur bis zum Temperaturausgleich zwischen ruhender und aufsteigender Luftmasse.

Grenzschicht: Bereich der Strömung um einen Körper oder ein Profil, in dem die Strömungsgeschwindigkeit von Null (unmittelbar an der Oberfläche) bis zur Geschwindigkeit der freien Strömung anwächst. Man unterscheidet zwischen einer → laminaren und einer → turbulenten Grenzschicht.

Hangaufwind: Aufwindart. Der H. entsteht, wenn eine vom Wind in horizontaler Richtung bewegte Luftmasse über ein Hindernis strömt und von diesem nach oben abgelenkt wird. Der H. war die im Segelflug zuerst genutzte Aufwindart.

indifferente Luftmasse: Luftmasse mit einem indifferenten → Gradienten.

Instrumentenflug: Flug nach Instrumenten ohne Erdsicht.

Inversion: Temperaturumkehr. Luftschicht, in der die Temperatur mit der Höhe nicht abnimmt, sondern zunimmt. I. wirken wie Sperrschichten. Die thermische → Konvektion reicht in der Regel nur bis zu einer I., über der die Luft wesentlich klarer und reiner ist. I. besitzen Bedeutung für eine Methode des → dynamischen Segelfluges.

ISTUS: Internationale Studienkommission für den Segelflug. Internationale Vereinigung zur Förderung und wissenschaftlichen Durchdringung des Segelfluges in den angeschlossenen Ländern. Sie arbeitete eng mit der → FAI zusammen, war 1930 auf Initiative von Prof. Dr. WALTER GEORGII in Darmstadt gegründet worden und existierte bis 1945.

KFK-Bauweise: Kohlefaser-Kunststoffbauweise. Weiterentwicklung der → GFK-Bauweise unter Verwendung von Kohlefasern. Die Verwendung von Kohlefasern verringert das Baugewicht von Segelflugzeugen, erhöht die Festigkeit erheblich und ermöglicht neue Leistungsfortschritte.

klassisches Profil: Flügelprofil, das keine konstruktiven Maßnahmen zur Verlängerung der → laminaren Grenzschicht auf Kosten der → turbulenten Grenzschicht aufweist. Ein k. oder Turbulenzprofil erzeugt daher einen größeren Widerstand als ein → Laminarprofil.

Kondensationsniveau: Höhe, in der die unsichtbare Luftfeuchtigkeit in den sichtbaren, kondensierten Zustand überführt wird und Wolken bildet.

Konvektion: in der Meteorologie aktives Aufsteigen erwärmter Luftmassen, → Thermik, oder Vertikalbewegung von Luftmassen in einer Wolke als Folge der Kondensation. → Wolkenaufwind.

Kumuluswolke: Haufenwolke. Sie entsteht durch → Thermik, durch einen thermischen → Aufwind, der bei Erreichen der Höhe des → Kondensationsniveaus eine Wolke bildet. K. markieren den Gipfel und damit die Lage eines Aufwindes und sind ein wichtiges meteorologisches Orientierungsmerkmal für den Segelflieger.

labile Luftmasse: Luftmasse mit einem labilen → Gradienten.

Laminarflugzeug: Segelflugzeug, dessen Tragfläche mit einem widerstandsarmen → Laminarprofil ausgerüstet ist. Die Anwendung von Laminarprofilen in Verbindung mit der → GFK- und → KFK-Bauweise bewirkte nach 1945 einen enormen Leistungsfortschritt der Segelflugzeuge.

laminare Grenzschicht: Bereich der Grenzschicht (in Strömungsrichtung gemessen), in dem die Strömung um einen Körper oder ein → Profil laminar, d. h. geordnet und in parallelen, nicht verwirbelten Stromlinien erfolgt. Die l. ist daher wesentlich widerstandsärmer als die verwirbelte, → turbulente Grenzschicht.

Laminarprofil: Flügelprofil, bei dem durch konstruktive Maßnahmen und entsprechende Oberflächengüte die → laminare Grenzschicht auf Kosten der → turbulenten Grenzschicht verlängert wird. Dadurch sind L. wesentlich widerstandsärmer, wodurch das → Gleitverhältnis oder die → Aerodynamische Güte $\frac{c_a}{c_w}$ verbessert und das Flugzeug leistungsfähiger wird.

Lee: die dem Wind abgewandte Seite eines Flugzeugs, Hangs, Hindernisses, Betrachters usw.

Leewellen: Aufwindart, die im → Lee von Gebirgen entsteht.

Luv: die dem Wind zugewandte Seite eines Flugzeugs, Hangs, Hindernisses, Betrachters usw.

mittleres Steigen: 1. Tatsächliches mittleres Steigen: Das ist der Mittelwert des in einem Aufwind angetroffenen Steigens. 2. Mittleres meteorologisches Steigen: Das ist der mittlere Steigwert, der aufgrund der gegebenen meteorologischen Bedingungen erwartet werden kann.

Normalflugzeug: Flugzeug, das gekennzeichnet ist durch Tragfläche, Rumpf oder Leitwerkträger, Höhen- und Seitenleitwerk. Es wird mittels Quer-, Höhen- und Seitenruder gesteuert. Höhen- und Seitenruder befinden sich, in Flugrichtung betrachtet, hinter der Tragfläche.

Normalsteuerung: Steuerung eines Flugzeugs mit Hilfe von Quer-, Höhen- und Seitenruder.

Nurflügelflugzeug: Flugzeug ohne Rumpf, Höhen- und Seitenleitwerk. → Normalflugzeug. Besatzung und Lasten werden in der Tragfläche untergebracht, die Steuerung erfolgt durch bewegliche Teile der Tragflügelhinterkante.

OSTIV: Organisation Scientifique et Technique Internationale du Vol à Voile. Internationale wissenschaftliche und technische Organisation des Segelfluges. Nachfolgeorganisation der → ISTUS. Sie wurde 1948 gegründet und entfaltete zahlreiche Aktivitäten zur Weiterentwicklung des Segelfluges. Hervorzuheben sind vor allem die wissenschaftlichen Konferenzen, die mit den → SFWM gekoppelt stattfinden.

Pfeilung: Winkel zwischen der Querachse und der Vorderkante eines Tragflügels oder der ¼-Linie (25-%-Linie der Flügeltiefe) und der Querachse.

Profil: senkrechter, in Strömungsrichtung liegender Querschnitt durch die Tragflächen und Leitwerke eines Segelflugzeugs oder Strömungskörpers. Die Leistungsfähigkeit eines Segelflugzeugs hängt von der des Tragflügels und diese von den Leistungen des P. ab. Man unterscheidet zwischen den → klassischen P. und den → Laminarprofilen.

REYNOLDSzahl: Mathematischer Ausdruck für das Ähnlichkeitsgesetz in der Hydro- und Aerodynamik. Der englische Physiker OSBORNE REYNOLDS hatte 1883 das für jede Strömung wichtige Verhältnis zwischen den Trägheitskräften und den Reibungskräften entdeckt. Auf einen Tragflügel bezogen lautet die Formel für die Re-Zahl $Re = \frac{v \cdot t}{\gamma}$, wobei v die Strömungsgeschwindigkeit, t die Profiltiefe und γ die kinematische Zähigkeit des strömenden Mediums ist. Die Re-Zahl ist dimensionslos.

Die Ergebnisse von Strömungsversuchen mit Modellen (verkleinerten Profilen und Flugzeugen) sind auf geometrisch ähnliche Großausführungen nur dann übertragbar, wenn bei beiden die gleiche Re-Zahl auftritt! Spezielle, für den Segelflug geeignete Profile, insbesondere Laminarprofile, müssen daher für die Re-Zahlen entwickelt werden, die beim Fluge dieser Flugzeuge auftreten.

RRG: Rhön-Rossitten-Gesellschaft, nichtstaatliche Institution zur Förderung und wissenschaftlichen Durchdringung des Segelfluges in Deutschland. Sie war nach den ersten beiden bedeutenden Segelflugzentren des Landes benannt worden und existierte von 1924 bis 1933.

Scheibenkalkulator: auch ab Sollfahrtring oder McCREADY-Ring bezeichnet. Dient der Anwendung der → Sollfahrttheorie während des Fluges.

schwanzloses Flugzeug: Flugzeug ohne Höhenleitwerk, häufig auch ohne Seitenleitwerk, → Normalflugzeug, → Nurflügelflugzeug, jedoch mit einer Rumpfkeule zur Aufnahme der Besatzung.

Schwerpunkt: Punkt des Flugzeugs, in dem seine gesamte Masse vereinigt angenommen werden kann. → Druckmittelpunkt.

Segelflug: → Gleitflug eines Flugzeugs in einem → Aufwind.

SFWM: Segelflugweltmeisterschaft.

Sollfahrttheorie: Mathematisch begründete Theorie zur Optimierung des Streckenfluges, die eine Berechnung der → Sprunggeschwindigkeit in Abhängigkeit von der erwarteten Stärke des nächsten → Aufwindes und dem tatsächlichen Sinken (Eigensinken und meteorologisches Sinken) des Flugzeugs ermöglicht.

Sprunggeschwindigkeit: → Fluggeschwindigkeit (gegenüber der Luft), die der Segelflieger im Geradeausflug zwischen zwei Aufwinden einnimmt. Sie wird auf der Grundlage der → Sollfahrttheorie ermittelt.

stabile Luftmasse: Luftmasse mit einem stabilen → Gradienten.

statischer Druck: Druck der Ruhe, wirkt gleichmäßig nach allen Seiten. → Gesetz von BERNOULLI.

statischer Segelflug: Segelfliegen mit Hilfe von → Aufwinden.

Staudruck: Druck der Bewegung, wirkt in Bewegungsrichtung und wird auch als dynamischer Druck bezeichnet. → Gesetz von BERNOULLI.

Temperaturzustandskurve: Tatsächlicher Verlauf der Lufttemperatur mit zunehmder Höhe in der freien Atmosphäre. Aus ihr wird der → Gradient ermittelt. Die T. verändert sich ständig. Sie wird deshalb täglich mehrfach durch Sonden- oder Flugzeugaufstiege ermittelt.

Thermik: thermischer → Aufwind oder Wärmeaufwind, entsteht durch Erwärmung einer Luftmasse über der Erdoberfläche. Bei labilem → Gradienten der umgebenden Luft steigt diese erwärmte Luftmasse wie ein Warmluftballon in die Höhe und bildet einen thermischen Aufwind.·

Thermikbeginn: Zeitpunkt, zu dem der erste segelfliegerisch nutzbare → Aufwind des Tages erwartet wird oder eintritt.

Thermikende: Zeitpunkt, zu dem der letzte nutzbare thermische → Aufwind des Tages erwartet wird oder eintritt. Besitzt Bedeutung für flugtaktische Berechnungen und das fliegerische Verhalten.

Trockenthermik: thermischer → Aufwind, der die Höhe des → Kondensationsniveaus nicht erreicht und daher keine Wolke bildet. T. wird auch als Blauthermik bezeichnet.

turbulente Grenzschicht: Bereich der → Grenzschicht (in Strömungsrichtung gemessen), in dem die Strömung um einen Körper oder ein → Profil turbulent, d. h. verwirbelt und ungeordnet verläuft. In der t. entsteht ein größerer Widerstand als in der → laminaren Grenzschicht.

Turbulenzprofil: → klassisches Profil.

Widerstand: Komponente der Luftkraft an einem Flugzeug, die entgegengesetzt zur Bewegungsrichtung wirkt.

Steilkreis: Vollkreis des Flugzeugs mit mehr als 45° Schräglage. Die größere Schräglage bewirkt einen entsprechend kleineren Kreisdurchmesser, wodurch engere → Aufwinde genutzt werden können bzw. im Bereich des stärksten Steigens verblieben werden kann.

Trudeln: ungesteuerter Flugzustand eines Flugzeugs in Form einer Drehbewegung (Autorotation) um die Längsachse mit einer Neigung der Längsachse zum Erdboden von etwa 60°; entsteht durch Abreißen der Strömung und Aufhebung des → Auftriebs an einer Tragflächenhälfte als Folge eines Langsamfluges; war in den Anfangsjahren der Luftfahrt gefürchtet und ist auch heute noch in Flughöhen unter 100 m äußerst gefährlich.

Umkehrthermik: → Abendthermik.

Variometer: Vertikalgeschwindigkeitsmesser. Gerät, mit dem das Sinken oder Steigen eines Flugzeugs, in m/s ausgedrückt, gemessen und angezeigt wird.

Vieleckflug: Streckenflug in einem Flugraum mit einer bestimmten Anzahl von Wendepunkten, die der Segelflieger in vorgegebener Reihenfolge oder nach eigenem Ermessen anfliegt.

Wärmegewitter: Gewitter, das durch starke Aufheizung des Erdbodens durch die Sonne, die dadurch entstehenden thermischen → Aufwinde, → Thermik, bei einer günstigen → Temperaturzustandskurve der Luftmasse entsteht. W. ermöglichen dem Segelflugzeug das Erreichen großer Flughöhen.

Windthermik: thermische → Aufwinde mit oder ohne Wolkenbildung, kombiniert mit größeren horizontalen Windgeschwindigkeiten. Beim Auftreten von Wolken bilden sich Wolkenstraßen heraus. Mit dem Winde fliegend verbessert sich die Reisegeschwindigkeit und das Gleitverhältnis des Segelflugzeugs entsprechend der Windgeschwindigkeit. W. begünstigt das Fliegen von Langstrecken mit Segelflugzeugen.

Wolkenaufwind: thermischer → Aufwind unterhalb oder in einer → Kumuluswolke. In größeren Wolken kommt es durch die bei der Kondensation freigesetzten Wärme zu einer beträchtlichen Erhöhung der Aufwindgeschwindigkeit, die andererseits einen Saugeffekt bewirkt, der auch das Steigen unter der Wolke verstärkt. Der Kondensationseffekt tritt besonders ausgeprägt in Wärmegewitterwolken (Kumulonimbus) auf, in denen Aufwinde mit mehr als 20 m/s gemessen wurden.

Wolkenflug: Segelflug in Kumulus- und Kumulonimbuswolken, um die dort herrschenden höheren Steiggeschwindigkeiten des → Wolkenaufwindes zum Erreichen großer Höhen zu nutzen, die im Streckenflug in Strecke umgewandelt werden können. W. erfordert vom Piloten die Beherrschung des → Instrumentenfluges. W. ist seit der XIII. → SFWM in Vrsač 1972 von der → FAI bei internationalen Segelflugwettbewerben verboten worden.

Wolkenthermik: thermische Wetterlage, bei der sich Kumuluswolken bilden. → Wolkenaufwind.

zentrieren: bewußtes Hineinsteuern eines Segelflugzeugs in den Bereich des stärksten Steigens eines → Aufwindes.

Zielstreckenflug oder Zielflug: Streckensegelflug, bei dem der Segelflieger vor dem Start das Ziel angibt, das er erreichen will. Der Flug wird nur bei Erreichen des Zieles als Z. bewertet. In Wettbewerben werden solche Flüge mit Geschwindigkeitswertung gekoppelt.

Zielstreckenflug mit Rückkehr: Streckensegelflug, bei dem der Segelflieger oder die Wettkampfleitung vor dem Start das Ziel (Wendepunkt) angibt. Nur bei Rückkehr wird der Flug als Z. gewertet. In Wettbewerben werden diese Flüge mit Geschwindigkeitswertung gekoppelt. Auch als Zielrückflug bezeichnet.

Quellenverzeichnis

Das Ordnungsprinzip des Quellenverzeichnisses richtet sich nach der Chronologie der Erscheinungsjahre der verwendeten Literatur. Innerhalb eines Erscheinungsjahres gilt die alphabetische Reihenfolge.

[1] ZEDLER, J. H. (Verleger): Großes Universal-Lexikon aller Wissenschaften und Künste, welche bisher durch menschlichen Verstand und Witz erfunden worden. 58. Band. – Halle und Leipzig, 1748.

[2] Merkwürdige Beyträge zu dem Weltlauf der Gelehrten, von dem Verfasser derer vorhergehenden drey Teile. Dritter Versuch. Articulus I. Ars volanda, frustra tentata. Oder die Thorheit der Menschen wie Vögel durch die Luft zu fliegen. – Langensalza, 1766.

[3] MARCHAND, R. F.: Über die Luftschiffahrt. Ein Vortrag im wissenschaftlichen Vereine zu Berlin am 12. Januar 1850. – Leipzig, 1850.

[4] HELMHOLTZ, H. v.: Über ein Theorem geometrisch ähnliche Bewegungen flüssiger Körper betreffend nebst Anwendung auf das Problem Luftschiffe zu lenken. – In: Monatsschrift der Kgl. Preuß. Akademie der Wissenschaften zu Berlin. – Juni 1873.

[5] PÉNAUD, A.: Du Vol à Voiles ou Vol continu sans Battements (Resumé de notes lue le 18 Février 1874 á la Sociéte française de Navigation aérienne). – In: L'Aéronaute, 8ᵉ Année, Paris, Mars 1875, No. 3, Fortsetzung No 4, Avril 1875.

[6] PEAL, S. E.: Soaring of Birds. – In: Nature. A weekly illustrated Journal of Science. – London und New York, Volume XXIII (1880).

[7] DARWIN, Ch.: Reise eines Naturforschers um die Welt. (Gesammelte Werke, Auswahl in 6 Bänden, 1. Band). – Stuttgart, 1881.

[8] MOUILLARD, L. P.: L'Empire de l'Air. Essai d'Ornithologie, appliquee à l'Aviation. Oser ... – Paris, 1881.

[9] RAYLEIGH, J. W. S.: The Soaring of Birds. – In: Nature. A weekly illustrated Journal of Science. – London und New York, Volume XXVII (1883).

[10] LILIENTHAL, O.: Über Theorie und Praxis des freien Fluges. – In: Zeitschrift für Luftschiffahrt und Physik der Atmosphäre. – Berlin X (1891) 7 und 8.

[11] LANGLEY, S. P.: The Internal Work of the Wind. (Smithsonian Contributions to Knowledge Nr. 884). – Washington, 1893.

[12] LILIENTHAL, O.: Die Tragfähigkeit gewölbter Flächen beim praktischen Segelfluge. – In: Zeitschrift für Luftschiffahrt und Physik der Atmosphäre. – Berlin XII (1893) 11.

[13] LILIENTHAL, O.: Praktische Erfahrungen beim Segelfluge. – In: Prometheus. Illustrierte Wochenzeitschrift über die Fortschritte in Gewerbe, Industrie und Wissenschaft. – Berlin V (1893) 219 und 220.

[14] CHANUTE, O.: Progress in Flying Machines. – New York, 1894.

[15] LILIENTHAL, O.: Die Profile der Segelflächen und ihre Wirkung. – In: Zeitschrift für Luftschiffahrt und Physik der Atmosphäre. – Berlin XIV (1895) 2.

[16] LILIENTHAL, O.: Fliegesport und Fliegepraxis. – In: Prometheus. Illustrierte Wochenschrift über die Fortschritte in Gewerbe, Industrie und Wissenschaft. – Berlin VII (1895) 322 und 323.

[17] LILIENTHAL, O.: Über die Ermittlung der besten Flügelformen. – In: Zeitschrift für Luftschiffahrt und Physik der Atmosphäre. – Berlin XIV (1895) 10.

[18] CHANUTE, O.: American Gliding Experiments. – In: Illustrierte Aeronautische Mitteilungen. – Strassburg i. E. II (1898) 1.

[19] MAXIM, H. S.: Artificial and Natural Flight. – London, 1908.

[20] MOEDEBECK, H.: Fliegende Menschen. – Berlin, 1909.

[21] NIMFÜHR, R.: Leitfaden der Luftschiffahrt und Flugtechnik. In gemeinverständlicher Darstellung – Wien und Leipzig, 1909.

[22] FERBER, F.: Die Kunst zu fliegen. Ihre Anfänge – ihre Entwicklung. – Berlin, 1910.

[23] WATZINGER, H.: Gleitflugversuche in der Rhön. – In: Deutsche Zeitschrift für Luftschiffahrt. Illustrierte Aeronautische Mitteilungen. – Berlin XV (1911) 18.

[24] DONALIES, H.: Leonardo da Vincis Flugtheorie. – In: Deutsche Luftfahrer-Zeitschrift. Illustrierte Aeronautische Mitteilungen. – Berlin XVI (1912) 1 und 2.

[25] MOUILLARD, L.-P.: Le Vol sans Battement. Ouvrage posthume inedit. Reconstitué et précéde d'une Étude sur l'Oeuvre ignorée de L.-P. Mouillard par André Henry-Coüannier. – Paris, 1912.

[26] KLINCKOWSTROEM, C. GRAF v.: Emanuel Swedenborg und das Flugproblem. – In: Geschichtsblätter für Technik, Industrie und Gewerbe. Illustrierte Monatsschrift. – Berlin 3 (1916) 7 bis 12.

[27] HARTH, F.: Deutsches Reich. Reichspatentamt. Patentschrift Nr. 390 780. Klasse 77 h Gruppe 5. Korrigiert in Klasse 62 b, Gruppe 6^{01}. 4 Seiten und 2 Seiten Zeichnungen. Patentiert im Deutschen Reiche vom 4. Dezember 1918.

[28] ALTHAUS, v.: Segelflugversuche im Schwarzwald. – In: Flugsport. – Frankfurt a. M. XII (1920) 18.

[29] KLEMPERER, W.: Zur Aussprache zum Vortrag Hoff bei der VII. Tagung der WGL in München. – In: Zeitschrift für Flugtechnik und Motorluftschiffahrt (ZFM). – München und Berlin 12 (1921) 23.

[30] MESSERSCHMITT, W.: Der 21-Minuten-Flug auf dem Heidelstein am 13. September 1921. – In: Zeitschrift für Flugtechnik und Motorluftschiffahrt (ZFM). – München und Berlin 12 (1921) 20.

[31] PRANDTL, L.: Bemerkungen über den Segelflug. – In: Zeitschrift für Flugtechnik und Motorluftschiffahrt (ZFM). – München und Berlin 12 (1921) 14.

[32] BRENNER, P.; SCHRENK, M.: Aussprache über das Segelflugproblem. – In: Zeitschrift für Flugtechnik und Motorluftschiffahrt (ZFM). – München und Berlin 13 (1922) 4.

[33] GEORGII, W.: Der Segelflug und seine Kraftquellen im Luftmeer. – Berlin, 1922.

[34] KOPPE, H.: Meßgeräte des Segelfliegers. 38. Bericht der DVL, E. V. Adlershof. – In: Zeitschrift für Flugtechnik und Motorluftschiffahrt (ZFM). – München und Berlin 13 (1922) 23.

[35] LINKE, F.: Die Messung der Vertikal-Komponente des Windes an Berghängen. – In: Zeitschrift für Flugtechnik und Motorluftschiffahrt (ZFM). – München und Berlin 13 (1922) 19 und 20.

[36] PARSEVAL, A. v.: Die Bedeutung des motorlosen Segelflugs. – In: Zeitschrift für Flugtechnik und Motorluftschiffahrt (ZFM). – München und Berlin 13 (1922) 19 und 20.

[37] PRÖLL, A.: Kurze Betrachtungen zu den diesjährigen Rhönflügen. – In: Zeitschrift für Flugtechnik und Motorluftschiffahrt (ZFM). – München und Berlin 13 (1922) 19 und 20.

[38] SCHLINK, W.: Der Rhön-Segelflug-Wettbewerb 1922. – In: Zeitschrift für Flugtechnik und Motorluftschiffahrt (ZFM). – München und Berlin 13 (1922) 19 und 20.

[39] WEGENER, K.: Ausblick. – In: Zeitschrift für Flugtechnik und Motorluftschiffahrt (ZFM). – München und Berlin 13 (1922) 19 und 20.

[40] GEORGII, W.: Statischer Segelflug über Flachküsten. – In: Zeitschrift für Flugtechnik und Motorluftschiffahrt (ZFM). – München und Berlin 14 (1923) 13 und 14.

[41] HOFF, W.: Erster Deutscher Küstensegelflug 1923. – In: Zeitschrift für Flugtechnik und Motorluftschiffahrt (ZFM). – München und Berlin 14 (1923) 11 und 12.

[42] PRANDTL, L.: Aussprache zu den Vorträgen von Everling und Eisenlohr. – In: Zeitschrift für Flugtechnik und Motorluftschiffahrt (ZFM). – München und Berlin 14 (1923) 17 bis 22.

[43] PRÖLL, A.: Hat der Segelflug noch eine Zukunft? – In: Zeitschrift für Flugtechnik und Motorluftschiffahrt (ZFM). – München und Berlin 14 (1923) 17 bis 22.

[44] KOSCHMIEDER, H.: Die Arbeiten des Meßtrupps während des 2. Segelflug-Wettbewerbs in Rossitten. – In: Zeitschrift für Flugtechnik und Motorluftschiffahrt (ZFM). – München und Berlin 15 (1924) 21 und 22.

[45] PETSCHOW: Segelflug und Freiballon. – In: Zeitschrift für Flugtechnik und Motorluftschiffahrt (ZFM). – München und Berlin 15 (1924) 11 und 12.

[46] WEGENER, K.: Wissenschaftliche Flugergebnisse. – In: Zeitschrift für Flugtechnik und Motorluftschiffahrt (ZFM). – München und Berlin 15 (1924) 1 und 2.

[47] WEISS, B. J.: Gliding and Soaring Flight. A Survey of Man's Endeavour to Fly by Natural Methods. – London, 1924.

[48] GYMNICH, A.: Der Segelflugsport. – Leipzig und Zürich, 1925.

[49] EISENLOHR, R.: Der 6. Rhönsegelflug 1925. – In: Zeitschrift für Flugtechnik und Motorluftschiffahrt (ZFM). – München und Berlin 17 (1926) 2.

[50] GEORGII, W.: Ergebnisse des Rhön-Segelflugwettbewerbes 1926. – In: Zeitschrift für Flugtechnik und Motorluftschiffahrt (ZFM). – München und Berlin 17 (1926) 23.

[51] BORELLI, J. A.: Die Bewegung der Tiere. (Ostwald's Klassiker der exakten Wissenschaften). – Leipzig, 1927.

[52] GEORGII, W.: Ergebnisse des 4. Küstensegel-flugwettbewerbs in Rossitten. – In: Zeitschrift für Flugtechnik und Motorluftschifffahrt (ZFM). – München und Berlin 18 (1927) 14.

[53] GEORGII, W.: Ergebnisse des Rhön-Segelflug-Wettbewerbs 1927. – In: Zeitschrift für Flugtechnik und Motorluftschiffahrt (ZFM). – München und Berlin 18 (1927) 23.

[54] MARTENS, A.: Motorlos in den Lüften. Unter Mitarbeit der bekanntesten Segelflugfachleute. – Frankfurt a. M., 1927.

[55] KLEFFEL, W.: Der Segelflug. Ein Ruhmeskapitel aus der Geschichte des Menschenfluges. – Berlin, 1930.

[56] LIPPISCH, A.: The Development, Design and Construction of Gliders and Sailplanes. – In: Journal of the Royal Aeronautical Society. – London, XXXV (1931).

[57] DOLLFUS, Ch.; BOUCHÉ, H.: Histoire de l'Aéronautique. – Paris, 1932.

[58] GROENHOFF, G.: Ich fliege mit und ohne Motor. – Frankfurt a. M., 1932.

[59] HELBIG, H.: Der Schleppversuchswagen des DLV und seine Sondereinrichtungen. – In: Der Segelflieger. – Berlin 8 (1933) 4.

[60] HIRTH, W.: Die hohe Schule des Segelfluges. Eine Anleitung zum thermischen, Wolken- und Gewitter-Segelflug. Mit Beiträgen von Kronfeld, Groenhoff, Mayer, Riedel und anderen bekannten Segelfliegern. – Berlin, 1933.

[61] STAMER, F.: Zwölf Jahre Wasserkuppe. – Berlin, 1933.

[62] BRÜTTING, G.: Segelflug und Segelflieger. Entwicklung – Meister – Rekorde. – München, 1935.

[63] BRÜTTING, G.: Segelflugwettbewerb in den Alpen. – In: Der Segelflieger. – Berlin 10 (1935) 11.

[64] LANGSDORFF, W. v.: Flieger und was sie erlebten. – Gütersloh, 1935.

[65] SPIEGEL, W.: Wunder des Segelfluges. – Dresden, 1935. (Zigarettenalbum, Beschreibung zu den Bildern 107 bis 112, Blatt 24).

[66] SCHULZE, H.-G.; STIASNY, W.: Flug durch Muskelkraft. Vom Flugmenschen in den Mythen und Sagen der alten Völker bis zum Muskelkraftflug als Sport der kommenden Generation. – Frankfurt a. M., 1936.

[67] STEINIG, P.: Mit dem Motorbaby auf der ersten, zweiten und dritten Welle. – In: Deutsche Luftwacht, Ausgabe Luftwelt. – Berlin 3 (1936) 10.

[68] Eisjacht schleppte Grunau-Baby 2. – In: Der Deutsche Sportflieger. – Leipzig 4 (1937) 2.

[69] STEINHOFF, E.: Von der Wasserkuppe nach Brünn. – In: Der Deutsche Sportflieger. – Leipzig 4 (1937) 2.

[70] STEINIG, P.: Ohne Motor auf 5 716 m Höhe im Moazagotl. – In: Der Deutsche Sportflieger. – Leipzig 4 (1937) 6.

[71] ZILLER, E.: Weltrekord im Höhensegelflug auf 8 600 m über NN. – In: Deutsche Luftwacht, Ausgabe Luftwelt. – Berlin 6 (1939) 1.

[72] BRÜTTING, G.: Segelflug erobert die Welt. – München, 1940.

[73] ZUERL, H.: Der Segelflug im Wettbewerb der Völker. – Berlin, 1941.

[74] ZUERL, W.: Deutsche Flugzeugkonstrukteure. – München, 1941.

[75] HILGER, W.: Segelflieger im Aufwind. – Frankfurt a. M., 1943.

[76] LILIENTHAL, O.: Der Vogelflug als Grundlage der Fliegekunst. – 4. Auflage. Faksimile-Wiedergabe der ersten Auflage mit den handschriftlichen Ergänzungen des Verfassers (1889). – München und Berlin, 1943.

[77] ZUERL, H.: Kampf im Aufwind. Unter Mitarbeit führender Männer des Segelflugs. – Berlin, 1943.

[78] NESSLER, E.: Histoire du Vol à Voile de 1506 a nos Jours. – Paris, 1949.

[79] BRÜTTING, G.: Segelflug erobert die Welt. – München – Ulm, 1952.

[80] ENGELS, F.: Dialektik der Natur. – Berlin, 1952.

[81] LEONARDO DA VINCI: Tagebücher und Aufzeichnungen. – Nach den italienischen Handschriften übersetzt und herausgegeben von Theodor Lücke. – Leipzig, 1952.

[82] GIBBS-SMITH, C. H.: A History of Flying. – London, 1953.

[83] McFARLAND, M. W. (Hrsg.): The Papers of Wilbur and Orville Wright. – Vol. I. New York, Toronto, London, 1953.

[84] McFARLAND, M. W. (Hrsg.): The Papers of Wilbur and Orville Wright. – Vol. II. New York, Toronto, London, 1953.

[85] HÜTTER, U.: Neue Wege im Segelflugzeugbau. – In: Zeitschrift für Flugwissenschaften (ZFW). – Braunschweig 2 (1954) 1.

[86] GEORGII, W.: Forschen und Fliegen. Ein Lebensbericht. – Tübingen am Neckar, 1954.

[87] CAYLEY, Sir G. B.: On Aerial Navigation. – In: Journal of the Royal Aeronautical Society. – London Vol. 59 (1955) 530.

[88] KARLSON, P.: Der Mensch fliegt. Geschichte und Technik des Fliegens. – Berlin, 1955.

[89] PRITCHARD, L. J.: Sir George Cayley, Bart. The Father of British Aeronautics. The Man and His Work. – In: Journal of the Royal Aeronautical Society. – London Vol. 59 (1955) 530.

[90] VINOKUROV, A. D.: Aviacionnyi Sport. – Moskva, 1955.

[91] HALLE, G.: Otto Lilienthal. Flugforscher und Flugpraktiker. Ingenieur und Menschenfreund. – Düsseldorf, 1956.

[92] SUPF, P.: Das Buch der deutschen Flugge-

schichte. Vorzeit – Werdezeit – Wendezeit. (Erster Band) – Stuttgart, 1956.

[93] HUMEN, W.: Segelflug in Polen. – Warschau, 1957.

[94] SUPF, P.: Das Buch der deutschen Fluggeschichte. Vorkriegszeit – Kriegszeit – Nachkriegszeit bis 1932. (Zweiter Band). – Stuttgart, 1958.

[95] WOODWARD, B.; STIRNEMANN, A.: The World's Sailplanes. Die Segelflugzeuge der Welt. Les Planeurs dans le Monde. Published by OSTIV and Schweizer Aero-Revue. – Bern, 1958.

[96] GONČARENKO, V.: Rasskas o planernom Sporte. – Moskva, 1960.

[97] ILČENKO, V.: Parjaščij Polët. – Moskva, 1960.

[98] ŽUKOVSKIJ, N. E.: Der Flugapparat Otto Lilienthals. (Übersetzung aus dem Russischen von G. Wissmann.). – In: Deutsche Flugtechnik. – Berlin (1961) 8.

[99] HALLE, G.: Otto Lilienthal und seine Flugzeug-Konstruktionen. Abhandlungen und Berichte des Deutschen Museums. – München 30 (1962) 2.

[100] MEANS, J. H.: James Means and the Problem of Manflight during the Period 1882–1920. – Washington D. C., 1964.

[101] GIBBS-SMITH, Ch. H.: Aviation. An historical Survey from its Origins to the End of World War II. – London, 1970.

[102] BRÜTTING, G. (Hrsg.): Mit dem Segelflugzeug in die Stratosphäre. Erkenntnisse und Erfahrungen, Beobachtungen und Erfolge im Wellensegelflug. – Coburg, 1951.

[103] GROSSE, H.-W.: 1460 Kilometer motorlos. Lübeck—Biarritz. Weltrekord 1972. – In: deutscher aerokurier. – Gelsenkirchen-Buer 16 (1972) 8.

[104] HAUBENHOFER, M.: McCready oder nicht McCready – das ist hier die Frage. Oder sollte man nicht besser vom «Späte-Verfahren» sprechen? – In: deutscher aerokurier. – Gelsenkirchen-Buer 16 (1972) 4.

[105] BRÜTTING, G.: Die Geschichte des Segelfluges. 60 Jahre Wasserkuppe. – Stuttgart, 1974.

[106] GIBBS-SMITH, Ch. H.: Sir George Cayley, Father of Aerial Navigation (1773-1857). – In:

The Aeronautical Journal. – London Vol. 78 (1974) 760.

[107] KALCKREUTH, J. v.: Segeln über den Alpen. Erlebnis und Technik des Hochgebirgsfluges. Ein Rekordflieger berichtet. – Stuttgart und Zug, 1974.

[108] SPROULE, J.: Making and flying Replicas of Sir George Cayleys's Gliders. – In: The Aeronautical Journal. – London Vol. 78 (1974) 763.

[109] Fédération Aéronautique Internationale Code Sportif. Sektion 3, Klasse D. Segelflugzeuge. – Ausgabe 1975. – Herausgegeben vom Aeroklub der DDR.

[110] BUCH, H.: Der Rekord der Rekorde. Flieger-Revue-Exklusivbericht über den ältesten gültigen Weltrekord der Segelfluggeschichte. – In: Flieger-Revue. – Berlin (1976) 11.

[111] Obituary. Eric Gordon-England. – In: Sailplane and Gliding. Magazine of the British Gliding Association. – London Vol. XXVII (1976) 3.

[112] KALCKREUTH, J. v.: Das stille Abenteuer. – Zug und Stuttgart, 1976.

[113] REICHMANN, H.: Zum Problem der Fahrtoptimierung im Streckensegelflug. – Universität Karlsruhe. Institut für Praktische Mathematik (Dissertation). – Karlsruhe, 1976.

[114] STRIEDIECK, K.: Never say die – Another 1616 km. – In: Sailplane and Gliding. Magazine of the British Gliding Association. – London Vol. XXVIII (1977) 4.

[115] SCHWIPPS, W.: Lilienthal. – Berlin, 1979.

[116] BAUER, M.: Die Flugzeughandschrift des Melchior Bauer von 1765. (Eingeleitet und transkribiert von Werner Querfeld unter Mitarbeit von Gottfried Börnert). – Rudolstadt, 1980.

[117] BUCH, H.: Segelfliegen. – Berlin, 1980.

[118] KARETKIN, A.: Wie ich ein Vogel war. – In: Sputnik. Digest der sowjetischen Presse. – Moskau (1983) 6.

[119] MARZINZIK, G.: Frederico Blatter. Erster 1000-km-Flug in den Alpen. 1016-km-Dreieck Valbrembo—Obervellach—La Thuile in 9:45 Stunden. – In: aerokurier. – Gelsenkirchen-Buer 27 (1983) 5.

Literaturverzeichnis

Das Ordnungsprinzip des Literaturverzeichnisses richtet sich nach der Chronologie der Erscheinungsjahre der verwendeten Literatur. Innerhalb eines Erscheinungsjahres gilt die alphabetische Reihenfolge.

PRECHTL, J. J.: Untersuchungen über den Flug der Vögel. – Wien, 1846.

D'ESTERNO, F.: Du Vol des Oiseaux. Indication des sept Lois du Vol rame et des huit Lois du Vol à Voile. – Paris, 1864.

GOUPIL, A.: La Locomotion Aérienne. – Paris, 1884.

PARSEVAL, A. v.: Die Mechanik des Vogelfluges. – Wiesbaden, 1889.

MILLER-HAUENFELS, A. RITTER v.: Der mühelose Segelflug der Vögel und die segelnde Luftschiffahrt als Endziel hundertjährigen Strebens. – Wien, 1890.

LILIENTHAL, O.: Aufsätze in der Zeitschrift Prometheus:
- Der Flug der Vögel und des Menschen durch die Sonnenwärme. – Berlin (1891) 55.
- Zur Flugfrage. – Berlin (1893) 204 und 205.
- Praktische Erfahrungen beim Segelfluge. – Berlin (1893) 219 und 220.
- Weshalb ist es so schwierig, das Fliegen zu erfinden? – Berlin (1894) 261.
- Unsere Lehrmeister im Schwebefluge. – Berlin (1895) 316.
- Fliegesport und Fliegepraxis. – Berlin (1895) 322 und 323.

LILIENTHAL, O.: Aufsätze in der Zeitschrift für Luftschiffahrt und Physik der Atmosphäre:
- Über Theorie und Praxis des freien Fluges. – Berlin X (1891) 7 und 8.
- Über meine diesjährigen Flugversuche. – Berlin X (1891) 12.
- Über die Mechanik im Dienste der Flugtechnik. – Berlin XI (1892) 7 und 8.
- Über den Segelflug und seine Nachahmung. – Berlin XI (1892) 11.
- Die Flugmaschinen des Mr. Hargrave. – Berlin XII (1893) 5.
- Die Tragfähigkeit gewölbter Flächen beim praktischen Segelfluge. – Berlin XII (1893) 11.
- Allgemeine Gesichtspunkte bei Herstellung und Anwendung von Flugapparaten. – Berlin XIII (1894) 6.
- Die Profile der Segelflächen und ihre Wirkung. – Berlin XIV (1895) 2.
- Über die Ermittlung der besten Flügelformen. – Berlin XIV (1895) 10.

STEIGER, C.: Vogelflug und Flugmaschine. – München, 1891.

MEANS, J. (Hrsg.): The Aeronautical Annual. – Boston, 1895–1897.

MOEDEBECK, H. W. L. (Hrsg.): Taschenbuch zum praktischen Gebrauch für Flugtechniker und Luftschiffer. – Berlin, 1895.

AHLBORN, F.: Zur Mechanik des Vogelfluges. – Hamburg, 1896.

CHANUTE, O.: Sailing Flight. – In: The Aeronautical Annual. – Boston, 1896.

PICKERING, W. H.: How a Bird soars. – In: The Aeronautical Annual. – Boston, 1896.

AHLBORN, F.: Der Schwebeflug und die Fallbewegung ebener Tafeln in der Luft. Über die Stabilität der Flugapparate. Abhandlungen aus dem Gebiete der Naturwissenschaften. Herausgegeben vom Naturwissenschaftlichen Verein in Hamburg. Band 15. – Hamburg, 1897.

PILCHER, P.: Gliding Experiments. – In: The Aeronautical Annual. – Boston, 1897.

CHANUTE, O.: Conditions of Success in the Design of Flying Machines. – In: Illustrierte Aeronautische Mitteilungen (IAM). – Strassburg i. E. III (1899) 1.

LECORNU, J.: Les Cerfs Volants. – Paris, 1902.

BESTELMEYER, A.: Ein Ballonvariometer zur Messung der Vertikalgeschwindigkeit. – In: Illustrierte Aeronautische Mitteilungen. Deutsche Zeitschrift für Luftschiffahrt. – Berlin XII (1908) 21.

HILDEBRANDT, A.: Die Brüder Wright. Eine Studie über die Entwicklung der Flugmaschine von Lilienthal bis Wright. – Berlin, 1909.

LANCHESTER, F. W.: Aerodynamic. – Leipzig und Berlin, 1909.

MECKEL, P. A.: Ein Beitrag zur Frage der Balloninstrumente. – In: Illustrierte Aeronautische Mitteilungen. Deutsche Zeitschrift für Luftschiffahrt. – Berlin XIII (1909) 26.

BESTELMEYER, A.: Zur Theorie des Ballonvariometers. – In: Physikalische Zeitschrift. – Berlin 11 (1910) 17.

LUDEWIG, P.: Die Messung vertikaler Luftströmungen. – Leipzig, 1911.

POPPER-LYNKEUS, J.: Der Maschinen- und Vogelflug. Eine historisch-kritische flugtechnische Untersuchung mit besonderer Hervorhebung der Arbeiten von Alphonse Pénaud. – Berlin, 1911.

BESTELMEYER, A.: Ballonvariometer. – In: Deutsche Luftfahrer Zeitschrift. Illustrierte Aeronautische Mitteilungen. – Berlin XVI (1912) 25.

BETZ, A.: Ein Beitrag zur Erklärung des Segelfluges. – In: Zeitschrift für Flugtechnik und Motorluftschiffahrt (ZFM). – München und Berlin 3 (1912) 21.

BORNE, G. v. d.: Aneroidvariometer zur Feststellung der Vertikalgeschwindigkeit im Ballon. – In: Deutsche Luftfahrer Zeitschrift. Illustrierte Aeronautische Mitteilungen. – Berlin XVI (1912) 22.

KNOLLER, R.: Zur Theorie des Segelfluges. – In: Zeitschrift für Flugtechnik und Motorluftschiffahrt (ZFM). – München und Berlin 4 (1913) 2.

LACHMANN, G.: Erfahrungen und Grundsätze im modernen Gleiterbau. – In: Zeitschrift für Flugtechnik und Motorluftschiffahrt (ZFM). – München und Berlin 4 (1913) 15.

ROZENDAAL, J.: Die Etrich-Taube. (Ein Beitrag zur Entwicklungsgeschichte der Flugtechnik). – In: Zeitschrift für Flugtechnik und Motorluftschiffahrt (ZFM). – München und Berlin 4 (1913) 8 und 14.

NIMFÜHR, R.: Mechanische und technische Grundlagen des Segelflugs. – Berlin, 1919.

ZSCHOKKE, F.: Der Flug der Tiere. – Berlin, 1919.

AHLBORN, F.: Zur Methode des Segelfluges. – In: Zeitschrift für Flugtechnik und Motorluftschiffahrt (ZFM). – München und Berlin 12 (1921) 23.

BLUME, W.: Das Segelflugzeug der akademischen Fliegergruppe der Technischen Hochschule Hannover. – In: Zeitschrift für Flugtechnik und Motorluftschiffahrt (ZFM). – München und Berlin 12 (1921) 21.

BOFFITO, G.: Il Volo in Italia. Storia documentata e aneddotica dell'Aeronautica e dell'Aviazione in Italia. – Firenze, 1921.

BENNEWITZ, K.: Flugzeuginstrumente. (Handbuch der Flugzeugkunde, Bd. 8). – Berlin, 1922.

DREISCH, TH.: Der Segelflug der Vögel und die Theorien zu seiner Erklärung. – In: Berichte und Abhandlungen der Wissenschaftlichen Gesellschaft für Luftfahrt (WGL). – Berlin und München (1922) 9.

DRZEWICKI: Le Vol d'un Avion sans Moteur. – In: L'Aérophile. Bd. 30. – Paris (1922) 7 und 8.

IDRAC, P.: Études expérimentales sur le Vol à Voile. – In: L'Aérophile. Bd. 30. – Paris (1922) 1 bis 6.

KATZMAYR, R.: Über das Verhalten von Flügelflächen bei periodischen Änderungen der Geschwindigkeitsrichtung. – In: Zeitschrift für Flugtechnik und Motorluftschiffahrt (ZFM). – München und Berlin 13 (1922) 6 und 7.

MEYER, E.: Persönliche Eindrücke vom ersten englischen Segelflug-Wettbewerb. – In: Zeitschrift für Flugtechnik und Motorluftschiffahrt (ZFM). – München und Berlin 13 (1922) 23.

WEGENER, K.: Lehren des Rhön-Segelfluges 1922. – In: Illustrierte Flugwoche. – Leipzig 4 (1922) 19.

WEYL, A. R.: Der englische Segelflug-Wettbewerb von Itford-Hill. – In: Zeitschrift für Flugtechnik und Motorluftschiffahrt (ZFM). – München und Berlin 13 (1922) 23.

LANGSDORFF, W. v.: Das Segelflugzeug. – München, 1923.

LILIENTHAL, G.: Vom Gleitflug zum Segelflug. – Berlin-Charlottenburg, 1923.

WEGENER, K.: Die Grundlagen des Segelfluges. – Leipzig, München, Frankfurt a. M., 1923.

GÜNTER, W.: Das neue Segelflugzeug der Technischen Hochschule Hannover. – In: Zeitschrift für Flugtechnik und Motorluftschiffahrt (ZFM). – München und Berlin 15 (1924) 11 und 12.

PLATZ, R.: Ein neuartiges Segel-Flugzeug. – In: Zeitschrift für Flugtechnik und Motorluftschiffahrt (ZFM). – München und Berlin 15 (1924) 1 u. 2.

SCHNEIDER, F. (Hrsg.): Die Flugzeughandschrift des Melchior Bauer im Thüringer Staatsarchiv Greiz. – Rudolstadt, 1924.

EISENLOHR, R.: Wie baue ich ein Segelflugzeug? – Berlin, 1925.

IDRAC, P.: Experimental Study of the Soaring of Albatrosses. – In: Nature. – London 115 (1925) 2893.

LANGSDORFF, W. v.: Das Flugsport-Buch. – Stuttgart, 1925.

RICHTER, H.: Deutscher Flug-Almanach für Gleit- und Motorflugwesen. – Berlin, 1925.

ŠERŠEVSKIJ, A.: Der zweite allrussische Segelflugwettbewerb 1924. – In: Zeitschrift für Flugtechnik und Motorluftschiffahrt (ZFM). – Berlin und München 16 (1925) 7 und 8.

FELDHAUS, F. M.: Altmeister des Segelfluges. – Berlin-Lichterfelde, 1927.

KLEMPERER, W.: Theorie des Segelfluges. – Berlin, 1927.

STAMER, F.; LIPPISCH, A.: Gleitflug und Gleitflugzeuge. Teil I: Konstruktion und praktische Flugversuche. – Berlin 1928.

GEORGII, W.: Beobachtungsergebnisse aerologischer Flugzeugaufstiege in Darmstadt und auf der Wasserkuppe in der Rhön. Dezember 1927 – Dezember 1928. – In: Veröffentlichungen des Forschungs-Institutes der Rhön-Rossitten-Gesellschaft. – München (1929) 3.

GIACOMELLI, R.: An Historical Survey of Italien Aeronautics. – In: Journal of the Royal Aeronautical Society. – London 33 (1929).

GEORGII, W.: Ten Years of Gliding and Soaring in Germany. – In: Journal of the Royal Aeronautical Society. – London 34 (1930).

GEORGII, W. (Hrsg.): Vorträge der 1. Internationalen Wissenschaftlichen Segelflugtagung in Darmstadt 08.–10. März 1930. – München und Berlin, 1930.

GIACOMELLI, R.: The Aerodynamics of Leonardo da Vinci. – In: Journal of the Royal Aeronautical Society. – London 34 (1930).

STAMER, F.: The Flying School at the Wasserkuppe. – In: Journal of the Royal Aeronautical Society. – London 34 (1930).

STAMER, F.; LIPPISCH, A.: Handbuch für den Jungsegelflieger. – Berlin, 1930.

ENTWISTLE, F.: The Meteorological Aspects of Gliding and Soaring Flight. – In: Journal of the Royal Aeronautical Society. – London 35 (1931).

ITALIANDER, R.: So lernte ich Segelfliegen. – Zürich und Leipzig, 1931.

BACHEM, E.: Die Praxis des Leistungs-Segelfliegens. – Berlin, 1932.

GIACOMELLI, R.: Flight in Nature and Science. – In: Journal of the Royal Aeronautical Society. – London 36 (1932).

GRAHAM, R. R.: Safety Devices in Wings of Birds. – In: Journal of the Royal Aeronautical Society. – London 36 (1932).

HAANEN, K. TH.: Robert Kronfeld – ein Segelflieger. – Köln, 1932.

IDRAC, P.: Experimentelle Untersuchungen über den Segelflug mitten im Fluggebiet großer segelnder Vögel (Geier, Albatros usw.) Ihre Anwendung auf den Segelflug des Menschen. – München und Berlin, 1932.

KARLSON, P.: Segler durch Wind und Wolken. Das Abenteuerbuch der Segelfliegerei. – Berlin, 1933.

BORCHERT, E.: Ferdinand Schulz. Dem Weltmeister des Segelfluges zum Gedenken. – Stuhm, 1934.

GEORGII, W.: Neue Forschungen im Segelflug. (Vortrag gehalten am 16. 11. 1934). – Essen: Haus der Technik, 1934.

Vom russischen Segelflug – In: Deutsche Luftwacht, Ausgabe Luftwelt. – Berlin 2 (1935).

DITTMAR, H.: Im Segelflugzeug über die Zentralalpen. – In: Der Segelflieger. – Berlin 11 (1936) 12.

GIACOMELLI, R.: Gli scritti di Leonardo da Vinci sul Volo. – Roma, 1936.

LUEDECKE, H.: Vom Zaubervogel zum Zeppelin. Eine Geschichte der Luftfahrt und des Fluggedankens. – Berlin, 1936.

LIPPISCH, A.: Harth, ein deutscher Segelflugpionier. – In: Der Segelflieger. – Berlin 12 (1937) 1 und 2.

SCHMIDT, K.: Wie die Mü 13 entstand. – In: Der Segelflieger. – Berlin 12 (1937) 2.

STÖCKER, A.: Deutscher Segelflug. Als erster Bildberichterstatter bei den Seglern der Luft. – Berlin, 1937.

DENK, F.: Geschichtliches über den Drachenflugsport in Deutschland. – In: Deutsche Luftwacht. Ausgabe Modellflug. – Berlin 3 (1938) 9.

HIRTH, W.: Vom Segelflug zum Segelflugzeug. Deutsches Museum. Abhandlungen und Berichte. – Berlin 10 (1938) 4.

ITALIANDER, R.: (Hrsg.): Wolf Hirth erzählt. Die Erlebnisse unseres erfolgreichen Meisterfliegers. – Berlin, 1938.

LIPPISCH, A.: Gedanken zur Entwicklung des Schwingenfluges. – In: Deutsche Luftwacht. Ausgabe Modellflug. – Berlin 3 (1938) 1.

HRBEK, J.: Plachtění. Příručka pro piloty větroňů. – Praha, 1939.

Vorträge über motorlosen Flug. Gehalten auf der ISTUS-Tagung Mai 1938 in Bern. – In: Mitteilungsblatt der Internationalen Studienkommission für den motorlosen Flug (ISTUS). – München und Berlin (1939) 7.

JACOBS, H.: Werkstattpraxis für den Bau von Gleit- und Segelflugzeugen. – Ravensberg, 1941.

KRIPP, D. v.: Ein Lebensbild von Pteranodon ingens auf flugtechnischer Grundlage. (Deutsche Akademie der Naturforscher) – Halle (Saale), 1943.

NÜSSLEIN, R.: Das Vergleichsfliegen 1941 der Flugtechnischen Fachgruppen und Arbeitsgemeinschaften. – In: Mitteilungen der Flugtechnischen Fachgruppen und Arbeitsgemeinschaften. – Berlin (1943) 3.

ZACHER, H.: Ergebnisse der Leistungsmessungen und Flugeigenschaftsprüfung des Segelflugzeugs D 30 «Cirrus». – In: Mitteilungen der Flugtechnischen Fachgruppen und Arbeitsgemeinschaften. – Berlin (1944) 6.

DOUGLAS, A. C.: Gliding and advanced Soaring. – London, 1947.

DENK, F.: Bibliographie des Flugdrachens. Unter Berücksichtigung seiner Geschichte. – Erlangen, 1949.

WINTER, H.: Segelflug und Langsamflug. – Braunschweig, 1949.

ŽUKOVSKIJ, N. E.: Gesammelte Werke. Bd. IV und VII. – Moskau–Leningrad, 1950.

CARMICHAEL, B. H.: An Analysis of Johnsons Flight. – In: Soaring. – Los Angeles (1951) 5.

DEUTSCH, H.: Segelflug. Ein Bildwerk vom Internationalen Segelflugsport. – Göttingen, 1951.

HIRTH, W.; SUPF, P.: Zwölf Gebote für Segelflieger. – Reutlingen, 1951.

STRESEMANN, E.: Die Entwicklung der Ornithologie von Aristoteles bis zur Gegenwart. – Berlin, 1951.

CARMICHAEL, B. H.: Possibilities of Drag Reduction on Sailplanes. – In: OSTIV Conference. – Brüssel (1952).

Deutsche Akademie der Künste (Hrsg.): Leonardo da Vinci. Zur fünfhundertsten Wiederkehr seines Geburtstages 1452/1952. – Berlin, 1952.

IRVING, F. G.: The Total Energy Variometer. – In: Sailplane and Gliding. – London III (1952) 2.

KUKUSKI, J.: Theorie and Technique of Soaring. – London, 1952.

MARCHAND, G.: Um einen Weltrekord im Segelflug. – Tübingen, 1952.

TEICH, M.: Wetterkunde für den Segelflieger. – Halle, 1952.

GLADKOW, N. A.: Flüge in der Natur. (Übersetzung aus dem Russischen) – Jena, 1953.

LÖW, H.: Österreichische Pioniere der Luftfahrt. – Wien, 1953.

RASPET, A.: Human Muscle Power Flight. – In: Sailplane and Gliding. – London IV (1953) 1.

30 Jahre Akaflieg München. – München, 1954.

HARDT, K.-H.: Im Kampf mit Wind und Wolken. Berichte von den internationalen Segelflugwettkämpfen in Volkspolen. – Halle, 1954.

MACHIN, K. E.: The Performance Testing of the Slingsby-Sky. – In: Journal of the Royal Aeronautical Society. – London 58 (1954).

PECUCH, A.: Krylja Molodeži. (Praktika Planerisma). – Moskva, 1954.

WILKINSON, K. G.: Progress in Sailplane Design. – In: Journal of the Royal Aeronautical Society. – London 58 (1954).

YATES, A. H.: Recent Progress in Gliding. – In: Journal of the Royal Aeronautical Society. – London 58 (1954).

WELCH, A. und L.: The Soaring Pilot. – London, 1955.

FROWEIN, E.: Grundfragen fliegerischer Ausbildung und Erziehung. – München, 1956

GEORGII, W.: Flugmeteorologie. – Frankfurt a. M., 1956.

KÁRMÁN, TH. V.: Aerodynamik. Ausgewählte Themen im Lichte der historischen Entwicklung. – Genf, 1956.

HIRTH, W. (Hrsg.): Handbuch des Segelfluges. – Stuttgart, 1957.

JAMESON, W.: The wandering Albatros. – London, 1958.

KORCZAK-DABKOWSKI, A.: Bractwo potrójnej mewy. – Warszawa, 1958.

PIGOTT, D.: Gliding. A Handbook on Soaring Flight. – London, 1958.

SALZMANN, G. (Hrsg.): Segelfliegen. – Neuenhagen bei Berlin, 1958.

ZIENTEK, A.: Na Falach Halniakowych. – Warszawa, 1958.

FISHER, J.: Geschichte der Vögel. – Jena, 1959.

GEORGII, W.: Meteorologische Navigation des Segelfluges. – Braunschweig, 1959.

GONČARENKO, V.: Parjaščie Polety na Planere. – Moskva, 1959.

RICHTER, W.: Flugmechanik. – Leipzig, 1959.

ŠEREMETĚV, B. N.: Planery. Moskva, 1959.

ALBIN, K.: Szybownictwo na Swiecie. – Warszawa, 1960.

GIBBS-SMITH, CH. H.: The Aeroplane – An Historical Survey of its Origins and Development. – London, 1960.

SEIFERT, J.: Streckenflug. Taktik und Technik. – Neuenhagen bei Berlin, 1960.

WILLS, PH.: Allein mit Wind und Wolken. Weltmeister Philip Wills erzählt von seinen Flügen. – Stuttgart, 1960.

WISSMANN, G.: Geschichte der Luftfahrt von Ikarus bis zur Gegenwart. – Berlin, 1960.

GUTMANN, H.: Die Wasserkuppe. Berg der Flieger. – Fulda, 1961.

PRITCHARD, J. L.: Sir George Cayley. The Inventor of the Aeroplane. – London, 1961.

SEIFERT, K. D.: Otto Lilienthal. Mensch und Werk. – Neuenhagen bei Berlin, 1961.

ZUKOVSKIJ, N. E.: Über den Tod des Flugpioniers Otto Lilienthal. (Übersetzung aus dem Russischen von G. Wissmann). – In: Deutsche Flugtechnik. – Berlin (1961) 8.

GIBBS-SMITH, CH. H.: Sir George Cayleys Aeronautics. – London, 1962.

HAANEN, K. TH.: Ein Segelflieger. Robert Kronfeld. – München, 1962.

REITSCH, H.; FROWEIN, E.: Erschließung der Wellenaufwinde und Höhensegelflugmöglichkeiten im Raume Schwarzwald-Vogesen. Deutsche Versuchsanstalt für Luft- und Raumfahrt E. V. Bericht Nr. 185. – Mülheim (Ruhr), 1962.

WELCH, A.; DENES, G.: Den Wolken entgegen. Eine Einführung in die Zauberwelt des Segelfliegens. – Stuttgart, 1962.

PIGGOT, D.: Technik und Taktik des Segelfliegens. – Braunschweig, 1964.

STUDZENI, J. (Hrsg.): Teljesítményrepülés. – Budapest, 1964.

WEINHOLTZ, F.: Grundtheorie des modernen Streckensegelfluges. – Bochum, 1967.

DEMAND, C.; EMDE, H.: Meilensteine der Luftfahrt. Stationen der Fluggeschichte von 1903–1945. – Berlin–München, 1968.

WELCH, A.; IRVING, L. und F.: New Soaring Pilot. – London, 1968.

GEORGII, W.: Beitrag zur Geschichte der Deutschen Forschungsanstalt für Segelflug. Deutsche Versuchsanstalt für Luft- und Raumfahrt. Mitteilung 69–04. – München, 1969.

YOUNG, P. I.: Alphonse Pénaud's Letters on Aeronautics. With a Bibliography. – San Francisco, 1969.

BRÜTTING, G.: Die berühmtesten Segelflugzeuge. – Stuttgart, 1970.

LOCHNER, W.: Fliegen. Das große Abenteuer der Menschheit. Kulturgeschichte, Wissenschaft, Technik, Motor- und Segelflugsport. – München, 1970.

LOCHNER, W.: Weltgeschichte der Luftfahrt. Vom Heißluftballon zum Überschallflugzeug. Das Abenteuer des Fliegens. – München, 1970.

CUCU, GH. M.: Istoricul zborului fara motor in Romania. – Bucuresti, 1972.

JARRET, PH.: Pilcher and the Multiplans – a neglected Aspect of a Pioneer's Work. – In: The Aeronautical Journal. – London 76 (1972) 737.

MOZDYNIEWICZ, W.: Loty Falowe. – Warszawa, 1972.

SCHIELE, M.: Die Schule des Segelfliegens. Ein umfassendes Lehrbuch für Anfänger und künftige Leistungspiloten. – Stuttgart, 1972.

WATZINGER, H.: Gedenke des Anfangs. Erinnerungen an die Anfänge der Flugversuche der Darmstädter Jugend 1909–1913. – Darmstadt, 1973.

WELCH, A.: Development of the competition Glider. – In: The Aeronautical Journal. – London 77 (1973) 756.

RIEDEL, P.: Fafnir – wendig und sicher. Fliegerisch angenehme Maschinen ermöglichten erste Steilkreise. – In: aerokurier. Gelsenkirchen-Buer 18 (1974) 7.

ZUERL, W.: Günther Groenhoff und die goldenen Jahre des deutschen Segelflugs: mit einer Biographie seines Bruders Hans. – Steinebach/Wörthsee, 1974.

DESFAYES, J. B.: Delta: Fliegen wie ein Vogel. – Bern, 1975.

50 Jahre Akademische Fliegergruppe München. – Steinebach/Wörthsee, 1975.

WILLS, PH.: Auf freien Schwingen: Erlebnisse und Erfahrungen in 40 Jahren Segelflug. – Stuttgart, 1975.

Akademische Fliegergruppe Stuttgart e.V. (Hrsg.): 50 Jahre Akaflieg Stuttgart 1926–1976. – Stuttgart, 1976.

GEISTMANN, D.: Die Entwicklung der Kunststoff-Segelflugzeuge. – Stuttgart, 1976.

KREIPL, M.: Mit dem Wetter segelfliegen: eine praxisbezogene Wetterkunde – nicht nur für den Leistungssegelflieger. – Stuttgart, 1976.

REICHMANN, H.: Streckensegelflug. Ein Lehrbuch für den Leistungs- und Wettbewerbssegelflug. – Stuttgart, 1976.

BUCH, H.: Dynamischer Segelflug. Eine Theorie fand erstmals ihre fliegerische Bestätigung. – In: Flieger-Revue. – Berlin (1977) 1.

NAIRZ, W.: Drachenfliegen: ein Traum wird wahr. – München, 1977.

PETRAUSCHKE, W.: Zur Theorie des zeitoptimalen Streckensegelfluges. Vorgelegt von Wolfgang Petrauschke. Dissertation Technische Universität München. – München, 1977.

POYNTER, D.: Handbuch des Drachenfliegers. – Steinebach/Wörthsee, 1977.

SLATER, A. E.: Obituary. Jochen von Kalckreuth. In: Sailplane and Gliding. – London XXVIII (1977) 4.

AMBROS, G.; GALLUS, R.; RESCHINSKY, H.: Aerodynamik für Segelflieger. – Berlin, 1979.

DÖRPINGHAUS, R.: Projekt HVS. Fliegen mit Muskelkraft. – In: aerokurier. – Gelsenkirchen-Buer 27 (1983) 4.

MARZINZIK, G.: Das hat noch keiner geschafft: Tom Knauff fliegt 1 647 Kilometer. – In: aerokurier. – Gelsenkirchen-Buer 27 (1983) 6.

MARZINZIK, G.: Super-WM am Tegelberg. Drachenflieger werden Streckenmeister. – In: aerokurier. – Gelsenkirchen-Buer 27 (1983) 7.

WASSERMANN, M.: Otto Lilienthal. – Leipzig, 1985.

Bildquellenverzeichnis

ADAMS, H.: Flug. – Leipzig, 1909. *60*
aerokurier. – Gelsenkirchen-Buer (1969). *387;* (1983). *440;* (1986). *434, 435*
ALBIN, K.: Szybownictwo na Swiece. – Warszawa, 1960. *336, 353, 393*
ALEXANDER-KATZ, B.: Die Entwicklung der Flugapparate an Hand der deutschen Patentliteratur vom Jahre 1897–1911. – Berlin, 1912. *117*
AUTOR *4, 258, 259, 263, 378, 406*

BIGING, C.: Tiere, Sonnen und Atome. – Berlin, 1933. *5*
BIRNBAUM, C.; BÖTTGER, C.; GAYER, K. u. a. (Hrsg.): Das Buch der Erfindungen, Gewerbe und Industrien. 2. Band. – Leipzig, 1898. *85*
BRÖCKELMANN (Hrsg.): Wir Luftschiffer. Die Entwicklung der modernen Luftschifftechnik in Einzeldarstellungen. – Berlin und Wien, 1909. *93*
BRÜTTING, G.: Die berühmtesten Segelflugzeuge. – Stuttgart, 1973. *279, 337, 340, 372, 374, 414, 418, 422–426, 438, 439*
BRÜTTING, G.: Die Geschichte des Segelfluges. – Stuttgart, 1977. *178, 212, 214, 233, 309, 345*
BRÜTTING, G. (Hrsg.): Mit dem Segelflugzeug in die Stratosphäre. – Coburg, 1951. *380, 383, 386*
BRÜTTING, G.: Segelflug erobert die Welt. – München, 1940. *210, 225, 249, 250, 254, 268, 321, 322, 328, 333, 343, 367, 368, 376, 395, 397*
BRÜTTING, G.: Segelflug und Segelflieger. – München 1935. *72, 157, 175, 207, 246, 269, 277, 281, 301, 304*
BUCH, H.: Segelfliegen. – Berlin, 1980. *261, 262, 294, 297, 326, 339, 370, 371, 373, 375, 379, 410, 413, 415–417, 419–421, 427, 428, 436, 437, 443, 454*
BURBIDGE, WM. F.: From Ballon to Bomber. A complete History of Aviation from earliest Times until the present Day. – London, 1946. *69, 97*
BURDA, F. (Hrsg.): Fünfzig Jahre Motorflug. – Offenburg (Baden), 1953. *215*

CHANUTE, O.: Progress in Flying Machines. – New York, 1894. *26, 43*
Comptons Pictured Encyclopedia and Fact-Index. Vol. 1. – Chicago, Toronto, Rome, Sydney, Tokyo, 1968. *119*

DAVY, M. J. B.: Henson and Stringfellow. Their Work in Aeronautics. – London, 1931. *38, 39*
DAVY, M. J. B.: Interpretive History of Flight. – London, 1948. *112*
Deutsche Segelflugzeuge. Baumusterzeichnungen. – Berlin, 1941. *251, 253*
Die Junkers-Lehrschau. Eine Führung durch die Lehrschau der Junkers-Flugzeug- und Motorenwerke A.-G. Dessau. – Dessau, 1939. *168*
DOLLFUS, Ch.; BOUCHÉ, H.: Histoire de l'Aéronautique. – Paris. 1932. *41, 48, 51, 53, 55, 77, 87, 92, 99, 105, 106, 120, 126, 132, 137–139, 148, 188, 192, 193, 199, 203*
DRP 77916(77) 1893. *68*
DRP 390780 vom 4. 12. 1918. *158, 159*

ENDE, H. *1–3, 369, 441*

FELDHAUS, F. M.: Die Technik der Vorzeit, der geschichtlichen Zeit und der Naturvölker. – Leipzig und Berlin, 1914. *27*
FELDHAUS, F. M.: Leonardo, der Techniker und Erfinder. – Jena, 1922. *20*
FELDHAUS, F. M.: Ruhmesblätter der Technik. Von den Urerfindungen bis zur Gegenwart. – Leipzig, 1910. *22*
FERBER, F.: Die Kunst zu fliegen. Ihre Anfänge – ihre Entwicklung. – Berlin, 1910. *133–136*
Flugsport. – Frankfurt a. M. 16 (1932). *317*

GIBBS-SMITH, C. H.: History of Flying. – London, 1953. *34, 47, 102*
GLADKOW, N. A.: Flüge in der Natur. – Jena, 1953. *8, 17*
GROENHOFF, G.: Ich fliege mit und ohne Motor. – Frankfurt a. M. 1932. *396*

GYMNICH, A.: Der Gleit- und Segelflugzeugbau. – Berlin, 1925. *11, 142, 165, 179, 181, 187, 209, 222 224*

GYMNICH, A.: Segelflugsport. – Leipzig/Zürich, 1925. *182*

HALLE, G.: Otto Lilienthal. Flugforscher und Flugpraktiker. Ingenieur und Menschenfreund. – Düsseldorf, 1956. *66, 67, 74, 78, 79, 88*

HILDEBRAND, A.: Die Brüder Wright. Eine Studie über die Entwicklung der Flugmaschine von Lilienthal bis Wright. – Berlin, 1909. *91, 100, 109, 111, 112, 115, 121*

HILGER, W.: Segelflieger im Aufwind. – Frankfurt a. M., 1943. *299*

HIRTH, W.: Die hohe Schule des Segelfluges. – Berlin, 1933. *282–285, 381*

HIRTH, W. (Hrsg.): Handbuch des Segelfliegens. – Stuttgart, 1957. *186, 252, 267, 289, 293, 305, 311, 323, 334, 338, 344, 347, 357, 364, 382, 385, 390, 392, 409, 446*

HIRTH, W.: Vom Segelflug und Segelflugzeug. – Berlin, 1938. *255*

HODGESON, J. E.: The History of Aeronautics in Great Britain. – London, 1924. *28, 33*

HOFMANN, J.: Der Maschinenflug. Seine bisherige Entwicklung und seine Aussichten. – München und Berlin, 1911. *10, 45*

ILČENKO, V.: Parjaščij Poljot. – Moskva, 1960. *365*

Illustrierte Flugwoche. – Leipzig 9 (1927). *287, 288*

JAMESON, W.: The wandering Albatros. – London, 1958. *9*

Journal of the Royal Aeronautical Society. – London Vol. 35 (1931). *167, 245;* Vol. 57 (1953). *118;* Vol. 58 (1954). *348, 407;* Vol. 59 (1955). *35–37*

KALCKREUTH, J. v.: Das stille Abenteuer. – Zug und Stuttgart, 1976. *388, 399–401, 403, 404*

KALCKREUTH, J. v.: Segeln über den Alpen. – Zug und Stuttgart, 1974. *398, 402, 405*

KARLSON, P.: Der Mensch fliegt. Geschichte und Technik des Fliegens. – Berlin, 1955. *21, 76, 83, 131, 308, 312*

KARLSON, P.: Segler durch Wind und Wolken. – Berlin 1933. *163, 184, 298, 302*

KÀRMAN, Th.: Aerodynamik, Ausgewählte Themen im Lichte der historischen Entwicklung. – Genf, 1956. *170*

KELLY, F. C.: Die Gebrüder Wright. Die Erfinder des Motorfluges. – Stuttgart, 1947. *128*

KLEFFEL, W.: Der Segelflug. Ein Ruhmeskapitel aus der Geschichte des Menschenfluges. – Berlin, 1930. *18, 70, 94, 154, 155, 162, 164, 166, 176, 183, 189, 190, 195, 219, 231, 234, 236, 243, 244, 248*

KWIECINSKI, V.: L'Aeronautique en Pologne. – Warszawa, 1935. *98*

LANGLEY, S. P.: The Internal Work of the Wind. – Washington, 1893. *57, 58*

LANGSDORFF, W. v.: Flieger, und was sie erlebten. – Gütersloh, 1935. *223*

LANGSDORFF, W. v.: Taschenbuch der Luftfotten. – Frankfurt a. M., 1928. *227, 230*

LECORNU, J.: La Navigation Aérienne. Histoire documentaire et anecdotique. – Paris, 1910. *104, 107*

Letectvi. – Praha 17 (1950). *325*

LILIENTHAL, O.: Der Vogelflug als Grundlage der Fliegekunst. – München und Berlin, 1943. *13, 61–65*

LUEDECKE, H.: Vom Zaubervogel zum Zeppelin. – Berlin, 1936. *29*

MALINA, J. B.: Luftfahrt voran! Das deutsche Fliegerbuch. – Berlin, 1932. *75, 90, 177, 272, 276*

MAXIM, H. S.: Artificial and Natural Flight. – London, 1908. *143, 144*

McFARLAND, M. W. (Hrsg.): The Papers of Wilbur and Orville Wright. – New York, Toronto, London, 1953. *56, 101, 110, 113, 114, 116, 123–125, 127, 129*

Moedebeck's Taschenbuch für Flugtechniker und Luftschiffer. – Berlin, 1895. *103, 108*

MOULLIARD, L. P.: L'Empire de l'Air. – Paris, 1881. *14–16, 52*

MOZDYNIEWICZ, W.: Loty Falowe. – Warszawa, 1976. *391*

NESSLER, E.: Histoire du Vol à Voile de 1506 a nos Jours. – Paris, 1949. *23–25, 40, 42, 44, 46, 49, 50, 54, 84, 95, 96, 130, 145–147, 150, 160, 161, 174, 196, 198, 200, 229, 232, 354–356*

NIMFÜHR, R.: Leitfaden der Luftschiffahrt und Flugtechnik. – Wien und Leipzig, 1909. *12*

PECUCH, A.: Krylja Molodježi. – Moskva, 1954. *291, 324, 327*

Sailplane and Gliding. – London XXVIII (1977). *451–453*

SCHACK, W.; LEEGE, O.; FOCKE, H.: Wunder des Möwenfluges. – Frankfurt a. M., 1973. *6, 7*

SCHNEIDER, F. (Hrsg.): Die Flugzeughandschrift des Melchior Bauer im Thür. Staatsarchiv Greiz. – Rudolstadt, 1924. *30–32*

SCHNEIDER, H.: Flugzeugtypenbuch. Gekürzte Ausgabe B. – Leipzig, 1941. *300, 329, 342, 351, 447–449*

Segelflug-Bildkalender. – Wiesbaden. *379, 429–433, 445*

Segelflug-Olympia-Heft Nr. 24. – Berlin, 1936. *239*

ŠEREMETEV, B. N.: Planery. – Moskva, 1959. *362, 363*

SPIEGEL, W.: Wunder des Segelfluges. – Dresden, 1935. *156, 185, 204–206, 211, 218, 235, 237, 273, 278, 307, 316, 319, Frontispiz*

STAMER, F.: 12 Jahre Wasserkuppe. – Berlin, 1933. *213, 238, 241, 247, 264, 274, 286, 295, 296*

STÖCKER, A.: Deutscher Segelflug. Als erster Bildberichterstatter bei den Seglern der Luft. – Berlin, 1937. *208, 217, 240, 242, 257, 270, 275, 280, 290, 303, 306, 314, 315, 318, 330*

STUDZENI, J.: Teljesitményrepülés. – Budapest, 1964. *320*

SUPF, P.: Das Buch der deutschen Fluggeschichte. Vorzeit–Werdezeit–Wendezeit. – Stuttgart, 1956. *59, 73, 141*

The Aeronautical Journal. – London Vol. 77 (1973). *271*

TILGENKAMP, E.: Schweizer Luftfahrt. – Zürich, 1941/43. *19, 140*

UDET, E.: Mein Fliegerleben. – Berlin, 1935. *394*

Verlag Franz Milz. – Füssen/Allgäu. *444*

WARSTAT *442*

WEISS, B. J.: Gliding and Soaring Flight. – London, 1924. *149*

WOODWARD, B.; STIRNEMANN, A.: The World's Sailplanes. – Bern, 1958. *377, 408, 411, 412*

ZB/AP Tele *450*

Zeitschrift für Flugtechnik und Motorluftschiffahrt (ZFM). – München und Berlin 11 (1920). *169*; 12 (1921). *151, 171, 172, 180*; 13 (1922). *191, 194, 197, 201, 202*; 14 (1923). *260, 292*; 15 (1924). *173, 216*; 16 (1925). *71, 89, 226, 228;* 17 (1926). *220*; 18 (1927). *221*; 20 (1929). *265, 266*

Zeitschrift für Luftschiffahrt und Physik der Atmosphäre. – Berlin, (1958). *82*

Zeitschrift Luftwissen. – Berlin 5 (1938). *80, 81;* 6 (1939). *256, 313, 331, 335, 346, 350, 352*

ZUERL, H.: Kampf im Aufwind. – Berlin, 1943. *310, 349, 384, 389*

ZUERL, H.: Der Segelflug im Wettbewerb der Völker. – Berlin, 1941. *332, 341, 358–361, 366*

Žukovskij-Museum Moskau. *86, 152, 153*

Personenregister